AVALIAÇÃO PSICOLÓGICA NO CONTEXTO FORENSE

A945   Avaliação psicológica no contexto forense / Organizadores, Claudio Simon Hutz... [et al.]. – Porto Alegre : Artmed, 2020.
472 p. ; 25 cm.

ISBN 978-85-8271-594-9

1. Psicologia – Avaliação. 2. Psicodiagnóstico. 3. Psicologia forense. I. Hutz, Claudio Simon.

CDU 159.91

Catalogação na publicação: Karin Lorien Menoncin – CRB 10/2147

AVALIAÇÃO PSICOLÓGICA NO CONTEXTO FORENSE

Claudio Simon HUTZ
Denise Ruschel BANDEIRA
Clarissa Marceli TRENTINI
Sonia Liane Reichert ROVINSKI
Vivian de Medeiros LAGO

ORGANIZADORES

Reimpressão

Porto Alegre
2020

© Grupo A Educação S. A., 2020.

Gerente editorial: Letícia Bispo de Lima

Colaboraram nesta edição:

Editora: Paola Araújo de Oliveira
Capa: Paola Manica | Brand & Book
Preparação de originais: Daniela de Freitas Louzada
Leitura final: Camila Wisnieski Heck
Editoração: TIPOS – design editorial e fotografia

Reservados todos os direitos de publicação ao GRUPO A EDUCAÇÃO S.A.
(Artmed é um selo editorial do GRUPO A EDUCAÇÃO S.A.)
Av. Jerônimo de Ornelas, 670 – Santana
90040-340 – Porto Alegre – RS
Fone: (51) 3027-7000 Fax: (51) 3027-7070

Unidade São Paulo
Rua Doutor Cesário Mota Jr., 63 – Vila Buarque
01221-020 – São Paulo – SP
Fone: (11) 3221-9033

É proibida a duplicação ou reprodução deste volume, no todo ou em parte, sob quaisquer formas ou por quaisquer meios (eletrônico, mecânico, gravação, fotocópia, distribuição na Web e outros), sem permissão expressa da Editora.

SAC 0800 703-3444 – www.grupoa.com.br

IMPRESSO NO BRASIL
PRINTED IN BRAZIL

AUTORES

Claudio Simon Hutz. Psicólogo. Professor titular da Universidade Federal do Rio Grande do Sul (UFRGS) e coordenador do Laboratório de Mensuração do Programa de Pós-graduação (PPG) em Psicologia da UFRGS. Mestre e Doutor em Psicologia pela University of Iowa, Estados Unidos, e pós-doutorado na Arizona State University, Estados Unidos. Foi presidente da Associação Nacional de Pesquisa e Pós-graduação em Psicologia (ANPEPP), do Instituto Brasileiro de Avaliação Psicológica (Ibap) e da Associação Brasileira de Psicologia Positiva (ABP+). Participou em comissões da Coordenação de Aperfeiçoamento de Pessoal de Nível Superior (Capes), Conselho Nacional de Desenvolvimento Científico e Tecnológico (CNPq), Instituto Nacional de Estudos e Pesquisas Educacionais Anísio Teixeira (Inep), Fundação de Amparo à Pesquisa do Estado do Rio Grande do Sul (Fapergs) e Fundação de Amparo à Pesquisa do Estado de São Paulo (Fapesp). Foi chefe de Departamento, coordenador do PPG em Psicologia, coordenador do Curso de Graduação em Psicologia e diretor do Instituto de Psicologia da UFRGS.

Denise Ruschel Bandeira. Psicóloga. Professora titular do Instituto de Psicologia da UFRGS. Coordenadora do Grupo de Estudo, Aplicação e Pesquisa em Avaliação Psicológica (GEAPAP) da UFRGS. Pesquisadora 1C do CNPq. Especialista em Diagnóstico Psicológico pela Pontifícia Universidade Católica do Rio Grande do Sul (PUCRS). Mestra e Doutora em Psicologia pela UFRGS. Membro do Comitê Assessor (Psicologia e Serviço Social) do CNPq.

Clarissa Marceli Trentini. Psicóloga. Professora dos Cursos de Graduação e Pós-graduação em Psicologia da UFRGS. Coordenadora do Núcleo de Estudos em Avaliação Psicológica e Psicopatologia (NEAPP) da UFRGS. Pesquisadora 1C do CNPq. Especialista em Avaliação Psicológica pela UFRGS. Mestra em Psicologia Clínica pela PUCRS. Doutora em Ciências Médicas: Psiquiatria pela UFRGS.

Sonia Liane Reichert Rovinski. Psicóloga forense. Especialista em Psicologia Jurídica pelo Conselho Federal de Psicologia (CFP). Especialista em Criminologia pela PUCRS. Mestra em Psicologia Social e da Personalidade pela PUCRS. Doutora em Psicologia Clínica e da Saúde pela Universidade de Santiago de Compostela (USC), Espanha. Pós-doutorado em Avaliação Psicológica na UFRGS.

Vivian de Medeiros Lago. Psicóloga. Professora assistente da Graduação em Psicologia da Universidade do Vale do Rio dos Sinos (Unisinos). Especialista em Psicologia Jurídica pela Universidade Luterana do Brasil (Ulbra). Mestra e Doutora em Psicologia pela UFRGS. Pós-doutorado em Psicologia na UFRGS.

Alvino Augusto de Sá. Psicólogo criminal. Professor de Criminologia Clínica e Livre docente da Faculdade de Direito da Universidade de São Paulo (USP). Mestre em Psicologia Social pela Pontifícia Universidade Católica de São Paulo (PUC-SP). Doutor em Psicologia Clínica pela PUC-SP.

Ana Cristina Resende. Psicóloga. Professora adjunta do Curso de Psicologia da Pontifícia Universidade Católica de Goiás (PUC Goiás). Especialista em Rorschach e outros métodos projetivos pela Associação Goiana de Rorschach. Mestra em Psicologia pela PUC Goiás. Doutora em Psicologia pela PUCRS. Pós-doutorado em Psiquiatria e Psicologia Médica na Universidade Federal de São Paulo (Unifesp).

Beatriz Cancela Cattani. Psicóloga e psicoterapeuta. Professora assistente do Curso de Psicologia das Faculdades Integradas de Taquara (Faccat). Especialista em Avaliação Psicológica pela UFRGS. Mestra em Psicologia pela UFRGS. Doutoranda em Psicologia na UFRGS.

Cátula da Luz Pelisoli. Psicóloga judiciária. Psicóloga do Tribunal de Justiça do Estado do Rio Grande do Sul. Especialista em Psicologia Clínica pelo CFP e em Psicoterapia Cognitivo-comportamental pelo WP – Centro de Psicoterapia Cognitivo-comportamental. Mestra e Doutora em Psicologia pela UFRGS. Pós-doutoranda em Psicologia na UFRGS.

Cirlene Francisca Sales da Silva. Psicóloga clínica. Coordenadora do Curso de Pós-graduação em Gerontologia da Universidade Católica de Pernambuco (Unicap). Presidente da Gerontologia na Sociedade Brasileira de Geriatria e Gerontologia em Pernambuco (SBGG/PE). Coordenadora e supervisora do Atendimento Psicológico ao Idoso (SAI) da Unicap. Especialista em Intervenções Clínicas pela Faculdade de Ciências Humanas Esuda (FCHE), em Gerontologia Social pela Universidade Federal de Pernambuco (UFPE) e em Gerontologia pela SBGG. Mestra e Doutora em Psicologia Clínica pela Unicap.

Cristina Maria de Souza Brito Dias. Psicóloga clínica. Professora aposentada de Psicologia da Universidade Federal da Paraíba (UFPB). Professora de Psicologia da Unicap. Mestra e Doutora em Psicologia pela Universidade de Brasília (UnB).

Danielle Irigoyen da Costa. Psicóloga e neuropsicóloga. Professora adjunta da Escola de Ciências da Saúde da PUCRS. Coordenadora do Curso de Especialização em Neuropsicologia: Neuropsicologia Escolar da PUCRS. Pesquisadora do Instituto do Cérebro do Rio Grande do Sul (INSCER) da PUCRS. Colaboradora do Núcleo de Estudos e Pesquisa em Trauma e Estresse (NEPTE) da PUCRS. Mestra e Doutora em Medicina e Ciências da Saúde pela PUCRS. Pós-doutorado em Ciências da Saúde: Cardiologia na Fundação Universitária de Cardiologia – Instituto de Cardiologia do Rio Grande do Sul (FUC-IC/RS).

Denise Falcke. Psicóloga. Professora adjunta de Psicologia da Unisinos. Bolsista de Produtividade 1D do CNPq. Especialista em Terapia de Casal e Família pelo Instituto de Terapias Integradas (ITI). Mestra e Doutora em Psicologia Clínica pela PUCRS.

Evani Zambon Marques da Silva. Psicóloga. Professora de Psicologia Judiciária nos Cursos de Graduação e Especialização da Coordenadoria Geral de Especialização, Aperfeiçoamento e Extensão (COGEAE) da PUC-SP. Perita nas Varas de Família do Tribunal de Justiça do Estado de São Paulo (1987-2018). Professora convidada da Faculdade de Direito da Universidade de Lisboa e da Faculdade Europeia (*campus* Lisboa), Portugal. Especialista em Psicologia Judiciária pelo Conselho Regional de Psicologia do Estado de São Paulo (CRP/SP) e em Método de Rorschach pela Sociedade de Rorschach de São Paulo (SROSP). Mestra em Psicologia Social pela PUC-SP. Doutora em Psicologia Clínica pela PUC-SP.

Fabiane Konowaluk Santos Machado. Psicóloga. Especialista em Psicologia Jurídica e Perícia Psicológica pela Faculdade Mario Quintana (Famaqui). Mestra e Doutora na área de Saúde do Trabalhador pela PUCRS.

Gabriel José Chittó Gauer. Psiquiatra. Professor titular da Escola de Direito e do Programa de Pós-graduação em Ciências Criminais da PUCRS. Doutor em Clínica Médica pela PUCRS. Pós-doutorado em Psicologia no Maryland Center for Anxiety Disorder, Estados Unidos.

Giana Bitencourt Frizzo. Psicóloga. Professora associada do Departamento de Psicologia do Desenvolvimento e da Personalidade e do Programa de Pós-graduação em Psicologia da UFRGS. Especialista em Terapia de Casal e Família pelo Instituto da Família (Infapa). Mestra em Psicologia do Desenvolvimento pela UFRGS. Doutora em Psicologia pela UFRGS. Pós-doutorado em Psicologia na UFRGS.

Helena Berton Eidt. Psicóloga judiciária. Psicóloga do Tribunal de Justiça do Estado de Santa Catarina. Especialista em Psicologia Jurídica pelo CFP. Mestra em Psicologia pela UFRGS.

Leonardo Ferreira Faria. Psicólogo criminal da Polícia Científica do Estado de Goiás. Professor e coordenador do Curso de Avaliação Psicológica e Perícia Criminal/Ciências forenses da DALMASS. Pós-graduado *lato sensu* em Psicologia Jurídica, Neuropsicologia e Criminologia. Mestrando em Ciências Criminológicas forenses na Universidade de Ciências Empresariais e Sociais, Argentina.

Marcela Novais Medeiros. Psicóloga. Psicóloga do Núcleo de Prevenção e Assistência a Situações de Violência da Secretaria de Saúde do Distrito Federal. Especialista em Terapia Familiar e de Casal pela PUC Goiás. Mestra e Doutora em Psicologia Clínica e Cultura pela UnB.

Marcelo Tavares. Psicólogo clínico. Professor do Instituto de Psicologia da UnB. Especialista em Psicologia Clínica, Intervenção em Crise, Avaliação Psicológica. Mestre em Psicologia e Doutor em Psicologia Clínica pela United States International University (atual Alliant International University), Estados Unidos.

Maria Aparecida Penso. Psicóloga. Professora adjunta do Programa de Mestrado e Doutorado da Universidade Católica de Brasília (UCB). Especialista em Terapia Familiar e Conjugal pelo Centro de Estudos da Família (Cefam) e em Psicodrama pelo Instituto Brasileiro de Psicodrama. Mestra em Psicologia Social e da Personalidade pela UnB. Doutora em Psicologia pela UnB.

Maria Inês Gandolfo Conceição. Psicóloga clínica. Professora associada do Departamento de Psicologia Clínica da UnB. Coordenadora do Programa de Pós-graduação em Psicologia Clínica e Cultura da UnB. Especialista em Psicologia Hospitalar pelo CRP/DF. Mestra em Psicologia Social e da Personalidade pela UnB. Doutora em Psicologia pela UnB.

Maria Lúcia Gurgel da Costa. Fonoaudióloga. Gerontóloga titulada pela SBGG. Professora associada 4 do Departamento de Fonoaudiologia da UFPE. Professora permanente do Mestrado em Gerontologia Social da UFPE. Especialista em Neuropsicologia Clínica pela Faculdade Redentor. Mestra em Distúrbios da Comunicação pela PUC-SP. Doutora em Educação pela USP.

Maria Luiza Dias. Psicóloga clínica, terapeuta de casal e família e orientadora profissional. Professora universitária e supervisora no Centro de Psicologia Aplicada da Universidade Paulista (Unip). Mestra em Ciências Sociais pela PUC-SP. Doutora em Antropologia pela USP.

Martha Fernandes. Psicóloga e psicanalista. Perita *ad hoc* e assistente técnica em Vara de Família e Vara Cível do Tribunal de Justiça do Estado de São Paulo. Professora convidada do Curso de Especialização de Psicologia Jurídica da Unisãopaulo e do Curso de Graduação em Direito da Escola Paulista de Direito (EPD). Especialista em Psicanálise pela Escola Lacaniana Campo Significante.

Mayte Raya Amazarray. Psicóloga. Professora adjunta da Universidade Federal de Ciências da Saúde de Porto Alegre (UFCSPA). Mestra em Psicologia Social e Institucional pela UFRGS. Doutora em Psicologia pela UFRGS.

Nelson Hauck Filho. Psicólogo. Professor do Programa de Pós-graduação *stricto sensu* em Psicologia da Universidade São Francisco (USF). Mestre e Doutor em Psicologia pela UFRGS.

Patrícia Andréa Barbosa Machado. Psicóloga. Professora do Instituto Fernando Pessoa. Especialista em Psicologia Clínica pelo Instituto Fernando Pessoa e Psicologia Organizacional pela UFRGS. Mestra em Psicologia e Saúde pela UFCSPA.

Patrícia Inglez de Souza Machado Gauer. Advogada criminalista. Acadêmica de Psicologia na PUCRS. Especialista em Ciências Penais pela PUCRS. Mestra em Ciências Criminais pela PUCRS.

Patricia Santos da Silva. Psicóloga clínica. Professora colaboradora do Centro de Estudos da Família e do Indivíduo (Cefi). Especialista em Terapia Sistêmica pelo Cefi. Mestra e Doutora em Psicologia pela UFRGS.

Paulo Oscar Teitelbaum. Psiquiatra forense e psicanalista. Professor convidado do Mestrado em Saúde Mental Forense da Universidade Nacional de La Plata (UNLP), Argentina. Professor de Psicopatologia Forense do Curso de Especialização em Psicologia Jurídica do Sapiens Instituto de Psicologia. Professor titular de Psiquiatria Forense do Curso de Especialização em Psiquiatria da Associação de Psiquiatria Cyro Martins (CYMM). Supervisor do Programa de Residência Médica em Psiquiatria do Hospital Psiquiátrico São Pedro, Porto Alegre. Perito oficial, supervisor de perícias e diretor geral do Instituto Psiquiátrico Forense Dr. Maurício Cardoso (aposentado), Porto Alegre. Membro pleno da Seção Forense da World Psychiatric Association. Especialista em Psiquiatria pela UFRGS, pelo Conselho Regional de Medicina do Estado do Rio Grande do Sul (Cremers) e pela Associação Brasileira de Psiquiatria (ABP). Mestre em Psiquiatria Forense pela UNLP.

Rafael Stella Wellausen. Psicólogo. Professor e supervisor de Psicoterapia do Estudos Integrados de Psicoterapia Psicanalítica (ESIPP). Coordenador técnico do Instituto Psiquiátrico Forense Dr. Maurício Cardoso. Especialista em Psicoterapia Psicodinâmica pelo ESIPP e em Psicologia Hospitalar pela UFRGS. Mestre e Doutor em Psicologia pela UFRGS.

Reginaldo Torres Alves Jr. Psicólogo. Analista judiciário da Área de Psicologia do Tribunal de Justiça do Distrito Federal. Formador nacional de entrevistadores forenses pelo Conselho Nacional de Justiça (CNJ). Especialista em Violência Doméstica contra Crianças e Adolescentes pela USP. Mestre em Psicologia pela UnB. Doutor em Psicologia Clínica e Cultura pela UnB.

Roberta Salvador-Silva. Psicóloga. Especialista em Terapia Cognitivo-comportamental pela PUCRS. Mestre em Psicologia pela PUCRS. Doutora em Psicologia: Cognição Humana pela PUCRS. Pós-doutoranda em Epidemiologia na Universidade Federal de Pelotas (UFPel).

Roberto Moraes Cruz. Psicólogo. Professor titular do Departamento de Psicologia da Universidade Federal de Santa Catarina (UFSC). Especialista em Avaliação Psicológica pela Universidad de la Republica, Uruguai, em Ergonomia pela UFSC e em Psicologia Ocupacional pela University of Leicester, Inglaterra. Mestre em Educação pela Universidade Federal da Bahia (UFBA). Doutor em Engenharia de Produção pela UFSC. Pós-doutorado em Métodos e Diagnóstico na Universitat de Barcelona, Catalunha.

Samantha Dubugras Sá. Psicóloga clínica. Professora adjunta do Curso de Psicologia e Coordenadora da Especialização: Avaliação Psicológica em Diferentes Contextos da PUCRS. Pós-graduada em Atenção Integral a Vítimas de Violência pela Universidad Complutense de Madrid, Espanha. Mestra em Psicologia Clínica pela PUCRS. Doutora em Psicologia pela PUCRS.

Sarah Reis Puthin. Psicóloga. Professora do Curso de Graduação em Psicologia e da Especialização em Avaliação Psicológica da Faccat. Professora da Especialização em Psicologia Jurídica da Unisinos. Professora da Especialização em Direito Penal e Processual Penal com Ênfase na Advocacia Criminial da Feevale. Perita psicóloga nas áreas cível e criminal das Comarcas de Porto Alegre e de Taquara. Especialista em Ciências Penais pela PUCRS e em Psicologia Jurídica pelo CFP. Mestra em Psicologia pela PUCRS. Doutoranda em Ciências Criminais na PUCRS.

Sidney Shine. Psicólogo e psicanalista. Ex-psicólogo judiciário do Tribunal de Justiça do Estado de São Paulo. Professor de Psicologia Jurídica do Sapiens Instituto de Psicologia, da Unisãopaulo, do Instituto de Desenvolvimento Educacional (IDE), do Talentos Humanos – Educação e Cultura e da IMED. Mestre e Doutor em Psicologia pela USP. Pós-doutorando em Psicologia na USP.

Silvio José Lemos Vasconcellos. Psicólogo. Professor adjunto III da Universidade Federal de Santa Maria (UFSM). Professor do Programa de Pós-graduação em Psicologia da UFSM. Coordenador do Grupo de Pesquisa e Avaliação de Alterações da Cognição Social (PAACS) vinculado à UFSM. Mestre em Ciências Criminais pela PUCRS. Doutor em Psicologia pela UFRGS.

Thamires Pereira Barbosa. Psicóloga. Mestre e Doutoranda em Psicologia na UFSM.

Vanessa Chiari Gonçalves. Advogada criminalista. Professora adjunta de Direito Penal e Criminologia da UFRGS. Especialista em Política pela UFPel. Mestra em Ciências Criminais pela PUCRS. Doutora em Direito pela Universidade Federal do Paraná (UFPR).

Vera Regina Röhnelt Ramires. Psicóloga. Professora titular no Programa de Pós-graduação em Psicologia da Unisinos. Especialista em Psicoterapia Psicanalítica pelo Instituto de Ensino e Pesquisa em Psicoterapia de Porto Alegre (IEPP). Mestra em Psicologia pela PUCRS. Doutora em Psicologia Clínica pela PUC-SP. Pós-doutorado em Psicologia Clínica na Long Island University, Estados Unidos.

Verônica Petersen Chaves. Psicóloga. Psicóloga do Tribunal de Justiça do Estado do Rio Grande do Sul. Especialista em Psicoterapia da Infância e Adolescência pelo Centro de Estudos, Atendimento e Pesquisa da Infância e Adolescência (Ceapia) e em Psicologia Jurídica pela Ulbra. Mestra em Psicologia pela UFRGS.

PREFÁCIO

Dando continuidade à coleção Avaliação Psicológica, organizamos este livro que trata da avaliação psicológica no contexto forense. No Brasil, o trabalho de avaliação psicológica na intersecção com o direito é anterior à regulamentação da profissão. A atividade dos psicólogos iniciou-se na área criminal com foco na avaliação de criminosos, em um contexto tipicamente positivista do direito natural, sempre com o objetivo de identificar determinantes que pudessem justificar a prática do delito. Com a evolução do pensamento, mudanças foram ocorrendo tanto na psicologia quanto no direito. As demandas que antes eram justificadas por direitos universais, vistos como inerentes à natureza humana, passaram a ser sustentadas por novos direitos, agora justificados pelo contexto histórico em que se encontram, decorrentes de lutas em defesa de novas liberdades.

Com a promulgação da Constituição Federal de 1988, ampliou-se a quantidade de bens considerados merecedores de tutela (principalmente aqueles relacionados à personalidade), estendendo a titularidade a sujeitos diversos do homem (p. ex., concepção de família, grupos de minorias e movimentos ecológicos) e valorizando sua concreticidade, como mulher, criança, velho, doente, entre outros. Exemplos dessa evolução são os inúmeros estatutos que surgiram com o objetivo de garantir direitos, como o Estatuto da Criança e do Adolescente (1990), o do Idoso (2003) e o da Pessoa com Deficiência (2014), bem como leis específicas na garantia da proteção daqueles considerados vulneráveis, como a Lei Maria da Penha (2006), a Lei do Menino Bernardo (2010) e a Lei da Alienação Parental (2010).

É fundamental que o profissional que for atuar nessa área tenha conhecimentos mínimos do sistema de garantia de direitos do País e de como os pedidos de avaliação psicológica surgem nesse contexto. Assim, a Parte 1 objetiva introduzir o psicólogo no contexto específico de avaliação psicológica forense a partir de capítulos sobre o sistema de justiça brasileiro, sobre as diferentes demandas de avaliação psicológica e sobre o papel específico do perito e do assistente técnico.

A segunda parte discute tópicos específicos da prática da perícia psicológica, com suas características metodológicas e éticas, resultantes do tipo de relação que se estabelece entre avaliador e avaliado. São apresentados também aspectos metodológicos específicos da prática pericial, instrumentos de avaliação psicológica, uso do Rorschach (R-PAS) no contexto forense, identificação e manejo da simulação e dissimulação, e, por fim, elaboração de documentos.

Na sequência, inicia-se a organização dos capítulos por áreas específicas de atuação do psicólogo forense. A Parte 3 trata das demandas de avaliação psicológica nas Varas da Infância e Juventude, abordando temas como perda do poder familiar, habilitação à adoção e relatório psicossocial na avaliação de adolescente infrator.

Na quarta parte, quatro capítulos relacionados às avaliações psicológicas solicitadas nas

Varas de Família discutem o papel do psicólogo na definição da guarda e do período de convivência, a prática da entrevista da criança no contexto de disputa judicial, a abordagem avaliativa de crianças que resistem ao contato parental e as novas demandas de avaliação psicológica na família, considerando a atual diversidade e contemporaneidade de suas relações.

Na Parte 5, dois capítulos relacionados às demandas decorrentes das Varas do Trabalho abordam aspectos gerais quanto à lógica desses processos e à dinâmica das avaliações psicológicas que os subsidiam, bem como o assédio moral no trabalho.

A violência doméstica é tema da Parte 6, que aborda a complexidade e as diferentes formas de manifestação do fenômeno, a avaliação de riscos em casos de violência contra a mulher perpetrada por parceiro íntimo e, por último, o problema da violência contra o idoso na família, assunto ainda pouco investigado, mas que tem sido objeto de interesse pelo Judiciário.

A Parte 7 reúne dois capítulos sobre temas específicos da área cível: a avaliação em situações de interdição e a avaliação de dano psíquico.

Já na Parte 8, assuntos relacionados às Varas Criminais e à execução das penas são apresentados: avaliação da imputabilidade e da superveniência de doença mental, conceito de psicopatia e suas repercussões no contexto legal e exame criminológico realizado dentro do contexto penitenciário.

Por fim, na Parte 9, estão reunidos dois tópicos especiais relacionados à prática dos psicólogos forenses, mas que podem ocorrer em diferentes contextos e associados a diferentes demandas legais: a avaliação de dependentes químicos e a autópsia psicológica, ainda pouco desenvolvida no contexto legal brasileiro.

Com a organização desta obra, esperamos contribuir para a formação dos profissionais que ingressam na área da avaliação psicológica, oferecendo textos de referência que podem ser utilizados em diversos contextos e para diferentes demandas do sistema de justiça. O posicionamento crítico dos autores quanto à metodologia e ao uso dos dados coletados nos diferentes tipos de avaliação busca demonstrar que essa prática pode ser, antes de tudo, uma ação afirmativa na garantia institucional de direitos.

Claudio Simon Hutz
Denise Ruschel Bandeira
Clarissa Marceli Trentini
Sonia Liane Reichert Rovinski
Vivian de Medeiros Lago

SUMÁRIO

Parte 1
SISTEMA DE JUSTIÇA BRASILEIRO, AVALIAÇÃO E PERÍCIA PSICOLÓGICA

1. O sistema de justiça brasileiro ... 19
   Vanessa Chiari Gonçalves

2. Demandas de avaliação psicológica no contexto forense ... 30
   Vivian de Medeiros Lago
   Sarah Reis Puthin

3. O papel de perito e de assistente técnico ... 41
   Sonia Liane Reichert Rovinski

Parte 2
METODOLOGIA DA PERÍCIA PSICOLÓGICA

4. Avaliação e perícia psicológica no contexto forense ... 55
   Evani Zambon Marques da Silva

5. Entrevista clínico-forense ... 70
   Marcelo Tavares
   Reginaldo Torres Alves Jr.

6. Instrumentos de avaliação psicológica no contexto forense ... 91
   Cátula da Luz Pelisoli
   Vivian de Medeiros Lago

7. O uso do Teste de Rorschach (R-PAS) no contexto forense ... 105
   Ana Cristina Resende

8. A simulação e seus limites factuais: contribuições para a perícia psicológica ... 123
   Silvio José Lemos Vasconcellos
   Thamires Pereira Barbosa
   Leonardo Ferreira Faria

9. Documentos psicológicos no contexto forense ... 135
   Roberto Moraes Cruz

Parte 3
AVALIAÇÃO PSICOLÓGICA NAS VARAS DA INFÂNCIA E JUVENTUDE

10. Avaliação em situações de perda do poder familiar ... 153
    Helena Berton Eidt
    Vivian de Medeiros Lago
    Denise Ruschel Bandeira

11. Avaliação para habilitação à adoção ... 167
    Verônica Petersen Chaves
    Patricia Santos da Silva
    Giana Bitencourt Frizzo

12 Avaliação de suspeita de violência sexual — 181
Cátula da Luz Pelisoli
Sonia Liane Reichert Rovinski

13 O relatório psicossocial na avaliação do adolescente infrator — 193
Maria Aparecida Penso
Maria Inês Gandolfo Conceição

Parte 4
AVALIAÇÃO PSICOLÓGICA NAS VARAS DE FAMÍLIA

14 Avaliação em situações de regulamentação de guarda e direito de convivência — 207
Sidney Shine
Martha Fernandes

15 A entrevista com crianças em Varas de Família — 219
Beatriz Cancela Cattani

16 Avaliação psicológica de crianças que resistem ao contato parental — 229
Vera Regina Röhnelt Ramires

17 Novas demandas de avaliação psicológica na área de família — 247
Evani Zambon Marques da Silva
Maria Luiza Dias

Parte 5
AVALIAÇÃO PSICOLÓGICA NAS VARAS DO TRABALHO

18 Perícia psicológica trabalhista — 265
Roberto Moraes Cruz

19 Avaliação do assédio moral no trabalho — 282
Mayte Raya Amazarray
Fabiane Konowaluk Santos Machado
Patrícia Andréa Barbosa Machado

Parte 6
AVALIAÇÃO PSICOLÓGICA NAS VARAS DE VIOLÊNCIA DOMÉSTICA

20 Avaliação psicológica na violência intrafamiliar — 297
Denise Falcke

21 Avaliação de risco em casos de violência contra a mulher perpetrada por parceiro íntimo — 309
Marcelo Tavares
Marcela Novais Medeiros

22 Violência contra o idoso na família: possibilidades de avaliação — 328
Cirlene Francisca Sales da Silva
Cristina Maria de Souza Brito Dias
Maria Lúcia Gurgel da Costa

Parte 7
AVALIAÇÃO PSICOLÓGICA NAS VARAS CÍVEIS

23 Avaliação psiquiátrico-forense em situações de interdição — 347
Paulo Oscar Teitelbaum

24 Avaliação do dano psíquico em processos da área cível — 364
Sonia Liane Reichert Rovinski

Parte 8
AVALIAÇÃO PSICOLÓGICA NAS VARAS CRIMINAIS E NA EXECUÇÃO DA PENA

25 Avaliação de imputabilidade penal/superveniência de doença mental — 379
Gabriel José Chittó Gauer
Patrícia Inglez de Souza Machado Gauer
Danielle Irigoyen da Costa

26	Avaliação de psicopatia no contexto forense	397
	Roberta Salvador-Silva	
	Nelson Hauck Filho	
27	Exame criminológico	412
	Alvino Augusto de Sá	

Parte 9
TÓPICOS ESPECIAIS

28	Avaliação psicológica de dependentes químicos no contexto criminal	433
	Rafael Stella Wellausen	
29	Autópsia psicológica no contexto forense	455
	Samantha Dubugras Sá	

Índice 467

Parte 1

SISTEMA DE JUSTIÇA BRASILEIRO, AVALIAÇÃO E PERÍCIA PSICOLÓGICA

O SISTEMA DE JUSTIÇA BRASILEIRO

Vanessa Chiari Gonçalves

O psicólogo que for prestar serviços ao sistema de justiça, mediante a realização de avaliações psicológicas, precisa ter um mínimo de conhecimento de como esse sistema funciona, de sua lógica operativa e das expectativas que os agentes jurídicos têm quanto ao seu trabalho. Sempre que a avaliação é oferecida a uma área profissional que não é a do psicólogo, cabe a ele adaptar seus dados de forma que possam atender à demanda, de modo a ser inteligível aos seus leitores leigos sem deixar de atender às exigências éticas da psicologia. A questão diz respeito à compreensão da lógica do sistema em que seus dados serão utilizados. Para tanto, este primeiro capítulo pretende trazer ao psicólogo, que se inicia nessa área da avaliação forense, alguns conhecimentos básicos do sistema de justiça. Considerando a amplitude do tema, optou-se, neste capítulo, pela análise da atuação específica do sistema de justiça criminal. O enfoque do capítulo envolve, também, algumas dificuldades em trabalhar com a prova pericial e aspectos relevantes da execução criminal.

O sistema de justiça brasileiro é composto pelo Poder Judiciário (da União e dos Estados), pelo Ministério Público (da União e dos Estados) e pela Defensoria Pública (da União e dos Estados). Cada Poder da República, assim como cada um de seus órgãos, apresenta funções constitucionais específicas no sistema como um todo. Já no âmbito do sistema de justiça criminal, incluem-se também as polícias judiciárias (civil e federal), encarregadas da investigação dos delitos, e os agentes penitenciários, encarregados de administrar a rotina da execução da pena. O sistema jurídico adotado pelo Brasil, a exemplo da maioria dos países ocidentais, é o romano-germânico, também chamado de *civil law*. Nesse sistema, o princípio da legalidade tem valor central. Desse modo, consideram-se crime as condutas previstas em norma incriminadora vigente na data em que o delito foi praticado. Não se pode falar em prática de crime sem que essa conduta esteja prevista em lei ordinária, de natureza federal, vigente no dia em que a conduta foi praticada (Brasil, 1940).

O direito pode ser pensado como norma, como fato e como valor. Seu aspecto normativo pressupõe todo o ordenamento jurídico composto por regras e por princípios estruturados de forma hierárquica, tendo a Constituição da República como o ponto mais alto dessa hierarquia. O direito objetivo (escrito por meio de lei) pode ser definido como um conjunto de normas ou de regras jurídicas que estabelecem aos indivíduos determinadas formas de comportamento, conferindo-lhes possibilidades de agir. Já o aspecto fático do direito diz respeito aos problemas da vida concreta e às soluções que precisam ser encontradas no âmbito do sistema jurídico, considerando-se sua efetividade social e histórica. O aspecto valorativo do direito relaciona-se ao sentimento de justiça, que, embora seja subjetivo, precisa ser atendido na medida do possível (Reale, 2004).

O sistema de justiça que conhecemos na atualidade foi normatizado, de forma gradual, no decorrer do século XIX. Com a adoção do Estado Liberal, desde as revoluções burguesas, houve a preocupação com a livre iniciativa e com os direitos individuais dos cidadãos. No entanto, a Revolução Industrial acabou por produzir um empobrecimento da população concentrada nos grandes centros urbanos.

É nesse contexto de insatisfação popular com as promessas não cumpridas da Revolução Francesa (entre outras revoluções burguesas) que os movimentos autoritários surgiram. Ditaduras de extrema direita (Alemanha Nazista) e de extrema esquerda (Revolução Russa) dominaram a cena política na primeira metade do século XX. Como reação à legítima insatisfação popular, que estimulava a expansão dos autoritarismos, surgiu o Estado Social ou Estado de Bem-estar Social como alternativa ao Estado Liberal (Bonavides, 2008). Percebeu-se que o liberalismo econômico sem suficiente regulação estatal produzia desigualdades abissais e que a "mão invisível" do mercado não era capaz de combater a alta de preços ao consumidor, a formação de cartéis para a combinação de preços entre os fornecedores e a exploração da força de trabalho pelos detentores do capital. O fato de ser um empresário ou um empreendedor não significa que seja, necessariamente, ético. O individualismo e a ganância impedem que a sociedade sobreviva sem a existência de normas jurídicas e de um Estado que assegure sua fiscalização e sua aplicação.

O Estado Democrático de Direito aparece como uma forma aperfeiçoada de Estado Social, no qual as liberdades dos cidadãos também são protegidas e a soberania popular é a base de onde deve emanar todo o poder (Brasil, 1988). Nesse contexto, a lei representa a expressão da vontade geral. Um Estado Democrático de Direito deve garantir direitos fundamentais aos seus cidadãos. Essa carta de direitos consta expressamente na Constituição da República e não pode ser objeto de emenda tendente a sua abolição. Entre os direitos fundamentais, assegurados pela Constituição brasileira, encontram-se o direito à vida, à liberdade, à igualdade, à segurança e à propriedade. Esses mesmos direitos, quando aparecem previstos em tratados e convenções internacionais, recebem a denominação de "direitos humanos", que são inerentes à raça humana onde quer que se encontre. Os direitos humanos estão fundados na ideia de dignidade e, por isso, transcendem o direito positivo, fundado na ideia de poder como dissimulação do uso da força.

O princípio da dignidade da pessoa humana é o mais importante entre os previstos na Constituição brasileira porque funda o sistema jurídico como um todo. Isso significa dizer que, havendo conflito entre direitos fundamentais diferentes, deverá prevalecer o direito que melhor atenda à preservação da dignidade dos indivíduos. Para exemplificar essa questão, colocamos em conflito o direito fundamental à igualdade entre homens e mulheres e o direito fundamental à livre manifestação do pensamento. Na ponderação entre esses direitos fundamentais, prevaleceria o direito à igualdade entre homens e mulheres em detrimento do direito à livre manifestação de um pensamento machista que propusesse maiores direitos para os homens em relação às mulheres, porque o direito à igualdade atende melhor ao princípio da dignidade da pessoa humana.

Ao lado da dignidade da pessoa humana, o art. 1º da Constituição da República apresenta como fundamentos do Estado Democrático de Direito a soberania, a cidadania, os valores sociais do trabalho e da livre iniciativa e pluralismo político. Já no que se refere aos objetivos fundamentais da República Federativa do Brasil, o art. 3º da Constituição elenca quatro objetivos: 1) construir uma sociedade livre, justa e solidária; 2) garantir o desenvolvimento nacional; 3) erradicar a pobreza e a marginalização e reduzir as desigualdades sociais e regionais; e 4) promover o bem de todos, sem preconceitos de origem, raça, sexo, cor, idade e quaisquer outras formas de discriminação (Brasil, 1988).

Realizada essa introdução, parte-se para o estudo do sistema de justiça criminal. Nesse contexto, o direito penal pode ser conceituado como um conjunto de normas que definem as condutas proibidas e estabelecem as penas ou medidas de segurança para quem infringe a norma penal. O direito penal, na qualidade de direito positivo, não se confunde com a criminologia, que é uma área do conhecimento autônoma, embora esteja relacionada com o direito penal e com a política criminal.

O SISTEMA DE JUSTIÇA CRIMINAL

Para que um delito seja investigado, é preciso que o Estado tome conhecimento de sua ocorrência. Tal ciência se dá por meio de prisão em flagrante ou mediante registro de ocorrência nas polícias civil ou federal. A partir dessa tomada de conhecimento, as polícias judiciárias ficam encarregadas da investigação dos fatos, o que se faz, normalmente, com a instauração de um inquérito policial. Uma vez instaurado o inquérito, pelo delegado, ele deve ser concluído e encaminhado para o Ministério Público. Cabe ao Ministério Público (promotor de justiça ou procurador da República) o papel de representar a vítima e o conjunto da sociedade nas ações penais públicas. Assim, somente o Ministério Público poderá pedir o arquivamento de um inquérito policial ou oferecer a denúncia contra o investigado, que, nesse caso, poderá passar à condição de réu.

O papel do Ministério Público é de órgão acusador na esfera penal, assim como nas ações para apuração de ato infracional praticado por adolescente. Nesses casos, ele é parte no processo. No entanto, o Ministério Público assume um papel diferente, de fiscal da lei, na área de família desde que haja interesse de criança ou de adolescente no processo (Brasil, 1990a) e, também, na execução criminal (Brasil, 1984).

É importante salientar que os profissionais da psicologia e da psiquiatria atuam como auxiliares no âmbito do sistema de justiça. Na esfera penal, por exemplo, exige-se a atuação do perito psiquiatra sempre que houver a suspeita de que o acusado da prática de um crime apresenta algum transtorno ou desenvolvimento mental incompleto. Assim, no curso da investigação ou do processo penal, instaura-se um incidente de insanidade mental, nomeando-se dois psiquiatras que farão a avaliação do acusado. Dessa avaliação, pode-se concluir que o sujeito é inimputável ou incapaz de compreender o ilícito que praticou. Nesse caso, comprovada a autoria da conduta pelo deficiente mental, ele será absolvido no processo penal por ser mentalmente incapaz de agir conforme o direito. Recebe uma medida de segurança que, dependendo de seu grau de periculosidade e da gravidade do fato praticado, poderá ser de tratamento ambulatorial compulsório ou de internação compulsória em manicômio judiciário.

A perícia também pode concluir que, embora seja capaz de compreender suas ações, o sujeito não tem plena capacidade ou plenas condições de determinar seu comportamento conforme as normas penais. Nesse caso, ele pode ser condenado com um redutor de pena de um a dois terços,[1] mas cumprirá a pena em estabelecimento prisional comum. A esse fenômeno denominamos de semi-imputabilidade. Conclui-se que o juiz irá determinar o grau de responsabilidade penal do réu a partir daquilo que o perito indicar em seu laudo. Para isso, o perito, além de realizar o eventual diagnóstico médico, precisará fazer uma estimativa a respeito do estado de saúde mental em que o acusado se encontrava quando da prática da conduta.

Outro momento importante de atuação do perito, sobretudo da área da psicologia, ainda na esfera penal, acontece quando há notícia de crime contra a criança. Esses crimes envolvem,

---

[1] Art. 26 do Código Penal: "É isento de pena o agente que, por doença mental ou desenvolvimento mental incompleto ou retardado, era, ao tempo da ação ou da omissão, inteiramente incapaz de entender o caráter ilícito do fato ou de determinar-se de acordo com esse entendimento". Parágrafo único: "A pena pode ser reduzida de um a dois terços, se o agente, em virtude de perturbação de saúde mental ou por desenvolvimento mental incompleto ou retardado, não era inteiramente capaz de entender o caráter ilícito do fato ou de determinar-se de acordo com esse entendimento" (Brasil, 1940).

entre outros eventos, lesão corporal, maus-tratos e estupro de vulnerável. Nesse caso, a criança ou o adolescente podem estar em condição de maior vulnerabilidade. Havendo exame de corpo de delito, que comprove a existência de lesões físicas aparentes, a solução do delito ficará mais fácil para o julgador. A dificuldade maior surge quando não existem lesões corporais, mas há a suspeita de abuso sexual não invasivo (que não deixa vestígios). Nesse caso, surge a necessidade de a suposta vítima ser ouvida.

A psicologia do testemunho vem se desenvolvendo muito nos últimos anos. Esse aporte teórico envolve desde o estudo da construção de falsas memórias até o desenvolvimento de técnicas de depoimento sem dano em relação às crianças que foram, supostamente, vítimas de crimes a fim de se aferir o quanto verossímeis são seus relatos. Nesse contexto, a vítima assume um papel de protagonista da construção da prova no processo penal. Por isso, o trabalho do perito exige delicadeza e fundamentação suficiente em linguagem acessível aos juristas que irão interpretar esses laudos. Muitas vezes, o magistrado imagina ser possível ao perito dizer com clareza e segurança se houve ou não o ato delituoso.

Ocorre que, muitas vezes, o perito não é capaz de chegar a uma conclusão segura, ainda que ele domine e utilize as mais confiáveis técnicas existentes. O mais importante, nesse caso, é o que perito esclareça qual foi a metodologia utilizada e quais foram as conclusões seguras alcançadas. Não sendo possível afirmar com certeza se houve abuso sexual, de que tipo e alcance ele foi, essa informação precisa constar de forma muito clara no laudo, visto que, em matéria penal, a lei exige certeza jurídica para a condenação de alguém. Havendo dúvida quanto à ocorrência do delito, impõe-se a absolvição do réu. A linguagem utilizada no laudo, portanto, deve ser suficientemente didática para que qualquer jurista, sem formação em psicologia, possa compreendê-la com clareza, porque, em matéria de processo penal, embora a prova técnica não seja superior às demais, constitui-se em uma prova especial quanto ao conteúdo de interpretação de um meio de prova (Pacelli & Fischer, 2015).

De acordo com a literatura, existem dois tipos de falsas memórias que podem ser desenvolvidos por todas as pessoas, independentemente de sua idade: aquelas que decorrem de fatos que não existiram e que indicam implantação de falsa lembrança e aquelas que decorrem da combinação de lembranças verdadeiras com sugestões vindas de outras pessoas. A formação das duas modalidades de falsas memórias é facilitada quando há o esquecimento da fonte da informação e o participante toma ciência de detalhes informados por outras pessoas (Gesu, 2014).

Nesse contexto, os profissionais de saúde mental (psicólogos, psiquiatras, entre outros) têm grande poder de "influenciar e induzir as recordações e os eventos traumáticos". Inúmeros são os exemplos de erros judiciários cometidos com base em depoimentos fantasiosos, realizados a partir da indução, ainda que involuntária, de falsas memórias (Lopes Jr., 2014).

Em se tratando de testemunho infantil, o cuidado do entrevistador precisa ser imenso, pois a criança tem um grau de sugestionabilidade maior do que o adulto e, por isso, uma tendência significativa a construir falsas memórias. Na atualidade, muitos especialistas apontam a técnica do depoimento especial como a mais adequada para que se possa ouvir a criança (Gesu, 2014).

Ainda no que se refere às vítimas de crimes, importa mencionar alguns desdobramentos dos estudos vitimológicos. A vitimologia,[2] área do conhecimento autônoma da criminologia, estuda as vítimas em diferentes contextos a fim de compreender os processos de vitimização e suas possíveis consequências. O movimento vitimológico iniciou seus estudos nos anos de 1940, logo após o fim da Segunda Guerra Mundial. A descoberta dos campos de concentração e de extermínio praticados pelo nazismo e a percepção do incalculável sofrimento impingido a milhares de pessoas fizeram despertar, na consciência mundial, um dever de solidariedade em relação às vítimas

---

[2]Essas ideias estão, em parte, reproduzidas em artigo com maior aprofundamento, constante em Gonçalves (2016).

inocentes. Foi nesse mesmo contexto que a Organização das Nações Unidas e os Direitos Humanos se desenvolveram. Embora o estudo do genocídio esteja na origem dessa ciência, o movimento se fortaleceu na década de 1970 com a abertura para a análise de situações específicas de vitimização, que permitiu compreender a recíproca interação entre autor e vítima (Oliveira, 1999).

No tocante à violência doméstica que atinge, especialmente, mulheres e crianças, os estudos vitimológicos têm maior relevância, uma vez que envolvem conflitos que irão estender, também, nas Varas de Família e nas Varas da Infância e Juventude. A violência de gênero contra a mulher pode ser conceituada como aquela que está fundada em uma suposta superioridade de um sexo biológico sobre outro ou como expressão de uma relação de desigualdade entre homens e mulheres, resultante de um processo histórico sustentado em um rígido modelo de relações de dominação. Essa modalidade de violência de gênero, que se produz dentro de um marco intrafamiliar, só pode ser compreendida por meio de diversos fatores que incidem sobre ela, formando "uma rede de interações recíprocas que se atam e se reforçam mutuamente". Não se pode falar em maus-tratos ou violência de gênero sem desigualdade de poder, e esse desequilíbrio de poder tem sua base na "instauração do domínio do homem sobre a mulher, permitida por uma estrutura social que sustenta e protege tal implantação" (Falcón Caro, 2008).

É importante ressaltar que a violência de gênero não se reduz a um fenômeno inteiramente cultural ou social, podendo comportar também elementos psicológicos, porque o perfil psicológico de todo indivíduo, tanto da vítima como do ofensor, é influenciado por sua educação familiar e por seu entorno social. Nesse sentido, pode-se dizer que a violência de gênero é, também, psicológica, e a relação violenta atravessa determinadas etapas. Toda relação violenta começa com uma sedução que não é amorosa, e sim narcisista, destinada a fascinar o outro e paralisá-lo, não buscando destruí-lo, mas ir submetendo-o para que se mantenha à sua disposição. Em algum momento, o agente começará a ter um comportamento abusivo, seguido de justificativas. Na sequência, passará a praticar novas microviolências (como empurrões, insultos, intimidações), as quais, paulatinamente, farão a mulher perder todo o espírito crítico até ir se acostumando. Esse ciclo de violência interno desestabiliza a mulher, que se sente confusa e perde a confiança em si mesma. Nesse momento, abre-se espaço para a terceira fase do ciclo, consistente na explosão de violência seguida do medo de suas consequências, por parte do agressor, das promessas de mudança e da reconciliação (Falcón Caro, 2008).

Observa-se que os agressores têm uma crença nos estereótipos sexuais machistas, que os fazem crer que o papel da mulher em uma relação é o de obedecer ao parceiro. Pode-se somar a essa crença um conjunto de alterações psicológicas, como baixa autoestima, necessidade extrema de valorização ou transtornos da personalidade. Já no tocante às vítimas, percebe-se que a mulher que está submetida a uma relação de dominação violenta não consegue enxergar uma solução possível, por isso é um erro pensar na vítima como alguém com traços de personalidade masoquistas (Falcón Caro, 2008).

Para além da mulher, existem as vítimas indiretas da violência doméstica, que são principalmente os filhos que presenciam os maus-tratos. Essas crianças podem vir a expressar sua agressividade no meio social ou escolar. Existe, ainda, uma consequência mais grave, que é a possibilidade de transmissão intergeracional da violência, ocasião em que as pautas da violência podem ser transmitidas de uma geração a outra por meio da aprendizagem social. Esse fenômeno ocorre porque a família desempenha um papel fundamental no processo de socialização das crianças. O âmbito familiar é o espaço no qual a criança assimila, de forma gradual, "um complexo básico e estável de valores, ideias e padrões" de conduta, organizando seus esquemas de referência. A violência é aprendida, de modo que as crianças, que são maltratadas por seus pais ou que precisam tolerar situações de maus-tratos contra seus pais ou irmãos, têm maior risco de, quando adultas, virem a maltratar seus próprios filhos ou parceiros ou, ainda, de serem maltratadas por eles (Falcón Caro, 2008). Assim, as pesquisas vitimológicas alertam para esse aspecto tão importante do conflito vivenciado no meio familiar: a reversibilidade das categorias de vítimas, uma vez que muitos são os infratores que foram vítimas de maus-tratos na infância e que, quando adultos, podem reproduzir esse comportamento (Oliveira, 1999).

Desse modo, com o aporte das pesquisas na área da psicologia social, a vitimologia inclina-se à proposição de formas alternativas de solução dos conflitos que envolvem a violência doméstica. Pretende-se, com isso, trazer a vítima como participante da relação de violência, que precisa de um programa estatal de acolhimento. Almeja-se, assim, evitar a transmissão intergeracional da violência no âmbito familiar, tanto no que diz respeito às mulheres vítimas como aos homens agressores, que também podem ser submetidos a programas de reeducação e de controle da ira, mediados por profissionais da psicologia.

Outro problema que tem causado preocupação nos últimos anos, a partir do aumento expressivo do número de divórcios entre casais com filhos, é a alienação parental. Embora não constitua crime, o conceito de alienação parental[3] foi introduzido no ordenamento jurídico brasileiro por meio da Lei nº 12.318/2010 (Brasil, 2010). Trata-se de um tipo de abuso moral que fere o direito fundamental da criança ou do adolescente à convivência familiar saudável. Normalmente, esse tipo de abuso ocorre por parte do genitor que não aceita o fim do relacionamento amoroso e, como mecanismo de vingança, tenta dificultar o convívio do filho com o outro genitor ou desqualificá-lo perante a criança ou o adolescente.

Nesse caso, a perícia psicológica ou biopsicossocial se faz, muitas vezes, necessária para a comprovação do abuso moral. Verificada a ocorrência do problema, poderá haver alteração da guarda, encaminhamento do abusador para acompanhamento terapêutico ou, em situações mais graves, a suspensão da autoridade parental.

Muitos são os desafios do sistema de justiça como um todo no sentido de se tornar mais efetivo, contribuindo concretamente para a adoção de medidas eficazes de solução dos conflitos sociais e familiares. O papel dos profissionais da área da psicologia, para além da constituição de prova pericial para embasar as decisões judiciais, também envolve a tarefa de indicar o caminho terapêutico ou pedagógico mais adequado para cada situação de conflito ou de violência, uma vez que a mera aplicação da punição poderá ser insuficiente.

A EXECUÇÃO PENAL E SEUS INCIDENTES

O direito de execução penal é um ramo autônomo, que não se confunde com o direito penal nem com o direito processual penal, uma vez que integra aspectos de direito material, direito processual e direito administrativo. Pretende-se destacar aqui os principais incidentes de execução criminal,[4] que, por dependerem de decisão judicial, representam a máxima expressão da natureza jurisdicional da execução. No entanto, na rotina de uma penitenciária, é inegável o peso que as decisões da autoridade administrativa, dos funcionários e dos técnicos (psicólogos e assistentes sociais) têm na vida do condenado, uma vez que, por meio de seus pareceres, influenciam a decisão judicial.

Ao lado da expressiva atuação da direção da casa prisional, que pode definir os rumos do cumprimento da pena, existem códigos de conduta implícitos e não escritos. Muitos deles são definidos por autoridades paralelas: as lideranças de dentro da própria massa carcerária e de facções criminosas. A execução de uma pena

---

[3]Conceito legal de alienação parental, conforme o art. 2º da Lei nº 12.318/2010: "Considera-se ato de alienação parental a interferência na formação psicológica da criança ou do adolescente promovida ou induzida por um dos genitores, pelos avós ou pelos que tenham a criança ou adolescente sob a sua autoridade, guarda ou vigilância para que repudie genitor ou que cause prejuízo ao estabelecimento ou à manutenção de vínculos com este" (Brasil, 2010).

[4]A explicação sobre os principais incidentes de execução deste subitem em parte reproduz publicação anterior, constante em Gonçalves (2015).

privativa de liberdade, portanto, é muito mais complexa do que se pode imaginar.

Os incidentes da execução penal estão previstos tanto no Código Penal quanto na Lei de Execução Penal (LEP) e se dividem em incidentes qualitativos, incidentes quantitativos e incidentes extintivos. É importante referir que os incidentes envolvem direito público subjetivo do condenado, podendo ser concedidos, em regra, de ofício pelo juízo de execução e solicitados pelo próprio condenado, independentemente de advogado. A seguir, serão tratados apenas os incidentes que podem envolver parecer fundamentado da equipe técnica da casa prisional ou acompanhamento dessa equipe.

Incidentes qualitativos

Os incidentes qualitativos modificam as condições de cumprimento da pena, alterando-as para situações mais benéficas, com a conquista de maior liberdade, ou mais gravosas, como a restrição do espaço de liberdade anteriormente concedida, dependendo do tempo de cumprimento da pena e do comportamento carcerário do apenado. São eles: progressão de regime, regressão de regime e livramento condicional.

Progressão de regime

A LEP adotou o sistema progressivo entre regimes penais, com a finalidade de atender ao princípio da individualização da execução penal, mencionado no art. 5º da Lei nº 7.210/84 (Brasil, 1984). Desse modo, na fase executória, considera-se o percurso do indivíduo durante o cumprimento de pena para a conquista da progressão para um regime penal menos severo, bem como para a consecução da liberdade condicional.

A progressão de regime pressupõe a constatação de bom comportamento carcerário, atestado pela direção da casa prisional. Ao lado do requisito de ordem subjetiva, está o tempo de cumprimento de pena. O art. 112 da Lei nº 7.210/84 estabelece que o condenado deve cumprir ao menos um sexto da pena no regime anterior, independentemente de ser primário ou reincidente (Brasil, 1984). No entanto, o art. 2º da Lei nº 8.072/90 vedava, na sua origem, a concessão de progressão de regime para os condenados por crime hediondo, tráfico de drogas, tortura e terrorismo, uma vez que o regime original estabelecido para esses delitos seria o integralmente fechado (Brasil, 1990b). Esse dispositivo legal foi considerado inconstitucional pelo Supremo Tribunal Federal (STF), por ferir o princípio da individualização da pena. Em seu voto, o ministro Cezar Peluso mencionou a abrangência do referido princípio nos seguintes termos (STF, 2006, documento *on-line*):

> Evidente, assim, que, perante a Constituição, o princípio da individualização da pena compreende: a) proporcionalidade entre o crime praticado e a sanção abstratamente cominada no preceito secundário da norma penal; b) individualização da pena aplicada em conformidade com o ato singular praticado por agente em concreto (dosimetria da pena); c) individualização da sua execução, segundo a dignidade humana (art. 1º, III), o comportamento do condenado no cumprimento da pena (no cárcere ou fora dele, no caso das demais penas que não a privativa de liberdade) e à vista do delito cometido (art. 5º, XLVIII). Logo, tendo predicamento constitucional o princípio da individualização da pena (em abstrato, em concreto e em sua execução), exceção somente poderia ser aberta por norma de igual hierarquia nomológica (HC 82.959 – DJ 1.9.2006).

O referido julgado deu origem à Súmula Vinculante 26 do STF, que dispõe:

> Para efeito de progressão de regime no cumprimento de pena por crime hediondo, ou equiparado, o juízo da execução observará a inconstitucionalidade do art. 2º, da Lei nº 8072, de 25 de julho de 1990, sem prejuízo de avaliar se o condenado preenche, ou não, os requisitos objetivos e subjetivos do benefício, podendo determinar, para tal fim, de modo fundamentado, a realização de exame criminológico (STF, 2009, documento *on-line*).

Diante da declaração de inconstitucionalidade do regime integralmente fechado, no caso de crimes hediondos e equiparados, os juízos de execução começaram a conceder a progressão de regime, com base nos critérios do art. 112 da Lei nº 7.210/84. Cedendo à pressão midiática, o Congresso Nacional reuniu-se para aprovar a Lei nº 11.464, de 28 de março de 2007, que determinou nova redação para os parágrafos 1º e 2º, do art. 2º, da Lei nº 8.072/90. Assim, ficou determinado o regime inicialmente fechado para os crimes hediondos e equiparados, desde que atendidos os demais requisitos legais. Estabeleceu-se, também, a necessidade de cumprimento de dois quintos da pena no regime anterior para condenados primários e de três quintos para condenados reincidentes.

É importante referir que a progressão de regime não acontece aos *saltos*, ou seja, direto do regime fechado para o regime aberto. O condenado que esteja cumprindo pena no regime fechado só poderá progredir para o regime imediatamente mais brando, que será o semiaberto. Havendo solicitação de realização de exame criminológico, manifestam-se individualmente sobre a conduta carcerária do apenado os seguintes funcionários: diretor da casa prisional, agentes penitenciários responsáveis pela segurança e pelo trabalho, psicólogo e assistente social.

Regressão de regime

O sistema progressivo leva em consideração a conduta do apenado durante todo o cumprimento da pena, a fim de assegurar sua individualização. Desse modo, a Lei nº 7.210/84 estabelece a possibilidade de regressão para o regime imediatamente mais gravoso em virtude da prática de falta disciplinar de natureza grave por parte do condenado, conforme disposição do art. 118 da mesma lei. As faltas disciplinares graves estão previstas no art. 50 da LEP.[5]

É importante referir que o juiz de execução não está obrigado a determinar a regressão de regime no caso de prática de falta disciplinar de natureza grave, devidamente apurada por procedimento administrativo disciplinar, homologado judicialmente. Deve-se avaliar o caso concreto, a fim de impedir que o princípio da proporcionalidade seja violado por uma decisão precipitada. Uma situação muito comum acontece entre os apenados dos regimes aberto e semiaberto. Eles não retornam para o estabelecimento prisional no horário devido, atrasam-se ou retornam para a casa de familiares e deixam para se apresentar espontaneamente um ou dois dias depois. São enquadrados como foragidos e, em muitos casos, mesmo com a apresentação espontânea, recebem a regressão para um regime mais gravoso. Entretanto, há muita diferença entre um foragido que foi capturado pela polícia e um indivíduo que refletiu melhor e resolveu se apresentar espontaneamente na casa prisional ou na Vara de Execuções Criminais; por isso, a punição para os dois casos não poderia ser idêntica. Normalmente, nessas situações, o indivíduo está na casa da família, e é a própria família que o incentiva a retornar para a casa prisional a fim de cumprir o que lhe resta de pena.

Livramento condicional

O livramento condicional constitui-se em direito mais benéfico do que o cumprimento de pena em regime aberto, mesmo em relação à modalidade de prisão domiciliar. Trata-se de uma situação de liberdade, condicionada ao cumprimento de algumas exigências. O instituto está regulado entre os arts. 83 e 90 do Código Penal (Brasil, 1940), bem como entre os

---

[5] O art. 50 da Lei nº 7.210/84 dispõe: Comete falta grave o condenado à pena privativa de liberdade que: I – incitar ou participar de movimento para subverter a ordem ou a disciplina; II – fugir; III – possuir, indevidamente, instrumento capaz de ofender a integridade física de outrem; IV – provocar acidente de trabalho; V – descumprir, no regime aberto, as condições impostas; VI – inobservar os deveres previstos nos incisos II e V, do art. 39, desta lei; VII – tiver em sua posse, utilizar ou fornecer aparelho telefônico, de rádio ou similar, que permita a comunicação com outros presos ou com o ambiente externo. Parágrafo único. O disposto neste artigo aplica-se, no que couber, ao preso provisório. Art. 51. Comete falta grave o condenado à pena restritiva de direitos que: I – descumprir, injustificadamente, a restrição imposta; II – retardar, injustificadamente, o cumprimento da obrigação imposta; III – inobservar os deveres previstos nos incisos II e V, do art. 39, desta lei (Brasil, 1984).

arts. 131 e 146 da Lei nº 7.210/84 (Brasil, 1984). Para a obtenção do livramento condicional, o condenado deve ostentar bom comportamento carcerário, atestado pela direção da casa prisional, e ter cumprido certo lapso temporal. Nos crimes que não são hediondos nem equiparados a tais, o condenado primário deve ter cumprido mais de um terço da pena; já o condenado reincidente deve ter cumprido mais da metade de sua pena. No caso de condenado por crime hediondo ou equiparado, o tempo de cumprimento de pena exigido para a conquista do direito será de mais de dois terços da pena.

As condições a que fica submetido o condenado, durante o livramento condicional, estão estabelecidas no art. 32 da Lei nº 7.210/84. Havendo descumprimento injustificado de uma das condições impostas pelo juízo de execução, poderá ser revogado o livramento condicional. É importante ressaltar que a acusação da prática de novo delito durante o período de liberdade condicional autoriza a suspensão do livramento até que o novo processo chegue a seu fim. A suspensão, prevista no art. 145 da Lei nº 7.210/84, deve-se dar especialmente se houver decretação de prisão provisória em virtude da nova acusação, o que inviabilizaria a permanência do acusado em liberdade. Caso o condenado seja absolvido no novo processo, o livramento condicional será restabelecido. No entanto, havendo condenação definitiva pelo novo delito, praticado durante o período de prova, o livramento condicional será necessariamente revogado. Nessa última hipótese, o tempo de liberdade não contará como tempo de cumprimento de pena, devido à quebra da confiança depositada no condenado.

Outra modalidade de revogação do livramento acontece quando sobrevém condenações por crimes praticados antes do período de prova do livramento condicional e o resultado da soma ou da unificação das penas não permite que o condenado permaneça em liberdade. Essa situação ocorre quando o condenado não atende mais ao requisito de ordem objetiva, ou seja, ao tempo exigido de cumprimento da nova pena total, que está definido no art. 83 do Código Penal. Nesse tipo de revogação, não há quebra de confiança, por isso o tempo de liberdade é computado como tempo de pena efetivamente cumprido. Além disso, o livramento poderá ser novamente pleiteado assim que a fração de pena exigida vier a ser efetivamente cumprida.

Incidentes quantitativos

Os incidentes quantitativos têm o condão de reduzir o tempo de cumprimento de pena do condenado e estão condicionados ao cumprimento dos requisitos legais. São eles: a comutação de pena, a remição e a detração.

Comutação de pena

A comutação de pena está prevista em decreto presidencial, o chamado decreto natalino, uma vez que é publicado anualmente, sempre no mês de dezembro. Implica o desconto de um percentual de pena do condenado. Cada decreto apresenta os requisitos para a obtenção da comutação de pena, só podendo ser aplicada quando não estiverem presentes os requisitos para a concessão do indulto natalino. Não se concede comutação de pena para condenados por crimes hediondos ou equiparados. Normalmente, além de ostentar bom comportamento carcerário, o condenado primário deve ter cumprido certo lapso temporal de pena.

Remição

A remição de pena está regulada no art. 126 da Lei nº 7.210/84 e estabelece que o condenado que cumpre pena nos regimes fechado e semiaberto poderá remir, por tempo de trabalho ou de estudo, parte do tempo de execução da pena. Assim, poderá remir ou abater um dia de pena a cada 12 horas de frequência escolar ou a cada três dias de trabalho. O trabalho que dá direito à remição pode ser tanto nas atividades internas da penitenciária, como cozinha, faxina ou atividades administrativas, como também o trabalho remunerado a partir da uma parceria público-privada com uma empresa que utiliza a mão de obra carcerária.

Merece destaque a discussão sobre a possibilidade ou não de perda dos dias já remidos após a prática de falta disciplinar de natureza grave, conforme previsão do art. 127 da LEP. Entende-se que a perda de dias remidos, quando a decisão que concedeu a remição já transitou em julgado, é inconstitucional, uma vez que ela violaria o direito adquirido e a coisa julgada. Esse entendimento tem sido corroborado pela jurisprudência. Marcão (2011, p. 231), entretanto, discorda desse entendimento. Para ele, "a perda dos dias remidos é consequência obrigatória" da prática de falta disciplinar grave. Argumenta, citando parte de um acórdão de 1997 do Tribunal de Alçada de São Paulo, que:

> [...] o benefício da remição foi criado como forma salutar de política criminal, para retirar os condenados da ociosidade do cárcere, premiando os bons presos e funcionando como um termômetro na disciplina interna dos presídios. Portanto, não é inconstitucional o art. 127 da Lei nº 7.210/84 ao determinar a perda dos dias remidos quando o condenado cometer falta considerada como grave, pois seria injusto tratar com igualdade os desiguais, remindo os dias trabalhados tanto dos faltosos como daqueles que se portam com boa conduta.

É importante destacar que a remição é concedida sempre em relação ao tempo de efetivo trabalho ou de estudo já realizado, referindo-se, portanto, ao passado. Pretender que após a concessão da remição esse direito adquirido seja retirado do apenado por falta disciplinar posterior certamente viola a coisa julgada. Além disso, a participação ativa do apenado em atividades de trabalho e de estudo deve ser sempre estimulada. Sabe-se que o ambiente prisional brasileiro é um lugar de extrema tensão e de violações constantes aos direitos fundamentais dos encarcerados; por isso, os conflitos são previsíveis. A remição não é um benefício, mas um direito público subjetivo para quem já o conquistou, independentemente do comportamento futuro no cárcere. É importante lembrar que as atividades laborativas nem sequer são remuneradas, a não ser quando executadas em parceria com a iniciativa privada, e, mesmo nesse caso, a remuneração percebida é de três quartos do salário mínimo, nos termos do art. 29 da LEP.

Incidentes extintivos

Os incidentes extintivos da execução promovem o esquecimento jurídico do ilícito ou a extinção da pena. Constituem "emanações da soberania do Estado", sendo eles: o indulto, a graça e a anistia (Marcão, 2011).

Indulto

Os requisitos para a obtenção de indulto são definidos anualmente e publicados no mês de dezembro, mediante decreto presidencial. Trata-se do chamado decreto natalino, por consistir em um direito concedido pelo Presidente da República. Os requisitos são variáveis, e as situações diversas, mas, como regra, nos decretos natalinos dos últimos anos, têm-se exigido bom comportamento carcerário (sempre atestado pelo diretor da casa prisional) e o cumprimento de metade da pena até a data do Natal, do ano da publicação do decreto, para os condenados reincidentes, e o cumprimento de um terço da pena, até a mesma data de referência, para os condenados primários. Não é admitida concessão de indulto para condenados por crimes hediondos e equiparados. Salienta-se que o indulto é coletivo e pode ser concedido de ofício, mas extingue somente a pena, embora esteja equivocadamente arrolado como causa de extinção da punibilidade no art. 107 do Código Penal.

Graça

Embora mencionada no art. 5º, XLIII, da Constituição da República, a graça não foi regulada na LEP, razão pela qual se entende que seria uma espécie de indulto individual condicionado à solicitação prévia do interessado. A competência para a concessão da graça é do Presidente da República, por meio da publicação de decreto de indulto individual, após tramitar o pedido no Ministério da Justiça. O procedimento completo para a solicitação da graça está previsto entre os arts. 734 e 742 do Código de Processo Penal (Brasil, 1941). A graça é um instituto previsto em lei, porém pouco utilizado na prática, justamente por ser individual e não coletivo, o que dificulta a construção de argumentos sólidos para sua obtenção. Os casos de condenados portadores de doenças graves em geral já estão contemplados pelos requisitos do indulto, e para os crimes hediondos e equiparados a graça não é permitida.

Anistia

A anistia consiste no esquecimento jurídico do ilícito, tendo por objeto fatos definidos como crimes e não indivíduos. Os crimes geralmente são de natureza política, militar ou eleitoral. É concedida por meio de lei de competência do Congresso Nacional, conforme determina o art. 84, VIII, da Constituição da República. A anistia pode ser total ou parcial, podendo ser concedida antes ou depois da condenação de alguém. Ela extingue "todos os efeitos penais, inclusive o pressuposto de reincidência, permanecendo, contudo, a obrigação de indenizar", não podendo ser revogada depois de concedida (Bitencourt, 2012, p. 862).

Para concluir, é possível afirmar que os profissionais da área da saúde mental têm um papel importante em diversos momentos do funcionamento do sistema de justiça. Participam do acompanhamento da trajetória prisional dos condenados, definem o grau de capacidade mental dos acusados em processo penal e realizam perícias a fim de contribuir para a produção da prova tanto no processo penal como nos processos das áreas de família e da infância e juventude.

Podem ser destacados dois grandes desafios que se impõem a esses profissionais. O primeiro diz respeito ao acolhimento dos indivíduos em situação de vulnerabilidade e sofrimento psíquico. O segundo refere-se ao desenvolvimento de uma linguagem acessível, capaz de contribuir para a melhor resolução dos conflitos que chegam ao Poder Judiciário.

REFERÊNCIAS

Bitencourt, C. R. (2012). *Tratado de direito penal: parte geral*. (17. ed.). São Paulo: Saraiva.

Bonavides, P. (2008). *Curso de direito constitucional* (22. ed.). São Paulo: Malheiros.

Brasil. (1940). *Decreto-lei nº 2.848, de 7 de dezembro de 1940*. Código Penal. Recuperado de http://www.planalto.gov.br/ccivil_03/Decreto-Lei/Del2848.htm

Brasil. (1941). *Decreto-lei nº 3.689, de 3 de outubro de 1941*. Código de Processo Penal. Recuperado de http://www.planalto.gov.br/ccivil_03/Decreto-Lei/Del3689.htm

Brasil. (1984). *Lei nº 7.210, de 11 de julho de 1984*. Institui a Lei de Execução Penal. Recuperado de http://www.planalto.gov.br/ccivil_03/leis/l7210.htm

Brasil. (1988). *Constituição da República Federativa do Brasil de 1988*. Recuperado de http://www.planalto.gov.br/ccivil_03/constituicao/constituicao.htm

Brasil. (1990a). *Lei nº 8.069, de 13 de julho de 1990*. Dispõe sobre o Estatuto da Criança e do Adolescente e dá outras providências. Recuperado de http://www.planalto.gov.br/ccivil_03/LEIS/L8069.htm

Brasil. (1990b). *Lei nº 8.072, de 25 de julho de 1990*. Dispõe sobre os crimes hediondos, nos termos do art. 5º, inciso XLIII, da Constituição Federal, e determina outras providências. Recuperado de http://www.planalto.gov.br/ccivil_03/Leis/L8072.htm

Brasil. (2010). *Lei nº 12.318, de 26 de agosto de 2010*. Dispõe sobre a alienação parental e altera o art. 236 da Lei nº 8.069, de 13 de julho de 1990. Recuperado de http://www.planalto.gov.br/ccivil_03/_ato2007-2010/2010/lei/l12318.htm

Falcón Caro, M. D. C. (2008). Realidad individual, social y jurídica de la mujer víctima de la violencia de género. In M. H. Moreno (Coord.), *Hostigamento y hábitat social: Una perspectiva victimológica* (pp. 24-45). Granada: COMARES.

Gesu, C. (2014). *Prova penal e falsas memórias* (2. ed.). Porto Alegre: Livraria do Advogado.

Gonçalves, V. C. (2015). Direito penitenciário: Reflexões e noções preliminares. In A. R. I. Silva (Org.), *Temas de direito penal, criminologia e processo penal* (pp. 71-90). Porto Alegre: Livraria do Advogado.

Gonçalves, V. C. (2016). Violência contra a mulher: Contribuições da vitimologia. *Sistema Penal e Violência*, 8(1), 38-52.

Lopes Jr. A. (2014). *Direito processual penal* (11. ed.). São Paulo: Saraiva.

Marcão, R. (2011). *Curso de execução penal* (9. ed.). São Paulo: Saraiva.

Oliveira, A. S. S. (1999). *A vítima e o direito penal: Uma abordagem do movimento vitimológico e de seu impacto no direito penal*. São Paulo: Revista dos Tribunais.

Pacelli, E., & Fischer, D. (2015). *Comentários ao Código de Processo Penal e sua Jurisprudência* (7. ed.). São Paulo: Atlas.

Reale, M. (2004). *Lições preliminares de direito* (27. ed.). São Paulo: Saraiva.

Supremo Tribunal Federal. (2006). Habeas corpus 82,959-7 São Paulo. *Diário de Justiça*, 01 de setembro de 2006. Ementário nº 2245-3. Recuperado de http://redir.stf.jus.br/paginadorpub/paginador.jsp?docTP=AC&docID=79206.

Supremo Tribunal Federal. (2009). Súmula 26. Para efeito de progressão de regime no cumprimento da pena por crime hediondo, ou equiparado, o juízo da execução observará a inconstitucionalidade do art. 2º da Lei 8.072, de 25 de julho de 1990, sem prejuízo de avaliar se o condenado preenche, ou não, os requisitos objetivos e subjetivos do benefício, podendo determinar, para tal fim, de modo fundamentado, a realização de exame criminológico. *Diário de Justiça Eletrônico*, de 23 dezembro de 2009. Recuperado de http://www.stf.jus.br/portal/jurisprudencia/menuSumario.asp?sumula=1271

LEITURA RECOMENDADA

Larrauri, E. (1990). *La herencia de la criminología crítica*. Madrid: Siglo Veintiuno.

2

DEMANDAS DE AVALIAÇÃO PSICOLÓGICA NO CONTEXTO FORENSE

Vivian de Medeiros Lago
Sarah Reis Puthin

A avaliação psicológica, independentemente da área e do contexto de atuação do profissional de psicologia, pode ser definida como um processo de investigação de fenômenos psicológicos, composto por diferentes procedimentos, técnicas e instrumentos, com o intuito de prover informações pertinentes com vistas a tomadas de decisão, em âmbito individual, grupal ou institucional, fundado em demandas, condições e finalidades específicas (Conselho Federal de Psicologia [CFP], 2018). Na Resolução nº 009/2018 do CFP estão dispostas diretrizes para a condução de uma avaliação psicológica, bem como a regulamentação do Sistema de Avaliação de Testes Psicológicos (Satepsi), sem discriminar um contexto específico. Depreende-se, a partir dessa normativa, que as orientações dispostas se aplicam ao processo de avaliação de forma mais ampla. Neste capítulo, será dado enfoque para o contexto forense, caracterizando as condições peculiares dessa área de atuação.

A prática da avaliação psicológica no contexto forense refere-se a um processo avaliativo dirigido a responder a demandas jurídicas específicas, relacionadas às múltiplas ações judiciais. Rovinski (2013) explica que, em geral, essas avaliações se dirigem a eventos definidos de forma mais restrita, relativas a uma demanda do sistema de justiça cível ou criminal. O objetivo primordial do processo avaliativo será, por meio do entendimento dos fenômenos psicológicos relativos ao caso, responder a uma demanda legal.

A partir da definição de avaliação psicológica no contexto forense, é importante destacar características específicas que diferenciam o trabalho do psicólogo clínico e do jurídico. Melton, Petrila, Poythress e Slobogin (1997) propuseram seis dimensões para discutir essa diferenciação: o escopo, a perspectiva do cliente, a voluntariedade e a autonomia, os riscos à validade, a dinâmica do relacionamento, o tempo e o *setting* da avaliação.

Segundo Rovinski (2013), no que se refere ao **escopo**, o objetivo final da avaliação forense será, por meio de uma compreensão psicológica do caso, responder a uma questão legal expressa pelo juiz ou por outro operador jurídico. A avaliação psicológica realizada no contexto forense busca traduzir os dados psicológicos levantados no processo avaliativo de forma a fazerem sentido para essa demanda legal. Por exemplo, podem-se citar as ações de disputa de guarda em que, a partir da compreensão das relações familiares e das necessidades da criança e/ou adolescente, o psicólogo contribui com o juiz, esclarecendo-lhe acerca de aspectos da dinâmica familiar e fornecendo um melhor embasamento para sua tomada de decisão.

Em relação à **perspectiva do cliente** e a **voluntariedade e autonomia,** Ramires (2006) observa que, nas avaliações forenses, o examinando tem participação central, não se tratando apenas de um "objeto de análise". O processo de avaliação envolve autoconhecimento, reflexão e questionamento por parte dos avaliados, podendo levar ao desenvolvimento da capacidade de autonomia, independência, discriminação e discernimento de sua participação e responsabilidade nos conflitos em questão. Dessa forma, os resultados dessa avaliação não terão um conteúdo inusitado ou alheio ao avaliado, uma vez que foram construídos, trabalhados e discutidos com o próprio examinando, maior interessado na questão em foco.

Os **riscos à validade** dos achados psicológicos estão presentes com maior frequência no contexto forense, podendo haver distorção consciente e intencional do periciado, visto que ele se preocupa com a "aprovação" ou "reprovação" em relação à matéria jurídica. Esse aspecto está diretamente relacionado à **dinâmica da relação entre o avaliador e o avaliado**, pois, conforme Rovinski (2014), é importante questionar e refletir sobre a motivação do examinando na participação no processo avaliativo. No contexto forense, diferentemente da clínica – em que a avaliação é buscada de modo autônomo, mesmo quando realizada por encaminhamento –, é um agente da Justiça que solicita que o sujeito se submeta à avaliação, e seu interesse em participar estará diretamente vinculado à demanda jurídica e às suas possíveis consequências. Nesse sentido, há maior probabilidade de haver examinandos resistentes e não colaborativos em avaliações forenses, com possibilidade de manifestação de condutas de simulação ou dissimulação. Para Shine (2005), trata-se de uma relação que opõe dois sujeitos – psicólogo e examinando –, a qual implica um terceiro – o operador do direito. Desse modo, considerando as características do processo avaliativo nessa área, a relação pode ser permeada por intenções de manipulação de informações, com o propósito de atingir ganho secundário.

É importante observar o **tempo** disponibilizado para a condução das avaliações forenses, que em geral é reduzido para realização dos procedimentos, e os prazos para a entrega do laudo são menores e estipulados pelo juízo. Essa questão diverge do contexto clínico, no qual, em geral, se dispõe de maior tempo para realização do processo, com possibilidades de reavaliação (Rovinski, 2013). Ao passo que uma avaliação clínica costuma levar em torno de dois a três meses para ser concluída, na nossa experiência, a maioria das perícias tem o prazo entre 15 e 60 dias para ser finalizada.

Considerando o *setting* desse contexto, o avaliador ocupa um lugar mais distante e atua de forma mais incisiva, com limites no que tange à confidencialidade e ao sigilo. Essa relação costuma estabelecer-se de forma distinta no âmbito clínico, em que examinador e examinando estabelecem uma relação baseada na confidencialidade, no bem-estar e no melhor interesse deste último. No contexto forense, a percepção que o examinando tem do examinador nem sempre será a de um profissional que está no papel de ajudá-lo (Rovinski, 2013). Nesse sentido, Shine (2005) refere que se pode esperar certa dose de desconfiança e distanciamento como componentes do vínculo de trabalho nesse contexto, e enfatiza a importância da ética e da transparência quanto à posição que o psicólogo assume em avaliações forenses. Pode-se usar como exemplo uma ação trabalhista em que o autor solicita indenização por danos psíquicos. É necessário trabalhar com a possibilidade de que o avaliado apresente alguns sintomas de forma exagerada ou até mesmo forjada, no intuito de evidenciar claramente no exame psicológico os danos que alega estar sofrendo em decorrência de evento ocorrido em seu local de trabalho. Nesses casos, o psicólogo não costuma ser visto, pelo avaliado, como um profissional que está ali para ajudar a aliviar seu sofrimento psíquico. Habitualmente é visto como um representante do Poder Judiciário, que está ali para "aprovar" ou não seu pedido.

Além das diferenças apontadas por Melton e colaboradores (1997), Rovinski (2013) pontua, ainda, as características da metodologia, o estabelecimento de um diagnóstico e o preparo do profissional para responder às demandas do Judiciário. Quanto à **metodologia** empregada nas avaliações, a referida autora, ao comparar os âmbitos clínico e forense, diz que ambos têm em comum o foco de interesse – relativo ao estado mental do avaliando –, bem como o processo em si, visto que, quanto às técnicas utilizadas, o processo de avaliação forense não seria diferente, pois se refere a procedimentos e instrumentos de avaliação psicológica.

Segundo Huss (2011), os métodos usados nas avaliações forenses estão baseados nos mesmos métodos usados nas avaliações clínicas, consistindo em entrevistas, testagem psicológica e coleta de informações de arquivos e de terceiros, entre outros procedimentos de avaliação. Porém, para o autor, no contexto forense, esses métodos assumem importância adicional devido às implicações e ao alcance da avaliação. Rovinski (2014, p. 21) enfatiza que a avaliação psicológica no contexto forense exige "[...] adaptação dos procedimentos para não se incorrer em condutas antiéticas". Nessa perspectiva, a autora destaca que a avaliação precisa ultrapassar a visão exclusiva do avaliando e também de pessoas que o acompanham, para confirmá-la com outros dados de realidade, motivo pelo qual as avaliações devem incluir fontes variadas de informação e de métodos. Essas estratégias permitem qualificar a avaliação, contribuindo para maior fidedignidade dos achados.

Há diferenciação entre os contextos clínico e forense no que diz respeito ao **diagnóstico**. Enquanto na clínica o diagnóstico é um aspecto primário, e a avaliação é dirigida a uma compreensão mais dinâmica e completa do sujeito, no contexto forense, conforme Rovinski (2013), a avaliação psicológica dirige-se a eventos definidos de forma mais restrita, ou de foco não clínico, voltados sempre para a questão legal. Assim, o diagnóstico e a identificação da demanda para tratamento psicológico, os quais podem ser elementos relevantes para o entendimento do caso, não se caracterizam como resposta final do trabalho avaliativo – característica da avaliação clínica –, visto que devem ser orientados quanto às conclusões e às repercussões para a demanda legal. No contexto clínico, o estabelecimento de um diagnóstico diferencial é relevante para definir prognóstico e forma de tratamento. No âmbito forense, um diagnóstico apenas será relevante se trouxer implicações à demanda judicial. Em uma ação de interdição, por exemplo, um diagnóstico de demência poderá revelar-se crucial para responder ao questionamento sobre a capacidade do sujeito para responder por seus atos da vida civil (estabelecer contratos, realizar negócios, testemunhar).

Por fim, destacamos o **preparo do profissional** para responder às demandas do Judiciário, que está atrelado, entre outras questões, à formação continuada para trabalhar nesse contexto. Deve-se manter atualizado em relação aos instrumentos, protocolos e testes psicológicos que são traduzidos, adaptados ou construídos para a realidade brasileira, buscando os procedimentos mais adequados e validados para cada situação de demanda apresentada. É importante relembrar a necessidade de elaboração de documentos claros, objetivos e bem fundamentados em termos técnicos e científicos, os quais respondam às demandas apresentadas pelo juiz.

PRINCIPAIS DEMANDAS DE AVALIAÇÃO PSICOLÓGICA FORENSE

Apontadas as principais características da avaliação no contexto forense e as diferenças do contexto clínico, a seguir serão apresentadas as possibilidades de demandas nessa área. Não serão abordadas as diferenças entre o trabalho do assistente técnico e do perito, pois essas informações estão dispostas no Capítulo 3. Serão apresentadas e discutidas situações mais frequentes de avaliação que chegam ao psicólogo, independentemente do papel que ocupa (perito oficial nomeado pelo juiz, assistente técnico contratado por uma das partes ou psicólogo avaliador que desenvolverá trabalho para possivelmente instruir ação judicial). As demandas foram divididas entre os contextos cível e criminal.

AVALIAÇÃO PSICOLÓGICA NO CONTEXTO CÍVEL

Com o objetivo de melhor compreender em que momento uma avaliação psicológica pode ser solicitada no contexto forense, é importante conhecer como se dá o rito de um processo na esfera cível. De acordo com o Novo Código de Processo Civil (NCPC) (Brasil, 2015), as etapas de um processo civil são: petição inicial, audiência de conciliação ou mediação, contestação, réplica, audiência de instrução e julgamento, sentença.

O art. 319 do NCPC estabelece que a petição inicial deverá indicar o fato e os fundamentos jurídicos do pedido, bem como as provas que serão apresentadas pelo autor para demonstrar a verdade dos fatos alegados. Em seguida, em seu art. 320, dispõe que a inicial será instruída com os documentos indispensáveis à propositura da ação. Nessa primeira fase processual, é vislumbrada a possibilidade de solicitação da perícia psicológica como uma das provas que o autor enseja comprovar a veracidade dos fatos expostos. A redação do art. 320, por sua vez, permite a juntada de laudo psicológico como um documento que instruirá a ação, ou seja, que contribuirá para fundamentar o pedido do autor. A seguir, um exemplo dessa situação: uma pessoa que almeja ingressar com ação de indenização por dano psíquico contra um médico que realizou procedimentos estéticos em seu rosto. A paciente, nesse caso, alega ter desenvolvido um quadro depressivo em decorrência das deformidades evidenciadas em sua face a partir da intervenção estética. Para melhor embasar sua ação, o advogado poderá solicitar-lhe documento que ateste a depressão que a autora da ação refere apresentar. Nesse caso, o psicólogo não exerce o papel de perito oficial, e sua avaliação não constitui prova, entretanto, auxilia na instrução da ação judicial.

Cabe aqui uma observação muito relevante em termos de ética profissional do psicólogo que é demandado para esse tipo de avaliação. Ao estabelecer o contrato de trabalho com a parte que apresenta a demanda, faz-se necessário esclarecer como conduzirá seus procedimentos, deixando explícito o não condicionamento do resultado ao que o cliente espera, e sim aos achados que, de fato, forem levantados por meio do processo de avaliação psicológica. Dessa forma, o cliente tem a opção de juntar ou não aos autos o laudo psicológico recebido.

Prosseguindo com a organização do rito processual, uma vez apresentada a petição inicial, procede-se à audiência de conciliação ou mediação, visando à tentativa de um acordo e, com isso, ao término do processo judicial. Caso haja autocomposição entre as partes, o acordo é homologado. Se não houver acordo, dá-se seguimento à ação judicial, com a apresentação da contestação do réu. Nessa peça processual, o procurador do réu (assim como já o fez o do autor na inicial) poderá especificar as provas que pretende produzir, entre elas a perícia psicológica.

Após, há a fase de réplica, em que o autor pode manifestar-se sobre os documentos anexados à contestação. A partir daí, será designada audiência de instrução e julgamento, para produção das provas (testemunhais, documentais e periciais). Nesse momento, especialmente em processos que envolvem crianças e adolescentes, é frequente a determinação de perícias sociais, psicológicas e, de forma eventual, psiquiátricas, que têm o objetivo de atender ao princípio do melhor interesse da criança e que são geralmente determinadas em processos de destituição do poder familiar, adoção, guarda e alienação parental. Contudo, há ações judiciais que não envolvem menores de idade e em que perícias psicológicas são determinadas, como, por exemplo, as ações de assédio moral e de interdição.

Diante da apresentação das provas, o juiz reúne os argumentos para formação de seu convencimento e, assim, profere sua sentença. É necessário que sua decisão seja fundamentada, motivo pelo qual muitas vezes recorre a trechos de laudos psicológicos para justificar sua sentença, a qual põe fim ao processo na primeira instância. Posteriormente, essa decisão poderá ser revista, na chamada fase recursal, em que a sentença será reanalisada em segunda instância.

A seguir, serão abordadas as demandas psicológicas mais comuns na área cível. Nas

Varas da Infância e Juventude, as ações em que o psicólogo é frequentemente solicitado a atuar são aquelas que envolvem estabelecimento de medida protetiva, destituição do poder familiar e habilitação para adoção.

O art. 5º do Estatuto da Criança e do Adolescente (ECA) (Brasil, 1990) determina que nenhuma criança ou adolescente será objeto de qualquer forma de negligência, discriminação, exploração, violência, crueldade e opressão, punido na forma da lei qualquer atentado, por ação ou omissão, aos seus direitos fundamentais. Portanto, o psicólogo que atua nas Varas da Infância e Juventude pode ser solicitado a atuar em processos que envolvam estabelecimento de medida protetiva, com o objetivo de garantir que as crianças e os adolescentes sejam afastados daqueles que, em alguma medida, violam o disposto no art. 5º do ECA. As medidas protetivas incluem o acolhimento institucional, a colocação em família substituta e, ainda, podem configurar ações de destituição do poder familiar, as quais buscam investigar a capacidade dos genitores para cuidar dos filhos e podem resultar na ruptura temporária ou permanente dos vínculos entre estes.

A equipe interprofissional da Justiça da Infância e da Juventude e de toda a rede de proteção (como os conselhos tutelares) realiza estudos sobre as condições socioeconômicas, culturais e afetivo-emocionais dos genitores e da família de origem, avaliando as possibilidades destes de permanecer ou reassumir seu(s) filho(s). Essas avaliações, as quais incluem a participação de assistentes sociais, psicólogos e psiquiatras, contribuem para subsidiar as decisões do Ministério Público e magistrados (Eidt, 2016). A necessidade dessas avaliações está fundamentada no art. 19, § 1º, do ECA (Brasil, 1990, documento *on-line*), que dispõe:

> toda criança ou adolescente que estiver inserido em programa de acolhimento familiar ou institucional terá sua situação reavaliada, no máximo, a cada 3 (três) meses, devendo a autoridade judiciária competente, com base em relatório elaborado por equipe interprofissional ou multidisciplinar, decidir de forma fundamentada pela possibilidade de reintegração familiar ou pela colocação em família substituta, em quaisquer das modalidades previstas no art. 28 desta lei.

As crianças e os adolescentes cujo poder familiar dos genitores foi destituído poderão ser adotados. Para esse processo de adoção, são identificadas duas perspectivas de atuação do psicólogo: aquele que auxilia no trabalho de preparação para adoção, junto às crianças acolhidas, e aqueles profissionais que atuam diretamente no Juizado da Infância e da Juventude, no processo de habilitação dos candidatos à adoção. A avaliação desses candidatos comumente abrange entrevistas, visita domiciliar e testes, objetivando examinar aspectos como história pregressa, motivação para adotar, personalidade e maturidade, expectativas em relação ao filho e condições de exercer a parentalidade (Pelisoli & Oliveira Jr, 2016).

Nas Varas de Família, as ações que envolvem crianças e adolescentes em geral exigem a participação do psicólogo, com o propósito de contribuir com informações sobre a dinâmica familiar para melhor definição do tipo de guarda e da regulamentação do direito de convivência. Estas, por sua vez, podem envolver investigações sobre a existência de quadros de alienação parental. São evidenciadas como frequentes as ações para reconhecimento de paternidade socioafetiva, fundamentadas no art. 1.593 do Novo Código Civil (NCC) (Brasil, 2002), que dispõe que o parentesco é "natural ou civil, conforme resulte de consanguinidade ou outra origem".

Nesse contexto, é importante que o avaliador busque compreender a dinâmica do ex--casal, bem como avaliar o desenvolvimento da criança e seus vínculos com os genitores (Castro, 2003). Entre os procedimentos habitualmente utilizados nesse âmbito, podem-se citar: entrevistas, visitas à escola e às residências dos pais, Casa-Árvore-Pessoa (HTP), Teste de Rorschach, Desenho da Figura Humana (Lago & Bandeira, 2008), Inventário de Estilos Parentais (IEP), Teste de Apercepção Temática Infantil – Figuras Animais (CAT-A) e Sistema de

Avaliação do Relacionamento Parental (SARP) (Magnus & Lago, no prelo).

As avaliações que envolvem análise da suspeita de alienação parental com frequência abarcam acusações de abuso sexual, em uma interface entre direito cível e criminal. Nessas situações, é importante averiguar se há recusa da criança em conviver com um dos genitores e se essa recusa é justificada por motivos reais (p. ex., práticas educativas inadequadas, alcoolismo, drogadição, maus-tratos). Caso não sejam encontrados motivos reais, a hipótese de alienação parental tem mais chances de ser corroborada (Gomide & Matos, 2016).

Nas Varas Cíveis, podem ser citadas as ações que envolvem interdição e dano psíquico. A ação de interdição requer investigação da capacidade civil de fato do avaliado, a qual envolve aptidão de exercer por si os atos da vida civil, como administração dos bens, capacidade de testemunhar, contrair matrimônio (Serafim & Saffi, 2014). O art. 750 do NCPC (Brasil, 2015) exige a juntada do laudo médico para fazer prova de suas alegações, ou informar a impossibilidade de fazê-lo. Miranda Júnior (1998) aponta que muitos diagnósticos implicam incapacidade de manejar problemas práticos da vida cotidiana, como o valor dos objetos, a inserção em um trabalho produtivo, etc. Como exemplos, é possível citar os indivíduos com síndrome de Down, esquizofrenia, demência, entre outros diagnósticos.

O art. 753 do NCPC versa sobre a produção de prova pericial para avaliar a capacidade do interditando, trazendo em seu § 2º a possibilidade de indicar para quais atos deverá haver a curatela. Dessa forma, entende-se que a interdição, em termos de capacidade civil, pode ser parcial ou total, e em termos do motivo da interdição, pode ser temporária ou permanente. A avaliação do especialista deve contribuir para essas definições. Serafim e Saffi (2014) destacam a importância de investigar os principais modificadores da capacidade civil, quais sejam: biológicos, sociais, acidentais, idade, civilização e educação, emoção e embriaguez. Entre os modificadores psicopatológicos, os autores elencam: deficiência intelectual, síndromes demenciais e psicóticas, transtornos do humor graves, dependências químicas e transtornos do controle de impulsos.

Ações de dano psíquico, na esfera cível, demandam um agente causador do dano, um sujeito que sofreu o dano, um nexo causal entre ambos e um pedido de indenização pelo dano sofrido (Rovinski, 2013). O dano psíquico é caracterizado como uma doença psíquica adquirida a partir de um evento traumático que tenha resultado em prejuízo das aptidões psíquicas prévias e que tenha caráter irreversível ou de longa duração (Evangelista & Menezes, 2000). Portanto, as avaliações nessa área envolvem a necessidade de levantar as condições pré-mórbidas da pessoa, identificar a presença real ou não dos danos psicológicos e o consequente estabelecimento de uma relação causal entre o fator traumático e os danos apresentados (Rovinski, 2013).

Existem, ainda, as demandas de avaliação psicológica decorrentes do direito do trabalho, em que estão implicadas as relações entre o empregado e o empregador. Nesse contexto, podem surgir ações de dano psíquico relacionado ao trabalho, bem como assédio sexual e assédio moral (Christ, 2016). Para essas avaliações, é importante que o psicólogo busque evidências de danos relacionados às condições de trabalho (Cruz & Maciel, 2017), considerando o contexto profissional (ambiente laboral, clima organizacional, relacionamento entre colegas, exposição a riscos), buscando identificar se há ligação entre o dano e a ação praticada pelo empregador (Christ, 2016).

AVALIAÇÃO PSICOLÓGICA NO CONTEXTO CRIMINAL

A área do direito que se dedica ao delito pode ser chamada de direito criminal ou direito penal, sendo este último o termo mais usado na atualidade. A expressão *direito penal* designa duas entidades diferentes: como campo, o conjunto de leis penais; como saber, o sistema de interpretação dessas leis (Zaffaroni & Pierangeli, 2018). No que concerne ao campo, pode-se definir o direito penal como "[...] o conjunto de normas jurídicas que preveem os crimes e lhes cominam sanções, bem como disciplinam a incidência e a validade de tais normas, a estrutura geral do crime e a aplicação e execução das sanções cominadas" (Batista, 2011, p. 24).

Ainda conforme Batista (2011), outros conjuntos de normas se encontram ligados também ao direito penal, como o direito processual penal, a Lei de Execução Penal (LEP), entre outros. O *sistema penal*, por sua vez, é o conjunto de instituições que se encarregam de realizar o direito penal, como a instituição policial, a judiciária e a penitenciária. Zaffaroni e Pierangeli (2018) definem o sistema penal como um controle social punitivo institucionalizado, que atua desde a ocorrência (ou suspeita de ocorrência) de um delito até a execução da pena.

No contexto jurídico criminal, a avaliação psicológica pode ser demandada em diferentes momentos da ação criminal, conforme motivos e objetivos diversos. Nesse cenário, a demanda por avaliação psicológica, em geral, inclui o interesse no comportamento e na personalidade do agente (suspeito) do crime e nos possíveis impactos psicológicos vividos pelas vítimas dessas experiências. Dessa forma, no que tange às demandas para avaliação psicológica, o psicólogo pode realizar avaliações tanto de vítimas – de diferentes tipos de crimes – como de indivíduos suspeitos ou condenados por um crime.

Quanto às perícias, relativas à ação criminal, o Código de Processo Penal (CPP) prevê a perícia como meio de prova, a qual deverá ser realizada por perito oficial (art. 159) (Brasil, 1941). Contudo, diferentemente das normativas de processo do âmbito cível, neste faltam diretrizes e discriminação quanto à prática das perícias conforme a realidade processual brasileira. O que se percebe na prática é uma variabilidade quanto aos procedimentos relativos ao requerimento de provas periciais, especialmente de perícias psicológicas.

Como exposto, a avaliação psicológica pode ser demandada e realizada em diferentes estágios no contexto criminal, podendo ocorrer na fase de investigação do crime, no âmbito do inquérito policial; na esfera judicial, no estágio do processo penal; e na fase de execução da pena. Por isso, para atuar no contexto jurídico criminal, é imprescindível ao profissional de psicologia o conhecimento básico da organização do sistema penal brasileiro e das instituições e etapas que o compõem.

No âmbito do sistema de justiça criminal brasileiro, nas etapas investigativa e processual, a avaliação psicológica de pessoas suspeitas de um crime não é frequentemente realizada por psicólogos, sendo mais comum, nesses estágios, a demanda por avaliação psicológica de vítimas de diferentes tipos de crime, em sua maioria envolvendo situações de violência. Cabe enfatizar que as demandas são diferentes conforme a etapa da ação criminal, visto que na fase investigativa e processual são mais comuns avaliações relativas às vítimas e, na fase de execução penal, as avaliações de agentes do crime.

Na atualidade, pode-se referir que, no Brasil, a principal demanda para avaliação psicológica no contexto criminal constitui a avaliação de crianças e adolescentes vítimas de diferentes tipos de violência, com ênfase em casos de suspeita de abuso sexual. Esse tipo de crime dificilmente dispõe de outros meios de prova, em especial de evidências físicas, sendo a avaliação psicológica importante para auxiliar na identificação de indicativos psíquicos quanto a uma possível vivência de violência.

Desse modo, as perícias psicológicas e as demais avaliações realizadas nas situações de suspeita de abuso sexual contra crianças e adolescentes constituem uma das principais demandas de avaliação na área. Conforme enfatizam diferentes autores, a atuação demandada ao profissional de psicologia tem como foco confirmar a ocorrência da violência como prova no processo, e não avaliar impactos sofridos pela criança ou adolescente diante da experiência traumática (Gava, Pelisoli, & Dell'Aglio, 2013; Rovinski, 2014). A avaliação psicológica deve ocorrer dentro dos limites teóricos e técnicos e, principalmente, éticos. Desse modo, devido aos limites da ciência psicológica, o psicólogo estaria inabilitado a afirmar ou negar categoricamente a ocorrência do abuso (Gava et al., 2013) ou mesmo de outras formas de violência.

Nesses processos, a avaliação da criança, suposta vítima, é dirigida ao e pelo profissional de psicologia para "[...] o levantamento de indicadores indiretos que possam ser associados a vivências traumáticas, de modo a permitir inferências a fatos que tenham ocorrido na vida real" (Rovinski, 2014, p. 22). Essa autora alerta para os riscos de se utilizarem os diferentes indicadores – os quais podem ser de conduta, sintoma ou verbalização, entre outros – de forma independente e apartada, sem inserção e interface destes com o histórico de vida da criança, da revelação e da denúncia.

Gava e colaboradores (2013) destacam que, nas avaliações de suspeita de abuso sexual infantojuvenil, cabe ao psicólogo avaliador ter conhecimento das técnicas e estratégias utilizadas e pertinentes ao caso e realizar um parecer abrangente e compreensivo, baseando-se não em informações e fatores isolados, mas na integração de diferentes fontes de dados pertinentes à demanda. As autoras ressaltam duas principais dificuldades com as quais o avaliador forense se depara na realização de perícias de suspeita de abuso sexual: "[...] a avaliação de possíveis danos psíquicos e a avaliação da credibilidade do relato da suposta vítima" (Gava et al., p. 143).

É importante explicitar que a avaliação psicológica em casos de suspeita de abuso sexual contra crianças e adolescentes pode ser demandada tanto na etapa investigativa, com vistas ao inquérito policial, quanto na fase processual, sendo requerida no decorrer do processo. Nesse trâmite, o psicólogo pode atuar como perito, na fase investigativa ou processual, ou realizar uma avaliação conforme solicitação das partes. Cabe referir também, quando se trata dessa demanda, que geralmente requer-se avaliação da (suposta) vítima, mas também pode ser requisitada a avaliação de pessoa suspeita pelo crime, conforme os objetivos e o transcorrer da ação penal.

No contexto forense-criminal, outra demanda para avaliação psicológica constitui-se por exames de pessoas em situações de violência, como, por exemplo, mulheres vítimas de violência doméstica e familiar. Na atualidade, são pouco frequentes os requerimentos por avaliações psicológicas nesses processos, mas pode-se afirmar que a demanda está presente e que crescem, a cada ano, as nomeações de perito psicólogo em processos da Lei nº 11.340/06 – Lei Maria da Penha, por exemplo. Na esfera das demandas jurídico-penais, outros tipos de processo que podem requerer perícia psicológica da suposta vítima, como aquelas envolvendo pessoas em acidentes de trânsito ou no trabalho, entre outras demandas do contexto criminal.

Destacam-se, por exemplo, as avaliações de dano psíquico de vítimas de violência, bem como avaliações quanto a sintomas e transtornos mentais decorrentes. É importante ressaltar que, nessas avaliações, o psicólogo deve atentar não apenas ao diagnóstico psicológico, mas também verificar se este está relacionado à vivência da violência foco do processo, porque, em avaliações forenses com fins diagnósticos de vítimas de crime, o transtorno diagnosticado deve estar associado à experiência violenta vivida. Cabe enfatizar também que as avaliações de dano psíquico são realizadas tanto no contexto cível como criminal, porém o foco, em processos penais, recai sobre a verificação da ocorrência do fato delitivo e, quando cabível, a confirmação da autoria do crime.

No que tange às demandas para avaliação psicológica no contexto criminal, conforme citado anteriormente, a avaliação de suspeitos e acusados de crimes não é comum em casos gerais, não constituindo prática corrente o requerimento de avaliação psicológica de suspeitos na fase investigativa, ou do réu na fase processual penal. Nesta, é instituída a prática da perícia psicológica em casos de verificação de imputabilidade penal e responsabilidade criminal e, no âmbito de execução penal, avaliações realizadas no contexto prisional ou de medida de segurança. Nesse sentido, Lago, Amato, Teixeira, Rovinski e Bandeira (2009) frisam o papel dos profissionais de psicologia junto ao sistema penitenciário e aos institutos psiquiátricos forenses.

Quando se propõe discutir e refletir acerca da imputabilidade penal, é imprescindível reforçar seu entendimento na lei criminal, com vistas a compreender como se constitui a demanda para a psicologia. Conforme o art. 26

do Código Penal, "[...] é isento de pena o agente que, por doença mental ou desenvolvimento mental incompleto ou retardado, era, ao tempo da ação ou da omissão, inteiramente incapaz de entender o caráter ilícito do fato ou de determinar-se de acordo com esse entendimento" (Brasil, 1940). A ênfase da avaliação psicológica – a qual se constitui como procedimento auxiliar na avaliação da imputabilidade, visto que a avaliação principal é realizada pela psiquiatria – recairá sobre o diagnóstico de transtorno mental e, principalmente, sobre as condições psíquicas do sujeito, no momento da ação. No art. 149 do CPP está previsto o procedimento de *exame mental* do acusado, o qual refere que, "[...] quando houver dúvida sobre a integridade mental do acusado, o juiz ordenará, [...] seja este submetido a exame médico-legal" (Brasil, 1941). Portanto, está previsto em lei o exame psiquiátrico do acusado para fins de avaliação da imputabilidade penal, contudo, não consta normativa quanto à avaliação psicológica, sendo considerada, quando solicitada, um procedimento auxiliar ao exame médico-legal.

Quando se trata de avaliação psicológica de agressores e de acusados de diferentes tipos de crime, ela é frequentemente identificada no âmbito da execução da pena, conforme prevê a Lei nº 7.210/1984 – LEP (Brasil, 1984), sendo menos recorrentes as demandas para avaliação psicológica nas etapas investigativa e processual. São previstas na LEP avaliações de foco psíquico, contudo não relativas à psicologia – mas relacionadas, principalmente, à psiquiatria –, tanto para indivíduos cumprindo medidas privativas de liberdade como em cumprimento de medida de segurança.

No cumprimento de medida de segurança, a LEP refere os exames a serem realizados nos Hospitais de Custódia e Tratamento Psiquiátrico, destinados aos inimputáveis e aos semi-imputáveis, e especifica que: "[...] o exame psiquiátrico e os demais exames necessários ao tratamento são obrigatórios para todos os internados" (Brasil, 1984). A lei não prevê a realização de avaliações por parte da psicologia, mas estas são realizadas como exames complementares no tratamento psiquiátrico nesse contexto.

No que tange ao cumprimento de medida privativa de liberdade, está prevista na LEP a realização do *exame criminológico*, sendo disposto que o condenado ao cumprimento de pena privativa de liberdade em regime fechado "[...] será submetido a exame criminológico para a obtenção dos elementos necessários a uma adequada classificação e com vistas à individualização da execução" (Brasil, 1984), sendo o exame facultativo para o condenado em regime semiaberto. Dispõe-se, na lei citada, que esse exame será realizado pela Comissão Técnica de Classificação, existente em cada estabelecimento penal, a qual deverá ser composta, no mínimo, por dois chefes de serviço, um psiquiatra, um psicólogo e um assistente social (Brasil, 1984), sendo os exames realizados em conjunto pela equipe técnica. A partir da reforma da LEP pela Lei nº 10.792/2003, o *exame criminológico* para fins de progressão da pena deixou de ser previsto, permanecendo somente com o intuito de orientar a individualização da execução penal (art. 5º) no início do cumprimento da medida privativa de liberdade, o que não ocorre na prática.

Cabe enfatizar que os *exames criminológicos* previstos na LEP não têm aprovação do CFP do modo como são orientados, pois estes são propostos com vistas à previsão de comportamento criminoso, com base em exames psicológicos, o que é considerado inexecutável dentro dos princípios científicos e técnicos da psicologia. A Resolução CFP nº 012/2011, que regulamentava a atuação do psicólogo no âmbito do sistema prisional, foi suspensa pelo Ministério Público em 2015. Desse modo, em substituição à Resolução suspensa, foi construído um parecer técnico sobre a atuação do psicólogo na esfera do sistema prisional, com base em argumentos, legislações, teorias e no Código de Ética do Psicólogo, em que são propostas reflexões e críticas quanto à demanda de atuação dos psicólogos no contexto das prisões brasileiras e, especialmente, a realização de exames criminológicos como algo próprio à psicologia. O CFP destaca que esse exame não pode ser confundido com a avaliação psicológica (CFP, 2016). Apesar das críticas e das recomendações do Conselho e das controvérsias em torno desse modelo de exame, é importante referir que são requeridas avaliações por parte da psicologia nesse contexto e que muitos psicólogos realizam esses exames nos estabelecimentos penais do País.

Pelo exposto, pode-se referir que, no contexto jurídico criminal brasileiro, as principais demandas para avaliação psicológica, na atualidade, estão dirigidas a pessoas vítimas de violência, com ênfase em avaliações envolvendo crianças e adolescentes em situação de violência sexual, psicológica e/ou física. Contudo, cabe enfatizar que na maioria dos casos e dos processos criminais, no Brasil, não são solicitadas avaliações psicológicas, mesmo de vítimas de violência, sendo estas realizadas somente em casos específicos, especialmente relativos à necessidade de prova pericial devido à ausência ou à escassez de outros tipos de prova.

A avaliação psicológica pode ser uma importante atuação do profissional de psicologia na garantia de direitos no âmbito do sistema de justiça penal. É importante destacar os desafios das avaliações psicológicas realizadas no contexto jurídico criminal, tais como os curtos prazos para a realização dos procedimentos avaliativos e elaboração do laudo, bem como a ausência de normativas específicas conforme os diferentes casos e o próprio déficit de instrumentos psicológicos específicos para esse fim. Também é imprescindível a realização de avaliações psicológicas com fundamentos científicos, com procedimentos teóricos e técnicos validados pela ciência psicológica, bem como conduta ética por parte do profissional de psicologia na prática em avaliações forenses.

CONSIDERAÇÕES FINAIS

Este capítulo teve como objetivo discorrer acerca de algumas especificidades da avaliação psicológica no contexto forense, discutindo as principais diferenças em relação ao contexto clínico. Foram abordadas, ainda, as demandas mais frequentes solicitadas ao psicólogo, a partir de juízes e/ou advogados, nas áreas cível e criminal. Cabe, por fim, mencionar alguns aspectos sobre a redação dos documentos produzidos a partir de tais demandas.

Desde o momento inicial da apresentação de uma demanda de avaliação, deve-se ter em mente quem é o destinatário desse trabalho. A fonte de encaminhamento, bem como a finalidade da avaliação, influenciará a organização do processo avaliativo, a seleção dos procedimentos e, especialmente, a sistematização e a redação dos resultados no laudo psicológico. Uma demanda advinda de um juiz, por exemplo, permitirá ao psicólogo ter acesso a ambas as partes (autor e réu) diretamente envolvidas, assim como acesso a terceiros e até mesmo a documentos fornecidos por instituições, facilitado pela formalidade do ordenamento jurídico. Esse tipo de avaliação diferirá daquela que é solicitada apenas pela parte e se encontra limitada em suas conclusões por se constituir em uma avaliação parcial. A disposição de todos os procedimentos utilizados, a partir de diferentes métodos e diferentes informantes, no documento psicológico deverá levar em conta quais são as informações relevantes para subsidiar a tomada de decisão judicial, objetivo principal desse trabalho.

Em outras situações, em que a demanda advém de advogados, ou diretamente das pessoas que têm a intenção de ingressar com uma ação, ou de juntar aos autos documento psicológico que as favoreça, a organização do trabalho pode diferenciar-se ligeiramente. Nesse contexto, nossa avaliação é, na maioria dos casos, unilateral, no sentido de que o contrato é estabelecido apenas com uma das partes. Muitas vezes, ainda que façamos contato e solicitemos a participação da outra parte no processo avaliativo, esta pode recusar-se (muitas vezes orientada por seu advogado), alegando que se trata de um trabalho parcial e, portanto, não há obrigatoriedade de participar. Nessas situações, é sugerido ao psicólogo avaliador que registre em seu documento a tentativa de contato com a outra parte para participação na avaliação, explicando o porquê de esta não se ter efetivado. Ainda, no laudo, é orientado que se destaque o fato de ser uma avaliação unilateral e, portanto, limitada no que tange a conclusões.

Independentemente de quem encaminha a avaliação, existem cuidados éticos que são importantes de relembrar, como a clareza e a eficácia na comunicação. Tendo em vista que esses documentos psicológicos serão lidos não apenas por psicólogos (assistentes técnicos), mas também por juízes, advogados e promotores, faz-se necessário evitar jargões, e, caso haja a utilização de termos técnicos muito específicos, estes devem vir acompanhados de uma explicação.

É importante a observação de recorrer à supervisão com um colega mais experiente para aqueles casos mais complexos ou que despertem insegurança no avaliador. A discussão do caso qualifica o trabalho e, consequentemente, a escrita do laudo. Por fim, é destacado que as demandas aqui apresentadas não esgotam as possibilidades de atuação nas áreas cível e criminal. Há demandas, inclusive, que transpassam essa divisão didática, como as denúncias de abuso sexual e alienação parental, que ocorrem nas Varas de Família, mas adentram a esfera criminal. A psicologia jurídica é uma área em constante expansão, e novas demandas vêm surgindo, a exemplo das ações de reconhecimento de paternidade socioafetiva e de assédio moral.

REFERÊNCIAS

Batista, N. (2017). *Introdução crítica ao direito penal brasileiro* (12. ed.). Rio de Janeiro: Revan.

Brasil. (1940). *Decreto-lei nº 2.848, de 7 de dezembro de 1940. Código Penal.* Recuperado de http://www.planalto.gov.br/ccivil_03/Decreto-Lei/Del2848.htm

Brasil. (1941). *Decreto-lei nº 3.689, de 3 de outubro de 1941. Código de Processo Penal.* Recuperado de http://www.planalto.gov.br/ccivil_03/Decreto-Lei/Del3689.htm

Brasil. (1984). *Lei nº 7.210, de 11 de julho de 1984. Institui a Lei de Execução Penal.* Recuperado de http://www.planalto.gov.br/ccivil_03/leis/l7210.htm

Brasil. (1990). *Lei nº 8.069, de 13 de julho de 1990. Dispõe sobre o Estatuto da Criança e do Adolescente e dá outras providências.* Recuperado de http://www.planalto.gov.br/ccivil_03/LEIS/L8069.htm

Brasil. (2002). *Lei nº 10.406, de 10 de janeiro de 2002. Institui o Código Civil.* Recuperado de http://www.planalto.gov.br/ccivil_03/leis/2002/l10406.htm

Brasil. (2015). *Lei nº 13.105, de 16 de março de 2015. Código de Processo Civil.* Recuperado de http://www.planalto.gov.br/ccivil_03/_Ato2015-2018/2015/Lei/L13105.htm

Castro, L. R. F. (2003). *Disputa de guarda e visita: No interesse dos pais ou dos filhos?* São Paulo: Casa do Psicólogo.

Christ, H. D. (2016). Perícia psicológica no direito do trabalho. In S. J. L. Vasconcellos, & V. M. Lago. *A psicologia jurídica e as suas interfaces: Um panorama atual* (pp. 63-82). Santa Maria: UFSM.

Conselho Federal de Psicologia [CFP]. (2016). *O trabalho do(a) psicólogo(a) no sistema prisional: Problematizações, ética e orientações.* Brasília: CFP.

Conselho Federal de Psicologia [CFP]. (2018). *Resolução nº 09, de 25 de abril de 2018.* Brasília: CFP.

Cruz, R. M., & Maciel, S. K. (2017). Dano psicológico e trabalho. In R. M. Cruz. *Perícia psicológica no contexto do trabalho* (pp. 61-68). São Paulo: Vetor.

Eidt, H. B. (2016). *Avaliações de perda do poder familiar: Práticas no contexto brasileiro e utilização do Sistema de Avaliação do Relacionamento Parental – SARP* (Dissertação de mestrado, Programa de Pós-graduação em Psicologia, Universidade Federal do Rio Grande do Sul, Porto Alegre).

Evangelista, R., & Menezes, I. V. L. (2000). Avaliação do dano psicológico em perícias acidentárias. *Revista Imesc, 2,* 45-50.

Gava, L. L., Pelisoli, C., & Dell'Aglio, D. D. (2013). A perícia psicológica em casos de suspeita de abuso sexual infantojuvenil. *Avaliação Psicológica, 12*(2), 137-145.

Gomide, P. I. C., & Matos, A. C. H. (2016). Diálogos interdisciplinares acerca da alienação parental. In P. I. C. Gomide, & S. S. Staut Júnior. *Introdução à psicologia forense* (pp. 101-120). Curitiba: Juruá.

Huss, M. T. (2011). *Psicologia forense: Pesquisa, prática clínica e aplicações.* Porto Alegre: Artmed.

Lago, V. M., & Bandeira, D. R. (2008). As práticas em avaliação psicológica envolvendo disputa de guarda no Brasil. *Avaliação Psicológica, 7*(2), 223-234.

Lago, V. M., Amato, P., Teixeira, P. A., Rovinski, S. L. R., & Bandeira, D. R. (2009). Um breve histórico da psicologia jurídica no Brasil e seus campos de atuação. *Estudos de Psicologia Campinas, 26*(4), 483-491.

Magnus, A., & Lago, V. M. L. (No prelo). Processos de avaliação psicológica forense em situação de disputa de guarda no contexto sul-brasileiro. *Psicologia em Revista.*

Melton, G., Petrila, J., Poythress, N., & Slobogin, C. (1997). *Psychological evaluations for the court.* New York: Guilford.

Miranda Júnior, H. C. (1998). Psicologia e justiça: A psicologia e as práticas judiciárias na construção do ideal de justiça. *Psicologia: Ciência e Profissão, 18*(1), 28-37.

Pelisoli, C., & Oliveira Jr D. F. (2016). Aspectos jurídicos e psicossociais da adoção de crianças e adolescentes no Brasil. In P. I. C. Gomide, & S. S. Staut Júnior. *Introdução à psicologia forense* (pp. 69-84). Curitiba: Juruá.

Ramires, V. R. R. (2006). Elaboração de laudos e outros documentos. In V. R. Ramires, & R. Caminha. *Práticas em saúde no âmbito da clínica-escola: A teoria* (pp. 271-287). São Paulo: Casa do Psicólogo.

Rovinski, S. L. R. (2013). *Fundamentos da perícia psicológica forense* (3. ed.). São Paulo: Vetor.

Rovinski, S. L. R. (2014). Avaliação psicológica forense em situações de suspeita de abuso sexual em crianças: Possibilidades e riscos. *Práksis (2),* 19-25.

Serafim, A. P., & Saffi, F. (2014). *Psicologia e práticas forenses* (2. ed.). Barueri: Manole.

Shine, S. (2005). Avaliação psicológica em contexto forense. In S. Shine (Org.), *Avaliação psicológica e lei: Adoção, vitimização, separação conjugal, dano psíquico e outros temas.* São Paulo: Casa do Psicólogo.

Zaffaroni, E. R., & Pierangeli, J. H. (2018). *Manual de direito penal brasileiro: Parte geral* (12. ed.). São Paulo: Revista dos Tribunais.

LEITURA RECOMENDADA

Conselho Federal de Psicologia [CFP]. (2010). *Resolução nº 08, de 2010.* Brasília: CFP.

3
O PAPEL DE PERITO E DE ASSISTENTE TÉCNICO

Sonia Liane Reichert Rovinski

Os papéis de perito e de assistente técnico estão relacionados à construção da prova técnica em processos judiciais e são regulamentados por duas grandes áreas jurisdicionais – a cível e a criminal. A prova técnica fica prevista sempre que, para apreciar a questão em litígio, o juiz necessitar de informações especializadas que ultrapassem seu conhecimento de julgador. A perícia, como prova técnica, não é a única dentro do processo judicial, podendo se juntar a outras de características documental e testemunhal, sem que haja hierarquia entre elas. Cabe ao juiz apreciá-las livremente em busca de uma decisão mais justa. As provas podem ser requeridas e apresentadas pelas partes, por representante do Ministério Público, ou determinadas pelo próprio magistrado (Carmo, 2011; Dal Pizzol, 2009).

Quando o trabalho do psicólogo estiver relacionado a essa produção de prova técnica, necessariamente, ele terá que circular em um espaço interdisciplinar que exigirá conhecimentos não só das determinações éticas e técnicas do campo da psicologia, mas também das determinações legais sobre a realização dos procedimentos periciais, reguladas tanto pelo Código de Processo Civil (CPC) como pelo Código de Processo Penal (CPP), além de outras leis específicas que possam estar vinculadas ao seu foco de avaliação. A legislação legal traz informações sobre as regras que norteiam o processo e, consequentemente, sobre a inserção do trabalho técnico nessa realidade dos autos, de forma que este possa ser devidamente apreciado pelos agentes jurídicos. Apesar de os temas da constituição da prova técnica e de as atividades de perito e de assistente técnico estarem intimamente relacionados, o foco deste capítulo ficará restrito à discussão sobre a delimitação dos papéis desses profissionais.

LEGISLAÇÃO LEGAL

O CPC, atualizado recentemente pela Lei nº 13.105/15, regulamenta as normas processuais da área cível, que incluem os processos de Varas de Família, uma das principais fontes de demanda de avaliações psicológicas do Judiciário (Brasil, 2015). Esse estatuto prevê a presença do perito oficial e do assistente técnico quando for exigida a produção da prova técnica, definindo as atividades de cada um deles e, em parte, a relação entre eles. A atual dinâmica processual que relaciona esses papéis já existe desde o CPC de 1939, sofrendo importantes mudanças por meio das várias atualizações que ocorreram nos procedimentos processuais.

Inicialmente, existia apenas a figura do perito que era nomeado pelo juiz, sendo facultada às partes, pelo Decreto-lei de 1942, a possibilidade de acordo na indicação desse profissional. Considerando as naturais divergências entre réu e autor, que dificilmente acordavam sobre a indicação desse profissional, houve a necessidade de novas mudanças nos procedimentos, e, pelo Decreto-lei nº 8.570, de 1946, foi estabelecido um sistema de tríplice perícia, que criava a figura do *perito desempatador* sempre que as partes não entrassem em consenso, quando o juiz deveria determinar um terceiro técnico, além daqueles dois indicados pelas partes. Com esse modelo, começou a se delimitar a visão atual sobre o perito, como um sujeito que deve ter sua vinculação ao juízo, sem comprometimento com as partes. A partir de 1973, com novas mudanças no CPC, a perícia passou, então, a ser realizada por um perito nomeado pelo juiz e de sua exclusiva confiança, ainda que as partes pudessem arguir suspeição de sua parcialidade e requerer sua substituição (Brandimiller, 1996).

Com as mudanças advindas da Lei nº 8.455, de 24 de agosto de 1992, foram revogados os últimos artigos do CPC que ainda prescreviam alguma possibilidade de atividades conjuntas entre perito e assistente técnico na confecção de um laudo comum. A partir dessa lei, instituiu-se o *laudo pericial* único, elaborado pelo perito de confiança do juiz, ficando aos assistentes técnicos a tarefa de comentá-lo, a partir da exposição de suas divergências e concordâncias, em um *parecer crítico*. Não há mais a necessidade de conhecimento do conteúdo do laudo por parte dos assistentes técnicos antes da entrega do laudo ao juiz pelo perito. Com as mudanças, delimitam-se com mais clareza as diferentes atividades de cada um dos técnicos, devendo o assistente técnico evitar que seu trabalho se constitua em novo laudo pericial (Rovinski, 2013).

Em sequência às constantes atualizações da legislação, ficou promulgado em março de 2015 o Novo Código de Processo Civil, atual marco regulatório de todas as práticas processuais na área cível, incluindo as atividades dos técnicos que trabalham com avaliações psicológicas nesse contexto judicial. O novo estatuto tem como referência a Constituição Federal (Brasil, 1988), preservando os princípios da ampla defesa, do direito ao contraditório e da vedação às provas ilícitas. Os artigos mais relevantes do Código, que são de interesse desta discussão, encontram-se no Título IV, Capítulo III – Dos auxiliares da Justiça, mais especificamente na Seção II, que trata Do perito (arts. 156 a 158). Aqui fica definido que o juiz será assistido por perito "quando a prova do fato depender de conhecimento técnico ou científico" (art. 156). Para que um profissional seja indicado como perito, basta que ele "esteja legalmente habilitado" (art. 156, § 1º), ou seja, que o psicólogo tenha seu registro junto ao Conselho Regional de Psicologia (CRP) de sua região e que esteja regular em suas contribuições. Não há a previsão legal de formação técnica específica para que o psicólogo possa atuar como perito, mas questões éticas sobre capacitação deverão ser consideradas, conforme será discutido mais adiante.

Uma mudança trazida ao CPC diz respeito à criação de um cadastro pelos Tribunais de Justiça, em que devem se inscrever os profissionais que pretendem atuar como peritos naquela jurisdição. A criação e a manutenção atualizada desse cadastro cabem aos próprios tribunais, que deverão se utilizar de consultas públicas, contatos com universidades, entre outros meios, para a realização de recrutamento dos profissionais, priorizando, sempre, a formação e a experiência profissional (art. 156, § 1º, § 2º, § 3º). É possível que o credenciamento seja feito por instituição jurídica (órgão técnico), mas, quando esta for indicada, deve ser informado o nome do profissional que fará a avaliação, para que possa ser verificado eventual impedimento ou motivo de suspeição (art. 156, § 4º). Não há possibilidade de uma instituição responsabilizar-se por uma perícia; o trabalho técnico sempre será de responsabilidade de determinado profissional. No caso de uma localidade não ter disponibilidade profissional em seu cadastro, a escolha do perito passa a ser "de livre escolha pelo juiz" (art. 156, § 5º). O perito, uma vez designado pelo juiz, deve contemplar as determinações de cumprimento de prazo (não há na lei prazo predeterminado), empregando toda sua diligência. Conforme o art. 158, aquele que,

> [...] por dolo ou culpa, prestar informações inverídicas responderá pelos prejuízos que causar à parte e ficará inabilitado para atuar em outras perícias no prazo de 2 (dois) a 5 (cinco) anos, independentemente das demais sanções previstas em lei, devendo o juiz comunicar o fato ao respectivo órgão de classe para adoção das medidas que entender cabíveis (Brasil, 2015).

Caso haja motivo para suspeição ou impedimento, o perito deve apresentar sua renúncia ao caso no prazo máximo de 15 dias contados da intimação, sob pena de não mais poder alegá-la (art. 157, § 1º). Esse prazo é o mesmo oferecido às partes, se quiserem arguir a destituição do perito por alegações de faltar-lhe conhecimento técnico ou científico ou se, sem motivo legítimo, deixar de cumprir o encargo no prazo que lhe foi assinado (art. 468) (Brasil, 2015).

No Código, os impedimentos e os motivos de suspeição estão descritos em relação aos juízes (arts. 144 e 145), mas são estendidos aos auxiliares de Justiça, por meio do art. 148, no qual se inserem os peritos de maneira geral (Brasil, 2015). Os seguintes motivos de impedimento podem ser aplicados aos peritos:

- quando for ele mesmo parte;
- quando houver prestado depoimento como testemunha;
- quando nele estiver postulando, como defensor público, advogado ou membro do Ministério Público, seu cônjuge ou companheiro, ou qualquer parente, consanguíneo ou afim, em linha reta ou colateral, até o terceiro grau, inclusive;
- quando for parte no processo ele próprio, seu cônjuge ou companheiro, ou parente, consanguíneo ou afim, em linha reta ou colateral, até o terceiro grau, inclusive;
- quando for sócio ou membro de direção ou de administração de pessoa jurídica parte no processo;
- quando for herdeiro presuntivo, donatário ou empregador de qualquer das partes;
- em que figure como parte instituição de ensino com a qual tenha relação de emprego ou decorrente de contrato de prestação de serviços;
- em que figure como parte cliente do escritório de advocacia de seu cônjuge, companheiro ou parente, consanguíneo ou afim, em linha reta ou colateral, até o terceiro grau, inclusive, mesmo que patrocinado por advogado de outro escritório;
- quando promover ação contra a parte ou seu advogado.

Os motivos de suspeição são especificados no art. 145. Cabe lembrar que, quando são alegados por terceiros, podem ser considerados ilegítimos quando tiverem sido provocados por quem os alega ou quando a parte que o alega houver praticado ato que signifique manifesta aceitação do arguido. Seguem os motivos de suspeição apresentados no Código (Brasil, 2015):

- ser amigo íntimo ou inimigo de qualquer das partes ou de seus advogados;
- receber presentes de pessoas que tiverem interesse na causa antes ou depois de iniciado o processo, ou que aconselhar alguma das partes acerca do objeto da causa ou que subministrar meios para atender às despesas do litígio;
- quando qualquer das partes for sua credora ou devedora, de seu cônjuge ou companheiro ou de parentes destes, em linha reta até o terceiro grau, inclusive;
- interessado no julgamento do processo em favor de qualquer das partes.

Por fim, há a previsão de declarar-se "suspeito por motivo de foro íntimo", sem a necessidade de especificar suas razões (IV, § 1º). Taborda (2012) discute à luz do direito as diversas possibilidades que possam justificar motivo legítimo a liberar o profissional de atuar como auxiliar da Justiça em determinado caso. O autor cita:

- ocorrência de força maior impeditiva de que aceite o encargo;

- versar a perícia sobre questão a que não possa responder sem causar grave dano a si, cônjuge ou parentes em linha reta ou colaterais até segundo grau (irmão ou cunhado);
- versar perícia sobre fato em que deva guardar sigilo profissional (p. ex., o impedimento de ser perito de seu paciente);
- estar ocupado com outra ou outras perícias no mesmo espaço de tempo, não podendo aceitar aquela para a qual foi nomeado.

Na parte Especial do Livro I, capítulo XII do mesmo estatuto, que trata Das provas, mais especificamente na seção X, Da prova pericial (arts. 464 a 480), encontram-se mais informações sobre as diferentes atividades do perito e do assistente técnico. Diz o Código que, o perito, tomando ciência de sua nomeação (art. 465), deverá, no prazo de cinco dias, propor seus honorários, com a apresentação de seu currículo, incluindo comprovação de sua especialização, e contatos profissionais, com seu endereço eletrônico. Por sua vez, as partes, a partir da nomeação do perito, terão o prazo de 15 dias (contados da intimação do despacho) para arguir o impedimento e a suspeição do perito, para indicar assistente técnico e apresentar quesitos. Fica especificado que os assistentes técnicos "são de confiança da parte e não estão sujeitos a impedimento ou suspeição" (art. 466, § 1º). No mesmo artigo, fica definido que o perito deve "assegurar aos assistentes das partes o acesso e o acompanhamento das diligências e dos exames que realizar, com prévia comunicação, comprovada nos autos, com antecedência mínima de cinco dias (art. 466, § 2º). Fica definido, também, que as partes terão ciência da data e do local designados pelo juiz ou indicados pelo perito para ter início a produção da prova (art. 474).

A inovação desse Código, refletindo maior disposição para a busca de soluções consensuais pelas partes, é apresentada no art. 471, que possibilita às partes, desde que de comum acordo, escolher o perito, indicando-o mediante requerimento. Para isso, é exigido que as partes sejam plenamente capazes e que a causa possa ser resolvida por autocomposição. Nesse caso, os procedimentos seguem os mesmos já descritos, com a possibilidade de indicação de assistentes técnicos. A perícia consensual substitui, para todos os efeitos, aquela que seria realizada pelo perito do juiz. Independentemente do tipo de perícia, consensual ou não, tratando-se de perícia complexa que abranja mais de uma área de conhecimento especializado, poderá ser nomeado mais de um perito, e a parte indicar mais de um assistente técnico (art. 475).

A dinâmica do trabalho fica prevista da seguinte forma: o perito protocola o laudo em juízo no prazo fixado pelo juiz, pelo menos 20 dias antes da audiência de instrução e julgamento (art. 477). A partir de então, as partes serão intimadas para, querendo, manifestarem-se sobre o laudo do perito do juízo no prazo comum de 15 dias, podendo o assistente técnico de cada uma das partes, em igual prazo, apresentar seu respectivo parecer. Após a entrega dos pareceres, o perito do juízo tem o dever de, no prazo de 15 dias, esclarecer pontos de divergências questionados a ele. Se, após sua resposta, ainda houver necessidade de esclarecimentos, a parte requererá ao juiz que mande intimar o perito ou o assistente técnico a comparecer à audiência de instrução e julgamento, formulando, desde logo, as perguntas, sob forma de quesitos. O perito ou o assistente técnico deverá ser intimado por meio eletrônico, com pelo menos 10 dias de antecedência da audiência.

Na área criminal, as determinações legais sobre peritos e assistentes técnicos ficam definidas pelo CPP, atualizado por diversas leis e decretos, salientando-se a Lei nº 11.690, de 9 de junho de 2008, que trata das alterações à prova processual. De maneira geral, a dinâmica do trabalho do perito e do assistente técnico assemelha-se com o que já foi discutido no CPC, com algumas peculiaridades que serão aqui apresentadas. Os artigos que tratam do assunto constam do Título VII, Da prova, Capítulo II, Do exame do corpo de delito, e das perícias em geral. Fica definido que o exame deve ser realizado por *perito oficial*, conceito restrito aos funcionários públicos investidos no cargo após concurso (Bittar, 2011). Na falta destes, a perícia pode ser realizada por dois peritos nomeados, portadores de diploma de curso superior, que devem prestar compromisso ao assumirem o exame a que foram designados (autoridade que preside o inquérito ou o processo penal) (art. 159). Quando não houver acordo entre os dois peritos, cada qual elaborará seu próprio laudo, apresentando-se perícias contraditórias. Nesse caso, a autoridade competente indicará um terceiro perito para dirimir dúvidas e, no caso de persistirem as divergências, poderá indicar novos profissionais para nova perícia (art.180).

No processo penal, não há possibilidade de as partes indicarem o perito por autocomposição, como foi descrito na área cível, mas poderão arguir motivo de impedimento ou suspeição (arts. 112 e 276). Em relação aos impedimentos, são citados a interdição de direitos (art. 69, I e IV do Código Penal) e o fato de já ter prestado depoimento no processo ou opinado anteriormente sobre o objeto de perícia (art. 279). Sobre os motivos de suspeição, fica extensivo aos peritos, no que lhes for aplicável, o disposto para os juízes (art. 254), situações também já amplamente discutidas quando se tratou do CPC. Com a nova redação dada pela Lei nº 11.690/08, fica prevista a indicação de assistente técnico, que "atuará a partir de sua admissão pelo juiz e após a conclusão dos exames e elaboração do laudo pelos peritos oficiais, sendo as partes intimadas desta decisão" (art.159, § 3º, § 4º). Tratando-se de perícias complexas, poderá ser designado mais de um perito, e as partes poderão indicar mais de um assistente técnico. Diferentemente da área cível, no CPP há definição do tempo de entrega do laudo pelo perito, que é de 10 dias, podendo esse prazo ser prorrogado, em casos excepcionais, a requerimento dos peritos (art. 160) (Brasil, 2008).

Outra questão que deve ser discutida em relação às perícias na área criminal diz respeito aos casos de avaliação da saúde mental, relacionados à determinação da imputabilidade penal. Nesses casos, o juiz busca identificar a presença de doença mental que possa limitar a autodeterminação do réu, de modo a impedir sua responsabilização penal. O CPP faz referência à necessidade do *exame médico-legal* (art. 149). Esse exame é determinado no momento da definição da cessação da periculosidade para os sujeitos que foram anteriormente considerados inimputáveis e receberam medida de segurança (art. 775). Essa determinação é corroborada tanto pela Lei de Execução Penal (LEP) (Brasil, 1984), quando exige a realização do laudo psiquiátrico (art. 175, LEP), como pelo próprio Código Penal, que expressa a necessidade do exame médico (art. 97) (Brasil, 1940). Nessa demanda, o trabalho do psicólogo como perito fica restrito à elaboração de laudos complementares ao trabalho do psiquiatra. Conforme discutido por Rovinski (2013), essas diferenças em relação aos procedimentos da área cível criam, muitas vezes, dúvidas quanto à habilitação do psicólogo para o trabalho de perito. Contudo, como especificado, as limitações legais do exercício profissional como perito dizem respeito apenas à área da responsabilidade penal e da cessação de periculosidade – ainda que, se for explicitamente determinado pelo juiz, poderá o psicólogo assumir tal tarefa, desde que tenha competência técnica para essa avaliação. Contudo, na realidade, observa-se que o psicólogo tem sido, com muita frequência, chamado para avaliações psicológicas complementares à perícia psiquiátrica, principalmente nos casos para diagnóstico de deficiência mental e/ou definição de nível de funcionamento psíquico, quando a realização da testagem psicológica contribui de forma significativa para a construção da prova técnica.

Por fim, cabe ainda citar a legislação relacionada às perícias realizadas na área criminal com sujeitos que já se encontram sentenciados. São exames previstos para serem realizados no ingresso ao sistema penal, para individualização da pena ou quando, no cumprimento desta, passa a existir a possibilidade de benefícios. Inicialmente, a LEP (Brasil, 1984) previu três possibilidades de avaliações técnicas: o exame criminológico (arts. 8 e 112), o exame de personalidade (art. 9) e o parecer das Comissões Técnicas de Classificação (CTC) (art. 8) – este último com o objetivo de avaliar as condições psíquicas do preso na requisição de benefícios. A partir da reforma da LEP, com a promulgação da Lei nº 10.792/2003, ficaram extintos os exames para instruir benefícios, tanto o criminológico como o parecer da CTC. As exigências legais em relação à obtenção de benefícios passaram a se restringir ao lapso de tempo já cumprido e à boa conduta do preso. Entretanto, apesar das mudanças, muitos juízes continuaram a solicitar os exames psicológicos, por acharem necessários para sua tomada de decisão, sendo o psicólogo requisitado com frequência. Nessa legislação sobre a matéria da perícia em exames com sentenciados não há previsão legal do trabalho do psicólogo como assistente técnico.

REGULAMENTAÇÃO POR ÓRGÃO DE CLASSE

A atividade do psicólogo como perito e assistente técnico também deve ser considerada em relação aos limites éticos e metodológicos de sua profissão. Enquanto a legislação legal, discutida até o momento, apresenta-se genérica, delimitando parâmetros de atuação que servem para uma grande diversidade de áreas técnicas de atuação, o Conselho Federal de Psicologia (CFP) busca as normativas específicas para a profissão de psicólogo, de modo a garantir uma prática mais ética e dentro dos limites da ciência.

A atividade do psicólogo como perito já está prevista no exercício da profissão desde sua criação, pelo Decreto nº 53.464/64, que regulamentou a Lei nº 4.119, quando, entre outras, é descrita a atividade de perícia e emissão de pareceres sobre a matéria da psicologia. Atualmente, junto ao Catálogo Brasileiro de Ocupações do Ministério do Trabalho, encontramos a atividade de perícia especificada entre as que caracterizam a profissão. As avaliações psicológicas periciais também foram reafirmadas pelo CFP por meio da Resolução nº 014/2000, substituída pela Resolução nº 13/2007 (CFP, 2007), que instituíram a especialidade em psicologia jurídica – refletindo uma realidade de reconhecimento social da atividade do psicólogo como perito e como assistente técnico. Desde então, referências técnicas de orientação à atividade profissional, na intersecção com o contexto legal, começaram a ser discutidas e apresentadas pelo CFP.

O principal marco balizador da profissão é o Código de Ética Profissional do Psicólogo (CFP, 2005). Sua nova edição, em 2005, deixou de ter uma seção específica dirigida às relações com a Justiça, como existia na anterior. Atualmente, é preciso que o psicólogo identifique aqueles artigos que se relacionam diretamente com a atividade da perícia e da assistência técnica, de forma a regular sua prática. Em relação à capacitação para assumir essas atividades, devem ser considerados os seguintes artigos:

> Art. 1º – São deveres fundamentais dos psicólogos:
> b) Assumir responsabilidades profissionais somente por atividades para as quais esteja capacitado pessoal, teórica e tecnicamente.
> Art. 2º – Ao psicólogo é vedado:
> k) Ser perito, avaliador ou parecerista em situações nas quais seus vínculos pessoais ou profissionais, atuais ou anteriores, possam afetar a qualidade do trabalho a ser realizado ou a fidelidade aos resultados da avaliação (CFP, 2005).

Assim como foi discutido na legislação legal, não há nenhuma exigência por parte do CFP de formação específica para que o psicólogo trabalhe com perícias no contexto judiciário – situação diversa, por exemplo, dos profissionais que trabalham na área da psicologia do trânsito, que precisam ter curso de especialização (mínimo de 500 horas) para se credenciar junto ao Departamento Estadual de Trânsito (DETRAN) como peritos (Brasil, 2008). No entanto, eticamente, é de responsabilidade do profissional, que recebe a demanda, avaliar os limites de sua competência e capacitação técnica. O psicólogo pode ter formação específica para atuar como perito, mas isso não significa que ele tenha condições de realizar todo e qualquer tipo de perícia. O perito é considerado um especialista no assunto em que vai atuar; assim, só pode assumir uma perícia quando dominar o assunto com muita propriedade. O art. 1º, letra b, pode ser apresentado como justificativa ao agente legal pelo psicólogo para se eximir de assumir perícias para as quais não esteja capacitado, seja porque não tenha formação para exercer esse tipo de atividade, seja porque não tenha a formação específica no conhecimento sobre o qual versa a perícia.

O art. 2º, letra k, trata de situações de impedimento relacionadas ao exercício profissional. O artigo pode ser incluído nas situações de impedimento já descritas na área legal, corroborando os limites por ela estabelecidos. Cabe salientar, na prática do psicólogo, a condição específica de impedimento do profissional que trabalha na área clínica. O terapeuta, pelo tipo de vínculo que estabelece com seu paciente, de confiança e sigilo profissional, não tem a devida imparcialidade para o exercício da perícia com aquele que atende, nem a possibilidade ética de comunicar informações sobre ele para terceiros. Uma vez estabelecido o nível de sigilo com seu paciente, o terapeuta não pode mais estabelecer com ele outras relações que tenham por pressuposto a quebra desse sigilo (típica da perícia), independentemente do tempo que transcorrer entre os diversos tipos de atendimentos. Shine (2009), em uma pesquisa com denúncias de profissionais à Comissão de Ética do Conselho Regional de Psicologia de São Paulo, envolvendo laudos e pareceres que constavam em processos de Varas de Família, demonstrou que essa sobreposição de papéis, da área forense com a área clínica, tem sido um problema ético importante no desempenho da profissão. Seu trabalho apontou que praticamente dois terços dos denunciados (21 de 32 processos) eram psicólogos que desempenhavam atividades terapêuticas com crianças envolvidas no litígio dos pais. Eram documentos que, de alguma forma, se mostravam comprometidos na defesa dos interesses de uma das partes, não conseguindo manter a imparcialidade necessária aos documentos forenses, além de informar nos autos processuais dados que foram colhidos em situação clínica, de sigilo. As atividades clínica e de perícia apresentam natureza diversa, seja por seus objetivos, seja pelo tipo de relação que se estabelece entre as partes, o que resulta em diferentes metodologias de trabalho.

Em relação ao problema específico do sigilo, devem ser considerados os seguintes artigos do CFP (2005):

Art. 9º – É dever do psicólogo respeitar o sigilo profissional a fim de proteger, por meio da confidencialidade, a intimidade das pessoas, grupos ou organizações, a que tenha acesso no exercício profissional.
Art. 10º – Nas situações em que se configure conflito entre as exigências decorrentes do disposto no art. 9º e as afirmações dos princípios fundamentais deste Código, excetuando-se os casos previstos em lei, o psicólogo poderá decidir pela quebra de sigilo, baseando sua decisão na busca do menor prejuízo.
Parágrafo único – Em caso de quebra do sigilo previsto no *caput* deste artigo, o psicólogo deverá restringir-se a prestar as informações estritamente necessárias.
Art. 11º – Quando requisitado a depor em juízo, o psicólogo poderá prestar informações, considerando o previsto neste Código.

Esses artigos sobre quebra de sigilo relacionam-se mais aos profissionais da área da saúde que, eventualmente, são chamados para depor em juízo sobre seus pacientes. Esses casos devem ser analisados com cuidado, pois o profissional não tem a obrigação de romper o contrato prévio de sigilo, ainda que seja por solicitação do juiz. Para realizar a quebra de sigilo, conforme especificado no Código, é necessário que se tenha argumentos que possam ser sustentados nos princípios fundamentais do Código, geralmente relacionados à segurança (física ou psíquica) do paciente ou de pessoas que lhe são próximas.

Nas avaliações psicológicas realizadas no contexto forense, a limitação de sigilo é um pressuposto, pois o resultado da perícia é entregue ao agente jurídico que a solicitou. Em virtude dessa característica, é condição ética que todo periciado deva receber, antes de iniciar os procedimentos avaliativos, informações sobre como seus dados pessoais serão tratados e a quem será entregue o resultado da avaliação. Isso permite que o avaliado decida sobre sua participação ou não e, ainda, sobre quais informações pretende passar ao perito. Essa orientação fica prevista no art. 1º dos deveres do psicólogo, letra f: "Fornecer, a quem de direito, na prestação de serviços psicológicos, informações concernentes ao trabalho a ser realizado e ao seu objetivo profissional".

A limitação no sigilo dos dados colhidos em uma perícia não exime o psicólogo de cuidados éticos no momento da comunicação de seus resultados da avaliação. O profissional deve seguir as orientações do Código quanto a quem deve receber os resultados e a que dados podem ser informados. Diz o CFP (2005):

> **Art. 1º** – São deveres fundamentais dos psicólogos:
> g) Informar, a quem de direito, os resultados decorrentes da prestação de serviços psicológicos, transmitindo somente o que for necessário para a tomada de decisões que afetem o usuário ou beneficiário;
> h) Orientar a quem de direito sobre os encaminhamentos apropriados, a partir da prestação de serviços psicológicos, e fornecer, sempre que solicitado, os documentos pertinentes ao bom termo do trabalho.
> **Art. 6º** – O psicólogo, no relacionamento com profissionais não psicólogos:
> b) Compartilhará somente informações relevantes para qualificar o serviço prestado, resguardando o caráter confidencial das comunicações, assinalando a responsabilidade, de quem as receber, de preservar o sigilo.

No caso do contexto forense, a pessoa de direito é aquela que determinou a avaliação. A perícia, ainda que solicitada e de interesse das partes, será sempre determinada pelo delegado ou promotor, na fase investigativa, e pelo juiz, na fase processual. Esses agentes jurídicos, demandantes da perícia, são aqueles que de direito devem receber os resultados (laudo). Cabe lembrar que, no caso específico do assistente técnico, seu trabalho é demandado pela parte que ele acompanha, sendo feita a ela (ou advogado que a representa) a entrega dos documentos que serão produzidos.

Quanto às informações que devem constar em um laudo do perito, deve-se sempre seguir a regra da *pertinência*, quando só devem ser informados dados que tenham relevância para a questão legal. Por sua vez, o relatório não pode deixar de apresentar as justificativas de suas conclusões, precisando incluir também os dados que as fundamentam (Packer & Grisso, 2011). Definir o nível de confidencialidade em um relatório forense exige o desenvolvimento de competências por parte do psicólogo, de modo a compreender a demanda jurídica e os dados psicológicos que fazem sentido a esta. Para ajudar nessa tomada de decisão, algumas perguntas podem ser feitas pelo psicólogo (Karson & Nadkarni, 2013):

- Há razões para acreditar que tal informação pode embaraçar o periciado ou causar algum viés interpretativo por parte do leitor?
- Esta informação é pertinente aos argumentos psicológicos que sustentarão as conclusões?
- Os argumentos psicológicos podem ser estabelecidos sem este dado de informação?
- O efeito prejudicial pode ser reduzido ou eliminado se forem esclarecidas as razões de se relatar tal fato ou os cuidados que o leitor deve ter em sua interpretação?

Em 2010, foi publicada a resolução que trata diretamente sobre as atividades do psicólogo na construção da prova legal: a Resolução nº 08/2010 (CFP, 2010), que dispõe sobre a atuação do psicólogo como perito e assistente técnico no Poder Judiciário. Nela ficou definido o papel de cada um dos profissionais, de forma semelhante ao que é definido pelo CPC, em que o perito é aquele que tem a função de assessorar o juiz com seu trabalho técnico e o assistente técnico tem a função de acompanhar e orientar a parte no que for de seu interesse. No entanto, a Resolução diverge em relação ao Código e traz restrições para esse exercício profissional, baseando-se na ética e nas limitações da ciência. Diz a Resolução sobre a realização da perícia:

> **Art. 1º** – O psicólogo perito e o psicólogo assistente técnico devem evitar qualquer

tipo de interferência durante a avaliação que possa prejudicar o princípio da autonomia teórico-técnica e ético-profissional e que possa constranger o municiando durante o atendimento.

Art. 2º – O psicólogo assistente técnico não deve estar presente durante a realização dos procedimentos metodológicos que norteiam o atendimento do psicólogo perito, e vice-versa, para que não haja interferência na dinâmica e na qualidade do serviço realizado.

Parágrafo único – A relação entre os profissionais deve se pautar no respeito e colaboração, cada qual exercendo suas competências, podendo o assistente técnico formular quesitos ao psicólogo perito (CFP, 2010).

Em relação ao trabalho específico do assistente técnico, segue a orientação da Resolução:

Art. 8º – O assistente técnico, profissional capacitado para questionar tecnicamente a análise e as conclusões realizadas pelo psicólogo perito, restringirá sua análise ao estudo psicológico resultante da perícia, elaborando quesitos que venham a esclarecer pontos não contemplados ou contraditórios, identificados a partir de criteriosa análise.

Parágrafo único – Para desenvolver sua função, o assistente técnico poderá ouvir pessoas envolvidas, solicitar documentos em poder das partes, entre outros meios (Brasil, 2015).

Como descrito, a Resolução nº 08/2010 (CFP) reafirma o papel do perito e do assistente técnico em acordo com o CPC. Entretanto, contraria o Código ao limitar a presença do assistente técnico durante a coleta de dados feita pelo perito. O novo CPC (Brasil, 2015) traz de forma explícita a necessidade de transparência nos procedimentos periciais, conforme art. 466, § 2º: "O perito deve assegurar aos assistentes das partes o acesso e o acompanhamento das diligências e dos exames que realizar, com prévia comunicação, comprovada nos autos, com antecedência mínima de 5 (cinco) dias". Assim, o posicionamento do CFP é, frequentemente, contestado por advogados que exigem a presença do assistente técnico nos procedimentos da perícia, alegando cerceamento da ampla defesa. A justificativa do CFP para manter seu posicionamento é a de que a determinação feita pelo Código é genérica, abarcando qualquer tipo de perícia, sem especificar como deveria ocorrer na prática esse "acesso e o acompanhamento às diligências", podendo este variar em cada área profissional, sem significar, obrigatoriamente, que haja a presença física de assistente técnico na coleta de dados do perito. É importante que os agentes jurídicos compreendam as diferenças metodológicas que podem ocorrer nas diversas perícias. Por exemplo, a presença de terceiros na coleta de dados de uma perícia contábil traz repercussões mínimas ao trabalho técnico, se comparado com aquele que é realizado em uma perícia psicológica com vítimas de violência. Entende-se que a execução prática do art. 466 do CPC precisa respeitar as características da prática profissional específica do psicólogo, quando a presença de terceiros na entrevista e, principalmente, na aplicação de instrumentos psicológicos (testes) gera fatores de interferência que podem pôr em risco a validade e a fidedignidade dos achados. Discussão, nesse sentido, já foi apresentada por Caires (2003), que antes mesmo da Resolução salientava a importância de se respeitar as premissas técnicas que priorizam o *setting* e a relação do perito com seu municiado – sugerindo que o trabalho do assistente técnico se restringisse à análise do exame pericial.

O importante nesta discussão é compreender que as premissas que sustentam o CPC dizem respeito ao direito da ampla defesa, garantido pela Constituição Federal (Brasil, 1988). Se a presença do assistente técnico põe em risco a coleta de dados do perito, inviabilizando manter sua presença na sala, deve-se pensar em alternativas que possam aumentar a transparência do trabalho do perito psicólogo para a análise de seus procedimentos. Quando questões de personalidade ou relacionamento são discutidas, algumas sugestões seriam fazer o uso de gravação de entrevistas, quando há denúncias de maus-tratos por crianças, ou apresentação dos protocolos de testagem com seus dados brutos para análise das inferências. Salienta-se que a apresentação desse material ao assistente técnico deve se dar dentro de um contexto técnico, entre os profissionais, sem a necessidade de colocar os protocolos dos testes nos autos processuais (deve-se evitar expor o teste para que não perca sua validade e para que seus dados brutos não sejam analisados por pessoas leigas, que não têm a capacidade de compreendê-los e sua necessidade de tratamento estatístico e interpretativo). Muita discussão tem ocorrido sobre essa incompatibilidade da Resolução nº 08/2010 com o CPC, sem que o CFP tenha publicado orientações práticas de como ampliar essa transparência dos procedimentos do perito. Até o presente momento, a única orientação oficial que se tem nesse sentido é a publicação feita pelo Tribunal de Justiça de São Paulo do Provimento CG nº 12/2017, nos seguintes termos:

> **Art. 1º** – Incluir o parágrafo único no art. 803 do Tomo I das NSCGJ nos seguintes termos:
> **Parágrafo único** – O acompanhamento das diligências mencionado no § 2º do artigo 466 do Código de Processo Civil não inclui a efetiva presença do assistente técnico durante as entrevistas dos psicólogos e dos assistentes sociais com as partes, crianças e adolescentes. Contudo, havendo interesse do assistente técnico, a ser informado nos autos, os psicólogos e os assistentes sociais do Poder Judiciário deverão agendar reunião prévia e/ou posterior às avaliações, expondo a metodologia utilizada e oportunizando a discussão do caso.
> **Art. 2º** – Este provimento entrará em vigor em 30 dias contados da primeira publicação.
> São Paulo, 16 de março de 2017.
> Manoel de Queiroz Pereira Calças
> Corregedor Geral da Justiça.

Entende-se que esse provimento traz uma proposta concreta de como poderiam se dar as relações entre perito e assistente técnico, dentro de procedimentos éticos e mais transparentes em relação à prova técnica, respeitando o princípio constitucional da ampla defesa. A proposta supõe uma relação mais cooperativa e de respeito entre os profissionais. Ainda que estes estejam associados a interesses de diferentes partes, o respeito à ética e às limitações da ciência psicológica permite a interlocução, pois a discussão sempre será sobre a visão técnica do caso, e não sobre quem tem a verdade absoluta.

Uma segunda questão, relativa às diferenças da Resolução nº 08/2010 (CFP, 2010) em relação ao CPC, diz respeito às limitações do terapeuta como perito ou assistente técnico, já discutida em relação ao Código de Ética Profissional do Psicólogo. Diz a Resolução:

> **Art. 10º** – Com intuito de preservar o direito à intimidade e equidade de condições, é vedado ao psicólogo que esteja atuando como psicoterapeuta das partes envolvidas em um litígio:
> **I** – atuar como perito ou assistente técnico de pessoas atendidas por ele e/ou de terceiros envolvidos na mesma situação litigiosa;
> **II** – produzir documentos advindos do processo psicoterápico com a finalidade de fornecer informações à instância judicial acerca das pessoas atendidas, sem o consentimento formal destas últimas, à exceção de Declarações, conforme a Resolução CFP nº 07/2003.[1]
> **Parágrafo único** – Quando a pessoa atendida for criança, adolescente ou interdito, o consentimento formal referido no *caput* deve ser dado por pelo menos um dos responsáveis legais.

---
[1] A Resolução nº 07/2003 foi revogada e substituída pela Resolução nº 06/2019.

Aqui encontramos novas diferenças em relação ao CPC, quando os impedimentos e os motivos de suspeição são apresentados apenas em relação ao perito, que é a pessoa de confiança do juiz. Naquele estatuto, nenhuma limitação é referida ao assistente técnico, como proposto nessa resolução. Nesse ponto, novamente, o entendimento do CFP está baseado na ética da prática profissional. Em relação ao terapeuta, este se encontra impossibilitado de exercer o papel de perito por não ter a necessária imparcialidade, além de estar comprometido quanto ao sigilo com seu paciente. Em relação à assistência técnica, a prática tem demonstrado que, sempre que o terapeuta se envolve em atividades processuais relacionadas ao seu paciente, acaba por perder o foco primário de seu atendimento, tornando-se apenas um orientador na disputa legal, além de, muitas vezes, não ter a formação necessária para essa atividade. Portanto, ainda que legalmente o terapeuta estivesse qualificado para assumir esse papel, eticamente não seria recomendado. Na prática do psicólogo, é de fundamental importância discriminar e nunca sobrepor as atividades como terapeuta e como psicólogo forense (seja como perito, seja como assistente técnico).

CONSIDERAÇÕES FINAIS

A discussão sobre o trabalho do psicólogo como perito e como assistente técnico exige uma visão interdisciplinar, que respeite tanto as determinações da legislação legal quanto da ética e da ciência psicológica. Essas determinações nem sempre se mostram compatíveis, exigindo que se busquem os fundamentos dessas diferenças para criar soluções que atendam às diferentes demandas.

O papel de perito parece ser aquele que apresenta maior coerência entre a visão legal e a da ética profissional. Sua função é auxiliar o juiz na tomada de decisão, por meio de avaliações psicológicas que contribuam para um melhor entendimento do objeto em discussão. O perito examina, verifica e comprova fatos, sempre dentro do limite da ciência psicológica. Tem vínculo de confiança com o juiz, portanto, é sujeito a impedimentos e suspeição. Seu trabalho será apresentado em forma de laudo, em que deverão constar seus procedimentos, achados e conclusões dentro de aspectos éticos, relatando apenas o necessário, sem, contudo, deixar de fundamentar sua posição técnica.

O trabalho do assistente técnico ainda é relativamente novo no exercício profissional do psicólogo. Esse profissional é pessoa de confiança da parte litigante, portanto, não é sujeito a impedimentos ou suspeição, respeitando o limite imposto da ética, que impede o terapeuta de exercer esse papel em relação ao seu cliente. Seu trabalho básico é elaborar quesitos antes da perícia, que serão posteriormente respondidos pelo perito, e analisar o laudo pericial. Seu foco sempre será na análise técnica do documento, apontando possíveis falhas quanto à metodologia e ao uso de instrumentos, ou na extensão das inferências. Seu exercício se constituirá em um parecer técnico fundamentado na ciência psicológica, devendo evitar a apresentação de novas avaliações psicológicas com o objetivo de substituir a perícia. Pareceres também podem ser feitos em relação a procedimentos jurídicos, discutindo-se as repercussões psicológicas negativas que podem ocorrer nas partes litigantes em relação a tomadas de decisão judicial. Por exemplo, após a suspensão de visitas, pode-se realizar um parecer técnico para justificar a necessidade de visitas assistidas, enquanto se aguarda a perícia.

A prática tem demonstrado que esse trabalho também pode ser ainda mais ampliado, considerando-se as relações do assistente técnico com a parte e o advogado. O psicólogo pode cooperar em tomadas de decisão sobre pedidos que serão feitos ao juiz e sugerir a busca de melhores soluções, como a proposta de mediação extrajudicial, analisando as repercussões de cada escolha para seu cliente. Nessa atividade, o psicólogo pode encontrar seus maiores desafios éticos, pois, ao mesmo tempo que deve atender às demandas de seu cliente, precisa manter os limites de sua prática profissional. O caminho mais seguro deve iniciar sempre com um termo de contrato em que fica estabelecido o que o psicólogo poderá oferecer em relação à demanda. Assim como cabe ao perito esclarecer os limites da ciência ao juiz quanto à investigação do caso, aqui deve o assistente técnico explicar ao seu cliente e ao advogado que, ultrapassando os limites éticos de sua prática profissional, terá seu próprio trabalho desqualificado em juízo, perdendo em sua eficácia na obtenção dos objetivos junto aos autos processuais.

Para aqueles que se iniciam nesse contexto de trabalho, recomenda-se tanto formação acadêmica específica, com cursos de extensão ou especialização na área da psicologia jurídica, como a orientação com profissionais mais experientes para supervisionar as primeiras práticas. O campo jurídico pode ser desconhecido para os psicólogos, que, uma vez inseridos nele, não poderão alegar desconhecimento das determinações legais que contextualizam e delimitam seu trabalho, podendo sofrer repercussões legais de possível má prática profissional sempre que estas não forem respeitadas.

REFERÊNCIAS

Bittar, N. M. E. (2011). *Medicina legal descomplicada*. São Paulo: Rideel.

Brandimiller, P. A. (1996). *Perícia judicial em acidentes e doenças do trabalho*. São Paulo: SENAC.

Brasil. (1940). *Decreto-lei nº 2.848, de 7 de dezembro de 1940*. Código Penal. Recuperado de http://www.planalto.gov.br/ccivil_03/Decreto-Lei/Del2848.htm

Brasil. (1984). *Lei nº 7.210, de 11 de julho de 1984*. Institui a Lei de Execução Penal. Recuperado de http://www.planalto.gov.br/ccivil_03/Leis/l7210.htm

Brasil. (1988). *Constituição da República Federativa do Brasil de 1988*. Recuperado de http://www.planalto.gov.br/ccivil_03/constituicao/constituicao.htm

Brasil. (2008). *Lei nº 11.690, de 09 de junho de 2008*. Altera dispositivos do Decreto-lei nº 3.689, de 3 de outubro de 1941 – Código de Processo Penal, relativos à prova, e dá outras providências. Recuperado de http://www.planalto.gov.br/ccivil_03/_Ato2007-2010/2008/Lei/L11690.htm

Brasil. (2008). *Resolução CONTRAN nº 283/2008 de 01/07/2008*. Altera a Resolução nº 267, de 15 de fevereiro de 2008, do CONTRAN, que dispõe sobre o exame de aptidão física e mental, a avaliação psicológica e o credenciamento das entidades públicas e privadas de que tratam o art. 147, I e §§ 1º e 4º e o art. 148 do Código de Trânsito Brasileiro – CTB. Recuperado de https://www.legisweb.com.br/legislacao/?id=107842

Brasil. (2015). *Lei nº 13.105, de 16 de março de 2015*. Código de Processo Civil. Recuperado de http://www.planalto.gov.br/ccivil_03/_ato2015-2018/2015/lei/l13105.htm

Caires, M. A. F. (2003). *Psicologia jurídica: Implicações conceituais e aplicações práticas*. São Paulo: Vetor.

Carmo, R. (2011). A prova pericial: Enquadramento legal. In M. Matos, R. A. Gonçalves, & C. Machado. *Manual de psicologia forense*. Braga: Psiquilíbrios.

Conselho Federal de Psicologia [CFP]. (2005). *Resolução CFP nº 010/2005*. Aprova do Código de Ética Profissional do Psicólogo. Recuperado de https://site.cfp.org.br/wp-content/uploads/2012/07/codigo-de-etica-psicologia.pdf

Conselho Federal de Psicologia [CFP]. (2007). *Resolução CFP nº 13/2007*. Institui a Consolidação das Resoluções relativas ao Título Profissional de Especialista em Psicologia e dispõe sobre normas e procedimentos para seu registro. Recuperado de https://site.cfp.org.br/wp-content/uploads/2008/08/Resolucao_CFP_nx_013-2007.pdf

Conselho Federal de Psicologia [CFP]. (2010). *Resolução CFP nº 008/2010*. Dispõe sobre a atuação do psicólogo como perito e assistente técnico no Poder Judiciário. Recuperado de https://site.cfp.org.br/wp-content/uploads/2010/07/resolucao2010_008.pdf

Dal Pizzol, A. (2009). Perícia psicológica e social na esfera judicial: Aspectos legais e processuais. In S. L. R. Rovinski & R. M. Cruz. *Psicologia jurídica: Perspectivas teóricas e processos de intervenção*. São Paulo: Vetor.

Karson, M., & Nadkarni, L. (2013). *Principles of forensic report writing*. Washington: APA.

Packer, I. K., & Grisso, T. (2011). *Specialty competencies in forensic psychology*. New York: Oxford.

Rovinski, S. L. R. (2013). *Fundamentos da perícia psicológica forense* (3. ed.). São Paulo: Vetor.

Shine, S. K. (2009). *Andando no fio da navalha: Riscos e armadilhas na confecção de laudos psicológicos para a justiça* (Tese de doutorado, Instituto de Psicologia, Universidade de São Paulo, São Paulo).

Taborda, J. G. V. (2012). Exame pericial psiquiátrico. In J. G. V. Taborda, E. Abdalla-Filho, & M. Chalub. *Psiquiatria forense* (2. ed.). Porto Alegre: Artmed.

Tribunal de Justiça de São Paulo (2017). Provimento CG nº 12/2017. *Diário Oficial da Justiça*, 27 de março.

LEITURA RECOMENDADA

Brasil. (1941). *Decreto-lei nº 3.689 de 3 de outubro de 1941*. Código de Processo Penal. Recuperado de http://www.planalto.gov.br/ccivil_03/decreto-lei/Del3689.htm

Parte 2
METODOLOGIA DA PERÍCIA PSICOLÓGICA

4
AVALIAÇÃO E PERÍCIA PSICOLÓGICA NO CONTEXTO FORENSE

Evani Zambon Marques da Silva

O psicólogo, após a graduação, recebe o número de registro do Conselho Regional de Psicologia da região a que pertence e fica habilitado, ao menos em tese, a realizar avaliações ou perícias psicológicas e a redigir laudos no contexto forense e em outros âmbitos para os quais for solicitado. O perito, especialista em determinada área, pode ser chamado para prestar esclarecimentos técnicos para a área em que tem qualificação.

Em 2007, o Conselho Federal de Psicologia (CFP) reconheceu alguns campos específicos da atuação do psicólogo como especialidades (Resolução CFP nº 13/2007 atualizada pela Resolução nº 03/2016), entre eles o campo da psicologia jurídica, definido com uma série de atribuições; essa resolução aponta que o psicólogo:

> [...] atua como perito judicial nas Varas Cíveis, Criminais, Justiça do Trabalho, da Família, da Criança e do Adolescente, elaborando laudos, pareceres e perícias, para serem anexados aos processos, a fim de realizar atendimento e orientação a crianças, adolescentes, detentos e seus familiares [...] (CFP, 2016).

Assim, fica demonstrada a legitimidade da área pericial em psicologia, descrita minuciosamente no Anexo II da Resolução CFP nº 13/2007, a qual foi alterada em 2016, sem que se procedesse qualquer modificação na descrição das especialidades já definidas, o que legitima o terreno de atuação novamente.

Para a atuação pericial, o psicólogo não necessita ter título de especialista pelo CFP, sendo o documento um reconhecimento suplementar que pode valorizar o trabalho desenvolvido. Essa qualificação confere maior credibilidade ao trabalho do profissional que atuará como perito no âmbito forense, já que foi promovido por órgão oficial da categoria que enuncia regras e balizas a serem cumpridas.

De acordo com as diretrizes curriculares definidas pelo Ministério da Educação para os cursos de graduação em psicologia (Brasil, 2011), durante a formação, o psicólogo desenvolverá competências para a realização de psicodiagnóstico em diferentes contextos. Entre eles, está o das perícias forenses, relacionadas a seguir, conforme sistematizado por alguns autores (Bandeira, 2018; Bandeira, Trentini, & Krug, 2016, p. 22), algumas delas de destacada importância para a atividade pericial precípua:

III – identificar e analisar necessidades de natureza psicológica, diagnosticar, elaborar projetos, planejar e agir de forma coerente com referenciais teóricos e características da população-alvo;
IV – identificar, definir e formular questões de investigação científica no campo da psicologia, vinculando-as a decisões metodológicas quanto a escolha, coleta e análise de dados em projetos de pesquisa;
V – escolher e utilizar instrumentos e procedimentos de coleta de dados em psicologia, tendo em vista a sua pertinência;
VI – avaliar fenômenos humanos de ordem cognitiva, comportamental e afetiva, em diferentes contextos;
VII – realizar diagnóstico e avaliação de processos psicológicos de indivíduos de grupos e de organizações; [...];
IX – atuar inter e multiprofissionalmente, sempre que a compreensão dos processos e fenômenos envolvidos assim o recomendar; [...];
XIII – elaborar relatos científicos, pareceres técnicos, laudos e outras comunicações profissionais, inclusive materiais de divulgação; [...];
XV – saber buscar e usar o conhecimento científico necessário à atuação profissional, assim como gerar conhecimento a partir da prática profissional.

AVALIAÇÕES COM O FITO PERICIAL: APONTAMENTOS HISTÓRICOS E DEFINIÇÕES

A área da avaliação psicológica baseia-se em pressupostos científicos que caracterizam a compreensão de fenômenos psicológicos complexos. Seus avanços têm sido impulsionados pelas novas demandas e realidades, exigindo a ressignificação de métodos, técnicas e teorias científicas (Amparo, 2013, p. 20). Nas palavras da autora,

> o profissional com adequada formação em avaliação psicológica e embasado em pesquisas científicas sobre o tema, com pleno domínio do processo de avaliação psicológica, poderá avaliar precocemente psicopatologia, recursos internos para lidar com as diversas situações da vida, tensões psíquicas que limitam a utilização construtiva de recursos interiores, contato humano profundo, interesse pelo ambiente, entre outras dimensões da personalidade que podem afetar a saúde mental das pessoas. Os avanços da área em relação à saúde mental contribuem com a conquista de direitos humanos, possibilitando uma política de inclusão e autonomia das pessoas, e qualificam a construção das políticas públicas dos direitos humanos e da saúde.

A utilização de métodos e técnicas psicológicas constitui função privativa dos psicólogos, com base nos objetivos previstos no parágrafo 1º, do art. 13, da Lei nº 4.119, de 27 de agosto de 1962, e no art. 4º, do Decreto nº 53.464/1964 (Brasil, 1962; 1964). Isso significa que apenas o psicólogo poderá fazer uso desses materiais, ainda que seja forçoso reconhecer que a formação acadêmica nem sempre enfatize a formação na área de métodos e técnicas, conforme Bandeira (2018).

As avaliações psicológicas denominadas periciais ocorrem para responder a questões específicas que são formuladas pela autoridade judiciária. Podem contemplar observações, entrevistas, visitas domiciliares e institucionais, aplicação de testes psicológicos, utilização de recursos lúdicos, pesquisas nos autos (processos) atuais e anteriores, anamnese e outros instrumentos, métodos e técnicas reconhecidos pela ciência psicológica. Na atualidade, existe crescente demanda para o uso de especialistas para orientação e esclarecimento do juiz, e "[...] isso acontece porque as áreas do conhecimento sofrem expansão constante, tornando impensável exigir de uma única pessoa conhecimento razoável em todas as áreas do saber humano" (Teixeira, Barros, & Carvalho, 2015, p. 21).

O respaldo legal de um perito judicial está definido pelo Código de Processo Civil (CPC) (Lei nº 13.105/2015) e pelo Código de Processo Penal (CPP) (Decreto-lei nº 3.689/41 com diversas alterações posteriores). No primeiro, os que fazem referência ao trabalho do perito são os arts. 464 (define prova pericial), 465 (aborda as linhas gerais do trabalho), 466 (menciona o compromisso do perito e o asseguramento da participação dos assistentes técnicos das partes no acesso às diligências e aos exames) e os arts. 467 a 480 (dispõem sobre as funções do perito e a prova pericial) (Brasil, 2015). O art. 149 define o perito como auxiliar da Justiça, e o art. 148 apresenta os motivos pelos quais poderá haver impedimento ou suspeição, todos eles descritos nos arts. 144, 145, 146 e 147. No CPP, a atuação pericial está respaldada nos arts. 149 a 154 no tocante ao incidente de insanidade mental (apuração de imputabilidade) e, ainda, nos arts. 155 a 184, para a apresentação dos parâmetros das perícias na área penal de forma geral, tais como necropsia, verificação de lesões corporais, local do crime, etc. (Aranha, 2006).

A perícia é um meio probatório (Amaral Santos, 1994; Rosa, 1999); nela, o profissional verifica e analisa fatos interessantes à causa, transmitindo ao juiz seu parecer. É também uma atividade técnica e processual, que se materializa no processo por meio do documento denominado laudo ou de qualquer outra forma legalmente prevista. Os elementos para a perícia são, basicamente, a nomeação do perito, a indicação de assistentes técnicos pelas partes, a apresentação de quesitos e, posteriormente, as considerações críticas das partes e os esclarecimentos do perito e de assistentes na audiência.

> A perícia é um meio de prova que pressupõe que a matéria sobre a qual recai o objeto de conhecimento do magistrado seja técnica, isto é, que se trate de matéria que, para sua perfeita e adequada compreensão, exige conhecimentos especializados que o magistrado não possui ou não domina (Scarpinella Bueno, 2015, p. 336).

Foi por meio das avaliações psicológicas de cunho pericial que a psicologia se aproximou do direito, inicialmente como derivada da medicina legal e, de forma gradual, percorrendo os caminhos da área penal de modo mais independente. Não é por acaso que muitos ainda confundem o termo "psicologia jurídica" ou "forense" como específico da área criminal.

Os trabalhos iniciais da psicologia, que tentavam responder às perguntas do sistema legal, coincidiram com o desenvolvimento da psicologia experimental na Europa e nos Estados Unidos. Conforme Blackburn (1993), psicólogo britânico, estudioso e pesquisador da psicologia forense, os trabalhos relativos à percepção e à memória geraram interesse nos anos de 1890, quando progrediam igualmente pesquisas sobre a importância do uso da psicologia nos processos criminais. Em 1879, foi criado o primeiro laboratório de psicologia experimental em Leipzig (Alemanha), sob a coordenação de Wilhelm Wundt, que, juntamente com seus alunos, defendia que os resultados da investigação psicológica poderiam ser aplicados com sucesso ao direito.

As chamadas provas psicológicas eram, então, baseadas na aplicação e nos resultados obtidos dos testes psicológicos, encaminhando seus resultados inicialmente como complemento da avaliação médica e, posteriormente, já como um trabalho independente nas instituições penais e nos casos da Justiça envolvendo transgressores individuais.

A relação entre psicologia e direito sempre foi cercada de questionamentos e críticas. Parte deles está baseada sobre um rol de dificuldades, decorrentes da complexidade para o estabelecimento fidedigno de diagnósticos de doença mental, de periculosidade, de agressividade, que afastam muitas vezes as possibilidades de predição das áreas da saúde mental, de princípios gerais da ciência psicológica ou a explicação de comportamentos individuais em situações concretas, tudo isso "escalpelizado e denunciado" na França por Michel Foucault (Fonseca, Matos, & Simões, 2008). Porém, é certo que nas últimas décadas do século XX e nas primeiras do XXI grandes progressos vêm sendo observados para a melhor articulação entre os saberes psicológicos, psiquiátricos e as práticas jurídicas.

É possível dizer que entre muitos profissionais das áreas da saúde mental ainda paira um encantamento que até pode ser chamado de "pueril" ou "fantasioso" sobre essa relação entre psicologia e direito, principalmente para aqueles que, atraídos pela ampla divulgação midiática, ainda veem *apenas* na tabulação, no escrutínio, na mensuração das emoções, das vontades e outras variáveis o único modelo viável para o entendimento dos indivíduos e das situações problemáticas. E o principal é que muitos o fazem sem critérios científicos e éticos, como se fosse um rápido *delivery*, ou, como dizemos nos tempos atuais, um *fast-psico*, quando tudo é *laudável*, em tempo recorde, e entregue a gosto do cliente, atendendo um ascendente mercado de trabalho. A proximidade com o modelo médico pericial também avizinhou o psicólogo da linha de exames médico-morais, muito bem elucidado nas palavras de Jacó-Vilela (1999, p. 14, grifo do autor), ao afirmar que a "[...] degeneração tem suficiente valor explicativo da causalidade dos '*distúrbios morais*', podendo esclarecer os atos desviantes da norma social".

Um reforço mercadológico foi acenado com a forte tendência de judicialização dos conflitos, dos afetos, sobretudo a partir dos anos de 1970, pois as controvérsias mais variadas caminham para os tribunais como se não houvesse outra maneira de se buscar a paz social. Confunde-se, conforme ensina Garapon (2001), o acesso à Justiça com o acesso ao Poder Judiciário, quando, na verdade, cabe ao Estado criar políticas públicas capazes de solucionar conflitos sociais e individuais. Segundo o autor, o juiz se fortalece porque de certa forma há um colapso de referências simbólicas para os indivíduos na atualidade, o que estimula a busca do Judiciário, que, na figura do juiz, será uma condição simbólica central e de última instância moral.

O exame, a avaliação propriamente dita, surge com a função de obter um saber que buscará o aparelhamento da prática jurídica. O fortalecimento das instituições de Justiça passa a requerer maior integração com outras áreas do conhecimento, favorecendo, assim, a crescente utilização dos métodos de averiguação do comportamento dos indivíduos.

De outro lado, críticos de uma sociedade que objetiva disciplina e apresenta parâmetros mínimos normativos para tal não aceitam a relação entre a psicologia e o direito, pautando-se claramente, entre outras, sobre lições *foucaultianas* que já demonstravam que a psicologia poderia servir a ideais escusos e à operacionalidade de uma sociedade designada como disciplinar. O pensador francês então diagnostica os caminhos que a psicologia estaria trilhando como uma

> [...] busca para se avaliar os indivíduos e descrevê-los como aqueles que apresentavam ou não coerência com as normas dominantes. Esse novo saber não se organiza em torno das questões "isso foi feito? Quem o fez?"; não se ordena em termos da presença ou ausência, de existência ou não existência. Ele se ordena em torno da norma, em termos do que é normal ou não, do que se deve ou não fazer (Foucault, 1999, p. 88).

É fato que o psicólogo, ao levar elementos de convicção ao julgador, pelo seu contexto histórico de aproximação com o direito, passava a ser visto como um verdadeiro *testólogo*, termo usado criticamente por diversos profissionais, como Serafim e Saffi (2012) e Silva, Saraiva e Ferreira (2013), entre outros, ou *psicologista* (Rovinski, 2009). Essas designações, conforme elucidam os autores, ainda trazem o ranço de uma visão eminentemente psicométrica, ou utilizada isoladamente e que desqualifica o contexto, o histórico e os aspectos qualitativos do indivíduo em questão.

São inegáveis as contribuições da psicometria para essa aproximação entre as áreas, sendo aberto um flanco que nem por isso restou estagnado e imutável, ao longo do tempo, à mercê do engessamento de construtos e de uma visão médico-moral fechada.

> De uma vez por todas, a avaliação psicológica precisa ser compreendida como competência imprescindível ao psicólogo – como é disposto nas diretrizes curriculares que regem a formação profissional – e como área que requer formação específica e atualizada [...] Avaliar é necessário

em diversos contextos de atuação, pois, além de fornecer informações preciosas dos aspectos psicológicos dos processos avaliados, contribui para uma atuação mais refinada e precisa [...] (Noronha & Reppold, 2010, p. 192-201).

Arzeno (1995), CFP (2013), Cunha (2000), Noronha e Reppold (2010), Rovinski e Lago (2016), entre outros estudos sobre a avaliação psicológica, explicam, aqui em apertada síntese, que, ao conduzir um processo de avaliação psicológica, o profissional deve sempre considerar o meio em que as pessoas estão inseridas, sua história de vida, suas condições sociais, econômicas e políticas, integrando essas informações aos dados obtidos das técnicas aplicadas.

Atualmente, conforme ensina Souza (2013), trabalha-se com a transversalidade de conceitos e saberes que orientará a prática, que, por sua vez, exigirá que os psicólogos sejam sensíveis à complexidade e à descontinuidade produzidas quando estão se relacionando com pessoas que vivenciam interações adversariais, de modo a desenvolver uma busca conjunta por realização pactual.

É evidente que, se os testes aproximaram a psicologia do direito, isso não significa que a prática da psicologia junto aos tribunais e às inúmeras questões contemporâneas que se apresentam permaneceu fixada em um histórico das chamadas medidas em psicologia, que hoje têm outro sentido. Ainda que inexistam protocolos *obrigatórios* de avaliação psicológica no Brasil para questões que abundam nos tribunais, isso de forma alguma representa a estagnação da área, que hoje é muito dinâmica e flexível para a leitura dos fenômenos mentais e, principalmente, para o entendimento do valor da norma, da organização da sociedade e do bem-estar das pessoas.

Há um alinhamento, aqui explicitado, com os estudos de Fonseca e colaboradores (2008), Serafim e Saffi (2012), Silva e colaboradores (2013), entre outros, que afirmam que a psicologia, em suas relações com o direito, vai muito além do trabalho de testagem, já que percorre também toda a complexidade emocional das situações apresentadas, a interpretação da personalidade em sua estrutura e dinamismo, quando necessárias, as relações familiares e o reflexo disso na interação do indivíduo com o meio em que vive.

No Brasil, os primórdios da relação psicologia e direito ficaram demarcados também pela área criminal, quando, segundo Rigonatti e Barros (2003), o Código do Império indicava que os doentes mentais que delinquiam não poderiam ser julgados. Em 1898, foi então inaugurado o Hospital Psiquiátrico do Juquery (SP), considerado por muitos anos o maior da América Latina. Os alienados mentais criminosos ficavam separados dos não criminosos ensejando que, em 1921, fosse inaugurado o primeiro Manicômio Judiciário, no Estado do Rio de Janeiro, passando a proteger esse doente mental que delinque não apenas da sociedade, mas também de si mesmo, isolando-o. O primeiro laudo pericial (na área psiquiátrica) atestando a inimputabilidade ocorreu no Brasil em 1920 (Serafim & Saffi, 2012).

A evolução da avaliação psicológica no meio forense caminhou a ponto de hoje funcionar como garantia para que o indivíduo seja visto na sua integralidade, para que o operador do direito não deixe de contemplar os aspectos emocionais, as qualidades e as dificuldades internas dos que, por razões que não nos cabe aqui discorrer, judicializam seus problemas. O trabalho de construção é árduo e gradual, mas tem experimentado significativos avanços práticos, legislativos e de alcances de uma leitura *novo-paradigmática* do exercício da Justiça.

O cuidado para que os psicólogos não se tornem *juízes ocultos*, como explica Legendre (1994), é pertinente, pois alerta para a importância de esse profissional estar em sintonia com os preceitos técnicos e éticos de sua área. É pertinente a posição de Rovinski (2009) no alerta dado para que não sejam estigmatizados os técnicos (para se referir aos psicólogos jurídicos) que fazem bom uso da avaliação psicológica. Há necessidade, sim, de adequado investimento na formação dos profissionais em avaliação para que esta seja "[...] realizada por profissionais que tenham competência para tal, e não por qualquer psicólogo já que a eles é dado o direito de avaliar" (Noronha & Reppold, 2010, p. 199). O esforço deve ser constante para a construção de parâmetros éticos e científicos, que edifiquem e ofereçam um trabalho de porte contextualizado, compreensivo e atinente ao movimento sócio-histórico em que os sujeitos se inserem.

Toda a temática abordada até este momento ensejaria um desenvolvimento amplo, o que fugiria do escopo deste capítulo, que trata especificamente da avaliação psicológica e das perícias no contexto forense.

PSICÓLOGOS E PERÍCIAS: UM COTIDIANO A SE PENSAR

A perícia judicial é uma prova. O juiz pode se valer dela sempre que entender necessário para além das outras provas que também estão previstas em um processo judicial. Há provas documentais, provas testemunhais e as periciais.

O psicólogo com a função de perito judicial, quando chamado a atuar nas Varas de Família e Sucessões, por exemplo, analisa famílias em litígio e, valendo-se de seu cabedal teórico-prático, apresentará suas avaliações e conclusões traduzidas em um laudo técnico, que, juntamente com outras provas e o parecer da Promotoria (membro do Ministério Público), subsidiará a decisão judicial (Silva, 2005). O mesmo ocorre nas Varas Cíveis e nas Varas Criminais, quando a atuação do psicólogo é determinada exclusivamente dentro do recorte pericial, com o objetivo de elucidar pontos específicos para o julgador. Nesses casos, há sempre uma lógica adversarial subjacente (Silva & Rovinski, 2012).

Nas Varas Cíveis, é rotineira a determinação para que os peritos em psicologia avaliem o nexo entre uma condição emocional ou prejuízo psíquico e a situação vivenciada, que é, via de regra, complexa. Ainda, o perito pode realizar avaliações sobre a sanidade mental de alguém ou auxiliar o juiz sobre a condição de discernimento de determinada pessoa. A questão da avaliação da capacidade se impõe, por exemplo, em ações denominadas de interdição, ou seja, quando uma pessoa necessita ser avaliada em razão de sua condição psíquica para gerenciar sua vida, seus bens, seu trabalho, etc.

Salienta-se que, em outros espaços de atuação do psicólogo, dentro ou fora dos tribunais, podem ser realizadas tarefas não denominadas de perícias, mas que têm igualmente o valor e o escopo da avaliação psicológica. Nem sempre uma avaliação psicológica é denominada de perícia; ou seja, ela pode apenas trazer elementos de entendimento, de clareamento de dada situação, sem haver necessariamente um processo instalado no âmbito do contraditório. A título de ilustração, podem-se mencionar as Varas especializadas em violência doméstica, as Varas da Infância e Juventude, as Varas especializadas em idosos e projetos individualizados e criados por diversos tribunais do País, muitos sob a orientação e a indicação do Conselho Nacional de Justiça (CNJ), como a Justiça Restaurativa, o Apadrinhamento, a Mediação, a Oficina de Pais, o Centro Judiciário de Solução de Conflitos (CEJUSC) e tantos outros. Nesses espaços, geralmente, o trabalho não recebe a designação de perícia, pois o profissional tem a possibilidade de avaliar, sem que haja a necessidade precípua de se comprovar fatos ou demonstrar vínculos de causalidade. Há outros lugares possíveis para a realização de avaliação psicológica (demandada pelos tribunais), que podem derivar em acompanhamento e/ou sugestão de encaminhamento pontual do caso (o que não ocorre na perícia, via de regra). Nesses locais (clínicas, clínicas-escola, Centros de Atenção Psicossocial [CAPS], entre outros), geralmente a avaliação psicológica terá por objetivo esclarecer algum ponto específico, por vezes até em caráter preliminar para se pleitear uma medida de urgência ou se levantar elementos sólidos que indiquem a real necessidade de uma perícia, por exemplo.

O laudo pericial, ao ser lançado nos autos, abre a possibilidade das partes de se manifestarem acerca do resultado apresentado, seguindo os princípios do contraditório e da ampla defesa conforme ressalta a Lei nº 8.455/2015, denominada de Novo Código de Processo Civil. O psicólogo perito, após lançar/protocolar seu laudo nos autos, só poderá entrar em contato novamente com os avaliandos caso o juiz determine sua entrada, quer para complementação do estudo, para esclarecer as críticas tecidas pelos advogados das partes, quer para elucidar ou responder a algum quesito ou por outro motivo que ele, autoridade judiciária (que demandou o estudo pericial), venha a entender como necessário.

É importante ressaltar que a citada lei introduziu duas outras formas para a simplificação de produção de provas. A primeira delas, oral, se aplica em situações simples em que o laudo pode ser dispensado, bastando apenas a manifestação oral do perito, aqui chamada de *prova técnica simplificada*, conforme art. 464 do CPC, em seus parágrafos 2º, 3º e 4º. No caso da segunda, com vistas à agilização do feito, o juiz pode dispensar a realização da perícia judicial, quando pareceres juntados na petição inicial ou na contestação se mostrarem satisfatórios para seu convencimento, o que está em conformidade com o art. 472 do diploma legal referido.

Segundo Theodoro Júnior (2012), o perito é apenas auxiliar da Justiça, e não substituto do juiz na apreciação do evento probando. Deve apenas apurar a existência de fatos cuja verificação dependa de conhecimento técnico. Seu parecer não é uma sentença, mas apenas fonte de informação para o juiz, que não fica adstrito ao laudo e pode formar sua convicção de modo contrário, com base em outros elementos ou fatos provados no processo. O laudo do perito é meramente uma opinião, de que o juiz se valerá ou não e conferirá o peso que entender aos seus achados. No entanto, ao apreciar a prova pericial, conforme o art. 479 do CPC, o juiz deve indicar na sentença os motivos que o levaram a considerar ou não as conclusões do laudo.

Para operacionalizar seu trabalho pericial, o psicólogo precisa estar ancorado em sólida formação técnica, recomendando-se, nesse momento, em especial, a avaliação psicológica, teorias da personalidade, psicologia do desenvolvimento, psicopatologia, resoluções e orientações do CFP e do Código de Ética e demais itens que poderão ser demandados na realização dessa tarefa ou que existirão como pano de fundo da questão-problema a ser analisada.

Operacionalizar não remete o profissional apenas à escolha técnico/metodológica, a elencar instrumentos que poderão confirmar ou refutar hipóteses, descrever perfis ou descolar-se do contexto sócio-histórico da problemática que surge diante de nós. É importante assinalar que, para a prática do trabalho de avaliação forense, se parte da premissa de que avaliar não significa julgar e de que lançar os resultados de uma avaliação, de forma fundamentada cientificamente, não transforma o psicólogo que atua na área jurídica em "juiz oculto", como já referido anteriormente (Legendre, 1994). Muitos autores, por vezes, mostram-se atrelados e preocupados com a demonstração de teorias, tornando-se distanciados das demandas concretas que assolam o Poder Judiciário, das dores daqueles que buscam a Justiça e são realmente de carne e osso, e não apenas um nome em uma brochura de papel ou nos autos digitais.

Como já afirmado em Silva (2013), o trabalho pericial sempre foi solitário, ou seja, individualizado para o profissional nomeado. Ao assumir uma tarefa de avaliação psicológica com esse escopo, o psicólogo tem, no máximo, além das partes, proximidade com os demais técnicos envolvidos no caso, como o assistente social (incumbido da tarefa pericial sob a ótica de sua formação) e/ou com o médico psiquiatra (se for o caso), além do juiz. Isso demonstra a solidão do caminho a ser percorrido e aponta a responsabilidade do perito em suas construções e interpretações decorrentes, bem como nas conclusões lançadas para finalizar o documento pericial. O juiz dará o peso que quiser ao laudo, utilizará ou não o que estiver lançado no documento, mas é certo que, estando o psicólogo comprometido com seus achados e firmemente ancorado em técnicas e teorias psicológicas contemporâneas articuladas ao contexto sócio-histórico, poderá iluminar aspectos da complexidade das situações, antes nebulosos ou mesmo descartados por todos os envolvidos no dilema foco de discussão legal.

Na literatura mundial, autores como Boliero e Guerra (2014), Brazelton e Greenspan (2002), Calheiros, Garrido e Santos (2012), Camerini e Volpini (2011), Castro (2003), Fonseca e colaboradores (2008), Patrizi (2012), Petruccelli e Petruccelli (2013), Wallerstein e Kelly

(1998), entre outros, respaldam a possibilidade de o psicólogo apontar caminhos e dirimir dúvidas, principalmente em questões de guarda e visitas, nas quais muitas vezes se assinalam prós e contras ou caminhos possíveis, alerta-se sobre riscos de uma ou outra decisão entre outras viáveis sugestões.

Conforme o documento "Manifestação Técnica da Equipe de Psicologia do Setor de Psicologia das Varas de Família do Fórum Central da Capital de São Paulo" sobre o material denominado "Referências Técnicas para a Atuação de Psicólogos(as) no Campo do Direito Relativo às Varas de Família", protocolado em 2009 no CRP-06:[1]

> [...] O perito, quer tenha ou não consciência disto, não é neutro em sua avaliação, que tem por objetivo servir como uma das bases de julgamento para o juiz. Óbvio que o juiz é quem julgará do ponto de vista jurídico. O perito emitirá um parecer de qual genitor lhe parece mais indicado, se é que há algum, do ponto de vista psicológico [...].

> [...] O que se pede de um perito é que, dentro de sua área de conhecimento, dentro dos referenciais científicos atuais, diga sobre a matéria que está sendo discutida no processo. Não adianta apenas descrever a personalidade de cada um dos envolvidos. É necessário emitir um parecer sobre essa questão. Em certos casos, até demonstrar que não há uma alternativa melhor que outra (CFP, 2010).

O trabalho de avaliação psicológica de cunho pericial tem começo, meio e fim, como já indicado anteriormente. E o que isso pode apontar? Inicialmente, que é uma tarefa cuja demanda é feita por um operador de direito, no caso da perícia por um magistrado. Ele é quem definirá a situação que deve ser analisada e qual(is) pergunta(s) deve(m) ser respondida(s). Isso será feito geralmente por meio de quesitos por ele elaborados, ou mesmo pelo membro do Ministério Público ou pelos advogados das partes interessadas. Todos os quesitos serão apreciados pelo juiz antes de o perito iniciar seu trabalho. Há quesitos que podem ser recusados (indeferidos) pelo juiz, e, nesse caso, o psicólogo perito não os responderá. Todavia, também há casos em que o juiz admite, por alguma razão, a inserção de quesitos fora do prazo regularmente estabelecido, encaminhando-os ao perito para que tome conhecimento e também os responda.

Não raramente, o perito se depara com uma questão (quesito) que foge ao escopo de seu trabalho e extrapola sua área de investigação; portanto, é correto o profissional justificar adequadamente as razões que o levarem a não responder tal quesito. Geralmente são questões direcionadas a outra área do conhecimento ou que fogem ao escopo *strictu sensu* da perícia (p. ex., solicitar dados da intimidade conjugal quando, na realidade, essa questão afigura-se como de nenhuma importância para o entendimento da problemática central, que são as visitas aos filhos).

Outra orientação importante sobre o desenvolvimento do trabalho de perícia psicológica forense está ligada ao livre-arbítrio que o profissional tem para explorar e abordar a situação-problema, valendo-se de suas convicções teóricas, adequadamente justificadas para apreciar a situação de forma ampliada ou não. Como exemplo, pode-se mencionar que, por vezes, alguns juízes determinam que em dada ação de regulamentação de visitas de filhos menores, decorrente de divórcio dos pais, sejam analisadas apenas as crianças para o esclare-

---

[1] Sobre o conteúdo do documento oferecido aos psicólogos, fruto do trabalho do Centro de Referências Técnicas em Psicologia e Políticas Públicas (CREPOP), e denominado "Referências Técnicas Para a Atuação de Psicólogos(as) no Campo do Direito Relativo às Varas de Família" (CFP, 2010), a equipe paulista, pioneira na atuação *exclusiva* com casos das Varas de Família (a mais antiga do Brasil militando na área), manifestou-se em documento apartado cuja relevância motivou um evento no Conselho Regional de Psicologia – 6ª região. As considerações tecidas integram documento próprio, não publicado, porém protocolado (no CRP – 6ª região) em virtude da consulta pública que foi realizada já após sua publicação em 2010.

cimento do caso, ou apenas um dos filhos, ou, ainda, apenas os pais em litígio, por exemplo.

Aqui, o que se vê é que não há possibilidade de se avaliar uma situação desse porte sem que haja uma entrada irrestrita para a análise da situação familiar; portanto, recomenda-se fazer, sempre por escrito, uma justificativa para o magistrado ou juízo que procedeu a nomeação, explicando que o caso em tela necessitará ser avaliado na sua integralidade, e não parcialmente, apenas com a avaliação das crianças. Nesses casos, é necessário mencionar que os resultados só poderão ser lançados com uma avaliação que abarque a totalidade das variáveis do problema.

O perito em psicologia não deve partir do pressuposto de que o magistrado sempre conhece os meandros de uma avaliação psicológica. Isso pode ou não ocorrer. O profissional é quem deve sensibilizá-lo para a compreensão da necessidade de se apreender o contexto global, sua riqueza de variáveis e, assim, solicitar a possibilidade de a avaliação ser realizada também com outros integrantes da família.

Como já mencionado, a liberdade técnica para a escolha dos instrumentos é de grande relevância para o psicólogo, possibilitando o ajuste de sua linha de trabalho, sua metodologia, seu referencial teórico-prático à demanda, o que muito o auxiliará posteriormente na redação do documento final, contendo suas orientações e achados.

> Interpretar e avaliar não significa julgar. Comprometer-se com um diagnóstico ou com um prognóstico – quando possível – não significa impingir ao outro sofrimento, mas sim possibilidade de libertação por meios necessários da aplicação de uma justiça que ele (usuário da Justiça) próprio procurou, de uma lei que ele próprio buscou e de um atendimento e uma escuta que ele clama, enquanto cliente de um Judiciário que é público, ou seja, está para servir o povo, e não servir-se desse mesmo povo (Silva, 2013, p. 910).

Como em qualquer contexto em que a avaliação psicológica acontece, os tipos de entrevistas, os materiais utilizados, as pessoas convidadas para fornecer informações secundárias, as visitas para a complementação das informações (escolas, clínicas, terapeutas), os documentos solicitados, enfim, as fontes de informações fundamentais e complementares devem sempre ser aplicadas obedecendo a hipóteses que as sustentem.

ORIENTAÇÕES NECESSÁRIAS PARA O LAUDO

É fundamental que o perito psicólogo se comprometa com seus achados e zele para que a redação de seu documento esteja legível e de fácil compreensão para que todos aqueles que não sejam profissionais da área também possam compreender o raciocínio articulado. Um laudo, fruto de uma avaliação psicológica, ao ser juntado (encartado, anexado) aos autos, torna-se perene para aquela pessoa ou família que enfrenta processo judicial.

Enfatiza-se sempre que as palavras, principalmente as escritas, ficam registradas, reforçando e ensejando questionamentos que podem muito bem ser debatidos em outros espaços e momentos processuais (ou mesmo fora deles). Por isso, orienta-se que o profissional cuide de sua comunicação escrita, preservando a intimidade das partes atendidas, elegendo lançar unicamente elementos que façam relação com o que está sendo debatido no processo em que atua.

Como ferramentas fundamentais para o psicólogo que deseja atuar na área pericial forense, indica-se, além da qualificação técnica, ter intimidade com os pareceres do Sistema de Avaliação de Testes Psicológicos (Satepsi), que são constantemente atualizados, e aprofundar os estudos dos documentos legislativos (já mencionados), das referências e resoluções do CFP (constantemente atualizadas e debatidas), do Código de Ética profissional e da eleição de teorias psicológicas ancoradas em estudos e correlatos científicos aprovados para o uso em nosso país. No decorrer das perícias, todo e qualquer instrumento de avaliação utilizado deve ter o parecer favorável do Satepsi, que foi desenvolvido pelo CFP com o objetivo de avaliar a qualidade técnico-científica de instrumentos psicológicos para uso profissional, a partir da verificação objetiva de um conjunto de requisitos técnicos, e divulgar informações sobre os testes psicológicos à comunidade e aos psicólogos (CFP, 2019).

Ao optar pela aplicação de instrumentos específicos em sua tarefa, o perito psicólogo deve consultar sempre a listagem atualizada do Satepsi, que divulga, periodicamente, os testes favoráveis para uso do profissional. Há instrumentos que são validados apenas para o uso em pesquisas e que, portanto, não podem ser utilizados pelo perito psicólogo, sob risco de seu trabalho ser considerado inválido e criticado por outros profissionais que adentram nos autos para questionar o trabalho pericial, como os assistentes técnicos das partes.

É imprescindível ficar atento à função e ao papel específicos de uma perícia psicológica, para que não sejam erigidos erros ou hiatos que acarretem impugnação dos trabalhos. Deve-se anotar que é crescente o número de queixas encaminhadas aos conselhos de classe, geralmente concentradas em torno das avaliações psicológicas e dos laudos de forma geral (Zaia et al., 2018). Nessas denúncias, há representações por incapacidade dos profissionais responsáveis e falta de fundamentação dos laudos, as quais, em alguns casos, podem gerar, inclusive, medidas administrativas, caso o responsável esteja vinculado profissionalmente ao próprio tribunal, como é o caso de alguns Estados, como São Paulo, em que existem profissionais concursados para atuar nas perícias.

Assim, é de suma importância que o psicólogo, ao atuar como perito, diferencie com segurança sua atuação de outras áreas como a psicologia clínica e a mediação e tenha em mente que lida com dilemas de alto grau de complexidade, cujos envolvidos estão diante de marcante animosidade, seja interna, seja externa. Isso pode posicionar o profissional em meio a disputas, alianças e conluios de difícil detecção.

O perito é um auxiliar do juízo, e sua tarefa decorre da necessidade formulada por um operador do direito. Portanto, é preciso ter claro que as entrevistas (dentro da perícia) devem obedecer a um tempo (em geral definido pelo próprio juiz da causa) e a um enquadre específico (já definidos anteriormente) e que sem dúvida estes serão diferentes daqueles que o profissional desenvolveria em outros contextos, como clínica, escola, ambulatório, centros de referência, entre outros.

As perícias provenientes das Varas de Família, por exemplo, são realizadas dentro de um enquadramento que representa, na realidade, a fotografia do momento da família, que é mutável e dinâmica, assim como o próprio conflito analisado. Cerveny (1994) explica que família é um conjunto que funciona como uma totalidade, e as particularidades de cada um dos membros não bastam para explicar o comportamento de todos os outros. Para a autora, analisar uma família não significa somar as análises de seus membros individuais, já que uma família é um sistema que pode ser encarado como um circuito de retroalimentação.

Questionamentos (sobre os laudos) realizados após lapsos temporais longos necessariamente devem demandar um novo estudo, uma vez que o quadro conflitual pode ter sido alterado e o laudo apresentado estará desatualizado e pouco representativo dos interesses e das necessidades dos envolvidos. A fidedignidade dos resultados de um reexame, via de regra, estará abalada se os elementos e as situações que serviram como premissas para o estudo anterior não forem checados novamente.

É preciso ter cautela para determinações de complementações de perícias quando transcorrido um longo prazo, haja vista que esse esclarecimento só poderá ser realizado com base em uma nova avaliação. O perito deve ter segurança e justificar de forma técnica nos autos a necessidade de entrevistar novamente as pessoas (ou aplicar outra linha de trabalho que melhor lhe convier) para que não incorra em falhas técnicas, deixando a complementação determinada sem apoio técnico, sustentação teórica e/ou com lacunas importantes para dar sustentabilidade aos seus achados.

As relações com as partes atendidas podem não ser sempre comedidas, serenas e lineares, já que a carga emocional do que está por detrás do contexto pericial, principalmente na esfera psíquica, é pesada e turbulenta. Não é raro que o perito se torne o depositário de sentimentos diversos que eclodem com o atravessamento, com a vivência das partes do período processual. Em geral, é observada a entrada de psicólogos – *peritos ou não* – em confronto com pessoas e situações turbulentas, agressivas, desajustadas e pouco propícias à colaboração, aos interesses em desvelarem e auxiliarem na construção de mecanismos protetivos. Nesse ponto, é importante lembrar que as pessoas atendidas no contexto pericial não estão diante de um perito psicólogo voluntariamente, mas porque receberam a determinação para estar ali, o que nem sempre enseja uma atitude colaborativa, já que a busca era pelo direito, pela justiça e por um juiz, ficando a psicologia em segundo plano, nem sempre compreensível por elas.

O campo de batalha no qual a perícia se insere no caso dos litígios familiares edifica um terreno pantanoso para o psicólogo, pois, embora haja limites claros do trabalho pericial, o cenário ardiloso e confuso que os litígios encenam pode forçá-lo ao esgarçamento. Como agravante, o laudo pericial com frequência figura como um documento isolado, revelador de detalhes que por vezes alimentam o próprio contexto da contenda, já que as interpretações baseadas nas emoções, nas defesas e nas condições psíquicas dos periciandos ficam expostas, aguardando a apreciação por ambos os lados. Isso expõe o profissional e seu trabalho, além de isolá-lo e deixá-lo à mercê da morosidade processual e da ausência de sentenciamento, o que pode trazer consequências danosas e delicadas para todos os envolvidos.

É importante ressaltar que o operador do direito, como qualquer ser humano, tem seu próprio tempo interno para lidar com o angustiante cotidiano dos conflitos. A identificação com a dor do outro e a ânsia pelo cumprimento de metas estabelecidas por órgãos superiores hierárquicos levam à aplicação de soluções, sentenças e uma condução processual que muitas vezes torna crônicas as dinâmicas relacionais trazidas ao Judiciário. Não raro os próprios advogados e/ou defensores travam uma discussão entre si, reproduzindo o litígio existente entre as partes.

Se, por um lado, lida-se com a pressão do tempo para a finalização dos estudos, por outro, é preciso dar a devida atenção à delicadeza dos dramas que se encontram invariavelmente a nossa frente. O chamado *labirinto de mágoas*, como designa o psiquiatra português Daniel Sampaio em seu livro de mesmo nome, envolve sobremaneira o profissional que necessita ter a empatia necessária para o entendimento e a exploração correta da problemática do caso, mas, ao mesmo tempo, a lucidez e a habilidade técnica condizente para se afastar e avaliar a dinâmica ou o dilema diante do qual se encontra (Sampaio, 2012). É inegável que, por trás de uma ação que pede ressarcimento de danos morais, interdição de um familiar, apuração de uma situação de alienação parental, violência doméstica, entre outras, existem rostos sofridos ou camuflados, vidas enlutadas e por vezes até paralisadas aguardando o deslinde da ação.

POSSIBILIDADES FUTURAS PARA A AVALIAÇÃO PSICOLÓGICA NO CAMPO PERICIAL

Já é realidade em muitos contextos internacionais a utilização de protocolos gerais para a avaliação psicológica das mais diferentes matérias do contexto forense. Atualmente existem protocolos de entrevistas para o contexto forense, fundamentados em pesquisas científicas e em metadados, como o proposto pelo National Institute of Child Health and Human Development (NICHD), citado por Willians Hackbarth, Blefari, Padilha e Peixoto (2014), os quais objetivam, por exemplo, otimização na padronização dos resultados das perícias com crianças vítimas de violência e garantia de que a mesma situação-problema obtenha semelhante avaliação por qualquer psicólogo que a estude, reduzindo-se, obviamente, ao máximo a interferência na coleta das informações e da interpretação subjetiva.

Grisso (2003) criou a expressão "instrumento de avaliação forense" para designar aparatos que forneçam quadros de referência para a avaliação forense. Esses instrumentos, segundo explica Roesch (2006), são normalmente técnicas semiestruturadas de recolha de informação que não apresentam as características de muitos dos testes psicológicos tradicionais, mas contribuem para uma melhor sistematização das avaliações em contexto forense.

A American Psychological Association (APA) publicou, em 1994, um conjunto de diretrizes para avaliação de guarda de filhos que são muito mais recomendações sobre o enquadre pericial do que propriamente conteúdos específicos. O chamado *Guideline for child custody evaluations in divorce proceedings* é um texto com itens básicos para a compreensão dos profissionais de saúde mental sobre o que deve ser observado preliminarmente e de forma genérica nos casos de avaliação de disputa de guarda.

Apesar de pesquisas acadêmicas brasileiras já despontarem com propostas para a introdução de protocolos de avaliação em casos específicos do cotidiano das Varas de Família, Varas de Violência Doméstica, Varas da Infância e Juventude, Varas Cíveis, Varas Criminais, de Execução Penal e outras mais específicas, como as que atuam diretamente com idosos e também com assuntos trabalhistas, pode-se afirmar que ainda está distante a implantação de protocolos e sistematizações aprofundadas de entrevistas e avaliações psicológicas no campo forense. Atualmente, muitas perícias ainda exibem elevado grau de subjetivismo e uma aplicação e transposição dos conhecimentos clínicos e/ou teóricos pouco plausíveis para a demanda específica. É, sem dúvida, grande o número de profissionais que se aventuram no campo pericial sem adequada formação, criticidade sobre a própria atuação e comprometimento ético.

Em uma sociedade de alta complexidade, que judicializa seus dilemas e interesses com rapidez e certa naturalidade, a mentalidade laudatória surge com grande força, fazendo crer que é pela lente dos chamados *olhos da justiça* que a verdade, o equilíbrio, a sensatez e a justiça aparecerão. Sabe-se, no entanto, que a discussão sobre essa temática é por si só abrangente e foge ao escopo deste capítulo.

A especificidade e a amplitude das perguntas que são feitas ao perito, direta ou indiretamente, traduzem questões inovadoras, difíceis e paradigmáticas, determinando a constante atualização e abertura técnica e emocional do profissional. Se antigamente lutava-se para demonstrar a interdisciplinaridade entre psicologia e direito, hoje se pode afirmar que esse campo já está consolidado e instiga o pensamento sobre a própria liquidez dos assuntos, decorrente, entre outros possíveis fatores, da influência da mídia e das comunicações na vida dos indivíduos, das famílias e de toda a sociedade em que se inserem os dilemas.

O campo pericial exige o reconhecimento de que cada indivíduo, cada família e cada processo encerram por si só uma série de necessidades específicas. Tomando como base as questões demandadas pela infância, é fato que ela precisa ser dimensionada dentro de um contexto construído histórico e culturalmente, mas que não deixa de ter elementos específicos e únicos, como a necessidade de proteção, de condição peculiar de desenvolvimento físico, emocional, cognitivo, social, entre outros, de cada criança avaliada.

As indagações sobre veracidade dos testemunhos, o esclarecimento sobre situações que envolvam falsas memórias, o entendimento e a luta para o extermínio das violências diversas em diferentes contextos, os assédios e os demais terrenos marcados por um clima de conflitualidade e questionamento sobre seu destino acarretam ao juiz graves dificuldades de compreensão, que são, em geral, repassadas para que os profissionais da psicologia esclareçam.

A partir disso, os operadores do direito, de forma ampla, esperam os técnicos profissionais da saúde mental avaliarem o caso em sua globalidade, fazendo chegar ao tribunal – por meio dos pareceres, laudos e relatórios – a compreensão de dimensões emocionais de difícil acesso aos não estudiosos do campo científico da saúde mental. Com esse contributo, a sentença, a decisão, tentará contemplar aspectos mais diretos dos interessados, integrando os que estão difusos, pouco claros.

Não há que se confundir tal tarefa com a do julgador, que, de posse de todos os elementos que a prova pericial puder recolher e apresentar, terá o chamado *privilégio-ônus* de decidir, conferindo o peso que entender aos elementos trazidos e julgando conforme seu livre convencimento. Há o reconhecimento do peso que essas avaliações significam para o perito psicólogo por parte de muitos magistrados. Cortez (2010), Cezar-Ferreira (2012), Cezar Ferreira e Macedo (2016), Pachá (2010), entre outros, interpretam, em síntese, que [...] "o perito que integra a equipe multidisciplinar do juiz é o que mais sofre porque é cobrado para que produza um laudo técnico, dê suporte ao juiz na formação da convicção" (Conselho Regional de Psicologia de São Paulo [CRPSP], 2010).

> [...] as sugestões inseridas nos laudos são aceitas em 94,23% dos casos, segundo uma pesquisa sobre a influência dos laudos psicológicos nas decisões judiciais nas Varas de Família do Tribunal de Justiça de São Paulo (Rodrigues, Couto, & Hungria, 2005, p. 31).

É evidente que isso agrega maior responsabilidade ao trabalho, mas também a possibilidade de torná-lo um instrumento de transformação que não fique submetido ao poder da instituição, mas que, pelo contrário, possa existir como forma de salvaguardar a dignidade da pessoa humana (Miranda & Silva, 2009), fazendo valer seus direitos e condições de cursar de maneira condigna as etapas naturais de sua existência (Silva, 2013; 2016).

CONSIDERAÇÕES FINAIS

A demanda do psicólogo que atua com avaliações de cunho forense é, em geral, dotada de grande complexidade. Independentemente da jurisdição em que for atuar, ele prestará um serviço altamente qualificado e de responsabilidade para que o operador do direito tenha a chance de ampliar seu entendimento sobre o dilema a ser julgado.

Os inúmeros dramas e situações de risco e vulnerabilidade que caminham para o exame do psicólogo podem ter no seu olhar, nas suas colocações, na sua postura crítica e ética, compromissada com os parâmetros de sua profissão, uma possibilidade de edificação ou resgate de valores calcados sobre a dignidade daqueles que são por ele avaliados.

Japiassú (1982) traz um importante alerta para o risco de a prática psicológica se submeter aos ditames de uma ideologia dominante de caráter regulador sempre que desvinculada de uma reflexão ética constante sobre seu fazer e sobre o que está sendo feito com o produto de seu trabalho.

No âmbito das avaliações de casos das Varas de Família, o que se observa é um universo de possibilidades para ressignificar o momento da dor, da mágoa, mas também, conforme a condução de toda a máquina (o que inclui as instituições de justiça, saúde mental, educação, família e o próprio âmbito pericial), pode estigmatizar, cronificar e colaborar com o adoecimento desse núcleo que judicializa seus afetos por motivos diversos.

Em países como Itália e Portugal, por exemplo, cujo funcionamento familiar muito se aproxima ao do Brasil, já é discutido quais são os aportes mínimos de que uma família precisa para ser indicada como capaz de cuidar de sua prole (Pocar & Ronfani, 1999), quais as condições que reduziriam os riscos para os filhos e como suprir as famílias ou retirá-las dessa vulnerabilidade para não recair no chamado *familismo*, que culpa incessantemente o núcleo familiar sem se dar conta de que ele próprio é vítima, e não sempre o vitimizador.

É importante que o psicólogo no campo pericial se comprometa com seus achados e examine e crie terrenos de pesquisa para ampliar a compreensão do que analisa. O entendimento continua sendo o de que, ao comprometer-se com um diagnóstico ou com um prognóstico, não se está impingindo ao outro sofrimento ou o aprisionando em uma hierarquização de saberes, mas fornecendo-lhe uma possibilidade de libertação por meios necessários da aplicação de uma justiça que ele, usuário da justiça, procurou, de uma lei que ele mesmo buscou e de um atendimento e uma escuta que ele clama, na qualidade de cliente de um Judiciário que é um serviço público, ou seja, está para servir o público, e não para servir-se da coisa pública.

REFERÊNCIAS

Amaral Santos, M. (1994). *Comentários ao Código de Processo Civil* (7. ed.). Rio de Janeiro: Forense.

American Psychological Association (APA). (1994). Guidelines for child custody evaluations in divorce proceedings. *American Psychologist*, 49(7), 677-680.

Amparo, D. (2013). *Relatório do ano temático da avaliação psicológica 2011/2012*. Brasília: CFP.

Aranha, A. J. Q. T. C. (2006). *Da prova no processo penal* (7. ed.). São Paulo: Saraiva.

Arzeno, M. E. (1995). *Psicodiagnóstico clínico: Novas contribuições*. Porto Alegre: Artmed.

Bandeira, D. R. (2018). A controvérsia do uso dos testes psicológicos por psicólogos e não psicólogos. *Psicologia: Ciência e Profissão*, 38(spe), 159-166.

Bandeira, D. R., Trentini, C. M., & Krug, J. S. (2016). Psicodiagnótico: Formação, cuidados éticos, avaliação de demanda e estabelecimento de objetivos. In C. S. Hutz, D. R. Bandeira, C. M. Trentini, & J. S. Krug. (Orgs.), *Psicodiagnóstico*. Porto Alegre: Artmed.

Blackburn, R. (1993). *The psychology of criminal conduct: Theory, research and practice*. Chichester: Wiley.

Boliero, H. & Guerra, P. (2014). *A criança e a família: Uma questão e direitos* (2. ed.). Coimbra: Coimbra.

Brasil, Ministério da Educação. (2011). *Resolução nº 5, de 15 de março de 2011*. Institui as Diretrizes Curriculares Nacionais para os cursos de graduação em Psicologia, estabelecendo normas para o projeto pedagógico complementar para a Formação de Professores de Psicologia. Recuperado de http://portal.mec.gov.br/index.php?option=com_docman&view=download&alias=7692-rces005-11-pdf&Itemid=30192

Brasil. (1941). *Decreto-lei nº 3.689, de 3 de outubro de 1941*. Código de Processo Penal. Recuperado de http://www.planalto.gov.br/ccivil_03/Decreto-Lei/Del3689.htm

Brasil. (1962). *Lei nº 4.119, de 27 de agosto de 1962*. Dispõe sobre os cursos de formação em psicologia e regulamenta a profissão de psicólogo. Recuperado de http://www.planalto.gov.br/ccivil_03/leis/1950-1969/L4119.htm

Brasil. (1964). *Decreto nº 53.464, de 21 de janeiro de 1964*. Regulamenta a Lei nº 4.119, de 27 de agosto de 1962, que dispõe sobre a profissão de psicólogo. Recuperado de http://www.planalto.gov.br/ccivil_03/decreto/1950-1969/D53464.htm

Brasil. (2015). *Lei nº 13.105, de 16 de março de 2015*. Código de Processo Civil. Recuperado de http://www.planalto.gov.br/ccivil_03/_Ato2015-2018/2015/Lei/L13105.htm

Brazelton, B. & Greenspan S. (2002). *As necessidades essenciais da criança: O que toda criança precisa para crescer, aprender e se desenvolver*. Porto Alegre: Artmed.

Calheiros, M. M., Garrido, M., & Santos, S. (2012). *Crianças em risco e perigo: Contextos, investigação e intervenção*. Lisboa: Sílabo.

Camerini, G. & Volpini, L. (2011). *Manuale di Valutazione delle Capacità genitoriali*. Itália: Maggioli.

Castro, L. R. F. (2003). *Disputa de guarda e regulamentação de visitas: No interesse dos pais ou dos filhos?* São Paulo: Casa do Psicólogo.

Cerveny, C. M. O. (1994). *A família como modelo: Desconstruindo a patologia*. Campinas: Psy.

Cezar-Ferreira, V. A. M. & Macedo. R. M. S. (2016). *Guarda compartilhada: Uma visão psicojurídica*. Porto Alegre: Artmed.

Cezar-Ferreira, V. A. M. (2012). *Família, separação e mediação: Visão psicojurídica* (3. ed.). São Paulo: Método.

Conselho Federal de Psicologia (CFP). (2010). *Referências técnicas para atuação do Psicólogo em Varas de Família*. Brasília: CFP.

Conselho Federal de Psicologia (CFP). (2013). *Relatório do ano temático da avaliação psicológica 2011/2012*. Brasília: CFP.

Conselho Federal de Psicologia (CFP). (2016). *Resolução CFP nº 3/2016*. Altera a Resolução CFP nº 013/2007, que institui a Consolidação das Resoluções relativas ao Título Profissional de Especialista em Psicologia e dispõe sobre normas e procedimentos para seu registro. Recuperado de https://site.cfp.org.br/wp-content/uploads/2016/04/Resolu%C3%A7%C3%A3o-003-2016.pdf

Conselho Federal de Psicologia (CFP). (2019). *Resolução CFP nº 06/2019*. Institui as regras para a elaboração de documentos escritos produzidos pela(o) psicóloga(o) no exercício profissional e revoga a Resolução CFP nº 07/2003 e Resolução CFP nº 15/1996. Recuperado de https://tinyurl.com/yxocw4zb

Conselho Federal de Psicologia (CFP). (2019). *SATEPSI*. Recuperado de http://satepsi.cfp.org.br/#

Conselho Regional de Psicologia de São Paulo (CRPSP). (2010). *Psicólogo Judiciário nas questões de família: A ética própria da psicologia: Mudanças na relação assistente técnico e perito*. São Paulo: CRPSP.

Cortez, L. F. A. (2010). *A inserção do psicólogo no Poder Judiciário: O direito e a função legal do perito e do assistente técnico*. São Paulo: CRPSP.

Cunha, J. A. (Org.). (2000). *Psicodiagnóstico*. 5. ed. Porto Alegre: Artmed.

Fonseca, A. C., Matos, A., & Simões, A. (2008). Psicologia e justiça: Oportunidades e desafios. In A. C. Fonseca (Org.), *Psicologia e justiça* (pp. 3-35). Portugal: Almedina.

Foucault, M. (1999). *A verdade e as formas jurídicas*. Rio de Janeiro: Nau.

Garapon, A. (2001). *O juiz e a democracia: O guardião das promessas* (2. ed.). Rio de Janeiro: Revan.

Grisso, T. (2003). *Evaluating competencies: Forensic assesments and instruments* (2nd ed.). New York: Kluwer Academic Plenum.

Jacó-Vilela, A. M. (1999). Os primórdios da psicologia jurídica. In L. M. T. Brito (Org.), *Temas de psicologia jurídica*. Rio de Janeiro: Relume Dumará.

Japiassú, H. (1982). *Introdução à epistemologia da psicologia*. Rio de Janeiro: Imago.

Legendre, P. (1994). *El Crimen del Cabo Lortie: Tratado sobre el padre*. Madrid: Siglo Veintiuno.

Miranda, J. & Silva, M. A. M. da (Orgs.). (2009). *Tratado luso-brasileiro da dignidade humana* (2. ed.). São Paulo: Quartier Latin.

Noronha, A. P. P. & Reppold, C. T. (2010). Considerações sobre a avaliação psicológica no Brasil. *Psicologia: Ciência e Profissão*, 30(spe), 192-201.

Pachá, A. (2010). *Os desafios do Judiciário e a interdisciplinaridade*. São Paulo: CRPSP.

Patrizi, P. (2012). *Manuale di psicologia Giuridica Minorile*. Itália: Carocci.

Petruccelli, F. & Petruccelli, I. (2013). *Argomenti di Psicologia Giuridica*. Itália: Franco Angeli.

Pocar, V. & Ronfani, P. (1999). *La Famiglia e il Diritto* (3. ed.). Roma-Bari: Laterza.

Rigonatti, S. P. & Barros, E. L. (2003). Notas sobre a história da psiquiatria forense. In S. P. Rigonatti, A. P. Serafim, & E. L. Barros (Orgs.), *Temas em psiquiatria forense e psicologia jurídica* (pp. 17-23). São Paulo: Vetor.

Rodrigues, M. C., Couto M. C., & Hungria M. C. L. (2005). A influência dos laudos psicológicos nas decisões judiciais das Varas de Família e Sucessões do Fórum Central da Capital de São Paulo. In S. K. Shine

(Org.), *Avaliação psicológica e lei: Adoção, vitimização, separação conjugal, dano psíquico e outros temas* (pp. 19-36). São Paulo: Casa do Psicólogo.

Roesch, R. (2006). Responsabilidade criminal e competência para participar do próprio julgamento. In A. C. Fonseca, A. Simões, M. C. Taborda-Simões, & M. S. Pinho (Orgs.), *Psicologia forense* (pp. 173-201). Portugal: Almedina.

Rosa, M. V. F. (1999). *Perícia judicial: Teoria e prática*. Porto Alegre: Sergio Antonio Fabris.

Rovinski, S. & Lago, V. (2016). Elaboração de documentos decorrentes da avaliação psicológica. In C. Hutz, D. R. Bandeira, C. M. Trentini, & J. S. Krug (Orgs.), *Psicodiagnóstico*. Porto Alegre: Artmed.

Rovinski, S. (2009). Psicologia jurídica no Brasil e na América Latina: Dados históricos e suas repercussões quanto à avaliação psicológica. In S. L. R. Rovinski & R. M. Cruz (Orgs.), *Psicologia jurídica: Perspectivas teóricas e processos de intervenção*. São Paulo: Vetor.

Sampaio, D. (2012). *Labirinto de mágoas: As crises do casamento e como enfrentá-las*. Portugal: Caminho.

Scarpinella Bueno, C. (2015). *Manual de direito processual civil*. São Paulo: Saraiva.

Serafim, A. P. & Saffi, F. (2012). *Psicologia e práticas forenses*. São Paulo: Manole.

Silva, E. Z. M. & Rovinski, S. L. R. (2012). A família no Judiciário. In M. Baptista & M. Teodoro (Orgs.), *Psicologia de família: Teoria, avaliação e intervenção*. Porto Alegre: Artmed.

Silva, E. Z. M. da, Saraiva, R., & Ferreira, M. B. (Orgs.). (2013). *Direito e psicologia*. Portugal: Coimbra.

Silva, E. Z. M. da. (2005). *Alcances e limites da psicologia jurídica: O impacto da avaliação psicológica nas partes envolvidas* (Tese de doutorado não publicada, Faculdade de Psicologia, Pontifícia Universidade Católica de São Paulo, São Paulo).

Silva, E. Z. M. da. (2013). Psicologia jurídica: Um percurso nas Varas de Família do Tribunal de Justiça do Estado de São Paulo. *Psicologia: Ciência e Profissão, 33*(4), 902-917.

Silva, E. Z. M. da. (2016). Família: Entidade interdisciplinar? In E. V. Pinto, J. R. Perazzolo, & M. A. M. da Silva (Coords.), *Família: Patrimônio da humanidade*. São Paulo: Quartier Latin.

Souza, R. M. de. (2013). A Psicologia Judiciária e as formas alternativas de conflitos. In E. Z. M. da Silva, R. Saraiva, & M. B. Ferreira (Orgs.), *Direito e psicologia*. Portugal: Coimbra.

Teixeira, E. H., Barros, D. M. de, & Carvalho, M. H. C de. (2015). Perícias. In D. M. Barros & E. H. Texeira (Orgs.), *Manual de perícias psiquiátricas*. Porto Alegre: Artmed.

Theodoro Júnior, H. (2012). *Curso de direito processual civil* (55. ed.). Rio de Janeiro: Forense.

Wallerstein, J. & Kelly, J. (1998). *Sobrevivendo à separação: Como pais e filhos lidam com o divórcio*. Porto Alegre: Artmed.

Williams, L. C., Hackbarth, C., Blefari, C. A., Padilha, M.G.S., & Peixoto, C. E. (2014). Investigação de suspeita de abuso sexual infantojuvenil: O Protocolo NICHD. *Temas em Psicologia, 22*(2),415-432.

Zaia, P., Oliveira, K. S., & Nakano, T. C. (2018). Análise dos processos éticos publicados no Jornal do Conselho Federal de Psicologia. *Psicologia: Ciência e Profissão, 38*(1), 8-21.

LEITURAS RECOMENDADAS

Almeida Jr., A. & Costa Jr., J. B. O. (1991). *Lições de medicina legal* (20. ed.). São Paulo: Nacional.

Capra, F. (1986). *O ponto de mutação*. São Paulo: Cultrix.

Cohen, C., Ferraz, F., & Segre, M. (1996). Apresentação. In C. Cohen, F. Ferraz, & M. Segre (Orgs.), *Saúde mental, crime e justiça*. São Paulo: EDUSP.

Conselho Federal de Psicologia (CFP). (2003). *Resolução CFP nº 007/2003*. Institui o manual de elaboração de documentos escritos produzidos pelo psicólogo decorrentes da avaliação psicológica e revoga a Resolução CFP nº 171/2002. Recuperado de https://site.cfp.org.br/wp-content/uploads/2003/06/resolucao2003_7.pdf

Conselho Federal de Psicologia (CFP). (2018). *Resolução nº 9, de 25 de abril de 2018*. Estabelece diretrizes para a realização de Avaliação Psicológica no exercício profissional da psicóloga e do psicólogo, regulamenta o Sistema de Avaliação de Testes Psicológicos – SATEPSI e revoga as Resoluções nº 002/2003, nº 006/2004 e nº 005/2012 e Notas Técnicas nº 01/2017 e nº 02/2017. Recuperado de http://satepsi.cfp.org.br/docs/Resolu%C3%A7%C3%A3o-CFP-n%C2%BA-09-2018-com-anexo.pdf

Fonseca, A. C., Simões, A., Taborda-Simões, M. C., & Pinho, M. S. (Orgs.). (2006.) *Psicologia forense*. Portugal: Almedina.

Foucault, M. (1977). *Eu, Pierre Rivière, que degolei minha mãe, minha irmã e meu irmão: Um caso de parricídio do século XIX apresentado por Michel Foucault*. Rio de Janeiro: Graal.

Sottomayor, M. C. (2002). *Regulação do exercício do poder paternal nos casos de divórcio* (4. ed.). Coimbra: Almedina.

5

ENTREVISTA CLÍNICO-FORENSE

Marcelo Tavares
Reginaldo Torres Alves Jr.

Uma entrevista difere de uma conversa informal pelo papel exercido por seus participantes e pelo contexto em que ocorre o diálogo (Kadushin & Kadushin, 1997). Em uma entrevista, o entrevistador se encarrega de selecionar conteúdos para atender ao objetivo daquele encontro e se responsabiliza por direcionar a conversa com o entrevistado. Isso implica uma relação de não reciprocidade pela diferença dos papéis exercidos pelo entrevistador e pelo entrevistado. Mesmo quando a comunicação apresenta-se de forma espontânea, as ações do entrevistador são deliberadamente planejadas em prol do alcance do objetivo e têm um arranjo formal de lugar, de tempo e de frequência, os quais têm o propósito de atender a obrigação profissional do entrevistador em contemplar a demanda que justifica o encontro (Kadushin & Kadushin, 1997).

Essas características se aplicam igualmente à entrevista clínica, à entrevista forense e à clínico-forense. Como procedimentos técnico-científicos, essas modalidades de entrevista têm em comum estratégias para evocar narrativas que buscam sustentar as conclusões da avaliação com base em evidências. As estratégias variam entre as de livre estruturação, transitando às progressivamente mais estruturadas (Tavares, 2007ab). Estratégia é definida como um conjunto de ações tecnicamente dirigidas e orientadas por teorias para atingir os objetivos aos quais o procedimento se propõe. No caso de estratégias profissionais de avaliação, espera-se que sejam fundamentadas em evidências de ordem teórica e empírica.

Neste capítulo, serão apresentadas as características específicas de cada modalidade de entrevista, iniciando-se pelas modalidades clínica e forense, com suas definições, usos e contrastes. Em seguida, será apresentada a entrevista clínico-forense, e serão discutidos quatro exemplos dessa modalidade que apresentam importante fundamentação empírica junto ao público-alvo forense. Para cada tipo de entrevista clínico-forense, serão apresentados a definição dos respectivos modelos, as possíveis aplicações no sistema de justiça, as orientações gerais sobre como realizá-las, exemplos de estratégias de formulação das perguntas ou intervenções, os requisitos formais de qualificação do entrevistador para utilizá-las, as informações sobre como obter treinamento em cada modelo, as evidências de fundamentação empírica para a população clínico-forense e uma apreciação de suas limitações. Ao final do capítulo, serão apresentadas recomendações técnicas e éticas ao profissional interessado em utilizar entrevistas clínico-forenses em ambientes institucionais.

MODALIDADES DE ENTREVISTA CLÍNICA E FORENSE: DEFINIÇÕES, CARACTERÍSTICAS E CONTRASTES

A entrevista clínica é relevante por ser amplamente disseminada e ter sido historicamente determinante para o desenvolvimento das formas mais estruturadas de entrevista. É utilizada com mais frequência com a finalidade terapêutica em ambientes em que se faz necessário avaliar questões relativas à saúde das pessoas entrevistadas. Para Tavares (2007a), a entrevista clínica pode ser entendida como um conjunto de técnicas de avaliação, como parte de um processo mais amplo e complexo, dirigido por um profissional treinado que utiliza conhecimentos psicológicos com o objetivo de descrever e avaliar aspectos pessoais, relacionais ou sistêmicos. Essa modalidade visa a fazer recomendações ou encaminhamentos ou propor algum tipo de intervenção em benefício das pessoas entrevistadas (Tavares, 2007a). As informações geradas a partir da entrevista clínica ou de qualquer outro instrumento psicológico se aplicam apenas para aquela pessoa entrevistada e enfatizam o significado único de um conjunto de indicadores específicos para aquele indivíduo e para o ambiente particular em que a pessoa se encontra, incluindo o contexto de vida e o objetivo daquela avaliação (Tavares, 2003).

A entrevista forense tem sua utilidade destacada em ambientes em que se faz necessário aplicar medidas judiciais e que tenham a finalidade pericial. Ela é parte de um processo amplo e complexo de investigação dirigido por um profissional treinado que utiliza conhecimentos psicológicos sobre o funcionamento humano (como memória, desenvolvimento, entre outros) e sobre relações sociais (como em casos de violações de direitos). A entrevista forense orienta o processo de coleta de informação por parte do entrevistador de maneira legalmente defensável e sensível ao nível de desenvolvimento de entrevistados em condições mais vulneráveis e sobre os quais recaem a suspeita ou a alegação de terem sido vítimas ou de terem testemunhado modalidades de violência que necessitam de evidências oriundas de narrativas (p. ex., casos de violência sexual, os quais frequentemente não deixam evidências físicas). As informações obtidas com a entrevista forense podem auxiliar a tomada de decisão de profissionais investidos de poder para requerer, aplicar ou executar medidas próprias do sistema de justiça que tenham implicação na promoção da proteção das vítimas de violações de direitos e/ou a eventual responsabilização da(s) pessoa(s) suspeita(s) de violar os direitos fundamentais de outros (Ciolino & Turvey, 2017; Faller, 2015; Newlin et al., 2015; O'Donohue & Fanetti, 2016; Steele, 2012).

O contraste entre as entrevistas realizadas no contexto forense e clínico pode ser analisado a partir de algumas dimensões características que distinguem a prática dessas duas modalidades (Quadro 5.1). A entrevista forense visa a obter evidências sobre os fatos que apresentam repercussões para o sistema de justiça por figurarem como possíveis violações de direitos e sobre os quais poderão vigorar medidas de proteção para a vítima ou para a responsabilização criminal de seu suposto autor. A entrevista clínica tem como objetivo promover as narrativas subjetivas dos entrevistados para orientar o diagnóstico ou o tratamento para resolução de traumas, para intervenção em seus sintomas emocionais ou em prol do desenvolvimento emocional do indivíduo. Os respectivos clientes ou usuários da informação obtida no trabalho do entrevistador forense e do entrevistador clínico, como consequência, são diferentes: o entrevistador forense responde ao sistema judicial, e o entrevistador clínico age em benefício das pessoas ou das famílias atendidas. No contexto forense, o foco do entrevistador se voltará para os fatos relativos às possíveis violações de direitos. No contexto clínico, o foco se voltará para a experiência subjetiva particular do entrevistado.

QUADRO 5.1
Dimensões características da entrevista forense e da entrevista clínica

Dimensões características	Entrevista forense	Entrevista clínica
1. Objetivo	Orientar ou fornecer subsídios para as medidas do sistema judicial	Orientar o diagnóstico e/ou recomendar e/ou orientar o tratamento
2. Cliente ou usuário	Representante(s) do sistema judicial	Indivíduo(s) ou família(s) demandante(s)
3. Tipo de dado ou informação	Somente fatos	Fatos e experiência subjetiva
4. Contexto	Legal	Terapêutico
5. Postura do entrevistador	Mais neutra	Mais apoiadora
6. Sigilo profissional	Exceção	Regra
7. Disposição do entrevistado	Demanda involuntária e com maior risco de simulação e dissimulação	Demanda voluntária e com menor risco de simulação e dissimulação
8. Estrutura da entrevista	Mais estruturação	Menos estruturação

Fonte: elaborado com base em Faller (2007) e Echeburúa, Muñoz e Loinaz (2011).

NEUTRALIDADE E SIGILO NAS ENTREVISTAS CLÍNICAS E FORENSES

Espera-se do entrevistador forense uma postura mais neutra, de modo que esteja aberto à exploração de hipóteses alternativas diante das narrativas de seu entrevistado. Neutralidade não implica insensibilidade diante do indispensável vínculo de confiança a ser construído para viabilizar a revelação de informações importantes ao sistema legal em um ambiente menos ameaçador. Essas distinções trazem implicações para o exercício do sigilo profissional para o entrevistador forense e para o entrevistador clínico. No caso do entrevistador forense, o sigilo profissional será a exceção e se manterá válido apenas para as informações sensíveis ao indivíduo que não tenham relevância explícita para o objeto da avaliação. Um entrevistado que revela ser homossexual em uma entrevista para viabilizar sua habilitação para adoção poderá estar amparado pelo sigilo, se assim desejar, diante do fato de suas orientações afetivas não terem relação direta com a habilidade parental. No caso da entrevista clínica, o sigilo profissional é a regra e se manterá válido para as situações que não afrontam os imperativos éticos para sua quebra. Um entrevistado que revela pensamentos intrusivos e repetitivos de acabar com a própria vida, com afetos intoleráveis persistentes e com plano detalhado e viável para alcançar seu fim poderá não estar amparado pelo sigilo diante do risco contra a própria vida. Essa é a razão pela qual o entrevistador clínico manterá postura de apoio e de amparo às pessoas para as quais são planejadas as intervenções em benefício destas, o que reduz a preocupação do entrevistador quanto à possível simulação ou dissimulação. O risco de simulação ou dissimulação tende a aumentar pela demanda externa e involuntária presente nos casos dos entrevistados que estão em um contexto forense. Isso se deve às consequências do uso das informações obtidas com o público-alvo do sistema judicial. Diante de todas essas distinções, há a tendência de maior estruturação da entrevista realizada para o contexto forense em comparação ao contexto clínico.

As entrevistas clínicas, assim como todos os demais instrumentos clínicos, estão sujeitas aos efeitos de determinados estilos de resposta dos entrevistados: as características de personalidade; as distorções inconscientes; os interesses e a motivação destes para revelar ou para não revelar; a confiabilidade da informação fornecida; e a possibilidade de simulação e dissimulação dos sintomas relacionados à condição de saúde mental (Rogers, 2018). Cada técnica trata essa questão de maneira diferente. Na entrevista clínica, há interesse em observar as manifestações subjetivas tanto no que se refere ao material produzido quanto à forma de esse material ser influenciado pela relação entrevistador-entrevistado (p. ex., projeções, transferências). O interesse da clínica será acolher as expressões subjetivas como estratégia para conhecer o modo de funcionamento pessoal, e, portanto, não há preocupação em controlar o risco de simulação ou dissimulação. No contexto clínico, entende-se que o entrevistado será o principal beneficiado da entrevista, e, por isso, tem interesse em obter resultados.

Por sua vez, as formas tradicionais de entrevista clínica (p. ex., a Entrevista Clínica Estruturada para os Transtornos do DSM – SCID) não são válidas para a avaliação no contexto forense, porque não atendem ao tripé que é critério característico das entrevistas clínico-forenses: o diagnóstico de um transtorno mental, associado a um diagnóstico diferencial para simulação e dissimulação, e o estabelecimento do nexo causal entre o transtorno mental e o ato de violação de direitos de interesse, como em casos de violência doméstica (Vilariño, Arce, & Fariña, 2013).

Essa distinção precisa ser mais enfatizada. Davoglio e Argimon (2010) apresentaram uma revisão de estudos no Brasil sobre comportamentos antissociais e traços de psicopatia e identificaram a tendência dos psicólogos brasileiros de utilizarem, na área forense, métodos de investigação idênticos aos utilizados na clínica, como as técnicas projetivas ou os instrumentos de avaliação de sintomatologia clínica. Em consequência, há o risco de se gerar resultados inconsistentes por vários motivos, entre eles o fato de que as amostras utilizadas nos estudos de validação de instrumentos ou entrevistas clínicas não foram obtidas com amostras de indivíduos ou com foco em comportamentos de interesse ao sistema judiciário. Os critérios de escolha das técnicas e das entrevistas não devem ser centrados na habilidade ou na familiaridade do entrevistador, mas nos objetivos da avaliação e nas características da população-alvo para a qual se destina a intervenção. O melhor entendimento é que cada técnica tem seu valor para os objetivos e no contexto em que foi desenvolvida.

ENTREVISTA CLÍNICO-FORENSE

O trabalho do psicólogo clínico com o público-alvo de interesse para a justiça deverá, então, requerer uma prática híbrida que integre habilidades clínicas e forenses para responder às demandas particulares do sistema legal. A entrevista clínico-forense pode servir a esse papel integrativo como um campo de pesquisa e de prática. Poderá atender aos objetivos propostos pelos ambientes e serviços institucionais legais, os quais frequentemente apresentam natureza coercitiva e demandam intervenções dos profissionais clínicos de forma independente da voluntariedade dos sujeitos avaliados. As intervenções com pessoas privadas de liberdade ou contra as quais se aplicam importantes restrições aos seus direitos e às suas liberdades individuais podem ser fundamentadas pela prática da entrevista clínico-forense.

Segundo Logan (2018), uma entrevista clínico-forense define-se pela aplicação das habilidades de entrevistar por parte dos profissionais de saúde mental, em que estes podem integrar técnicas de comunicação decorrentes tanto das entrevistas clínicas quanto das entrevistas forenses. O foco da entrevista clínico-forense é o cliente que se encontra em instituições judiciárias na condição de privação de liberdade ou com restrições de suas liberdades individuais impostas pela lei. Davies (2019) define a entrevista clínico-forense como uma forma específica de entrevista com um indivíduo envolvido em um processo legal e que serve a um propósito clínico de informar um diagnóstico relevante para o contexto forense ou orientar uma condição obrigatória relacionada à saúde do indivíduo, como frequentar um tratamento. Echeburúa e colaboradores (2011) definem a entrevista clínico-forense como uma entrevista pericial semiestruturada que permite abordar de maneira sistematizada, porém flexível, a análise da psicobiografia do indivíduo, o exame de seu estado mental atual e os aspectos relevantes em relação ao objetivo pericial, tanto com autores de violência quanto com as vítimas, porém em contextos em que há a necessidade de controle ou de identificação da simulação e dissimulação. Para uma discussão ampliada desse tópico, ver o Capítulo 8, que trata das distorções conscientes por simulação e dissimulação e da detecção da mentira no sistema de justiça.

Utilizando os parâmetros que definem modelos de entrevista clínico-forense, foram analisados estudos na literatura especializada priorizando-se artigos empíricos e de revisões sistemáticas com ou sem metanálise em bases de dados especializadas (PsycINFO, Scielo, ProQuest, EBSCO, Portal Periódicos CAPES, Google Scholar, ResearchGate). Foram utilizados os descritores relacionados ao processo de entrevista para selecionar artigos relevantes que discutem modelos empiricamente fundamentados de entrevistas clínico-forenses.[1]

Como critério de inclusão para a seleção das técnicas de entrevista clínico-forense, foram revisados os estudos sobre técnicas de entrevistas estruturadas (de forma completa) e semiestruturadas com população potencialmente relevante para o sistema de justiça: com pessoas apontadas como autoras de violações de direitos; com indivíduos que se encontravam em condição de privação de liberdade ou cuja avaliação pudesse interferir em decisões de progressão ou não de regime prisional; com pessoas em medidas de segurança por exclusão ou redução da imputabilidade criminal devido a transtornos mentais; com adolescentes em medidas socioeducativas cumprindo sentenças em regime aberto ou fechado decorrentes do julgamento por atos infracionais; e com pessoas em medidas de restrição de contatos com suas possíveis vítimas. Para os estudos com vítimas ou com indivíduos que pleiteassem benefícios ou acesso a direitos financeiros, utilizou-se como critério de inclusão as entrevistas que apresentassem medidas para detecção de simulação e dissimulação. Foram excluídos deste capítulo quaisquer instrumentos que não estivessem associados explicitamente a algum modelo de entrevista estruturada ou semiestruturada, instrumentos com perguntas abertas ou fechadas de autorrelato respondidas pelo próprio sujeito avaliado, listas de verificação de comportamentos preenchidas por profissionais, modelos de avaliação de risco estatístico ou atuarial de violência preenchidos pelos profissionais sem recomendações de entrevista estruturada ou semiestruturada e programas de tratamento ou intervenção clínica-terapêutica destinados ao potencial público-alvo forense.

A revisão resultou na indicação de quatro modelos de entrevista clínico-forense: a Escala Hare de Psicopatia (EH/PCL-R, do inglês Psychopathy Checklist-Revised), a Entrevista Motivacional (EM), a Entrevista Estruturada de Sintomas Referidos-2 – SIRS-2 (SIRS-2, do inglês Structured Interview of Reported Symptoms 2) e a Entrevista Clínico-forense de Arce e Fariña (ECF). Esses quatro exemplos têm em comum o fato de as entrevistas serem realizadas por profissionais com formação em saúde mental (p. ex., psicopatologia, técnicas gerais de entrevista) e de serem utilizadas para orientar a avaliação e/ou intervenção com pessoas que estão envolvidas com o sistema legal. Nelas é observada a fundamentação com evidências empíricas para orientar o processo do julgamento clínico por parte do entrevistador devido às repercussões na vida dos entrevistados,

---

[1] Os descritores utilizados e os parâmetros da pesquisa obtidos na base PsycINFO (APA) foram: 181 resultados para os termos indexados: {Interrogation} OR {Interviewers} OR {Interviewing} OR {Interviews} OR {Questioning} AND Any Field: clinical AND Any Field: forensic; 149 resultados para os termos indexados: {Forensic Evaluation} OR {Forensic Psychiatry} OR {Forensic Psychology} AND Index Terms: {Interview Schedules} OR {Screening} OR {Interviews} OR {Clinical Judgment (Not Diagnosis)} OR {Diagnosis} OR {Evaluation} OR {Psychiatric Evaluation} OR {Psychodiagnostic Interview} OR {Structured Clinical Interview} OR {Diagnostic Interview Schedule} OR {Psychological Assessment} OR {Interviewing} OR {Interrogation} OR {Interviewers} OR {Questioning} OR {Psychodiagnosis} AND Any Field: interview AND Any Field: clinical.

em virtude da possível restrição de acesso aos filhos e à família, à progressão de regime, entre outras formas de restrição de alguns de seus direitos mediados pela Justiça.

Para além de exemplos, esses quatro modelos permitem apreciar um nível mais abstrato e conceitual que define e qualifica uma entrevista como clínico-forense. Atendem de maneiras diferentes ao tripé característico das entrevistas clínico-forenses (Vilariño et al., 2013): tratam de uma questão de relevância em saúde mental (interesse clínico), lidam de maneira adequada com a questão de simulação e dissimulação e atendem a uma demanda do contexto ou foco jurídico que gera sua demanda (interesse forense). Todos têm relevância clínica e atendem a demandas do contexto jurídico. Três deles têm estratégias diretas para avaliação e controle da simulação e da dissimulação: a EH/PCL-R, a SIRS-2 e a ECF. A EM não tem uma forma direta para realizar essa tarefa, porém opera dentro de um paradigma que reverte a responsabilidade do resultado da entrevista para o entrevistado. De outro modo, na EH/PCL-R, na SIRS-2 e na ECF, o interessado é o entrevistador, que precisa da informação para emitir um parecer para o sistema jurídico, ou seja, as características da pessoa que precisa avaliar são tomadas como objeto de sua análise. Na EM, o papel do entrevistador é ajudar a pessoa a reconhecer sua motivação para modificar certos comportamentos ou características pessoais que têm consequências para sua saúde ou bem-estar, de modo que, diante da possibilidade da simulação ou dissimulação, o entrevistado é remetido ao próprio desejo de transformação. Portanto, o entrevistador competente e treinado ajudará o entrevistado a perceber que ele é seu próprio cliente, que as metas de mudança são suas, assim como as consequências da manutenção do comportamento ou modos de ser.

ESCALA HARE (EH/PCL-R)

A EH/PCL-R é instrumento de avaliação estruturada do julgamento clínico associado a uma entrevista semiestruturada aplicável a pessoas possivelmente responsáveis por violações de direitos de outros indivíduos. O uso da EH/PCL-R tem o potencial de ter repercussões positivas na justiça criminal e na justiça de execução penal pelo fato de avaliar o construto psicopatia em indivíduos adultos com história de violência envolvidos em crimes, em que se precisa estimar o grau de periculosidade daqueles que cumprem longas medidas restritivas de liberdade e identificar os desafios para uma adaptação futura dessas pessoas à vida comunitária (Hare, 2003; Morana & Hare, 2004). Para uma descrição completa dos procedimentos de avaliação da psicopatia, ver Capítulo 26.

Para realizar a EH/PCL-R, o entrevistador competente e treinado deverá conduzir uma entrevista semiestruturada com o entrevistado, com duração entre 90 e 120 minutos, que pode ser realizada em mais de uma sessão. Para um resultado incontestável, há também a necessidade de corroborar as informações dos critérios com base em informações fidedignas oriundas de prontuários, arquivos ou outras fontes de avaliação confiáveis antes e/ou depois da realização da entrevista. Segundo Hare, Black e Walsh (2013), a entrevista semiestruturada tem como objetivo:

- Obter informação sobre a história de vida pessoal para fins de obtenção do escore de psicopatia.
- Obter informação sobre o estilo interpessoal do entrevistado.
- Obter informação sobre a consistência dos relatos para detecção de simulação e engano entre as entrevistas e informações colaterais.
- Explorar e questionar as inconsistências encontradas entre as informações obtidas com os entrevistados e as informações obtidas com as fontes externas.

A realização da entrevista semiestruturada da EH/PCL-R com o entrevistado é um dos meios de estruturação do julgamento clínico para obter informações necessárias para aplicação dos critérios de definição da psicopatia. Nela existem sugestões de perguntas que tratam da história familiar, da avaliação de comportamentos antissociais durante a infância, a adolescência, a vida adulta, de padrões de consumo álcool e drogas, de padrões de relacionamentos interpessoais, entre outros. Essas perguntas da entrevista representam oportunidades para colher uma narrativa que permitirá a avaliação dos critérios associados à psicopatia, conforme será descrito a seguir.

Após a coleta das informações com o entrevistado e com fontes externas, o entrevistador deverá analisar 20 critérios (itens) da EH/PCL-R. Esses itens orientam o parecer do avaliador para decidir se cada critério "não se aplica" (0), se está "presente em certa medida" (1) ou se está "definitivamente presente" (2). Em seguida, o entrevistador deverá somar a pontuação obtida com esses 20 itens, o que resulta em um escore que varia entre 0 e 40 pontos. Para identificar a psicopatia, conforme dados padronizados, o entrevistador terá que encontrar 30 pontos caso esteja entrevistando um indivíduo que faz parte da cultura norte-americana, 25 pontos para alguém oriundo da cultura europeia (Blais & Richie, 2016) ou 23 pontos para um indivíduo da cultura brasileira (Morana, 2003).

Esse instrumento está fundamentado na identificação de traços de personalidade que podem ser inferidos e por comportamentos sociais desviantes em duas estruturas fatoriais. O primeiro fator é definido pelas características dos traços da personalidade que compõem o perfil prototípico da condição de psicopatia, incluindo as dimensões que os autores do instrumento denominam de superficialidade, falsidade, insensibilidade/crueldade, ausência de afeto, culpa, remorso e empatia. O segundo fator é definido por comportamentos associados à instabilidade crônica, à impulsividade e ao estilo de vida antissocial, levando ao que é referido como tendências ao comportamento socialmente desviante (Hare, 2003).

O manual original recomenda que os entrevistadores tenham registro em entidade regulamentadora da profissão, formação avançada em ciências sociais, médicas ou comportamentais (mestrado ou doutorado), aproveitamento em nível de pós-graduação em cursos de psicopatologia, de estatística, de teoria psicométrica e tenham familiaridade com pesquisas e práticas clínicas em psicopatia. Além disso, um treinamento mínimo requer a realização de pelo menos 5 a 10 avaliações, visando a obter níveis aceitáveis de concordância (com cálculo da estatística *kappa*) por meio de técnica de comparação do desempenho do entrevistador com um profissional mais experiente (critério). No Brasil, a EH/PCL-R é um instrumento de uso privativo do psicólogo. O treinamento oficial para uso da EH/PCL-R original é oferecido pela Global Institute of Forensic Research, subsidiária da Multi-Health Systems, empresa que comercializa os principais testes e instrumentos psicológicos para contexto clínico, educacional, de segurança pública e organizacional na América do Norte.[2]

A EH/PCL-R é um instrumento clínico forense extensamente fundamentado em pesquisa empírica. Sua validade é reconhecida desde sua origem e continua recebendo suporte de pesquisas atuais. Salekin, Rogers e Sewell (1996) realizaram uma metanálise de 18 estudos que investigaram suas propriedades psicométricas, sua utilidade clínica e a reincidência violenta e não violenta. Os resultados apontam que o instrumento apresenta indicadores entre fortes e moderados para estimar a probabilidade de reincidência em violência e para fundamentar decisões sobre a liberdade condicional e colocação na comunidade de pacientes psiquiátricos após medida de segurança. Singh, Grann e Fazel (2011) realizaram uma revisão sistemática em 10 amostras com um total de 2.646 participantes em que se comparou a EH/PCL-R com outros oito instrumentos de predição de risco de violência atuarial ou de julgamento clíni-

---

[2]O treinamento *on-line* em língua inglesa ocorre sob a forma de *webinar* ao vivo, com 12 horas de duração, em datas regulares durante o ano, as quais estão disponíveis no *site* oficial do instrumento (www.gifrinc.com/pcl-r/). No Brasil, a autora responsável pelos estudos de validação ministra o treinamento via Skype (hildacpm) a partir do contato por meio de sua página oficial (www.hildamorana.med.br/sobre.html) ou a partir de seu perfil em redes sociais profissionais (www.academia.edu e www.researchgate.net).

co estruturado. A EH/PCL-R foi uma entre as nove ferramentas estudadas que identificaram corretamente indivíduos com risco moderado e alto para violência (predição positiva) em comparação com indivíduos de risco baixo para violência (predição negativa). Porém, os autores observaram que essa entrevista clínico-forense teve desempenho menor como variável preditiva para violência futura, comparativamente aos outros instrumentos, possivelmente por não ter sido construída com a finalidade de prever algum tipo de violência específico, como nos demais instrumentos avaliados, tais como a violência contra o parceiro íntimo ou a violência sexual. Esse achado foi ressaltado pelos autores e se mostrou contrário à percepção geral de que a EH/PCL-R seria a melhor estratégia para identificar ou prever violência futura diante da natureza do construto psicopatia como preditor de recidiva em violência em pessoas apontadas como autoras de crimes anteriores ou em pacientes psiquiátricos em contextos criminais e cíveis. Dito de outro modo, o diagnóstico de psicopatia não deverá implicar uma relação determinista, mas probabilística, do comportamento violento. Apesar de a tendência ao comportamento violento ocorrer nas amostras de indivíduos com diagnóstico de psicopatia, nem todos eles praticarão atos específicos de violência. Comportamentos passados são melhores preditores de comportamentos futuros. Assim, o entrevistador clínico-forense deverá utilizar, em conjunto, outras evidências mais diretas de comportamentos específicos para estabelecer uma avaliação mais adequada no uso da EH/PCL-R.

No Brasil, os estudos de validação original foram realizados por meio de técnicas de comparação com critério externo por meio da avaliação global de psicopatia identificada a partir do Teste de Rorschach, segundo o método Anibal Silveira, obtendo-se alto índice de correlação (*kappa* de 0,87) (Morana, 2003). Castellana, de Barros, Serafim e Busatto Filho (2014) identificaram que jovens internados em regime fechado em instituição para adolescentes autores de atos infracionais pontuaram significativamente mais, com média de 13,6 pontos na EH/PCL-R, em comparação com outros adolescentes de perfil socioeconômico similar, que pontuaram com média de 2,1 pontos. Adolescentes internados em medidas socioeducativas por crimes contra a vida pontuaram significativamente mais na EH/PCL-R, com média de 34,33 pontos, em comparação com adolescentes que praticaram furto, roubo, destruição de patrimônio e tráfico de drogas, os quais pontuaram em média 24,04 pontos (Schmitt, Pinto, Gomes, Quevedo, & Stein, 2006). Portanto, os estudos relativos à EH/PCL-R apresentam bons indicadores para apontar o risco aumentado em determinado grupo de pessoas de apresentar características associadas a atos de violação de direitos contra terceiros.

Limitações do uso da EH/PCL-R estão frequentemente associadas a um acirrado debate a respeito dos usos (indevidos) de instrumentos psicológicos na operacionalização da máquina carcerária em seus dispositivos de controle dos internos do sistema penal brasileiro (Reishoffer & Bicalho, 2017) e também às consequências do rótulo de psicopatia aos indivíduos, erroneamente classificados com ou sem psicopatia. O problema dos falsos positivos e falsos negativos nessa entrevista clínico-forense tem repercussões importantes para os indivíduos entrevistados e para as comunidades em que essas pessoas convivem ou poderão ser autorizadas a conviver. Na esfera individual, pessoas classificadas de modo inadequado com psicopatia podem ser impedidas de ter acesso aos mecanismos de progressão de pena e das políticas anticarcerárias em vigor no País. Na esfera das comunidades, pessoas com traços de psicopatia não detectada seriam beneficiadas com medidas de progressão de regime, podendo apresentar risco de reincidência em atos de violência em prejuízo a possíveis novas vítimas. No cerne desse debate estava uma resolução do Conselho Federal de Psicologia (CFP) "proibindo a elaboração de prognóstico criminológico de reincidência, a aferição de periculosidade e o estabelecimento de nexo causal a partir do binômio delito-delinquente" (CFP, 2011). Essa resolução foi suspensa em todo o território nacional desde abril de 2015, após decisão judicial em uma ação civil pública movida pelo Ministério Público Federal contra o CFP e o Conselho Regional de Psicologia da 7ª Região (Rio Grande do Sul). Esse debate está além do objetivo deste capítulo, porém, enquanto vigorou a Resolução nº 12/2011, os psicólogos estavam impedidos de usar a EH/PCL-R na avaliação do risco de reincidência em violência no contexto prisional, um dos principais objetivos desse instrumento. Isso ocorreu apesar de a EH/PCL-R ainda figurar como instrumento de uso restrito e privativo por profissionais da psicologia, conforme decisão favorável do Sistema de Avaliação de Testes Psicológicos (Satepsi) do próprio CFP.[3]

Em síntese, a EH/PCL-R é uma técnica que atende aos critérios para ser considerada como uma entrevista clínico-forense destinada à avaliação do construto de psicopatia. Esse construto não deve ser reificado, pois uma categoria diagnóstica é meramente um conceito, uma construção, e não pode ser tratada como um dado da realidade. Psicopatia descreve um perfil de características, e quanto mais critérios da EH/PCL-R se aplicam a uma pessoa, maior a probabilidade de ocorrência de comportamentos de violação dos direitos de outras. Apesar de a tendência a comportamentos violentos ser maior nessa população, essa avaliação deve ser confirmada por outros indicadores comportamentais específicos da violência.

ENTREVISTA MOTIVACIONAL (EM)

A EM é definida por seus fundadores como um estilo de comunicação colaborativo e orientado para objetivos, com atenção particular para a linguagem dos entrevistados a respeito da disponibilidade para a mudança (Miller & Rollnick, 2013). A EM visa a fortalecer a motivação e o comprometimento pessoal do entrevistado em direção a um objetivo específico, por meio de ações do entrevistador de evocar e de explorar as razões do próprio entrevistado para mudar dentro de uma atmosfera de aceitação e de compaixão (Miller & Rollnick, 2013). A EM tem inspiração na abordagem humanista de Carl Rogers e evoluiu a partir do trabalho de intervenção na área de saúde com usuários abusivos e dependentes de álcool e de drogas. Suas aplicações depois se expandiram para diversos outros contextos institucionais (Rollnick & Allison, 2004). O uso da EM tem possíveis repercussões nos juizados especiais criminais que tratam da atenção e da reinserção social de usuários e dependentes químicos. No âmbito da justiça especial criminal, a EM poderia ser empregada como medida alternativa proposta pelo representante do Ministério Público em transação penal com uma pessoa, a depender da circunstância em que esta tenha sido flagrada portando ou consumindo determinado tipo e quantidade de drogas, conforme previsão legal no art. 28 da Lei nº 11.343/2006 (Nascimento, 2006). No contexto da execução penal, a EM pode ser empregada dentro das políticas de promoção de saúde dos indivíduos: nas instituições de execução de medidas em regime de privação de liberdade, de semiliberdade e de meio aberto; nas instituições psiquiátricas responsáveis por medidas de segurança; e nas instituições de internação, de semiliberdade e em meio aberto para adolescentes cumprindo medidas socioeducativas por atos infracionais.

Para realizar uma EM, o entrevistador competente e treinado deverá integrar seus quatro pilares durante a interação com o entrevistado de modo a: (1) exibir a compreensão e prospecção da ambivalência ante os desafios pessoais; (2) demonstrar o *espírito* global da EM durante toda a interação; (3) utilizar o chamado Método PARR, acrônimo para Perguntas abertas, Afirmação, Reflexão e Resumo (OARS, do original *Open-ended questions, Affirm, Reflective Listening, Summarize*), na formulação de afirmações e de perguntas ao entrevistado e, por fim; (4) aplicar as etapas fundamentais do processo da EM (Miller & Rollnick, 2013). Cada um desses quatro componentes é alvo dessa revisão.

---

[3] Mais informações sobre a defesa do posicionamento do CFP sobre o assunto ao parecer técnico de 11/6/2016 (CFP, 2016) e as decisões judiciais em primeira e segunda instância podem ser consultadas integralmente no site da Justiça Federal com o número 5028507-88.2011.404.7100, por meio da ferramenta da Consulta Processual (https://www2.jfrs.jus.br).

A ambivalência, isto é, a coexistência de motivações favoráveis e desfavoráveis para uma mudança comportamental, é compreendida na EM como um processo natural em que as pessoas podem permanecer por maior ou menor tempo e com variações em direção à manutenção ou à mudança do *status quo* durante o curso de sua vida. Quando o entrevistador mantém um estilo de comunicação diretivo ou coercitivo ante a ambivalência de um indivíduo, há maior probabilidade de evocar argumentos opostos para mudança por parte do entrevistado. Contudo, há maior probabilidade de alteração do estado de ambivalência em direção à mudança quando o entrevistador mantém um estilo de comunicação que permita que o próprio entrevistado escute suas próprias motivações (Miller & Rollnick, 2013).

Para incentivar o entrevistado a sair da ambivalência em direção a novas perspectivas de vida, espera-se do entrevistador a adesão ao *espírito* global da prática da EM: parceria, aceitação, compaixão e evocação (Miller & Rollnick, 2013). Por *parceria* entende-se o estabelecimento de um clima de colaboração entre o conhecimento do entrevistador com o conhecimento próprio do cliente. Por *aceitação* entende-se que o entrevistador deverá se comunicar com o entrevistado com absoluta valoração, empatia genuína, afirmação positiva e suporte para autonomia do entrevistado. Por *compaixão* entende-se que o entrevistador deverá agir de forma benevolente para promover o bem-estar e dar prioridade às necessidades do entrevistado. Por *evocação* entende-se que o entrevistador deverá estimular a narrativa da perspectiva e a motivação própria do entrevistado a respeito de sua condição atual e possibilidade de mudança.

Do ponto de vista da técnica, a EM recomenda a apresentação de habilidades comunicacionais centradas nos clientes por meio do Método PARR (Miller & Rollnick, 2013). *Perguntas abertas* são aquelas em que o entrevistador oferece ao cliente uma ampla possibilidade de respostas comparadas às perguntas fechadas. Estas últimas podem ser respondidas com poucas palavras, como dizer "sim" ou "não", ou apresentar informações específicas ou com uma ou duas palavras. *Afirmação* ocorre nas ocasiões em que o entrevistador apresenta uma declaração que valoriza um atributo ou comportamento positivo do cliente e visa a expressar reconhecimento do esforço do entrevistado. *Reflexão* ocorre quando o entrevistador espelha um significado explícito ou implícito de um relato anterior do cliente e pode se apresentar como reflexões simples ou reflexões complexas. Uma reflexão simples contém pouco ou nenhum conteúdo adicional além do que o cliente narrou. Uma reflexão complexa contém conteúdo adicional além do que o cliente narrou e pode conter uma interpretação do entrevistador para estimular essa narrativa. *Resumo* ocorre quando o entrevistador conecta duas ou mais falas do entrevistado. Os resumos podem se apresentar como resumos de agrupamento, resumos de conexão e resumos de transição. Resumo de agrupamento é uma forma especial de reflexão que reúne uma série de informações ou relatos do entrevistado que estão relacionados. Resumo de ligação é uma forma especial de reflexão que conecta o que o entrevistado disse anteriormente com algo que o entrevistador se recorda de um momento anterior da entrevista. Resumo de transição é uma forma especial de reflexão que agrupa um conjunto de informações ou relatos do entrevistado, que foram importantes até determinado ponto da entrevista, com a finalidade de encerrar um assunto e sinalizar uma mudança para um conjunto novo de temas. O Método PARR recomenda a utilização de reflexões, afirmações, resumos e perguntas abertas no quociente 2:1, isto é, o uso de cada duas estratégias (em especial as reflexões) para cada pergunta aberta a ser realizada (Figlie & Guimarães, 2014).

O processo da EM ocorre em quatro etapas: engajamento, estabelecimento do foco, evocação e planejamento (Miller & Rollnick, 2013). A primeira etapa refere-se ao estabelecimento de um clima mútuo de confiança e de vínculo de confiança para um relacionamento de ajuda. A segunda etapa refere-se ao estabelecimento do foco pela clarificação do objetivo particular do entrevistado em direção à mudança. A terceira etapa refere-se à evocação das motivações do entrevistado para a mudança definida por ele, e, a quarta etapa, ao desenvolvimento de um plano de mudança que o entrevistado esteja disposto a realizar. Essas etapas podem ocorrer entre um e três encontros (Miller & Rollnick, 2013).

O Quadro 5.2 apresenta exemplos de perguntas e de afirmações ou informações que poderiam ser realizadas em consonância com os princípios da EM e que foram disponibilizadas com a autorização da primeira autora de um manual de codificação de EMs (Moyers, Rowell, Manuel, Ernst, & Houck, 2016). Esse manual é utilizado para medir a integridade de determinada entrevista com o modelo proposto da EM e visa a promover *feedback* estruturado e formal para melhoria na técnica, o qual apresenta bons indicadores de validade entre codificadores independentes.

O treinamento em EM é indicado para profissionais de saúde e de saúde mental e é oferecido no formato *on-line* com carga horária entre 6 e 12 horas em *workshops* de dois dias conduzidos pelos autores originais para os níveis introdutório, intermediário e avançado nas páginas oficiais dos autores (http://www.stephenrollnick.com/, https://psychwire.com/motivational-interviewing/courses). A literatura indica também o uso bem-sucedido da EM como técnica de aconselhamento por pessoas leigas treinadas, como em programas de intervenção em problemas de álcool e drogas para a população indígena norte-americana (Villanueva, 2003). A *The Motivational Interviewing Network of Trainers* – MINT (Rede de Treinadores em Entrevista Motivacional) também é uma fonte de treinamento de qualidade. A MINT é uma organização não governamental internacional de treinadores em EM sediada em Virgínia, Estados Unidos, e que tem como objetivo melhorar a qualidade e a efetividade de intervenções na área. A entidade foi criada em 1997 por um grupo de pessoas treinadas pelos autores originais e que atualmente congrega membros oriundos de 35 países. A página oficial da MINT reúne recursos sobre a EM (áudios, vídeos, textos) para os interessados na técnica (https://motivationalinterviewing.org/). A associação na MINT é restrita a treinadores que concluem um *workshop* de treinamento anual regular de três dias realizado em diferentes países – *Training for New Trainers* (TNT – Treinamento de Novos Treinadores). A matrícula no TNT depende de aprovação mediante o envio de uma entrevista gravada de EM que será codificada de forma independente e de acordo com o manual descrito anteriormente (Moyers et al., 2016). Também se faz necessária a indicação de referências de contatos dos treinadores com os quais o candidato recebeu treinamento e supervisão na área (https://motivationalinterviewing.org/motivational-interviewing-training). No Brasil, há dois membros da MINT certificados, o que assegura a qualidade da capacitação por eles prestada. A psicóloga Neliana Buzi Figlie, PhD, é autora e coautora de publicações relacionadas à

QUADRO 5.2
Exemplos de perguntas e afirmações realizadas com o uso da Entrevista Motivacional (EM)

Exemplos de perguntas da EM	Indicadores técnicos da EM
O que você diz é realmente verdade, depende de você. Ninguém vai fazer essa escolha por você. Mesmo que sua esposa quisesse decidir por você, ou mesmo que seu chefe quisesse decidir por você, ou se eu quisesse decidir por você, ninguém pode. É apenas escolha sua – como vive sua vida, o que vai fazer a respeito da droga e para onde você vai – é tudo escolha sua.	Enfatizar a autonomia
E o que eu percebi que o está incomodando é "O que eu quero? Já está na hora de eu mudar as coisas? Ter que ser obrigado a fazer esse exame realmente me acordou?".	Reflexão complexa

Fonte: adaptado, com permissão, de Moyers, Manuel e Ernst (2015).

EM em periódicos científicos nacionais e de livros técnicos especializados. Ela oferece treinamentos em datas regulares durante o ano com um total de 20 horas presenciais na cidade de São Paulo (SP) em nível introdutório, intermediário e avançado a partir da matrícula em sua página oficial (http://nelianafiglie.com.br/). O médico psiquiatra Rogério Alves da Paz, especialista em psiquiatria forense, também é formador de EM certificado pela MINT e oferece serviços clínicos especializados em seu consultório particular por meio de contato em sua página oficial (http://www.rogeriodapaz.com/) e também atua em um hospital psiquiátrico público em Porto Alegre (RS).

A EM tem extensa fundamentação empírica. Em um influente artigo de revisão sistemática sobre ela, Rubak, Sandbæk, Lauritzen e Christensen (2005) identificaram 72 estudos empíricos com controle aleatório e encontraram efeitos positivos com o uso da EM em 72% dos estudos com foco em problemas de saúde física e em 75% dos estudos com foco em problemas de saúde psicológica. Magill e colaboradores (2018) realizaram uma metanálise de 58 estudos com foco nas habilidades do entrevistador (p. ex., frequência de narrativas coerentes com o Método PARR e com o *espírito* da EM) e a proporção de narrativas do entrevistado em torno da mudança ou da manutenção. O estudo forneceu evidência sobre a eficácia do uso das habilidades previstas pela EM na promoção de comportamentos de mudança. No contexto forense, McMurran (2009) realizou uma revisão sistemática e encontrou 13 estudos empíricos avaliando a intervenção com a EM com indivíduos que cometeram crimes relacionados ao abuso de drogas, com autores de violência doméstica, com presos por direção associada ao álcool, entre outros crimes. O estudo indicou que a EM aumenta a retenção no tratamento e a motivação para a mudança em relação ao uso de substâncias, porém com resultados ainda pouco consistentes em relação à mudança dos comportamentos relacionados aos atos de violação de direitos. De maneira similar, Owens, Rowell & Moyers (2017) identificaram efeitos positivos com o uso da EM em um grupo de 22 indivíduos usuários de álcool ou drogas que estavam sendo preparados para a saída do regime prisional e indicaram que os entrevistadores mostraram registros significativamente menores de empatia com participantes com longa ficha criminal – um viés do entrevistador que precisa ser observado e corrigido.

No Brasil, existem várias publicações técnicas sobre a EM voltadas às intervenções em contextos da saúde. A versão da EM original foi traduzida para o português a partir de sua primeira edição (Miller & Rollnick, 2001), bem como sua versão para contexto clínico (Rollnick, Miller & Butler, 2008). No contexto forense, foram identificados os estudos de Andretta e Oliveira (2008), que avaliaram 50 adolescentes autores de atos infracionais cumprindo medidas em meio aberto que passaram por cinco sessões com a EM. As autoras encontraram aumento do número de dias de abstinência de maconha e álcool; diminuição da quantidade de uso de álcool, tabaco e maconha; e abstinência de cocaína, *crack* e solventes. Em outro estudo, Andretta e Oliveira (2011) dividiram 48 adolescentes com perfil similar ao do estudo de 2008 em dois grupos: um que recebeu EM e outro que recebeu psicoeducação. Os resultados indicam que o grupo da EM reduziu o consumo de maconha e tabaco e que o grupo da psicoeducação diminuiu o consumo de maconha e álcool. A *prontidão para mudança* foi avaliada em dois momentos: na finalização dos grupos e na reavaliação, 15 dias depois. Observou-se, nessas duas avaliações, que os adolescentes do grupo da EM tiveram resultados significativamente melhores em comparação com os adolescentes do grupo da psicoeducação.

A EM é mais eficaz com intervenções em torno de um objetivo comportamental específico, uma vez que há a dificuldade de se operacionalizar estudos que sejam capazes de identificar mudanças de vida globais dos clientes, as quais são mais abstratas e difíceis de medir (Moyers, Manuel & Ernst, 2015). Miller e Rollnick (2009) assinalam erros e limitações comumente associados à prática da EM. Ela não é um modelo integrativo sobre como e por que as pessoas mudam, mas um método para aumentar a motivação pessoal para a mudança. Não visa a impor a mudança à pessoa, mas suscitar os argumentos da própria pessoa para a mudança. Não é uma técnica ou um método estruturado no sentido de *como fazer*. Trata-se de um procedimento com maior estruturação para orientar o entrevistador a ser uma presença potencializadora da capacidade de transformação do outro, o entrevistado. Ou seja, sem a adesão e a manifestação do entrevistador ao espírito de parceria, de aceitação, de compaixão e de evocação das motivações pessoais do entrevistado, a intervenção do entrevistador pode resultar em movimentos contrários à proposta da EM ante mudanças positivas de comportamentos. A prática proficiente da EM não deve ser desenvolvida rapidamente por meio de leitura, autoinstrução ou participação em oficinas de treinamento, mas requer um processo contínuo de aprendizagem na ação com o uso de estratégias de *feedback* imediato e contínuo durante o tempo. Além disso, a EM não deve ser considerada suficiente para resolver todas as situações e problemas apresentados a um profissional de saúde. A EM visa tão somente a promover a orientação colaborativa e centrada nas pessoas para estimular e fortalecer a motivação destas para a mudança (Miller & Rollnick, 2009).

ENTREVISTA ESTRUTURADA DE SINTOMAS REFERIDOS-2 (SIRS-2)

A SIRS-2 é um modelo de entrevista clínico-forense completamente estruturado e considerado pela literatura especializada como o melhor critério para identificar simulação de transtornos mentais, atitude de intensa defesa e sinceridade e inconsistência nas respostas de indivíduos adultos (Rogers, 2018). A SIRS-2 tem possíveis aplicações na justiça criminal, cível e trabalhista. Na justiça criminal, poderá fornecer evidências empíricas sobre simulação ou dissimulação de transtornos mentais para os julgamentos em que se faz necessário identificar se o entrevistado será imputável ou não pelo crime em razão de transtorno mental, em conformidade com o previsto no Código Penal. Na justiça cível, poderá fornecer evidências confiáveis sobre o papel de possíveis transtornos mentais nas ações de interdição, de destituição do poder familiar, na avaliação da capacidade de doação de recursos e para realizar testamentos, nas ações de anulação de ato jurídico, entre outras. Na justiça trabalhista, poderá contribuir com perícias na avaliação do nexo entre possíveis transtornos mentais decorrentes do ambiente de trabalho ou de acidentes de trabalho.

Para realizar a SIRS-2, o entrevistador treinado e competente deverá conduzir a entrevista por meio da leitura das perguntas apresentadas em um manual rigorosamente estruturado. De acordo com o autor (Rogers, 2018), a proposta estruturada de entrevista tem como propósito permitir maior controle e o estudo da variabilidade dos questionamentos a respeito dos sintomas clínicos, da variabilidade do estilo de resposta dos entrevistados e da variabilidade de registros clínicos anteriores com a informação obtida na entrevista estruturada. A estruturação completa também visa a controlar as consequências graves que uma eventual formulação livre de questionamentos pelo entrevistador poderia ter ao expressar, de forma acidental, incredulidade ou outro comportamento que altere o estilo de resposta do entrevistado.

O entrevistador capacitado e competente com a SIRS-2 fará a leitura natural de um total de 172 perguntas relacionadas a possíveis sintomas de transtornos mentais, as quais são divididas em três grupos: 1) questionamentos detalhados, que visam a identificar sintomatologia específica e sua severidade; 2) questionamentos repetitivos, que visam a avaliar a consistência da resposta em comparação aos questionamentos detalhados; e 3) questionamentos gerais, que visam a sondar e a explorar sintomas específicos e padrões e problemas psicológicos gerais. Para cada pergunta, o entrevistador utiliza uma escala de três pontos para verificar, a partir da resposta do entrevistado, a presença, a ausência ou a indeterminação do sintoma. O entrevistador fará o somatório de respostas afirmativas às perguntas, as quais foram concebidas para obter evidências em oito estratégias de detecção da simulação: *sintomas raros*, que tratam de sintomas que são infrequentes ou pouco comuns em pacientes genuinamente acometidos por transtornos mentais; *combinações de sintomas*, que tratam de combinações improváveis entre sintomas; *sintomas improváveis ou absurdos*, que tratam de sintomas fantásticos improváveis de serem reais; *sintomas óbvios*, que tratam de sintomas facilmente reconhecíveis por leigos como relacionados a sintomatologia severa; *sintomas sutis*, que tratam de sintomas comumente associados a situações ou problemas cotidianos, e não relacionados a transtornos mentais; *seletividade de sintomas*, que trata do aval indiscriminado do entrevistado aos sintomas questionados pelo entrevistador; *severidade de sintomas*, que trata de sintomas que seriam insuportáveis ou muito incapacitantes para pacientes genuínos; *sintomas relatados* versus *observados*, que apresentam indicadores comportamentais para avaliação da discrepância entre a narrativa do entrevistado e os comportamentos apresentados na entrevista (Rogers, 2018). A título de exemplo, determinada pergunta da SIRS-2 sobre sintomas improváveis ou absurdos envolveria questionar o entrevistado se ele teria crenças incomuns sobre carros e se ele acha que os carros teriam uma religião própria. Outra pergunta relacionada a sintomas raros, presentes apenas em casos neurológicos graves, envolveria questionar se o entrevistado sente cheiros estranhos em todos os lugares e durante muito tempo.

Após a realização do somatório das perguntas respondidas afirmativamente pelo entrevistado, o entrevistador deverá comparar o resultado total obtido para cada um dos oito grupos de sintomas associados à simulação para obter pontos de corte e decidir se o entrevistado se assemelha a um *respondente genuíno*, a um *respondente indeterminado*, a um respondente em *provável simulação* ou a um respondente em *simulação consistente*. Os entrevistados são classificados como indivíduos que estão simulando transtornos mentais quando qualquer uma das seguintes condições for atendida: se qualquer uma das subescalas alcançar o nível de *simulação consistente*, se três ou mais subescalas alcançarem o nível de *provável simulação* ou se a soma total dos resultados das perguntas da SIRS-2 (com exceção dos questionamentos repetitivos) for maior que 76 pontos.

O manual original recomenda que os entrevistadores tenham grau avançado de formação, treinamento para interpretação de testes psicológicos e licença para utilização competente e ética de instrumental psicológico restrito. O treinamento certificado *on-line* sob a forma de *workshop* de 6,5 horas é conduzido pelo próprio autor da SIRS-2. É oferecido na língua original do instrumento e está disponível em https://www.gifrinc.com/sirs-2. Não foi identificado, com a estratégia de busca descrita neste capítulo, nenhum estudo de adaptação dessa entrevista clínico-forense no Brasil, ou profissionais habilitados para o treinamento na SIRS-2. Sobre esse modelo de entrevista clínico-forense foi identificada apenas uma menção à SIRS-2 no editorial de um periódico oficial do Instituto Brasileiro de Avaliação Psicológica (Almiro, 2017).

A SIRS-2 está fundamentada em pesquisas empíricas com amostras em suas versões em inglês, espanhol e mandarim, apresentando altos índices de concordância e alta correlação com outras medidas psicométricas para identificação de simulação, como a Escala F (*Feigning*) do Inventário Multifásico Minnesota de Personalidade (MMPI) (Rogers, 2018). A pesquisa de validação original foi realizada com dois estudos delineados para comparar indivíduos que receberam instruções para simular transtornos com grupos de pacientes ambulatoriais e em internação (Rogers, Gillis, Dickens, & Bagby, 1991). O primeiro estudo foi composto por indivíduos selecionados em uma comunidade canadense local, o qual foi subdividido em dois subgrupos: um com instruções de simular transtorno mental severo (40 entrevistados) e outro com instruções de responder de forma honesta (41 entrevistados). Esse grupo foi comparado com pacientes psiquiátricos ambulatoriais sem história de internação nos últimos 12 meses aos quais se solicitou que respondessem de forma honesta (34 entrevistados). Esse estudo permitiu identificar diferenças significativas entre os grupos de simuladores e de pacientes em quase todas as escalas, à exceção de uma que não existe mais na segunda versão do instrumento. Foi encontrado percentual de 78,2% das correlações altas e na direção esperada (correlações positivas acima de 0,6) entre os indicadores de simulação do MMPI e a SIRS-2.

O segundo estudo utilizou uma subamostra de 25 indivíduos com diagnóstico possível ou conclusivo de simulação. Essa subamostra foi retirada de uma amostra de 700 pacientes que estavam em regime de internação em uma instituição psiquiátrica canadense, incluindo pacientes com sintomatologia psicótica ativa (46,6% da amostra). Todos esses 700 indivíduos foram avaliados de forma independente por outros profissionais especializados e passaram por entrevistas de diagnóstico. Além disso, havia extensa informação sobre essas pessoas em arquivos para corroborar as informações prestadas pelos entrevistados a partir de internações anteriores, entrevistas do serviço social com familiares e amigos, avaliação de relatórios de investigação policial e resultados de avaliações psicológicas. Outro grupo, de 25 entrevistados, foi selecionado da mesma amostra, de forma aleatória, para constituir uma subamostra de contraste, de modo que atendesse a dois critérios: sem evidência de simulação de transtornos mentais e com diagnóstico de transtorno mental. Os grupos formados nos dois estudos originais participaram da entrevista SIRS (primeira edição) e responderam ao teste MMPI e a uma escala para triagem de simulação de esquizofrenia (M Test). O resultado desse estudo indica que os pacientes em internação com diagnóstico, independentemente de simulação possível ou simulação definitiva de transtornos mentais, apresentam pontuações significativamente maiores nas subescalas de Sintomas raros, Sintomas improváveis ou absurdos, Combinação de sintomas, Sintomas óbvios, Sintomas sutis, Seletividade de sintomas, Severidade de sintomas, Sintomas relatados *versus* observados.

Recentemente, Rogers, Payne, Berry e Granacher (2009) realizaram outro estudo com uma amostra forense cível com 369 pessoas que se submeteram à avaliação neuropsicológica com a finalidade de instruir processos de compensação financeira por questões trabalhistas, acidentes de trabalho ou avaliação de incapacidade laboral. Esse estudo identificou 72 casos de suspeita de simulação de transtornos mentais (Rogers et al., 2009) com o uso independente de uma série de outras medidas, tais como o MMPI e outros instrumentos de avaliação neuropsicológica, como a Escala de Inteligência Wechsler para Adultos (WAIS-III). O uso da SIRS-2 foi capaz de apontar diferenças significativas entre o grupo de indivíduos que simularam transtornos mentais em comparação com indivíduos com transtornos mentais e cognitivos genuínos. Do mesmo modo, Green, Rosenfeld e Belfi (2013) realizaram uma metanálise de 17 estudos com a metodologia de simulação de transtornos mentais e encontraram tamanhos de efeito moderado e alto com o uso da SIRS-2.

A SIRS-2 tem limitações reconhecidas pelo autor (Rogers, 2018): o instrumento não deve ser usado para avaliação de simulação de comprometimentos cognitivos, apenas como método de triagem inicial para avaliação neurocognitiva, e deve ser usado com cautela com pessoas com deficiência intelectual moderada que tenham comprometida a habilidade de compreensão e comunicação. Rubenzer (2010) identificou alguns erros e imprecisões nos índices de sensibilidade do instrumento, que foi inflada pela exclusão do número de casos indeterminados; entretanto, também indicou que a SIRS-2 ainda se mantém como instrumento de escolha para avaliar simulação de sintomas psicóticos e outros transtornos mentais graves.

ENTREVISTA CLÍNICO-FORENSE DE ARCE & FARIÑA (ECF)

A ECF, proposta por Arce & Fariña, pesquisadores espanhóis da Universidade de Santiago de Compostela e da Universidade de Vigo, fundamenta-se nos estudos de modelos narrativos e parte da pressuposição de que os indivíduos criam relatos narrativos de um evento ou de uma situação por meio de *narrativas ancoradas*. Esse conceito foi formulado a partir dos estudos que indicam que uma evidência parece ser mais persuasiva quando se apresenta sob a forma de *narrativas ancoradas* por outras evidências (Wagenaar, Van Koppen, & Crombag, 1993) e baseia-se na hipótese de que os relatos honestos são intrinsecamente diferentes dos relatos sob condições anormais, como naqueles de indivíduos que mentem ou que simulam transtornos mentais (Arce & Pampillón, 2002; Vilariño et al., 2013). O modelo de ECF foi testado para identificar simulação/dissimulação durante a avaliação do dano psicológico em acidentes de trânsito (Arce, Fariña, Carballal, & Novo, 2006) e para avaliar possíveis simulações de mulheres vítimas de violência doméstica (Vilariño et al., 2013). A ECF tem possíveis repercussões nos juizados de violência doméstica, uma vez que tem o potencial de identificar o dano psicológico sofrido por mulheres vítimas de violência por parte dos parceiros com a vantagem de apresentar estratégias para identificação de simulação. A aplicação da ECF na justiça trabalhista pode auxiliar na avaliação do nexo entre possíveis transtornos mentais decorrentes do ambiente de trabalho ou de acidentes de trabalho.

A principal característica dessa entrevista baseia-se no fato de que outras formas de avaliação de dano psicológico ou de sintomas relacionados aos transtornos mentais apresentam abordagens indutivas, isto é, aquelas em que o entrevistador deve fazer perguntas sobre sintomas específicos que não foram relatados pelo entrevistado. Muitos instrumentos estruturados ou semiestruturados para avaliação da violência doméstica contra a mulher, como o Spousal Assault Risk Assessment (SARA) (Kropp & Hart, 2000; Medeiros, 2015), apresentam listas de perguntas diretivas que podem ser respondidas pelo entrevistado com um simples *sim* ou *não*. O modelo da ECF fundamenta-se no estímulo à narrativa dos entrevistados com base nos estudos sobre o relato livre das entrevistas forenses, em especial da entrevista cognitiva (Fisher & Geiselman, 2010).

Para realizar a ECF, o entrevistador capacitado e competente deverá gravar toda a entrevista e seguir três etapas. Na primeira, o entrevistador deverá solicitar ao entrevistado que relate "tudo aquilo que mudou em sua vida" (p. ex., sintomas, comportamentos e pensamentos) diante dos fatos de violação de direitos denunciados (p. ex., violência doméstica, dano psicológico decorrente do problema trabalhista). Caso o entrevistado não informe espontaneamente suas relações interpessoais, seu contexto de trabalho ou acadêmico, suas relações familiares e, em especial, as situações objeto de avaliação, o entrevistador deverá reconstruir os elementos específicos da avaliação com o uso de técnicas de recuperação da memória da entrevista cognitiva (Fisher & Geiselman, 2010). Para isso, o entrevistador deverá solicitar ao entrevistado para *se colocar mentalmente* no lugar em que ocorreram os fatos de interesse, incluindo instruções que visam a sondar: (a) elementos emocionais: "tente se lembrar de como você se sentia"; (b) elementos sequenciais: "pense no que estava fazendo naquele momento"; (c) elementos perceptuais: "volte para a cena em que isso aconteceu e tire uma 'foto da sala' onde você estava. Que cheiro você sentiu? O que você pôde ouvir?". As narrativas obtidas com o entrevistado deverão ser seguidas de questionamentos abertos, tais como "o que aconteceu depois?", "me conte o que aconteceu desde quando tudo começou até quando tudo terminou" (Vilariño, 2010).

Na segunda etapa da ECF, o entrevistador deverá recuperar o contexto para a sintomatologia apresentada no Eixo V do *Manual diagnóstico e estatístico de transtornos mentais* (DSM-IV). Com o advento do DSM-5, que extinguiu a avaliação multiaxial, critérios análogos ainda podem ser avaliados na ECF, porém conforme a nova recomendação de uso da *Classificação internacional de doenças e problemas relacionados à saúde* (CID-10): "Fatores que influenciam o estado de saúde e o contato com os serviços de saúde" (Araújo & Lutofo Neto, 2014).[4] O procedimento de restaurar o contexto com o uso de perguntas que estimulem a livre narrativa visa a favorecer narrativas sobre os impac-

---

[4] Os códigos análogos ao Eixo V do antigo DSM-IV-R estão associados com os códigos da CID-10, especialmente nos registros Z55-Z65: "pessoas com riscos potenciais à saúde relacionados com circunstâncias socioeconômicas e psicossociais". Atualmente, a Organização Mundial da Saúde (OMS) recomenda para avaliação dos códigos Z o uso da ferramenta World Health Organization Disability Assessment Schedule 2.0 (WHODAS 2.0), a qual está disponível e foi adaptada em estudos empíricos para o português (OMS, 2015).

tos da situação-problema em áreas importantes do funcionamento: problemas com o grupo de apoio primário; problemas relacionados ao ambiente social; problemas educacionais; problemas ocupacionais; problemas de moradia; problemas econômicos; problemas com o acesso aos serviços de cuidados à saúde; problemas relacionados à interação com o sistema legal e outros problemas psicossociais e ambientais. Questionamentos abertos (p. ex., "me fale mais sobre...", "você falou sobre [tópico de interesse], me ajude a entender mais") são empregados para contextualizar as respostas dos entrevistados (Vilariño, 2010).

A terceira etapa da ECF é a análise de conteúdo das informações obtidas na entrevista por meio de um sistema categorial que apresenta quatro grandes blocos (Vilariño, 2010):

1. Identificação dos critérios diagnósticos para o transtorno de estresse pós-traumático e/ou outros transtornos mentais evidentes, conforme definição do eixo V do DSM-IV-TR.
2. Presença de estratégias de simulação semelhantes ao modelo apresentado por Rogers (2018): não cooperação com a avaliação, sintomas sutis, sintomas improváveis, sintomas óbvios, sintomas raros, combinação de sintomas, severidade dos sintomas, inconsistência dos sintomas observados e relatados e agrupamento indiscriminado de sintomas.
3. Análise da qualidade da narrativa específica sobre a situação de violação de direitos que é alvo da avaliação, e deve ser cotejada com as evidências de suporte por *critérios de consistência* internas (sem contradições internas) e externas (consistência com declarações anteriores).
4. Análise da *narrativa global* de acordo com uma versão modificada do *Criteria Based Content Analysis* (CBCA) (Steller & Köhnken, 1989, apud Amado, Arce, Fariña, & Vilariño, 2016, e com o próprio trabalho dos autores, nos casos em que se faz necessário avaliar violência doméstica). Esses critérios se referem a *características gerais da narrativa*: estrutura lógica, elaboração não estruturada, etc.; *conteúdos específicos da narrativa*: engajamento, reprodução de conversações, etc.; *particularidades do conteúdo da narrativa*: detalhes não comuns, detalhes supérfluos, etc.; *conteúdos específicos da violência*: relacionados ao ato de agressão; e *critérios específicos de violência de gênero* para os casos pertinentes: manifestações de adoecimento por sintomas sutis, comportamento de proteger o agressor, proposta de medida educativa ao autor, etc. (Vilariño, 2010; Vilariño et al., 2013).

Para utilização da ECF, os autores descrevem a necessidade de acesso às definições completas das categorias de análise, bem como conhecimentos de diagnóstico de transtornos mentais. Além disso, os autores recomendam o uso das informações da entrevista para aplicação dos critérios propostos no modelo por um ou mais codificadores e a avaliação de concordância (*kappa*), os quais devem apresentar resultados acima de 0,8 em todas as categorias (Vilariño, 2010). O treinamento na ECF no modelo proposto está restrito aos seus grupos de pesquisadores: estudantes de graduação e pós-graduação das universidades em que atuam. Não foi identificado nenhum grupo no Brasil que tenha estudado a ECF ou esteja habilitado a conduzir o treinamento no instrumento.

A ECF está fundamentada em estudos empíricos desenhados para avaliar deliberada simulação de transtornos mentais. Vilariño e colaboradores (2013) realizaram a ECF com grupo de 54 mulheres instruídas a simular violência de gênero e compararam com 51 mulheres vítimas genuínas de violência doméstica a partir de critérios externos altamente documentados. Os autores compararam os indicadores de simulação do MMPI e das demais escalas com os critérios da ECF. Os resultados indicam que o grupo das mulheres vítimas reais de violência doméstica não apresentou nenhuma das nove estratégias de simulação, ao contrário de metade das que compunham o grupo das simuladoras. Estas últimas apresentaram significativamente mais sintomas sutis, agrupamento indiscriminado de sintomas e severidade de sintomas. Porém, apesar de indicar uma média significativamente maior nos sintomas de transtorno de estresse pós-traumático, a ECF sozinha não foi capaz de fundamentar esse diagnóstico, ao mesmo tempo que distingue o grupo de mulheres que simulavam sintomas. Desse modo, os autores da ECF indicam a adoção de um protocolo que inclua o uso integrado da ECF com o MMPI, diante das evidências encontradas para identificação de simulação com o uso isolado desses procedimentos. Esse fator é um limitante no contexto nacional diante do fato de o MMPI não estar validado para uso por psicólogos como instrumento psicológico fora de ambientes de pesquisa e ensino.

CONSIDERAÇÕES FINAIS

As entrevistas clínico-forenses descritas neste capítulo demonstram que há grande variabilidade no processo de estruturação do julgamento clínico. Essa variabilidade existe em termos de conteúdos, objetivos e contextos, além da variabilidade de níveis de estruturação. As entrevistas forenses tendem a ter maior nível de estruturação, e as entrevistas clínicas tradicionais à livre estruturação (Tavares, 2007a). A semiestruturação ocorre em virtude da demanda por maior confiabilidade ou fidedignidade dos resultados. Essa demanda levou ao desenvolvimento de entrevistas clínicas semiestruturadas, como a SCID (Tavares 2007b), além das entrevistas apresentadas neste capítulo. No entanto, a validade clínica (Tavares, 2003) não é suficiente no contexto forense, que deve basear-se também na concepção do tripé que sustenta a entrevista clínico-forense e que requer alguma forma de semiestruturação, além de evidências confirmatórias de validade aplicáveis ao contexto forense (Vilariño et al., 2013).

A semiestruturação pode ser mais explícita ou mais implícita, o que leva a distinguir, neste capítulo, a SIRS-2 como uma entrevista mais formalmente estruturada. A EH/PCL-R e a ECF se apresentam como entrevistas semiestruturadas. A EM, ainda que pareça uma forma livre de estrutura, tem uma estrutura muito precisa da forma como o entrevistador deve interagir com o entrevistado para produzir o resultado esperado. Na entrevista estruturada, todas as perguntas aos entrevistados são lidas palavra por palavra e na ordem previamente determinada (como em uma entrevista censitária). O foco está na pergunta e no registro da resposta dentro de parâmetros pré-fixados. Nas entrevistas semiestruturadas, as perguntas iniciais podem ser lidas palavra por palavra e na ordem sugerida, porém o entrevistador tem mais liberdade para individualizar e contextualizar os tópicos indicados como objetos da avaliação (Mueller & Segal, 2015), ou seja, o foco está no critério a ser avaliado, em vista de atender ao objetivo proposto na questão, e não na questão específica, ou no modo específico de fazê-la. Muitas vezes, a pergunta oferece apenas uma oportunidade para que o entrevistado ofereça uma narrativa de um acontecimento ou de uma experiência. Nas entrevistas em que se admite maior liberdade de estruturação, como na EM, observa-se que estas requerem maior preparo e conhecimento do entrevistador: sobre seu papel como condutor do processo, sobre os procedimentos por meio quais é possível atingir seus objetivos e sobre os processos que estruturam a entrevista, mesmo que não haja um roteiro explícito ou um objetivo mediado por perguntas e respostas.

Os processos de estruturação apresentados nas entrevistas clínico-forenses discutidas neste capítulo têm potencial de aumentar a validade e a confiabilidade do julgamento clínico e de sua aplicabilidade no contexto jurídico. A semiestruturação favorece a comprovação da validade na avaliação do construto psicológico ou da categoria psicodiagnóstica em pauta. Sua necessidade é sustentada pelas implicações éticas profissionais e pelos direitos humanos fundamentais que impactam o destino das pessoas avaliadas. Os modelos de estruturação das entrevistas identificadas (EH/PCL-R, EM, SIRS-2, ECF) fornecem evidências para validar o julgamento clínico por meio de procedimentos estatísticos de avaliação de concordância intraobservador, de concordância interobservador e de concordância observador-critério.

A concordância intraobservador viabiliza a comparação do desempenho do entrevistador consigo mesmo no decorrer do tempo. A concordância interobservador propicia a comparação do desempenho de dois ou mais entrevistadores treinados sobre os mesmos tópicos de determinada entrevista. Essas estratégias permitem identificar aspectos dessas entrevistas que podem ser melhorados por ações de treinamento de entrevistadores e por ações de supervisão e de intervisão por pares. Na aplicação das entrevistas clínico-forenses identificadas (EH/PCL-R, EM, SIRS-2, ECF), essas estratégias de validação do julgamento clínico podem garantir a qualidade da intervenção do entrevistador por meio da identificação da sua evolução nas técnicas, bem como garantir a consistência da equipe de entrevistadores sobre os tópicos de avaliação. A concordância observador-critério permite a comparação entre o desempenho de um grupo de entrevistadores com entrevistadores especializados, altamente treinados e reconhecidos ou, ainda, a comparação desse grupo de entrevistadores com os resultados da aplicação de outra medida ou instrumento comparável que seja considerado pela literatura especializada como o melhor critério disponível. Esses procedimentos de validação foram encontrados nos estudos empíricos descritos neste capítulo para os quatro modelos identificados: EH/PCL-R, SIRS-2, ECF e EM.

O contexto pericial em que ocorrem as entrevistas clínico-forenses requer a avaliação de possíveis distorções conscientes das narrativas dos indivíduos entrevistados, aspectos claramente presentes na SIRS-2, na ECF e na EH/PCL-R.

Foram identificadas, entretanto, diferenças marcantes na obtenção das evidências de simulação e dissimulação na SIRS-2 e na ECF. A SIRS-2 propõe apresentar, por meio da leitura das perguntas aos entrevistados, os sintomas associados a situações genuínas e simuladas de transtornos mentais. A ECF propõe estimular a livre narrativa contextual sobre os fatos relevantes da vida para somente depois obter as narrativas e buscar os indicadores de sintomas genuínos e simulados. Essas duas estratégias diferentes são amplamente estudadas no campo das entrevistas forenses: as elocuções que estimulam a memória de livre evocação e as elocuções que exploram e sondam a memória de reconhecimento (p. ex., Lamb, Hershkowitz, Orbach, & Esplin, 2008).

As perguntas do entrevistador que estimulam a memória de livre evocação do entrevistado são aquelas que favorecem a livre apresentação das experiências, incluindo elementos sobre "quem", "o que" e, minimamente, "onde", "quando" e "como" algo aconteceu, a depender das habilidades cognitivas do entrevistado (p. ex., "Conte-me o que aconteceu"). As perguntas do entrevistador que estimulam a memória de reconhecimento são aquelas que favorecem a narrativa do entrevistado mediante a apresentação de uma ou mais informações introduzidas pelo entrevistador (que não foram relatadas previamente pelo entrevistado), as quais devem ser reconhecidas, avaliadas e podem orientar a resposta, normalmente restringindo-a a poucas palavras (perguntas de sim e não e perguntas de múltipla escolha). Há consenso entre os autores do campo das entrevistas forenses de que as narrativas decorrentes de estímulos à memória de livre evocação são mais confiáveis do que os estímulos à memória de reconhecimento (Lamb et al., 2008).

Além disso, a discussão dos conceitos de *sensibilidade* e *especificidade* é relevante na escolha dos modelos de entrevista clínico-forense apresentados. No campo da simulação e dissimulação de sintomas de saúde mental, a busca por maior *sensibilidade* tem como resultado aumentar a probabilidade de identificação de entrevistados que apresentem realmente os sintomas de interesse, mas também produz mais *falsos positivos*. A busca por maior *especificidade* tem como resultado aumentar a certeza na identificação de entrevistados que simulam ou dissimulam sintomas de saúde mental, mas também produz mais *falsos negativos*. Nos contextos em que se exige maior sensibilidade, considerando a possibilidade de simulação e dissimulação, o uso da ECF parece ser mais apropriado para orientar a indicação de medidas protetivas às vítimas, porque não se quer *perder* ninguém que necessita de proteção. No caso de contextos em que se exige maior especificidade considerando a possibilidade de simulação e dissimulação, pode ser preferível o uso da SIRS-2 para orientar medidas com repercussão penal aos entrevistados ou que se considere o acesso a benefícios ou recursos financeiros em um cenário de escassez de recursos, porque não se quer a injustiça com a aplicação de medidas judiciais graves às pessoas em contato com o sistema legal.

As implicações das entrevistas clínico-forenses na concessão de benefícios, na majoração, na manutenção ou na diminuição das restrições das liberdades individuais aplicadas ao público-alvo do sistema judicial estão relacionadas à questão primordial de natureza ética e dos direitos fundamentais dos indivíduos entrevistados. É recomendada a observância aos processos de estruturação dos modelos de entrevista clínico-forense que foram apresentados neste capítulo. Isso deve ser feito por meio de: (1) adesão integral aos procedimentos e às etapas descritas; (2) observância das competências e qualificações prévias indicadas nos manuais; (3) treinamento formal dos entrevistadores; e (4) respeito às indicações de uso e aplicação, considerando as vantagens e as limitações de cada modelo apresentado. É entendido que o uso das entrevistas clínico-forenses deverá requerer do profissional a incorporação dos procedimentos de validação do julgamento clínico por meio de avaliações independentes e cegas para estimar a concordância intraentrevistador e interentrevistador, as quais são indispensáveis ao entrevistador iniciante no procedimento ou no contexto forense. Ao fazer-se isso, é atendido um dos princípios fundamentais da conduta ética dos profissionais de psicologia, ao promover a atuação com responsabilidade, por meio do contínuo aprimoramento profissional, de modo a contribuir com o desenvolvimento da psicologia como campo de aplicação prática de conhecimento especializado.

REFERÊNCIAS

Almiro, P. A. (2017). Uma nota sobre a desejabilidade social e o enviesamento de respostas. *Avaliação Psicológica*, 16(3), 253-386.

Amado, B. G., Arce, R., Fariña, F., & Vilariño, M. (2016). Criteria-Based Content Analysis (CBCA) reality criteria in adults: A meta-analytic review. *International Journal of Clinical and Health Psychology*, 16(2), 201-210.

Andretta, I. & Oliveira, M. da S. (2008). Efeitos da entrevista motivacional em adolescentes infratores. *Estudos de Psicologia (Campinas)*, 25(1), 45-53.

Andretta, I. & Oliveira, M. da S. (2011). A entrevista motivacional em adolescentes usuários de droga que cometeram ato infracional. *Psicologia: Reflexão e Crítica*, 24(2), 218-226.

Araújo, A. C. & Lutofo Neto, F. (2014). A nova classificação americana para os transtornos mentais: O DSM-5. *Revista Brasileira de Terapia Comportamental e Cognitiva*, 16(1), 67-82.

Arce, R. & Pampillón, M. del C. (2002). Desarrollo y evaluación de un procedimiento empírico para detección de la simulación de enajenación mental en el contexto legal. *Anuario de Psicología*, 33(3), 385-408.

Arce, R., Fariña, F., Carballal, A., & Novo, M. (2006). Evaluación del daño moral en accidentes de tráfico: Desarrollo y validación de un protocolo para la detección de la simulación. *Psicothema*, 18(2), 278-283.

Blais, J. & Richie, M. B. (2016). Psychopathy Checklist-Revised (PCL-R). *Encyclopedia of Personality and Individual Differences*, 1-5.

Castellana, G. B., de Barros, D. M., Serafim, A. de P., & Busatto Filho, G. (2014). Psychopathic traits in young offenders vs. non-offenders in similar socioeconomic condition. *Revista Brasileira de Psiquiatria*, 36(3), 241-244.

Ciolino, P. J. & Turvey, B. E. (2017). Forensic interviews. In B. E. Turvey & S. Crowder (Orgs.), *Forensic Investigations: An Introduction* (pp. 261-276). London: Elsevier.

Conselho Federal de Psicologia (CFP). (2011). *Resolução CFP nº 012/2011. Regulamenta a atuação do(a) psicóloga(o) no âmbito do sistema prisional*. Brasília, DF: CFP.

Conselho Federal de Psicologia (CFP). (2016). *Parecer técnico sobre a atuação do(a) psicólogo(a) no âmbito do sistema prisional e a suspensão da Resolução CFP nº 012/2011*. Brasília, DF: CFP.

Davies, J. (2019). Developing a model for evidence based clinical forensic interviewing. *International Journal of Forensic Mental Health*, 18(1), 1-19.

Davoglio, T. R. & Argimon, I. I. D. L. (2010). Avaliação de comportamentos antissociais e traços de psicopatas em psicologia forense. *Avaliação Psicológica*, 9(1), 111-118.

Echeburúa, E., Muñoz, J. M., & Loinaz, I. (2011). La evaluación psicológica forense frente a la evaluación clínica: Propuestas y retos de futuro. *International Journal of Clinical and Health Psychology*, 11(1), 141-159.

Faller, K. C. (2007). *Interviewing children about sexual abuse*. New York: Oxford University.

Faller, K. C. (2015). Forty years of forensic interviewing of children suspected of sexual abuse, 1974-2014: Historical Benchmarks. *Social Sciences*, 4(1), 34-65.

Figlie, N. B. & Guimarães, L. P. (2014). A entrevista motivacional: Conversas sobre mudança. *Boletim da Academia Paulista de Psicologia*, 34(87), 472-489.

Fisher, R. P. & Geiselman, R. E. (2010). The cognitive interview method of conducting police interviews: Eliciting extensive information and promoting therapeutic jurisprudence. *International Journal of Law and Psychiatry*, 33(5-6), 321-328.

Green, D., Rosenfeld, B., & Belfi, B. (2013). New and improved? A comparison of the original and revised versions of the Structured Interview of Reported Symptoms. *Assessment*, 20(2), 210-218.

Hare, R. D. (2003). *Manual for the revised psychopathy checklist* (2nd ed.). Toronto: Multi-Health Systems.

Hare, R. D., Black, P. J., & Walsh, Z. (2013). The psychopathy checklist-revised: Forensic applications and limitations. In R. P. Archer & E. M. A. Wheeler (Orgs.), *Forensic uses of clinical assessment instruments* (pp. 230-265). New York: Routledge.

Kadushin, A. & Kadushin, G. (1997). *The social work interview: A guide for human service professionals* (4th ed.). New York: Columbia University.

Kropp, P. R. & Hart, S. D. (2000). The spousal assault risk assessment (SARA) guide: Reliability and validity in adult male offenders. *Law and Human Behavior, 24*(1), 101-118.

Lamb, M. E., Hershkowitz, I., Orbach, Y., & Esplin, P. W. (2008). The NICHD investigative protocols for young victims and witnesses. In M. E. Lamb, I. Hershkowitz, Y. Orbach, & P. W. Esplin (Orgs.), *Tell me what happened: Structured investigative interviews of child victims and witnesses* (pp. 83-102). Hoboken: John Wiley & Sons.

Logan, C. (2018). Forensic clinical interviewing: Toward best practice. *International Journal of Forensic Mental Health, 17*(4), 1-13.

Magill, M., Apodaca, T. R., Borsari, B., Gaume, J., Hoadley, A., Gordon, R. E. F., ... Moyers, T. (2018). A meta-analysis of motivational interviewing process: Technical, relational, and conditional process models of change. *Journal of Consulting and Clinical Psychology, 86*(2), 140-157.

McMurran, M. (2009). Motivational interviewing with offenders: A systematic review. *Legal and Criminological Psychology, 14*(1), 83-100.

Medeiros, M. N. (2015). *Avaliação de risco em casos de violência contra a mulher perpetrada por parceiro íntimo* (Tese de doutorado, Universidade de Brasília, Brasília).

Miller, W. R. & Rollnick, S. (2001). *Entrevista motivacional: Preparando as pessoas para a mudança de comportamentos aditivos*. Porto Alegre: Artmed.

Miller, W. R. & Rollnick, S. (2009). Ten things that motivational interviewing is not. *Behavioural and Cognitive Psychotherapy, 37*(2), 129-140.

Miller, W. R. & Rollnick, S. (2013). Glossary of motivational interviewing terms. In W. R. Miller & S. Rollnick (Orgs.), *Motivational Interviewing: Helping people change* (3rd ed., pp. 405-414). New York: Guilford.

Morana, H. C. P. & Hare, R. D. (2004). *Escala Hare PCL-R: Manual critério para pesquisa*. São Paulo: Casa do Psicólogo.

Morana, H. C. P. (2003). *Identificação do ponto de corte para a escala PCL-R (Psychopathy Checklist Revised) em população forense brasileira: Caracterização de dois subtipos da personalidade; transtorno global e parcial* (Tese de doutorado, Universidade de São Paulo, São Paulo).

Moyers, T. B., Manuel, J. K., & Ernst, D. (2015). *Motivational Interviewing Treatment Integrity Coding Manual 4.2.1*. Unpublished manual. Retirado de https://casaa.unm.edu/codinginst.html

Moyers, T. B., Rowell, L. N., Manuel, J. K., Ernst, D., & Houck, J. M. (2016). The motivational interviewing treatment integrity code (MITI 4): Rationale, preliminary reliability and validity. *Journal of Substance Abuse Treatment, 65*, 36-42.

Mueller, A. E. & Segal, D. L. (2015). Structured versus semistructured versus unstructured interviews. In R. L. Cautin & S. O. Lilienfeld (Orgs.), *The encyclopedia of clinical psychology* (pp. 1-7). Hoboken: Wiley.

Nascimento, A. B. (2006). Uma visão crítica das políticas de descriminalização e de patologização do usuário de drogas. *Psicologia em Estudo, 11*(1), 185-190.

Newlin, C., Steele, L. C., Chamberlin, A., Anderson, J., Kenniston, J., Russell, A., Stewart, H. L., & Vaughan-Eden, V. (2015). Child forensic interviewing: Best practices. In R. L. Listenbee (Org.), *Juvenile Justice Bulletin* (pp. 20). Washington: Office of Juvenile Justice and Delinquency Prevention.

O'Donohue, W. T. & Fanetti, M. (2016). Psychometric analysis of forensic interviews and post hoc interview evaluations. In W O'Donohue & Fanetti M. (Eds.), *Forensic interviews regarding child sexual abuse* (pp. 337-350). Cham: Springer.

Organização Mundial da Saúde (OMS). (2015). *Avaliação de saúde e deficiência: Manual WHO Disability Assessment Schedule 2.0 – WHODAS 2.0*. Uberaba: OMS.

Owens, M. D., Rowell, L. N., & Moyers, T. (2017). Psychometric properties of the Motivational Interviewing Treatment Integrity coding system 4.2 with jail inmates. *Addictive Behaviors, 73*, 48-52.

Reishoffer, J. C. & Bicalho, P. P. G. de. (2017). Exame criminológico e psicologia: Crise e manutenção da disciplina carcerária. *Fractal: Revista de Psicologia, 29*(1), 34-44.

Rogers, R. (2018). Structured interviews and dissimulation. In R. Rogers & S. D. Bender (Orgs.), *Clinical assessment of malingering and deception* (4th ed., pp. 422-448). New York: Guilford.

Rogers, R., Gillis, J. R., Dickens, S. E., & Bagby, R. M. (1991). Standardized assessment of malingering: Validation of the structured interview of reported symptoms. *Psychological Assessment, 3*(1), 89-96.

Rogers, R., Payne, J. W., Berry, D. T. R., & Granacher, R. P. (2009). Use of the SIRS in compensation cases: An examination of its validity and generalizability. *Law and Human Behavior, 33*(3), 213-224.

Rollnick, S. & Allison, J. (2004). Motivational Interviewing. In N. Heather & T. Stockwell (Orgs.), *The essential handbook of treatment and prevention of alcohol problems* (pp. 105-116). Chichester: John Wiley & Sons.

Rollnick, S., Miller, R., & Butler, C. (2008). *Entrevista motivacional no cuidado da saúde*. Porto Alegre: Artmed.

Rubak, S., Sandbæk, A., Lauritzen, T., & Christensen, B. (2005). Motivational interviewing: A systematic review and meta-analysis. *British Journal of General Practice, 55*(513), 305-312.

Rubenzer, S. (2010). Review of the Structured Inventory of Reported Symptoms-2 (SIRS-2). *Open Access Journal of Forensic Psychology, 2*, 273-286.

Salekin, R. T., Rogers, R., & Sewell, K. W. (1996). A review and meta-analysis of the psychopathy checklist and psychopathy checklist-revised: Predictive validity of dangerousness. *Clinical Psychology: Science and practice, 3*(3), 203-215.

Schmitt, R., Pinto, T. P., Gomes, K. M., Quevedo, J., & Stein, A. (2006). Personalidade psicopática em uma amostra de adolescentes infratores brasileiros. *Revista de Psiquiatria Clínica, 33*(6), 297-303.

Singh, J. P., Grann, M., & Fazel, S. (2011). A comparative study of violence risk assessment tools: A systematic review and metaregression analysis of 68 studies involving 25,980 participants. *Clinical Psychology Review, 31*(3), 499-513.

Steele, L. C. (2012). The Forensic Interview: A Challenging Conversation. In P. Goodyear-Brown (Org.), *Handbook of child sexual abuse: Identification, assessment, and treatment* (pp. 99-119). Hoboken: John Wiley & Sons.

Tavares, M. (2003). Validade clínica. *Psico-USF, 8*(2), 125-136.

Tavares, M. (2007a). A entrevista clínica. In J. Cunha. *Psicodiagnóstico V* (5. ed., pp. 88-95). Porto Alegre: Artmed.

Tavares, M. (2007b). A entrevista estruturada para o DSM-IV. In J. Cunha. *Psicodiagnóstico V* (5. ed., pp. 45-56). Porto Alegre: Artmed.

Vilariño, M. (2010). *¿Es posible discriminar declaraciones reales de imaginadas y huella psíquica real de simulada en casos de violencia de género?* (Tese de doutorado, Departamento de Psicoloxía Social, Básica e Metodolóxica, Universidade de Santiago de Compostela, Santiago de Compostela).

Vilariño, M., Arce, R., & Fariña, F. (2013). Forensic-clinical interview: Reliability and validity for the evaluation of psychological injury. *European Journal of Psychology Applied to Legal Context, 5*(1), 1-21.

Villanueva, M. (2003). Posttraumatic stress disorder, alcohol, and tribes: Obstacles to research. *Alcoholism: Clinical and Experimental Research, 27*(8), 1374-1380.

Wagenaar, W. A., Van Koppen, P. J., & Crombag, H. F. M. (1993). *Anchored narratives: The psychology of criminal evidence*. New York: St. Martin's.

6
INSTRUMENTOS DE AVALIAÇÃO PSICOLÓGICA NO CONTEXTO FORENSE

Cátula da Luz Pelisoli
Vivian de Medeiros Lago

A avaliação que envolve métodos e técnicas psicológicos é uma função privativa regulamentada da profissão de psicólogo (Conselho Federal de Psicologia [CFP], 2018). A Resolução CFP nº 009/2018 define avaliação psicológica como "processo estruturado de investigação de fenômenos psicológicos, composto de métodos, técnicas e instrumentos, com o objetivo de prover informações à tomada de decisão, no âmbito individual, grupal ou institucional, com base em demandas, condições e finalidades específicas". No contexto forense, são diversas as situações em que o psicólogo é chamado a contribuir com seu conhecimento e técnicas, para o melhor entendimento de casos que tramitam em Varas de Família, em Varas Criminais, na Justiça da Infância e da Juventude, em Varas da Fazenda Pública e na Justiça do Trabalho. Nesses casos, o psicólogo é intimado a proceder à avaliação psicológica na qualidade de perito, cuja função é auxiliar a Justiça, produzindo uma prova por meio de sua *expertise* em casos em que é necessário conhecimento técnico ou científico (Brasil, 2015; Rovinski, 2013).

Além de ser definida no Código de Processo Civil (Brasil, 2015), a atuação do perito foi regulamentada na Resolução nº 08/2010 do CFP (CFP, 2010). A Resolução aponta que o perito deve assessorar a Justiça no limite de suas atribuições e exercer a função com isenção em relação às partes envolvidas e com comprometimento ético, emitindo posicionamento de sua competência teórico-técnica e subsidiando, assim, uma decisão judicial. São diversas as situações discutidas dentro do sistema de justiça que podem envolver a necessidade do conhecimento do psicólogo para o melhor convencimento do magistrado. O magistrado determina a realização da perícia, que pode ser sugerida pelas partes e pelo Ministério Público.

Nas Varas de Família, as demandas atuais envolvem questões de disputa de guarda e guarda compartilhada, alienação parental e acusações de abuso sexual (Lago & Bandeira, 2008; 2009), negatórias de paternidade e reconhecimento de relações de socioafetividade, bem como regulamentação do direito de convivência. Nas Varas Criminais, grande parte das avaliações envolve suspeita de violência sexual contra crianças e adolescentes (Schaefer, Rossetto, & Kristensen, 2012), mas também pode envolver avaliações cognitivas e de personalidade de sujeitos envolvidos acusados de crimes (Androvandi, Serafini, Trentini, & Coelho, 2007; Davoglio & Argimon, 2010; Serafim, 2003). As demandas podem vir diretamente do juízo ou podem ser encaminhadas pela psiquiatria forense, de modo a complementar o entendimento do quadro clínico do indivíduo.

Nos Juizados da Infância e da Juventude, são diversos os casos que podem ser encaminhados para a avaliação psicológica. As competências parentais podem ser avaliadas de forma prospectiva em processos de habilitação para adoção (Silva, 2015) ou, no momento presente, em situações em que a guarda de crianças que estão em situação de risco ou de acolhimento é considerada (Santos, 2013). Elas também podem ser avaliadas em processos que visam ao julgamento de destituição do poder familiar por pessoas que de alguma maneira falharam em prover as necessidades de seus filhos (Eidt, 2016). Ainda nessa jurisdição, é possível receber para avaliação casos de adolescentes que cometeram atos infracionais e que poderão receber a determinação de cumprimento de uma medida socioeducativa (Costa, Penso, Sudbrack, & Jacobina, 2011; Mosqueira, 2013).

Nas Varas da Fazenda Pública e na Justiça do Trabalho, os casos encaminhados para a psicologia geralmente envolvem o interesse de uma parte em verbas indenizatórias, alegando a ocorrência de algum evento no local de trabalho que teria lhe causado dano ou prejuízo significativo. A avaliação desses prejuízos do ponto de vista psicológico e o entendimento desses aspectos no contexto histórico de vida do sujeito serão as principais contribuições do perito nesses casos (Cruz & Maciel, 2005).

As avaliações psicológicas realizadas no contexto forense devem ter preocupação com a validade das informações (Rovinski, 2014). Isso significa que, devido a diferentes conflitos de interesse que podem existir nas demandas judiciais, é imprescindível que o perito não se limite a uma visão unilateral das situações investigadas e explore diferentes fontes de informação. Uma das formas de buscar maior precisão das informações é a ampliação das estratégias de busca de dados. Assim, quanto mais fontes de informação o psicólogo utilizar, mais seguro ele estará para tecer suas conclusões a respeito das questões psicológicas que subsidiarão as decisões judiciais. Entrevistas, aplicação de instrumentos, observações e contatos com serviços, profissionais e instituições são os principais recursos utilizados.

A entrevista se destaca como o elemento crucial em todas as avaliações e tem sido identificada como o instrumento mais utilizado por profissionais em diferentes situações de perícia psicológica (Lago & Bandeira, 2008; Pelisoli & Dell'Aglio, 2015). Ela permite conhecer a história do sujeito e contextualizar como a questão jurídica acontece na sua vida. As entrevistas podem ser estruturadas, como a utilizada no protocolo de avaliação de suspeita de abuso sexual do National Institute of Child Health and Human Development (NICHD) (Blefari & Padilha, 2015); semiestruturadas, como no Sistema de Avaliação do Relacionamento Parental (SARP) (Lago & Bandeira, 2013); ou não estruturadas, personalizadas de acordo com a situação apresentada e com a maneira como o avaliador melhor organiza as informações de que necessita. Mesmo no caso de entrevistas mais abertas (não estruturadas), Tavares (2003) e Serafini (2016) sugerem que se tenha algum tipo de direcionamento por parte do avaliador e que este tenha em mente os temas que devem ser abordados, para que os objetivos da demanda sejam alcançados. Assim, o psicólogo avaliador exerce um papel mais ativo na organização dessas entrevistas (Rovinski, 2013), que visam a buscar informações sobre diferentes áreas da vida do examinando, como família, trabalho, saúde mental e educação (Huss, 2011). A entrevista é um método de excelência que permite estabelecer uma relação de confiança com o avaliado, conhecer seu estado emocional, suas expectativas e motivações, corrigir expectativas negativas que o sujeito possa ter em relação ao processo de avaliação, coletar informações sobre a sua história de vida, etc. (Campos, 2013).

No contexto forense, destaca-se a importância de iniciar o processo de entrevista esclarecendo o objetivo do trabalho em questão e, também, estabelecendo o contrato em relação aos limites da confidencialidade da perícia. É responsabilidade do avaliador informar que os dados trazidos na entrevista que forem relevantes à demanda apresentada serão relatados no laudo que será entregue ao juiz e disponibilizados a ambas as partes processuais.

Ainda, no que diz respeito às entrevistas como recurso de um processo de avaliação pericial, é válido apontar que, além das diversas modalidades expostas anteriormente, elas podem ocorrer em diferentes configurações. Podem ser individuais, conjuntas (p. ex., com ambos os genitores) ou coletivas (com todos os irmãos envolvidos). Além das entrevistas com as partes do processo (autor e réu), também é possível entrevistar terceiros, que não tenham envolvimento direto com a causa, mas que possam fornecer dados relevantes, a fim de obter uma perspectiva mais imparcial da situação. Como exemplos, citamos babás, psicoterapeutas, avós e colegas de trabalho. A multiplicidade de fontes de informação contribui para o esclarecimento de eventuais manipulações ou distorções de dados, que são mais frequentes no âmbito forense.

Já os testes psicológicos serão utilizados para avaliar variáveis específicas, contribuindo para complementar informações e/ou tornar o processo avaliativo mais objetivo. O CFP compreende que os testes psicológicos abarcam as escalas, os inventários, os questionários e os métodos projetivos, expressivos e de desempenho (CFP, 2018). Há raros instrumentos especificamente desenvolvidos ou adaptados para o contexto forense no Brasil; porém, outros recursos têm-se mostrado úteis para a avaliação de variáveis significativas, relacionadas às questões discutidas nos processos judiciais. Este capítulo abordará alguns instrumentos úteis em avaliações psicológicas forenses, considerando as variáveis que eles avaliam e as diferentes situações em que têm papel relevante para a melhor compreensão do caso. Aqui, serão considerados tanto os instrumentos entendidos como fontes fundamentais quanto aqueles considerados fontes complementares de informação, conforme o art. 2º da Resolução CFP nº 009/2018 (CFP, 2018).

AVALIAÇÃO DO RELACIONAMENTO DO SISTEMA PARENTAL E PRÁTICAS EDUCATIVAS

Os laudos psicológicos elaborados com o intuito de melhor compreender as dinâmicas relacionais e os cuidados parentais têm sido relevantes para as decisões dos magistrados, que muitas vezes referenciam diretamente o documento produzido pelo psicólogo como fundamento de suas sentenças (Fermann, Chambart, Foschiera, Bordini, & Habigzang, 2017). Quando as questões envolvem guarda e visitas, os principais aspectos a serem avaliados pelo psicólogo incluem a dinâmica familiar e da separação conjugal, a competência parental e as práticas educativas, podendo incluir também o estado mental de cada genitor, sua empatia e disponibilidade emocional, sua capacidade de estimular interações e laços de afeto e sua flexibilidade e desejo de encorajar o contato do filho com o outro genitor. Outros aspectos a serem abrangidos na avaliação incluem o ajustamento e a atitude da criança com cada genitor, a atitude de cada genitor com a criança, a natureza do relacionamento entre os membros da família e a rede de apoio de cada genitor (Lago & Bandeira, 2009).

O SARP consiste em um conjunto de técnicas que objetivam avaliar a qualidade do relacionamento entre crianças e seus responsáveis (Lago & Bandeira, 2013). Ele foi desenvolvido para ser utilizado em situações de disputa de guarda e regulamentação de visitas, mas também foi adaptado para avaliar casos de destituição do poder familiar (Eidt, 2016). O instrumento avalia "[...] a capacidade dos genitores de atender às necessidades de afeto, cuidados, proteção, educação, lazer e segurança dos filhos" (Lago & Bandeira, 2013, p. 20). Ele é composto por três técnicas: a Entrevista SARP, voltada para os responsáveis; um protocolo para uso com crianças (com idades entre 5 e 12 anos), chamado Meu Amigo de Papel; e a Escala SARP, que será preenchida pelo avaliador – quando estiver de posse das informações que coletou –, usando pelo menos as duas técnicas anteriores. O avaliador poderá, ainda, utilizar entrevistas com terceiros (avós, babás, professoras), observação da interação pais-filhos e os próprios testes psicológicos, de forma a coletar mais informações e, assim, garantir mais precisão na pontuação da escala. O resultado final do instrumento possibilita observar quais aspectos estão bem atendidos e quais não estão adequados no relacionamento entre cada responsável e a criança e também entre os responsáveis no que diz respeito ao atendimento das necessidades da criança. A análise de cada dimensão que compõe a escala auxilia o avaliador na organização da escrita de seu laudo, pois sistematiza as informações coletadas ao longo da avaliação. O SARP tem aplicação em situações que envolvem definição de guarda e direito de convivência, bem como suspeita de alienação parental (Lago, Yates, & Bandeira, 2016); se for adaptado, pode ser utilizado no contexto de destituição do poder familiar.[1]

O Inventário de Estilos Parentais (IEP) (Gomide, 2006) também pode ser útil nessas situações na medida em que possibilita detectar a quais práticas parentais um indivíduo está sujeito. O modelo teórico subjacente ao instrumento entende que existem sete práticas educativas, duas positivas e cinco negativas. As duas positivas envolvem o monitoramento positivo e o comportamento moral, quando os cuidadores buscam ter conhecimento sobre onde seu filho está e sobre quais são suas atividades, gostos e preferências e também quando ensinam valores como honestidade, empatia e senso de justiça aos filhos. Já as práticas negativas incluem punição inconsistente (quando educam de acordo com o humor), negligência (pais ausentes e que se eximem de suas responsabilidades), disciplina relaxada (quando os pais determinam regras que eles mesmos desrespeitam), monitoria negativa (quando determinam regras em excesso e fiscalizam em demasia a vida do filho) e abuso físico (quando utilizam práticas corporais lesivas na tentativa de controlar o comportamento dos filhos). O IEP se mostra um instrumento adequado para inúmeras situações que envolvem crianças e adolescentes, não somente nas Varas de Família, mas também na Justiça da Infância e da Juventude. Ele pode ser utilizado em casos de guarda, regulamentação de visitas (Lago & Bandeira, 2008), alienação parental (Fermann et al., 2017), com adolescentes em conflito com a lei (Carvalho & Gomide, 2005), destituição do poder familiar e adoção. Nas avaliações prospectivas de habilitação para adoção, o instrumento pode ser utilizado para sugerir que os pretendentes pensem hipoteticamente sobre como agiriam com seu filho nas situações descritas no instrumento.

AVALIAÇÃO DE PERSONALIDADE

A avaliação da personalidade pode estar presente em diferentes demandas de perícia psicológica, e a testagem nessa área inclui vários tipos de testes, como inventários, escalas e técnicas projetivas, expressivas e de desempenho. Tendo em vista a especificidade desse contexto, instrumentos objetivos de autorrelato, como inventários, não são muito indicados, pois a desejabilidade social interfere nas respostas destes. Os instrumentos projetivos, expressivos e de desempenho, por sua vez, incluem ampla variedade de materiais e de técnicas utilizados como meios de acesso às vivências internas, às motivações inconscientes e às percepções singulares do sujeito (Fensterseifer & Werlang, 2011). Esses instrumentos, utilizados desde o início do século XX, são caracterizados por apresentar natureza relativamente não estruturada, permitindo ao sujeito ampla liberdade de resposta diante de estímulos vagos. Eles se fundamentam na perspectiva de que, diante de um material indefinido, o sujeito avaliado pode expressar seu mundo interior "[...] quando empresta contornos mais precisos à ambiguidade pela interpretação e atribuição de sentidos" (Pinto, 2014, p. 136).

Os instrumentos que avaliam a personalidade podem contribuir para o entendimento de diferentes situações no contexto forense, sempre de forma a complementar os dados principais obtidos nas entrevistas, que são o principal recurso utilizado nas avaliações forenses (Fermann et al., 2017; Lago & Bandeira, 2008; Pelisoli & Dell'Aglio, 2015). Eles podem auxiliar esclarecendo características que foram observadas pelo psicólogo, de modo a ampliar a compreensão sobre as dinâmicas relacionais e o funcionamento da pessoa no contexto dos conflitos familiares ou no cometimento de atos

---

[1] Mais informações sobre o uso do SARP no contexto de destituição do poder familiar podem ser consultadas no Capítulo 10 desta obra.

infracionais e crimes. Considerando a existência de diferentes instrumentos, destaca-se a importância de o psicólogo selecionar aquele que melhor se adapta aos seus objetivos e às peculiaridades do caso. No contexto da avaliação forense, quando há suspeita de interesse dos sujeitos avaliados em simular ou dissimular, os instrumentos projetivos, expressivos e de desempenho podem ser de grande utilidade, uma vez que não possibilitam a identificação clara dos aspectos específicos que estão sendo avaliados, dificultando sua manipulação. Os seguintes instrumentos projetivos, expressivos e de desempenho de personalidade são utilizados com frequência no contexto forense e atualmente têm parecer favorável pelo Sistema de Avaliação de Testes Psicológicos (Satepsi) (CFP, 2018): Teste das Pirâmides Coloridas de Pfister (TPC); Casa-Árvore-Pessoa (HTP, do inglês *House-Tree-Person*); Teste de Rorschach (Sistema Klopfer, Sistema da Escola Francesa, Sistema de Avaliação por *Perfomance* no Rorschach [R-PAS, do inglês *Rorschach Performance Assessment System*]); Teste Palográfico; e Teste de Apercepção Temática Infantil (CAT, do inglês *Children's Appercetion Test*; Figuras de Animais [CAT-A] e Figuras Humanas [CAT-H]).

Teste das Pirâmides Coloridas de Pfister (TPC)

O TPC (Villemor-Amaral, 1978) foi criado no início da década de 1950 por Max Pfister e visa a avaliar aspectos da estrutura emocional de personalidade e do funcionamento cognitivo por meio do preenchimento de esquemas de pirâmides com quadrículos coloridos. Pode ser aplicado em crianças a partir dos 7 anos, adolescentes, adultos e idosos. Os aspectos afetivos são examinados por meio de indicadores como frequência de cores, síndromes e fórmulas cromáticas, enquanto os aspectos cognitivos podem ser avaliados por meio de aspectos formais e estruturais das pirâmides. É importante apontar que os resultados são analisados por meio de uma avaliação integrada do conjunto de indicadores técnicos do Pfister (Barroso, 2013). Na área forense, foram desenvolvidos estudos com o TPC para investigar indicadores emocionais de crianças cujos pais estão em processo de divórcio (Böer & Ribeiro, 2018), bem como para avaliar suas contribuições no exame criminológico no contexto penitenciário (Herênio, 2018), na avaliação para porte de arma (Maran & Braga, 2018) e na análise de crianças vítimas de violência sexual (Aguiar, Herênio, Lima, & Batista, 2018).

Casa-Árvore-Pessoa (HTP)

O teste HTP é usado para obter informações sobre como uma pessoa vivencia sua individualidade em relação aos outros e ao ambiente do lar (Buck, 2003). Ele pode ser considerado uma amostra inicial de comportamento que possibilita o acesso às reações do indivíduo a uma situação consideravelmente não estruturada. O HTP, quando relacionado à entrevista e a outros instrumentos de avaliação, pode revelar conflitos e interesses gerais do indivíduo (Alves & Esteves, 2009). Destinado a indivíduos maiores de 8 anos, o teste propõe a realização de três desenhos sequenciais – uma casa, uma árvore e uma pessoa –, que devem ser feitos em folhas separadas, utilizando lápis e borracha, seguidos de um inquérito acerca de características e descrições de cada um (Borsa, 2010). No contexto forense, ele tem sido utilizado em avaliações de disputa de guarda (Lago & Bandeira, 2008), suspeita de abuso sexual (Pelisoli & Dell'Aglio, 2015) e alienação parental (Fermann et al., 2017). Entretanto, faltam estudos que explorem a validade do uso desse recurso com essas populações específicas, como as demandas judiciárias que se apresentam. Borsa, Lins e Cardoso (2018) apontam importantes limitações em relação ao HTP, embora seja um teste muito utilizado na prática profissional no Brasil. Essas limitações incluem a ausência, no manual do teste, de dados de validade e fidedignidade do instrumento para a população brasileira. Ainda, as referidas autoras apontam a problemática do sistema de correção do HTP, cujas informações descritas no manual são pouco objetivas e escassas, propiciando muitas dúvidas ao administrador da técnica. A recomendação, portanto, é de que ele não deve ser considerado um instrumento único em um processo diagnóstico que vise a avaliar aspectos da personalidade de um indivíduo (Borsa, 2010), considerando-se especialmente que, em muitos casos, temos observado uma avaliação isolada de resultados do HTP, sem integrar informações adicionais. Assim, se o instrumento apontou "agressividade" como característica de personalidade de determinado indivíduo, isso não significa que estará confirmada uma hipótese de violência contra a criança ou contra a mulher, por exemplo, mas este será um indicador naquela direção. Desse modo, deve-se ter cautela ao utilizar os resultados, uma vez que eles não comprovam a ocorrência de um evento, mas falam de hipóteses de funcionamento da personalidade, o que são situações diferentes. Esse cuidado ao associar resultados de um instrumento à resposta expressa à questão legal não deve ser restrito ao HTP, mas estar presente no uso de qualquer instrumento ao longo do processo de avaliação psicológica.

Teste de Rorschach

O teste de Rorschach é um método de avaliação originalmente desenvolvido pelo psiquiatra suíço Hermann Rorschach no início do século XX. É composto por 10 cartões com borrões de tinta em que o avaliado descreve o que poderiam ser as manchas apresentadas. Diante dessa solicitação, projetaria seu modo de pensar, sentir e agir. Diversos pesquisadores e clínicos se interessaram por esse método das manchas de tinta, e vários sistemas de aplicação e codificação foram desenvolvidos, buscando aperfeiçoá-lo (Schneider & Resende, 2018). O mais internacionalmente usado foi o sistema compreensivo (SC) (Exner, 1999), proposto por Exner em 1974, cuja data de validade dos estudos de normatização expirou em outubro de 2018. Abordaremos aqui o R-PAS, que surgiu em substituição ao SC. O R-PAS foi publicado em 2011, nos Estados Unidos, em uma perspectiva centrada em evidências, com o objetivo de resolver limitações existentes no SC (Meyer, Viglione, Mihura, Erard, & Erdberg, 2017). No Brasil, foi lançado em 2017, quando obteve parecer favorável do Satepsi para uso em adultos.

O R-PAS é uma técnica de desempenho (Meyer & Kurtz, 2006) que apresenta propriedades psicométricas robustas, o que lhe garante acurácia e fidedignidade para ser aceito como prova técnica no âmbito forense (Meyer & Eblin, 2012). O termo "técnica de desempenho" é utilizado no lugar de "técnica projetiva", uma vez que as respostas às manchas de tinta no teste de Rorschach envolvem muito mais classificação de estímulos e resolução de problemas do que o mecanismo psicanalítico de projeção (Meyer & Kurtz, 2006). Portanto, uma avaliação do desempenho do sujeito diante da tarefa proposta seria uma denominação mais adequada, embora a terminologia não seja pacífica entre os especialistas no assunto. Entre as vantagens desse método, Erard (2012) destaca sua alternativa aos métodos de autorrelato da personalidade, o uso de normas internacionais e a organização dos achados de acordo com a robustez da evidência. Paula e Rebelatto (2017), em uma revisão sistemática sobre o uso do R-PAS, encontraram que esse instrumento foi administrado para investigar situações de estresse e angústia em pesquisas estrangeiras, e apenas um estudo brasileiro, que investigou a esquizofrenia, foi encontrado. As autoras destacam que a área forense foi a mais contemplada nos estudos estrangeiros. Investigações apresentadas no último Congresso da Associação Brasileira de Rorschach e Métodos Projetivos envolveram o uso do R-PAS no contexto forense de comportamentos sexuais criminosos, como o estudo de Resende, Teixeira, Perissinotto, Zilki e Pereira Jr. (2018). Na área da violência doméstica, podemos citar ainda o estudo de Rovinski, Schneider, Pariz, Santos e Bandeira (2018) sobre respostas de agressividade (conteúdos e movimentos agressivos) em homens autores de violência conjugal.

Teste Palográfico

O Teste Palográfico é considerado um teste expressivo da personalidade (Alves & Esteves,

2009). Segundo a fundamentação teórica do instrumento, cada pessoa apresenta um estilo de resposta diante de uma mesma tarefa, e ele varia por meio de padrões de movimentos, gestos, ritmos e respostas fisiológicas do organismo. O comportamento expressivo reflete um estilo individual constante e estável, existindo congruência entre movimentos expressivos e atitudes, traços, valores e outras disposições da personalidade. Esse instrumento é muito conhecido e utilizado no contexto organizacional e do trânsito, mas, além das questões objetivas que ele avalia e que estão relacionadas com comportamentos no trabalho, também possibilita uma análise qualitativa, que traz indicadores de personalidade de modo geral e que podem ser úteis em perícias psicológicas. Ele foi utilizado no estudo de Baümer e Saraiva (2011) para investigar o perfil de mulheres que cumpriam pena em regime fechado em um presídio em Santa Maria, no Estado do Rio Grande do Sul, e foi citado no estudo de Rafalski e Andrade (2015) como um dos testes mais usados por profissionais na peritagem para porte de armas de fogo.

Teste de Apercepção Temática Infantil (CAT)

O CAT apresenta duas formas: Figuras de Animais (CAT-A) (Miguel, Tardivo, Silva, & Tosi, 2010) e Figuras Humanas (CAT-H) (Miguel, Tardivo, Silva, & Tosi, 2016). Ambas têm como objetivo investigar a dinâmica da personalidade da criança em sua singularidade, de modo a compreender seu mundo vivencial, sua estrutura afetiva, a dinâmica de suas reações diante dos problemas e a maneira como os enfrenta. O instrumento é composto por 10 cartões que representam animais ou pessoas em diferentes situações, permitindo investigar aspectos como o relacionamento interpessoal, as defesas mobilizadas, o desenvolvimento infantil e a compreensão da dinâmica familiar. A versão de figuras animais é usada com crianças com idade de 5 a 10 anos, ao passo que a versão com figuras humanas é aplicada a crianças entre 7 e 12 anos. De acordo com estudo de levantamento realizado por Noronha, Primi e Alchieri (2005), o CAT-A e o CAT-H, entre outros projetivos de personalidade, destacaram-se como os mais conhecidos e utilizados pelos participantes, que eram estudantes e profissionais de psicologia de vários estados brasileiros. Nesse estudo, os autores apontaram que há predominância desse tipo de técnica na realização de processos avaliativos em diferentes contextos de trabalho. O CAT-A foi utilizado no estudo de Fonseca (2005) com crianças vítimas de violência doméstica para apresentar evidências de validade do teste. A autora buscou constatar se o CAT-A poderia contribuir para a identificação de abuso sexual infantil, e seus resultados permitiram concluir que o CAT-A discriminou o grupo clínico do grupo-controle e detectou situações de abuso sexual no grupo com história de vitimização. No estudo de Fonseca e Capitão (2005), os autores tiveram objetivo semelhante usando o CAT-A e o CAT-H. Por meio da aplicação desses instrumentos em 30 crianças de 6 a 10 anos de ambos os sexos, observaram que eles contribuíram para identificar situações de abuso sexual e discriminar os participantes vítimas de não vítimas.

Por sua vez, os inventários e as escalas que avaliam a personalidade também podem ser úteis no contexto forense, mas, como são mais facilmente manipuláveis, deve-se atentar para essa possibilidade ao selecionar testes dessa natureza. Os inventários e as escalas que avaliam a personalidade são, em geral, medidas de autorrelato, fundamentadas no pressuposto teórico de que o sujeito é capaz de avaliar a si próprio (Campos, 2013). Os itens que avaliam determinadas características são facilmente identificados, porque descrevem comportamentos. Algumas pessoas sabem que alguns comportamentos são reprováveis do ponto de vista social – e também legal – e podem omitir e distorcer respostas em benefício próprio. Por exemplo, um pai agressivo disputando a guarda do filho pode identificar os itens que avaliam a agressividade e modificar sua resposta, porque sabe que os resultados serão incluídos em um documento que poderá exercer influência sobre a decisão judicial. Assim, é fundamental que o profissional sempre esteja atento às possibilidades de simulação e dissimulação, não somente nas entrevistas, mas na avaliação psicológica como um todo (incluindo testes projetivos, expressivos e de desempenho) e especialmente nas respostas a instrumentos de autorrelato.[2] Como vantagem, esses instrumentos apresentam normas que permitem a interpretação dos resultados do sujeito e que possibilitam a comparação com os resultados do grupo normativo de referência. Além disso, a aplicação geralmente exige pouco tempo; a avaliação é objetiva (Campos, 2013) e, portanto, totalmente independente das impressões do avaliador. Optou-se por citar aqui os dois instrumentos objetivos de personalidade mais comumente utilizados no contexto forense, identificados por meio de nossa prática e de estudos na área: Inventário Fatorial de Personalidade (IFP-II) e Escala Hare de Psicopatia (PCL-R, do inglês Psychopathy Checklist-Revised). Para outras possibilidades, atentamos que é sempre importante consultar a lista dos instrumentos aprovados pelo Satepsi[3] e manter-se atualizado sobre as novas alternativas de instrumentos de avaliação.

Inventário Fatorial de Personalidade (IFP-II)

O IFP-II objetiva avaliar o indivíduo quanto a 13 necessidades ou motivos psicológicos: assistência, intracepção, afago, autonomia, deferência, afiliação, dominância, desempenho, exibição, agressão, ordem, persistência e mudança (Leme, Rabelo, & Alves, 2014). O instrumento tem como definição subjacente de personalidade a ideia de um conjunto de características psicológicas que determinam os padrões de pensar, sentir e agir, sendo seu desenvolvimento um processo gradual, complexo e único para cada indivíduo. Segundo as concepções do instrumento, o padrão de comportamento do indivíduo surge da interação das necessidades das pessoas. O examinado deve responder aos 100 itens que compõem o IFP-II, escolhendo uma resposta em uma escala Likert de sete pontos, que variam de 1 ("nada característico") a 7 ("totalmente característico"). Há a possibilidade de correção informatizada, em que o profissional deve inserir as respostas do avaliando em uma plataforma *web* e obterá os resultados. Entretanto, sugere-se ao psicólogo que reúna e discuta os resultados obtidos pelo meio eletrônico com os dados congruentes identificados em outras fontes. Recomenda-se que o profissional evite oferecer os resultados gerados eletronicamente de forma isolada aos sujeitos, uma vez que não foram apreciados pelo psicólogo e podem ser utilizados de forma inadequada. É importante destacar que estamos falando de avaliação psicológica, e não de testagem psicológica. A primeira é ampla e complexa, exigindo de quem a realiza competência para integrar os dados obtidos por diferentes fontes de informação e discuti-los de forma técnica e científica. A mera testagem, muitas vezes, desqualifica e invalida os resultados de um instrumento, que em nada auxiliam quando interpretados isoladamente.

O IFP-II apresenta propriedades psicométricas adequadas, com parecer favorável no Satepsi. É um instrumento utilizado em diversos contextos (Leme et al., 2014) e que pode ser útil também nas avaliações forenses. O IFP, em sua primeira edição, foi aplicado no contexto prisional brasileiro em 124 presos do sexo masculino no Estado de Minas Gerais, e os resultados indicaram que não há correlações entre a escala de psicopatia utilizada (PCL-R) e as medidas obtidas de inteligência (Matrizes Progressivas Avançadas de Raven) e personalidade (Flores-Mendoza, Alvarenga, Herrero, & Abad, 2008). Em um estudo que avaliou testes de personalidade (22 instrumentos), incluindo a análise da qualidade dos materiais, instruções, documentações e itens, o IFP teve resultados superiores, juntamente com o psicodiagnóstico miocinético (PMK, do inglês *myokinetic psychodiagnosis*) (Noronha, 2002). Ambos obtiveram nota máxima na análise de todas essas variáveis.

---

[2] Para mais detalhes sobre a temática de simulação e dissimulação no contexto forense, sugerimos a leitura do Capítulo 8 desta obra.
[3] http://satepsi.cfp.org.br/

Escala Hare de Psicopatia (PCL-R)

A PCL-R é um instrumento objetivo utilizado no contexto forense para avaliação de psicopatia e risco de violência (Hare, 2004). Essa escala foi desenvolvida para verificar traços de psicopatia em populações carcerárias masculinas, por meio de características afetivas, interpessoais, antissociais e comportamentais. Foi traduzida e validada para a população brasileira pela psiquiatra Hilda Morana e está disponível para uso desde 2005. Seu escopo está relacionado a questões típicas do contexto criminal, como a previsão da reincidência, a possibilidade de reabilitação social e a concessão de benefícios penitenciários.

É composta por uma entrevista semiestruturada, coleta de informações objetivas (registros criminais) e uma escala que é pontuada pelo próprio examinador, a partir das informações levantadas. Deve ser aplicada individualmente, com estimativa de tempo de 90 a 120 minutos para a entrevista. Os 20 itens pontuados na escala têm como foco traços de manipulação, falta de remorso ou de culpa, falta de metas realistas em longo prazo, delinquência juvenil, versatilidade criminal, entre outros aspectos (Hauck Filho, Teixeira, & Almeida, 2014). Conforme mencionado anteriormente, essa escala foi também utilizada no estudo de Flores-Mendoza e colaboradores (2008), que buscou testar e comparar estruturas fatoriais da PCL-R, as quais corroboraram a validade e a fidedignidade desse instrumento para avaliar psicopatia na população forense masculina.

AVALIAÇÃO DE CONDIÇÕES COGNITIVAS

As condições cognitivas de um sujeito podem ser uma demanda em avaliações psicológicas forenses em casos específicos: na suspeita de prejuízos nesse aspecto e quando, por alguma razão, é importante conhecer objetivamente o problema para um melhor entendimento do caso. Um exemplo disso ocorre quando, ao entrevistar uma vítima de violência, observa-se dificuldade de compreensão das questões que são formuladas, dificuldades de aprendizagem e até mesmo déficits no desempenho escolar. Nesse caso, pode ser útil conhecer a extensão do problema cognitivo apresentado pela vítima que pode estar afetando funções importantes para o relato de vivências traumáticas, colocando em dúvida a veracidade de suas alegações ou mesmo falta de informações. Outras situações envolvem autores de atos infracionais ou de crimes que levantem a mesma suspeita e que podem ter, nas dificuldades cognitivas, a motivação para o cometimento daquela conduta, quando o agressor não teria condições de avaliar o caráter ilícito de sua ação. A avaliação de condições cognitivas pode ser muito útil também em casos de interdição, em que há necessidade de complementar uma avaliação psiquiátrica, por exemplo, com dados mais objetivos sobre as condições de inteligência de determinado sujeito. Ainda, em situações de guarda e/ou destituição do poder familiar, um diagnóstico de deficiência intelectual pode colocar em dúvida a capacidade do genitor de atender às necessidades de seu filho, sendo importante avaliar suas condições cognitivas nessa situação.

Nesses casos, são indicados os instrumentos que avaliam a inteligência de modo geral. Instrumentos específicos que avaliam atenção e memória, por exemplo, são menos utilizados. Devido aos limites de tempo característicos das avaliações forenses, há necessidade de instrumentos breves e, muitas vezes, de instrumentos que avaliem a inteligência não verbal, considerando que uma parte dessa população pode apresentar déficits na alfabetização. Então, ao selecionar o teste que pretende utilizar, o psicólogo deve ter o cuidado de observar a disponibilidade de tempo e os critérios para o uso de cada instrumento.

Em nossa prática, quando uma avaliação psicológica forense demanda a investigação das condições cognitivas, entre os instrumentos de avaliação da inteligência mais breves, evidenciamos o uso frequente das Matrizes Progressivas Coloridas de Raven (MPCR) e da Escala de Inteligência Wechsler Abreviada (WASI). Os resultados de uma revisão da literatura brasileira sobre a avaliação da inteligência entre 2005 e 2014 (Alves, Rosa, Silva, & Sardinha,

2016) revelaram que a maior parte dos artigos usou as escalas Wechsler e as Matrizes Progressivas Avançadas de Raven.

As MPCR (Angelini, Alves, Custódio, Duarte, & Duarte, 1999) compõem um teste de inteligência não verbal desenvolvido com o propósito de avaliar a inteligência geral de crianças de 5 a 11 anos. Ele é composto por matrizes com um elemento faltante, e o avaliando deve indicar qual das alternativas melhor completa a matriz. São mensuradas, dessa forma, habilidades como raciocínio espacial e por analogia, acurácia de discriminação, relações lógicas e inferências (Muniz & Lins, 2018).

A WASI (The Psychological Corporation, 1999) é uma das escalas Wechsler que foi criada com o objetivo de atender à demanda de uma medida breve e confiável de inteligência em contextos clínicos e de pesquisa (Heck, Yates, & Trentini, 2018). É composta por quatro subtestes: vocabulário, cubos, semelhanças e raciocínio matricial, e sua aplicação individual dura em torno de 30 minutos. Não foram encontrados estudos realizados com esses instrumentos no contexto forense brasileiro. No entanto, isso não significa que não possam ser utilizados em situações em que o profissional se depara com a necessidade de avaliação da inteligência em crianças (MPCR e WASI) e adolescentes e adultos (WASI).

AVALIAÇÃO DE POSSÍVEIS REPERCUSSÕES DE EVENTOS NEGATIVOS DE VIDA

Uma demanda significativa no contexto forense é a avaliação psicológica em situações de suspeita de violência contra crianças e adolescentes. A análise de possíveis sinais e sintomas decorrentes de maus-tratos constitui importante fator da avaliação, apesar de não ser o único. Nesse contexto, existem instrumentos que podem auxiliar na identificação de sinais e sintomas e na melhor compreensão da intensidade deles. Os instrumentos serão complementares às entrevistas e podem ser aplicados diretamente à criança/adolescente, a seus cuidadores ou a ambos. Duas questões fundamentais na avaliação de possíveis repercussões são a complexidade de estabelecer nexo causal entre o evento e os sintomas apresentados e a ausência de especificidade de sintomas. Diante desses limites, e sempre os considerando na análise e na integração dos dados, alguns recursos podem ser úteis.

O Inventário de Frases no Diagnóstico da Violência Doméstica contra Crianças e Adolescentes (IFVD) é um instrumento de diagnóstico de crianças vítimas de violência doméstica que auxilia na tarefa de confirmar a violência (Tardivo & Pinto Júnior, 2010). Ele não é de uso exclusivo do psicólogo e necessita de estudos que levantem indicadores para essa população específica. Entretanto, o estudo de validação do instrumento para a população brasileira encontrou diferenças significativas entre crianças vitimizadas e não vitimizadas, tanto para o resultado geral quanto para os eixos propostos. O instrumento avalia a presença de sintomas cognitivos, emocionais, sociais, comportamentais e físicos por meio de 56 frases às quais a criança ou adolescente (entre 6 e 16 anos) responde a partir de como percebe sua realidade, respondendo "sim" para cada sintoma que entende apresentar e "não" para aqueles que não ocorrem no seu cotidiano.

A Escala de Estresse Infantil (ESI) (Lipp & Lucarelli, 2016) e a Escala de Estresse para Adolescentes (ESA) (Tricoli & Lipp, 2014) objetivam identificar sintomatologia de estresse, compreendido como um conjunto de reações emitidas pelo organismo quando se confronta com situações que desafiem seu equilíbrio. A ESI é mais lúdica e convida a criança a pintar para responder às questões que abordam sintomas de estresse: cada questão é seguida de um círculo que deverá ser pintado (ou não) de acordo com sua percepção sobre a frequência de ocorrência daquele sintoma. Ela é aplicável a crianças e adolescentes entre 6 e 14 anos. Já a ESA é mais objetiva e exige duas respostas para cada sintoma, sendo aplicável a adolescentes entre 14 e 18 anos de idade. Uma das respostas do adolescente refere-se à frequência do sintoma, e a outra se refere ao período em que ele ocorreu. Ambos são instrumentos objetivos que permitem uma análise quantitativa, mas também uma análise qualitativa, a partir de respostas obtidas diretamente com a criança ou adolescente, ou seja, aquilo que eles percebem que ocorre em sua vida. No estudo de Habigzang e colaboradores (2009), a ESI, junto com outros instrumentos, foi utilizada na avaliação de vítimas de abuso sexual que participariam de um processo terapêutico (grupoterapia cognitivo-comportamental). Os resultados da ESI contribuíram para que o estudo pudesse identificar uma mudança importante entre as fases pré e pós-tratamento, uma vez que houve redução significativa dos sintomas a partir da intervenção.

O Inventário de Comportamentos da Infância e Adolescência (CBCL, do inglês Child Behavior Checklist) é um instrumento respondido pelos cuidadores (pais ou responsáveis) que avalia competência social e problemas de comportamento (internalizantes e externalizantes) em indivíduos de 4 a 18 anos. Foi validado para uso no Brasil em 1995, em um estudo que envolveu a avaliação por pais de 49 crianças, que também foram avaliadas por psiquiatras infantis (que não tinham conhecimento prévio dos resultados do instrumento). Depois de comparados os resultados da aplicação do CBCL e a avaliação psiquiátrica, a versão brasileira do CBCL alcançou boa sensibilidade (87%), identificando corretamente 75% dos casos leves, 95% dos moderados e 100% dos casos graves (Bordin, Mari, & Caeiro, 1995). Os itens do CBCL apresentam diversos comportamentos que crianças e adolescentes podem apresentar, e os pais devem responder de acordo com a frequência que eles ocorrem: 0 para "não é verdadeiro"; 1 para "um pouco verdadeiro" ou "às vezes verdadeiro"; e 2 para "muito verdadeiro" ou "frequentemente verdadeiro" (Achenbach, 2001; Bordin et al., 1995).

Os itens do CBCL avaliam problemas no desempenho de atividades, sociabilidade e escolaridade (formando a Escala de Competência Social do instrumento); ansiedade, isolamento, depressão e queixas somáticas (Escala de Problemas de Comportamento Internalizante); e comportamentos de quebrar regras e de agressividade (Escala de Comportamento Externalizante). A soma dos problemas de comportamento forma um resultado total. Os comportamentos externalizantes são compreendidos como aqueles que envolvem padrões comportamentais manifestos e desajustados, como agressividade, agitação psicomotora e comportamento delinquente. Os comportamentos internalizantes compreendem padrões comportamentais privados desajustados, como tristeza e isolamento (Borsa & Nunes, 2008).

Apesar de serem instrumentos clínicos, o CBCL, a ESI e a ESA podem auxiliar o psicólogo forense na identificação de padrões de funcionamento da criança, que podem ou não estar relacionados à experiência de um evento negativo de vida. Os resultados, no caso da avaliação forense, devem ser problematizados, considerando-se a inexistência de padrões específicos de problemas relacionados à violência contra crianças, mas observando-se a possibilidade de haver conexões entre um evento (ou mais) e os sinais e sintomas identificados no instrumento.

Por fim, é importante mencionar que entrevistas forenses estruturadas ou semiestruturadas têm sido utilizadas com crianças em situações de suspeita de violência sexual. Os principais protocolos aos quais se tem acesso no Brasil são a Entrevista Cognitiva, o Protocolo NICHD e o Protocolo NCAC (National Children's Advocacy Center), este último chamado de Protocolo Brasileiro de Entrevista Forense. Todos esses instrumentos são considerados protocolos de entrevista forense e têm como objetivo orientar o profissional sobre como conduzir a entrevista para obter dados fidedignos de maneira adequada e não sugestiva. Esses instrumentos, que não são específicos de profissionais da psicologia, trazem diretrizes claras e organizadas de como conduzir uma entrevista com esse público (crianças e adolescentes, vítimas e testemunhas), minimizando possíveis influências do entrevistador. Além de evitarem vieses, os protocolos visam a obter informação de melhor qualidade e mais dados em menor tempo (Blefari & Padilha, 2015; Childhood Brasil, Fundo das Nações Unidas para a Infância [UNICEF], & Conselho Nacional de Justiça [CNJ] 2018; Saywitz, Geiselman, & Bornstein, 1992).

CONSIDERAÇÕES FINAIS

Os testes psicológicos são considerados instrumentos auxiliares na coleta de dados, que, junto com outras informações, auxiliarão a compreender um problema (Noronha & Vendramini, 2003). Devido à diversidade de objetos possíveis de investigação no contexto forense, o psicólogo deverá verificar, ao receber o caso para avaliação, qual instrumento é o mais adequado e poderá contribuir para um melhor entendimento da situação. Os instrumentos possibilitam direcionar a coleta de dados e trazer informações objetivas para o documento produzido pelo psicólogo, tornando-o mais forte e válido, uma vez que será fundamentado em evidências. Considerando que a validade das informações é essencial nesse contexto de trabalho (Rovinski, 2014), os instrumentos também têm o papel de tornar mais seguros o procedimento de coleta de dados e todo o processo de avaliação psicológica para o próprio profissional e para os sujeitos avaliados.

Existem apenas dois instrumentos que foram especificamente desenvolvidos ou adaptados para o contexto forense brasileiro: o SARP (Lago & Bandeira, 2013) e a PCL-R (Hare, 2004). Entretanto, com os devidos cuidados, o psicólogo que atua nessa área pode lançar mão de instrumentos que sejam reconhecidos pelo CFP, sejam eles de uso privativo ou não. É fundamental que o profissional esteja constantemente atento às atualizações do Satepsi para certificar-se de que o instrumento selecionado está entre aqueles com parecer favorável, considerando que regularmente novos instrumentos podem ser incluídos e outros podem ter seu uso não mais recomendado por algum motivo, como a falta de atualização das informações pelos autores. Assim, sugerimos consultas regulares ao Satepsi, até porque o uso de instrumentos com parecer desfavorável constitui falta ética, passível de representação junto ao Conselho Regional de Psicologia (CFP, 2018).

Os instrumentos psicológicos têm potencial importante, que merece ser mais bem explorado pelos profissionais que atuam no contexto forense. Os desafios da atuação de peritos são vários e incluem os limites de tempo e os prazos para a entrega de documentos, o acesso a todas as pessoas envolvidas em uma situação e, muitas vezes, também o acesso a instrumentos adequados para a avaliação. Os instrumentos também têm seus limites, e o profissional sempre deverá integrar, de maneira coerente, as informações que obteve, a fim de observar o contexto geral do problema, sempre de maneira imparcial, característica fundamental do papel do perito. Deve-se lembrar, ainda, que a incidência de situações de simulação e/ou dissimulação é maior no contexto forense, razão pela qual o avaliador deve estar atento a esses fenômenos durante a aplicação das técnicas selecionadas (entrevistas, observação, aplicação de testes de qualquer natureza).

A avaliação psicológica é um processo único para cada caso, que pode variar em suas etapas e instrumentos. Portanto, não deve ser um processo mecânico (Campos, 2013). O psicólogo deve ter papel ativo na elaboração da avaliação e do documento decorrente dela, além de autonomia para selecionar os instrumentos que utilizará e para contatar as pessoas que decide incluir na avaliação (CFP, 2018). A autonomia implica a determinação, pelo profissional, de todos os aspectos de sua atuação. Nesse sentido, cabe observar que, em alguns estados brasileiros, há como prática habitual a solicitação de juízes de avaliação psicológica com aplicação de um teste específico (p. ex., o Rorschach). É importante esclarecer que o perito nomeado tem autonomia para planejar seu trabalho, o que inclui a seleção adequada das técnicas que entende que melhor responderão à demanda pericial, ou seja, o psicólogo decidirá se a testagem indicada deverá ou não ser utilizada. Inclusive, o psicólogo pode considerar a desnecessidade de testes em determinado caso, desde que tenha dados suficientes para tecer considerações consistentes. É fundamental lembrar que a avaliação não é meramente um conjunto de informações obtidas a partir de diferentes fontes, ou um mero relato; ela se caracteriza pela integração dos dados e pela análise, que será enriquecida com discussões teóricas. As avaliações realizadas no contexto forense têm tido forte influência nas decisões judiciais, e é fundamental que os profissionais que as realizam estejam cientes dos impactos que seu trabalho pode ter na vida das pessoas. Diversificar as fontes de informações, utilizar instrumentos adequados, observar a validade dos dados obtidos e atentar para as possibilidades de manipulação e omissão são responsabilidades do psicólogo perito e são, inclusive, condições para uma atuação competente, ética e cuidadosa.

REFERÊNCIAS

Achenbach, T. M. (2001). *Manual for the child behavior checklist/6-18 and 2001 profile*. Burlington: University of Vermont.

Aguiar, V. S. S. S., Herênio, A. C. B., Lima, D. P., & Batista, A. C. E. (2018). Pirâmides Coloridas de Pfister e violência: Análise da performance de crianças vítimas de violência sexual. In E. T. K. Okino, P. F. Castro, A. C. Resende, & L. M. Cardoso (Orgs.), *Livro de programas e resumos do IX Congresso da Associação Brasileira de Rorschach e Métodos Projetivos* (pp. 207). São Paulo: ASBRo.

Alves, I. C. B. & Esteves, C. (2009). *O teste palográfico da personalidade*. São Paulo: Vetor.

Alves, I. C. B., Rosa, H. R., Silva, M. A., & Sardinha, L. S. (2016). Avaliação da inteligência: Revisão de literatura de 2005 a 2014. *Avaliação Psicológica, 15*, 89-97.

Androvandi, C., Serafini, A. J., Trentini, C. M., & Coelho, E. (2007). Imputabilidade penal, capacidade cognitiva e instrumentos de medida psicológica. *Revista Psicologia em Foco, 1*(1), 49-62.

Angelini, A. L., Alves, I. C. B., Custódio, E. M., Duarte, W. F., & Duarte, J. L. M. (1999). *Matrizes progressivas coloridas de Raven: Escala especial: Manual*. São Paulo: CETEPP.

Barroso, J. B. (2013). *O teste das Pirâmides Coloridas de Pfister: Estudo normativo com adolescentes de 12 a 14 anos* (Dissertação de mestrado, Programa de Pós-graduação em Psicologia, Universidade de São Paulo, São Paulo).

Baümer, A. & Saraiva, E. S. (2011). Perfil das mulheres que cumprem pena em regime fechado em Santa Maria/RS. *Anais da Jornada de Pesquisa em Psicologia: Desafios atuais na prática da Psicologia*. Universidade de Santa Cruz do Sul, Santa Cruz do Sul, 4.

Blefari, C. & Padilha, M. G. S. (2015). Capacitação para o uso do Protocolo NICHD em profissionais sul brasileiros. *Revista de Psicologia, 24*(1), 1-19.

Böer, F. M. & Ribeiro, R. K. S. M. (2018). Indicadores emocionais de filhos/filhas de pais em processo de divórcio avaliados pelo Teste Pirâmides Coloridas de Pfister. In E. T. K. Okino, P. F. Castro, A. C. Resende, & L. M. Cardoso (Orgs.), *Livro de programas e resumos do IX Congresso da Associação Brasileira de Rorschach e Métodos Projetivos* (pp. 171). São Paulo: ASBRo.

Bordin, I. A. S., Mari, J. J., & Caeiro, M. F. (1995). Validação da versão brasileira do Child Behavior Checklist ou Inventário de comportamento da infância e da adolescência: Dados preliminares. *Revista ABP – APAL, 17*(2), 55-66.

Borsa, J. C. & Nunes, M. L. T. (2008). Concordância parental sobre problemas de comportamento infantil através do CBCL. *Paidéia (Ribeirão Preto), 18*(40), 317-330.

Borsa, J. C. (2010). Considerações sobre o uso do Teste da Casa-Árvore-Pessoa: HTP. *Avaliação Psicológica, 9*(1), 151-154.

Borsa, J. C., Lins, M. R. C., & Cardoso, L. M. (2018). Teste da Casa-árvore-pessoa (HTP) na avaliação da personalidade. In C. S. Hutz, D. R. Bandeira, & C. M. Trentini. *Avaliação psicológica da inteligência e da personalidade* (pp. 409-422). Porto Alegre: Artmed.

Brasil. (2015). *Lei nº 13.105, de 16 de março de 2015*. Código de Processo Civil. Recuperado de http://www.planalto.gov.br/ccivil_03/_ato2015-2018/2015/lei/l13105.htm

Buck, J. N. (2003). *H-T-P: Casa-Árvore-Pessoa: Técnica projetiva de desenho: Manual e guia de interpretação*. São Paulo: Vetor.

Campos, R. C. (2013). Além dos números há uma pessoa: Sobre a utilização clínica de testes. *Avaliação Psicológica, 12*(3), 291-298.

Carvalho, M. C. N. & Gomide, P. C. (2005). Práticas educativas parentais em famílias de adolescentes em conflito com a lei. *Estudos de Psicologia, 22*(3), 263-275.

Childhood Brasil, Fundo das Nações Unidas para a Infância (UNICEF), & Conselho Nacional de Justiça (CNJ). (2018). *Protocolo brasileiro de entrevista forense*. Manuscrito não publicado (Relatório de pesquisa ao Conselho Nacional de Desenvolvimento Científico e Tecnológico – CNPq). Brasília: Childhood Brasil.

Conselho Federal de Psicologia (CFP). (2010). *Resolução CFP nº 008/2010*. Dispõe sobre a atuação do psicólogo como perito e assistente técnico no Poder Judiciário. Recuperado de https://site.cfp.org.br/wp-content/uploads/2010/07/resolucao2010_008.pdf

Conselho Federal de Psicologia (CFP). (2018). *Resolução nº 9, de 25 de abril de 2018*. Estabelece diretrizes para a realização de avaliação psicológica no exercício profissional da psicóloga e do psicólogo, regulamenta o Sistema de Avaliação de Testes Psicológicos – SATEPSI e revoga as Resoluções nº 002/2003, nº 006/2004 e nº 005/2012 e Notas Técnicas nº 01/2017 e nº 02/2017. Recuperado de https://site.cfp.org.br/wp-content/uploads/2018/04/Resolu%C3%A7%C3%A3o-CFP-n%C2%BA-09-2018-com-anexo.pdf

Costa, L. F., Penso, M. A., Sudbrack, M. F. O., & Jacobina, O. M. P. (2011). Adolescente em conflito com a lei: O relatório psicossocial como ferramenta para promoção do desenvolvimento. *Psicologia em Estudo, 16*(3), 379-387.

Cruz, R. M. & Maciel, S. K. (2005). Perícia de danos psicológicos em acidentes de trabalho. *Estudos e Pesquisas em Psicologia, 5*(2), 120-129.

Davoglio, T. & Argimon, I. L. (2010). Avaliação de comportamentos antissociais e traços psicopatas em psicologia forense. *Avaliação Psicológica, 9*(1), 111-118.

Eidt, H. B. (2016). *Avaliações de perda do poder familiar: Práticas no contexto brasileiro e utilização do Sistema de Avaliação do Relacionamento Parental – SARP* (Dissertação de mestrado, Programa de Pós-Graduação em Psicologia, Universidade Federal do Rio Grande do Sul, Porto Alegre).

Erard, R. (2012). Expert testimony using the Rorschach performance assessment system in psychological injury cases. *Psychology Injury and Law, 5*(2), 122-134.

Exner, J. E. (1999). *Manual de Classificação do Rorschach para o Sistema Compreensivo*. São Paulo: Casa do Psicólogo.

Fensterseifer, L. & Werlang, B. S. G. (2001). Apontamentos sobre o status científico das técnicas projetivas. In A. E. Villemor-Amaral, & B. S. G. Werlang. *Atualizações em métodos projetivos para avaliação psicológica* (pp. 15-36). São Paulo: Casa do Psicólogo.

Fermann, I. L., Chambart, D. I., Foschiera, L. N., Bordini, T. C. P. M., & Habigzang, L. F. (2017). Perícias psicológicas em processos judiciais envolvendo suspeita de alienação parental. *Psicologia: Ciência e Profissão, 37*(1), 35-47.

Flores-Mendoza, C. E., Alvarenga, M. A. S., Herrero, O., & Abad, F. J. (2008). Factor structure and beheavioural correlates of the Psychopathy Checklist-Revised [PCL-R] in a Brazilian prisoner sample. *Personality and Individual Diferences, 45*(7), 584-590.

Fonseca, A. R. & Capitão, C. G. (2005). Abuso sexual na infância: Um estudo de validade de instrumentos projetivos. *Psic, 6*(1), 27-34.

Fonseca, A. R. (2005). *Abuso sexual na infância: Um estudo de validade de instrumentos* (Dissertação de Mestrado, Universidade São Francisco, Itatiba).

Gomide, P. I. C. (2006). *Inventário de estilos parentais. Modelo teórico: Manual de aplicação, apuração e interpretação*. Petrópolis: Vozes.

Habigzang, L. F., Stroeher, F. H., Hatzenberger, R., Cunha, R. C., Ramos, M. S., & Koller, S. H. (2009). Grupoterapia cognitivo-comportamental para crianças e adolescentes vítimas de abuso sexual. *Revista de Saúde Pública, 43*(Suppl. 1), 70-78.

Hare, R. D. (2004). *Escala Hare: PCL-R*. São Paulo Casa do Psicólogo.

Hauck Filho, N. H., Teixeira, M. A. P., & Almeida R. M. M. (2014). Estrutura fatorial da escala Psychopathy Checklist-Revised (PCL-R): Uma revisão sistemática. *Avaliação Psicológica, 13*(2), 247-256.

Heck, V. S., Yates, D. R., & Trentini, C. M. (2018). Escala Wechsler Abreviada de Inteligência (WASI). In C. S. Hutz, D. R. Bandeira, & C. M. Trentini. *Avaliação psicológica da inteligência e da personalidade* (pp. 103-108). Porto Alegre: Artmed.

Herênio, A. C. B. (2018). A avaliação psicológica no contexto penitenciário: Contribuição das Pirâmides Coloridas de Pfister para o exame criminológico. In E. T. K. Okino, P. F. Castro, A. C. Resende, & L. M. Cardoso (Orgs.), *Livro de programas e resumos do IX Congresso da Associação Brasileira de Rorschach e Métodos Projetivos* (pp. 175). São Paulo: ASBRo.

Huss, M. T. (2011). *Psicologia forense: Pesquisa, prática clínica e aplicações*. Porto Alegre: Artmed.

Lago, V. M. & Bandeira, D. R. (2008). As práticas em avaliação psicológica envolvendo disputa de guarda no Brasil. *Avaliação Psicológica, 7*(2), 223-234.

Lago, V. M. & Bandeira, D. R. (2009). A Psicologia e as demandas atuais do direito de família. *Psicologia: ciência e profissão, 29*(2), 290-305.

Lago, V. M. & Bandeira, D. R. (2013). *Sistema de Avaliação do Relacionamento Parental – SARP: Manual*. São Paulo: Casa do Psicólogo.

Lago, V. M., Yates, D. B., & Bandeira, D. R. (2016). Elaboração de documentos psicológicos: Considerações Críticas à Resolução CFP nº 007/2003. *Temas em Psicologia, 24*(2), 771-786.

Leme, I. F. A. S., Rabelo, I. S., & Alves, G. A. S. (2014). *Inventário fatorial de personalidade – IFP II: Manual técnico*. São Paulo: Casa do Psicólogo.

Lipp, M. E. N. & Lucarelli, M. D. M. (2016). *ESI: Escala de Stress Infantil*. São Paulo: Casa do Psicólogo.

Maran, M. L. C. J. & Braga, C. M. (2018). Contribuições do psicodiagnóstico de Rorschach e avaliação para porte de arma de fogo. In E. T. K. Okino, P. F. Castro, A. C. Resende, & L. M. Cardoso (Orgs.), *Livro de programas e resumos do IX Congresso da Associação Brasileira de Rorschach e Métodos Projetivos* (pp. 198). São Paulo: ASBRo.

Meyer, G. J. & Eblin, J. J. (2012). An overview of the Rorschach Performance System (RPAS). *Psychology Injury and Law, 5*(2), 107-121.

Meyer, G. J. & Kurtz, J. E. (2006). Advancing personality assessment terminology: Time to retire "objective" and "projective" as personality test descriptors. *Journal of Personality Assessment, 87*(3), 223-225.

Meyer, G. J., Viglione, D. J., Mihura, J. L., Erard, R. E., & Erdberg, P. (2017). *R-PAS: Sistema de Avaliação por Performance no Rorshach*. São Paulo: Hogrefe.

Miguel, A. Tardivo, L. C., Silva, M. C. V. M., & Tosi, S. M. V. D. (2010). *Teste de Apercepção Infantil (CAT-A): Figuras animais*. São Paulo: Vetor.

Miguel, A., Tardivo, L. C., Silva, M. C. V. M., & Tosi, S. M. V. D. (2016). *Teste de Apercepção Infantil (CAT-H): Figuras humanas*. São Paulo: Vetor.

Mosqueira, S. M. (2013). *A demanda por avaliação psicológica de adolescentes infratores: Reflexões a partir de narrativas de atores da justiça juvenil e de psicólogas da equipe técnica do Juízo* (Tese de doutorado, Instituto de Psicologia, Universidade de São Paulo, São Paulo).

Muniz, M. & Lins, M. R. C. (2018). Avaliação da inteligência: Aspectos não verbais. In C. S. Hutz, D. R. Bandeira, & C. M. Trentini. *Avaliação psicológica da inteligência e da personalidade* (pp. 73-88) Porto Alegre: Artmed.

Noronha, A. P. P. & Vendramini, C. M. M. (2003). Parâmetros psicométricos: Estudo comparativo entre testes de inteligência e de personalidade. *Psicologia: Reflexão e Crítica, 16*(1), 177-182.

Noronha, A. P. P. (2002). Análise de testes de personalidade: Qualidade do material, das instruções, da documentação e dos itens qualidade de testes de personalidade. *Estudos de Psicologia (Campinas), 19*(3), 55-65.

Noronha, A. P. P., Primi, R., & Alchieri, J. C. (2005). Instrumentos de avaliação mais conhecidos/utilizados por psicólogos e estudantes de psicologia. *Psicologia Reflexão e Crítica, 18*(3), 390-401.

Paula, A. & Rebelatto, F. M. (2017). Retratos da literatura sobre os artigos publicados com o uso do R-PAS. *Anais do Congresso Brasileiro de Avaliação Psicológica*, Florianópolis, 8.

Pelisoli, C. & Dell'Aglio, D. D. (2015). Práticas de profissionais de Psicologia em situações de abuso sexual. *Arquivos Brasileiros de Psicologia, 67*(1), 51-67.

Pinto, E. R. (2014). Conceitos fundamentais dos métodos projetivos. *Ágora: Estudos em Teoria Psicanalítica, 17*(1), 135-153.

Rafalski, J. C. & Andrade, A. L. (2015). Prática e Formação: Psicólogos na Peritagem em Porte de Arma de Fogo. *Psicologia: Ciência e Profissão, 35*(2), 599-612.

Resende, A. C., Teixeira, J. N. de S., Perissinotto, R., Zilki, A. A. G. R., & Pereira Jr, O. P. (2018). A Psicopatia em autores de violência sexual por meio do PCL-R e R-PAS. *Anais do Congresso Brasileiro de Avaliação Psicológica*, Florianópolis, 8.

Rovinski, S. L. R. (2013). *Fundamentos de perícia psicológica forense* (3. ed.). São Paulo: Vetor.

Rovinski, S. L. R. (2014). Avaliação psicológica forense em situações de suspeita de abuso sexual em crianças: Possibilidades e riscos. *Revista Praksis, 2*, 19-25.

Rovinski, S. L. R., Schneider, A. M. A., Pariz, J., Santos, A. Z., & Bandeira, D. R. (2018). Respostas de agressividade no Rorschach (R-PAS) de homens autores de violência Conjugal. *Avaliação Psicológica, 17*(2), 199-204.

Santos, J. A. G. S. (2013). *A avaliação psicológica forense na regulação do exercício das responsabilidades parentais: caracterização das perícias (o geav como analisador)* (Dissertação de mestrado, Faculdade de Psicologia e de Ciências da Educação, Universidade do Porto, Porto).

Saywitz, K. J., Geiselman, R. E., & Bornstein, G. K. (1992). Effects of cognitive interviewing and practice on children's recall performance. *Journal of Applied Psychology, 77*(5), 744-756.

Schaefer, L. S., Rossetto, S., & Kristensen, C. H. (2012). Perícia psicológica no abuso sexual de crianças e adolescentes. *Psicologia: Teoria e Pesquisa, 28*(2), 227-234.

Schneider, A. M. A. & Resende, A. C. (2018). Avanços no Rorschach: Sistema de avaliação por performance. In C. S. Hutz, D. R. Bandeira, & C. M. Trentini. *Avaliação psicológica da inteligência e da personalidade* (pp. 327-338). Porto Alegre: Artmed.

Serafim, A. (2003). Aspectos etiológicos do comportamento criminoso: Parâmetros biológicos, psicológicos e sociais. In S. Rogonatti, A. Serafin, & E. Barros. *Temas de psiquiatria forense e psicologia jurídica* (pp. 49-63). São Paulo: Vetor.

Serafini, A. J. (2016). Entrevista psicológica no psicodiagnóstico. In C. S. Hutz, D. R. Bandeira, C. M. Trentini, & J. S. Krug. *Psicodiagnóstico* (pp. 45-51). Porto Alegre: Artmed.

Silva, P. S. (2015). *Os processos de habilitação para adoção segundo técnicos judiciários do Rio Grande do Sul* (Dissertação de mestrado, Programa de Pós-Graduação em Psicologia, Universidade Federal do Rio Grande do Sul, Porto Alegre).

Tardivo, L. S. P. C. & Pinto Júnior, A. A. (2010). *IFVD: Inventário de frases no diagnóstico de violência doméstica contra crianças e adolescentes*. São Paulo: Vetor.

Tavares, M. (2003). Validade clínica. *Psico-USF, 8*(2), 125-136.

The Psychological Corporation. (1999). *Wechsler abbreviated scale of intelligence manual*. San Antonio: Psychological Corporation.

Tricoli, V. A. C. & Lipp, M. E. N. (2014). *ESA: Escala de Stress para Adolescentes* (2. ed.). São Paulo: Casa do Psicólogo.

Villemor-Amaral, F. (1978). *Pirâmides Coloridas de Pfister*. Rio de Janeiro: CEPA.

7
O USO DO TESTE DE RORSCHACH (R-PAS) NO CONTEXTO FORENSE

Ana Cristina Resende

O psiquiatra suíço Hermann Rorschach, em 1921, desenvolveu o teste de manchas de tinta, ou Teste de Rorschach, para avaliar aspectos da personalidade. Esse teste é constituído por 10 cartões com manchas de tinta, aprimorados de maneira artística e selecionados com base em procedimentos empíricos para compor os estímulos do instrumento. Assim, quando a pessoa em processo de avaliação responde o que as manchas de tinta semiambíguas poderiam ser, permite ao examinador observar ao vivo como o examinando analisa e maneja as inconsistências, as contradições e as ambiguidades perceptuais e conceituais, que demandam a organização de sua percepção, pensamento, processamento e engajamento na tarefa, bem como administração do estresse que ela também impõe. Apesar da visível simplicidade da atividade, a resposta do examinando consiste em uma solução complexa. Cada mancha de tinta oferece múltiplas possibilidades concorrentes de respostas, que são analisadas em diversas dimensões do estímulo (Meyer, Viglione, Mihura, Erard, & Erdberg, 2017).

Desse modo, no Teste de Rorschach, a pessoa não precisa narrar exatamente como pensa, sente e se comporta, como ocorre em um instrumento de autorrelato (entrevista, questionário, escala ou inventário psicológicos).

A personalidade é apreendida por meio do comportamento de solução de problemas desenvolvido pelo examinando durante o teste – ou seja, mediante a maneira como filtra e organiza as informações às quais dedica atenção no cartão e como justifica e aplica significado aos estímulos e às situações. Devido a essa metodologia indireta, o teste pode revelar características de personalidade que as pessoas não reconhecem plenamente em si ou hesitam em admitir quando questionadas sobre elas diretamente. Nesse sentido, embora exista uma gama de instrumentos para avaliação da personalidade, o Teste de Rorschach tem ocupado posição privilegiada e admissibilidade diante das avaliações da personalidade na área forense. Quando comparado a outros instrumentos, como escalas e inventários, o teste pode ser menos suscetível à manipulação ou à dissimulação consciente e intencional por parte do examinando, o que favorece seu uso no contexto forense (Gacono, Kivisto, Smith, & Cunliffe, 2016; Meyer et al., 2017; Nørbech, Fodstad, Kuisma, Lunde, & Hartmann, 2016; Weiner & Greene, 2017).

Para entender um pouco melhor essa questão, Finn (2012) e Weiner e Greene (2017) esclarecem que, por um lado, questionários e escalas informam como a pessoa lida com situações mais estruturadas, com normas preestabelecidas, em que as atividades são familiares. Para responder a esse tipo de instrumento, o indivíduo tende a naturalmente ativar, de maneira mais direta, as funções corticais do hemisfério esquerdo, devido ao seu formato verbal e ao modo de aplicação, que não são tão emocionalmente mobilizadores, exigindo mais do raciocínio lógico e da linguagem. Por outro lado, o Teste de Rorschach (uma medida com base no desempenho) coloca a pessoa diante de uma situação pouco estruturada, em que não há controle de normas sociais, ou diante de situações imprevistas. Para responder ao Teste de Rorschach, o examinando acessa mais diretamente as funções cerebrais subcorticais do hemisfério direito, no qual as sequelas emocionais negativas provenientes de traumas normalmente ficam registradas. Logo, o Teste de Rorschach favorece o acesso às informações que os examinandos não podem relatar prontamente por meio da linguagem, pois, com frequência, são inconscientes ou confusas e mais facilmente acessíveis por meio de imagens e desenhos que evocam lembranças autobiográficas traumáticas ou negativas "não resolvidas".

SISTEMA DE AVALIAÇÃO POR *PERFORMANCE* NO RORSCHACH

Desde a publicação do Teste de Rorschach, o instrumento tem sido aperfeiçoado, mesmo mantendo em seu eixo estruturante os fundamentos norteadores de seu criador. Surgiram vários sistemas de aplicação, correção e interpretação. Contudo, o Sistema de Avaliação por *Performance* no Rorschach (R-PAS, do inglês *Rorschach Performance Assessment System*) consiste no mais recente e que foi baseado na maior quantidade de estudos de metanálises do que qualquer outro teste existente no mundo até o momento, o que tem garantido a validade e a precisão para a interpretação de seus dados. Além disso, o R-PAS utiliza análises estatísticas contemporâneas e apresenta seus principais resultados em formato de gráfico. Isso facilita que os agentes jurídicos entendam os aspectos do funcionamento da personalidade do examinando de maneira mais evidente (Mihura,

Bombel, Dumitrascu, Roy, & Meadows, 2018; Mihura, Meyer, Bombel, & Dumitrascu, 2015; Mihura, Meyer, Dumitrascu, & Bombel, 2013).

O R-PAS foi desenvolvido com base em um corpo de pesquisas empíricas, buscando superar as limitações identificadas no sistema compreensivo (SC). O SC, por sua vez, foi desenvolvido por Exner, em 1974, e incorporou em seu sistema as informações consideradas cientificamente mais válidas e confiáveis dos cinco principais sistemas norte-americanos do Teste de Rorschach disponíveis na época. Exner, com seu grupo de pesquisadores (o Rorschach Research Council), realizou constantes alterações no SC, visando ao aprimoramento científico do instrumento, até sua morte, em 2006. Alguns anos depois, os herdeiros de Exner decidiram que queriam honrar sua memória preservando o SC – legado do autor – sem qualquer mudança.

Para permanecer cientificamente válido e útil, um teste psicológico deve ser aprimorado de maneira constante e evoluir com as demandas da área. Assim, o R-PAS foi desenvolvido a partir do SC para solidificar suas bases psicométricas e projetado para substituí-lo, uma vez que o SC deverá permanecer estático no tempo (Meyer et al., 2017).

O R-PAS manteve muitas variáveis ou codificações, índices e proporções do SC, bem como acrescentou e aprimorou outros índices. Ao total, são 60 variáveis principais, codificadas de acordo com critérios padronizados, considerando 14 categorias de codificações: orientação do cartão (OC); localização (Loc); número da localização (Loc n°); espaço (Esp); conteúdos (Cont); síntese (Sy); vago (Vg); par (2); qualidade formal (QF); popular (P); determinantes (Det); códigos cognitivos (Cog); códigos temáticos (Tem); e aplicação otimizada (R-Ot). Essas variáveis se organizam ao redor de cinco grandes domínios de interpretação (Meyer et al., 2017):

1. comportamento e observações;
2. engajamento e processamento cognitivo;
3. problemas de percepção e de pensamento;
4. estresse e distresse;
5. representação de si e dos outros.

Destaca-se que algumas variáveis consistem em combinações de um conjunto de variáveis por meio de uma sintaxe que melhor identifica um traço de personalidade. Por exemplo, a variável Índice de Enfraquecimento do Ego-3 (EII-3, do inglês Ego Impairment Index-3), em sua terceira revisão, passou a avaliar de forma dimensional o quanto a personalidade está prejudicada devido a questões relacionadas com transtornos do tipo psicótico ou com transtornos relacionados a traumas. No SC, esse índice foi validado para uso de forma categórica.

Como o EII-3, há outros três escores mais complexos e igualmente válidos: o Composto de Pensamento e Percepção (TP-Comp, do inglês Thought and Perception Composite), que avalia com precisão a desorganização do pensamento e do teste de realidade, como frequentemente se encontra em transtornos do espectro esquizofrênico, esquizoafetivos, maníaco bipolar com aspectos psicóticos e transtornos psicóticos induzidos por drogas; o Composto da Preocupação com Suicídio (SC-Comp, do inglês *Suicide Concern Composite*), que avalia o risco de suicídio e de comportamento autodestrutivo, que muitas vezes ainda não foi observado no comportamento manifesto e no autorrelato; e o Composto da Vigilância (V-Comp, do inglês *Vigilance Composite*), que identifica a sensibilidade do examinando a indícios de perigo, precaução e distanciamento interpessoal e até mesmo a organização paranoide da personalidade.

Todos esses índices são cálculos complexos, ou seja, equações particularmente não convidativas. Eles utilizam algumas variáveis transformadas com raiz quadrada, que lhes conferem propriedades estatísticas otimizadas para uso na análise da regressão. Os cálculos desses e dos demais índices, os gráficos provenientes do desempenho do examinando no teste, assim como um guia interpretativo, podem ser gerados automaticamente. Para isso, o psicólogo deve inserir a codificação do teste no *site* do R-PAS[1] (Meyer et al., 2017).

---

[1] Disponível em www.r-pas.org.

RORSCHACH E O CONTEXTO FORENSE

O R-PAS não representa uma ruptura fundamental com o legado de cerca de 45 anos de pesquisas e com o uso no contexto forense do SC. Na verdade, ele corrige algumas limitações do Teste que têm sido identificadas na literatura ao longo dos anos. Portanto, entende-se que o R-PAS é o sistema mais adequado e eficiente para ser utilizado nesse contexto. Logo, outra justificativa para essa admissibilidade, além da maior dificuldade de manipulação de seus resultados, são suas propriedades científicas (Erard, Meyer, & Viglione, 2014; Gacono et al., 2016; Meyer et al., 2017; Nørbech et al., 2016).

O R-PAS tem-se mostrado útil contra autoapresentações defensivas, dissimuladas ou simuladas. Ele também facilita a formulação de descrições de personalidade multifacetadas e dinamicamente ricas. Oferece um ponto de vista diferente dos instrumentos de autorrelato (escalas, questionários e inventários) e os complementa, evidenciando como a pessoa está predisposta a se comportar em contextos em que fica mais relaxada, sem expectativas fixas de papel social, ou quando está em situações interpessoais emocionalmente conflituosas, tensas e incomuns. Supõe-se que os padrões comportamentais discernidos nas respostas do R-PAS possam ser generalizados para situações em que as regras ou normas sociais disponíveis são relaxadas, ambíguas, contraditórias ou ausentes (Erard & Viglione, 2014; Meyer et al., 2017; Schultz, 2016).

No contexto forense, o Teste de Rorschach tem sido amplamente empregado tanto para questões cíveis quanto criminais (Erard, 2012; Erard et al., 2014; Gacono et al., 2016). Mais especificamente sobre o R-PAS, Erard (2012) escreveu o artigo inicial, explicitando as razões pelas quais o testemunho baseado nesse sistema deveria ser admissível em tribunais de justiça. O autor destaca o fato de esse sistema dispor de normas (valores de referência para interpretação) que não subestimam nem superestimam a patologia. Ele também enfatiza a capacidade de ajustar os resultados do teste de um examinando de acordo com o nível de complexidade de cada um, utilizando análises estatísticas automáticas, por meio do programa *on-line* de correção do teste, para adaptar os resultados ao estilo de resposta do examinando. Afinal, os indivíduos intelectualmente brilhantes e comprometidos produzem protocolos complexos com mais frequência, ao passo que os indivíduos com limitações cognitivas (p. ex., com déficits neuropsicológicos ou sintomas negativos de esquizofrenia) ou menos desenvolvidos produzem, na maioria dos casos, protocolos simplistas. Ao se ajustar os resultados de acordo com a complexidade, corre-se menos risco de subestimar ou superestimar seus recursos psicológicos.

Uma das questões mais solicitadas no contexto jurídico é o exame de sanidade mental. Ele avalia se uma pessoa acusada é imputável e se está legalmente saudável, do ponto de vista psicológico, no momento do crime, seja sob aspectos cognitivos ou emocionais, para compreender o ilícito de sua ação e ter a possibilidade de controlar sua conduta. Esse exame serve para analisar se o avaliado está apto a ser responsabilizado pelo crime que cometeu.

Assim, uma avaliação por meio do R-PAS analisa a competência relacionada a aspectos cognitivos e afetivos e a capacidade de se perceber e estabelecer interações interpessoais e sociais no momento da avaliação (de acordo com as variáveis dos domínios de interpretação, citadas anteriormente). Nesse sentido, quanto mais próximo do momento do crime for feita a avaliação, mais precisa será a inferência sobre a sanidade mental. É também por meio da avaliação de personalidade que se avalia o grau de risco da reincidência criminal. Pesquisas indicam que a probabilidade de reincidência criminal não está relacionada ao tipo de crime cometido, mas à personalidade de quem comete (considerando traços como impulsividade, ausência de empatia, ausência de autocontrole e de motivação para o tratamento) e ao uso de substâncias tóxicas (p. ex., o uso de metanfetaminas) (Dargis & Koenigs, 2018; Sousa, 2018).

Outra questão é a investigação de danos psicológicos. Esse é outro aspecto em que a avaliação com o R-PAS pode ser relevante para avaliar em que medida uma pessoa se tornou emocionalmente perturbada ou incapacitada em consequência de um comportamento irresponsável por parte de outra pessoa ou de alguma instituição. Nesses casos, a avaliação pode ajudar o juízo a estabelecer se, e em que medida, um denunciante tornou-se emocionalmente perturbado ou incapacitado após o comportamento supostamente irresponsável do acusado. Os indícios de estresse pós-traumático, de distresse e de perda psicótica do contato com a realidade são particularmente relevantes na identificação desses danos psíquicos.

A determinação legal da guarda dos filhos e do direito de visitação baseia-se também nas características da personalidade de pais separados ou divorciados e seus filhos. Distúrbios psicológicos ou problemas emocionais não necessariamente impedem uma pessoa de ser um bom pai ou mãe. No entanto, pessoas gravemente perturbadas ou incapacitadas do ponto de vista psicológico têm sua capacidade de ser bons genitores afetada. O julgamento, o controle dos comportamentos, os pensamentos e os sentimentos podem ser tão ineficientes a ponto de interferirem na capacidade parental.

Outras questões relevantes também presentes nessa área são maior predisposição para comportamentos violentos ou para dificuldade no engajamento e no progresso em um tratamento psicoterapêutico, bem como se a pessoa apresenta risco para sua própria vida ou para a vida de outras pessoas. Esses argumentos, embora longe de esgotar todas as possibilidades do uso do R-PAS nessa área da psicologia, já são suficientes para entender a importância do uso desse instrumento em avaliações psicológicas forenses. A seguir, serão apresentados alguns desses contextos de aplicação do R-PAS de modo mais detalhado. As variáveis do Teste de Rorschach serão evidenciadas entre parênteses.

Rorschach e questões de guarda e regulamentação de visitas

As avaliações psicológicas que envolvem questões de guarda e regulamentação de visitas são, antes de tudo, uma aplicação especializada. Espera-se que os psicólogos ofereçam descrições significativas do funcionamento psicológico dos genitores, com uma análise do ajuste entre suas características mais estáveis de personalidade e as necessidades das crianças (American Psychological Association [APA], 2010).

Assim, os vários aspectos de personalidade, avaliados pelo Teste de Rorschach, tendem a ser especialmente úteis para prever comportamentos espontâneos e não refletidos em quaisquer circunstâncias. Nesse contexto, as informações serão mais importantes quando forem considerados os comportamentos relacionais e as disposições temperamentais. Por exemplo, se o Teste de Rorschach descreve uma pessoa como impulsiva, instável, imprevisível e agressiva, bem como com julgamento muito pobre, certamente seria relevante saber como ela poderia funcionar em um papel parental. O Teste de Rorschach pode ser útil também para verificar as alegações ou as preocupações com transtornos da personalidade que possam prejudicar as funções parentais. Por exemplo, algumas questões que podem ser observadas por meio do R-PAS são: instabilidade de afetos ou humores, teste de realidade prejudicado, dificuldade de discernir as consequências dos atos, impulsividade, capacidade limitada de empatia ou de estabelecer vínculos, capacidades deficientes de enfrentamento e sentimentos de desamparo e solidão associados, comportamento agressivo ou autodestrutivo, valores antissociais ou formas narcisistas ou paranoicas de relacionar-se com outras pessoas (Erard & Viglione, 2014).

Infere-se, portanto, que o R-PAS pode, de forma confiável e válida, ajudar a abordar questões relevantes sobre a capacidade parental e a saúde mental dos pais, bem como explicitar áreas de preocupação no funcionamento infantil. O R-PAS pode ser particularmente útil nesses contextos, pois avalia os pontos fortes, a resiliência e os recursos, bem como os sintomas e os problemas psicológicos e de adaptação ao meio e às interações interpessoais.

Rorschach e o autor de violência sexual

Pesquisas que utilizaram o Teste de Rorschach apontam que os autores de violência sexual (AVSs) do sexo masculino não têm perfis de personalidade semelhantes entre si. No entanto, algumas características se sobressaem em diversos estudos. Frequentemente, são encontrados prejuízos nos aspectos cognitivos e afetivos, na autopercepção e no controle dos impulsos, mas que não são suficientes para comprometer a capacidade de discernir o que é certo do que é errado, bem como não perturbam a capacidade de entender as consequências de seus atos (Zilki & Resende, 2018).

Em relação aos aspectos cognitivos, tem-se observado que os AVSs apresentavam algum prejuízo cognitivo leve, ou seja, insuficiente para caracterizar qualquer tipo de psicose ou deficiência mental (Cunliffe & Gacono, 2005; Gacono, Gacono, & Evans, 2008; Scortegagna & Amparo, 2013; Scortegagna & Villemor-Amaral, 2013; Young et al., 2012, 2010). O ponto que mais se destacou foi a disposição para interpretar a realidade de modo idiossincrático, um pouco distorcido ou mais subjetivo, típico de deliberada desconsideração pelos comportamentos convencionais ou socialmente esperados (QF-% e QFu%↑; QFo%↓). Também foram observadas mais distorções do pensamento (WSum6↑ ou WSumCog e PTI positivo ou TP-Comp) no grupo dos AVSs do que em outros grupos de criminosos ou quando comparados com dados normativos para a população em geral. Além disso, essas pessoas tendem a ter processamentos cognitivos simplistas e superficiais das informações, assinalando que apresentam poucos recursos eficientes para enfrentar situações estressantes (F%↑ e/ou Complexity↓).

Com relação à autopercepção, os estudos apontaram traços narcísicos e egocêntricos (Fr + rF e PER), revelando a tendência a olhar somente para si, a ponto de ignorar o que está acontecendo com o outro; pouca capacidade de introspecção e autocríticas realistas (FD + SumV = 0); autoimagem negativa (MOR↑) e predisposição para relacionamentos psicologicamente frios e distantes (SumT = 0, H = 0). Ocasionalmente, observou-se maior necessidade de proximidade física e emocional (SumT↑), sugerindo que algumas dessas pessoas se caracterizam como solitárias, emocionalmente carentes e com necessidade de atenção interpessoal. Entretanto, deve-se considerar que essa carência emocional pode estar relacionada com a situação do encarceramento que estavam vivenciando (Carabellese et al. 2011; Scortegagna & Amparo, 2013; Scortegagna & Villemor-Amaral, 2013; Young et al., 2010, 2012; Zilki et al., no prelo).

Esses prejuízos na autopercepção e nas interações com as pessoas sugerem que os AVSs têm recursos pobres para lidar com as demandas interpessoais quando comparados com outros adultos, mas querem ter seus desejos sexuais atendidos. Diante disso, buscam vítimas mais vulneráveis. Os AVSs tendem a priorizar seus desejos, pois têm dificuldade de reconhecer o outro e as sequelas físicas e psicológicas resultantes da violência sexual, pois não a veem como violência. Esses apontamentos indicam percepções errôneas e imaturas de si e do outro por parte dessas pessoas (Zúquete & Noronha, 2012).

Quanto aos prejuízos nos aspectos afetivos, estudos indicaram que os AVSs podem ser menos receptivos aos afetos, evitando trocas afetivas e situações que mobilizam mais intensamente as emoções (Afr ou R8910%↓). Tendem a não vivenciar sentimentos de muito estresse ou remorso e culpa (V = 0) e estão predispostos a perder o controle emocional (CF↑) e a apresentar mais sentimentos de raiva e ressentimentos em relação às demais pessoas (S↑ ou SR↑) (Gacono et al., 2008; Young et al. 2012 e 2010). Todos esses aspectos observados propiciam relacionamentos interpessoais superficiais, pobres e sem trocas afetivas.

Referente ao controle dos impulsos, essas pessoas revelaram baixa disposição para pensar antes de agir (M↓) e propensão a condutas autogratificantes diante de pressões instintivas (FM = 0 ou FM↑) (Carabellese et al., 2011; Gacono et al., 2008; Scortegagna & Amparo, 2013; Scortegagna & Villemor-Amaral, 2013). Essa impulsividade nos AVSs os faz serem mais propensos a agir em busca de satisfação de seus desejos sexuais antes mesmo que eles apareçam; ou seja, eles não chegam a registrar essa necessidade sexual e tendem a agir mais rápido que a maioria das pessoas, fazendo a necessidade nem chegar a incomodá-los.

Considerando as investigações de personalidade realizadas com os AVSs por meio do Teste de Rorschach, parece evidente que a cognição distorcida e os problemas na autopercepção, nos afetos e no controle dos impulsos desempenhem um papel importante em crimes sexuais. Do ponto de vista científico, as pesquisas levantadas podem ser utilizadas para apoiar esse entendimento.

Rorschach e agressividade

Considerando a utilidade do Teste de Rorschach no cenário forense para identificar perfis de pessoas mais agressivas do que outras, dois índices (AG ou AGM e AGC) se destacam por seus conteúdos agressivos, que estariam associados à interpretação agressiva dos estímulos de Rorschach (Exner, 2003; Kivisto & Swan, 2013; Meyer et al., 2017). Em consequência, esses estímulos têm a propensão de revelar comportamentos agressivos no mundo real ou provocados em laboratório. No entanto, essas variáveis não são consideradas muito eficientes no contexto forense quando se trata de avaliar criminosos agressivos com níveis de desenvolvimento intelectual médio ou acima da média e que são capazes de controlar seus comportamentos em situações mais convencionais, ou seja, quando é óbvio que devem se comportar de modo socialmente aceitável. Assim, estudos (Benjestorf, Viglione, Lamb, & Giromini, 2013; Kivisto & Swan, 2013) indicam que criminosos mais agressivos conseguem também suprimir esses conteúdos de agressão no Teste de Rorschach sem alterar a complexidade da resposta, e grupos de pessoas não violentas podem ter mais conteúdos agressivos no Teste do que as consideradas violentas. Quando avaliadas no contexto forense, pessoas mais violentas procuram convencer o juízo de que não são agressivas e de que não estão predispostas a se comportar desse modo socialmente condenável. Por conseguinte, é compreensível que pessoas em um cenário forense provavelmente sejam motivadas a criar uma impressão favorável de si mesmas censurando as respostas de agressividade, especialmente os conteúdos mais negativos e agressivos óbvios. Contudo, mais pesquisas são necessárias para elucidar essa questão.

Em uma pesquisa fora do contexto forense real, em que um grupo de estudo foi orientado a suprimir qualquer percepção no teste que pudesse indicar comportamentos agressivos, considerando questões jurídicas criadas artificialmente, os autores analisaram as verbalizações, ou seja, avaliaram o uso das palavras. Ao revisarem as palavras que eram mais comuns nas condições de tentativa de supressão das percepções mais agressivas, nas quais os participantes tentavam parecer não violentos, os autores observaram que foram acrescentadas descrições agradáveis, inocentes e positivas (criança, amigos, feliz, beijo, sol), além de uma elaboração mais benevolente. Contudo, apareceram com menos frequência conteúdos de anatomia, explosão e animais agressivos (Benjestorf et al., 2013). Logo, é importante destacar que, se necessário, as pessoas podem suprimir conteúdo negativo e agressivo no Teste de Rorschach, assim como em entrevistas, questionários e inventários.

No estudo de Rovinski, Schneider, Pariz, Santos e Bandeira (2018) – que tinha como objetivo analisar a validade dos indicadores de agressividade do Teste de Rorschach (AGC e AGM) em uma amostra forense, composta por 31 homens agressores violentos contra mulheres –, observaram-se frequências significativamente mais baixas ou semelhantes dessas variáveis nesses agressores que a frequência encontrada em uma amostra internacional de pessoas não clínicas (AGC, M = 1,9; DP = 1,7; normativo M = 3,1; DP = 1,9; p = 0,001, d de Cohen = 0,64; AGM, M = 0,6; DP = 1,2; normativo M = 0,5; DP = 0,8; p = 0,52, d de Cohen = 0,10). Nessa amostra investigada, esses resultados foram considerados fracos e limitados para identificar autores de violência.

Os autores do estudo entenderam que os resultados encontrados não eram suficientes para explicar o fator coercitivo do contexto, na medida em que os agressores teriam evitado apenas conteúdos agressivos, mas não os movimentos agressivos (ainda que manifestados dentro da média esperada para a amostra internacional). Para eles, a explicação mais provável segue os achados da literatura que discutem a violência em relação ao fato de que a agressão seria um comportamento banal a que estão acostumados em seus contextos de vida e, portanto, não gera incômodo (caráter egossintônico) e passa despercebida.

O R-PAS não pode responder à pergunta sobre se uma pessoa é ou não capaz de agir de forma violenta diretamente. No entanto, ele oferece informações importantes em relação às características do teste de realidade, pensamento, julgamento, controle de impulsos e regulação emocional, representações internas de si e dos outros e outros fatores, todos essenciais na tentativa de entender a estrutura e a dinâmica intrapsíquica do comportamento agressivo (Kaakinen, Muzio, & Säävälä, 2017).

Desse modo, outras variáveis do teste também podem apontar para a predisposição para atitudes e comportamentos mais agressivos. Esses comportamentos são:

- baixo nível de tolerância à frustração no momento (MC-PPD↓);
- tendência a súbito descontrole emocional ou violentas descargas afetivas (C puro);
- ações impulsivas e irritabilidade que desorganizam a atenção e a concentração (FM e m↑);
- oposicionismo e negativismo (SR↑ ou CT↑);
- falta de limites (Pull↑);
- prejuízo na capacidade de perceber as pessoas (Hpuro↓);
- relações interpessoais perturbadas, especialmente por interpretar o que as pessoas falam, pensam ou fazem de modo equivocado (M-↑);
- prejuízo na capacidade de perceber os eventos de forma precisa e dificuldade de antecipar as consequências de seus atos (QFo↓ ou QF-↑);
- dificuldade de se comportar adequadamente em situações um pouco mais complexas (Complexity↓ e F% ↑ ou Complexity↑ e EII-3↑);
- prejuízo na capacidade de pensar de modo lógico e coerente (WSumCog↑ e SevCog↑);

- tendência a atitudes hostis em relação às outras pessoas e ao meio (AGM↑ e AGC↑);
- tendência a estabelecer relacionamentos interpessoais conflituosos e predisposição para comportamentos sociais inadequados (PHR%↑);
- superestimação do próprio valor, centrando-se em suas próprias necessidades em detrimento da preocupação com as necessidades e o bem-estar dos outros (r↑);
- falta de interesse pelas pessoas, tanto no que elas dizem como no que elas fazem (SumH↓).

Quanto mais variáveis estiverem presentes no protocolo, maior o potencial para comportamento agressivo ou violento (Exner & Weiner, 2003; Kaakinen et al., 2017).

Rorschach e psicopatia

Os criminosos violentos compõem um grupo complexo e multifacetado, muitas vezes agrupados sob o abrangente termo diagnóstico de transtorno da personalidade antissocial (TPA) (APA, 2014). Indivíduos diagnosticados com TPA, comparados com outros sem esse diagnóstico, estão mais predispostos a se comportar de modo agressivo, devido ao seu estilo de vida desviante e a traços de hostilidade, dificuldade de modulação dos afetos e tendência à impulsividade. Entre as pessoas diagnosticadas com TPA, existe um grupo com repetidos padrões de comportamentos violentos, que normalmente são diagnosticados como psicopatas. Apesar disso, o examinador deve estar familiarizado com o crescente corpo de pesquisa empírica apontando para vários subtipos de psicopatia.

De modo geral, a psicopatia está relacionada a um conjunto de traços crônicos, de difícil remissão, de pessoas egocêntricas, manipuladoras, que violam normas sociais, que não sentem remorso ou culpa por atitudes que prejudicam o outro; essas pessoas demonstram ausência de ansiedade, empatia e metas realistas, bem como são caracterizadas como irresponsáveis e impulsivas. Estima-se que a psicopatia esteja presente em cerca de 1% da população geral e em 15 a 20% da população carcerária. Entre os AVSs, a porcentagem de pessoas com psicopatia pode ser ligeiramente maior do que em criminosos no geral, podendo chegar a 30% dos AVSs (Balsis, Busch, Wilfong, Newman & Edens, 2017; Hare, 2006; Hauck Filho, Teixeira & Dias, 2012; van Ghesel Grothe, Waldorp, Watts, Edens, Skeem & Noordhof, 2017).

No Teste de Rorschach, psicopatas masculinos, quando comparados a indivíduos com TPA, foram caracterizados por revelar organização da personalidade predominantemente no nível limítrofe: mais narcisismo patológico e sadismo, menos ansiedade, capacidade reduzida de apego e pouco interesse pelos outros, raiva crônica e modulação emocional fraca, bem como diminuição do teste de realidade. Também é comum uma abordagem mais simplista e superficial dos acontecimentos, indicando uma maneira concreta e sem emoção de processar informações (Gacono et al., 2016).

Embora alguns estudos com o Teste de Rorschach tenham encontrado mulheres psicopatas com organização de personalidade limítrofe ou psicótica similar aos homens, a organização de personalidade delas tende a ser mais do tipo histérico malevolente somada à necessidade de ser o centro das atenções (Cunliffe & Gacono, 2005; Smith, Gacono, Cunliffe, Kivisto, & Taylor, 2014). As evidências sugerem que, embora as psicopatas tenham menos probabilidade do que os homens psicopatas de ter tido problemas comportamentais precoces, elas exibem graus semelhantes de comportamento manipulativo, mentira patológica, negligência e atividade criminosa. Elas também se engajam muito mais frequentemente em comportamentos sexuais, como a prostituição (Verona & Vitale, 2006).

Considerando as características interpessoais e afetivas da psicopatia em estudos que utilizaram o Teste de Rorschach, os homens tendem a usar ameaças e violência diretas para atingir seus objetivos e a ser mais abertamente narcisistas, grandiosos e desapegados. As mulheres com psicopatia que se apresentam frequentemente com perspectiva mais tímida e sedutora, tentando despertar a admiração em outras pessoas, que são mais propensas a demonstrar emoção e pseudoemoção, são as mais bem-sucedidas com a manipulação sexual de homens, com exibições de falsa empatia, com predisposição a se mostrar como vítimas destinadas a atrair ou encantar pessoas mais ingênuas, bem como a agredir pessoas mais próximas, como filhos, marido e amigos (Cunliffe & Gacono, 2005; Smith et al., 2014). Observou-se que as mulheres psicopatas tinham menos capacidade de ver os fatos de diferentes ângulos (FD↓), significativamente mais perturbações do pensamento (WSumCog↑; SevCog↑) e autoimagem ou autocrítica mais negativa (MOR↑ e V↑) do que a maioria das pessoas, além da necessidade de serem o centro das atenções (r↑ e PER↑).

Cunliffe e Gacono (2005) destacaram que características de autocríticas negativa e autoinsatisfação crônicas (MOR↑ e V↑) estão intimamente ligadas à frustração de permanecer por muito tempo (em virtude do período de reclusão) sem ter suas necessidades egocêntricas de atenção e admiração do outro atendidas, podendo dar a falsa impressão de depressão ou angústia pelo arrependimento do crime cometido. Assim, essa autoimagem negativa ou que oscila entre grandiosidade e autoaversão é insidiosa, ou seja, parece benigna, mas é enganadora e típica da patologia do caráter (da psicopatia). Um examinador ingênuo não deve interpretar essa tristeza e depressão como culpa ou evidência de afetos e sentimentos profundos. Pelo contrário, consiste na síndrome de abstinência de atrair a atenção dos outros.

Os desvios desses achados típicos não excluem necessariamente um distúrbio de psicopatia. Cabe ao examinador aprofundar a compreensão das diferenças individuais entre quaisquer pacientes. A partir da perspectiva do Teste de Rorschach, por exemplo, um paciente psicopata também pode apresentar características histriônicas (quando incluem as variáveis CF + C/SumC↑, F%↓ e R8910%↑). Por sua vez, um psicopata paranoico pode produzir um protocolo mais simples, com poucas respostas (fazem parte de seu perfil as seguintes variáveis: R↓, Complexity↓; Dd↑, V-Comp↑).

Treinamento para responder ao Teste de Rorschach

Como informações sobre o Teste de Rorschach podem ser prontamente encontradas *on-line* e em livros de fácil acesso, estudos recentes começaram a examinar como a leitura de informações sobre o teste – incluindo procedimentos de codificação e interpretação – pode impactar nas respostas dos examinandos. Schultz e Brabender (2013) utilizaram uma amostra comunitária de pais que foram instruídos, em um contexto simulado, a se apresentar como livres de problemas psicológicos no Teste de Rorschach, a fim de manter a guarda de seus filhos. Antes da administração, metade dos indivíduos recebeu um resumo das informações da internet sobre o Teste de Rorschach, enquanto o restante não teve exposição prévia ao teste. Os resultados indicaram que os que leram informações sobre o Teste de Rorschach produziram, em média, menos respostas no geral e mais respostas mais populares (respostas mais frequentes no teste) que o grupo-controle. No entanto, essas diferenças entre os grupos desapareceram quando o efeito dessas variáveis foi estatisticamente controlado por meio de análises *post hoc*.

Hartmann e Hartmann (2014) utilizaram uma amostra de pacientes ambulatoriais psiquiátricos na Noruega para examinar se a exposição a informações do Teste de Rorschach impactaria seus resultados. Os participantes foram divididos em três grupos: pacientes sem qualquer informação sobre o teste, que deveriam passar a imagem de que estavam bem; pacientes que, antes do teste, receberam informações da internet sobre o Teste de Rorschach e, inclusive, sobre como parecer saudáveis; e o grupo-controle padrão, ou seja, de pacientes sem nenhuma orientação. Outro grupo de comparação de não pacientes também foi recrutado da University of Oslo. Os resultados do estudo apontaram que nenhum dos grupos de pacientes foi capaz de se apresentar mentalmente saudável no Teste de Rorschach. Em contrapartida aos resultados de Schultz e Brabender (2013), os pacientes que receberam informações da internet sobre o teste mostraram resultados piores em relação à precisão perceptiva, foram mais simplistas e revelaram menos recursos psicológicos eficientes para enfrentar demandas estressantes do que os demais participantes (F% elevado, M e C mais baixos). Contudo, eles produziram menos respostas agressivas e dramáticas do que os outros grupos. Isso sugere que pacientes podem manipular mais facilmente o conteúdo temático das respostas de Rorschach ao tentarem dissimular, mas não conseguem alterar suas pontuações em variáveis estruturais que indicam psicopatologia (Kaakinen et al., 2017).

Rorschach e queixa por danos psicológicos

Em geral, os danos psicológicos resultam de ações intencionais ou negligentes, que trazem prejuízos à integridade física e psicológica ou à saúde de modo geral. Os psicólogos normalmente são consultados quando os supostos prejuízos incluem um componente psicológico significativo. Elementos típicos de uma avaliação psicológica em relação aos danos psicológicos incluem esforços para responder às seguintes perguntas:

- Qual era a condição do autor antes dos prejuízos alegados?
- Quais prejuízos, se houver algum, ocorreram?
- Quais são a natureza e a extensão das lesões?
- Quais ações ou eventos causaram as lesões?
- O que pode ser feito para curar ou melhorar as lesões?
- Qual é o prognóstico?

Grande parte do desafio de conduzir essas avaliações envolve averiguar se existem diferenças válidas e mensuráveis entre as condições da vítima antes e depois do dano alegado e qual é a causa que pode ter produzido essas diferenças. Devem-se avaliar, ainda, quais fatores podem ser considerados como de risco ou de proteção na produção dos danos. Até que ponto os comprometimentos observados refletem problemas de personalidade e psicopatologia preexistentes *versus* prejuízos recentes? Algumas dessas questões podem ser abordadas por meio de uma anamnese abrangente e detalhada, de entrevistas clínicas estruturadas ou não estruturadas, incluindo exames de estado mental, e da revisão de evidências documentais pertinentes (como a queixa e as respostas aos interrogatórios, aos depoimentos, aos relatórios policiais, aos registros acadêmicos e de emprego, aos registros médicos e psiquiátricos). A fim de formar opiniões válidas sobre a sequência e a causa dos sintomas, é importante utilizar uma abordagem sistemática, buscando confirmar e desconfirmar as narrativas. Os psicólogos forenses podem auxiliar o juiz de várias formas: oferecendo formulações diagnósticas e citações à literatura psicológica pertinente; usando sua compreensão da personalidade e das dinâmicas psicológicas para acrescentar um elemento de profundidade e coerência à história do caso; explorando a história de como os eventos que cercam a queixa interagiram; e descrevendo os recursos psicológicos e as vulnerabilidades do indivíduo (Kaakinen et al., 2017).

As vantagens particulares de usar o Teste de Rorschach em avaliações de danos psicológicos e as bases para sua admissibilidade em tribunal foram abordadas em muitas publicações anteriores (Erard, 2012; Erard et al., 2014; Kaser-Boyd & Evans, 2008; Meyer & Eblin, 2012). Desse modo, o Teste de Rorschach tem sido considerado eficiente nesse contexto por possibilitar avaliar o desempenho do litigante em uma situação sem roteiro e moderadamente estressante, em que o dano poderá ser expresso por meio de seu comportamento no teste, e não por meio de sua fala direta sobre o que aconteceu e sobre os danos. Assim, o comportamento durante a tarefa pode ser comparado com as falas do indivíduo. Normalmente é difícil para a maioria dos litigantes saber o que constitui uma autoapresentação particularmente saudável ou doente no Teste de Rorschach.

Assim, o Teste de Rorschach se apresenta não apenas como outra fonte de verificação útil contra a apresentação exagerada de sintomas, mas também como um método independente para quantificar o comprometimento funcional que não depende tanto de descrições honestas da experiência de alguém. Além disso, ele também é muito sensível a indicações de comprometimento do funcionamento devido a traumas, o que nem sempre é diretamente evidente pelo autorrelato do litigante e pelo comportamento da entrevista. Ademais, fornece informações contextualizadas sobre as circunstâncias específicas em que o funcionamento psicológico é aprimorado ou comprometido e pode ser particularmente útil ao fazer inferências sobre dois aspectos dos relatórios de danos psicológicos que se estendem além do limite da impressão diagnóstica: a causa e o prognóstico (Erard et al., 2014).

A seguir, é apresentado um estudo de caso para auxiliar na compreensão do uso do R-PAS e de testes de autorrelato em uma avaliação psicológica forense no contexto de danos psicológicos.

ESTUDO DE CASO: RORSCHACH E DEMANDA JURÍDICA POR DANOS PSICOLÓGICOS

História do dano psicológico. Lia (nome fictício), 25 anos, casada, processou o hospital e o médico que a atendeu por incompetência e negligência médica, devido às complicações no parto de sua única filha. Sua queixa estava relacionada com prejuízos físicos e emocionais. Após o nascimento da criança, Lia teve muita febre e dor abdominal e solicitou uma ultrassonografia (US) para saber o que estava acontecendo, mas o médico achou desnecessário e recusou o procedimento. A dor e a febre persistiram, e, após quatro dias em casa, Lia teve hemorragia e precisou ir às pressas a um pronto-socorro em busca de atendimento de emergência. Então, ela foi finalmente submetida a uma US, que revelou algo semelhante a um instrumento cirúrgico, gazes e resto da placenta em seu útero. Tudo isso produziu muito pus e uma infecção forte por uma bactéria que ela contraiu. Logo após, foi submetida a um procedimento cirúrgico, teve uma longa hospitalização e ficou entre a vida e a morte por quase 10 dias. Sua família foi preparada emocionalmente para sua morte. A filha completou 2 meses, e Lia não podia segurá-la nem amamentá-la, pois estava muito fraca. Além disso, perdeu o útero e o sonho de ter três filhos com o marido. Na primeira vez em que precisou retornar ao hospital, experimentou uma série de sintomas associados ao transtorno de estresse pós-traumático (TEPT), incluindo lembranças intrusivas angustiantes, recorrentes e involuntárias de cenas muito dolorosas que ocorreram naquele local. Além disso, tinha pesadelos, ataques de pânico, períodos de entorpecimento emocional com pouca concentração e experiências de medo e agitação súbitas.

Na entrevista, falou da raiva do médico e do hospital que recusou fazer a US, do sofrimento de não ter conseguido amamentar e cuidar de sua filha nos primeiros meses, da impossibilidade de engravidar novamente, da falta de ar que sentia ao passar na frente de qualquer hospital, dos pensamentos intrusivos que remetiam ao sofrimento que vivenciou no primeiro mês após o parto e do choro compulsivo que tem quando tudo isso volta a sua lembrança.

História de vida de Lia. Ela teve uma infância feliz e se sentia amada por seus pais e pelos quatro irmãos. Lembra que sofreu muito com a perda de sua avó e de quando tiveram que mudar de cidade devido à transferência de seu pai. Foi jogadora do time de basquete da escola por quatro anos. Cursou pedagogia no período noturno, trabalhou como professora de pré-escolas nos períodos matutino e vespertino durante todo o curso e, à época, trabalhava como professora de ensino fundamental. Era uma pessoa religiosa e não tinha história de transtornos psicológicos nem de abuso de substâncias. Ela se descreveu como alguém mais racional, que pensa muito antes de tomar suas decisões, muito determinada, que gosta de ser independente e que normalmente não chorava com facilidade, mas que agora chora por qualquer coisa. Além disso, sempre foi atenta ao que é "certo e errado". Assim, fazia o que gostava e conquistou sua autonomia financeira. Conheceu o marido na faculdade, e os dois se casaram quando se formaram.

Perguntas elaboradas para a avaliação. Como na maioria dos casos de danos psíquicos, é fundamental avaliar se os prejuízos psicológicos foram consequência da experiência danosa praticada por terceiros. Deve-se considerar o que os testes podem informar sobre os sinais de comprometimento psicológico. Os testes apoiam os prejuízos psicológicos relatados pela cliente, ou apontam para um dano menor ou maior do que a cliente relatou? Os testes indicam algum esforço para exagerar ou minimizar os danos alegados? No contexto do suposto dano psíquico, os testes oferecem algum *insight* sobre os recursos psicológicos saudáveis ou ineficientes específicos que podem colaborar na compreensão das reações e dos significados dos danos para a cliente? Os problemas indicados nos testes parecem ser passíveis de algum tipo de tratamento?

Testes de autorrelato. Foram administrados os seguintes instrumentos: Inventário de Sintomas de Estresse para Adultos de Lipp (ISSL) (Lipp, 2005), Inventário de Estratégias de *Coping* (IEC), de Folkman e Lazarus (Savóia, Santana, & Mejias, 1996), e Bateria Fatorial de Personalidade (BFP) (Nunes, Hutz, & Nunes, 2010). A pontuação no ISSL foi elevada, indicando que Lia está na fase de quase exaustão, em que perdeu sua capacidade de adaptar-se e resistir ao fator estressante, vivenciando o estresse psicológico em forma de ansiedade e raiva e alguns sintomas físicos, especialmente o cansaço. É importante considerar que os itens nesse tipo de instrumento são semelhantes aos sintomas comuns que aparecem em qualquer pesquisa *on-line* sobre o TEPT.

O desempenho no IEC apontou maior pontuação em dois domínios:

1. Confronto e fuga-esquiva, que apresentam itens sobre isolamento social, raiva, responsabilização de outros pela situação, desejos e fantasias sobre o evento. Esses resultados apontam o uso de estratégias não efetivas no controle do estresse percebido, a necessidade de Lia ressignificar/reavaliar a situação e adotar estratégias mais adequadas na redução do estresse.

2. Reavaliação positiva, que, no caso de Lia, estava relacionado especificamente à dimensão religiosa – "apoio na fé, na oração ou na religião", levando à reflexão de que a religiosidade parece ter importante impacto na avaliação de situações adversas e no seu enfrentamento.

Os resultados da BFP indicaram pontuações altas no fator neuroticismo, sobretudo nas facetas instabilidade emocional (percentil > 80) e depressão (percentil > 70). Esses resultados indicam a tendência a agir impulsivamente quando sente algum desconforto psicológico, tomando decisões precipitadas com relativa frequência, apresentando grandes oscilações de humor, dificuldade para controlar seus sentimentos negativos e baixa tolerância à frustração. Além disso, indicam predisposição para condutas frequentemente carregadas de pessimismo, desesperança, tendendo a ser solitária e sem objetivos claros na vida.

Assim, quando perguntada diretamente sobre os sintomas do TEPT, ela mostrou indicações claras de estresse pós-traumático e problemas no funcionamento diário. Contudo, quando questionada, em termos mais gerais, sobre o que estava fazendo, tendia a minimizar suas dificuldades emocionais, além de reconhecer uma sensação geral de mal-estar e sentir-se um pouco distante das outras pessoas e emocionalmente sobrecarregada, talvez um reflexo de entorpecimento psíquico. O reconhecimento dessa vulnerabilidade seria, naquele momento, uma ameaça a sua autoimagem preferida como uma pessoa forte, independente, resiliente e religiosa que ela acreditava ser.

Teste R-PAS. Lia mostrou envolvimento acima da média com a tarefa (Complexidade, $SS_{(escore-padrão)} = 122$), o que reflete atividade psicológica mais intensa, típica de sobrecarga de demandas psicológicas, que tornam o comportamento da examinanda menos previsível e mais perturbado, especialmente porque houve indícios de mais prejuízos gerais em sua personalidade do que o esperado para a maioria das pessoas (EII-3, SS = 118).

Os pontos fortes foram sua capacidade de perceber e compreender o outro de modo realista (H, SS = 135), interesse maior pelo que as pessoas falam e fazem (SumH, SS = 122) e forte inclinação para antecipar atitudes solícitas e ver as interações como de apoio e colaborativas (COP, SS = 130). Observou-se, também, predisposição acima da média para pensar em formas alternativas de lidar com problemas antes de agir, bem como automotivação e determinação para superar limites e obstáculos e, ainda, ser empática com as pessoas (M/H e MProp, SS = 125 e 123). Suas respostas ao teste também foram típicas de pessoas mais autônomas, que resistem ao controle de outras pessoas e que não se entregam às circunstâncias (SR, SS = 122). De forma consistente com seu senso de si mesma como responsável por sua própria vida, ela demonstrou capacidade acima da média de autorreflexão crítica e tomada de distância para analisar mais sutilmente as situações (V, SS = 126) (Erard, 2017; Meyer et al., 2017).

Os pontos vulneráveis, ou potencialmente problemáticos, incluem: possível insegurança em ter suas crenças desafiadas por outros (PER; SS = 136); maior vigilância ou estado de alerta em relação a possíveis fontes de perigo, o que aponta sintomas de TEPT (V-Comp, SS = 121); e mais sentimentos de inadequação e autocríticas muito negativas que geram sofrimento psíquico (V, SS = 126), que parecem se encaixar com uma forte necessidade de aprovação e reconhecimento das pessoas ao seu redor (r, SS = 128) (Erard, 2017; Meyer et al., 2017).

Após essa breve análise dos pontos mais fortes e mais fracos no R-PAS de Lia, os dados de seu protocolo serão analisados considerando os cinco domínios que o R-PAS avalia:

1. **Comportamentos e observações:** seus comportamentos no teste foram mais defensivos do que na maioria das pessoas, provavelmente devido a associações impactantes para ela, ficando mais emocionalmente absorvida por algumas respostas (Pr, SS = 119). Ela também demonstrou ansiedade ou uso de defesas para remover da vista cenas ou objetos que a perturbavam nas manchas (CT, SS = 118).
2. **Engajamento e processamento cognitivo:** suas respostas ao teste revelaram mais recursos psicológicos eficientes e flexibilidade para enfrentar as demandas de estresse do dia a dia do que a maioria das pessoas (MC, SS = 116; M, SS = 128; SI, SS = 113), o que ajudava Lia a manter senso de equilíbrio e autonomia mesmo ao experimentar muita dor emocional. Contudo, observou-se capacidade de perceber mais sutilezas e nuanças nas situações. Ela estava muito mais atenta que a maioria das pessoas em como diferentes características de seu ambiente se relacionavam umas com as outras, o que estava propiciando a perda da estabilidade de seu comportamento e inundação afetiva relacionadas às situações traumáticas. Isso sugere que ela estava sob maior pressão do que seria esperado (Complexity, SS = 124; Blends, SS = 116; Sy, SS = 121; V, SS = 126; MC-PPD, SS = 88).
3. **Problemas de percepção e pensamento:** observou-se comprometimento do funcionamento psicológico saudável de Lia, que implicava não só prejuízos na precisão do pensamento, devido à perda do foco na tarefa e às preocupações emocionais e pensamentos intrusivos, como também distúrbios nas interações interpessoais (EII-3, SS = 118; TP-Comp = 116; WSumCog, SS = 120). Todavia, revelou que era capaz de compreender normas óbvias para uma boa convivência em grupo como a maioria das pessoas (P, SS = 111), o que a mantinha relativamente estável a maior parte do tempo, pois tendia a estar focada em questões sobre o que é certo e errado no contexto social.
4. **Estresse e distresse:** as respostas de Lia ao R-PAS foram semelhantes às de pessoas que vivenciam sofrimentos psicológicos subjacentes, como ansiedade, irritação, tristeza, depressão, solidão, desamparo e ruminações críticas acerca de experiências consideradas fracassadas. Além disso, notaram-se indícios de várias experiências de tensões que estão fora de sua capacidade de controle, como pensamentos intrusivos e sentimentos de vergonha típicos de pessoas que passaram por situações traumáticas e muita agitação (YTVC, SS = 112; V, SS = 126; m, SS = 119; PPD, SS = 116).

5. **Percepção de si e do outro:** notou-se em Lia forte impulso em direção à autonomia e ao domínio e uma obstinada resistência a ser controlada por outros (SR, SS = 122). Além disso, ela demonstrou capacidade acima da média de conceber a si mesma e as outras pessoas de modo realista e maduro (Hpuro, SS = 135), o que não impedia que suas preocupações emocionais às vezes interferissem na capacidade de entender de modo preciso as intenções e as motivações das pessoas (M-, SS = 113). É interessante notar que a maioria de suas representações humanas era de bebês e crianças. Isso pode refletir maior conforto em interagir com crianças do que com adultos, o que reforçava sua motivação para se formar e trabalhar com pedagogia e crianças, bem como sua frustração genuína com a impossibilidade de ter três filhos. Suas respostas também foram típicas de pessoas que antecipam atitudes colaboradoras e acreditam que as pessoas estão predispostas a agir de modo amigável e solícito (COP, SS = 128). Contudo, suas respostas também revelaram uma pessoa disposta a apresentar contínuo estado de alerta, que se traduz em uma atitude negativa e desconfiada em relação ao meio, o que interfere diretamente nas relações interpessoais (V-Comp, SS = 121). Lia parecia sentir-se mais vulnerável nos contatos próximos e, consequentemente, agia de maneira cautelosa, reservada e distante. Mostrou-se excepcionalmente atenta às fontes potenciais de perigo ou ameaça no ambiente, o que a tornava incapaz de confiar nas motivações do outro. Essa hipervigilância estava diretamente ligada à hipersensibilidade traumática e não combinava com sua predisposição para ser amigável e solícita com as pessoas.

Achados idiográficos (qualitativos) do R-PAS. Os conteúdos das respostas no teste são os aspectos mais fáceis de serem manipulados. Logo, é possível pensar que vários conteúdos com bebês e crianças no teste de Lia poderiam ser forçados para sugerir suas preocupações e tristezas em relação às suas queixas. Contudo, Lia não estava se sentindo confortável com essas percepções, os giros constantes dos cartões (>V< @) corroboraram a ansiedade de realizar a tarefa, e o impacto de algumas delas bloqueava sua capacidade de produzir novas respostas, gerava mal-estar físico e a fazia se sentir constrangida, a ponto de comentar "não estou forçando essas respostas", "estou me sentido uma idiota falando essas coisas aqui", "só agora me dei conta de que não estou conseguindo pensar em outras coisas, parece que minha vida está girando em torno disso".

É incomum dar tantas respostas com foco em bebês e crianças. Todavia, tendo em mente que o ponto central desse caso está em um parto com complicações terríveis – as quais corroboraram a infertilidade de Lia e privaram-na da chance de cuidar de sua filha recém-nascida –, um foco tão estreito pode ser explicável. Algumas respostas serão destacadas, somente para ilustrar: (Resposta 4) "Um bebê engatinhando, mas ele está todo sujo de sangue"; (R5) "Os pais cuidando de uma criança no bebê conforto"; (R6) "Um aborto... a criança está deformada e ainda está com o cordão umbilical. Não me sinto bem olhando para esse cartão, estou com dificuldade de pensar agora"; (R17) "Dois bebês... parece que estão com fome"; (R18) "A cabeça de um bebê... uma de cada lado"; e (R19) "São duas crianças, mas não sei o que aconteceu, não tem a parte do corpo (começou a passar mal e foi ao banheiro vomitar)".

Outras respostas de Lia também foram associadas à sua experiência dolorosa e mostraram predisposição para uma dissociação proveniente de vivência traumática. No cartão I – cuja cor escura e o formato podem predispor uma pessoa deprimida a expressar sentimentos disfóricos e pensamentos pessimistas, bem como induzir a pessoa a informar "quem eu sou e é isso que eu quero que você saiba a meu respeito" –, a resposta foi: (R1) "Tem uma mulher acorrentada numa mesa com os braços para cima, sem capacidade de se defender, em um ritual macabro no escuro... foi assim que me senti naquela mesa de hospital". No cartão VII – em que as respostas podem indicar ressentimentos e conflitos com as figuras femininas –, a resposta foi: "Uma mulher assustada com a imagem que vê no espelho, seu corpo está se decompondo.VΛ Parece que tem mais coisas, mas a mais nítida e fácil de ver é essa". No cartão IX – evocativa de como a pessoa lida com situações emocionalmente intensas, conflituosas e complexas –, a resposta foi: (R20) ">V Acho que as coisas que eu vejo não fazem muito sentido < V É uma pessoa ΛV Uma pessoa se desintegrando" (Weiner, 2003).

Diferentemente de respostas manipulativas, que geralmente são dadas direta e francamente, nesse caso temos a sensação de que Lia estava resistindo a fornecer suas respostas com os detalhes dolorosos. O Teste de Rorschach tem sido considerado um instrumento ideal para desencadear memórias e sentimentos relacionados a vivências traumáticas. O processo de submissão ao teste pode ser muito semelhante a reviver a situação dramática em pesadelo. Seus estímulos semidefinidos, ou ambíguos, com suas cores acromáticas e vibrantes, evocam imagens distintas de situações de perdas, de culpa, de medo e de agressões físicas e morais que são projetadas nas manchas como respostas (de Ruiter & Kaser-Boyd, 2015; Erard, 2017; Kaser-Boyd & Evans, 2008). Dessa forma, observa-se o impacto das projeções das experiências singulares na interpretação das respostas dadas ao Teste de Rorschach.

No entanto, pessoas traumatizadas podem reagir de forma diferente ao darem suas respostas ao Teste de Rorschach. Em vez de repetirem as imagens traumáticas e reviverem os afetos e estados somáticos associados a essa experiência, algumas podem reagir de modo defensivo, por meio de constrição afetiva e cognitiva, em que luta contra imagens e pensamentos traumáticos e demonstra um estilo de resposta mais evitativo. As duas dimensões (repetição do trauma ou estilo defensivo) podem ser observadas nas respostas do teste de pessoas que vivenciaram estresse traumático.

Resumindo as informações. Focando os principais resultados do R-PAS, as evidências sustentam que Lia não estava fingindo ou exagerando sua ansiedade ou pensamentos intrusivos a respeito de suas vivências traumáticas. Pelo contrário, ela estava constrangida com seus sintomas e empregando fortes esforços para contê-los, ainda que pouco eficientes.

Suas dificuldades se manifestaram no ISSL e no IEC, com pontuações elevadas, indicando que Lia estava vivenciando a quase exaustão psicológica em forma de ansiedade, raiva e cansaço, ficando predisposta à desorganização psicológica, ao isolamento social e à responsabilização do outro pela situação. Os resultados da BFP apontam escores altos no fator neuroticismo, indicando a tendência a agir impulsivamente quando sente algum desconforto psicológico, tomando decisões precipitadas com relativa frequência, apresentando grandes oscilações de humor, dificuldade para controlar seus sentimentos negativos e baixa tolerância à frustração. Além disso, os resultados indicam predisposição para condutas frequentemente carregadas de pessimismo e desesperança, com tendência a se sentir solitária e sem objetivos claros na vida.

O R-PAS revelou uma pessoa que estava funcionando com muita sobrecarga de demandas psicológicas e indícios gerais de prejuízos graves no funcionamento da personalidade, o que refletia a hipersensibilidade traumática com características dissociativas, apesar de mostrar também recursos psicológicos eficientes que predispunham Lia a oscilar entre um funcionamento mais equilibrado em alguns momentos e desorganizado em outros, quando entrava em contato com situações que evocam as experiências traumáticas. A habilidade para estabelecer relacionamentos amigáveis e de colaboração, bem como seu interesse genuíno pelas pessoas e a devoção às crianças com as quais trabalhava, eram fontes de suporte emocional e senso de propósito em sua vida. Essas características de personalidade, verdadeiros fatores de resiliência, predispunham-na ao engajamento e ao progresso no tratamento psicológico orientado para lidar com o trauma. Contudo, a infertilidade adquirida seria o aspecto mais difícil a ser superado.

Assim, de acordo com os dados coletados nesse caso, os danos psicológicos de Lia podem ser associados ao resultado do ato médico discutido no processo e relacionado ao seu parto, o que levou aos prejuízos a sua integridade física e psicológica. Os testes informaram sobre os sinais de comprometimento psicológico e apoiaram os prejuízos psíquicos relatados pela cliente, sem indícios de que Lia tenha tentado exagerar os danos alegados. Além disso, sua avaliação psicológica também forneceu algum *insight* sobre os recursos psicológicos saudáveis ou ineficientes específicos que colaboraram na compreensão das reações e dos significados dos danos para a cliente. E, por fim, os problemas indicados nos testes parecem ser passíveis de tratamento, especialmente em virtude dos fatores de resiliência revelados no estudo da personalidade de Lia por meio do Teste de Rorschach.

CONSIDERAÇÕES FINAIS

Nenhum sistema de Teste de Rorschach, por si só, pode definir critérios específicos para realizar o diagnóstico formal por meio do *Manual diagnóstico e estatístico de transtornos mentais*, 5ª edição (DSM-5), ou da *Classificação internacional de doenças e problemas relacionados à saúde*, 10ª revisão (CID-10), embora possam certamente ajudar a informar sobre a presença de problemas que serão foco desse diagnóstico. Entende-se que um diagnóstico de psicopatologia requer conhecimento da história da pessoa, que não é obtido a partir de um protocolo de Rorschach, e que, muitas vezes, também requer conhecimento da experiência subjetiva da pessoa (Meyer, Viglione, & Mihura, 2016).

Como em qualquer processo de avaliação psicológica, uma avaliação psicológica forense deve ter uma abordagem que utilize vários métodos de avaliação. A orientação é que se considere pelo menos uma medida de autorrelato (questionários, escalas e inventários) e uma baseada no desempenho (como o Teste de Rorschach), pois os dois tipos de medidas se complementam em termos de informações sobre o funcionamento da personalidade em diferentes níveis (racional e emocional) e contextos (estruturados e não estruturados) (Mihura, 2012). O destaque é para o R-PAS, por ser o sistema que tem suas bases psicométricas ou científicas mais solidificadas, índices novos e revisados, normas internacionais mais recentes e acuradas, interpretações que se restringem aos achados empíricos observados internacionalmente, correção informatizada e apresentação de seus resultados por meio de diferentes escores, podendo ser facilmente ajustada para o nível de complexidade do examinando (Meyer et al., 2017).

Contudo, utilizar diferentes métodos de avaliação não é um procedimento isento de desafios. O psicólogo terá, então, que examinar informações aparentemente discrepantes para compreender por que testes diferentes produziram resultados diferentes. Como exemplo, um examinando pode achar que expressa com frequência seus afetos e sentimentos ao responder uma escala de traços psicológicos. Porém, no Rorschach, ele pode não fornecer qualquer resposta que indique isso. Talvez o examinando simplesmente não esteja ciente da ausência de recursos psicológicos para expressar de modo maduro e intencional seus afetos e sentimentos. Nesse caso, é como se ele estivesse prendendo a respiração e, em pouco tempo, se sentirá muito desconfortável. Se não houver qualquer recurso afetivo de liberação ou deslocamento dessa pressão emocional, o examinando se tornará tão perturbado com a crescente intensidade de seus afetos que será conduzido para um episódio de explosão emocional e poderá ficar temporariamente muito instável e lábil, reagindo com violentas descargas afetivas. Esse estado de labilidade emocional ocorre porque as emoções dominam todas as suas funções psicológicas e forçam o examinando a tomar decisões e a se comportar de modo a trazer alívio, desconsiderando as circunstâncias reais, ou seja, desprezando o contato com a realidade. Desse modo, a pessoa pode entender que tem expressado suas emoções facilmente em muitas situações, o que seria uma falsa impressão. De forma alternativa, o sentido a essa discrepância nos dados pode indicar que o examinando está tentando se apresentar de forma mais positiva na escala de traços psicológicos para os propósitos da avaliação, o que pode ser indício de manipulação dos dados (Resende, 2016; Schultz, 2016).

Em avaliações psicológicas forenses, devemos estar atentos quanto à possibilidade de examinandos terem motivações para se apresentar de maneira diferente de como são no seu dia a dia. Eles podem estar motivados a se apresentar de maneira defensiva ou a tentar exagerar ou fingir sintomas psicológicos que não experimentam verdadeiramente. Embora boas habilidades de entrevista clínica sejam essenciais para ajudar a discernir se um examinando está defensivo, simulando uma doença ou dissimulando problemas psicológicos, os desempenhos em medidas de autorrelato e no Rorschach podem ser ferramentas valiosas na detecção dessas impressões e ajudar a decidir se um candidato está tentando se apresentar desonestamente. É inevitável que, na maior parte do tempo, os resultados desses testes não convirjam – sobretudo se um candidato estiver fazendo esforços para mostrar-se diferente do que realmente é (Hopwood & Evans, 2016; Schultz, 2016).

REFERÊNCIAS

American Psychological Association (APA). (2010). *Guidelines for child custody evaluations in family law proceedings.* Washington: APA.

Balsis, S., Busch, A. J., Wilfong, K. M., Newman, J. W. & Edens. J. F. (2017). A statistical consideration regarding the threshold of the psychopathy checklist–revised. *Journal of Personality Assessment, 99*(5), 494-502.

Benjestorf, S. T. V., Viglione, D. J., Lamb, J. D., & Giromini, L. (2013). Suppression of aggressive rorschach responses among violent offenders and nonoffenders. *Journal of Interpersonal Violence, 28*(15), 2981-3003.

Carabellese, F., Maniglio, R., Greco, O. & Catanesi, R. (2011). The Role of fantasy in a serial sexual offender: a brief review of the literature and a case report. *Journal of Forensic Sciences, 56* (1), 256-260.

Cunliffe, T. & Gacono, C. B. (2005). A rorschach investigation of incarcerated female offenders with antisocial personality disorder. *International Journal of Offender Therapy and Comparative Criminology, 49*(5), 530-546.

Dargis, M. & Koenigs, M. (2018). Personality traits differentiate subgroups of criminal offenders with distinct cognitive, affective, and behavioral profiles. *Criminal Justice and Behavior, 45*(7), 984-1007.

de Ruiter, C. & Kaser-Boyd, N. (2015). *Forensic psychological assessment in practice: Case studies.* New York: Routledge.

Erard, R. E. (2012). Expert testimony using the rorschach performance assessment system in psychological injury cases. *Psychological Injury and Law, 5*(2), 122-134.

Erard, R. E. (2017). Multimethod forensic assessment using the rorschach in personal injury evaluations. In R. E. Erard & F. B. Evans (Eds.), *The Rorschach in multimethod forensic assessment: Conceptual foundations and practical applications* (pp. 160-193). New York: Routledge.

Erard, R. E., Meyer, G. J., & Viglione, D. J. (2014). Setting the record straight: Comment on Gurley, Piechowski, Sheehan, and Gray (2014) on the Admissibility of the Rorschach Performance Assessment System (R-PAS) in Court. *Psychological Injury and Law, 7*(2), 165-177.

Erard, R. E. & Viglione, D. J. (2014). The Rorschach Performance Assessment System (R-PAS) in child custody evaluations. *Journal of Child Custody, 11*(3), 159-180.

Exner, J. E. (2003). *The Rorschach: A comprehensive system: Basic foundations* (4th ed.). New York: Wiley.

Exner, J. E. & Weiner, I. B. (2003). *RIAP 5 – Rorschach Interpretation Assistance Program: Version 5 for Windows.* Odessa: Psychological Assessment Resources.

Finn, S. E. (2012). Implications of recent research in neurobiology for psychological assessment. *Journal of Personality Assessment, 94*(5), 440-449.

Gacono, C. B., Gacono, L. A., & Evans, F. B. (2008). The Rorschach and antisocial personality disorder. In C. B. Gacono & F. B. Evans (Eds.), *The handbook of forensic Rorschach assessment* (pp. 323-359). New York: Routledge.

Gacono, C. B., Kivisto, A. J., Smith, J. M., & Cunliffe, T. B. (2016). The use of the Hare Psychopathy Checklist (PCL-R) and Rorschach Inkblot Method (RIM) in Forensic Psychological Assessment. In U. Kumar (Org.), *The Wiley handbook of personality assessment* (pp. 249-267). West Sussex: John Wiley.

Hare, R. D. (2006). Psychopathy: A clinical and forensic overview. *Psychiatric Clinic of North American, 29*(3), 709-724.

Hartmann, E. & Hartmann, T. (2014). The impact of exposure to Internet-based information about the Rorschach and the MMPI-2 on psychiatric outpatients' ability to simulate mentally healthy test performance. *Journal of Personality Assessment, 96*(4), 432-444.

Hauck Filho, N., Teixeira, M. A. P., & Dias, A. C. G. (2012). Psicopatia: Uma perspectiva dimensional e não-criminosa do construto. *Avances en Psicología Latinoamericana, 30*(2), 317-327.

Hopwood, C., & Evans, F. B. (2016). Integrating the personality assessment inventory and Rorschach inkblot method in forensic assessment. In R. Erard. F. B. Evans. *The Rorschach in multimethod forensic assessment* (pp. 155-183). New York: Routledge.

Kaakinen, S., Muzio, E., & Säävälä, H. (2017). Using R-PAS in violence risk assessment. In J. L. Mihura & G. J. Meyer (Orgs.), *Using the Rorschach Performance Assessment System® (R-PAS®)* (pp. 205-225). New York: Guilford.

Kaser-Boyd, N. & Evans, F. B. (2008). Rorschach assessment of psychological trauma. In C. B. Gacono & F. B. Evans (Eds.), *The handbook of forensic psychological assessment* (pp. 255-278). New York: Routledge.

Kivisto, A. J. & Swan, S. A. (2013). Rorschach measures of aggression: A laboratory-based validity study. *Journal of Personality Assessment, 95*(1), 38-45.

Lipp, M. (2005). *Manual do Inventário de Sintomas de Stress para Adultos (ISSL).* São Paulo: Casa do Psicólogo.

Meyer, G. J. & Eblin, J. J. (2012). An overview of the Rorschach Performance Assessment System (R-PAS). *Psychological Injury and Law, 5*(2), 107-121.

Meyer, G. J., Viglione, D. J., & Mihura, J. L. (2016). Psychometric foundations of the Rorschach Performance Assessment System® (R-PAS®). In R. E. Erard & F. B. Evans (Eds.), *The Rorschach in Multimethod Forensic Assessment: Conceptual Foundations and Practical Applications* (pp. 23-91). New York: Routledge.

Meyer, G. J., Viglione, D. J., Mihura, J. L., Erard, R. E., & Erdberg, P. (2017). *R-PAS: Sistema de Avaliação por Performance no Rorschach.* São Paulo: Hogrefe.

Mihura, J. L. (2012). The necessity of multiple test methods in conducting assessments: The role of the Rorschach and self-report. *Psychological Injury and the Law, 5*(2), 97-06.

Mihura, J. L., Bombel, G., Dumitrascu, N., Roy, M., & Meadows, E. A. (2018). Why we need a formal systematic approach to validating psychological tests: The Case of the Rorschach Comprehensive System. *Journal of Personality Assessment*, 1-19.

Mihura, J. L., Meyer, G. J., Bombel, G., & Dumitrascu, N. (2015). Standards, accuracy, and questions of bias in Rorschach meta-analyses: Reply to Wood, Garb, Nezworski, Lilienfeld, and Duke. *Psychological Bulletin*, *141*(1), 250-260.

Mihura, J. L., Meyer, G. J., Dumitrascu, N., & Bombel, G. (2013). The validity of individual Rorschach variables: Systematic reviews and meta-analyses of the comprehensive system. *Psychological Bulletin*, *139*(3), 548-605.

Nørbech, P. C. B., Fodstad, L., Kuisma, I., Lunde, K. B., & Hartmann, E. (2016). Incarcerated violent offenders' ability to avoid revealing their potential for violence on the Rorschach and the MMPI–2. *Journal of Personality Assessment*, *98*(4), 419-429.

Nunes, C. H. S. S., Hutz, C. S., & Nunes, M. F. O. (2010). *Bateria Fatorial de Personalidade (BFP): Manual técnico*. São Paulo: Casa do Psicólogo.

Resende, A. C. (2016). *Método de Rorschach: Referências essenciais*. Goiânia: IGAP.

Rovinski, S. L. R., Schneider, A. M. de A., Parz, J., Santos, I, A. Z., & Bandeira, D. R. (2018). Respostas de agressividade no Rorschach (R-PAS) de homens autores de violência conjugal. *Avaliação Psicológica*, *17*(51), 199-204.

Savóia, M. G., Santana, P. R., & Mejias, N. P. (1996). Adaptação do inventário de estratégias de Coping de Fokman e Lazarus para o português. *Psicologia USP*, *7*(1), 183-201.

Schultz, D. S. (2016). Integrating self-report and performance-based testing in detecting impression management. In R. E. Erard & F. B. Evans (Eds.), *The Rorschach in Multimethod Forensic Assessment* (pp. 116-152). New York: Routledge.

Schultz, D. S. & Brabender, V. M. (2013). More challenges since Wikipedia: The effects ofexposure to internet information about the Rorschach on selected comprehensivesystem variables. *Journal of Personality Assessment*, *95*(2), 149-158.

Scortegagna, S. A., & Amparo, D. M. (2013). Avaliação Psicológica de ofensores sexuais com o método de Rorschach. *Avaliação Psicológica*, *12* (3), 411-419.

Scortegagna, S. A., & Amaral, A. E. V. (2013). Rorschach e pedofilia: A fidedignidade do Teste-Reteste. *Psico*, *44*(4), 508-517.

Smith, J. M., Gacono, C. B., Cunliffe, T. B., Kivisto, A. J., & Taylor, E. E. (2014). Psychodynam- ics in the female psychopath: A PCL-R/Rorschach investigation. *Violence and Gender*, *1*(4), 176–187.

Sousa, S. C. (2018). *Fatores de risco e proteção em reclusos criminalmente reincidentes* (Dissertação de mestrado, Universidade Fernando Pessoa, Fernando Pessoa).

van Ghesel Grothe, A. S., Waldorp, L., Watts, A., Edens, J. F., Skeem, J., & Noordhof, A. (2017). What Features of Psychopathy Might be Central? A Network Analysis of the Psychopathy Checklist Revised (PCL-R) in Three Large Samples. *Journal of Abnormal Psychology*, *127*(1), 51-65.

Verona, E., & Vitale, J. (2018). Psychopathy in Women: Assessment, Manifestations, and Etiology. In C. J. Patrick (Ed.), *Handbook of psychopathy* (pp. 509-528). New York: Guilford.

Weiner, I. B. (2003) *Principles of Rorschach interpretation*. (2nd ed.). New York: Taylor & Francis.

Weiner, I. B. & Greene, R. L. (2017). *Handbook of personality assessment*. New Jersey: John Wiley.

Zilki, A. A. G. R. & Resende, A. C. (2018). *Psicopatia, estresse e distresse em autores de violência sexual contra crianças e adolescentes*. Apresentação de Trabalho. Congresso Brasileiro de Psicologia, São Paulo.

Young, M. H., Justice, J. V. & Erdberg, P. (2010). Sexual offenders in prison psychiatric treatment a biopsychosocial description. *International Journal of Offender Therapy and Comparative Criminology*, *54*(1), 92-112.

Young, M. H., Justice, J. V. & Erdberg, P. (2012). Comparison of rape and molest offenders in prison psychiatric treatment. *International Journal of Offender Therapy and Comparative Criminology*, *56*(7), 1103-1123.

Zúquete, J. G. P. E. S. & Noronha, C. V. (2012). "Foi normal, não foi forçado!" versus "Fui abusada sexualmente": Uma interpretação dos discursos de agressores sexuais, das vítimas e de testemunhas. *Physis Revista de Saúde Coletiva*, *22*(4), 1357-1376.

LEITURAS RECOMENDADAS

Aschieri, F. & Smith, J. D. (2012). The effectiveness of therapeutic assessment with an adult client: A single-case study using a time-series design. *Journal of Personality Assessment*, *94*(1), 1-11.

Nørbech, P. C. B., Grønnerød, C., & Hartmann, E. (2016). Identification with a violent and sadistic aggressor: A rorschach study of criminal debt collectors. *Journal of Personality Assessment*, *98*(2), 135-145.

8

A SIMULAÇÃO E SEUS LIMITES FACTUAIS: CONTRIBUIÇÕES PARA A PERÍCIA PSICOLÓGICA

Silvio José Lemos Vasconcellos
Thamires Pereira Barbosa
Leonardo Ferreira Faria

Conforme o dicionário Aurélio, a palavra "simular" é sinônimo de aparentar ou fingir, indicando, portanto, o ato de fazer aparecer como real uma coisa que não é (Ferreira, 2010). No romance *A relíquia*, o escritor português Eça de Queirós narra, em primeira pessoa, a história de alguém que, diante de uma afortunada tia, finge ser um homem casto e incondicionalmente devoto aos valores cristãos. Entretanto, após uma longa viagem para percorrer lugares sagrados e a partir da qual alega trazer para a tia uma relíquia de valor inestimável, confunde-se. Ao manusear alguns embrulhos que carrega consigo, entrega para a tia a camisa de uma jovem prostituta com a qual desfrutou momentos de inarrável luxúria.

Em termos gerais, o romance de Eça de Queirós revela-se sugestivo para explicar a proposta central deste capítulo. Fingir características da personalidade pouco condizentes com o próprio modo de ser do indivíduo ou mesmo a existência de determinados transtornos mentais é uma atitude que tende a envolver ganhos pessoais diretos ou indiretos, muitas vezes atrelados a situações ou impasses jurídicos específicos. Além disso, o escritor português também nos faz considerar o fato de que a simulação pode envolver lapsos, sinais que a denunciem, inclusive no contexto forense.

O fingimento envolve um repertório complexo de comportamentos verbais e não verbais; demanda significativa capacidade atencional e constante automonitoramento, objetivando evitar que certos deslizes não ocorram. Quem simula uma doença mental deverá, por exemplo, expressar sintomas condizentes com o quadro e em intensidade compatível com o próprio estado a ser percebido pelos demais indivíduos. O exagero pode ser, nesse caso, contraproducente no que se refere ao convencimento alheio. A incongruência, por sua vez, é ainda mais reveladora quanto ao fato de o indivíduo estar fingindo uma síndrome que não o acomete.

Um exemplo ilustrativo quanto à própria complexidade e aos riscos que envolvem a simulação no contexto forense refere-se ao caso de um assassino em série chamado Kenneth Bianchi, também conhecido como o Estrangulador das Colinas. No inverno de 1977, Bianchi acreditou que a melhor forma de livrar-se da responsabilidade por seus crimes seria agir como alguém que apresenta um transtorno dissociativo de identidade, ou, como já foi chamado, um transtorno de múltiplas personalidades. Em uma das buscas realizadas no quarto desse assassino, a polícia encontrou uma série de livros de psicologia, inclusive materiais sobre testagem psicológica. Esse notório farsante preparou-se para as avaliações que viriam. O mero emprego dos testes mais convencionais utilizados nessa época não seria, por certo, suficiente para evidenciar a simulação (Holmes, 2016). A estratégia empregada passou a ser outra. Bianchi foi induzido a acreditar que um quadro de personalidades múltiplas envolve, necessariamente, a manifestação de no mínimo três personalidades distintas, e não somente duas, conforme tentava simular. Então, o Estrangulador das Colinas tratou de gerar uma nova e sugestiva personalidade para compor o quadro de forma mais convincente. Uma vez identificada a fraude, só restou a Bianchi admitir sua culpa, bem como a própria tentativa de simulação, tendo de aceitar, a partir disso, um acordo como forma de livrar-se da pena de morte (Holmes, 2016).

Este capítulo aborda os mecanismos cognitivos e comportamentais envolvidos na simulação. Discute suas principais implicações no contexto forense e apresenta alguns exemplos relacionados às principais estratégias empregadas e às possibilidades de que os avaliadores as identifiquem. Há algum tempo, a psicologia brasileira, em termos de atuação e pesquisa, deixou de abarcar apenas práticas ligadas à esfera clínica. Não se pode, portanto, alegar que o papel do psicólogo é apenas escutar ou oferecer apoio. Principalmente no contexto jurídico, esse papel é outro e demanda conhecimento apropriado sobre os processos de avaliação psicológica e psicodiagnóstico para que os encaminhamentos mais adequados decorram a partir disso. Na sequência, é apresentada uma proposta de aprofundamento teórico visando a contribuir para uma maior compreensão da simulação e da dissimulação na perícia psicológica forense, bem como de alguns transtornos que, mais comumente, envolvem situações dessa natureza em contextos diversificados.

O QUE PODE SER SIMULADO?

Não é possível atribuir percentuais exatos sobre a simulação no contexto forense, considerando que muitos casos podem estar fora dos registros oficiais. Autores como Rogers (1997) estimam, entretanto, que casos de simulação com o intuito de evidenciar insanidade mental podem perfazer um percentual que varia de 15 a 17% no contexto forense e de 7 a 8% em outros contextos.

Também é incorreto afirmar que qualquer manifestação física ou psicológica individual pode ser facilmente simulada no contexto forense. Instruir uma criança a simular a síndrome do alcoolismo fetal, por exemplo, como forma de evidenciar um suposto abuso prolongado de álcool por parte da genitora, é, nesses termos, inviável, considerando que essa síndrome, além de retardo mental moderado, caracteriza-se por alterações faciais que vão desde o estreitamento dos lábios inferiores até o alargamento das fossas nasais (Ramalho & Santos, 2015). O mesmo poderia ser dito sobre a síndrome de Noonan, capaz de gerar um formato mais triangular na face, além de baixa estatura, cuja etiologia não está ligada à negligência nutricional, sendo, de outro modo, predominantemente genética (Malaquias et al., 2008). Em contrapartida, certas alterações cognitivas ou transtornos mentais que não envolvem indícios orgânicos visíveis podem, mais facilmente, ser simuladas.

Um quadro de estresse pós-traumático tem, por exemplo, como uma de suas características patognomônicas, a revivência do trauma, que pode se dar na forma de sonhos ou imagens intrusivas (Figueira & Mendlowicz, 2003). Entretanto, esses sintomas apresentam – para usar aqui uma expressão do cientista cognitivo John Searle – ontologia de primeira pessoa. Em outras palavras, existem tão somente na esfera individual, ainda que quem os experimenta seja capaz de verbalizar para terceiros suas próprias experiências. Nesses termos, se alguém alega estar experimentando a intrusão de imagens associadas a um evento traumático, esses fatos podem ser comunicados sem que sejam, em termos ontológicos, passíveis de um compartilhamento quanto a um conjunto de sinais visíveis.

O mesmo ocorre com uma série de sintomas negativos e positivos associados a diferentes quadros psicóticos. Comportar-se como alguém que está alucinando não exige, nesse sentido, que determinados correlatos fisiológicos desse quadro sejam explicitados em uma situação de interação social. Alucinações podem, por exemplo, acometer alguém que está deambulando pela sala, do mesmo modo que podem acometer alguém que está em um estado de quase catatonia. Seria, portanto, improdutivo procurar sinais de sudorese supostamente correspondentes ao sintoma. Também é possível afirmar isso com segurança sobre um quadro de amnésia caracterizado por diferentes tipos de prejuízos na memória e, portanto, por sintomas que são exclusivamente psicológicos, salvo quando acompanhados de alguma situação de lesão cerebral específica.

Para as análises e exemplificações que serão destacadas ao longo deste capítulo, faz-se necessário, portanto, considerar o fato de que determinados transtornos são mais facilmente simuláveis do que outros. O mesmo pode ser dito quanto a certas características da personalidade. Traços de agressividade podem, por exemplo, expressar-se de forma mais recorrente nas situações interpessoais do que traços de deferência, que, por sua vez, dependerão de interações mais específicas, a maioria delas ligada a figuras de autoridade.

A pergunta basilar para esta seção demonstra ser, em outros termos, o que pode ser mais facilmente simulado, e não apenas o que pode ser simulado. Para tanto, a resposta refere-se a quadros com sintomas exclusivamente psicológicos, bem como tendências comportamentais que podem se mostrar mais frequentes em situações cotidianas. Essas asserções permitem avançar quanto ao próprio entendimento do que é geralmente denominado como simulação e suas variantes.

MODALIDADES E GRAUS DE SIMULAÇÃO

No *Manual diagnóstico e estatístico de transtornos mentais*, 5ª edição (DSM-5), a simulação é abordada no capítulo sobre "Outras condições que podem ser foco da atenção clínica". Nessa parte, o Manual descreve a simulação como a produção intencional de sintomas físicos ou psicológicos falsos ou grosseiramente exagerados, motivados por incentivos externos (American Psychiatric Association [APA], 2013). O DSM-5 considera também a possibilidade de a simulação, sob certas circunstâncias, revelar-se adaptativa, como o fingimento de uma doença quando se está capturado pelo inimigo em uma situação de guerra (APA, 2013). Para fins de avaliação, o DSM-5 destaca, ainda, que a simulação dever ser fortemente suspeitada quando for possível notar a combinação de determinados elementos: o contexto médico-legal de apresentação, a discrepância acentuada entre o alegado estresse ou incapacidade do indivíduo e as observações objetivas, a falta de cooperação durante a avaliação e a presença de transtorno antissocial (APA, 2013).

A simulação não deve ser compreendida como uma variável dicotômica, mas como um fenômeno que pode se apresentar em graus distintos. Desse modo, é pertinente diferenciar a simulação pura da simulação parcial, sendo que ambas se diferenciam, ainda, da falsa imputação (Duque, 2004). Enquanto a simulação pura envolve a total falsificação de uma doença inexistente, a simulação parcial relaciona-se a um exagero no que se refere à ocorrência de sintomas reais vivenciados pelo indivíduo. Já a falsa imputação consiste em uma atribuição de causas não relacionadas à ocorrência de determinados sintomas, sendo uma ação consciente por parte do indivíduo (Duque, 2004).

Autores como Duque (2004) e Rodrigues, Freitas, Farias e Amorim-Gaudêncio (2016) destacam classificações mais específicas para essas modalidades, denominando o exagero de sintomas como supersimulação. Para os autores, existiriam, ainda, a metassimulação, situação em que o indivíduo procura demonstrar a permanência de uma doença para a qual já houve total remissão dos sintomas, bem como a dissimulação, que consiste no ato de ocultar ou minimizar uma doença existente.

Conforme o DSM-5, faz-se necessário também considerar as diferenças entre a simulação e o transtorno factício, sendo este caracterizado pela falsificação de sintomas diante de uma situação na qual não há incentivo externo. O transtorno é, muitas vezes, aludido como síndrome de Münchhausen, em referência a um célebre personagem da obra de Rudolph Erich Raspe, cuja notoriedade decorria das mentiras que contava. Conforme o DSM-5, existem duas modalidades de transtorno factício. O transtorno factício autoimposto caracteriza-se pela falsificação de sinais ou sintomas físicos ou psicológicos, ou indução de lesão ou doença, associada à fraude. Implica o fato de o indivíduo apresentar-se aos demais como doente, incapacitado ou lesionado, bem como pelo fato de o comportamento fraudulento revelar-se evidente mesmo na ausência de recompensas externas identificáveis (APA, 2013). Já o transtorno factício imposto ao outro apresenta características similares, diferenciando-se, porém, quanto ao segundo critério, uma vez que o paciente trata de apresentar outro indivíduo com o qual se relaciona como doente, incapaz ou lesionado (APA, 2013).

Essas diferenciações, assim como a compreensão dimensional sobre o problema da simulação, elucidam alguns aspectos relacionados ao modo como esse fenômeno pode apresentar-se no contexto forense. Entretanto, não esgotam o próprio entendimento de como a simulação pode estar mais diretamente relacionada a determinados transtornos mentais, embora tais manifestações não sejam decorrentes apenas de transtornos psicológicos. Na sequência, será apresentado um entendimento mais conspícuo sobre a relação entre simulação e um transtorno da personalidade específico.

PSICOPATIA, SIMULAÇÃO, DISSIMULAÇÃO E ESTRATÉGIAS DE CONVENCIMENTO

A psicopatia é caracterizada tanto por tendência para a manifestação de comportamentos antissociais, embora não necessariamente criminais, como também por comprometimento na esfera afetiva capaz de gerar sintomas como a falta de empatia e a ausência de remorso (Hare, 2003). Além disso, psicopatas tendem a ser manipuladores mais hábeis, demonstrando menor nível de ansiedade social quando tentam ludibriar outros indivíduos (Vasconcellos et al., 2017). O estado atual de conhecimento sobre o assunto indica que esse transtorno apresenta etiologia biopsicossocial, podendo atingir 2% da população, embora estudos mais conclusivos sobre sua prevalência ainda sejam necessários (Patrick, 2010).

Essas breves considerações permitem uma inferência necessária para as reflexões propostas nesta seção. Dito de outro modo, para indivíduos que apresentam esse transtorno, a simulação, quando vantajosa, pode ser mais facilmente executada. No entanto, ressalta-se que essa capacidade de manipulação mais acentuada não é, por si só, suficiente para caracterizar o transtorno e não é verificada exclusivamente em psicopatas. No caso da psicopatia, entretanto, menor nível de ansiedade social em situações de interação pode representar menor chance de cometer deslizes (Vasconcellos et al., 2017). Isso não significa dizer que psicopatas sejam infalíveis em suas tentativas de simular transtornos mentais mais comprometedores ou exagerar sobre sua intensidade, mas tão somente que indivíduos com esse transtorno podem revelar-se mais efetivos nessas tentativas.

O Código Penal brasileiro, em seu art. 26, preconiza que o indivíduo que é capaz de compreender a ilicitude de seus atos e de autodeterminar-se a partir dessa compreensão pode ser penalmente responsabilizado, sendo considerado, portanto, imputável. Algumas controvérsias persistem sobre um possível enquadramento dos psicopatas na categoria de semi-imputabilidade, considerando que a própria capacidade de autodeterminação desses indivíduos não seria a mesma de uma pessoa sem nenhum tipo de transtorno mental. Alguns autores estão de acordo quanto ao fato de que a psicopatia não é, entretanto, uma doença verdadeiramente comprometedora da capacidade decisória ou capaz de inviabilizar a real compreensão sobre as implicações dos próprios atos (Hare, 2003). Nesse sentido, psicopatas tendem a simular quadros mais comprometedores, como transtornos dissociativos ou psicóticos, principalmente no âmbito do exame de responsabilidade penal. Em geral, esse exame é realizado em caráter interdisciplinar e no qual o psicólogo costuma contribuir com a realização de testagens pertinentes.

A simulação também pode ocorrer em outras instâncias jurídicas, como em questões trabalhistas, a partir das quais o avaliado objetiva obter certas vantagens. Frequentemente, também acontece em situações que requerem a avaliação de dano psicológico visando a possíveis ganhos financeiros decorrentes de uma ação na qual caberá ao psicólogo avaliar a existência de disfunções decorrentes das práticas laborativas, por exemplo (Christ, 2016). Em casos desse tipo, o conhecimento adequado sobre determinadas particularidades no que se refere aos sintomas que caracterizam esses quadros pode ser de grande valia para o avaliador.

Em pesquisas já desenvolvidas no Brasil que contam com a autoria de um dos responsáveis por este capítulo, verificou-se que alguns comportamentos interpessoais diretamente associados à psicopatia, quando efetivamente mensurados, podem revelar-se sugestivos em relação à tentativa de manipular o avaliador (Davoglio, Gauer, Vasconcellos, & Lühring, 2011). As tentativas de convencer um interlocutor quanto à ocorrência de determinados sintomas, como um trauma supostamente decorrente de uma situação de conflito na qual o avaliado deseja obter vantagens pessoais, podem ser precedidas por esses comportamentos. Em outras palavras, psicopatas tendem, em diferentes situações de interlocução – inclusive as atreladas a um processo de avaliação –, a realizar uma busca mais direta por alianças. Essas atitudes podem envolver tanto o uso de narrativas nas quais o entrevistador seja aludido, como perguntas repetitivas induzindo à concordância quanto ao ponto de vista apresentado, como comportamentos mais invasivos ao longo da entrevista. Indivíduos com esse diagnóstico também podem valer-se de um direcionamento mais intenso do olhar como forma de monitorar as reações do avaliador, elogios impertinentes, comentários pessoais inapropriados ou maior dramaticidade em suas narrativas (Davoglio et al., 2011). Estabelecer aliança temporária com o avaliador é, nesse sentido, fundamental para o emprego de outras estratégias de engano que poderão ser alocadas nessas circunstâncias. Deve-se ressaltar que tais manifestações não se apresentam como critérios isolados ou suficientes para o diagnóstico da psicopatia, mas apenas como comportamentos interpessoais mais característicos do quadro.

Desse modo, a psicopatia abarca mecanismos que podem contribuir, em termos qualitativos e quantitativos, para a manipulação e para o engano, considerando que esses mesmos mecanismos se tornam mais recorrentes e, nesse sentido, mais eficazes em tais circunstâncias. No entanto, mesmo diante de um quadro com essas características, o avaliador precisa ter em mente que, como sugere a história fictícia apresentada no início deste capítulo ou a história real sobre o Estrangulador das Colinas, a simulação pode ser acompanhada de pistas que a denunciam.

Nesses termos, será apresentada, a seguir, uma proposta concisa – e, até certo ponto, protocolar – para melhor avaliar casos dessa natureza. Esse conjunto de pressupostos norteadores decorre tanto da experiência dos pesquisadores envolvidos neste capítulo como de uma revisão crítica da literatura realizada para esses fins.

PRECEITOS CENTRAIS PARA A AVALIAÇÃO DE SIMULAÇÃO E FALSA IMPUTAÇÃO

Na sequência, serão destacados alguns preceitos que podem nortear a avaliação da simulação ou falsa imputação em seus aspectos mais gerais e específicos. Ressalta-se que esses aspectos envolvem tanto as possíveis reações que um perito ou avaliador pode apresentar nessas circunstâncias como também sinais que podem evidenciar incongruência de sintomas em diferentes quadros na esfera da psicopatologia. Tendo por base a própria díade que caracteriza as situações de avaliação psicológica, buscou-se, desse modo, considerar as manifestações que podem advir do indivíduo avaliado ou do indivíduo que avalia. Destacam-se quatro preceitos norteadores:

- **Considerar todos os ganhos oriundos da situação para o avaliado.** Dependendo do embate jurídico que se apresenta, as vantagens que poderiam decorrer de uma simulação tornam-se evidentes, como simular um quadro psicótico como forma de não ser penalmente responsabilizado pelos próprios atos. Entretanto, há casos nos quais a tentativa de ludibriar o avaliador também pode ser indireta e atrelada a motivos não conscientes para o próprio avaliado. Casos desse tipo são mais comuns quando há um transtorno factício envolvido. Quando passível de ser confirmada, a história pregressa do indivíduo, capaz de indicar buscas recorrentes por atendimentos médicos em diferentes locais da rede pública ou privada, pode ser uma informação fundamental para melhor entender os mecanismos envolvidos. De modo geral, sabe-se ainda que, para fins escusos, homens tendem a simular mais prejuízos cognitivos, e mulheres, síndromes que envolvem distúrbios orgânicos diversos (Rogers, Sewell, Goldstein, & Leonard, 1998).
- **Identificar incongruências emocionais.** Uma série de estudos no campo da detecção da mentira tem indicado que as estratégias de engano tendem a estar associadas a incongruências sugestivas, e não exatamente a sinais inequívocos e universais relacionados à mentira (Ekman, 2009; Meyer, 2010). Nesse sentido, o conhecimento por parte do avaliador quanto aos chamados "vazamentos emocionais" – para usar aqui a terminologia de Paul Ekman – pode ajudar muito (Ekman, 2009). Afinal, são esses vazamentos que podem, por exemplo, indicar que um suposto quadro de depressão pode não estar sendo acompanhado de expressões genuínas de tristeza, considerando que estas podem estar sendo apresentadas fora do *timing* ou sem alocar as unidades de ação facial condizentes. Em outras palavras, o avaliado pode, por exemplo, destacar perante o entrevistador que vivencia depressão intensa decorrente de situação de litígio que o impulsionou a entrar com ação de danos morais contra a outra parte litigante, porém sua linguagem não verbal revela vazamentos emocionais verdadeiramente incongruentes com o quadro e com os fatos descritos. Sinais sutis de desprezo, em contrapartida, também podem estar presentes por parte do avaliado quando este acredita estar conseguindo enganar seu interlocutor (Meyer, 2010). Dessa forma, é recomendável que o perito obtenha o conhecimento necessário para uma melhor identificação de expressões e microexpressões faciais relacionadas às emoções básicas com o intuito de investigar cada caso de maneira mais precisa. As possibilidades para esse aprimoramento vão desde cursos de curta duração até o treinamento com *softwares* que permitem capacitação não presencial dos profissionais.
- **Automonitoramento por parte do avaliador.** A capacidade de identificar estados emocionais ou mesmo reações muito céleres desencadeadas pelo avaliado exige aprimoramento contínuo. Nesse sentido, identificá-los tende a ser uma condição *sine qua non* para minimizar as chances de que o próprio avaliador seja manipulado. Reações desse tipo podem ser sutilmente desencadeadas por comportamentos interpessoais que caracterizam a psicopatia, embora não sejam exclusivas desse quadro. Aproximar-se do entrevistador em momentos cruciais da interação ou, de modo discreto, repetir gestos na tentativa de "espelhar" as ações alheias são exemplos de estratégias que podem aumentar a reação empática da pessoa que escuta e avalia. Aludir o entrevistador nessas histórias também é uma estratégia similar – quando alguém afirma, por exemplo: "Meus sintomas depressivos se agravaram quando brigamos pela segunda vez. Essa pessoa, na varanda da casa ao lado, simplesmente gritou e ofendeu meus filhos. Imagino que você tenha filhos e entenda bem o que estou dizendo. É muito difícil para um pai ou uma mãe suportar isso. Percebe como seria difícil lidar com isso, mesmo para você, que é alguém mais preparado?". Uma situação como essa seria totalmente plausível em uma briga de

vizinhos. Porém, o que está sendo destacado refere-se tão somente ao fato de que mencionar o próprio avaliador na história costuma ser uma estratégia com vistas a desencadear reações empáticas específicas e desejáveis por parte de quem conta a história. É certo que essas mesmas reações não atestarão a veracidade ou a falsidade da história, mas é importante que o avaliador não se torne, sem perceber, inclinado a acreditar nos fatos apenas em virtude de ter, diante de algumas estratégias sub-reptícias, assumido o lugar de alguém que, circunstancialmente, alega ter sido vítima de injúrias. Em casos desse tipo, é possível que o avaliado esteja apenas tentando evidenciar um suposto nexo causal entre os fatos narrados e os sintomas aludidos, mobilizando, para tanto, a empatia do entrevistador. Avaliar, constantemente, as próprias reações é, nesses termos, uma maneira de ater-se mais aos fatos e menos aos sentimentos envolvidos.

- **Conhecer os principais estudos envolvendo a sintomatologia e a epidemiologia dos diferentes transtornos mentais.** O conhecimento das particularidades relativas à intensidade e à frequência dos sintomas negativos e positivos em diferentes quadros psicóticos pode contribuir significativamente para uma melhor avaliação em casos de simulação e dissimulação. Um clássico estudo desenvolvido por Cornel e Hawk (1989) demonstrou, por exemplo, discrepâncias entre simuladores e indivíduos que protagonizaram episódios reais de psicose. Enquanto apenas 5% dos simuladores tratavam de aparentar descuido com a higiene pessoal, essa característica perfazia 52% dos casos de psicose verdadeira. A diferença entre a manifestação de verborreia nos dois grupos também foi notória, alcançando apenas 5% nos casos simulados e 80% nos casos reais. Ideias de grandeza e delírios de autorreferência, conforme esse mesmo estudo, não ultrapassavam 10% do total nos casos envolvendo simulação, alcançando, porém, um número quatro vezes maior nos casos reais. Ressalta-se ainda que, em quadros psicóticos verdadeiros, são raras as alucinações visuais monocromáticas ou em preto e branco, bem como as que envolvem objetos ou figuras em tamanhos mínimos ou exacerbados. Já as alucinações auditivas que perduram por mais de uma hora e nas quais o indivíduo identifica vozes de um único gênero também são consideradas incomuns e não ultrapassam 25% dos casos (Duque, 2004). No entanto, as alucinações visuais costumam estar mais presentes em quadros de psicose tóxica em comparação a outros quadros psicóticos (Del-Ben, Rufino, Azevedo-Marques, & Menezes, 2010). Questões relativas ao início ou ao término abrupto dos sintomas, à presença de sintomas positivos com características bizarras quando não acompanhados de desorganização do pensamento e à maior ansiedade ligada às tentativas de chamar atenção para as próprias ilusões também têm sido destacadas na literatura especializada como sugestivas de simulação (Chesterman, Terbeck, & Vaughan, 2008). Dessa forma, o conhecimento acurado sobre o modo como esses sintomas se manifestam pode ajudar os avaliadores em muitos aspectos. Considerar probabilidades maiores ou menores da ocorrência de simulação tende a ser producente para fins de avaliação, ainda que esses números não possam ser tomados como indícios inequívocos para conclusões mais amplas. Além disso, ressalta-se que o uso da testagem adequada, capaz de gerar uma série de dados complementares nesse contexto, revela-se fundamental, conforme será destacado na sequência deste capítulo.

MÉTODOS DE TESTAGEM E SUAS POSSIBILIDADES

A avaliação psicológica realizada no contexto forense mostra-se como um importante recurso no auxílio das tomadas de decisão envolvendo processos judiciais. A perícia e o resultado da avaliação psicológica podem influenciar até mesmo a alteração da pena nos casos em que a simulação por parte do avaliado é identificada

(Paulo, 2012). Portanto, além dos preceitos citados anteriormente que norteiam a avaliação da simulação, o psicólogo também precisa ter conhecimento sobre quais são os melhores métodos sistematizados e instrumentos indicados para esses casos.

A avaliação da simulação requer abordagem biopsicossocial, pois constitui um fenômeno complexo e multidimensional, que ocorre de forma contínua (Domingues, 2012). Para esses casos, é indicado utilizar todos os procedimentos que envolvem a avaliação psicológica – desde entrevistas semiestruturadas, que sustentarão o avaliador na compreensão da história de vida do indivíduo, até métodos mais tradicionais de testagem, que auxiliarão na identificação de possíveis sinais de simulação. É importante identificar, por intermédio da entrevista, se o avaliado já apresentou comportamentos envolvendo o "ato de simular" em outros contextos, como em situações profissionais e/ou familiares, pois muitas vezes a simulação pode estar atrelada a sua história de vida (Domingues, 2012).

No contexto forense, de maneira específica, o avaliador precisará reunir todas essas informações coletadas pelas testagens e pela entrevista a fim de averiguar se os comportamentos apresentados pelo avaliado decorrem de motivações externas ou se estão atrelados ao próprio indivíduo. Essa verificação é importante, uma vez que o avaliado poderá fingir baixo desempenho nas testagens com o objetivo de confirmar o comportamento ou o sintoma simulado.

Há diferentes testes na literatura internacional que podem auxiliar o avaliador a identificar a simulação, entre os quais os testes de validade de sintomas. O Test of Memory Malingering (TOMM) e Rey 15-Item Memory Test (FIT) objetivam avaliar a medida de esforço reduzido ou o exagero de sintomas de dificuldades cognitivas. O TOMM foi utilizado para avaliar indivíduos privados de liberdade em Portugal e apresentou resultados válidos que confirmaram a simulação por parte de alguns deles (Fazio, Sanders, & Denney 2015; Grote & Hook, 2007; Soares, 2013). Nessa mesma perspectiva, outro estudo utilizou o TOMM para avaliar o perfil criminal de 255 homens reclusos em um hospital forense de segurança máxima, a fim de comparar os dados com o Word Memory Test (WMT). Os resultados demonstraram evidências de validade convergente entre ambos no contexto forense e apontaram a necessidade de mais estudos que avaliem a eficácia de testes de validade de sintomas nesse mesmo contexto (Fazio et al., 2015). Além dos instrumentos citados, os testes projetivos também podem auxiliar no processo de avaliação desses casos. O Teste de Rorschach, por exemplo, é muito utilizado no contexto forense para auxiliar no processo de avaliação da personalidade, colaborando para a identificação da simulação (Hilsenroth & Stricker, 2004; Perry & Kinder, 1990).

Embora tais testes de validade de sintomas sejam recomendados no contexto forense, é importante ressaltar que a literatura tem chamado a atenção para casos em que os indivíduos conseguem manipular esses métodos, fazendo essas medidas de simulação não serem totalmente eficazes (Spreen & Strauss, 1998). Portanto, é importante que o psicólogo avaliador tenha conhecimento de outras técnicas que auxiliem no processo como um todo. Uma delas tem sido desenvolvida ao longo dos anos e sugere que o avaliador utilize diferentes instrumentos de avaliação psicológica voltados para funções cognitivas distintas – ou seja, ele poderá avaliar os diferentes sintomas de forma independente. Um exemplo disso é o fato de os simuladores, na maior parte das vezes, apresentarem desempenhos mais lentos em tarefas de tempo quando comparados a indivíduos que realmente apresentam dano cerebral (Van Gorp et al., 1999).

O Teste Wisconsin de Classificação de Cartas (WCST, do inglês Wisconsin Card Sorting Test) avalia as funções cognitivas e objetiva analisar o raciocínio abstrato e a habilidade de mudar as estratégias cognitivas em resposta a eventuais modificações ambientais; o Trail Making Test (TMT) avalia os domínios cognitivos da atenção seletiva e a velocidade psicomotora - atenção, flexibilidade mental, procura visual e função motora (Bernard, McGrath, & Houston, 1996; Suhr & Boyer, 1999). Ambos são indicados para uso na avaliação forense e as características avaliadas por eles podem fornecer indícios de simulação, considerando determinadas incongruências identificadas a partir da testagem. Um estudo realizado com 56 participantes que estavam em processo de avaliação pericial de dano corporal utilizou esses dois testes para detectar indícios de simulação (Sousa, Machado, & Quintas, 2013). Os resultados demonstraram que cerca de 30% da amostra apresentou alguma forma de simulação, corroborando parcialmente outros estudos que indicam o mesmo percentual nas amostras pesquisadas (Heaton, Smith, Lehman, & Vogt, 1978; Mittenberg, Patton, Canyock, & Condit, 2002; Sousa et al., 2013).

É necessário destacar a desejabilidade social como um conjunto de mecanismos utilizados pelo indivíduo para manter sua postura simulada. Nesses casos, a Escala de Desejabilidade Social de Marlowe-Crowne (EDSMC) mostra-se como outro instrumento útil. Escalas desse tipo objetivam identificar a dissimulação da resposta verdadeira do indivíduo, uma vez que este pode distorcer seu real comportamento para um comportamento socialmente aceitável. Desse modo, utilizar essa medida pode auxiliar na checagem das respostas obtidas por intermédio de outras fontes, como o autorrelato, principalmente quando não é possível checar a veracidade por meio de informações externas (Crowne & Marowe, 1960; Gouveia, Guerra, Souza, Santos, & Costa, 2009).

A SIMULAÇÃO NO CONTEXTO DA PROTEÇÃO SOCIAL: NOVOS CAMPOS DE ATUAÇÃO, NOVOS DESAFIOS

É comum associar a ocorrência da simulação pura ou parcial a casos em que o indivíduo busca livrar-se de condenação ou obter ganhos diretos relacionados à indenização por danos psicológicos resultantes de um conflito interpessoal. Todavia, considerando as novas práticas do psicólogo na sociedade contemporânea, essas ocorrências podem, mais recentemente, apresentar-se também em avaliações realizadas na esfera da proteção social básica e especial.

Para tecer considerações sobre a simulação nesse contexto, os autores deste capítulo valem-se da experiência adquirida por intermédio da atuação em locais como Centro de Referência Especializado de Assistência Social (Creas) e Centro de Referência de Assistência Social (Cras) em localidades do interior do Rio Grande do Sul. Alguns exemplos dessas mesmas ocorrências são sinteticamente descritos e analisados sem qualquer tipo de identificação dos envolvidos. Destaca-se, ainda, que tais casos envolvem uma interface direta com instâncias jurídicas, a exemplo do Juizado da Infância e da Juventude ou do Conselho Tutelar das respectivas cidades nas quais se deu essa atuação profissional.

Em centros e programas ligados ao Sistema Único de Assistência Social (Suas), os profissionais tendem a atuar de forma tanto interventiva como preventiva, recebendo, por sua vez, encaminhamentos do Juizado da Infância e da Juventude ou do Conselho Tutelar para esses fins. Em casos dessa natureza, a simulação não parece ser um caminho direto ou facilitador para que o avaliado consiga controlar as impressões geradas e que, nesse sentido, subsidiarão decisões jurídicas mais específicas. Em outras palavras, uma vez que grande parte desses casos, principalmente no que se refere à proteção social básica, demanda, sobretudo, relatórios de acompanhamento familiar, sem a necessidade de diagnósticos propriamente ditos, a simulação é menos provável. Entretanto, o fato de um fenômeno ser menos provável não torna, por si só, sua incidência impossível ou mesmo verdadeiramente rara.

Cita-se, nesses termos, a simulação da depressão maior como possível estratégia para justificar situações de negligência dos genitores ou dos responsáveis pela criança em casos de acompanhamento familiar solicitado pelo Juizado da Infância e da Juventude. A depressão maior é caracterizada por comportamentos como retraimento social, falta de motivação e alterações afetivas, como sensação de tristeza e sentimento de culpa (Barros et al., 2017). De outro modo, o que se verifica nesses casos é a alusão a sintomas que são característicos do quadro, porém incongruentes com uma série de comportamentos que o avaliado evidencia ao longo do próprio acompanhamento familiar.

Em um dos casos atendidos na esfera da proteção social básica, por exemplo, verificou-se que a avaliada alegava estar apática e "sem energia" para levar os filhos para atendimento no posto de saúde para consultas e vacinação. Descrevia perda gradual de apetite e afastamento de uma série de atividades sociais. Modulava suas expressões faciais no intuito de aparentar tristeza, alterando ainda a prosódia a partir de uma entonação mais lânguida. Também narrava episódios nos quais teria evitado o contato com amigas e familiares em decorrência do humor deprimido. Algumas visitas domiciliares realizadas pelos profissionais do Centro em dias e semanas subsequentes à primeira entrevista não verificaram, no entanto, presumida estabilidade dos sintomas, considerando a própria ausência de tratamento clínico que caracterizava o quadro. Nessas circunstâncias, foi possível verificar que a avaliada encontrava-se ativa em sua residência, estando também ausente em uma dessas visitas em decorrência de um passeio realizado com as amigas, conforme descreveram os familiares contatados nessa ocasião.

Outro caso ilustrativo, igualmente atrelado a uma situação de suposta negligência e solicitação de acompanhamento familiar daí decorrente, refere-se à descrição de sintomas característicos de um trauma resultante de episódios de violência (tiroteio) vivenciado pela avaliada nas imediações de sua residência. Um trauma não necessariamente irá configurar-se como um quadro de estresse pós-traumático, mas pode envolver um dos sintomas patognomônicos do quadro – mais especificamente, o fato de o indivíduo estar revivendo, em suas lembranças ou sonhos, a situação traumática experienciada (Hubner et al., 2018). É interessante considerar que, no caso em questão, a avaliada narrou episódios que de fato ocorreram em local próximo a sua moradia, porém em uma época posterior ao período estabelecido para as matrículas na rede pública de ensino na cidade em que residia. Além disso, cabe ressaltar que o acompanhamento familiar solicitado pelo Conselho Tutelar ocorreu principalmente em decorrência da não efetivação das matrículas das crianças em idade escolar dessa mesma família. Embora uma série de reações traumáticas seja, em muitos casos, de difícil averiguação considerando apenas o relato do avaliado, podem-se considerar outros aspectos relacionados ao local e ao tempo transcorrido como indícios auxiliares para subsidiar as avaliações feitas nesse contexto. Assim, uma avaliação mais criteriosa em casos desse tipo pode também demandar um cruzamento de informações a ser realizado pelos profissionais que atuam nesses centros.

Em termos gerais, as asserções constantes nesta seção sinalizam novos contextos de atuação do profissional que trabalha em uma interface direta ou indireta com as instâncias jurídicas. Desse modo, novos desafios relativos à avaliação da simulação também são considerados. Entende-se que esse percurso que relaciona pesquisa e prática, tendo em consideração a proteção social, ainda é incipiente na psicologia brasileira. No entanto, sua compreensão parece revelar-se, desde já, promissora para aprimorar a prática e a pesquisa no âmbito da psicologia jurídica.

CONSIDERAÇÕES FINAIS

A simulação não é, por certo, um fenômeno novo no contexto forense. Diferentes estratégias, inclusive tentativas de aparentar alterações da consciência em casos ocorridos há mais de um século, já foram discutidas na literatura científica nacional (Vasconcellos & Vasconcellos, 2017). A pseudoloucura, conforme a denominação da época, atesta que a manifestação de sintomas sugestivos de doença mental já podia configurar-se como mera tentativa de ludibriar o avaliador e livrar-se das sanções jurídicas previstas no Código Penal (Vasconcellos & Vasconcellos, 2017).

Entretanto, o que mudou nesse percurso e como caracterizar o momento presente quanto à possibilidade de detectar casos de simulação e dissimulação no âmbito jurídico? Pode-se aventar que a consolidação de pesquisas cada vez mais voltadas para subsidiar o trabalho dos avaliadores é um desses aspectos. Mais do que constatar suas ocorrências, profissionais e pesquisadores estão, há algumas décadas, voltados para o entendimento de como lidar melhor com esse fenômeno, identificando-o a partir de critérios específicos.

Este capítulo buscou, nesse sentido, expor uma compreensão atual sobre o assunto, discorrendo sobre conceitos pertinentes à temática, sobre as modalidades de simulação e destacando, ainda, alguns casos emblemáticos. Ademais, buscou discorrer sobre um novo contexto de atuação profissional no qual a simulação pura ou parcial pode apresentar-se de forma peculiar. Além disso, foram propostas algumas diretrizes relativas à maneira como a avaliação de casos dessa natureza pode ser conduzida. Essas diretrizes envolvem tanto a postura do profissional diante de cada situação específica quanto a necessidade de uma apropriação teórica que pode fundamentar melhor qualquer avaliação na qual esse fenômeno possa se fazer presente.

Não é incorreto afirmar que ainda faltam pesquisas nesse campo. Entender melhor as especificidades de determinados casos, ampliar as possibilidades de uso dos testes psicométricos e projetivos nesse contexto e elaborar e validar novos instrumentos ou protocolos de avaliação adequados para subsidiar o profissional em termos de psicodiagnóstico são demandas ainda existentes que exemplificam essa necessidade de expansão. Dessa forma, entende-se que, em termos teóricos, subsidiar melhor o trabalho de quem atua e pesquisa na esfera jurídica e em áreas afins significa contribuir para que as decisões decorrentes dessas práticas possam ser mais bem embasadas, ainda que nem sempre possam ser irretorquíveis.

REFERÊNCIAS

American Psychiatric Association (APA). (2013). *Diagnostic and statistical manual of mental disorders: DSM-V* (5th ed.). Arlington: APA.

Barros, M. B. A., Lima, M. G., Azevedo, R. C. S., Medina, L. B. P., Lopes, C. S., Menezes, P. R., & Malta, D. C. (2017). Depression and health behaviors in Brazilian adults: PNS 2013. *Revista de Saúde Pública, 51*(1), 8s.

Bernard, L. C., McGrath, M. J., & Houston, W. (1996). The differential effects of simulating malingering, closed head injury, and other CNS pathology on the Wisconsin Card Sorting Test: Support for the "pattern of performance" hypothesis. *Archives of Clinical Neuropsychology, 11*(3), 231-24.

Chesterman, L. P., S. Terbeck, S., & Vaughan, F. (2008). Malingered psychosis. *The Journal of forensic psychiatry and Psychology, 19*(3), 275-300.

Christ, H. D. (2016). Perícia psicológica no direito do trabalho. In S. J. L. Vasconcellos & V. M. Lago. *A psicologia jurídica e as suas interfaces: Um panorama atual.* Santa Maria: UFSM.

Cornel, D. G. & Hawk, G. L. (1989). Clinical presentation of malingerers diagnosed by experienced forensic psychologist. *Law and Human Behavior, 13*(4), 375-383.

Crowne, D. P. & Marlowe, D. (1960). A new scale of social desirability independent of psychopathology. *Journal of Consulting Psychology, 24*(4), 349-354.

Davoglio, T. R., Gauer, G. J. C., Vasconcellos, S. J. L., & Lühring, G. (2011). Medida Interpessoal de Psicopatia (IM-P): Estudo preliminar no contexto brasileiro. *Trends in Psychiatry and Psychotherapy, 33*(3), 147-155.

Del-Ben, C. M., Rufino, A. C. T. B. F., Azevedo-Marques, J. M., & Menezes, P. R. (2010). Diagnóstico diferencial de primeiro episódio psicótico: Importância da abordagem otimizada nas emergências psiquiátricas. *Revista Brasileira de Psiquiatria, 32*(2), 78-86.

Domingues, A. F. G. (2012). *Escala de validade de sintomas – versão experimental (EVS-VE): Estudo de validação em amostras médico legal e comunidade* (Dissertação de mestrado, Universidade de Coimbra, Coimbra).

Duque, C. (2004). Simulação. In J. G. V. Taborda, M. Chalub, & E. Abdalla-Filho. *Psiquiatria forense* (pp. 93 -104.) Porto Alegre: Artmed.

Ekman, P. (2009). *Telling lies: Clues deceit in the marketplace, politics and marriage.* New York: W. W. Norton.

Fazio, R. L., Sanders, J. F., & Denney, R. L. (2015). Comparison of performance of the test of memory malingering and word memory test in a criminal forensic sample. *Archives of Clinical Neuropsychology, 30*(4), 293-301.

Ferreira, A. B. H. (2010). *Miniaurélio: O dicionário da língua portuguesa* (8. ed.). Curitiba: Positivo.

Figueira, I. & Mendlowicz, M. (2003). Diagnóstico do transtorno de estresse pós-traumático. *Revista Brasileira de Psiquiatria, 25*(1), 12-16.

Gouveia, V. V., Guerra, V. M., Sousa, D. M. F., Santos, W. S., & Costa, J. M. (2009). Escala de desejabilidade social de Marlowe-Crowne: Evidências de sua validade fatorial e consistência interna. *Avaliação Psicológica, 8*(1), 87-98.

Grote, C. L., & Hook, J. N. (2007). Forced-choice recognition tests of malingering. In G. J. Larrabee (Ed.), *Assessment of malingered neuropsychological deficits* (pp. 44-79). New York: Oxford University.

Hare, R. (2003). *Sin consciencia: El inquietante mundo de los psicopatas que nos rodean.* Madrid: Paidós.

Heaton, R. K., Smith, H. H., Lehman R. A., & Vogt, A. T. (1978). Prospects for faking believable deficits on neuropsychological testing. *Journal of Consulting and Clinical Psychology, 46*(5), 892-890.

Hilsenroth, M. J., & Stricker, G. (2004). A consideration of challenges to psychological assessment instruments used in forensic settings: Rorschach as exemplar. *Journal of Personality Assessment, 83*(2), 141-152.

Holmes, D. (2016). *Psicologia dos transtornos mentais.* Porto Alegre: Artmed.

Hubner, C. V. K., Santos, J. V. B., Ramos, K. S., Bueno, H. M., Henna, E. A. D., & Martins, R. (2018). Transtorno do estresse pós-traumático. *Revista da Faculdade de Ciências Médicas de Sorocaba, 20.*

Malaquias, A. C., Ferreira, L. V., Souza, S. C., Arnhold, I. J. P., Mendonça, B. B., & Jorge, A. A. L. (2008). Síndrome de Noonan: Do fenótipo à terapêutica com hormônio de crescimento. *Arquivos Brasileiros de Endocrinologia & Metabologia, 52*(5), 800-808.

Meyer, P. (2010). *Liespoting: Proven Techniques to detect deception.* New York: St Martin's Griffin.

Mittenberg, W., Patton, C., Canyock, E. M., & Condit, D. (2002). A national survey of symptom exaggeration and malingering baserates. *Annual Meeting of the International Neuropsychological Society*, Toronto.

Patrick, C. J. (2010). Transtorno de personalidade anti-social e psicopatia. In W. O'Donohue, K. A. Fowler, &S. O. Lilienfeld. (Orgs.), *Transtornos de personalidade: Em direção ao DSM-V*. São Paulo: Roca, 2010.

Paulo, R. M. M. (2012). *Detecção da simulação de problemas de memória em contexto forense* (Dissertação de mestrado, Universidade de Coimbra, Coimbra).

Perry, G. G. & Kinder, B. N. (1990). The Susceptibility of the Rorschach to Malingering: A critical review. *Journal of Personality Assessment, 54*(1-2), 47-57.

Ramalho, J. & Santos, M. R. (2015). Síndrome alcoólica fetal: Implicações educativas. *Revista Brasileira de Educação Especial, 21*(3), 335-344.

Rodrigues, D. B., Freitas, G. A., Farias, A. E. M., & Amorim-Gaudêncio, C. (2016). Simulação de sintomas e transtornos mentais: Uma revisão crítica do fenômeno para a psicologia. *Estudos de Psicologia* (Natal), *21*(2), 134-145.

Rogers R, S. R. T, Sewell, K. W., Goldstein, A., & Leonard, K. (1998). A comparison of forensic and non-forensic malingerers: A prototypical analysis of explanatory models. *Law and Human Behavior, 22*(4), 353-367.

Rogers, R. (1997). Structured interviews and dissimulation. In R. Rogers (Ed.), *Clinical assessment of malingering and deception* (pp. 301-327). New York: Guilford.

Soares, S. M. (2013). *Detecção de comportamentos de esforço reduzido e exagero de sintomas numa amostra de reclusos do Estabelecimento Prisional de Coimbra* (Dissertação de mestrado, Universidade de Coimbra, Coimbra).

Sousa, H., Machado, M., & Quintas, J. (2013). Detecção de simulação com o uso do Wisconsin Card Sorting Test e do Trail Making Test. *Psicologia: Teoria e Pesquisa, 29*(1), 15-20.

Spreen, O. & Strauss, E. (1998). *A compendium of neuropsychological tests: Administration, norms and commentary* (2nd ed.). New York: Oxford University.

Suhr, J. A. & Boyer, D. (1999). Use of the Wisconsin Card Sorting Test in the detection of malingering in student simulator and patient samples. *Journal of Clinical and Experimental Neuropsychology, 21*(5), 701-708.

Van Gorp, W. G., Humphrey, L. A., Kalechstein, A., Brumm, V. L., McMullen, W. J., Stoddard, M., & Pachana, N. A. (1999). How well do standard clinical neuropsychology tests identify malingering? A preliminary analysis. *Journal of Clinical and Experimental Neuropsychology, 21*(2), 245-250.

Vasconcellos, C. T. D. V. & Vasconcellos, S. J. L. (2017). Pseudoloucura e loucura moral: um caso histórico sobre simulação. *Arquivos Brasileiros de Psicologia, 69*(1), 122-136.

Vasconcellos, S. J. L., Salvador-Silva, R., Vargas, F., Hoffmeister, F. X., Prates, P. F., & Silva, R. M. (2017). A cognição social dos psicopatas: Achados científicos recentes. *Estudos de Psicologia (Campinas), 34*(1), 151-159.

LEITURA RECOMENDADA

Parker, J. (2016). Myrmecophily in beetles (Coleoptera): Evolutionary patterns and biological mechanisms. *Myrmecological News, 22*, 65-108.

9
DOCUMENTOS PSICOLÓGICOS NO CONTEXTO FORENSE

Roberto Moraes Cruz

Produzir documentos técnicos para demonstrar conhecimento ou competência no esclarecimento de determinado assunto ou, ainda, para contribuir na solução de um problema e tomada de decisão faz parte da história das profissões e de suas especialidades. Documentos técnicos gerados por especialistas têm origem nas demandas institucionais do Estado de Direito, tendo em vista a necessidade de justificar a aplicação da norma e dirimir controvérsias sobre a manifestação de vontade, discernimento e capacidade de as pessoas regerem suas vidas e seus bens de forma plena ou restrita (Ackerman, 2006; Huss, 2011).

A necessidade de construir argumentos técnico-científicos acerca da avaliação da capacidade humana para os atos da vida civil, para os processos de verificação da imputabilidade penal e para a investigação das repercussões dos conflitos e das condutas patológicas nos sistemas familiares e sociais tem produzido, ao longo dos anos, um incremento na participação de psicólogos no contexto jurídico, especialmente na atividade de avaliação psicológica (Cruz, 2002a; Cruz, Maciel, & Ramirez, 2005, Rovinski, 2009). Contudo, há desafios a serem enfrentados, sobretudo quanto aos critérios para formalização da estrutura e ao aperfeiçoamento de aspectos redacionais, tendo em vista a complexidade da matéria psicológica, em geral, envolvida nos processos judiciais.

Na atualidade, a variedade de documentos técnicos emitidos por especialistas de diferentes segmentos profissionais (medicina, engenharia, fisioterapia, contabilidade, entre outros), sejam eles resultados de atividades periciais, consultorias ou auditorias especializadas, tem confirmado o uso valorativo desses documentos como prova técnica nas instâncias administrativas e judiciais, assim como instrumento de ratificação do conhecimento científico no esclarecimento de controvérsias ou de assuntos que exigem manifestação de conhecimento especializado. Documentos emitidos por psicólogos, sejam em termos formais ou no conteúdo expresso, não coincidem geralmente com os de outros profissionais, tendo em vista a perspectiva e os procedimentos adotados pelo psicólogo na definição do objeto, do objetivo, do método e do campo teórico atinente ao processo de investigação (Alchieri & Cruz, 2003; Cruz, 2002b).

É importante destacar, no processo de ensino-aprendizagem e no exercício profissional dos psicólogos, a necessidade de produzir documentos técnicos para demonstrar conhecimentos científicos acumulados e atualizados sobre determinado assunto ou objeto de investigação ou intervenção por parte dos psicólogos, seja no campo das práticas das disciplinas, nos estágios profissionalizantes, na prestação de serviços regulares a usuários e instituições públicas e privadas.

O poder exercido pelos psicólogos na sociedade está sustentado em três pilares do *status quo* socioprofissional: domínio de determinado campo de conhecimento científico, capacidade de aplicação de métodos e técnicas de intervenção psicológica para o atendimento de demandas dos usuários de serviços psicológicos e capacidade de emissão de juízo crítico acerca de um assunto ou caso específico – em geral, por meio de documentos psicológicos (atestados, relatórios, pareceres e laudos psicológicos) (Alchieri & Cruz, 2003; Dal Pizzol, 2009; Rovinski, 2007, 2009).

O objetivo deste capítulo é discutir o uso de documentos psicológicos no contexto forense, com base em marcadores e perspectivas conceituais, teórico-metodológicos e ético-legais, assim como na necessidade de caracterização de demandas, objetivos, finalidades e tipos de documentos psicológicos utilizados pelos psicólogos. A expectativa é contribuir para o processo de formação do psicólogo e para o uso adequado de documentos psicológicos nas atividades profissionais, especialmente no âmbito forense.

O QUE SÃO DOCUMENTOS PSICOLÓGICOS?

A profissão de psicólogo é reconhecida no Brasil desde 1962 (Brasil, 1962). Considerando a crescente difusão de práticas psicológicas na sociedade, associada à proliferação de cursos de psicologia no País, o exercício da profissão está permanentemente submetido, de um lado, à necessidade de responder com eficácia às demandas sociais e institucionais por conhecimento e atenção psicológica, e de outro, à busca por aperfeiçoar o controle sobre a atividade e avaliar as responsabilidades civis dela decorrentes. O exercício de uma profissão significa, desse ponto de vista, a elaboração e a aplicação, pelos profissionais devidamente habilitados, de uma série de conhecimentos, métodos, técnicas e procedimentos reconhecidos pela comunidade científica, coerentes com as formas de intervenção no âmbito do indivíduo e da coletividade.

O exercício profissional dos psicólogos é regulamentado, orientado e fiscalizado por entidade específica (Conselhos Regional e Federal de Psicologia), o que significa dizer que toda a comunicação oral ou escrita realizada por psicólogos deve estar alinhada aos parâmetros técnico-científicos, éticos e legais esperados socialmente para seu pronunciamento sobre matéria psicológica. Ou seja, é possível o psicólogo se pronunciar por meio de declarações e depoimentos ou, ainda, por meio de manifestação escrita.

Documentos psicológicos fazem parte da classe genérica documento (do latim *documentum*), que significa texto redigido para comunicar a existência de um ato, fato ou negócio (Nascimento & Guimarães, 2004). Independentemente de suas caraterísticas, de sua finalidade ou do contexto ao qual se destina, o documento psicológico é, por definição, um texto produzido por psicólogo para comunicar fato relevante, descrito e/ou interpretado com base nas competências técnico-científicas, éticas e legais atribuídas ao exercício profissional do psicólogo. Em virtude disso, todo documento emitido por psicólogo deve atender a certas formalidades técnicas e legais, o que lhe confere **autenticidade** (uma espécie de garantia da procedência – foi emitido por profissional legalmente habilitado e que responde ética, civil e criminalmente por seus atos) e **validade** (expressa conteúdo útil e necessário à finalidade para o qual foi elaborado) diante do trabalho prestado.

Elaborar documentos psicológicos pressupõe uma competência geral, um "saber fazer" produzido pela articulação entre (re)conhecimento de problemas práticos, meios para verificá-los e argumentos para explicá-los – ou seja, o elo entre "saber o que, como e por que fazer" –, o que caracteriza a demonstração de competências para o exercício profissional consistente (Cruz & Schultz, 2009). O "saber fazer" é o resultado de um conjunto de habilidades específicas, como identificar a necessidade ou demanda para a elaboração de documentos psicológicos, definir a finalidade e o contexto para o qual se destinam, identificar informações necessárias e relevantes à sua produção, usar conceitos técnico-científicos apropriados e redigir conforme os mais adequados recursos linguísticos e de comunicação da prestação de serviços realizada pelo psicólogo (Cruz, 2016).

O valor dos documentos psicológicos está diretamente associado à credibilidade das informações emitidas. Espera-se que as informações contidas no documento sejam úteis e oportunas às necessidades para as quais o documento foi demandado, ou seja, que possa contribuir para processos decisórios no presente e em um futuro próximo. É inerente à emissão de um documento psicológico a assunção de responsabilidades decorrentes do ato.

No âmbito da manifestação escrita, diferentes tipos de documentos são emitidos por psicólogos para comunicar informação especializada resultante do exercício de seu papel profissional. Documentos psicológicos podem ser caracterizados segundo sua natureza, objetivo, modalidades, finalidade e tipo (Fig. 9.1).

A natureza do documento psicológico depende da **demanda** originária. Se o documento resulta de uma demanda para a produção de conhecimentos científicos, denomina-se *stricto sensu*, ou seja, a comunicação resultante de pesquisa científica teórica e/ou empírica, como relatórios e pareceres técnico-científicos, artigos e livros técnicos, que muitas vezes servem de fonte de consulta ou referências no conteúdo do documento emitido, em função de prestação de serviços psicológicos em diferentes contextos profissionais. Por sua vez, denomina-se *lato sensu* quando o documento psicológico é uma comunicação escrita resultante de prestação de serviços psicológicos demandada por usuários, em geral no âmbito privado ou público.

O **objetivo** dos documentos psicológicos, em geral, é comunicar informação psicológica, com maior ou menor grau de descrição, análise e argumentação, conforme a **finalidade**: (a) *científica*, que gera documentos centrados na produção de conhecimentos (p. ex., pesquisa científica, teses, dissertações, relatórios técnicos de intervenção realizada); (b) *administrativa*, quando responde ao cumprimento à norma legal ou atende a uma solicitação institucional ou certificação de um ato (perícia administrativa, declarações, atestado psicológico, relatório de acompanhamento); (c) *clínica*, que abrange o documento voltado à investigação, ao levantamento de hipóteses clínicas ou ao diagnóstico de condições psicológicas de pessoa(s) atendida(s); e (d) *pericial*, quando a finalidade é atender a uma demanda judicial (perícia psicológica nos diversos ramos do direito, por meio de laudos psicológicos).

Em virtude da demanda, do objetivo e da finalidade, os **tipos** de documentos psicológicos emitidos são diferentes quanto à forma e ao conteúdo. No Brasil, atualmente, conforme o Conselho Federal de Psicologia (CFP) (2019),

Figura 9.1 Caracterização dos documentos psicológicos segundo a natureza, o objetivo, a finalidade e o tipo.

os tipos de documentos elaborados pelos psicólogos são: declaração, atestado psicológico, relatório técnico (singular ou multiprofissional) ou psicológico, parecer técnico ou psicológico e laudo psicológico. Para cada um deles, também há diferenças em termos de abrangência e precisão da informação psicológica comunicada.

Essa terminologia não aparece de forma unânime na literatura estrangeira, podendo trazer algumas dificuldades para os que acessam essas informações. Na literatura de origem hispânica, os documentos psicológicos que sintetizam a informação psicológica oriunda de processos de avaliação psicológica são denominados **informes psicológicos**, expressão pouco utilizada no contexto brasileiro. Informação, no sentido científico, significa dar sentido ou contexto significativo aos dados aferidos. Nesse sentido, a informação é o resultado primeiro da atribuição de sentido aos dados coletados ao longo de um processo de investigação. Nessa literatura, informe psicológico constitui o resultado do processo de avaliação psicológica (Cattaneo, 2005). É o documento que certifica o trabalho do psicólogo e confirma seu domínio e suas competências para realizar processos de avaliação psicológica.

De maneira geral, os documentos psicológicos resultantes de avaliação psicológica são diferenciados em termos de **documentos clínicos** (ou informes clínicos) e **documentos periciais** (ou informes periciais) (Echeburúa & Subijana, 2008). Ambos são produto material da interação clínica com pessoa(s) atendida(s), tendo em vista a necessidade de coletar e analisar dados e informações acerca de suas condições psicológicas (com base em recursos técnicos e instrumentação psicológica pertinente) e produzir evidências com base nos achados do processo de avaliar e indicar hipótese clínica, diagnóstico e/ou prognóstico, no caso concreto. Porém, no caso dos documentos periciais, a finalidade é jurídica, e a verificação das condições psicológicas do periciado – seja o autor (requerente), seja ou o réu (requerido) – refere-se a fato ou circunstâncias incidentes no processo judicial. Além disso, busca-se o nexo de causalidade entre o(s) fato(s) sob investigação e as repercussões psicológicas que se presumem associadas. Nesse sentido, laudos psicológicos são, por excelência, os principais documentos clínicos e periciais elaborados por psicólogos, ainda que se diferenciem nos planos da demanda e da finalidade, mas guardem similaridades no âmbito do objeto e nos métodos de investigação promovidos no processo de avaliação psicológica.

É útil considerar a necessidade de uso da *Classificação internacional de doenças e problemas relacionados à saúde*, 10ª revisão (CID-10), do *Manual diagnóstico e estatístico de transtornos mentais*, 5ª edição (DSM-5), ou da *Classificação internacional de funcionalidade, incapacidade e saúde* (CIF), em suas versões atualizadas (Organização Mundial da Saúde [OMS], 1993, 2003; American Psychiatric Association [APA], 2014), para auxiliar na caracterização de agravos à saúde, com base em critérios de diagnóstico e quadros sintomatológicos. Os códigos em saúde são particularmente importantes na consolidação da avaliação da capacidade e da funcionalidade biopsicossocial e úteis à comunicação de informações clínicas e epidemiológicas e à finalidade da produção de documentos psicológicos clínicos e periciais.

COMPETÊNCIAS E RESPONSABILIDADES NA PRODUÇÃO DE DOCUMENTOS PSICOLÓGICOS

É meritório reconhecer que redigir documentos psicológicos resultantes de processos de avaliação psicológica – especialmente nos contextos clínico e forense – exige, por parte dos psicólogos, um conjunto de habilidades e competências que devem ser desenvolvidas ao longo de seu processo de formação (básica e continuada) e experiência profissional:

- **Habilidades conceituais:** saber definir o objeto da avaliação psicológica com base na demanda judicial, em quais fenômenos ou processos psicológicos serão investigados e na sua relação com os fatos examinados no processo judicial (nexo técnico).

- **Habilidades instrumentais:** saber utilizar recursos técnicos e instrumentais válidos e confiáveis, disponíveis e coerentes com o processo de investigação psicológica.
- **Habilidades reflexivas:** saber interpretar evidências geradas no processo de avaliação psicológica, com base em dados e informações coletados, sejam quais forem os recursos de observação, inquirição ou mensuração utilizados, e no conhecimento disponível e atualizado sobre os achados produzidos.
- **Habilidades comunicacionais:** saber comunicar o conhecimento produzido, com base nas habilidades anteriores, por meio de informe psicológico específico, redigido em linguagem técnica e fundamentado cientificamente, coerente com a finalidade para o qual foi produzido, tornando-o acessível e útil aos interessados, ou seja, aos operadores do direito e às partes envolvidas no processo judicial.

Saber elaborar documentos psicológicos, portanto, é uma competência relevante para o trabalho do psicólogo, resultado da aprendizagem de habilidades conceituais, instrumentais, reflexivas e comunicativas, porém muitas vezes implícita e não aperfeiçoada no processo de ensino-aprendizagem em psicologia.

O exercício profissional em psicologia, em suas diferentes especialidades, assim como na atividade de pesquisa, é regido, internacionalmente, por princípios comuns à deontologia profissional – ou seja, a formalização de determinadas condutas de dever fazer, com base nos critérios de profissionalização da prestação de serviços para o atendimento a usuários em diferentes contextos. Entre os mais importantes princípios orientadores da conduta ética e profissional dos psicólogos, originários de doutrinas, produções científicas, marcos jurídico-legais, protocolos de pesquisa, resoluções técnicas e profissionais e códigos de ética, destacam-se:

- a demonstração de competências profissionais sólidas, por meio do domínio de conhecimento especializado e atualizado;
- o respeito pela integridade da pessoa e pela proteção dos direitos humanos universais;
- a responsabilidade, a imparcialidade e a isenção na análise objetiva e científica dos fatos e das demandas que suscitaram a compreensão ou promoveram a intervenção do psicólogo;
- a prudência e a clareza na administração de procedimentos de avaliação e de intervenção psicológica em diferentes contextos sociais e institucionais;
- a elaboração de documentos técnicos com forma e conteúdo adequados às finalidades e ao contexto de seu uso.

Especialmente na elaboração de documentos para a prestação de serviços profissionais, o psicólogo deve guardar a cautela e o zelo profissional necessários para identificar as razões da sua elaboração e as consequências advindas de sua utilização por parte de usuários e instituições em geral. Para cada caso, psicólogos que atuam como funcionários do Estado ou como profissionais liberais e os que prestam serviços internos ou externos às instituições vinculadas ao campo jurídico são suscitados a elaborar documentos técnicos específicos. É de fundamental importância, nesse último aspecto, estar atento a conflitos de interesses ou éticos ao atender solicitações de autoridades administrativas ou judiciais, notadamente se o psicólogo for empregado ou funcionário público.

Documentos psicológicos são produzidos para uso pelos que demandam e absorvem serviços psicológicos. Portanto, o gerenciamento de documentos deve guardar a precaução necessária para proteger os interessados e o próprio profissional, devido à natureza pessoal e sensível das informações geralmente incluídas nos documentos psicológicos utilizados no contexto forense, sobretudo quando envolve sigilo e confidencialidade, neste último caso, especialmente quando compartilhar informações e conhecimentos em equipes multiprofissionais. Os limites de confidencialidade devem ser clarificados como parte do processo de obtenção da anuência dos participantes no processo de investigação psicológica. Isso implica especificamente alertar os participantes acerca da possibilidade de um conjunto de informações pessoais ser tornado público em virtude da disponibilidade de consulta ampla aos autos do processo judicial.

No caso do Código de Ética Profissional do Psicólogo (CEPP) (CFP, 2005), é importante considerar especialmente os artigos e as alíneas que incidem diretamente em infrações éticas e disciplinares relativas à elaboração de documentos psicológicos na prestação de serviços psicológicos (CFP, 2005, documento *on-line*):

> **Art. 1º** – São deveres fundamentais dos psicólogos:
> b) Assumir responsabilidades profissionais somente por atividades para as quais esteja capacitado pessoal, teórica e tecnicamente; e
> h) Orientar a quem de direito sobre os encaminhamentos apropriados, a partir da prestação de serviços psicológicos, e fornecer, sempre que solicitado, os documentos pertinentes ao bom termo do trabalho.
> **Art. 2º** – Ao psicólogo é vedado:
> g) Emitir documentos sem fundamentação e qualidade técnico-científica; e
> h) Interferir na validade e fidedignidade de instrumentos e técnicas psicológicas, adulterar seus resultados ou fazer declarações falsas.
> **Art. 6º** – O psicólogo, no relacionamento com profissionais não psicólogos:
> b) Compartilhará somente informações relevantes para qualificar o serviço prestado, resguardando o caráter confidencial das comunicações, assinalando a responsabilidade, de quem as receber, de preservar o sigilo.
> **Art. 12** – Nos documentos que embasam as atividades em equipe multiprofissional, o psicólogo registrará apenas as informações necessárias para o cumprimento dos objetivos do trabalho.

Por fim, o psicólogo deve recusar a realização de prestação de serviço e, em consequência, a emissão de documento psicológico quando do identificar ou tiver ciência de que podem ser mal utilizados ou utilizados em situações que contrariem os legítimos interesses das pessoas. A autoridade profissional do psicólogo baseia-se no seu treinamento e qualificação para as tarefas que executa. O psicólogo deve estar profissionalmente preparado e especializado no uso de métodos, procedimentos, técnicas e instrumentos que adota em seu trabalho, o que implica esforço pessoal em buscar processos de formação continuada, visando à atualização técnica e científica.

DOCUMENTOS PSICOLÓGICOS NO CONTEXTO FORENSE: MARCOS LEGAIS, CARACTERÍSTICAS E USO

No Brasil, desde a década de 1980 – e de forma relevante, neste século –, o crescimento da pesquisa e das publicações em avaliação psicológica aplicadas ao contexto jurídico tem revelado a ampliação da participação de psicólogos e pesquisadores na construção e na sistematização de conhecimentos psicojurídicos derivados das práticas desses profissionais nas instituições jurídicas e, especialmente, aquelas incidentes nos processos judiciais. Grisso (1987, 1991) já havia salientado esse aspecto ao refletir sobre o desenvolvimento de um corpo formal de conhecimentos especializados em avaliação psicológica forense, nos Estados Unidos, desde a década de 1970, e com ênfase acentuada em estudos clínicos e de saúde mental, ao longo das décadas seguintes (Heilbrun, 2001; Otto & Heilbrun, 2002).

Documentos produzidos por psicólogos, especialmente os decorrentes de processos de avaliação psicológica realizados nas diferentes áreas aplicadas do direito, têm sido fonte de consulta e estudos sistemáticos em psicologia (Barreto & da Matta Silva, 2011; Coimbra, 2004; Cruz, 2002a; Shine, 2009). Esses estudos têm auxiliado a produzir reflexões críticas sobre a qualidade dos processos de avaliação psicológica e os documentos psicológicos deles derivados, confrontando-os com as diretrizes éticas e profissionais consagradas pelas normas e pelo exercício profissional no campo jurídico (Bush, Connell, & Denney, 2006; Colegio Oficial de Psicólogos de España [COPE], 2004; Rovinski, & Lago, 2016).

Com a publicação da Resolução CFP nº 06/2019, que institui as regras para a elaboração de documentos escritos produzidos pelos psicólogos no exercício profissional, revogando a Resolução CFP nº 07/2003 e a Resolução CFP nº 15/1996 (que institui e regulamenta a concessão de atestado psicológico para tratamento de saúde por problemas psicológicos), alguns aspectos críticos foram mantidos, e outros foram devidamente tratados (CFP, 2003, 2019). Essa nova resolução foi iniciada em 2015/16 por um grupo de especialistas em documentos psicológicos, indicado pela Comissão Consultiva em Avaliação Psicológica do CFP (XVI Plenário), e concluída em 2018, com sua efetiva publicação em fevereiro de 2019 (XVII Plenário).

A expectativa por uma nova resolução sobre documentos psicológicos era aguardada há algum tempo, tendo em vista os equívocos instalados na Resolução CFP nº 007/2003 e geradores de problemas no exercício profissional. Nessa direção, vale a pena recorrer ao estudo de Lago, Yates e Bandeira (2016) acerca da Resolução CFP nº 007/2003, quando observaram que, apesar de suas diretrizes sobre a confecção de documentos psicológicos, tanto em termos de forma quanto de conteúdo, ainda persistiam os erros e os cometimentos de infrações éticas e disciplinares, especialmente quanto à confecção e à emissão de laudos e relatórios psicológicos.

De fato, a Resolução CFP nº 06/2019 avança em pontos importantes, embora preserve vários aspectos formais e estruturais da Resolução CFP nº 007/2003 (CFP, 2003, 2019). No entanto, ela ainda mantém alguns equívocos e informações que mereceriam melhor clareza e objetividade. Vejamos:

- Uma das principais contribuições da Resolução CFP nº 06/2019 está em sua finalidade: define os princípios e regramentos à produção de documentos escritos por psicólogos na sua prestação de serviço profissional, assinalando o que já era considerado óbvio – que nem todo documento psicológico resulta de avaliação psicológica, como previa anteriormente a Resolução CFP nº 007/2003, fato que gerava uma série de prejuízos à atividade profissional e no julgamento de procedimentos éticos e disciplinares. De certa forma, é tentador abrigar, em uma única Resolução, todos os documentos produzidos por psicólogos em seu exercício profissional, conceituando-os, definindo suas características, estrutura e demais elementos formais, embora, na prática, seja possível identificar situações e contextos em que seriam necessárias resoluções ou notas técnicas específicas, como laudos clínicos, documentos psicológicos produzidos na esfera jurídica, em processos seletivos, etc.

- A Resolução CFP nº 06/2019 caracteriza, apropriadamente, documento psicológico, com base nas contribuições técnico-científicas já identificadas na literatura, assim como sua finalidade: "O documento psicológico constitui instrumento de comunicação escrita resultante da prestação de serviço psicológico a pessoa, grupo ou instituição [...] § 2º O documento psicológico sistematiza uma conduta profissional na relação direta de um serviço prestado a pessoa, grupo ou instituição" (Seção II, art. 4º). Há, ainda, nessa Resolução, melhor caracterização de quais dispositivos éticos e disciplinares, previstos no CEPP, devem ser objetos de observância pelo psicólogo na elaboração e na emissão de documentos psicológicos, independentemente de conduta antiética incidente em outras resoluções pertinentes. Entretanto, na tentativa de situar o trabalho de elaboração de documentos psicológicos no âmbito dos princípios éticos e direitos humanos fundamentais, observa-se, no art. 7º, § 4º: "Sempre que o trabalho exigir, pode a(o) psicóloga(o), mediante fundamentação, intervir sobre a própria demanda e construir um projeto de trabalho que aponte para a reformulação dos condicionantes que provocam o sofrimento psíquico, a violação dos direitos humanos e a manutenção ou prática de preconceito, discriminação, violência e exploração como formas de dominação e segregação". Na verdade, a Resolução CFP nº 06/2019 poderia apenas e objetivamente afirmar que o psicólogo deve eximir-se de prestar serviços profissionais e produzir documentação psicológica dela resultante quando se configurar demanda contra a dignidade humana, conforme os preceitos constitucionais e internacionais relativos aos direitos fundamentais da pessoa. Na maior parte das vezes, o psicólogo não pode ou não tem o poder de modificar demanda, como assinala o texto da referida Resolução (CFP, 2019).

- Em termos de modalidades de documentos psicológicos, felizmente a Resolução CFP nº 06/2019 supera um erro previsto na Resolução anterior, distiguindo laudo de relatório e introduzindo o conceito de relatório multiprofissional, diferenciando-o de relatório psicológico, aspecto que também era fonte de dúvidas de psicólogos e não psicólogos que atuam em equipes ou juntas multiprofissionais, especialmente em instituições de saúde, da assistência social ou do campo jurídico. É claro que essa Resolução não detalha quais procedimentos devem ser realizados pelos profissionais para o compartilhamento de informações técnicas em documento único, aspecto que deve ser construído e implementado nas atividades multiprofissionais que exigem a produção de documento especializado. Afortunadamente, esclarece que o laudo psicológico deve obrigatoriamente indicar as fontes científicas ou referências bibliográficas utilizadas para convalidar os achados produzidos.
- Na Resolução CFP nº 06/2019, assinala-se a necessidade de referencial teórico e metodológico no item "Procedimentos" para laudo, relatório psicológico e relatório multiprofissional, ainda que não deva ser o caso para determinados relatórios, cuja finalidade é descrever fatos, visitas, acompanhamentos e intervenções. No caso do parecer psicológico, essa resolução indica, em geral, que sua elaboração "deve respeitar as normas de referências de trabalhos científicos para suas citações e informações", deixando implícita a necessidade de uso de referências científicas. De fato, o uso de referências atende ao pressuposto de que documentos psicológicos são documentos científicos que servem de plataforma para deduções, inferências ou conclusões do intérprete (Silva, da Costa, da Silva, Souza, & Gonçalves, 2014).
- Outro aspecto positivo da Resolução CFP nº 06/2019 é explicitar acerca do destino e do envio de documentos psicológicos, em seu art. 16, buscando garantir: que o documento psicológico produzido seja entregue diretamente ao solicitante ou responsável legal; que, independentemente de versão impressa, deve o psicólogo garantir o acesso à informação produzida; e que o psicólogo garanta o sigilo e o protocolo de efetivo recebimento do documento psicológico emitido.

No contexto forense, documentos emitidos por profissionais legalmente habilitados são considerados provas, ou seja, são elementos materiais que fornecem informações relevantes ao convencimento daqueles que têm a prerrogativa de deliberar ou julgar a respeito de fatos em controvérsia de posições no processo e, portanto, os meios que podem auxiliar na interpretação de fatos ocorridos ou que estão em curso (Burgarelli, 2000). Nesse sentido, provar significa demonstrar ou comprovar a veracidade de argumentos, com base em procedimentos de verificação, inspeção, exame, confirmação, reconhecimento por experiência, experimentação, revisão, comprovação e confronto.

O documento promovido ao processo judicial revela, ao mesmo tempo, uma condição objetiva (ou seja, a **demonstração material** da caracterização de fatos, condutas e repercussões examinados pelo especialista, por meio de recursos válidos e confiáveis à coleta de evidências) e uma condição subjetiva (a **convicção** a respeito de argumentos e conclusões derivados da demonstração material). Dessa forma, documentos podem ser oriundos de diferentes tipos de **meios de prova** no processo judicial (Burgarelli, 2000; Cabral, 2003; Cruz et al., 2005; Taruffo, 2014):

- **Documentais:** Significam não apenas o registro escrito, mas todo o meio material que transmita diretamente o registro físico de um fato – por exemplo, manuscritos pessoais, termos de visita, relatórios de visitas de inspeção, relatórios de diligências, livros de registros, manuais, contratos, certificados, prontuários, fichas de saúde, relatórios de intercorrências, testes, atestados e relatórios profissionais.
- **Testemunhais:** São constituídos pelos depoimentos de partes e testemunhas elencadas no processo judicial, que geram informações importantes para a elaboração de argumentos e para a formação da convicção de magistrados.
- **Periciais:** São obtidos por meio do exame, vistoria ou avaliação, reunidos em um documento denominado laudo pericial, que serve, inclusive, para a contestação das demais provas e fatos.

No âmbito forense, documentos psicológicos são utilizados, materialmente, como fonte de consulta, estudo ou prova. Dessa forma, podem ser utilizados como fontes de informação referenciáveis ou probatórias relevantes ao esclarecimento de fatos e suas repercussões psicológicas, no devido tempo e circunstâncias em que foram emitidos (documentos científicos, administrativos, clínicos), ou podem ser produzidos ao longo do processo judicial (documentos periciais), relativos ao trabalho do perito (laudo psicológico) ou ao trabalho dos assistentes técnicos das partes (parecer psicológico).

A **declaração**, apesar de ser um documento administrativo, não é considerada um informe psicológico. Ela cumpre a função de comunicar, de forma sucinta, a realização de ocorrência de prestação de serviço psicológico (consultas clínicas e atendimentos, em geral). Conforme o caso, declarações podem ser feitas oralmente, pois o caráter de autenticidade do que é declarado está associado ao controle ético e profissional do responsável pela declaração.

Uma vez emitida por escrito, a declaração deve apresentar alguns elementos fundamentais: identificação do interessado, finalidade, registro de comparecimento de pessoa atendida em prestação de serviço psicológico e seus respectivos intervalos de tempo e data, identificação do psicólogo, assinatura e registro no Conselho Regional de Psicologia, local e data da expedição do documento, conforme aponta a Resolução nº 007/2003. A rigor, uma declaração não produz efeitos relevantes, como o atestado, que serve, por exemplo, para justificar ausência no trabalho. A declaração é um documento limitado em sua descrição de informações, mas tem valor jurídico, desde que esteja alinhada a outros elementos probatórios.

O **atestado psicológico** é um documento que tem por finalidade comunicar, por escrito, e de forma sintética, hipótese ou condição psicológica investigada pelo psicólogo. Atestado (do latim *attestatio*) significa ato de afirmar ou testemunhar a existência de certo fato ou obrigação. É um documento em que se fez atestação, isto é, confere veracidade ao que se afirma. Quem atesta afirma ou confirma um fato ou condição investigada/avaliada (Dessanti, Peruzzo, Cavassola, & Bonamigo, 2014).

É necessário, portanto, ter clareza de qual condição psicológica está sendo afirmada. O atestado psicológico guarda as características de uma declaração, por ser um ato normativo, autêntico e válido juridicamente e por ter sido emitido no âmbito das competências técnicas e legais do psicólogo. Ao mesmo tempo, para a sua emissão, é necessária avaliação psicológica prévia e, portanto, interação clínica com o interessado. Assim, o psicólogo está desautorizado a atestar aquilo que não verificou, bem como aquilo que extrapole o âmbito de sua competência profissional.

Por ser um informe psicológico, o atestado psicológico pode ser solicitado no âmbito público ou privado, quando houver hipótese ou condição clínica avaliada em um caso concreto que justifique a necessidade de tratamento ou acompanhamento psicológico específico, a ausência, o afastamento ou o impedimento para exercer uma atividade, especificando o tempo necessário relativo ao objetivo da atestação. Os critérios mínimos para emitir um atestado psicológico, conforme indica a Resolução CFP nº 06/2019, são: identificação do solicitante e pessoa atendida, descrição da finalidade do atestado e das condições psicológicas da pessoa atendida e demais informações que justifiquem a emissão do atestado, indicação do local, data de emissão, carimbo, nome e assinatura do psicólogo responsável pela emissão do atestado e seu respectivo número de inscrição no Conselho Regional de Psicologia. É facultado o uso de códigos de descrição de agravos à saúde para identificar condições psicológicas específicas e realizar enquadramento diagnóstico, como a CID-10, desde que autorizado pelo interessado.

O **relatório** (*report*), no contexto mais amplo da tradição anglo-saxônica, é um termo genérico utilizado para definir um documento caracterizado por conter informações ou conteúdos descritivos e analíticos/reflexivos acerca de uma investigação ou intervenção e voltado a determinada audiência, seja no âmbito forense, clínico, educacional ou operacional (Greenfield, & Gottschalk, 2008; Eriksson & Maurex, 2018; Ownby, 1997). A estruturação de um relatório pode variar conforme o grau de abrangência, a quantidade de informações a serem comunicadas, o uso de recursos gráficos ou fotográficos e o grau de acessibilidade aos prováveis leitores. Nesse sentido, no Brasil, é um termo que engloba diferentes documentos utilizados pelos psicólogos, como laudos, pareceres e relatórios técnicos e psicológicos.

O **relatório psicológico** (*psychological report*), como referido na literatura especializada de países de língua inglesa, é o produto de um processo de avaliação psicológica, sem necessariamente ater-se à comunicação de diagnóstico de agravos à saúde. Por isso, é utilizado para diversas finalidades – por exemplo, para comunicar a pais, professores e outros profissionais aspectos adaptativos, cognitivos ou acadêmicos que restringem ou auxiliam na aprendizagem e no ajuste socioemocional de crianças em fase de escolarização ou, ainda, para sistematizar informações úteis à recomendação de intervenções profissionais, em condições específicas, no âmbito clínico, forense ou socioeducacional, assim como para servir de registro de médio a longo prazo para fins de acompanhamento dessas intervenções (Groth-Marnat & Horvath, 2006; Wiener & Costaris, 2012).

No Brasil, há relatórios técnicos elaborados no processo de formação profissional dos psicólogos, como os relatórios de estágio e de atividades de pesquisa e de extensão, que resultam da apropriação de informações e da aprendizagem promovidas no processo de interação com o contexto de inserção dos estudantes e com as orientações e supervisões relacionadas. No caso de coleta de dados e informações pessoais ou testemunhos específicos, para a produção de prova material útil à documentação psicológica, é relevante estar atento ao consentimento livre e esclarecido (para os responsáveis, em geral) e ao assentimento (no caso de crianças e adolescentes ou indivíduos impedidos de forma temporária ou não de consentir, na medida de sua compreensão), obtidos dos usuários na prestação de serviços psicológicos, considerando o que preveem as Resoluções nº 466/12 (Brasil, 2012) e nº 510/16 (Brasil, 2016), que tratam dos princípios e procedimentos de coleta de dados para pesquisas que envolvem seres humanos.

No exercício profissional, psicólogos produzem relatórios técnicos para diferentes finalidades, em geral para descrever e sistematizar prestação de serviço realizada, seja como profissionais autônomos, seja como empregados em instituições públicas e privadas. Assim, relatórios técnicos podem ser derivados de atividade de consultoria, assessoramento, ensino, capacitação e acompanhamento de programas e intervenções em diferentes contextos. Podem ser solicitados para descrever processos clínicos realizados, como atividades terapêuticas, visitas técnicas e acompanhamentos psicológicos promovidos na assistência social e nas ações de vigilância em saúde. Em determinadas situações, servem como fonte de consulta e orientação à tomada de decisão institucional.

Relatórios psicológicos resultam de processos de avaliação psicológica para diferentes finalidades: seleção de profissionais na iniciativa privada e em concursos públicos, atendimento de casos na fase de inquérito policial ou por interesse do Ministério Público, atendimento e acompanhamento de casos na saúde e na assistência social, encaminhamento para promoção de intervenção psicológica, psicopedagógica ou tomada de decisão judicial e integração de várias fontes de informação oriundas do trabalho do psicólogo em atividade multiprofissional, típico de instituições que atuam sob o princípio da integralidade das ações. Portanto, relatórios psicológicos são utilizados em diferentes contextos (trabalho, saúde, assistência social, jurídico, educacional), o que muitas vezes produz controvérsias acerca de seu uso, de seus limites, das similaridades e diferenças e da relação com os demais documentos emitidos por psicólogos.

Assim, relatórios psicológicos são informes psicológicos de caráter descritivo e analítico, cuja finalidade é fornecer informações, de forma detalhada e sistematizada, acerca de atividade ou intervenção realizada. São utilizados amplamente por psicólogos que atuam no setor público para descrever aspectos ou repercussões psicológicas em situações específicas (violência doméstica e social, acompanhamentos de medidas socioeducativas, entre outras). No setor privado, seu uso se justifica quando há necessidade de produzir documento psicológico que resulte de avaliação de desempenho para determinada profissiografia.

No contexto jurídico-forense, observa-se a produção de relatórios psicológicos para diferentes finalidades, nas quais o papel do psicólogo é produzir documento útil e relevante à autoridade demandante, seja na fase de inquérito e produção de provas, seja na fase processual, ou, ainda, no acompanhamento de medidas socioeducativas (liberdade assistida e prestação de serviços à comunidade), nos casos de adoção, nos processos de mediação de conflitos ou qualquer outra demanda forense que identifique a necessidade de informações produzidas por psicólogo para o encaminhamento de procedimentos e decisões. Em todos esses casos, o relatório psicológico não se confunde com o laudo psicológico, pois não tem fins periciais e, portanto, não se destina a investigar condição clínica específica (diagnóstico psicológico) e verificar nexo de causalidade entre fato e capacidade/funcionalidade das pessoas diante de uma pretensão judicial.

A Resolução CFP nº 06/2019 define a estrutura do relatório psicológico e do relatório multiprofissional, contendo os seguintes itens: (a) identificação da pessoa ou da instituição atendida, assim como do solicitante; (b) descrição da demanda e respectiva finalidade; (c) procedimentos, com seus respectivos recursos técnicos e referenciais teórico-metodológicos; (d) análise, suficiente para descrever e interpretar o caso ou situação; e (e) conclusão, em que são contemplados encaminhamentos e demais orientações (CFP, 2019). Ainda que relatórios psicológicos possam ser escritos com base nesses itens estruturais, é relevante considerar que, para várias finalidades institucionais, especialmente na atuação em equipes multiprofissionais, a estrutura dos relatórios pode não corresponder aos itens previstos. Nesse caso, seria mais interessante que a estrutura de relatórios fosse menos rígida, em virtude de sua variedade e uso: relatórios de vistoria, de acompanhamento, de visita técnica, de avaliação de intervenção, etc.

O **parecer psicológico**, em regra, é um documento elaborado por psicólogo para responder a uma demanda ou consulta específica, seja oriunda de instituição científica, profissional ou judicial. A função dos pareceres é promover esclarecimentos técnico-científicos acerca de um assunto em que subsiste controvérsia ou necessidade de análise e interpretação especializada, que pode auxiliar na tomada de uma decisão ou na produção de um documento ou ação específicos. Pareceres técnicos, nesse sentido, têm por objeto um assunto a ser analisado, ainda que possa estar relacionado a um caso concreto. Entretanto, não resultam de investigação de condição psicológica de pessoa(s) específica(s) e, portanto, prescindem de interação com a(s) pessoa(s) atendida(s), dado que não documentam resultado de avaliação psicológica.

O parecer psicológico é um documento que exige discussão e posicionamento do psicólogo acerca de matéria psicológica, que pode estar relacionada ou não a outra matéria que exija contribuição multidisciplinar. Busca-se um parecerista (ou mais), no caso de psicólogos, quando se pretende obter argumentos competentes, capazes de dirimir dúvidas ou, ao contrário, apontar controvérsias relevantes sobre matéria psicológica, em que é relevante sua *expertise*, conforme aduz o Decreto nº 53.464, de 21 de janeiro de 1964: "Art. 4º São funções do psicólogo: [...] 6) Realizar perícias e emitir pareceres sobre a matéria de psicologia" (Brasil, 1964).

Pareceres elaborados por psicólogos que atuam como assistentes técnicos no processo judicial (denominados pareceres críticos) têm como foco evidências e argumentos manifestados no laudo pericial e respostas aos quesitos formulados pelas partes, quando for o caso. Assistentes técnicos são psicólogos autônomos (*ad hoc*), contratados pelas respectivas partes em conflito, quando for do interesse delas, cujo conhecimento especializado no assunto tratado na esfera judicial deverá ser empregado para auxiliar na elaboração de quesitos para serem respondidos pelo perito do juízo, no exame crítico do laudo pericial, assim como nos demais esclarecimentos e orientações pertinentes aos aspectos psicológicos envolvidos no processo judicial. Na Resolução CFP nº 06/2019, os itens estruturais que caracterizam o parecer psicológico são os mesmos do relatório. O item "Exposição de motivos", presente na Resolução nº 007/2003, foi retirado, descaracterizando, de certa forma, um aspecto essencial do parecer psicológico que é a descrição de motivos, razões e interesses envolvidos na motivação para a elaboração do parecer, que não se confunde com o solicitante e o autor do documento (CFP, 2003, 2019).

No contexto forense, o documento psicológico mais frequentemente utilizado é o **laudo psicológico**, dado que é o produto do trabalho pericial, juntamente com as respostas aos quesitos das partes, quando for o caso. No âmbito do Estado, a função do laudo psicológico é servir aos propósitos periciais quando requisitado por juiz de direito, em ação judicial. Na forma extrajudicial, denominada perícia administrativa, o laudo é utilizado quando o psicólogo – servidor público que atua em órgãos ou juntas multiprofissionais em saúde de servidor – realiza perícia psicológica, associada ou não às demais perícias em saúde (médica, fisioterapêutica, fonoaudiológica, entre outras) para averiguar incapacidade laboral ou inaptidão para realizar determinada atividade (afastamento ou retorno ao trabalho, concessão de benefícios previdenciários, entre outras finalidades), averiguando, quando for o caso, nexo técnico entre a atividade de trabalho e agravos à saúde mental. Há casos, também, de perícias administrativas regulamentadas por lei, como o trabalho do psicólogo perito examinador de trânsito (Conselho Nacional de Trânsito [Contran], 2012), responsável pela avaliação da aptidão psicológica para conduzir veículos no Brasil.

A legitimação do papel do psicólogo como perito e, portanto, para produzir meios de prova para fins jurídicos e extrajudiciais encontra-se abrigada no Decreto nº 53.664 de 21 de janeiro de 1964, que regulamenta a Lei nº 4.119 de 27 de agosto de 1962, que dispõe sobre a formação e o exercício profissional do psicólogo no território brasileiro. Afirma-se, nesse decreto, que cabe ao psicólogo, entre outras atribuições, "[...] realizar perícia e emitir pareceres sobre a matéria de psicologia", ou seja, produzir documentação acerca de assuntos *stricto sensu* psicológicos, ou quando houver a necessidade de avaliar determinações ou repercussões psicológicas de matéria correlata (Brasil, 1964).

A atuação do psicólogo perito é de grande valia para o sistema jurídico e demais instituições públicas e privadas que se valem do trabalho pericial, tendo em vista que a perícia é um meio de prova e, por isso, oferece relevantes contribuições técnico-científicas ao processo judicial, além de contribuir para esclarecer aspectos relacionados às dimensões e aos impactos de processos psicológicos nas demandas configuradas judicialmente (Cruz & Maciel, 2005; Lago, Amato, Teixeira, Rovinski, & Bandeira, 2009). Entretanto, de forma geral, a atividade pericial e as atribuições e responsabilidades profissionais a ela associadas não são objeto de ensino, aperfeiçoamento e atualização permanentes na formação do psicólogo, tornando-se uma lacuna no processo de aprendizagem profissional.

Laudos psicológicos no âmbito forense resultam, portanto, da necessidade de desenvolver argumentos, com base em evidências, relacionados à matéria sob investigação e útil à validação das decisões dos magistrados. Nesse contexto, segundo Ackerman (2006), há os denominados laudos breves (1 a 2 páginas), laudos-padrão (3 a 10 páginas) e laudos abrangentes (10 a 50 páginas). No Brasil, psicólogos costumam realizar laudos-padrão de 5 a 10 páginas, excluindo as respostas aos quesitos. Laudos médicos costumam ser breves, com ênfase na descrição dos sintomas principais e do diagnóstico. Laudos psicológicos, por sua vez, costumam ser mais longos, porque incluem aspectos referidos pelos periciados ou, ainda, por testemunhos e documentos, com informações históricas, muitas vezes detalhadas, que cobrem os eventos sob a análise. Além disso, laudos psicológicos descrevem e discutem evidências científicas obtidas pelos diferentes recursos técnicos de investigação associados aos demais aspectos levantados.

Portanto, laudos psicológicos periciais buscam produzir evidências probatórias capazes de sustentar análises pertinentes acerca do concreto, provocado judicialmente. Infelizmente, a Resolução CFP nº 06/2019 define laudo psicológico, de forma genérica, como

> o resultado de um processo de avaliação psicológica, com finalidade de subsidiar decisões relacionadas ao contexto em que surgiu a demanda e a quem o solicitou. Apresenta informações técnicas e científicas dos fenômenos psicológicos, considerando os condicionantes históricos e sociais da pessoa, grupo e instituição atendida.

Ou seja, qualquer produção escrita resultante de avaliação psicológica poderia situar-se nessa definição. Nesse sentido, tal Resolução não identifica, no laudo psicológico, suas características fundamentais: é o resultado de uma avaliação psicológica que tem por finalidade elaborar diagnóstico psicológico ou hipótese clínica, e, no caso forense, o laudo psicológico, além de se ater à pauta da investigação diagnóstica, também responde à presunção do nexo de (con)causalidade entre evento e comprometimento psicológico. Além disso, a Resolução CFP nº 06/2019 trata o laudo apenas como uma peça com estrutura "narrativa detalhada e didática". No entanto, ele é, principalmente, um texto descritivo e demonstrativo; isto é, deve explicar, com base nas evidências produzidas e na sua relação com as fontes técnico-científicas examinadas, os aspectos especificados e avaliados com base na demanda inicial. No laudo psicológico, mais importante do que descrever as condições psicológicas examinadas é demonstrar, por meio de evidências e argumentos técnico-científicos, a presunção de determinada hipótese clínica ou diagnóstico psicológico para fins de tomada de decisão, especificando a verificação do nexo de (con)causalidade, sempre que possível.

Formalmente, o laudo psicológico pericial deve apresentar alguns elementos essenciais, conforme a Resolução CFP nº 06/2019, mas que devem ser complementados:

- **Identificação:** do usuário, do reclamante e do reclamado, no caso de processo judicial.
- **Descrição da demanda:** com a especificação da fonte ou solicitante do laudo e para qual finalidade o laudo se destina, se judicial ou não.
- **Procedimento:** a Resolução indica a necessidade de especificar, neste item, o "referencial teórico metodológico que norteou suas análises, interpretações e conclusões". Na verdade, não nos parece conveniente indicar referenciais teórico-metodológicos em "Procedimentos". Laudos dependem do estado da arte do conhecimento científico sobre as condições psicológicas sob investigação e de um raciocínio clínico robusto e baseado em evidências. A produção teórica será derivada dessas condições, e não de uma teoria psicológica específica *a priori*, ainda que isso seja possível. Além disso, é mais importante destacar os métodos de obtenção de dados e informações – exames clínicos, testemunhal e documental, especificando os recursos técnico-científicos utilizados e seus respectivos objetivos –, assim como o local e as datas da realização da perícia, sessões com o periciado e vistorias ou visitas técnicas realizadas.
- **Análise:** desenvolve-se "uma exposição descritiva de forma metódica, objetiva e

coerente com os dados colhidos e das situações vividas relacionados à demanda em sua complexidade", segundo a Resolução CFP nº 06/2019.
- **Conclusão:** indica-se o diagnóstico, o prognóstico ou a hipótese clínica e, quando for o caso, as orientações e os encaminhamentos.
- **Referências bibliográficas:** são listadas as fontes científicas utilizadas, embora possam ser referidas, ao longo do texto, por meio de nota de rodapé, o que é mais recomendado (CFP, 2019).

Um dos grandes desafios na elaboração de laudos psicológicos, assim como na dos demais documentos psicológicos, é a demonstração, por parte do psicólogo, do **raciocínio clínico** operado ao longo do processo de avaliação psicológica. Desse modo, o manejo de dados qualitativos e quantitativos e seu confronto com informações oriundas da literatura especializada produzem as evidências e os argumentos necessários e suficientes à conclusão do laudo.

É importante salientar que os dados e as informações geradas no processo de avaliação psicológica, especialmente no campo pericial, são oriundos de variadas fontes e versões (periciado, testemunhas, documentos). Confrontá-los e integrá-los em uma redação lógica e compreensível, que atenda ao devido processo técnico-científico de investigação psicológica, é uma competência que é aprimorada ao longo da formação continuada no exercício profissional do psicólogo que atua nesse âmbito. Apesar da evidente importância dos dados clínicos na redação de um laudo psicológico, nunca é demais alertar ao psicólogo sobre a necessidade da **instrução**, ou seja, a conduta de orientar a reflexão crítica acerca dos fenômenos e dos processos psicológicos sob investigação (Cruz, 2002b), com base no estado da arte do conhecimento científico atualizado (artigos e livros técnico-científicos), de forma a compor uma redação com alto teor de validade e confiabilidade.

Além disso, a legibilidade de documentos psicológicos é um aspecto relevante à comunicação entre profissionais e usuários, dado que eles não são consumidos apenas por outros psicólogos, mas também por operadores de direito, profissionais da saúde, assistentes sociais e pais (Brenner, 2003; Harvey, 2006; Wiener & Costaris, 2012; Attard, Mercieca, & Mercieca, 2016). De forma mais específica, Cruz (2002a) e Shine (2009) apontam impropriedades na redação científica de laudos e pareceres psicológicos, como emissão de juízo de valor, uso de dogmas, incorreções teóricas e técnicas e uso incorreto de termos e conceitos científicos. A Resolução CFP nº 06/2019 destaca a necessidade do uso da linguagem escrita formal e das normas cultas da língua portuguesa, a fim de garantir a precisão, a clareza e a objetividade na redação de documentos psicológicos.

O uso excessivo de jargão psicológico ou o uso inadequado de termos psicológicos, assim como redação inapropriada ao usuário do documento psicológico, são queixas frequentemente encontradas em estudos nacionais e internacionais (Allnutt & Chaplow, 2000; Cruz, 2002a; Gerson & Gerson, 2005; Groth-Marnat & Horvath, 2006; Lago et al., 2016). Por sua vez, a redação de documentos psicológicos próxima ao senso comum também prejudica a afirmação de determinados achados psicológicos, em virtude da necessidade de conceituação e discussão de aspectos técnicos. Certamente, a origem dos problemas relativos à linguagem e à redação desses documentos reside no baixo rigor da apreensão de conceitos e na qualidade geral da formação científica em psicologia notadamente em desenvolver competências sobre como pensar, raciocinar em termos científicos e elaborar comunicação escrita acerca de matéria psicológica, considerando o estado da arte da produção do conhecimento científico em psicologia.

Todos esses aspectos repercutem de modo desfavorável na clareza e na precisão da linguagem dos documentos psicológicos, na qualidade da argumentação científica e na capacidade de reflexão teórica sobre aspectos investigados, induzindo a falhas técnicas e erros de compreensão do foco do trabalho do psicólogo, e, muitas vezes, são causa de inadequação do documento utilizado. O zelo com a produção de documentos psicológicos atesta a qualidade técnica e científica do trabalho do psicólogo ao responder a demandas forenses e a sua conduta geral, no exercício profissional.

CONSIDERAÇÕES FINAIS

Redigir documentos psicológicos geralmente é um desafio para os psicólogos. Em algum momento da vida profissional, muitos psicólogos terão de emitir documentos psicológicos, mal ou bem estruturados e consistentes. De uma maneira ou de outra, documentar a produção material em psicologia promove conhecimentos, aprendizagens, esclarecimentos, encaminhamentos e soluções, úteis e necessários à comunidade.

A função primordial dos documentos psicológicos certamente não é padronizar a comunicação escrita dos psicólogos na prestação de serviços profissionais, mas assegurar, com base em valores técnico-científicos e éticos relevantes ao exercício profissional, uma conduta coerente e responsiva de interação com os usuários e outros profissionais envolvidos nas demandas forenses. Produzir e documentar adequadamente o trabalho profissional fortalece a institucionalização de práticas psicológicas nas instituições jurídicas, assim como, no sentido amplo, o reconhecimento social do trabalho do psicólogo.

REFERÊNCIAS

Ackerman, M. J. (2006). Forensic report writing. *Journal of Clinical Psychology, 62*(1), 59-72.

Alchieri, J. C. & Cruz, R. M. (2003). *Avaliação psicológica: Conceitos, métodos e instrumentos*. São Paulo: Casa do Psicólogo.

Allnutt, S. H. & Chaplow, D. (2000). General principles of forensic report writing. *Australian and New Zealand Journal of Psychiatry, 34*(6), 980-987.

American Psychiatric Association (APA). (2014). *Manual diagnóstico e estatístico de transtornos mentais: DSM-5* (5. ed.). Porto Alegre: Artmed.

Attard, S., Mercieca, D., & Mercieca, D. P. (2016). Educational psychologists' report-writing: acts of justice? *International Journal of Inclusive Education, 20*(9), 962-974.

Barreto, N. A., & da Matta Silva, P. R. (2011). Laudo psicológico? Reflexões ético-metodológicas sobre a dispersão das práticas psicológicas no Judiciário. *Mnemosine, 7*(1), 6-26.

Brasil. (1962). *Lei nº 4.119, de 27 de agosto de 1962. Dispõe sobre os cursos de formação em psicologia e regulamenta a profissão de psicólogo.* Recuperado de http://www.planalto.gov.br/ccivil_03/leis/1950-1969/L4119.htm

Brasil. (1964). *Decreto nº 53.464, de 21 de janeiro de 1964. Regulamenta a Lei nº 4.119, de 27 de agosto de 1962, que dispõe sobre a profissão de psicólogo*. Recuperado de http://www.planalto.gov.br/ccivil_03/decreto/1950-1969/D53464.htm

Brasil. (2012). *Resolução nº 466, de 12 de dezembro de 2012*. Recuperado de http://bvsms.saude.gov.br/bvs/saudelegis/cns/2013/res0466_12_12_2012.html

Brasil. (2016). *Resolução nº 510, de 7 de abril de 2016*. Recuperado de http://conselho.saude.gov.br/resolucoes/2016/Reso510.pdf

Brenner, E. (2003). Consumer-focused psychological assessment. *Professional Psychology: Research and Practice, 34*(3), 240-247.

Burgarelli, A. (2000). *Tratado das provas cíveis: Ilustrações doutrinárias e jurisprudenciais*. São Paulo: Juarez de Oliveira.

Bush, S. S., Connell, M. A., & Denney, R. L. (2006). Ethical practice in forensic psychology: A systematic model for decision making. *Evaluation, 49*(50), 52-53.

Cabral, A. F. (2003). *Manual da prova pericial* (3. ed.). Rio de Janeiro: Impetus.

Cattaneo, B. H. (Org.). (2005). *Informe Psicológico: Elaboración y características em diferentes âmbitos* (2. ed.). Buenos Aires: Eudeba.

Coimbra, J. C. (2004). Algumas considerações sobre o parecer psicológico na Justiça da Infância e da Juventude. *Psicologia: Ciência e Profissão, 24*(2), 2-13.

Colegio Oficial de Psicólogos de España (COPE). (2004). *Ética y deontología para psicólogos*. Madrid: COPE.

Conselho Federal de Psicologia (CFP). (2003). *Resolução CFP nº 007/2003. Institui o manual de elaboração de documentos escritos produzidos pelo psicólogo decorrentes da avaliação psicológica e revoga a Resolução CFP nº 171/2002*. Recuperado de https://site.cfp.org.br/wp-content/uploads/2003/06/resolucao2003_7.pdf

Conselho Federal de Psicologia (CFP). (2005). *Código de ética profissional do psicólogo*. Recuperado de https://site.cfp.org.br/wp-content/uploads/2012/07/codigo-de-etica-psicologia.pdf

Conselho Federal de Psicologia (CFP). (2019). *Resolução CFP nº 06/2019. Institui as regras para a elaboração de documentos escritos produzidos pela(o) psicóloga(o) no exercício profissional e revoga a Resolução CFP nº 07/2003 e Resolução CFP nº 15/1996*. Recuperado de encurtador.com.br/lorBU

Conselho Nacional de Trânsito (Contran). (2012). *Resolução CONTRAN nº 425 de 27/11/2012. Dispõe sobre o exame de aptidão física e mental, a avaliação psicológica e o credenciamento das entidades públicas e privadas de que tratam o art. 147, I e §§ 1º a 4º e o art. 148 do Código de Trânsito Brasileiro*. Recuperado de https://www.legisweb.com.br/legislacao/?id=247963

Cruz, R. M. & Schultz, V. (2009). Avaliação de competências profissionais e formação de psicólogos. *Arquivos Brasileiros de Psicologia, 61*(3), 117-127.

Cruz, R. M. (2002a). Perícia em psicologia e laudo. In R. M. Cruz, J. C. Alchieri, J. J. Sardá Júnior (Orgs.), *Avaliação e medidas psicológicas: Produção de conhecimento e da intervenção profissional* (pp. 263-274). São Paulo: Casa do Psicólogo.

Cruz, R. M. (2002b). O processo de conhecer em avaliação psicológica. In R. M. Cruz, J. C. Alchieri, J. J. Sardá Júnior (Orgs.), *Avaliação e medidas psicológicas: Produção de conhecimento e da intervenção profissional* (pp. 15-24). São Paulo: Casa do Psicólogo.

Cruz, R. M. (2016). Competências científicas e profissionais e exercício profissional do psicólogo. *Psicologia: Ciência e Profissão, 36*(2), 251-254.

Cruz, R. M., Maciel, S. K., & Ramirez, D. C. (Orgs.). (2005). *O trabalho do psicólogo no campo jurídico*. São Paulo: Casa do Psicólogo.

Dal Pizzol, A. (2009). Perícia psicológica e social na esfera judicial: Aspectos legais e processuais. In S. L. R. Rovinski & R. M. Cruz. *Psicologia jurídica: Perspectivas teóricas e processos de intervenção*. São Paulo: Vetor.

Dessanti, D., Peruzzo, M. M., Cavassola, K., & Bonamigo, E. L. (2014). Atestado falso: Uma breve revisão ética e legal. *Anais de Medicina*, *1*(1), 9.

Echeburúa, E. & Subijana, I. J. (2008). Guía de buena práctica psicológica en el tratamiento judicial de los niños abusados sexualmente. *International Journal of Clinical and Health Psychology*, *8*(3), 733-749.

Eriksson, Å. & Maurex, L. (2018). Teaching the writing of psychological reports through formative assessment: Peer and teacher review. *Assessment & Evaluation in Higher Education*, *43*(8), 1294-1301.

Gerson, S. J. & Gerson, S. M. (2005). *Technical writing: Process and product*. Upper Saddle River: Prentice Hall.

Greenfield, D. P. & Gottschalk, J. A. (2008). *Writing forensic reports: A guide for mental health professionals*. New York: Springer.

Grisso, T. (1987). The economic and scientific future of forensic psychological assessment. *American Psychologist*, *42*(9), 831-839.

Grisso, T. (1991). A developmental history of the American Psychology–Law Society. *Law and Human Behavior*, *15*(3), 213-23.

Groth-Marnat, G. & Horvath, L. S. (2006). The psychological report: A review of current controversies. *Journal of Clinical Psychology*, *62*(1), 73-81.

Harvey, V. S. (2006). Variables affecting the clarity of psychological reports. *Journal of Clinical Psychology*, *62*(1), 5-18.

Harvey, V. S. (2006). Variables affecting the clarity of psychological reports. *Journal of Clinical Psychology*, *62*(1), 5-18.

Heilbrun, K. (2001). *Principles of forensic mental health assessment*. New York: Kluwer.

Huss, M. T. (2011). *Psicologia forense: Pesquisa, prática clínica e aplicações*. Porto Alegre: Artmed.

Lago, V. de M., Yates, D. B., & Bandeira, D. R. (2016). Elaboração de documentos psicológicos: Considerações críticas à resolução CFP nº 007/2003. *Temas em Psicologia*, *24*(2), 771-786.

Lago, V. M., Amato, P., Teixeira, P. A., Rovinski, S. L. R., & Bandeira, D. R. (2009). Um breve histórico da Psicologia Jurídica no Brasil e seus campos de atuação. *Estudos de Psicologia Campinas*, *26*(4), 483-491.

Nascimento, L. M. B. & Guimarães, J. A. C. (2004). Documento jurídico digital: A ótica da diplomática. In E. Passos (Org.), *Informação jurídica: Teoria e prática* (pp. 33-77). Brasília: Thesaurus.

Organização Mundial da Saúde (OMS). (1993). *Classificação estatística internacional de doenças: CID 10*. São Paulo: Artes Médicas.

Organização Mundial da Saúde (OMS). (2003). *Classificação internacional de funcionalidade, incapacidade e saúde: CIF*. São Paulo: EDUSP.

Otto, R. K. & Heilbrun, K. (2002). The practice of forensic psychology: A look toward the future in light of the past. *American Psychologist*, *57*(1), 5.

Ownby, R. L. (1997). *Psychological reports: A guide to report writing in professional psychology* (3th ed.). Washington: John Wiley and Sons.

Rovinski, S. L. R. & Lago, V. M. (2016). Elaboração de documentos decorrentes da avaliação psicológica. In C. S. Hutz, D. R. Bandeira, C. M. Trentini, & J. S. Krug. *Psicodiagnóstico* (pp. 172-183). Porto Alegre: Artmed.

Rovinski, S. L. R. (2007). *Fundamentos da perícia psicológica forense*. São Paulo: Vetor.

Rovinski, S. L. R. (2009). Psicologia jurídica no Brasil e na América Latina: Dados históricos e suas repercussões quanto à avaliação psicológica. In S. L. R. Rovinski & R. M. Cruz. *Psicologia jurídica: Perspectivas teóricas e processos de intervenção* (pp. 11-22). São Paulo: Vetor.

Shine, S. K. (2009). Andando no fio da navalha: Riscos e armadilhas na confecção de laudos psicológicos para a justiça. *Saúde, Ética & Justiça*, *14*(1), 40-41.

Silva, E. R., da Costa, L. M., da Silva, M. W. P., Souza, O. C., & Gonçalves, S. S. (2014). Como escrever um artigo científico: Orientações. *Múltiplos Olhares em Ciência da Informação*, *3*(2), 1-10.

Taruffo, M. (2014). *A prova*. São Paulo: Marcial Pons.

Wiener, J. & Costaris, L. (2012). Teaching psychological report writing: Content and process. *Canadian Journal of School Psychology*, *27*(2), 119-135.

LEITURAS RECOMENDADAS

Cruz, R. M. (2016). Present and future of psychology. *Psicologia: Ciência e Profissão*, *36*(4), 783-786.

Frizzo, N. P. (2004). *Infrações éticas, formação e exercício profissional em psicologia* (Dissertação de mestrado, Programa de Pós-graduação em Psicologia, Universidade Federal de Santa Catarina, Florianópolis).

Krauss, D. A. (2016). *Psychological expertise in court: Psychology in the Courtroom* (vol. 2). Hardcover: Routledge.

Rovinski, S. L. R. & Cruz, R. M. (2009). Apresentação. In S. L. R. Rovinski & R. M. Cruz. *Psicologia jurídica: Perspectivas teóricas e processos de intervenção* (pp. 9-10). São Paulo: Vetor.

Tallent, N. (1993). *Psychological report writing*. Oxford: Prentice-Hall.

Parte 3
AVALIAÇÃO PSICOLÓGICA NAS VARAS DA INFÂNCIA E JUVENTUDE

10
AVALIAÇÃO EM SITUAÇÕES DE PERDA DO PODER FAMILIAR

Helena Berton Eidt
Vivian de Medeiros Lago
Denise Ruschel Bandeira

Os processos de perda do poder familiar, de acordo com a literatura, são considerados os casos mais graves da área da proteção à infância e à juventude (Barone, Weitz, & Witt, 2005; Ben-David, 2015; Choate, 2009; Wattenberg, Kelley, & Kim, 2001). A prática profissional forense de avaliação de famílias e crianças envolvidas nesses processos corrobora essa afirmação. Os processos de perda do poder familiar investigam a capacidade dos genitores de assumir os cuidados dos filhos e podem implicar a ruptura temporária, em caso de acolhimento, ou permanente, em caso de encaminhamento para a adoção, dos vínculos jurídicos entre os genitores e os filhos.

Diante da complexidade dos casos e da gravidade das consequências de uma sentença judicial de perda do poder familiar, a atuação nessas circunstâncias causa perplexidade e apreensão aos profissionais que precisam acompanhar, avaliar ou julgar as famílias envolvidas nos processos. Além disso, as situações de violência contra a criança estão presentes em quase todos os casos, e as famílias que enfrentam esses processos se encontram, na grande maioria das vezes, em contextos sociais de risco.

A fim de auxiliarem os magistrados na tomada de decisão acerca dos processos referentes a essa matéria, as equipes técnicas das Varas da Infância e Juventude são solicitadas a realizar avaliações dos genitores e das crianças envolvidas nessas ações. No Brasil, essas equipes são formadas basicamente por assistentes sociais e psicólogos e têm a importante atribuição de subsidiar as decisões judiciais.

Nos últimos anos, muitas leis referentes às matérias de adoção, de acolhimento infantojuvenil e de perda do poder familiar foram sancionadas no Brasil, o que demonstra a preocupação de diversos setores da sociedade com a proteção de crianças e adolescentes. No entanto, a legislação não especifica de forma clara o que é necessário avaliar para a definição sobre a perda do poder familiar ou o restabelecimento da guarda dos filhos aos genitores. Na área da psicologia, há escassez de estudos sobre a avaliação em casos de perda do poder familiar que forneçam diretrizes para a adequada condução do trabalho dos profissionais que atuam nesses casos.

Considerando essa demanda, a primeira autora deste capítulo, psicóloga do Tribunal de Justiça de Santa Catarina, desenvolveu o tema das avaliações em casos de perda do poder familiar durante o mestrado, orientada pelas coautoras. Em um dos estudos derivados da dissertação, foi realizada pesquisa de levantamento para conhecer o trabalho de psicólogos e assistentes sociais dos Tribunais de Justiça do Brasil nos casos de perda do poder familiar. Objetivou-se saber como realizam as avaliações nesses casos, quais procedimentos e instrumentos utilizam, que itens avaliam, que documentos redigem e quais suas principais dificuldades na condução desse trabalho. Além disso, os profissionais forenses das diferentes regiões brasileiras foram questionados acerca do seu entendimento sobre a perda do poder familiar e sobre os itens considerados importantes na avaliação dessas famílias, relacionados aos fatores de risco para a ocorrência de violência contra a criança e à competência parental.

A apresentação e a discussão dos dados levantados nesse estudo mostram-se relevantes para a qualificação do trabalho dos técnicos que atuam na área da infância e da juventude, permitindo fornecer diretrizes sobre os construtos a serem avaliados e sobre a utilização de procedimentos nos casos de perda do poder familiar. Assim, neste capítulo, serão apresentados os resultados da pesquisa de levantamento, da qual participaram 184 psicólogos e assistentes sociais dos Tribunais de Justiça de vários estados do Brasil, concursados e com atuação em comarcas da Justiça de 1º grau há pelo menos um ano, com no mínimo três casos de perda do poder familiar avaliados. A maioria dos participantes tem formação em psicologia (63,6%) e concentra-se na Região Sul do Brasil (63,6%).

Inicialmente, serão abordados os aspectos jurídicos relacionados ao tema, essenciais para o entendimento dos processos de perda do poder familiar. Em seguida, os resultados do estudo serão apresentados à luz do referencial teórico e com a ilustração de um caso avaliado pelas autoras.

PERDA DO PODER FAMILIAR: ASPECTOS JURÍDICOS

A Justiça da Infância e da Juventude no Brasil é uma especialização da Justiça Estadual dedicada a processos que dizem respeito a crianças e adolescentes. Entre suas atribuições, destacam-se os processos de perda ou destituição do poder familiar. Antes denominado pátrio poder, o termo "poder familiar" foi instituído pelo Código Civil (Brasil, 2002) e é definido como um conjunto de direitos e deveres atribuídos aos pais, de forma indistinta, relacionado à proteção, à assistência e à educação dos filhos. No Brasil, a convivência da criança com sua família de origem é considerada prioritária. O art. 19 do Estatuto da Criança e do Adolescente (ECA; Brasil, 1990), alterado pela Lei nº 13.257, de 2016, deixa explícito esse entendimento: "É direito da criança e do adolescente ser criado e educado no seio de sua família e, excepcionalmente, em família substituta, assegurada a convivência familiar e comunitária, em ambiente que garanta seu desenvolvimento integral". Ainda, em seu § 3º, determina: "A manutenção ou a reintegração de criança ou adolescente à sua família terá preferência em relação a qualquer outra providência, caso em que será esta incluída em serviços e programas de proteção, apoio e promoção [...]" (Brasil, 2016).

No entanto, há situações em que a família da criança ou do adolescente sofrerá intervenção do Estado, podendo implicar processos de perda do poder familiar, de acordo com o que rege a legislação brasileira por meio do ECA e do Código Civil. Os motivos para a perda do poder familiar do pai ou da mãe, conforme o art. 1.638 do Código Civil (Brasil, 2002), são:

1. castigo imoderado;
2. abandono;
3. prática de atos contrários à moral e aos bons costumes;
4. reiteração de faltas aos deveres inerentes ao poder familiar;
5. entrega irregular do filho a terceiros para adoção (incluído pela Lei nº 13.509, de 2017).

Recentemente, a Lei nº 13.715, de 24 de setembro de 2018, incluiu no artigo anteriormente mencionado outros motivos para a perda do poder familiar (Brasil, 2018):

1. Praticar contra outrem igualmente titular do mesmo poder familiar:

- homicídio, feminicídio ou lesão corporal de natureza grave ou seguida de morte, quando se tratar de crime doloso envolvendo violência doméstica e familiar ou menosprezo ou discriminação à condição de mulher;
- estupro ou outro crime contra a dignidade sexual sujeito à pena de reclusão;

2. Praticar contra filho, filha ou outro descendente:
   - homicídio, feminicídio ou lesão corporal de natureza grave ou seguida de morte, quando se tratar de crime doloso envolvendo violência doméstica e familiar ou menosprezo ou discriminação à condição de mulher;
   - estupro, estupro de vulnerável ou outro crime contra a dignidade sexual sujeito à pena de reclusão.

Em caso de destituição do poder familiar, é possível o encaminhamento da criança ou do adolescente para a adoção, o que resulta no completo rompimento de todos os vínculos jurídicos entre genitores e criança. Por seu caráter definitivo, esses casos são considerados graves e precisam ser avaliados com muito cuidado pelos profissionais envolvidos.

O poder familiar pertence à ordem pública, com ampla fiscalização do Poder Judiciário e do Ministério Público, os quais devem intervir nos casos em que a criança ou o adolescente estiver exposto à situação de risco (Fávero, 2007). Antes mesmo da instauração da ação de perda do poder familiar, a verificação das condições da família pode ocorrer por meio de processo denominado procedimento verificatório ou providência. A partir dos estudos realizados nesse processo pela equipe interprofissional da Justiça da Infância e da Juventude e de toda a rede de proteção (p. ex., Conselhos Tutelares e equipes pertencentes à política de assistência social), poderão ser revelados aspectos como condições socioeconômicas, culturais e afetivo-emocionais dos genitores e da família de origem, bem como as possibilidades de estes permanecerem com o filho ou reassumirem-no. É nesse processo que o Ministério Público encontrará subsídios para fundamentar o pedido de perda do poder familiar (Tribunal de Justiça de São Paulo [TJSP], 2007).

A seriedade dos casos de perda do poder familiar também se reflete na preocupação com a celeridade do processo judicial. Assim que instaurada a ação de perda do poder familiar, o procedimento deverá ser concluído em 120 dias, de acordo com o ECA. Com a verificação da situação de risco, o Estado tem todos os poderes para colocar a criança em instituições de acolhimento ou em famílias acolhedoras e para permitir ou proibir as visitas dos genitores aos filhos. Enquanto a criança ou o adolescente se encontram acolhidos, cabe ao Poder Judiciário decidir pelo retorno à família de origem ou pelo encaminhamento à família adotiva, reavaliando sua situação a cada três meses (Brasil, 2017). Nesse período, que não pode exceder 18 meses, é necessário esgotar as possibilidades de investimento na recuperação da família, antes da determinação da perda do poder familiar e da colocação da criança em adoção (Brasil, 2017; Nabinger, 2010).

O QUE AVALIAR?

Competência parental e fatores de risco

Diante da falta de subsídios legais sobre o que avaliar para instruir os processos de perda do poder familiar, as equipes técnicas das Varas da Infância e Juventude ficam expostas ao risco de interpretação equivocada da legislação referente ao tema, bem como à falta de critérios que fundamentem sua conclusão nesses casos. Assim, a partir de agora, serão apresentadas as contribuições da literatura nacional e internacional sobre o que avaliar nos processos de perda do poder familiar e os resultados da pesquisa realizada com psicólogos e assistentes sociais que avaliam esses casos no Brasil.

Destacamos dois conceitos teóricos que podem auxiliar no processo de avaliação das famílias envolvidas nesses processos: competência parental e fatores de risco para a ocorrência de violência contra a criança. Em relação aos genitores, o que se espera é um nível mínimo de competência parental (Budd, 2001; Pereira & Alarcão, 2010), necessário para o cuidado e a proteção adequada das crianças em questão. O conceito de competência está relacionado à capacidade das pessoas de gerar e coordenar respostas flexíveis e adaptativas referentes à cognição, ao afeto, à comunicação e ao comportamento, diante das demandas associadas à realização de suas tarefas vitais. A partir desse conceito, a competência parental é definida como o conjunto de capacidades que permitem aos pais lidarem de modo flexível e adaptativo com a tarefa de criar filhos, de acordo com as necessidades destes, as quais se modificam ao longo de seu desenvolvimento (López, Casimiro, Quintana, & Chaves, 2009).

A competência parental está diretamente relacionada à capacidade dos pais de garantir o bem-estar dos filhos. Para avaliá-la, investigam-se as potencialidades dos responsáveis para atender às necessidades das crianças, incluindo o que eles pensam, fazem e acreditam que possam fazer como cuidadores dos filhos (Grisso, 2003; Rovinski, 2007).

Como necessidades das crianças, inclui-se o atendimento das áreas físico-biológica, cognitiva, emocional e social. A área das necessidades físico-biológicas diz respeito aos cuidados com integridade física, alimentação, higiene, sono, atividade física e proteção diante de riscos reais. As cognitivas englobam a estimulação sensorial, a exploração e compreensão da realidade física e social e a aquisição de um sistema de normas e valores. As necessidades emocionais e sociais compreendem segurança emocional, identidade pessoal e autoestima, rede de relações sociais, estabelecimento de limites de comportamento e educação (Rivera, Martinez, Fernández, & Pérez, 2002).

Contudo, os genitores envolvidos em processos de perda do poder familiar devem ser investigados com relação a sua capacidade mínima de cuidar dos filhos e de atender às necessidades destes, e não com relação a um padrão ideal de parentalidade (Budd, 2005). As funções de nutrição, continência, controle, orientação, organização, noção de limites e contato com a realidade são alguns exemplos de funções básicas necessárias à competência que os pais devem desempenhar para cuidar adequadamente dos filhos (Maciel & Cruz, 2009).

Na pesquisa de levantamento realizada com psicólogos e assistentes sociais dos Tribunais de Justiça do Brasil, nas questões referentes à competência parental, os participantes foram solicitados a responder com que frequência avaliam itens que dizem respeito ao tema, sendo 1 = nunca avalio; 2 = às vezes avalio; e 3 = sempre avalio. A Tabela 10.1 apresenta os itens distribuídos em ordem de frequência, conforme as médias dos resultados, bem como as diferenças significativas entre as categorias profissionais.

Acerca da competência parental, os itens mais avaliados pelos profissionais são a motivação do genitor para ficar com a guarda e a rede de apoio familiar para auxiliar nos cuidados com a criança. Sobre o primeiro item, Lago e Bandeira (2013) afirmam que aspectos subjetivos e objetivos referentes ao interesse do responsável para assumir os cuidados com o filho são importantes para as avaliações da competência parental. A presença de uma rede de apoio que auxilie os genitores nos cuidados com o filho é expressivamente referida como fator de proteção para a ocorrência de maus-tratos contra a criança (Condie & Condie, 2007; Habigzang, Koller, Azevedo, & Machado, 2005; Koller & De Antoni, 2004; López et al., 2009; Maciel & Cruz, 2009).

Quando comparadas as categorias profissionais, diferenças significativas foram encontradas entre assistentes sociais e psicólogos quanto à avaliação da competência parental. Itens como a rotina escolar, a estrutura material do genitor, a rotina diária da família e a responsabilidade pelos cuidados com a higiene da criança são avaliados com maior frequência por assistentes sociais, o que aponta para as especificidades de cada profissão.

Não é incomum, entretanto, que as famílias envolvidas em processos de perda do poder familiar se encontrem em situações de risco para seu desenvolvimento saudável e para o exercício da parentalidade. A definição de risco está relacionada a eventos negativos que atuam diretamente sobre o indivíduo ou o grupo, aumentando a probabilidade de estes apre-

TABELA 10.1
Média da frequência com que os profissionais avaliam cada um dos itens referentes à competência parental e comparação entre as categorias profissionais

Itens avaliados	Total	Assistentes sociais	Psicólogos	t
	M (DP)	M (DP)	M (DP)	
Motivação do genitor para ficar com a guarda	2,96 (0,2)	2,98 (0,14)	2,94 (0,23)	-1,12
Rede de apoio familiar para auxiliar nos cuidados com a criança	2,92 (0,27)	2,96 (0,2)	2,9 (0,3)	-1,42
Contato atual entre o genitor e a criança	2,87 (0,33)	2,9 (0,31)	2,86 (0,34)	-0,58
Rotina escolar	2,82 (0,4)	2,92 (0,28)	2,77 (0,45)	**-2,35***
Rotina diária da família	2,78 (0,45)	2,88 (0,33)	2,73 (0,49)	**-2,08***
Responsabilidade pelos cuidados da criança em caso de doença	2,76 (0,44)	2,77 (0,42)	2,76 (0,45)	-0,17
Rede de apoio social	2,76 (0,47)	2,84 (0,42)	2,71 (0,5)	-1,49
Responsabilidade pelos cuidados com a higiene da criança	2,73 (0,46)	2,85 (0,35)	2,67 (0,49)	**-2,48****
Estrutura material do genitor	2,73 (0,51)	2,92 (0,27)	2,62 (0,57)	**-4,02*****
Monitoramento de limites	2,71 (0,52)	2,69 (0,55)	2,71 (0,5)	0,23
Estabelecimento de limites	2,68 (0,5)	2,75 (0,43)	2,65 (0,53)	-1,28
Rotina de fim de semana da família	2,57 (0,55)	2,59 (0,57)	2,57 (0,54)	-2,24
Conhecimento do genitor sobre as amizades da criança	2,35 (0,61)	2,26 (0,64)	2,4 (0,6)	1,21
Alimentação	2,24 (0,63)	2,28 (0,71)	2,21 (0,59)	-0,58

Nota: A escala de resposta variou de 1 a 3, sendo 1 = nunca avalio; 2 = às vezes avalio; e 3 = sempre avalio; M = média; DP = desvio-padrão.
*p < 0,05.
**p < 0,01.
***p < 0,001.

sentarem patologias e problemas psicossociais. Nesse sentido, o risco é considerado como um processo, e não como um evento estático, ou seja, poderá desencadear ou não um distúrbio ou uma doença de acordo com sua gravidade, duração, frequência ou intensidade. Os fatores de proteção também influenciam no impacto dos riscos, reduzindo-os por meio da alteração do comportamento do indivíduo ou da família diante do fator estressante (Poletto & Koller, 2006; Rutter, 1993).

De acordo com Meyer, McWey, McKendrick e Henderson (2010), nos casos de perda do poder familiar, o uso de álcool ou de outras drogas é comum entre os genitores. O abuso de substâncias está relacionado à maior incidência de maus-tratos contra as crianças, o que pode ter como consequências seu acolhimento institucional ou familiar e os processos de perda do poder familiar (Wattenberg et al., 2001). Combinado a esse fator, geralmente são encontrados outros fatores de risco, como problemas de saúde mental, pobreza, violência doméstica e encarceramento dos genitores. Ao compararem grupos de genitores com dependência química que tiveram ou não o poder familiar destituído, os autores encontraram diferenças significativas quando eram somados os fatores doença mental e encarceramento ao uso de álcool ou outras drogas. Também constataram que, quanto mais fatores estiverem presentes na família em questão, maior será a chance de ocorrer a sentença de perda do poder familiar (Meyer et al., 2010). Espinosa, Rueda, Gómez e Crespo (2005) encontraram resultados referentes à personalidade de mulheres que maltratam seus filhos com tendência ao neuroticismo e com reações de ansiedade, depressão e raiva.

Apesar da importância de conhecer os fatores que podem gerar situações de violência e cuidados precários às crianças por parte dos pais, não se pode compreendê-los de forma descontextualizada. A avaliação das competências parentais em situações de perda do poder familiar deve centrar-se nas características relacionadas à parentalidade e ao relacionamento entre pais e filhos, e não apenas nas questões de personalidade e funcionamento cognitivo dos pais. Além disso, a avaliação deve ser contextualizada e individualizada, não se restringindo ao diagnóstico clínico, mas apontando a maneira como determinada patologia interfere no bem-estar da criança, associada ao contexto sociofamiliar em que genitor e criança se inserem (Melton, Petrila, Pythress, & Slobogin, 2007; Rovinski, 2007). Dessa forma, os fatores de risco e de proteção devem ser compreendidos no contexto de cada genitor, com suas forças e carências para atender às necessidades de cada nível de desenvolvimento dos filhos (Budd, 2005; Condie & Condie, 2007; Pereira & Alarcão, 2011).

Os psicólogos e os assistentes sociais dos Tribunais de Justiça do Brasil, participantes da pesquisa de levantamento, também foram solicitados a responder com que frequência avaliavam uma série de itens retirados da literatura e relacionados aos fatores de risco para a ocorrência de violência contra a criança nos casos de perda do poder familiar, sendo 1 = nunca avalio; 2 = às vezes avalio; e 3 = sempre avalio.

A Tabela 10.2 apresenta os itens distribuídos em ordem de frequência, conforme as médias dos resultados, bem como destaca os itens com resultados significativos quando comparados assistentes sociais e psicólogos.

O item mais avaliado pelos profissionais foi o uso de substâncias psicoativas por parte dos genitores. O cuidado dos profissionais com essa questão vai ao encontro da literatura pesquisada, já que diversos autores apontam o uso de álcool e drogas como fator de risco para a ocorrência de maus-tratos contra a criança (Condie & Condie, 2007; Maciel & Cruz, 2009; Meyer et al., 2010). Além disso, grande parte dos genitores envolvidos com o sistema de proteção à criança apresenta problemas de dependência química (Meyer et al., 2010). De acordo com Wattenberg e colaboradores (2001), o abuso de substâncias por parte das genitoras é a principal causa de perda do poder familiar nos Estados Unidos.

Já os dados encontrados na pesquisa de Meyer e colaboradores (2010) associam o uso de drogas com outros fatores de risco para a ocorrência de violência e que resultam na perda do poder familiar, como pobreza, problemas de saúde mental, prisão e violência doméstica. Tais fatores, entre outros, foram apontados pelos participantes da pesquisa de levantamento no Brasil como avaliados nos casos de perda do poder familiar, e seus escores foram similares aos de uso de substâncias psicoativas por parte dos genitores. Assim, é possível constatar que é o conjunto de fatores de risco que influencia a conclusão dos profissionais sobre a perda do poder familiar, de acordo com o encontrado na literatura (Budd, 2005; Condie & Condie, 2007; Meyer et al., 2010; Pereira & Alarcão, 2011).

Alguns resultados significativos foram encontrados sobre as diferenças entre as categorias profissionais com relação à frequência com que avaliam cada um dos itens relacionados à história de vida e aos fatores de risco para a ocorrência de violência contra a criança. Assistentes sociais avaliam com mais frequência itens como o desemprego ou o subemprego dos genitores, o estado civil e o nível de instrução educacional dos genitores, a renda familiar, o tempo de moradia da família no mesmo local e

TABELA 10.2
Média da frequência com que os profissionais avaliam os itens referentes aos fatores de risco para a ocorrência de violência contra a criança e comparação entre as categorias profissionais

Itens avaliados	Total	Assistentes sociais	Psicólogos	t
	M (DP)	M(DP)	M (DP)	
Uso de substâncias psicoativas (álcool e/ou drogas) por parte dos genitores	2,95 (0,28)	2,95 (0,3)	2,95 (0,27)	0,01
Ocorrência de violência física contra a criança/adolescente	2,94 (0,26)	2,93 (0,32)	2,95 (0,23)	0,38
Resposta da família/genitores às intervenções realizadas pela rede	2,93 (0,3)	2,93 (0,38)	2,93 (0,25)	0,14
História de vida dos genitores	2,93 (0,27)	2,91 (0,35)	2,95 (0,23)	0,76
Ocorrência de negligência contra a criança/adolescente	2,93 (0,25)	2,91 (0,3)	2,95 (0,23)	0,88
Idade da criança/adolescente no momento da avaliação	2,92 (0,29)	2,95 (0,3)	2,91 (0,28)	-0,65
Impacto da violência na criança	2,90 (0,29)	2,85 (0,36)	2,93 (0,25)	1,5
Entendimento dos genitores acerca de suas práticas parentais	2,90 (0,32)	2,89 (0,37)	2,91 (0,29)	0,36
Falta de interesse e/ou condições da família extensa em assumir a criança/adolescente	2,90 (0,32)	2,89 (0,37)	2,90 (0,3)	0,2
Entendimento dos genitores acerca da denúncia que gerou o processo de perda do poder familiar	2,89 (0,39)	2,87 (0,43)	2,90 (0,36)	0,44
Presença de violência na história de vida dos genitores	2,89 (0,31)	2,89 (0,32)	2,89 (0,31)	0,45
Ocorrência de violência sexual contra a criança/adolescente	2,89 (0,31)	2,87 (0,34)	2,90 (0,3)	0,59
Ocorrência de violência psicológica contra a criança/adolescente	2,88 (0,34)	2,83 (0,42)	2,91 (0,28)	1,23
Estado de saúde física e mental dos genitores	2,87 (0,38)	2,82 (0,47)	2,91 (0,32)	1,31
Número de filhos na família	2,87 (0,38)	2,93 (0,26)	2,85 (0,44)	-1,33
Capacidade dos genitores de pensar, julgar, raciocinar e decidir acerca de questões referentes ao filho	2,87 (0,42)	2,84 (0,5)	2,89 (0,38)	0,73
Tempo de investimento da rede de proteção no restabelecimento dos genitores	2,85 (0,39)	2,82 (0,47)	2,87 (0,34)	0,76
História do relacionamento conjugal dos genitores	2,82 (0,44)	2,82 (0,47)	2,83 (0,43)	0,1
Idade dos genitores	2,80 (0,48)	2,87 (0,39)	2,77 (0,54)	-1,31

Continua

TABELA 10.2
Média da frequência com que os profissionais avaliam os itens referentes aos fatores de risco para a ocorrência de violência contra a criança e comparação entre as categorias profissionais

Itens avaliados	Total M (DP)	Assistentes sociais M(DP)	Psicólogos M (DP)	t
Divisão dos cuidados com o filho entre os genitores	2,80 (0,46)	2,87 (0,39)	2,76 (0,5)	−1,51
Recomendação da rede para a perda do poder familiar	2,78 (0,44)	2,82 (0,47)	2,76 (0,43)	−0,75
Desemprego ou subemprego dos genitores	2,73 (0,51)	2,95 (0,3)	2,61 (0,57)	**−4,66***
Genitores casados ou mãe solteira	2,73 (0,56)	2,87 (0,43)	2,65 (0,62)	**−2,56****
Nível de instrução educacional dos genitores	2,72 (0,53)	2,87 (0,39)	2,64 (0,58)	**−2,88****
História da gravidez	2,65 (0,54)	2,49 (0,63)	2,75 (0,46)	**2,64****
Receptividade/preparo da criança para a possibilidade de colocação em família adotiva	2,62 (0,6)	2,59 (0,71)	2,64 (0,52)	0,43
Renda familiar	2,57 (0,66)	2,93 (0,32)	2,36 (0,72)	**−6,49***
Mudanças na vida do casal após o nascimento da criança	2,5 (0,63)	2,35 (0,7)	2,59 (0,58)	**2,22***
Tempo de moradia da família no mesmo local	2,46 (0,66)	2,75 (0,52)	2,30 (0,69)	**−4,39***
Como é o sono da criança, onde dorme	2,45 (0,67)	2,43 (0,77)	2,47 (0,62)	0,26
Desenvolvimento da criança nos primeiros anos de vida	2,42 (0,68)	2,15 (0,78)	2,59 (0,56)	**3,72***
Entrada na escola	2,38 (0,63)	2,33 (0,7)	2,42 (0,6)	0,76
Independência da criança	2,37 (0,69)	2,20 (0,8)	2,48 (0,6)	**2,26***
Divisão das despesas da casa entre os genitores	2,32 (0,72)	2,60 (0,6)	2,16 (0,74)	**−3,69***
Impacto com o nascimento de irmãos	2,15 (0,7)	1,94 (0,76)	2,27 (0,63)	**2,81****
Parto	1,86 (0,78)	1,68 (0,75)	1,98 (0,79)	**2,22***

Nota: A escala de resposta variou de 1 a 3, sendo 1 = nunca avalio; 2 = às vezes avalio; e 3 = sempre avalio; M = média; DP = desvio-padrão.
*p < 0,05.
**p < 0,01.
***p < 0,001.

a divisão das despesas da casa entre os genitores. Psicólogos, por sua vez, tendem a explorar questões como a história da gravidez, o parto, as mudanças na vida do casal após o nascimento da criança, o desenvolvimento da criança nos primeiros anos de vida, a independência da criança e o impacto com o nascimento de irmãos.

Esses resultados apontam para as peculiaridades e para a complementaridade da atuação desses profissionais. Enquanto os assistentes sociais concentram sua atenção em aspectos socioeconômicos, laborais e materiais dos genitores, os psicólogos preocupam-se em avaliar itens relacionados ao desenvolvimento infantil, ao relacionamento conjugal e às mudanças no ciclo de vida familiar.

COMO AVALIAR?

Procedimentos utilizados em casos de perda do poder familiar

Definidas as diretrizes sobre o que avaliar nos casos de perda do poder familiar, passaremos a expor acerca de como avaliar os genitores e as crianças envolvidos nesses processos judiciais. Como já foi mencionado, para maior conhecimento sobre as pessoas envolvidas nessas ações, o juiz deverá determinar a realização de estudo ou perícia por equipe interprofissional ou multidisciplinar para comprovar a presença de uma das causas de suspensão ou destituição do poder familiar (Brasil, 2017; Shine & Strong, 2008). Os estudos técnicos das equipes das Varas da Infância e Juventude, das instituições de acolhimento e de programas governamentais são parte integrante dos processos judiciais de perda do poder familiar e subsidiam a decisão judicial (Brasil, 1990; Fávero, 2007). Em 56,7% dos processos avaliados por Ben-David (2015), os juízes fizeram referência aos documentos emitidos pelos profissionais de saúde mental em suas decisões. Em 91% dos casos, houve concordância entre os pareceres dos assistentes sociais e as decisões judiciais. Em pesquisas realizadas no Brasil (Peixoto, Eidt, Silva, Garcia, & Rabuske, 2013; Rodrigues, Couto, & Hungria, 2005), dados semelhantes foram encontrados no que se refere à frequência elevada de utilização dos documentos psicológicos nas sentenças judiciais, contribuindo para a tomada de decisão dos magistrados.

Nos casos de perda do poder familiar, em que as consequências da decisão judicial podem ser drásticas, os cuidados por parte dos profissionais que avaliam as famílias devem ser redobrados. Os desafios envolvem as incertezas em fazer previsões em longo prazo de consequências emocionais e comportamentais relacionadas aos cuidados parentais (Barone et al., 2005). Assim, é preciso que o profissional tenha razoável grau de certeza, termo que o New Jersey Board of Psychological Examiners (1993) define como uma opinião claramente não especulativa, baseada em observação clínica consistente e fundamentada em teoria psicológica e em pesquisas empíricas.

Algumas técnicas e procedimentos são descritos como necessários para uma avaliação de qualidade, como a entrevista com os genitores, a entrevista infantil, a entrevista com colaterais, a observação da interação entre pais e filhos, a eventual aplicação de testes psicológicos (no caso dos psicólogos), a análise dos autos, as visitas domiciliares e institucionais e a escrita do documento a ser anexado aos autos (Budd, 2001, 2005; Choate, 2009; Condie & Condie, 2007; Dal Pizzol, 2009; Grisso, 2003; Rovinski, 2007). Na pesquisa de levantamento realizada junto aos psicólogos e aos assistentes sociais dos Tribunais de Justiça do Brasil (Tab. 10.3), observou-se que quase todos os participantes (91,7%) sempre realizam entrevistas individuais com os genitores em todas as avaliações. Entre os procedimentos descritos como nunca utilizados pelos profissionais, destacam-se os testes psicológicos (66,4%) e a entrevista conjunta com genitores e crianças (46,7%).

Sobre as diferenças entre as categorias profissionais quanto aos procedimentos utilizados, destaca-se a realização de visitas domiciliares em todas as avaliações por 95,2% dos assistentes sociais participantes, enquanto 45,7% dos psicólogos sempre utilizam esse procedimento. A entrevista com colaterais (outras pessoas que possam prestar informações sobre os genitores e as crianças envolvidos, como familiares, vizinhos, entre outras) é utilizada sempre pela maioria dos assistentes sociais (56,5%), enquanto 52,4% dos psicólogos a utilizam às vezes em suas avaliações. Ainda sobre as categorias profissionais, chama a atenção o fato de 4,7% dos assistentes sociais participantes declararem que utilizam testes psicológicos em todas as avaliações de perda do poder familiar.

TABELA 10.3
Percentuais da frequência de uso de procedimentos nas avaliações de perda do poder familiar

Procedimento	Nunca	Às vezes	Sempre
Entrevistas individuais com os genitores	0,6%	7,7%	**91,7%**
Contato com a rede de atendimento	0,6%	16,8%	**82,6%**
Entrevista com a criança/adolescente	–	23%	**77%**
Visita domiciliar	6,6%	29,3%	**64,1%**
Visita institucional	3,6%	38,9%	**57,5%**
Entrevistas com colaterais	5,4%	**49,1%**	45,5%
Entrevista conjunta com os genitores	11,4%	**66,3%**	22,3%
Entrevista conjunta com genitores e crianças	**46,7%**	46,1%	7,3%
Testes psicológicos	**66,4%**	26,7%	6,8%
Outros	**45,5%**	39%	15,6%

Os resultados referentes ao uso de testes nas avaliações de perda do poder familiar permitem concluir que aproximadamente metade dos psicólogos participantes recorre a esses instrumentos quando solicitados a intervir nos casos. No contexto judicial, e especificamente no de proteção à criança, a recomendação é que os testes sejam utilizados com muito cuidado, uma vez que não foram desenvolvidos para essa população (Budd, 2001, 2005; Choate, 2009; Rovinski, 2007). É preciso ter claro o objetivo a ser atingido com a utilização desses instrumentos, bem como saber de que forma os resultados serão relacionados com a questão legal. Nos casos de perda do poder familiar, o profissional deve ter em mente que o psicodiagnóstico não é a resposta esperada pelo magistrado, e sim a forma como determinada patologia interfere na capacidade do genitor de prestar os cuidados necessários ao filho.

Uma pequena porcentagem de assistentes sociais citou a utilização de testes nas avaliações, o que leva a pensar que eles se referem aos instrumentos de uso não exclusivo do psicólogo ou que não têm conhecimento acerca das regulamentações para o uso de testes psicológicos. Contudo, esses participantes não especificaram quais instrumentos utilizam; então, não foi possível tirar uma conclusão sobre isso. No Brasil, de acordo com o Sistema de Avaliação de Testes Psicológicos (Satepsi), desenvolvido pelo Conselho Federal de Psicologia (CFP), e com a Lei nº 4.119 de 1962 (Brasil, 1962), é restrito ao psicólogo o uso de métodos e técnicas psicológicas, ou seja, os testes somente podem ser utilizados por profissionais da psicologia. No entanto, há uma lista de instrumentos de uso não privativo dos psicólogos, e alguns foram citados pelos psicólogos participantes do estudo (CFP, c2019).

Sobre as dificuldades e as dúvidas encontradas para a realização das avaliações de perda do poder familiar, os profissionais poderiam clicar em mais de uma opção entre as apresentadas. Os fatores apontados como dificultadores estão listados na Tabela 10.4, além dos percentuais por categoria profissional.

Em relação à atuação interdisciplinar, os participantes responderam que, quando há participação de outros profissionais, 56,6% realizam as avaliações com assistentes sociais, e 40,3%, com psicólogos. Também mencionaram o auxílio de profissionais de outras áreas, o que vai ao encontro do que apontam Melton e

TABELA 10.4
Percentuais das dificuldades e dúvidas encontradas pelos participantes na realização das avaliações de perda do poder familiar: total e por categoria profissional

Dificuldades e dúvidas	Total (%)	Assistentes sociais (%)	Psicólogos (%)	t
Prazos impostos pelo Judiciário	42,9	38,8	45,3	0,55
Dificuldades de articulação com outros serviços da rede	39,1	44,8	35,9	0,76
Pouco conhecimento dos operadores do direito	37,5	31,3	41	0,76
Falta de recursos humanos	34,2	29,1	43,3	1,17
Exposição a ameaças e outros riscos por parte do público	34,2	37,3	32,5	0,39
Carência de capacitação técnica específica	33,7	43,3	28,2	1,24
Ausência de referencial teórico	29,9	26,9	31,6	0,36
Ausência de roteiros de avaliação específicos	28,8	26,9	29,9	0,23
Falta de critérios que auxiliem na tomada de decisão	26,6	22,4	29,1	0,49
Dúvidas acerca da avaliação com crianças	24,5	37,3	17,1	1,49
Falta de recursos materiais	23,9	13,4	29,9	1,00
Outras	14,1	14,9	13,7	0,08

colaboradores (2007) e Shine e Strong (2008). O próprio ECA (Brasil, 1990) ressalta a importância da presença de equipe interprofissional na área da infância e da juventude, inclusive para auxiliar nos processos de perda do poder familiar.

Quanto às determinações judiciais recebidas em casos de perda do poder familiar, 44,4% dos participantes costumam receber solicitações de estudo psicossocial, 29,2% de estudo social, e apenas 17% de avaliação psicológica. Chama a atenção o fato de a minoria receber pedidos de avaliação psicológica, sendo que a maioria dos participantes é psicólogo. Esses resultados confirmam os dados da pesquisa de Peixoto e colaboradores (2013), em que uma diversidade de nomenclaturas foi utilizada pelos juízes para determinar a atuação do psicólogo forense. Além disso, nenhum dos participantes mencionou a determinação de perícia, o que pode indicar que as Varas da Infância e da Juventude buscam atuações que não se enquadram nos moldes clássicos da perícia, com a indicação de assistentes técnicos e apresentação de quesitos.

A maioria dos psicólogos e dos assistentes sociais participantes declarou receber determinações para a realização de estudo psicossocial, o que demonstra a demanda dos juízes pela atuação de ambos os profissionais nos processos de perda do poder familiar. No entanto, uma pequena parcela emite o documento com a mesma nomenclatura (11,4%). Grande parte dos assistentes sociais emite estudo social (68,3%), enquanto os psicólogos emitem laudo psicológico (35%) e relatório (35,9%). Salienta-se que, no momento da pesquisa, estava em vigor a Resolução CFP nº 007/2003, que não traz diferenças entre os documentos relatório e laudo. Porém, na pesquisa de levantamento, optou-se por fornecer aos profissionais as duas opções, pelo entendimento de que há diferenças e especificidades entre eles. Enquanto o laudo remete a um trabalho advindo de avaliação psicológica, o relatório diz respeito a uma situação de descrição, sem a apresentação de opiniões, julgamentos ou análises (Lago, Yates, & Bandeira, 2016).

A partir das respostas, pode-se concluir que cada profissional emite seu próprio documento, apesar da atuação conjunta. Essa conduta está de acordo com as resoluções de ambas as profissões vigentes à época da pesquisa – Resolução do Conselho Federal de Serviço Social (CFESS, 2009) nº 557/2009, que dispõe sobre a emissão de pareceres, laudos, opiniões técnicas conjuntas entre o assistente social e outros profissionais, e Resolução CFP nº 007/2003 (CFP, 2003), que institui o Manual de Elaboração de Documentos Escritos produzidos pelo psicólogo –, as quais enfatizam o compromisso do profissional com sua especificidade técnica.

Quando questionados sobre a utilização de roteiros ou guias específicos de avaliação dos casos de perda do poder familiar, a maioria dos psicólogos e dos assistentes sociais participantes (86%) respondeu que não os utiliza. Dos 14% que utilizam algum, nenhum referenciou guias nacionais ou internacionais publicados, e sim a utilização de roteiros elaborados pelo próprio participante, com base em sua prática profissional.

É importante destacar que os profissionais responderam ao questionário no final de 2015, quando de fato não havia guias de avaliação sobre o tema disponíveis no Brasil. Recentemente, Marchini e Rocha (2018) lançaram o protocolo de "avaliação psicológica forense de crianças em acolhimento", com a indicação de instrumentos para a utilização nos casos em que a criança é afastada da família como medida de proteção. Além disso, indicam critérios para o retorno da criança à família de origem, como apego positivo, apoio familiar e participação em grupo de apoio, ou o encaminhamento para a adoção, cujos critérios são a violência intrafamiliar, o abuso físico e o apego inseguro. Contudo, o protocolo é exclusivo para psicólogos e não apresenta critérios de integração e análise dos dados obtidos a partir da aplicação dos instrumentos. No cenário internacional, há diversos guias de avaliação que procuram sistematizar o conhecimento na área e orientar os profissionais na forma de proceder em relação aos casos de famílias em situação de risco, buscando avaliar três aspectos essenciais: (1) características dos pais; (2) características das crianças; e (3) características do contexto onde os pais e as crianças se inserem (Pereira & Alarcão, 2010).

Para exemplificar o que foi abordado até aqui, destacaremos aspectos de um caso avaliado de perda do poder familiar. As crianças Lucas (5 anos) e Lívia (3 anos) estavam no segundo acolhimento institucional devido a denúncias de violência física e psicológica perpetradas pela genitora, Alice. A história de vida da genitora foi permeada por violências diversas por parte da família, o que a levou ao contexto de rua e ao abuso de substâncias psicoativas. Esteve presa durante dois anos por motivo de furto. Além das duas crianças em questão, teve outros cinco filhos, nenhum sob sua guarda. Nunca fez tratamento para a dependência química ou foi acompanhada pelos órgãos da rede de saúde ou socioassistencial. Quanto às crianças, Alice mostrou desenvolver práticas educativas negativas, como a ausência de monitoramento de limites e a presença de violência física. Sobre a rede de apoio, não mantém laços com familiares que possam auxiliá-la.

Nesse caso, pode-se identificar um conjunto de fatores de risco relacionados à história de vida da genitora, à sua relação com os filhos e com o papel parental, bem como à rede de apoio e ao contexto familiar. Juntos, esses fatores prejudicam a competência parental e dificultam o atendimento das necessidades das crianças. Para avaliar esses construtos, foram levantados dados sobre a genitora, com a utilização de procedimentos de avaliação da personalidade e de práticas educativas (entrevistas individuais e testes psicológicos), dados sobre as crianças, com entrevistas lúdicas e observação na instituição de acolhimento, dados sobre o relacionamento entre a genitora e as crianças (história de vida, cuidados parentais, afetividade) e dados sobre o contexto, com a análise documental do processo judicial e entrevistas com a rede de atendimento (escola e unidade de saúde).

CONSIDERAÇÕES FINAIS

Este capítulo apresentou o que é avaliado e como são realizadas as avaliações de perda do poder familiar por assistentes sociais e psicólogos dos Tribunais de Justiça do Brasil. A partir dos aspectos teóricos e dos dados da pesquisa realizada, buscou-se possibilitar a reflexão acerca da complexidade envolvida nas ações judiciais de perda do poder familiar e no trabalho das equipes técnicas das Varas da Infância e Juventude. Esses profissionais desempenham papel fundamental nos processos que envolvem famílias em situação de risco, uma vez que seus estudos subsidiam as decisões judiciais.

Assim, a busca pela atualização dos conhecimentos na área da proteção à infância e à juventude, seja por meio de formação continuada, seja por meio de supervisão, mostra-se imprescindível para a qualidade do serviço prestado. Nesse sentido, a presença dos critérios para as avaliações de assistentes sociais e psicólogos forenses, discutidos neste capítulo, poderá fornecer maior segurança para a condução dos trabalhos e para a conclusão dos estudos realizados nos casos de perda do poder familiar. Espera-se que, por meio do trabalho das equipes técnicas, as famílias envolvidas em processos judiciais de perda do poder familiar obtenham um julgamento digno, com base em critérios científicos e em estudos técnicos de qualidade.

REFERÊNCIAS

Barone, N. M., Weitz, E. I., & Witt, P. H. (2005). Psychological bonding evaluations in termination of parental rights cases. *Journal of Psychiatry & Law, 33*(3), 387-411.

Ben-David, V. (2015). Profiles of families at high risk of child maltreatment in Israeli court cases dealing with the termination of parental rights. *Child and Adolescent Social Work Journal, 32*(4), 359-373.

Brasil. (1962). *Lei nº 4.119, de 27 de agosto de 1962*. Dispõe sobre os cursos de formação e regulamenta a profissão de psicólogo. Recuperado de http://www.planalto.gov.br/ccivil_03/leis/1950-1969/L4119.htm

Brasil. (1990). *Lei nº 8.069, de 13 de julho de 1990*. Dispõe sobre o Estatuto da Criança e do Adolescente e dá outras providências. Recuperado de http://www.planalto.gov.br/ccivil_03/leis/L8069Compilado.htm

Brasil. (2002). *Lei nº 10.406 de 10 de janeiro de 2002*. Institui o Código Civil. Recuperado de http://www.planalto.gov.br/ccivil_03/leis/2002/l10406.htm

Brasil. (2016). *Lei nº 13.257 de 8 de março de 2016*. Dispõe sobre as políticas públicas para a primeira infância e altera a Lei nº 8.069, de 13 de julho de 1990 (Estatuto da Criança e do Adolescente), o Decreto-lei nº 3.689, de 3 de outubro de 1941 (Código de Processo Penal), a Consolidação das Leis do Trabalho (CLT), aprovada pelo Decreto-lei nº 5.452, de 1º de maio de 1943, a Lei nº 11.770, de 9 de setembro de 2008, e a Lei nº 12.662, de 5 de junho de 2012. Recuperado de http://www.planalto.gov.br/ccivil_03/_Ato2015-2018/2016/Lei/L13257.htm

Brasil. (2017). *Lei nº 13.509 de 22 de novembro de 2017*. Dispõe sobre adoção e altera a Lei nº 8.069, de 13 de julho de 1990 (Estatuto da Criança e do Adolescente), a Consolidação das Leis do Trabalho (CLT), aprovada pelo Decreto-lei nº 5.452, de 1º de maio de 1943, e a Lei nº 10.406, de 10 de janeiro de 2002 (Código Civil). Recuperado de http://www.planalto.gov.br/ccivil_03/_Ato2015-2018/2017/Lei/L13509.htm

Brasil. (2018). *Lei nº 13.715 de 24 de setembro de 2018*. Altera o Decreto-lei nº 2.848, de 7 de dezembro de 1940 (Código Penal), a Lei nº 8.069, de 13 de julho de 1990 (Estatuto da Criança e do Adolescente), e a Lei nº 10.406, de 10 de janeiro de 2002 (Código Civil), para dispor sobre hipóteses de perda do poder familiar pelo autor de determinados crimes contra outrem igualmente titular do mesmo poder familiar ou contra filho, filha ou outro descendente. Recuperado de https://www.planalto.gov.br/ccivil_03/_ato2015-2018/2018/lei/l13715.htm

Budd, K. S. (2001). Assessing parenting competence in child protection cases: A clinical practice model. *Clinical Child and Family Psychology Review, 4*(1), 1-18.

Budd, K. S. (2005). Assessing parenting capacity in a child welfare context. *Children and Youth Services Review, 27*(4), 429-444.

Choate, P. W. (2009). Parenting capacity assessments in child protection cases. *The Forensic Examiner, 18*(1), 52-59.

Condie, L. O. & Condie, D. (2007). Termination of parental rights. In A. Goldstein (Ed.), *Forensic psychology: Emerging topics and expanding roles* (pp. 294-330). Hoboken: John Wiley & Sons.

Conselho Federal de Psicologia (CFP). (2003). *Resolução CFP nº 007/2003*. Institui o manual de elaboração de documentos escritos produzidos pelo psicólogo. Recuperado de http://site.cfp.org.br/wp-content/uploads/2003/06/resolucao2003_7.pdf

Conselho Federal de Psicologia (CFP). (c2019). *Sistema de Avaliação de Testes Psicológicos (SATEPSI)*. Recuperado de http://satepsi.cfp.org.br/

Conselho Federal de Serviço Social (CFESS). (2009). *Resolução CFESS nº 557/2009, de 15 de setembro de 2009*. Dispõe sobre a emissão de pareceres, laudos, opiniões técnicas conjuntas entre o assistente social e outros profissionais. Recuperado de http://www.cfess.org.br/arquivos/Resolucao_CFESS_557-2009.pdf

Dal Pizzol, A. (2009). Perícia psicológica e social na esfera judicial: Aspectos legais e processuais. In S. L. R. Rovinski & R. M. Cruz (Eds.), *Psicologia jurídica: Perspectivas teóricas e processos de intervenção* (pp. 45-54). São Paulo: Vetor.

Espinosa, J. R. P., Rueda, A. A., Gómez, F. J., & Crespo, G., S. (2005). Evaluación de la personalidade agresiva y violenta de madres maltratadoras y mujeres delincuentes. *Revista Iberoamericana de Evaluación, 20*(2), 35-58.

Fávero, E. T. (2007). *Questão social e perda do poder familiar*. São Paulo: Veras.

Grisso, T. (2003). *Evaluating competencies: Forensic assessment and instruments* (2nd ed.). New York: Plenum.

Habigzang, L. F., Koller, S. H., Azevedo, G. A., & Machado, P. X. (2005). Abuso sexual infantil e dinâmica familiar: Aspectos observados em processos jurídicos. *Psicologia: Teoria e Pesquisa, 21*(3), 341-348.

Koller, S. H. & De Antoni, C. (2004). Violência intrafamiliar: Uma visão ecológica. In S. H. Koller (Org.), *Ecologia do desenvolvimento humano: Pesquisa e intervenção no Brasil*. São Paulo: Casa do Psicólogo.

Lago, V. M. & Bandeira, D. R. (2013). *SARP: Sistema de Avaliação do Relacionamento Parental: Manual Técnico*. São Paulo: Pearson.

Lago, V. M., Yates, D. B., & Bandeira, D. R. (2016). Elaboração de documentos psicológicos: Considerações críticas à resolução CFP nº 007/2003. *Temas em Psicologia, 24*(2), 415-430.

López, M. J. R., Casimiro, E. C., Quintana, J. C. M., & Chaves, M. L. M. (2009). Las competências parentales em contextos de riesgo psicossocial. *Intervención Psicosocial, 18*(2), 113-120.

Maciel, S. K. & Cruz, R. M. (2009). Violência psicológica contra crianças nas interações familiares: Problematização e diagnóstico. In S. L. R. Rovinski & R. M. Cruz (Eds.), *Psicologia jurídica: Perspectivas teóricas e processos de intervenção* (pp. 89-106). São Paulo: Vetor.

Marchini, L. M. M. & Rocha, G. V. M. (2018). *Avaliação psicológica forense de crianças em acolhimento*. Curitiba: Juruá.

Melton, G., Petrila, J., Poythrees, N., & Slobogin, C. (2007). *Psychological evaluations for the court* (3rd ed.). New York: Guilford.

Meyer, A. S., McWey, L. M., McKendrick, W., & Henderson, T. L. (2010). Substance using parents, foster care, and termination of parental rights: The importance of risk factors for legal outcomes. *Children and Youth Services Review, 32*(5), 639-649.

Nabinger, S. (Org.). (2010). *Adoção: O encontro de duas histórias*. Santo Angelo: FURI.

New Jersey Board of Psychological Examiners. (1993). *Specialty guidelines for psychologists in custody/visitation evaluations*. Trenton: Board of Psychological Examiners.

Peixoto, K. G, Eidt, H. B., Silva, L. P. P., Garcia, M. H. de M., & Rabuske, M. M. (2013). Perícia psicológica nas Varas de Família e nas Varas da Infância e Juventude de Santa Catarina: Análise de laudos psicológicos. *Revista de Administração Judiciária, 1*(1), 431-485.

Pereira, D. & Alarcão, M. (2010). Avaliação da parentalidade no quadro da proteção à infância. *Temas em Psicologia, 18*(2), 499-517.

Poletto, M. & Koller, S. H. (2006). Resiliência: Uma perspectiva conceitual e histórica. In D. D. Dell'Aglio, S. H. Koller, & M. A. M. Yunes (Eds.), *Resiliência e psicologia positiva: Interfaces do risco à proteção* (pp. 19-44). São Paulo: Casa do Psicólogo.

Rivera, F. F., Martínez, D. S., Fernández, R. A., & Pérez, M. N. (2002). *Psicología jurídica de la familia: Intervención de casos de separación y divórcio*. Barcelona: Dedecs.

Rodrigues, M. C., Couto, E. M., & Hungria, M. C. L. (2005). A influência dos laudos psicológicos nas decisões judiciais das Varas de Família e Sucessões do Fórum Central da capital de São Paulo. In S. K. Shine (Org.), *Avaliação psicológica e lei: Adoção, vitimização, separação conjugal, dano psíquico e outros temas* (pp.19-36). São Paulo: Casa do Psicólogo.

Rovinski, S. L. R. (2007). *Fundamentos da perícia psicológica forense*. São Paulo: Vetor.

Rutter, M. (1993). Resilience: Some conceptual considerations. *Journal of Adolescent Health, 14*(8), 626-631.

Shine, S. K. & Strong, M. I. (2008). O laudo pericial e a interdisciplinaridade no Poder Judiciário. In S. K. Shine (Org.), *Avaliação psicológica e lei: Adoção, vitimização, separação conjugal, dano psíquico e outros temas* (pp. 191-247). São Paulo: Casa do Psicólogo.

Tribunal de Justiça do Estado de São Paulo (TJSP). (2007). A perícia social e a perícia psicológica no processo contraditório: Destituição do poder familiar. In Tribunal de Justiça do Estado de São Paulo (TJSP). *Atuação dos profissionais de Serviço Social e Psicologia: Manual de procedimentos técnicos* (pp. 114-116). São Paulo.

Wattenberg, E., Kelley, M., & Kim, H. (2001). When the rehabilitation ideal fails: A study of parental rights termination. *Child Welfare, 80*(4), 405-431.

LEITURA RECOMENDADA

Brasil. (2009). *Lei nº 12.010 de 2009*. Dispõe sobre adoção; altera as Leis nº 8.069, de 13 de julho de 1990 – Estatuto da Criança e do Adolescente, nº 8.560, de 29 de dezembro de 1992; revoga dispositivos da Lei nº 10.406, de 10 de janeiro de 2002 – Código Civil, e a Consolidação das Leis do Trabalho – CLT, aprovada pelo Decreto-lei nº 5.452, de 1º de maio de 1943; e dá outras providências. Recuperado de http://www.planalto.gov.br/ccivil_03/_ato2007-2010/2009/lei/l12010.htm.

11
AVALIAÇÃO PARA HABILITAÇÃO À ADOÇÃO

Verônica Petersen Chaves
Patricia Santos da Silva
Giana Bitencourt Frizzo

O PROCESSO DE HABILITAÇÃO PARA ADOÇÃO

A habilitação para adoção é um processo judicial previsto no art. 197-C da Lei nº 8.069 de 13 de julho de 1990 (Estatuto da Criança e do Adolescente [ECA]):

> Intervirá no feito, obrigatoriamente, equipe interprofissional a serviço da Justiça da Infância e da Juventude, que deverá elaborar estudo psicossocial, que conterá subsídios que permitam aferir a capacidade e o preparo dos postulantes para o exercício de uma paternidade ou maternidade responsável, à luz dos requisitos e princípios desta Lei (Brasil, 1990) (incluído pela Lei nº 12.010, de 2009).

O ECA estabeleceu que, a partir do desejo dos candidatos de adotar um filho, é a eles facultada a habilitação para adoção pelo Poder Judiciário. Essa lei prevê que os candidatos a pais adotivos deverão passar por um processo de preparação psicossocial e jurídica, orientado pelas equipes técnicas dos Juizados da Infância e da Juventude, com apoio dos técnicos responsáveis pelo programa de acolhimento e pela execução da política municipal de garantia do direito à convivência familiar (Brasil, 1990). Essa avaliação dará os subsídios necessários à decisão judicial que levará à inclusão dos pretendentes no Cadastro Nacional de Adoção (CNA) (Sebastiany, 2011).

Os critérios elencados e descritos na lei sobre quem são as pessoas que podem adotar são objetivos.[1] Cada pessoa deve habilitar-se em sua cidade de origem, pois essa é uma forma de garantir o amplo acesso à Justiça para aqueles que desejam adotar, mas exige do Poder Judiciário uma especificidade de trabalho que nem sempre está ao alcance dos recursos pessoais e institucionais em todas as comarcas.

Embora o ECA (Brasil, 1990) determine a necessidade de avaliação psicossocial dos can-

---

[1] A idade mínima para habilitação à adoção é 18 anos, independentemente do estado civil, desde que seja respeitada a diferença de 16 anos entre quem deseja adotar e a criança a ser acolhida. Os documentos que o adotante deve providenciar são: identidade; cadastro de pessoa física (CPF); certidão de casamento ou nascimento; comprovante de residência; comprovante de rendimentos ou declaração equivalente; atestado ou declaração médica de sanidade física e mental; certidões cível e criminal. Outras informações estão no site do Conselho Nacional de Justiça: http://www.cnj.jus.br/programas-e-acoes/cadastro-nacional-de-adocao-cna/passo-a-passo-da-adocao.

didatos à adoção, não descreve de forma específica os critérios que devem ser estudados nesse processo. O art. 29 diz que a adoção não deverá ser deferida à "[...] pessoa que revele, por qualquer modo, incompatibilidade com a natureza da medida [de proteção] ou não ofereça ambiente familiar adequado" (Brasil, 1990). O desafio das equipes é o de traduzir para a prática o que seria incompatibilidade ou ambiente familiar adequado. Como transpor para os aspectos psicológicos e sociais o que seria um ambiente familiar propício e adequado para o desenvolvimento de uma criança? O art. 43 complexifica a situação quando afirma que "a adoção será deferida quando apresentar reais vantagens para o adotando e fundar-se em motivos legítimos" (Brasil, 1990). Muitas são as discussões sobre quais seriam as vantagens ao adotado, bem como sobre o conceito de motivos legítimos. Alguns autores do campo do direito definem essas premissas como a capacidade das famílias de oferecer condições mínimas de proteção e sustento; no entanto, trata-se de termos muito subjetivos usados pelos legisladores, sem definição da doutrina (Lefévre et al., 2001; Maciel, 2015).

A avaliação e a preparação de pretendentes à adoção enfrentam, portanto, muitos desafios técnicos e éticos. As dificuldades cotidianas das equipes judiciárias no trabalho de construção e reconstrução de laços familiares precisam ser discutidas e divididas com os profissionais e as famílias interessadas, uma vez que o contexto da adoção é sempre interdisciplinar e interinstitucional. Para isso, psicólogos e assistentes sociais utilizam todos os instrumentos julgados pertinentes ao caso (Silva, 2015; Tabajaski, Rodrigues, & Gaiger, 1998). Dessa forma, a metodologia dependerá da formação de cada profissional e das especificidades de cada caso.

Ainda que o processo de habilitação para adoção tenha algumas variações entre países, geralmente existem alguns objetivos comuns nesse processo. Por exemplo, nos Estados Unidos, esse processo de "habilitação" dos candidatos é feito por agências conveniadas ao governo, de acordo com cada estado. Antes de terem seus nomes cadastrados na lista de espera, os candidatos passam por uma avaliação chamada *Home Study*, que tem como objetivo colher informações a seu respeito e prepará-los para a adoção. Esse processo pode ter duração de 2 a 10 meses. Apesar de o contato, tanto com o candidato quanto com a criança, começar em agências independentes, todo o processo de adoção é finalizado no Judiciário (Child Welfare Information Gateway, 2010). Processo semelhante também acontece no Reino Unido (Adoption UK, c2019).

Na França, o objetivo da avaliação de candidatos à adoção é conhecer a confiabilidade do projeto adotivo e a capacidade dos candidatos de se identificarem como pais de uma criança e inscrevê-la em sua história e em sua descendência. Essa avaliação é realizada pelo Serviço de Assistência Social à Infância francês (l'Aide Sociale à l'Enfance [ASE]), filiado a cada estado separadamente, e são realizadas avaliações sociais psicológicas. Após a aprovação do pedido de adoção, este é válido por cinco anos (Republique Française, c2017).

Na Itália, a adoção é permitida aos casados há mais de três anos, levando em consideração a convivência do casal e suas condições de educar, instruir e manter a criança a ser adotada (Commissione per le Adozioni Internazionali, 2011). Essas condições são avaliadas por psicólogos e assistentes sociais dos serviços de saúde e reportadas ao Tribunal de Menores (Tribunale per i Minorenni) (Tornesi, 2012). Além disso, existem limites de idade, previstos em lei, que têm como objetivo assegurar que os pais adotivos tenham condições de manter o filho até a idade adulta, de maneira semelhante à parentalidade biológica.

De maneira geral, pode-se perceber que, para todos os países citados, a ideia central é que existe um processo de avaliação e preparação dos adotantes que visa ao bem-estar da criança que chegará para essa família. As motivações dos candidatos constituem o critério mais importante para considerar a viabilidade da adoção.

Tendo em vista as dificuldades existentes no processo de avaliação das condições das pessoas para a parentalidade, este capítulo se propõe a fazer uma reflexão crítica acerca do trabalho de avaliação das famílias que pretendem habilitar-se para a adoção, porque se considera que os estudos pré-adotivos podem ser imprescindíveis na prevenção de fracassos na consolidação dos vínculos entre pais e filhos.

DIFICULDADES NA AVALIAÇÃO DE PRETENDENTES À ADOÇÃO

A trajetória típica dos adultos que decidem pela adoção é de um percurso difícil na realização do desejo de ter filhos. A maioria dessas famílias, mesmo já tendo pensado em adoção em algum momento de suas vidas, chega até o Judiciário depois de uma longa cruzada de insucesso na filiação biológica – seja pela infertilidade, seja por outras impossibilidades – ou por incompatibilidades impostas pela natureza, que podem ser até mesmo não ter alguém para compartilhar esse projeto.

O processo avaliativo é sempre percebido pelos pretendentes como mais um impeditivo, atribuindo a essa etapa adjetivos como "excesso de burocracia". Essa é a queixa que geralmente inaugura os primeiros contatos dos pretendentes com a equipe técnica, a qual pode ser reflexo dos sentimentos de frustração e insatisfação com tantas experiências negativas vividas anteriormente. Por que, depois de tantas adversidades, ainda terão de passar por um processo avaliativo que poderá concluir que eles não estão aptos a serem pais e mães? Além disso, há muitas incertezas a respeito de como e por que estão sendo examinados. Outra fala muito comum desses candidatos é: "Se fosse para engravidar, eu não seria avaliado!".

Novamente, ressalta-se que essa necessidade de avaliação prévia à chegada de uma criança por meio da adoção é necessária para que se preconize o "melhor interesse" da criança. O processo de habilitação é apenas uma das formas na tentativa de garantir o sucesso na consolidação dos vínculos de filiação. São crianças que já tiveram seus direitos violados e que necessitam do máximo cuidado em sua medida de proteção.

Nos bastidores, a proximidade com tantas histórias de crianças com necessidade de adoção e o sofrimento dos adotantes que não conseguem dar conta delas a cada dia nos levam à certeza da necessidade do trabalho pré-adotivo. Conhecer as fragilidades e as potencialidades desses adultos certamente possibilita que possamos ajudá-los a encontrar as melhores ferramentas para enfrentar as exigências de cuidar de seus filhos também com tantas fragilidades e potencialidades ainda desconhecidas.

O processo de habilitação é a primeira etapa de inserção dos pretendentes no contexto de adoção e, muitas vezes, da parentalidade. É quando efetivamente eles se deparam com as questões pertinentes a essa nova realidade. É o momento da avaliação de sua condição pessoal e pode se constituir como um espaço para que expressem seus desejos, suas expectativas, seus medos, seus mitos. Também é um dos espaços nos quais terão acesso a informações relevantes, esclarecimentos e reflexões acerca de todos os aspectos que estão implicados em uma adoção e à integração de suas questões pessoais com as demandas das crianças que precisam de uma família.

A avaliação será, portanto, a primeira etapa de um longo processo de acompanhamento dessas famílias, e a equipe tem o papel de suportar junto com elas as limitações e as frustrações durante um período que tem data inicial, mas com muitas incertezas com relação ao seu desfecho. O sofrimento com o peso das responsabilidades, as dificuldades na interação com os pretendentes e com a rede de proteção como um todo e as dificuldades institucionais de todo o Poder Judiciário formam o cotidiano desses profissionais. Então, esse acompanhamento pressupõe a avaliação continuada do processo de adaptação da família, o que traz maior complexidade ao trabalho dos profissionais.

A preparação dessas famílias para a adoção seguirá diferentes caminhos de acordo com os profissionais envolvidos e suas concepções a respeito de família e adoção (Silva, 2015). Assim como nas demais intervenções psicossociais, durante a avaliação para a habilitação no cadastro de adoção, caberá realizar o autoexame das próprias concepções de família, de modo a evitar pré-julgamentos que tragam prejuízo à percepção do profissional diante do caso concreto, conforme recomenda o Núcleo de Apoio Profissional de Serviço Social e Psicologia do Tribunal de Justiça de São Paulo (Tribunal de Justiça do Estado de São Paulo [TJSP], 2017).

O trabalho dos profissionais na avaliação dos pretendentes à adoção deveria passar por um momento de reflexão sobre a família contemporânea, sobre as mudanças ocorridas no âmbito da Justiça, sobre a necessidade de dispor de meios para melhor conhecer os candidatos à adoção e, também, sobre seus próprios valores decorrentes de modelos internalizados de família que podem favorecer ou dificultar a ponderação de suas respostas e a sequência que resultará na escrita do parecer ou laudo final (Zanetti, Oliveira, & Gomes, 2013). A análise de entrevistas semiestruturadas com dois profissionais com longa trajetória no atendimento de casos de adoção no Estado de São Paulo levou as autoras a essa conclusão.

A Lei nº 12.010, de 3 de agosto de 2009, reformulada pela Lei nº 13.509, de 2017 (art. 197, § 1º), inclui como passo essencial na habilitação para adoção a participação dos postulantes em programa oferecido pela Justiça da Infância e da Juventude, preferencialmente com apoio dos técnicos responsáveis pela execução da política municipal de garantia do direito à convivência familiar. A ideia desses programas deve incluir preparação psicológica, orientação e estímulo à adoção inter-racial, de crianças ou de adolescentes com deficiência, com doenças crônicas ou com necessidades específicas de saúde e de grupos de irmãos. Então, algumas equipes trabalham principalmente na perspectiva de que a confrontação com a realidade das crianças disponíveis à adoção seria o objetivo do trabalho. A meta não seria definir quem são as pessoas com condições de se tornarem bons pais, mas encontrar aqueles "dispostos a apresentarem condições de sê-lo" (Saraiva, 2014).

Mesmo com a dificuldade de encontrar respostas acerca das boas características na parentalidade como um todo e quiçá na parentalidade por adoção, algumas equipes e organizações estabeleceram protocolos baseados em critérios, na maior parte das vezes, definidos pela própria equipe e/ou profissional levando em conta seus próprios conceitos na definição da aptidão ou não para o exercício de ser pai ou mãe por adoção. A maior parte desses protocolos trata de procedimentos e itens a serem examinados, mas sem discussões teóricas a respeito do tema da parentalidade e suas repercussões no projeto adotivo.

Homens e mulheres podem sentir-se inseguros diante da complexa variedade de papéis que podem desempenhar nas novas formas de família. Para Houzel (2004, p. 47), o conceito de parentalidade sugere ainda que "[...] não basta ser genitor nem ser designado como pai para preencher todas as condições, é necessário 'tornar-se pais', o que se faz por meio de um processo complexo, implicando níveis conscientes e inconscientes do funcionamento mental".

Diversos autores têm-se dedicado à compreensão do processo de se tornar pai e mãe e às repercussões desse passo na vida das pessoas e das famílias (Bowlby, 1995; Dolto & Hamad, 1998; Lebovici, 1993; Maldonado, 1989; Solis-Ponton, 2004; Winnicott, 2006). No entanto, o que se pode perceber é que esse processo é marcado por singularidades que serão inerentes a cada pessoa e/ou família. Em outras formas de se tornarem pais e mães, como nos casos de reprodução assistida, destacam-se os percursos singulares na trajetória de construção da parentalidade e o fato de essa construção ser um processo diário que se dá antes, durante e depois da chegada do filho (Sonego, 2015).

O indivíduo não nasce nem pai, nem mãe, nem mesmo se torna um somente com o nascimento de um bebê geneticamente relacionado a ele. É a relação com a criança que faz uma mulher tornar-se mãe e um homem tornar-se pai e que confere sentido às palavras "maternidade" e "paternidade" (Berthoud, Berthoud, Bromberg, & Coelho, 1998). É preciso construir a parentalidade na relação com a criança (Dornelles, 2009), bem como na relação que se estabelece entre os pais e a família de origem (Howard & Brooks-Gunn, 2009). Além disso, como apontou Lebovici (1993), o bebê faz seus pais, construindo-os e parentalizando-os ao mesmo tempo que é constituído por eles.

Todos os pais, adotivos ou biológicos, precisam aprender as demandas que a parentalidade exige (Berthoud, 1998; Dornelles, 2009). Para Rondell e Michaels (1965), aprender a ser pai e mãe é algo que acontece ao longo da experiência de vida, com o conhecimento acumulado com o passar do tempo, com aquilo que se observa de outros pais e, principalmente, convivendo e cuidando de um filho. A história do filho é uma construção compartilhada em coautoria com os adultos, mas que se constrói a partir da história relacional de seus pais (Golse, 2003). Como apontado por Gutton (2006), a parentalidade é um eterno processo psíquico de construção e reconstrução e de trabalho diário para reconhecer as demandas de "ser pai" e "ser mãe".

O QUE DEVE SER CONSIDERADO AO LONGO DO PROCESSO DE HABILITAÇÃO À ADOÇÃO?

Devido à complexidade do trabalho de avaliação, os profissionais referem as muitas possibilidades de instrumentos a serem utilizados nos processos de habilitação, o que corrobora a literatura (Almeida, 2013; Berthoud, 1998; Hamad, 2002; Hoppe, 1992; Morales, 2004; Paiva, 2004; Pires, 2014; Reppold, Chaves, Nabinger, & Hutz, 2005). Entre os instrumentos, há a possibilidade de utilizar entrevistas conjuntas com os requerentes (quando for o caso), entrevistas individuais, entrevistas com filhos ou outros familiares, visitas domiciliares, testes psicológicos e discussão em equipe. Com relação ao que deve ser investigado, esses mesmos autores citam aspectos relacionados a diversas áreas psicossociais da família candidata, como estabilidade e estrutura psíquica e emocional dos integrantes, experiências familiares e de vida, crenças e expectativas com relação ao filho a ser adotado e compreensão de aspectos relacionados à adoção e à história anterior do adotado.

O projeto de pesquisa intitulado *Estar apto a ser pai e ser mãe do ponto de vista jurídico* (Silva, Lopes, & Frizzo, 2013) foi executado pelo Núcleo de Pesquisa e Intervenção em Famílias com Bebês e Crianças (NUFABE) da Universidade Federal do Rio Grande do Sul, com o objetivo de compreender de que maneira os psicólogos e os assistentes sociais das equipes técnicas do Judiciário de diversos estados do país realizavam suas avaliações. Na dissertação de mestrado de Silva (2015), foram analisados os dados provenientes de cinco comarcas do Rio Grande do Sul. Esse estudo contou com a participação de 17 psicólogos e assistentes sociais judiciários. A maioria dos participantes, quando questionados sobre as rotinas e as dificuldades, relatou ter carga de trabalho excessiva e falta de recursos humanos em comparação à demanda de trabalho. Em virtude disso, revelaram dificuldade em realizar o trabalho da maneira como gostariam (Silva, 2015).

No estudo de Silva (2015), todos os profissionais referiram utilizar a entrevista como principal meio de coletar os dados relevantes e realizar sua avaliação. Essa entrevista pode ser considerada semiestruturada, com alguns tópicos que consideram relevantes para o entendimento do caso. Todos relataram iniciar o processo com uma entrevista conjunta, no caso dos casais, e, conforme a necessidade, marcavam mais encontros conjuntos ou individuais. Em alguns casos, também, os profissionais relataram sentir a necessidade de entrevistar outros membros da família, além dos pretendentes, como nos casos de famílias que já têm filhos biológicos ou candidatos solteiros. O número médio de entrevistas realizadas ficou entre 2 e 3 (mas variando de 1 a 9), podendo ser com o casal, quando fosse o caso, ou individuais.

Apenas três psicólogos que participaram desse estudo referiram utilizar algum teste projetivo, mas somente quando sentiam dúvidas na avaliação. Apenas uma profissional relatou sempre utilizar testagem e, nesse caso, referiu fazer uso de instrumentos psicométricos, como o Inventário Fatorial de Personalidade (IFP-II). Um profissional também referiu utilizar contatos com a rede de atendimento de saúde, quando necessário. Em relação a isso, ressalta-se a dificuldade de acesso dos profissionais às ferramentas de avaliação psicológica disponíveis, bem como a escassez de instrumentos próprios para a avaliação relativa à parentalidade. A partir disso, serão apresentados possíveis critérios que podem ser utilizados por esses profissionais.

CRITÉRIOS PARA HABILITAÇÃO DOS PRETENDENTES

O exame das potencialidades dos pretendentes para que eles se tornem pais e mães adotivos é uma das etapas importantes no processo de habilitação. Trata-se de um trabalho pericial, no qual o recorte de tempo atual da situação do pretendente no momento da solicitação é uma das limitações; ou seja, a avaliação é da motivação de adotar dentro das circunstâncias daquele momento em que foi feito o movimento de ingresso no Judiciário. As mais diferentes motivações levam as pessoas a decidirem pela adoção, mesmo que a infertilidade possa ser o motivo manifesto mais frequente. Questões inconscientes podem ser difíceis de serem trazidas à tona em momento tão pontual, como medo da solidão, dificuldades na elaboração de perdas e abandono, necessidades narcísicas de envolvimento com alguém diverso de si mesmo, etc. Existem outras dificuldades, talvez não tão inconscientes, que podem também ser incompatíveis com a adoção, como tentativa de resolução de conflitos conjugais, minimização de sentimentos de solidão ou preocupações sociais.

Trata-se de um trabalho que deve feito de forma interdisciplinar, e diferentes profissionais da psicologia e do serviço social buscam elementos diversos e complementares que respondam sobre o potencial daquela família em receber uma criança em adoção.

Vários autores elencam tópicos a serem examinados no exame psicossocial, muitos deles coincidentes (Hoppe & Equipe Técnica do Juizado da Infância e da Juventude de Porto Alegre, 1997; Nabinger, 2010; Reppold et al., 2005; Silva, 2015):

- história pregressa e atual dos pretendentes;
- capacidade de lidar com frustrações e equilíbrio emocional;
- qualidade das relações afetivas;
- flexibilidade e capacidade de se adaptar a questões adversas;
- por que desejam adotar (motivação);
- questões sobre a infertilidade;
- sentimentos com relação à adoção;
- sentimentos com relação à história da criança e sua revelação;
- expectativas com relação aos filhos por adoção;
- previsão quanto à possibilidade de estabelecer uma relação parental satisfatória;
- capacidade de estabelecer vínculos interpessoais e projetos de vida;
- relação com a família extensa;
- rede de apoio;
- experiências anteriores com filhos (biológicos ou adotivos, enteados ou outras pessoas que estiveram sob seus cuidados);
- projetos de vida.

Segundo Bowlby (1976), a habilidade do profissional é imprescindível, uma vez que é importante que sejam investigados os motivos reais que estão por trás do desejo manifesto de um casal.

Entre os aspectos considerados importantes pelos profissionais na avaliação de pretendentes à adoção, seguiremos discorrendo sobre questões que consideramos pertinentes ao processo. Entre eles, citamos a história e o funcionamento psíquico desses sujeitos, suas relações com a família extensa, o desejo de parentalidade, a capacidade de estabelecer vínculos, a flexibilidade e a capacidade de superação de dificuldades e, por fim, a preparação, que vai além da etapa de avaliação.

Sobre a história, o funcionamento psíquico e a capacidade de estabelecer relações de afeto dos pretendentes

O modo como a relação entre os pais e a criança vai se estabelecer, em qualquer modalidade de filiação, também é marcado pela subjetividade e pelo funcionamento psíquico desses pais, por determinações inconscientes (Golse, 2003; Paiva, 2004). Em virtude disso, pode-se entender que conhecer as características das pessoas que buscam a adoção, mesmo não sendo um fator determinante, pode dar indícios do sucesso no estabelecimento de vínculos positivos com o filho adotivo.

Investigar a capacidade de afeto dos futuros adotantes foi descrito como um fator importante para autores clássicos que trabalharam com o tema. Já em 1907, Bowlby descreveu a capacidade de vinculação afetiva com outros como um dos fatores fundamentais a serem trabalhados pelos profissionais com os candidatos a pais adotivos (Bowlby, 1995). Para Schettini Filho (1998), a parentalidade é essencialmente afetiva. Para serem bons pais adotivos, segundo o autor, é necessária a capacidade de se envolver afetivamente, em profundidade, com outro ser humano. Para Camargo (2012), a adoção deve vir para satisfazer esse desejo de vinculação afetiva com um filho.

A capacidade de elaboração de vivências traumáticas também apareceu como questão importante. Segundo Bowlby (1995), a coragem para enfrentar dificuldades e refletir sobre a melhor resolução possível para os problemas é fator indispensável aos pais adotivos. O importante, segundo o autor, é saber se eles conseguiriam funcionar como pais afetuosos mesmo depois de uma decepção com o filho. Ele ainda afirma que, mesmo que não exista uma "adoção garantida", é fundamental que os técnicos percebam que os pais estão preparados para aceitar uma criança que não corresponda exatamente às suas expectativas. Além disso, em qualquer forma de filiação, a chegada do filho pode trazer à tona novamente experiências traumáticas vividas pelos pais (Fraiberg, Adelson, & Shapiro, 1994). Por isso, avaliar a forma como os pais enfrentaram situações traumáticas é importante no contexto da habilitação para adoção.

Também é possível perceber na literatura a importância de investigar a capacidade de adaptação a novas situações e a flexibilidade dos candidatos, visto que estas são demandas importantes da parentalidade (Berthoud, 2003). Para Bowlby (1995), candidatos que adotam uma postura muito rígida, principalmente em relação ao perfil de criança desejado, fazem isso por questões pessoais mal resolvidas. O autor ainda afirmou que, nesses casos, não se necessita da criança por ela mesma, e sim como uma solução para problemas particulares, o que pode trazer conflitos importantes na relação futura com o filho. A flexibilidade também aparece na literatura recente como um fator importante para a prevenção de problemas de comportamento das crianças (Lunkenheimer, Olson, Hollenstein, Sameroff, & Winter, 2011).

A estabilidade emocional referida pelos participantes é apontada por Schettini Filho (1998) como segurança emocional. Os pais devem ter essa segurança em relação a si mesmos para conseguir transmitir essa noção ao filho. Para Bowlby (1976), a estabilidade dos comportamentos dos pais é fundamental para o desenvolvimento emocional saudável do bebê e pode ser entendida como algo importante para uma criança adotiva, já vítima de muitos períodos de instabilidade durante a vida.

Sobre as relações com a família extensa e a rede de apoio

A diferenciação/individuação do casal é também um fator importante. O processo de separação da família de origem implica a condição pessoal de conhecer, compreender e assumir seu comportamento emocional, responsabilizando-se por suas escolhas (McGoldrick, Carter, & Garcia Preto, 2011; Severino, 1996). Para Loriedo e Strom (2002), quanto maior for o grau de dependência com a família de origem, menor será a tolerância de cada um em relação às diversidades do outro, dentro do funcionamento do casal, e maior será a ansiedade diante das diferenças inevitáveis. Isso poderá trazer problemas na relação do casal e, consequentemente, nas questões relativas ao desenvolvimento dos filhos.

Outra questão importante refere-se aos modelos de pai e mãe que os candidatos apresentam, porque a forma como um indivíduo vai parentalizar seus filhos depende, em parte, da percepção que tem sobre como foi cuidado por seus pais (Berthoud, 2003), bem como da forma como acredita que poderia ter sido diferente. É esse questionamento que fará os adotantes criarem seu próprio modelo a ser seguido. Para Lopes, Prochnow e Piccinini (2010) e Stern (1997), as identificações da mãe com figuras de apoio femininas, na transição para a maternidade, influenciam a maneira de reorganizar sua identidade após o nascimento do bebê, quando passará a exercer novos papéis. Essa reorganização é necessária para que a mulher possa ter novos investimentos emocionais e alterar a distribuição do tempo e energia em suas atividades. Para isso, os autores afirmaram que é evidente a necessidade de modelos de identificação, pois o trabalho mental exigido para essa transformação fará a mãe reviver sua história de identificação com a própria mãe e outras figuras maternas.

A família de origem é algo muito apontado na literatura como benéfico ao desenvolvimento das crianças. Wenzel e Maridini (2013) relataram estudos que apontam que crianças que têm contato com seus avós apresentam maior segurança afetiva e são mais receptivas a outros vínculos do que as que não têm esse contato. Além disso, é fundamental buscar informações sobre o pensamento da família a respeito da adoção, porque a criança deve ser adotada emocionalmente por uma família, e não apenas por duas pessoas (Dolto & Mannoni, 1923). Segundo Hamad (2002), a opinião dos avós é importante porque são eles que vão inserir a criança na cadeia das gerações, e os postulantes não precisarão lidar sozinhos com a questão da hereditariedade familiar.

Nesse contexto, pode-se pensar que o projeto de adoção não deve ser apenas dos adotantes, mas também deve ter aceitação e participação da família, inclusive dos filhos biológicos e de outros familiares, quando for o caso, porque a chegada de um novo membro ao sistema familiar provoca alterações importantes nos subsistemas que a compõem (Minuchin, 1982), e a adoção leva a uma nova constituição desse núcleo. Nesse processo, os integrantes sofrem uma transformação para a construção de um ambiente saudável e favorável ao desenvolvimento da criança (Otuka, Scorsolini-Comin, & Santos, 2009).

Também é importante observar a relação estabelecida com a família de origem (Morales, 2004), conforme mencionado anteriormente. Para o autor, os candidatos devem ter a possibilidade de buscar suporte quando necessário, mas, ao mesmo tempo, devem demonstrar independência, sendo capazes de administrar a casa e a família. Além disso, dentro dessa ideia, pode-se relacionar com a noção trazida por McGoldrick e Shibusawa (2016) de *self* interdependente. Para os autores, o senso de maturidade se relaciona com a aceitação de que temos uma interdependência básica com os outros e com toda a natureza, e a individuação dependeria de habilidades como a capacidade de se sentir seguro no contexto familiar e conhecido e em contextos não tão familiares, de reconhecer emoções no outro e praticar a empatia, de autoaceitar-se e aceitar as diferenças do outro mesmo que tenham valores diferentes e de considerar outras pessoas e se preocupar com as gerações futuras.

A respeito do apoio social, percebe-se a importância de se avaliar a qualidade das relações e saber o quanto essa criança também poderá contar com uma rede de apoio externa à família nuclear. Pode-se apontar também a necessidade de investigar o quanto a família consegue inserir-se socialmente e buscar na rede o auxílio necessário em atividades sociais, culturais e de saúde. O estudo de McKay, Ross e Goldberg (2010) evidenciou que os próprios adotantes percebem como importante poder contar com o apoio de amigos, grupos especializados em adoção e com a rede de auxílio governamental.

Sobre as expectativas em relação ao filho por adoção

O processo de tornar-se pai e mãe é um longo percurso, iniciado muito antes da chegada do filho (Golse, 2003; Zornig, 2010). São as fantasias parentais sobre ele, incluindo medos, sonhos, lembranças da própria infância e modelos de pais, que darão as bases necessárias para a construção do senso de *self* do sujeito. No caso dos pais adotivos, a criança deve ser desejada muito antes de sua "concepção", fazendo os candidatos se tornarem, antes de tudo, pais pelo desejo (Dolto, 1999).

A parentalidade, seja ela biológica, seja ela adotiva, não deve se basear no desejo de preencher uma lacuna da vida dos pais, nem na possibilidade de conciliação de um casal em crise e, muito menos, em um ato de caridade (Camargo, 2012; Melman & Hamad, 2010). A criança que é colocada em adoção já passou por histórias de privação em demasia e dependerá de um meio familiar que consiga auxiliá-la nessas necessidades (Chaves, 2010).

A não superação e a não elaboração de um luto por uma perda podem ser complicadores na relação com a criança que substituirá esse lugar vago (Levinzon, 2014). Um filho precisa ser acolhido em sua essência, em vez de vir para substituir outros. A autora também afirmou que as crianças precisam ser adotadas por pessoas que desejam ter um filho, e não por um ato de caridade, porque se o sentimento for de um ato de benfeitoria, os pais exigirão mais tarde uma retribuição e, possivelmente, não serão tolerantes aos comportamentos que destoam daqueles que esperam de "uma pessoa grata".

Sabe-se que o desejo por uma criança também acontece muito em virtude de pressões sociais (Gradvohl, Osis, & Makuch, 2013; Guedes, Carvalho, Pires, & Canavarro, 2011; Szapiro & Carneiro, 2002). É comum que a família cobre dos novos casais a chegada do filho (Matias & Fontaine, 2013). No entanto, esse pode ser um motivador problemático, porque a decisão de adotar deve ser de ordem existencial, e não para atender a exigências externas (Schettini Filho, 1998).

Autores que trabalharam na prática da adoção apontam a importância de investigar o desejo desses candidatos por uma criança em suas vidas (Hamad, 2002). E, mais do que o desejo de ter uma criança, é necessário que se perceba, nos candidatos, o desejo real de ter um filho. O desejo de ter um filho é o que dará a esse filho adotivo, que não será a imagem de sua mãe e de seu pai, em virtude da falta da ligação genética, seu lugar como sujeito. À medida que o laço familiar passa a ter um valor simbólico, é possível que os pais consigam acolher de maneira saudável as demandas da criança que receberão.

É possível relacionar esse desejo de ter um filho ao conceito abordado por Zapiain (1996), que diferencia os conceitos do desejo de gravidez do desejo de filho. O autor observa que algumas mulheres desejam um filho somente pela realização do sonho de estarem grávidas e por todo o reconhecimento social que a condição de gestante pode trazer. O desejo de ter um filho se refere ao desejo consciente de querer ter um filho como integrante de um projeto de vida, incluindo-o na vida e aceitando as gratificações e as dificuldades que o "ser pai" e o "ser mãe" podem trazer.

Para alguns psicólogos e assistentes sociais do estudo de Silva (2015), é importante perceber qual preparação os candidatos estão fazendo interna e psiquicamente para receber esse filho. A chegada de um filho cria a necessidade de abrir um espaço emocional para receber um novo ser, fazendo os pais abdicarem de sua condição de filho e passarem a exercer o papel de pai e mãe (Wenzel & Maridini, 2013). Somente a partir da inserção da criança no desejo dos pais é que sua identidade terá um lugar (Dolto, 1999; Paiva, 2004). Para Reppold e colaboradores (2005), identificar a disponibilidade geral das famílias adotantes para receber um novo membro deve ser o "propósito norteador" do processo de habilitação para adoção.

Esse pensamento não diz respeito somente à filiação adotiva. A evolução social observada nesse período mostra que se tornar pai e mãe depende muito mais da lógica do desejo do que de laços consanguíneos (Zornig, 2012). No caso da adoção, percebe-se que hoje é mais valorizada, idealizada e admirada porque o valor atribuído à criança mudou (Ariès, 1981). Para Nabinger (1997), a criança não é mais um produto do acaso, e sim do desejo dos pais. Nesse contexto, o principal desafio dos adotantes é a elaboração pessoal que se poderia sintetizar como uma mudança de paradigma que é passar da necessidade de conseguir uma criança ao desejo de acolher um filho (Nabinger, 2010).

Além disso, deve-se também apontar a importância de investigar o quanto os "fantasmas no quarto do bebê" estão influenciando o projeto adotivo (Fraiberg et al., 1994). O filho imaginado pode representar para os pais a realização de uma imagem idealizada de si mesmos, dando a oportunidade de realização de seus próprios ideais, o que faz o filho nunca ser alguém completamente estranho, já que representa imagens do passado dos pais (Albornoz, 2009). Esses vínculos antigos revividos trariam aos pais a possibilidade de elaboração, e o filho desempenhará o papel de curador dos pais, trazendo a possibilidade de redenção (Brazelton & Cramer, 1992). Por tudo isso, é importante investigar se essas expectativas não são maiores do que a criança adotiva é capaz de carregar.

A partir disso, pode-se discutir também a importância de investigar o pensamento desses candidatos a respeito da origem da criança colocada em adoção, porque a relação filial implica uma aceitação completa desse filho, juntamente com toda a sua biografia (Schettini Filho, 1998). Toda filiação, biológica ou não, é uma adoção, já que a criança só será considerada como filho se for emocionalmente adotada pelos pais (Miranda & Cohen, 2012), e o sentimento de pertencimento à família é fundamental para a consolidação dos vínculos afetivos (Nabinger, 1997).

Sobre o desejo de parentalidade

A reorganização psíquica da mulher na maternidade acontece de forma independente do processo biológico de gestação (Heisler & Ellis, 2008; Schwochow, 2018). Assim, na maternidade por adoção, as mulheres também são capazes de integrar, à sua nova identidade de mãe, funções relacionadas à capacidade de cuidar, proteger e empatizar, antes mesmo de terem conhecimento de quem será seu futuro filho (Slade, Cohen, Sadler, & Miller, 2009).

O desejo de parentalidade também pode ser entendido como a disponibilidade emocional e afetiva, em determinado momento, para assumir a função parental (Berthoud, 1998). É necessária essa disponibilidade porque se sabe que se tornar pai e mãe pode ser um dos acontecimentos mais marcantes do ciclo vital e imprime mudanças na personalidade e no psiquismo dos pais (Piccinini, Silva, Gonçalves, Lopes, & Tudge, 2004; Stern, 1997; Zavaschi, Costa, Brunstein, & Bergman, 2013).

Para Diniz (1991), esse "desejo de parentar" surge como uma forma de prolongamento que o filho proporciona, um meio para dar continuidade à linhagem, e faz parte da autoimagem do adulto, sendo algo além de um projeto de vida. Para Bydlowski (2006), a criança seria, para o pai, a possibilidade de imortalidade, pela transmissão de suas características para além de si mesmo. Isso proporcionaria aos pais, também, a possibilidade de realizar desejos que não conseguiram por meio dos filhos (Brazelton & Cramer, 1992).

DA SELEÇÃO À PREPARAÇÃO DE PRETENDENTES

A complexidade do tema da adoção, considerando as necessidades e as fragilidades das crianças e dos adolescentes com necessidades de adoção, de um lado, e, de outro, a diversidade das famílias que desejam adotar, exige dos profissionais que dela se ocupam ferramentas diversas de abordagem. As reformulações da legislação acompanharam a preocupação com esse contexto, transformando a habilitação para adoção em um processo que vai além da simples avaliação. A preparação dos candidatos é prevista em lei como uma possibilidade de trabalho de reflexão com essas famílias, oferecendo a elas a possibilidade de aproximação com a realidade da adoção.

A preparação dos pretendentes à adoção já era uma prática da maioria das equipes técnicas judiciárias, percebida como uma importante necessidade no sucesso posterior da adoção. A garantia desse procedimento na lei amplia as possibilidades de trabalho de intervenção e de boas práticas na adoção. Nos moldes atuais, existe a previsão de uma preparação dos pretendentes, em que são esclarecidas todas as informações relativas ao trâmite do processo na instituição, havendo mas do que apenas uma avaliação dos aspectos psicológicos e sociais das famílias.

O trabalho preventivo com as futuras famílias adotivas coloca uma nova perspectiva aos profissionais da rede de proteção como um todo, mais especificamente às equipes judiciárias. Sem uma previsão metodológica, ou mesmo dos conteúdos a serem trabalhados, cada localidade tem a liberdade de construir seu sistema próprio de habilitação com os recursos disponíveis. Parcerias com a rede de proteção, com universidades, com profissionais da saúde, bem como com todos os profissionais do direito, são bem-vindas nesse processo de formação.

A preparação teria dois grandes objetivos que derivam do objetivo maior, que é a proteção da criança e as práticas voltadas ao seu melhor interesse:

1. **Informação:** oferecer dados e orientações práticas com relação ao processo judicial da habilitação e da adoção, bem como a respeito das crianças com necessidade de adoção.
2. **Reflexão:** espaço para que os adultos possam refletir sobre sua motivação para adoção e recursos emocionais, familiares e sociais para o acolhimento de uma criança em adoção.

Uma prática recente tem-se tornado cada vez mais comum nas comarcas do Rio Grande do Sul: a terceirização dos grupos de preparação dos habilitantes para os grupos cadastrados de apoio à adoção. Diversos convênios entre essas organizações não governamentais que promovem grupos de apoio e o Judiciário têm aparecido como um recurso importante para a demanda de trabalho dos profissionais das equipes técnicas e como uma possibilidade maior de visibilidade dos magistrados.

Esse contexto pode ser uma experiência interessante do ponto de vista da capacidade de recursos humanos, bem como por possibilitar que esses habilitantes tomem contato com pessoas que estão vivenciando a adoção e a construção da parentalidade por estarem próximas das crianças. Apesar disso, não se pode ter garantias de como essas questões serão abordadas nem sobre quem serão as pessoas capacitadas para gerenciar tais processos de preparação.

A participação dos grupos de apoio à adoção na habilitação de pretendentes é uma prática muito difundida e complementa o trabalho das equipes interprofissionais. A cooperação do trabalho técnico com a vivência das famílias por adoção, seus testemunhos e possibilidades de rede de apoio pode ser um recurso importante, considerando especialmente a complexidade das adoções tardias e das adoções especiais.[2]

CONSIDERAÇÕES FINAIS

O processo de habilitação para adoção é uma medida de proteção à criança que já se encontra em situação de vulnerabilidade. A vivência de abandono, negligência, maus-tratos, abusos e violências é uma realidade comum na vida das crianças em situação de acolhimento institucional e que se encontram aptas juridicamente para serem adotadas. Nesse sentido, compreender as capacidades, possibilidades, potencialidades e fragilidades dos futuros pais é imprescindível para o sucesso dessa tarefa singular da construção da parentalidade no contexto da adoção.

Apesar da vital importância do trabalho de avaliação, sabe-se que o processo de habilitação não se resume à atividade pericial de registrar e relatar dos técnicos envolvidos no processo. Deve-se pensar no processo de habilitação para adoção como um espaço de reflexão acerca do projeto adotivo e de parentalidade dos adotantes, mesmo que tenha como objetivo emitir ao juiz um parecer técnico com conclusões dos profissionais relativas às solicitações recebidas (Costa, Penso, Legnani, & Sudbrack, 2009). Estas servirão de subsídios à decisão judicial (Sebastiany, 2011), a qual poderá se configurar como um espaço de coconstrução entre os postulantes e os profissionais. Bowlby já propunha que o relacionamento estabelecido entre os candidatos a pais adotivos e o profissional responsável pelo caso também é valioso para o conhecimento de que tipo de pessoa eles são. Segundo o autor, as famílias que se mostravam ressentidas com o interesse do entrevistador por suas vidas íntimas, ou que

---

[2] A adoção de crianças maiores de 3 anos é definida de forma geral, na literatura, como tardia. Também se entende como especiais a adoção de crianças e adolescentes com necessidades de cuidados diferenciados, mais comumente problemas de saúde de diversas ordens.

achavam que suas referências, sua posição ou sua necessidade intensa de parentalidade lhes davam o direito de receber uma criança sem mais perguntas, em geral refletiam problemas subjacentes muito relacionados com a capacidade dessas pessoas como pais. Da mesma maneira, em geral, famílias que estabeleciam facilmente bom relacionamento com o profissional, que reconheciam ser necessário que a agência escolhesse bons pais para as crianças e admitiam ter receios, problemas e imperfeições humanas tinham profundas qualificações para a parentalidade (Bowlby, 1995).

É importante que os profissionais não se coloquem em uma posição de detentores do conhecimento, mas que possam auxiliar os candidatos nessa jornada de construção da parentalidade adotiva. E, aqui, refere-se à parentalidade adotiva específica do processo em andamento, porque cada filiação é única (Paiva, 2004). Além disso, é importante que os profissionais consigam acolher com neutralidade a multiplicidade de configurações familiares presente nos dias de hoje (Pontes, Féres-Carneiro, & Magalhães, 2015).

É importante que exista um debate entre os profissionais da psicologia e do serviço social na definição de critérios na avaliação e na preparação de pretendentes à adoção, de forma a facilitar o processo de habilitação e proporcionar maior segurança na garantia da proteção da criança a ser colocada em adoção. Ainda, é possível pensar que a falta de critérios norteadores possa ser um fator que propicia a utilização de questões pessoais nas avaliações, o que abre espaço para que o preconceito influencie o trabalho. Por isso, a utilização de um protocolo mais uniforme, que seja sensível às especificidades de cada configuração familiar, poderia auxiliar os profissionais nesses processos. Em virtude disso, a construção de instrumentos padronizados que possam dar indícios de questões relevantes à parentalidade adotiva, como a motivação, aparece como uma boa possibilidade para estudos futuros.

Mesmo que haja essa reflexão, sabe-se que a falta de profissionais no Judiciário pode prejudicar esse trabalho. A demanda crescente desse tipo de processo sobrecarrega os profissionais. Além da falta de recursos humanos, a terceirização dos recursos e o pouco incentivo à constante capacitação profissional podem contribuir para essas dificuldades. Como a seleção para ingresso no Judiciário não leva em conta especificidades na formação acadêmica e não exige titulação específica, os profissionais podem ver-se despreparados para lidar com a diversidade das demandas do trabalho jurídico, já que é pouco comum a formação jurídica durante a graduação (Carvalho & Sampaio, 1997; Lisboa & Barbosa, 2009).

A prática da adoção está se transformando ao longo do tempo e exigindo dos profissionais aprofundamento no desafio de encontrar famílias capazes de dar conta da problemática cada vez mais complexa das crianças com necessidade de adoção. Portanto, identifica-se a necessidade de trabalhos e pesquisas que busquem elucidar as dúvidas presentes nesse processo. Além disso, trazer à academia uma área ainda muito incipiente pode contribuir para a prática desses profissionais, e, consequentemente, volta-se o olhar para o trabalho com crianças em acolhimento e à espera de uma família.

Da mesma forma, trazer o olhar da psicologia do desenvolvimento sobre os processos de habilitação para adoção pode auxiliar no entendimento a respeito da complexidade envolvida no processo de construção da parentalidade. Especialmente no caso da parentalidade adotiva, essa compreensão de um encontro único da história dos futuros pais especificamente com cada criança pode auxiliar na reflexão de quais serão os melhores pais para cada criança.

Para finalizar, defende-se a ideia de que, independentemente da configuração familiar ou do perfil dos candidatos, é fundamental que as crianças sejam cuidadas e desejadas e que exista uma presença que ofereça a elas um lugar configurado com seus limites (Amazonas & Braga, 2006). Deve-se enfatizar também que os pais adotivos não precisam ser os melhores, e não é isso que o processo de habilitação busca, e sim pais que possam ser "suficientemente bons" (Winnicott, 1975), o que seus progenitores biológicos e nenhuma instituição de acolhimento conseguiram ser.

REFERÊNCIAS

Adoption UK. (c2019). *Adoption UK community*. Recuperado de https://www.adoptionuk.org/adoption-uk-community

Albornoz, A. C. G. (2009). Fantasmas no berço e o psiquismo do bebê. *Barbarói, 2*(25), 155-163.

Almeida, K. I. V. de. (2013). *O processo de adoção no Distrito Federal e os atores sociais envolvidos* (Monografia de conclusão de curso, Universidade de Brasília, Brasília).

Amazonas, M. C. L. de A. & Braga, M. da G. R. (2006). Reflexões acerca das novas formas de parentalidade e suas possíveis vicissitudes culturais e subjetivas. *Ágora: Estudos Em Teoria Psicanalítica, 9*(2), 177-191.

Ariès, P. (1981). *História social da criança e da família*. Rio de Janeiro: LTC.

Berthoud, C. M. E. (1998). Formando e rompendo vínculos: A grande aventura da vida. In C. M. E. Berthoud, M. H. P. F. Bromberg, & M. R. M. Coelho, *Ensaio sobre formação e rompimento dos vínculos afetivos* (2. ed., pp. 15-46). Taubaté: Cabral.

Berthoud, C. M. E. (2003). *Re-significando a parentalidade: Os desafios de ser pais na atualidade*. Taubaté: Cabral.

Berthoud, C. M. E., Bromberg, M. H. P. F., & Coelho, M. R. M. (1998). *Formando e rompendo vínculos: A grande aventura da vida* (2. ed., pp. 15-46). Taubaté: Cabral.

Bowlby, J. (1976). *El vínculo afectivo* (vol. 48). Buenos Aires: Paidos.

Bowlby, J. (1995). *Cuidados maternos e saúde mental*. São Paulo: Martins Fontes.

Brasil. (1990). *Lei nº 8.069, de 13 de julho de 1990*. Dispõe sobre o Estatuto da Criança e do Adolescente e dá outras providências. Recuperado de http://www.planalto.gov.br/ccivil_03/leis/l8069.htm

Brazelton, T. B. & Cramer, B. G. (1992). *As primeiras relações*. São Paulo: Martins Fontes.

Bydlowski, M. (2006). Parenté maternelle et parenté paternelle. *Adolescence, 55*(1), 33-42.

Camargo, M. L. (2012). *Adoção: Vivências de parentalidade e filiação de adultos adotados*. Curitiba: Juruá.

Carvalho, M. T. de M. & Sampaio, J. dos R. (1997). A formação do psicólogo e as áreas emergentes. *Psicologia: Ciência e Profissão, 17*(1), 14-19.

Chaves, V. P. (2010). Algumas informações sobre adoção no Brasil. In A. Hilgemann (Ed.), *Adoção: Duas mães para uma vida* (pp. 127-137). Porto Alegre: Rígel.

Child Welfare Information Gateway. (2010). *Adoption: Where do I start?* Recuperado de https://www.childwelfare.gov/pubs/f-adoptoption/

Commissione per le Adozioni Internazionali. (2011). *Chi può Adottare: Requisiti per l'adozione*. Recuperado de http://www.commissioneadozioni.it/per-una-famiglia-adottiva/per-adottare/chi-puo-adottare/

Costa, L. F., Penso, M. A., Legnani, V. N., & Sudbrack, M. F. O. (2009). As competências da psicologia jurídica na avaliação psicossocial de famílias em conflito. *Psicologia & Sociedade, 21*(2), 233-241.

Diniz, J. S. (1991). Aspectos sociais e psicológicos da adoção. In F. Freire (Ed.). *Abandono e adoção: Contribuições para uma cultura da adoção*. Curitiba: Terre des Hommes.

Dolto, F. & Hamad, N. (1998). *Destinos de crianças: Adoção, famílias, trabalho social*. São Paulo: Martins Fontes.

Dolto, F. & Mannoni, M. (1923). Prefácio. In M. Mannoni (Ed.), *A primeira entrevista em psicanálise* (pp. 9-30). Rio de Janeiro: Campus.

Dolto, F. (1999). *Tudo é linguagem*. São Paulo: Martins Fontes.

Dornelles, L. M. N. (2009). *Tornar-se pai e mãe no contexto da reprodução assistida* (Tese de doutorado, Universidade Federal do Rio Grande do Sul, Porto Alegre).

Foli, K. J., Lim, E., South, S. C., & Sands, L. P. (2014). "Great Expectations" of adoptive parents: Theory extension through structural equation modeling. *Nursing Research, 63*(1), 14-25.

Fraiberg, S., Adelson, E., & Shapiro, V. (1994). Fantasmas no quarto do bebê: Uma abordagem psicanalítica dos problemas que entravam a relação mãe-bebê. *CEAPIA, 7*(7), 12-34.

Golse, B. (2003). *Transmitir a transmissão: Um ponto em comum entre as diferentes terapias conjuntas pais-criança*. São Paulo: Casa do Psicólogo.

Gradvohl, S. M. O., Osis, M. J. D., & Makuch, M. Y. (2013). Estresse de homens e mulheres que buscam tratamento para infertilidade. *Revista Brasileira de Ginecologia e Obstetrícia, 35*(6), 255-261.

Guedes, M., Carvalho, P. S., Pires, R., & Canavarro, M. C. (2011). Uma abordagem qualitativa às motivações positivas e negativas para a parentalidade. *Análise Psicológica, 29*(4), 535-551.

Gutton, P. (2006). Parentalité. *Adolescence, 55*(1), 9-32.

Hamad, N. (2002). *A criança adotiva e suas famílias*. Rio de Janeiro: Companhia de Freud.

Heisler, J. M. & Ellis, J. B. (2008). Motherhood and the construction of "mommy identity": Messages about motherhood and face negotiation. *Communication Quarterly, 56*(4), 445-467.

Hoppe, M. & Equipe Técnica do Juizado da Infância e da Juventude de Porto Alegre (1997). *Intervenção técnica*. Porto Alegre: 1º Juizado da Infância e da Juventude de Porto Alegre.

Hoppe, M. E. (1992). *O estatuto passado a limpo*. Porto Alegre: Juizado da Infância e da Juventude.

Houzel, D. (2004). *As implicações da parentalidade*. São Paulo: Casa do Psicólogo.

Howard, K. S. & Brooks-Gunn, J. (2009). Relationship supportiveness during the transition to parenting among married and unmarried parents. *Parenting, 9*(1-2), 123-142.

Lebovici, S. (1993). On intergenerational transmission: From filiation to affiliation. *Infant Mental Health Journal, 14*(4), 260-272.

Lefèvre, F., Stmioni, A. M. C., Alvarez, A. M. S., Siqueira, A. A. F., Oliveira, D. C., Rabinovich, E. R., ... Gheller, R. (2001). Estudo interpretativo do cap. III do Estatuto da Criança e do Adolescente: Do direito à convivência familiar e comunitária. *Revista Brasileira de Crescimento e Desenvolvimento Humano de São Paulo, 11*(2), 1-28.

Levinzon, G. K. (2014). *Tornando-se pais: A adoção em todos os seus passos*. São Paulo: Casa do Psicólogo.

Lisboa, F. S. & Barbosa, A. J. G. (2009). Formação em psicologia no Brasil: Um perfil dos cursos de graduação. *Psicologia: Ciência e Profissão, 29*(4), 718-737.

Lopes, R. de C. S., Prochnow, L. P., & Piccinini, C. A. (2010). A relação da mãe com suas figuras de apoio femininas e os sentimentos em relação à maternidade. *Psicologia Em Estudo, 15*(2), 295-304.

Loriedo, C. & Strom, P. (2002). O processo de transmissão transgeracional nos casais e o tratamento das problemáticas ligas às origem. In M. Andolfi (Ed.), *A crise do casal: Uma perspectiva sistêmica relacional* (pp. 124-138). Porto Alegre: Artmed.

Lunkenheimer, E. S., Olson, S. L., Hollenstein, T., Sameroff, A. J., & Winter, C. (2011). Dyadic flexibility and positive affect in parent-child coregulation and the development of child behavior problems. *Development and Psychopathology, 23*(2), 577-591.

Maciel, K. R. F. L. A. (2015). *Curso de Direito da Criança e do Adolescente: Aspectos teóricos e práticos*. São Paulo: Saraiva.

Maldonado, M. T. (1989). *Maternidade e paternidade* (vol. 2). Petrópolis: Vozes.

Matias, M. & Fontaine, A. M. (2013). Desenvolvimento e validação factorial da escala de motivos face à parentalidade. *Paidéia (Ribeirão Preto), 23*(54), 9-20.

McGoldrick, M. & Shibusawa, T. (2016). O ciclo vital familiar. In F. Walsh (Ed.), *Processos normativos da família: Diversidade e complexidade* (pp. 375-398). Porto Alegre: Artmed.

McGoldrick, M., Carter, B. A., & Garcia Preto, N. A. (2011). *The expanded family life cycle: individual, family, and social perspectives*. New York: Pearson Allyn & Bacon.

McKay, K., Ross, L. E., & Goldberg, A. E. (2010). Adaptation to parenthood during the post-adoption period: A review of the literature. *Adoption Quarterly, 13*(2), 125-144.

Melman, C. & Hamad, N. (2010). Prefácio: Crianças na estante. In H. Hamad, *Adoção e parentalidade: Questões atuais*. Porto Alegre: CMC.

Minuchin, S. (1982). *Famílias: Funcionamento e tratamento*. São Paulo: Artes Médicas.

Miranda, C. E. S. & Cohen, R. H. P. (2012). Uma criança é adotada: O lugar simbólico da filiação e seus efeitos subjetivos. *Psicologia em Pesquisa, 6*(1), 61-67.

Morales, A. T. (2004). *Predicción de la parentalidad y adopción*. México: El Manual Moderno.

Nabinger, S. B. (1997). A construção dos vínculos na adoção. In N. Fichtner (Ed.), *Prevenção, diagnóstico e tratamento dos transtornos mentais da infância e da adolescência: Um enfoque desenvolvimental* (pp. 77-85). São Paulo: Artes Médicas.

Nabinger, S. B. (2010). *Adoção: O encontro de duas histórias*. Santo Ângelo: FURI.

Otuka, L. K., Scorsolini-Comin, F., & Santos, M. A. dos. (2009). A configuração dos vínculos na adoção: Uma atualização no contexto Latino-Americano. *Revista Brasileira de Crescimento e Desenvolvimento Humano, 19*(3), 475-486.

Paiva, L. D. de. (2004). *Adoção: Significados e possibilidades*. São Paulo: Casa do Psicólogo.

Piccinini, C. A., Silva, M. da R., Gonçalves, T. R., Lopes, R. S., & Tudge, J. (2004). O envolvimento paterno durante a gestação. *Psicologia: Reflexão e Crítica, 17*(3), 303-314.

Pires, J. B. G. (2014). *Uma análise sobre o processo de preparação dos postulantes à adoção na vara privativa da infância e da juventude no município de Campina Grande (PB)* (Monografia de conclusão de curso não publicada, Universidade Estadual da Paraíba, Campina Grande).

Pontes, M. F., Féres-Carneiro, T., & Magalhães, A. S. (2015). Famílias homoparentais e maternidade biológica. *Revista Psicologia & Sociedade, 27*(1), 189-198.

Reppold, C. T., Chaves, V. P., Nabinger, S. B., & Hutz, C. S. (2005). *Aspectos práticos e teóricos da avaliação psicossocial para habilitação à adoção*. São Paulo: Casa do Psicólogo.

Republique Française. (c2017). *Les étapes de ma demande*. Recuperado de https://france-visas.gouv.fr/fr_FR/web/france-visas/depot-et-traitement--de-la-demande

Rondell, F. & Michaels, R. (1965). *You and your child: A guide for adoptive parents* (Second). New York: Crown.

Saraiva, J. E. M. (2014). O psicólogo na habilitação para adoção: Avaliação psicológica e seus limites. In C. Ladvocat & S. Diuana, *Guia de adoção: No jurídico, no psicológico e na família* (pp. 323-330). São Paulo: Roca.

Schettini Filho, L. (1998). *Compreendendo os pais adotivos*. Recife: Bagaço.

Schwochow, M. S. (2018). *Tornar-se mãe por adoção: A espera de um filho* (Dissertação de mestrado não publicada, Universidade Federal do Rio Grande do Sul, Porto Alegre).

Sebastiany, N. (2011). *Adoção internacional e serviço social*. Ijuí: Unijuí.

Severino, R. L. (1996). Casais construindo seus caminhos: A terapia de casal e a família de origem. In L. C. Prado (Ed.), *Famílias e terapeutas: Construindo caminhos* (pp. 71-95). São Paulo: Artes Médicas.

Silva, P. S. (2015). *Os processos de habilitação para adoção do ponto de vista de técnicos judiciários do Rio Grande do Sul* (Dissertação de mestrado não publicada, Universidade Federal do Rio Grande do Sul, Porto Alegre).

Silva, P. S. da, Lopes, R. de C. S., & Frizzo, G. B. (2013). *Estar apto a ser pai e ser mãe do ponto de vista jurídico* (Projeto de Pesquisa, Universidade Federal do Rio Grande do Sul, Porto Alegre).

Slade, A., Cohen, L. J., Sadler, L. S., & Miller, M. (2009). The psychology and psychopathology of pregnancy. In C. H. Zeanah (Ed.), *Handbook of infant mental health* (22-39). New York: Guilford.

Solis-Ponton, L. (2004). *Construcción de la parentalidad*. México: El Manual Moderno.

Sonego, J. C. (2015). *Desafios nos percursos singulares rumo à parentalidade no contexto da reprodução assistida: Da gestação ao primeiro ano de vida do bebê* (Tese de doutorado, Universidade Federal do Rio Grande do Sul, Porto Alegre).

Stern, D. (1997). *A constelação da maternidade*. São Paulo: Artes Médicas.

Szapiro, A. M. & Carneiro, T. F. (2002). Construções do feminino pós anos sessenta: O caso da maternidade como produção independente. *Psicologia: Reflexão e Crítica, 15*(1), 179-188.

Tabajaski, B., Rodrigues, R., & Gaiger, M. (1998). O trabalho do psicólogo no Juizado da Infância e da Juventude de Porto Alegre/RS. *Aletheia, 7*, 9-18.

Tornesi, R. (2012). *Servizio adozioni nazionali e internazionali*. Recuperado de https://www.comune.perugia.it/pagine/adozioni

Tribunal de Justiça do Estado de São Paulo (TJSP). (2017). *Atuação dos profissionais de Serviço Social e Psicologia*. Recuperado de https://www.tjsp.jus.br/Download/Corregedoria/pdf/manual_de_procedimentos.pdf

Walsh, F. (2002). Casais saudáveis e casais disfuncionais: Qual a diferença? In M. Andolfi (Ed.), *A crise do casal: Uma perspectiva sistêmico-relacional* (pp. 13-28). Porto Alegre: Artmed.

Wenzel, M. P. & Maridini, V. (2013). Gestação, parto e puerpério. In C. L. Eizirik & A. M. S. Bassols (Eds.), *O ciclo da vida humana: Uma perspectiva psicodinâmica* (2. ed., pp. 63-76). Porto Alegre: Artmed.

Winnicott, D. W. (1975). *O brincar e a realidade*. Rio de Janeiro: Imago.

Winnicott, D. W. (2006). *Os bebês e suas mães*. Rio de Janeiro: Martins Fontes.

Zanetti, S. S., Oliveira, R. R., & Gomes, I. C. (2013). Concepções diferenciadas de família no processo de avaliação de pretendentes à adoção. *Semina: Ciências Sociais e Humanas, 34*(1), 17-30.

Zapiain, J. G. (1996). *Gravidezes inesperadas: por quê?* Évora: Associação para o Planejamento da família.

Zavaschi, M. L. S., Costa, F., Brunstein, C., & Bergman, D. S. (2013). O bebê e os pais. In C. L. Eizirik & A. M. S. Bassols (Eds.) *O ciclo da vida humana: Uma perspectiva psicodinâmica* (2. ed., pp. 77-94). Porto Alegre: Artmed.

Zornig, S. A.-J. (2012). Construção da parentalidade: da infância dos pais ao nascimento do filho. In C. A. Piccinini & P. Alvarenga (Eds.), *O ciclo da vida humana: Uma perspectiva psicodinâmica* (2. ed., pp. 17-34). São Paulo: Casa do Psicólogo.

Zornig, S. M. A.-J. (2010). Tornar-se pai, tornar-se mãe: O processo de construção da parentalidade. *Tempo Psicanalítico, 42*(2), 453-470.

12
AVALIAÇÃO DE SUSPEITA DE VIOLÊNCIA SEXUAL[1]

Cátula da Luz Pelisoli
Sonia Liane Reichert Rovinski

A legislação nacional que trata sobre o sistema de garantias de direitos de crianças e adolescentes vítimas ou testemunhas de abuso obteve um novo avanço com a promulgação da Lei nº 13.431/2017, que ampliou e definiu, de modo pontual, as diferentes formas de violências cometidas contra essa população. Em sua tipificação, a violência sexual é compreendida como: "[...] qualquer conduta que constranja a criança ou o adolescente a praticar ou presenciar conjunção carnal ou qualquer outro ato libidinoso, inclusive exposição do corpo em foto ou vídeo por meio eletrônico ou não" (Brasil, 2017). O texto da lei estabelece diferenças entre abuso, exploração e tráfico de pessoas, observando que há uma série de condutas que podem envolver contato físico ou não e que podem se dar por meio presencial ou por meio eletrônico, configurando o fenômeno mais amplo da violência sexual. Essa visão abrangente está em consonância com a perspectiva da Organização Mundial da Saúde (OMS), que a compreende como o envolvimento da criança em qualquer prática que a submeta a uma atividade em que não há total compreensão e/ou consentimento e para a qual ela não está preparada no que diz respeito ao seu desenvolvimento biológico e/ou psicológico (World Health Organization [WHO], 2006).

O Relatório Mundial sobre a Prevenção da Violência, da OMS, apresentou estimativas sobre maus-tratos contra a criança em uma perspectiva global, envolvendo dados de 133 países. De acordo com os resultados, o abuso sexual afeta 18% das meninas e 7,6% dos meninos, atuando como fator de risco para importantes consequências negativas ao longo da vida. O relatório observa que a violência contra mulheres e crianças está fortemente associada a problemas de saúde. As vítimas incorrem em gastos significativamente mais altos com atendimento de saúde, comparecem mais vezes aos serviços de saúde para consultas ao longo da vida e registram internações em hospitais mais frequentemente – e de maior duração – do que aquelas que não sofreram violência (WHO, 2014).

Uma série de consequências está associada à vitimização sexual. A metanálise de Paolucci, Genius e Violato (2001) demonstrou que, em

---

[1] Neste trabalho, os termos "avaliação psicológica", "avaliação psicológica forense" e "perícia psicológica" serão considerados sinônimos e serão utilizados indistintamente.

mais de 9 mil vítimas de abuso investigadas em 37 estudos, transtorno de estresse pós-traumático, depressão, suicídio, promiscuidade sexual e prejuízo no desempenho acadêmico foram efeitos substanciais dessa violência.

Além das ações que envolvem as redes de saúde e assistência social, os procedimentos realizados no contexto da proteção, da segurança e da justiça complementam o fluxo que um caso de violência sexual percorre. Uma das possibilidades de produção de prova que as autoridades legais têm é a determinação da perícia psicológica, que apenas pode ser requisitada por delegados de polícia, promotores de Justiça e juízes (Barros, 2015). A avaliação de situações de suspeita de violência sexual pode ser determinada ainda na fase de inquérito ou na fase processual. Neste último caso, a perícia psicológica pode ser determinada no contexto das Varas de Família, quando se discutem questões de guarda e visitas; no contexto das Varas da Infância e Juventude, em processos de destituição do poder familiar, acolhimento e também de guarda; e no contexto criminal, no qual se busca verificar a ocorrência do crime. Nos primeiros, o objeto primordial do processo é a busca de proteção da vítima, por meio de decisões judiciais que podem envolver a restrição de direitos do suposto agressor em relação à criança ou ao adolescente (p. ex., reversão de guarda ou suspensão de visitas). Nas Varas Criminais, o objeto do processo é a responsabilização do agressor (Pelisoli & Dell'Aglio, 2017).

A importância da perícia psicológica nessas situações é considerada variável, dependendo do magistrado responsável pelo caso (Cesca, 2004). Entretanto, é crescente o entendimento de que ela pode trazer contribuições significativas para o processo judicial, afetando diretamente as decisões tomadas pelos operadores do direito (Otto & Heilbrun, 2002; Pelisoli & Dell'Aglio, 2014). Considerando a natureza da violência sexual, sabe-se que a ausência de materialidade é comum nesses casos (Silva Júnior, 2006), e a presença de falsas acusações tem sido discutida na literatura (Amendola, 2009; Calçada, 2014). Esses fatores implicam a necessidade de elementos que contribuam para que se conheça a situação. É nesse contexto que a palavra da vítima ganha destaque, seja por meio do depoimento especial, seja por meio da avaliação psicológica.

Com o advento da Lei nº 13.431/2017 (Brasil, 2017), o depoimento especial se tornou um procedimento-padrão prioritário para situações de suspeita de violência sexual. Entretanto, esse fato não descarta a necessidade de procedimentos mais abrangentes, como a avaliação. O depoimento especial restringe-se à coleta do relato da vítima ou da testemunha, é realizado na presença da autoridade judiciária e não é tarefa exclusiva do psicólogo. Por sua vez, a avaliação se caracteriza como um procedimento técnico, podendo incluir diferentes fontes de dados, além de possibilitar ao psicólogo tecer considerações a respeito do caso à luz da ciência psicológica.

A avaliação psicológica é prática privativa do psicólogo e é definida como um processo estruturado de investigação de fenômenos psicológicos, composto por métodos, técnicas e instrumentos, com o objetivo de prover informações à tomada de decisão, no âmbito individual, grupal ou institucional, com base em demandas, condições e finalidades específicas (Conselho Federal de Psicologia [CFP], 2018). Nessas situações, a avaliação psicológica se constitui em uma perícia, devendo envolver diferentes procedimentos de coleta de dados e finalizar com a apresentação de um laudo ou relatório, que deverá ser escrito considerando-se as diretrizes do CFP (CFP, 2019). A coleta de dados pode se dar por meio de entrevistas e do uso de instrumentos psicológicos, incluindo o levantamento de dados da vida passada, do presente e do episódio ocorrido, de acordo com as necessidades e questões levantadas em cada processo (Schaefer, Rossetto, & Kristensen, 2012). No contexto da perícia psicológica envolvendo suspeita de abuso sexual, em virtude da complexidade das situações, há indicação de que a coleta de dados seja sempre abrangente, envolvendo diferentes fontes de informação (Echeburua & Subijana, 2008; Pelisoli & Dell'Aglio, 2015; Schaefer et al., 2012).

PROCEDIMENTOS DE COLETA DE DADOS PARA A PERÍCIA PSICOLÓGICA

Uma avaliação com crianças é compreendida como cuidadosa quando as informações são coletadas tanto com elas quanto com seus pais e quando o profissional integra dados de múltiplas fontes (Green, 1993). Na perícia, o uso de um método amplo de investigação, que contemple todas as fontes necessárias e possíveis, demonstra a preocupação do avaliador com a validade das informações que recebe, considerando a possibilidade das falsificações típicas do contexto forense (Rovinski, 2014).

A **leitura processual** é o primeiro passo da perícia, uma vez que nos autos constam importantes informações que poderão auxiliar no planejamento da avaliação, indicando, por exemplo, quem deve ser chamado para participar e instrumentos a serem utilizados. O estudo psicológico das peças processuais compreende a leitura dos autos e o levantamento de hipóteses iniciais (Rovinski, 2013). Alguns profissionais questionam a necessidade de leitura prévia dos autos, trazendo a preocupação de que, ao fazê-la, poderiam interferir na imparcialidade necessária para a realização do trabalho. A imparcialidade é também um requisito legal essencial, que a diferença de outras avaliações que podem ser realizadas, como a avaliação clínica. Entretanto, não é a leitura de documentos que implicará parcialidade do perito, e sim sua postura diante da demanda ou de relacionamentos que a comprometam e que podem, inclusive, levar ao impedimento do profissional em realizar a avaliação. A perícia deve ser balizada tanto pela possibilidade de os dados confirmarem as hipóteses levantadas inicialmente como pela possibilidade de outras hipóteses emergirem. Assim, nos casos envolvendo suspeita de abuso sexual, o psicólogo deve procurar elementos que confirmem essa hipótese, bem como aspectos que possam trazer outras explicações ao caso. Segundo Rovinski (2013), o psicólogo deve questionar-se constantemente se o curso de sua investigação está respondendo às necessidades propostas pela demanda legal. Assim, a leitura atenta dos autos pode trazer informações valiosas que serão mais bem exploradas nos procedimentos que o psicólogo realizará. O profissional deve estar seguro de ter todas as informações documentais sobre a alegação de violência sexual (Casoni, 2001). A leitura e a análise de documentos são, portanto, fortemente indicadas na literatura (Gava & Dell'Aglio, 2013).

A **entrevista com a criança** é o principal instrumento de avaliação nessas situações, porque o foco da investigação se relaciona à vivência de determinada situação traumática. Os sintomas que a vítima possa vir a apresentar, e, às vezes, não apresenta, precisam ser validados por meio da entrevista, com dados sobre a possível vitimização. Nesse caso, o foco da entrevista é a recuperação livre da memória sobre o evento alegado, e, por isso, deve ser baseada nos pressupostos da entrevista investigativa (Rovinski & Stein, 2009). A entrevista com a criança deve ocorrer em um ambiente acolhedor e que propicie privacidade, devendo ser livre de elementos potencialmente distratores. O ambiente ideal não é, portanto, uma sala repleta de brinquedos e de cores diferentes, mas um espaço confortável, que possibilite à criança uma oportunidade para um relato livre e atento. Entrevistas com crianças ocorrem em todo o mundo e são conduzidas por diferentes profissionais, não apenas por psicólogos, e todos devem seguir as mesmas diretrizes. As chamadas "regras básicas" (em inglês *ground rules*) são comuns aos diferentes protocolos de entrevista investigativa estudados no mundo (Brubacher, Poole, & Dickinson, 2015). No contexto brasileiro, há estudos de pelo menos três protocolos em andamento: a entrevista cognitiva, o protocolo NICHD (National Institute of Child Health and Human Development) e o Protocolo Brasileiro de Entrevista Forense. Sugere-se a leitura de textos específicos para maior aprofundamento nesses instrumentos (Blefari & Padilha, 2015; Paulo, Albuquerque, & Bull, 2015).

As orientações gerais para a entrevista com crianças e adolescentes envolvem o uso de linguagem simples e adequada à faixa etária do entrevistado, além do uso da mesma terminologia utilizada pela criança (Paulo et al., 2015).

Assim, se a criança usar a palavra "tico" ou "pepeca" para designar "pênis" e "vagina", o entrevistador deve usar as palavras "tico" e "pepeca", evitando modificar ou corrigir a nomenclatura usada pela criança. Outras regras incluem orientar a criança que ela pode dizer "não sei" quando não souber a resposta aos questionamentos, que "não lembra" quando for o caso, que ela pode pedir esclarecimentos sempre que precisar e que pode corrigir o entrevistador, pois é ela quem sabe sobre sua história. O momento inicial envolve a apresentação dessas orientações e do profissional, seguida de uma abordagem com a criança sobre eventos neutros, o que pode incluir escola, família e atividades de preferência. Esses momentos iniciais da entrevista possibilitarão ao profissional conhecer um pouco da rotina da criança e também ter noções sobre sua capacidade cognitiva e linguística.

Para abordagem do evento foco da entrevista, deverão ser utilizados questionamentos que busquem a livre narrativa da criança, sem nenhuma influência do entrevistador (Benia, 2015). Considerando que a informação trazida pela criança é muito afetada pela maneira como ela é entrevistada (Krahenbuhl & Blades, 2005), as questões dirigidas a ela devem ser sempre abertas (Alves Júnior, 2013). A resposta de uma criança para a questão "o que aconteceu?" é muito diferente da resposta para "ele passou a mão em você?". Se essa última questão for feita sem que a criança tenha falado anteriormente sobre esse tipo de situação, a questão é considerada sugestiva, porque inclui uma informação que não foi dita por ela. O entrevistador deve constantemente monitorar-se para evitar questionamentos sugestivos, até porque as crianças são mais sugestionáveis do que os adultos. A sugestionabilidade é definida como uma disposição psicológica das pessoas para seguirem uma sugestão ou como uma tendência individual para integrar informações que são armazenadas, já de forma distorcida, em suas memórias pessoais (Saraiva, 2012). A história de cada vítima é única, e é por essa razão que os questionamentos devem ser feitos no sentido de obter com ela a sua narrativa, de forma livre e sem interferências do entrevistador e, portanto, sem que o entrevistador tente "adivinhar" o que aconteceu.

Após uma etapa de narrativa livre, o profissional poderá fazer questionamentos que busquem esclarecer determinados pontos do evento relatado. Nesse momento, o entrevistador pode utilizar a informação que a criança já trouxe para que ela retome determinado ponto e o desenvolva mais. Por exemplo, se a criança disse que o agressor "a levou ao quarto" em determinado momento de seu relato livre, o entrevistador pode solicitar à criança para ela "contar tudo sobre quando ele a levou ao quarto". Nesse caso, não há sugestão, pois a criança já havia trazido a situação. Logo, se o entrevistador perguntar se "o agressor passou a mão em determinada parte do corpo" ou se "o agressor lhe mostrou o órgão sexual" em situações em que a criança não referiu nada a respeito dessas situações, poderá estar trazendo uma informação nova à criança, ou seja, estará sugerindo. Estudos nacionais conduzidos com entrevistadores de crianças têm mostrado a importância da capacitação e do treinamento e seus efeitos na adequação dos questionamentos (Alves Júnior, 2013; Blefari & Padilha, 2015). Há recomendações técnicas para a gravação da entrevista (Benia, 2015; Blefari & Padilha, 2015; Echeburua & Subijana, 2008; Rovinski & Stein, 2009). Gravar a entrevista encoraja o entrevistador a usar técnicas mais adequadas, preserva a espontaneidade da criança e os detalhes relatados por ela e outros elementos narrativos (Benia, 2015) e permite a retenção de um maior número de dados pelo entrevistador (Rovinski & Stein, 2009). A presença do gravador deve ser explicada para a criança (Blefari & Padilha, 2015).

O uso de recursos lúdicos durante a entrevista com crianças deve ser feito com cautela. Há dados contraditórios na literatura envolvendo o uso de bonecos anatômicos e desenhos (Boscardin, 2018). Ambos podem elevar o risco de falsos-positivos, isto é, casos em que não ocorreu abuso sexual podem ser compreendidos como reais porque as crianças manipularam órgãos sexuais em bonecos ou os desenharam. Entretanto, a recomendação é a de que conclusões sejam feitas apenas mediante relato da criança, pois é exatamente seu relato que vai contextualizar a suspeita. Um desenho de uma criança pode ser interpretado de diferentes formas, e é essencial que ela possa explicar o que quis desenhar. Na internet, há exemplos de desenhos de crianças que são interpretados por adultos como contendo conteúdo sexual, quando não foi aquilo que a criança quis expressar. Por conta de sua inabilidade motora, ela pode tentar representar uma situação neutra, e a interpretação adulta pode dar outro significado a seu desenho. Concluir que houve abuso em um caso em que não houve violência pode ser muito prejudicial e acabar levando a criança a vivenciar situações traumáticas que não ocorreram ou mesmo a romper vínculos familiares com pessoas que não cometeram nenhum tipo de vitimização. Assim, o desenho deve ser compreendido sempre dentro de um conjunto de outros indicadores e do relato da criança, e nunca de forma isolada desse contexto.

Além de abordar o relato do evento, o psicólogo deve observar, na criança ou no adolescente vítima, a presença de **sinais e sintomas que possam indicar transtornos mentais e de comportamento**, avaliando se estes são anteriores ou posteriores ao fato alegado, considerando se esses indicadores são compatíveis com aqueles comumente considerados efeitos do abuso sexual (Echeburua & Subijana, 2008). Uma avaliação global do periciado também é fundamental, observando seu grau de inteligência, atenção e memória, sempre considerando sua etapa desenvolvimental (Chagnon, 2010; Gava, Pelisoli, & Dell'Aglio, 2013). Caso a avaliação global realizada por meio da observação levante a hipótese de algum prejuízo em área específica do desenvolvimento, sugere-se a utilização de métodos avaliativos específicos. Por exemplo, caso suponha-se a existência de prejuízo intelectual, ele pode ser mais bem avaliado por um instrumento específico, como um instrumento que avalie a inteligência. As informações sobre o desenvolvimento da criança, obtidas com ela por meio da observação e da entrevista, devem ser complementadas com as adquiridas com responsáveis protetivos. Neste último caso, o psicólogo deve ter posicionamento crítico diante das informações recebidas. Conforme a literatura, os cuidadores podem fazer interpretações errôneas do comportamento da criança, principalmente quando se referem a comportamentos sexualizados. O uso da observação do comportamento da criança tem ênfase nas avaliações de crianças pequenas, porque estas trazem menos recursos de linguagem para descrever o possível evento traumático, e são exatamente elas que apresentam um maior número de comportamentos sexualizados em seu desenvolvimento normal da sexualidade, podendo levar a interpretações errôneas sobre uma possível sintomatologia traumática, tanto por parte do psicólogo como por parte de seu cuidador. Por sua vez, a descrição do comportamento da criança dada pelo cuidador pode ser influenciada por outros fatores, como suas expectativas em relação à criança e em relação à sua própria reação ao fator de estresse. Da mesma forma, a percepção do cuidador pode ter sido distorcida por um viés conhecido como "correlação ilusória", quando tende a associar, em uma relação de causa e efeito, dois eventos que ocorreram aleatoriamente, ainda que em tempo próximo. Uma sugestão, nesses casos, é pedir que o cuidador mantenha por um tempo um diário com descrição das condutas da criança, buscando uma visão mais objetiva da situação. O psicólogo perito também deve estar atento a possíveis interesses do denunciante em criar um caso de falsa denúncia (Poole & Wolfe, 2009), o que ocorre mais frequentemente no contexto das disputas de guarda.

Assim, dependendo do caso, um ou mais familiares ou responsáveis pela criança não agressores devem fazer parte da avaliação, por meio de entrevista. O objetivo da **entrevista com cuidadores** não deve se restringir apenas ao relato de comportamentos sintomatológicos. É importante conhecer a história da criança, envolvendo seu desenvolvimento e comportamento (anamnese), e também a história da alegação de violência sexual (contexto da revelação), na perspectiva da família, e de suas consequências na vida da criança e do núcleo familiar, incluindo dinâmicas familiares anteriores e posteriores à revelação da violência (American Professional Society on the Abuse of Children [APSAC], 1997; Chagnon, 2010). Por meio da compreensão dos contextos histórico, social e familiar da criança, pode-se ampliar o conhecimento sobre a possibilidade de terem ocorrido mudanças de comportamento e sinais e sintomas de transtornos mentais pela vitimização denunciada ou por outros fatores de estresse. A identificação de fatores de risco e de proteção nos contextos nos quais a criança ou adolescente se insere também deve ser objeto de investigação, uma vez que eles lançam luz sobre o caso e sobre a necessidade de encaminhamentos.

Abuso de álcool, desemprego, presença de outras formas de violência na família (contra a vítima ou demais membros), história de transtornos mentais na família, dificuldades conjugais, dificuldades econômicas, baixa escolaridade e história prévia de vitimização sexual na família são fatores de risco comumente encontrados em famílias incestuosas (Habigzang, Corte, Hatzenberger, Stroeher, & Koller, 2008). Esses aspectos devem ser investigados durante a entrevista com os responsáveis, pois possibilitam maior conhecimento do contexto desenvolvimental da criança ou adolescente. Alguns elementos a respeito desses fatores de risco também poderão ser abordados pela própria vítima, especialmente se ela se sentir em um ambiente seguro de entrevista.

Não há consenso sobre a necessidade de **entrevistar o suposto agressor**. Inclusive, grande parte dos estudos consultados sobre perícia em situações de violência sexual não menciona a presença do acusado na avaliação. Entretanto, como a perícia psicológica busca ser imparcial, porque se insere em um contexto forense e de produção de prova, em que todas as pessoas envolvidas têm direitos preservados, recomenda-se a entrevista com o suposto agressor, sempre que for possível e viável. O sujeito – homem ou mulher, adolescente ou adulto – pode ser entrevistado com o objetivo de avaliar questões como personalidade, indicadores de transtornos mentais e de comportamento e sua relação com a família da vítima e com a própria vítima. É possível que agressores sexuais tenham diagnósticos variados, como pedofilia, psicopatia, transtornos por abuso de substâncias, entre outros (Baltieri, 2005; Sanderson, 2005; Seto, 2008; Strassberg, Eastvold, Kenney, & Suchy, 2012). A entrevista pode obter indicadores desses problemas e, inclusive, subsidiar um encaminhamento do caso para uma avaliação psiquiátrica forense.

Quando se trata de perícia envolvendo situações de disputa de guarda e/ou alegações de alienação parental em que o acusado é um dos requerentes, a entrevista com o suposto agressor é imprescindível. Considerando que, nesse contexto, é maior a presença de falsas alegações, é necessário oportunizar a todos os envolvidos a escuta sobre sua versão dos fatos. Segundo Rovinski (2014), o psicólogo assume grande risco ao considerar desnecessário ouvir a versão do acusado, uma vez que pode passar a conduzir a avaliação de modo a simplesmente confirmar hipóteses prévias, sem considerar em nenhum momento a possibilidade de não ocorrência do fato. Entrevistar separadamente os pais foi o principal procedimento indicado por psicólogos em uma pesquisa que avaliou as práticas de avaliação em situações de disputa de guarda (Lago & Bandeira, 2008). Nesses casos, a avaliação se torna mais ampla, podendo envolver visitas domiciliares, visitas à escola e instrumentos que avaliem a qualidade do relacionamento entre a criança e seus pais.

Outras fontes de dados podem ser importantes, como a escola, o Conselho Tutelar e outros profissionais que atendem a criança (p. ex., na rede de saúde ou de assistência social). Contatos telefônicos ou contato pessoal com esses setores podem trazer elementos significativos que auxiliem na compreensão do caso, inclusive sobre situações anteriores ao evento. Quando a criança já se encontra inserida na rede de proteção, o psicólogo deve buscar informações sobre as intervenções que já foram realizadas. A rede de atendimento (educação, saúde, assistência social) geralmente reúne informações ricas sobre a criança e a família, que podem auxiliar de maneira significativa na compreensão do caso.

O **uso de instrumentos**, como testes e inventários, também pode contribuir, especialmente por trazer objetividade, melhor aproveitamento do tempo e sustentação empírica para as futuras considerações sobre o caso. O objetivo deve ser buscar sinais e sintomas cognitivos, emocionais e comportamentais compatíveis com a ocorrência do abuso sexual (Schaefer et al., 2012). Entretanto, como já afirmado anteriormente, não existem instrumentos específicos que possam constatar a ocorrência de abuso sexual (Casoni, 2001; Rovinski, 2014). Por isso, os resultados devem ser observados com prudência, e uma relação de causalidade só pode ser feita de forma fundamentada e sustentada por diferentes fontes. Rovinski (2014) explica que, apesar de algumas variáveis serem relacionadas à vivência de abuso sexual e, por isso, terem o que é chamado de "validade", como os diferentes sinais e sintomas apresentados na literatura, essas variáveis não podem ser compreendidas como tendo o valor de "diferenciação". Isso significa que elas estão, de fato, relacionadas ao abuso sexual, mas não diferenciam crianças vítimas desse tipo de violência de outros eventos negativos de vida. Assim, nenhum instrumento, projetivo ou psicométrico, permite determinar se uma pessoa foi vítima de abuso sexual (Casoni, 2001). O uso de instrumentos, portanto, é compreendido de forma complementar (Schaefer et al., 2012).

Nessa perspectiva de fontes complementares de dados, aqueles usados no contexto clínico podem trazer contribuições para a compreensão do caso, sempre sendo observados, no entanto, com as ressalvas necessárias. Instrumentos que avaliam sinais e sintomas podem ser úteis, como a Escala de Estresse Infantil (ESI) e a Escala de Estresse para Adolescentes (ESA), aplicados diretamente com a criança ou o adolescente. Outros instrumentos que não se configuram como testes, mas também podem contribuir na avaliação, incluem o Inventário de Frases no Diagnóstico da Violência Doméstica contra Crianças e Adolescentes (IFVD), o Inventário de Depressão Infantil (CDI, do inglês Children's Depression Inventory) (ambos aplicados diretamente com a criança ou adolescente) e o Inventário de Comportamentos da Infância e Adolescência (versão brasileira do Child Behavior Checklist [CBCL]), que deve ser respondido pelo cuidador principal. No CBCL, o cuidador descreverá atividades, relacionamentos, desempenho escolar e possíveis sintomas comportamentais importantes na criança e/ou no adolescente (6 a 18 anos). Os responsáveis também podem ser convidados a responder ao Inventário de Estilos Parentais (IEP), que identifica práticas educativas e pode indicar atitudes de risco contra a criança ou o adolescente, como a falta de supervisão e/ou o abuso físico, muito presentes em histórias de vitimização sexual. Podem ser úteis entrevistas estruturadas com base nos critérios diagnósticos de transtorno de estresse pós-traumático, principal psicopatologia associada ao abuso sexual. Os sinais e sintomas identificados deverão ser analisados com cuidado, e o psicólogo deve olhar criticamente para os dados a fim de se certificar de uma possível relação de nexo causal entre o evento e a sintomatologia apresentada. Nos casos em que a alegação de abuso se insere no contexto de disputa de guarda, pode ser útil a aplicação de instrumentos que avaliem a personalidade dos pais, como o Inventário Fatorial de Personalidade (IFP-R ou IFP-II) ou outros instrumentos com o mesmo objetivo.

Instrumentos projetivos também podem ser utilizados e são especialmente úteis quando se considera a possibilidade de que o respondente deseje manipular os resultados. O Teste de Rorschach, o Teste Palográfico para avaliação da personalidade, o Teste de Apercepção Temática (TAT) e o Casa-Árvore-Pessoa – Teste Projetivo de Desenho (HTP, do inglês *house-tree-person*) podem ser utilizados com os adultos envolvidos em uma situação de disputa de guarda e em que há alegação de abuso sexual por parte de um dos genitores ou, no contexto criminal, com o suposto agressor, para fins de melhor compreender os aspectos de sua personalidade e de relacionamento. Nesse caso, a Escala Hare de Psicopatia (PCL-R, do inglês Psychopathy Checklist-Revised) também pode ser utilizada se houver suspeita de psicopatia. Repisa-se na necessidade de cuidado ao observar os resultados de cada instrumento: eles devem ser compreendidos globalmente e em conjunto com os demais dados obtidos na avaliação. Da mesma forma, deve-se ter cuidado com as inferências feitas a partir de dados isolados encontrados em cada um deles, evitando-se ultrapassar os limites do que pode ser afirmado – por exemplo, confirmar a prática de violência a partir de um indicador de agressividade encontrado no teste. Os instrumentos indicados nessa seção são exemplificativos, podendo ser utilizados outros com os quais o psicólogo esteja mais familiarizado ou a que tenha acesso, com objetivos semelhantes. Sugere-se a consulta ao Sistema de Avaliação de Testes Psicológicos (Satepsi), em que constam os instrumentos que têm parecer favorável do CFP. Testes que não têm parecer favorável do CFP não devem ser utilizados em perícias psicológicas (CFP, 2018).

Além dessas fontes de informação, a **avaliação da credibilidade do relato** é um recurso possível que oportuniza ao psicólogo avaliar a presença e a ausência de indicadores de veracidade do relato. A técnica de Análise da Validade das Declarações (SVA, do inglês Statement Validity Assessment) foi desenvolvida especificamente para avaliar declarações de crianças vítimas de abuso sexual e é composta por três componentes: 1) a entrevista, que deve ser de base investigativa e guiada por protocolos; 2) a Análise de Conteúdo Baseada em Critérios (CBCA, do inglês Criteria-Based Content Analysis); e 3) o *checklist* de validade. Após a entrevista conduzida por protocolo e gravada, o profissional avalia o conteúdo da verbalização a partir de 19 diferentes critérios, que envolvem características gerais do relato, contextos específicos, motivações relacionadas ao conteúdo e detalhes característicos do tipo de situação (Bull, Feix, & Stein, 2009), e, por fim, integra todos os dados obtidos para desenvolver uma conclusão sobre a ocorrência de abuso sexual (Gava & Dell'Aglio, 2013).

Os critérios da CBCA envolvem: a) características do relato, que incluem 1) análise de sua estrutura lógica 2) quantidade de detalhes e 3) elaboração desestruturada; b) conteúdos específicos, que incluem 4) encaixe contextual, 5) descrição de interações e 6) reprodução de conversações; c) detalhes característicos, que incluem 7) complicações inesperadas, 8) detalhes não usuais, 9) detalhes supérfluos, 10) incompreensão de detalhes relatados com precisão, 11) associações externas, 12) relatos do estado mental subjetivo e 13) atribuição do estado mental do perpetrador; e d) conteúdos referentes à motivação, que incluem 14) correções espontâneas, 15) admissão de falta de memória, 16) duvidar do próprio testemunho, 17) autorreprovação, 18) perdão ao perpetrador e 19) detalhes característicos do evento (Pinto, Gomez, & Herrera, 2008). Após a identificação da presença e da ausência de cada um desses critérios, o avaliador deve observar se a entrevista realizada foi válida, a partir de um conjunto de indicadores presentes no *checklist* de validade. Esse *checklist* inclui questões relacionadas às características do entrevistado (linguagem, afeto e suscetibilidade à sugestão), às características da entrevista realizada (sugestiva ou não), à motivação para relatar o incidente (motivos questionáveis, falsas denúncias) e às questões investigativas (inconsistências com outras evidências). A realização dessa última parte do procedimento exige que o psicólogo tenha acesso a outras fontes de informação, ajudando a construir o que é chamado de "nascedouro da denúncia" e procurando possíveis fontes alternativas de explicação ao discurso da criança, que não seja exclusivamente a situação de vitimização denunciada (Rovinski, 2007). Estudos têm demonstrado que, se a criança foi sugestionada por adultos antes de ser entrevistada pelo psicólogo forense, seu relato pode ser muito semelhante ao de uma real vivência traumática, sem que esta tenha realmente acontecido, dificultando a discriminação por parte do avaliador (Klemfuss & Ceci, 2009).

Um aspecto fundamental na decisão de usar ou não a CBCA está no momento em que a avaliação psicológica acontece. Os critérios de credibilidade foram construídos considerando-se um padrão de verbalização esperado em crianças vítimas, seus fatores emocionais e características de funcionamento da memória. Assim, tem sua aplicação recomendada se for utilizada de maneira muito próxima ao evento estressor e sem que a criança tenha passado por outras intervenções que possam ter gerado distorções sobre os fatos vivenciados (construção de falsas memórias). Quanto mais distante estiver de uma possível vitimização, mais contraindicado ficaria seu uso, pois a verbalização da criança já não permitiria diferenciar as lembranças primárias daquelas que foram acrescentadas à memória, por meio das intervenções de terceiros e dos próprios processos internos de desenvolvimento da criança.

A SVA é um instrumento utilizado por peritos em vários países (Chagnon, 2010; Echeburua & Subijana, 2008; Maffioletti & Salinas, 2005) e reconhecido como a técnica mais popular no mundo para medir a veracidade de uma declaração verbal (Vrij, 2005), mas sua utilização não é consensual (Gava et al., 2013). Alguns peritos criticam o fato de que a técnica não permite diferenciar uma história real de uma história não real e que não pode ser utilizada em crianças pré-escolares (Gava & Dell'Aglio, 2013). Outras críticas referem-se ao fato de não haver um critério quantitativo que possa ser um indicador da validade do relato. Assim, não há parâmetros quantitativos para indicar se um relato é ou não verdadeiro (Juárez López, 2004). Considerando essas limitações, os autores sugerem que o resultado da SVA seja compreendido como uma estimativa da credibilidade (Steller & Boychuk, 1992), e não como uma comprovação da verdade ou como prova incontestável de que determinado relato é verdadeiro, devendo-se ter cuidado, principalmente, com a produção de falsos-positivos.

ANÁLISE DOS DADOS E ELABORAÇÃO DO DOCUMENTO

Após o procedimento de coleta de dados, o desafio do profissional será integrar todas as informações e analisá-las à luz dos conhecimentos da ciência psicológica. Os dados mais importantes de cada etapa da coleta (entrevistas, testes, entre outros) deverão constar no documento, a fim de que o leitor/destinatário tenha subsídios suficientes para compreender as conclusões apontadas pelo psicólogo. O documento apropriado para a apresentação dos resultados de uma avaliação pericial é o laudo, que inclui as seções de identificação, descrição da demanda, procedimentos, análise e conclusões (CFP, 2019). O CFP aponta que o psicólogo deve se ater ao necessário para o esclarecimento do encaminhamento (CFP, 2019). Entretanto, é fundamental que esteja claro no documento em quais dados objetivos se basearam as conclusões do psicólogo. Portanto, se o psicólogo concluir que há indícios de a criança ter sido vítima de violência sexual, é preciso que ele fundamente esses indícios, demonstrando como chegou a essa conclusão, a partir dos dados coletados e da fundamentação técnica de suas inferências sobre a possível vitimização. O psicólogo deve atentar para os riscos de trazer em seu documento indicadores de conduta, sintoma ou verbalização de forma isolada, sem inseri-los na história de vida da criança e na história da revelação e da denúncia (Rovisnki, 2014).

A preocupação com a qualidade dos documentos produzidos por psicólogos foi abordada no artigo de Lago, Yates e Bandeira (2016). As autoras perceberam que fatores como o temor quanto ao uso que poderá ser feito das informações e a tendência de omissão no esclarecimento de dados centrais da avaliação podem gerar laudos ou relatórios psicológicos pouco claros ou inespecíficos. Elas perceberam que muitas vezes não há preocupação do profissional com a coerência entre a demanda, as hipóteses geradas, os procedimentos adotados, as conclusões e os encaminhamentos. Na publicação, sugerem o uso de linguagem técnica, redação cautelosa (e não categórica), informações claras, fundamentação científica, escrita impessoal e respeito aos limites da profissão. Também recomendam que os psicólogos evitem usar gírias, expor opiniões pessoais e usar termos técnicos desnecessários e sem a devida explicação (Lago, Yates & Bandeira, 2016).

Em seu laudo ou relatório, o psicólogo poderá emitir uma opinião sobre a ocorrência do abuso e sobre a probabilidade de ocorrência do abuso ou, ainda, apenas fornecer uma descrição da análise da informação recolhida (APSAC, 1997). Recomenda-se sempre que o profissional, ao fazer suas considerações, observe se elas estão calcadas em dados objetivos que foram apresentados no documento em seções anteriores. Além disso, sugere-se que o psicólogo tenha sempre em mente que não foi testemunha ocular dos fatos e que não garanta certeza de que determinadas situações tenham ocorrido quando não é possível ter certeza. É necessário sempre considerar todas as hipóteses possíveis diante de um caso e diferentes aspectos para emitir conclusões.

Encaminhamentos e orientações devem fazer parte da seção final do documento. Durante o processo de avaliação, necessidades da criança e da família são observadas pelo profissional, que considerará a rede de atendimento a que a família tem acesso para opinar sobre o encaminhamento adequado. É necessário verificar se a criança já está ou esteve em psicoterapia ou outro tipo de atenção, sugerindo formalmente em seu documento aquilo que poderá trazer benefícios ao desenvolvimento e à qualidade de vida dela. Devem ser considerados os procedimentos reconhecidos pela psicologia ao realizar encaminhamentos. O magistrado, de posse dessas sugestões, poderá reforçar a importância de a família seguir as orientações e, em alguns casos, poderá, inclusive, determinar o acompanhamento psicológico da criança e/ou de familiares.

O documento a ser apresentado é incluso no processo judicial, tornando-se prova, e fica disponível para leitura e questionamentos por parte dos operadores do direito e das pessoas envolvidas, garantindo a elas o direito constitucional ao contraditório e à ampla defesa (Brasil, 1988). O psicólogo deve reconhecer os limites legais de sua atuação profissional, sem adentrar nas decisões, que são exclusivas às atribuições dos magistrados (CFP, 2010). Por exemplo, se um documento apresenta várias informações que indicam que um pai cometeu violência contra a filha, a decisão de afastamento desse pai, suspensão de visitas ou reversão de guarda cabe apenas ao magistrado responsável, e não ao psicólogo. Da mesma forma, a decisão de recolher ao sistema prisional um sujeito cujo caso foi avaliado no âmbito criminal cabe ao juiz. Portanto, o psicólogo não deve emitir opiniões sobre qual deve ser a decisão do juiz diante de um caso, devendo limitar-se a discorrer sobre os aspectos psicológicos encontrados na avaliação.

CONSIDERAÇÕES FINAIS

Não há um procedimento-padrão ou único a ser seguido quando se trata de perícia psicológica em situações de suspeita de violência sexual contra crianças e adolescentes, e os profissionais têm autonomia para selecionar estratégias e recursos a serem utilizados, dentro dos limites do que a psicologia reconhece como apropriado. Entretanto, a complexidade da avaliação nesses casos tem sugerido procedimentos abrangentes, inclusive fontes de dados variadas. A multiplicidade das fontes de informação, incluindo diferentes pessoas/instituições e instrumentos, trará mais força e fidedignidade para os resultados apresentados. A clareza, a objetividade e a coerência de apresentação dos resultados no documento também vão imprimir qualidade ao trabalho do perito, uma vez que sua relevância consiste em uma influência significativa na tomada de decisões judiciais.

Apesar de existir essa diversidade na condução da perícia, é consenso que a criança deve ser entrevistada mediante princípios de entrevista investigativa, preferencialmente com o uso de protocolos reconhecidos, e que são necessários cuidados no uso de instrumentos lúdicos na avaliação, para que inferências não ultrapassem os limites dos dados coletados. A recomendação técnica inclui, ainda, a importância de a avaliação ser realizada o mais brevemente possível, considerando a revelação da criança como ponto de partida para a atuação dos setores responsáveis, incluindo o sistema de justiça. Além da obtenção do relato do evento pela criança, a avaliação de sintomas que podem ter sido desencadeados também é algo recorrente na literatura e que muitas vezes caracteriza e diferencia a avaliação psicológica das realizadas por outras disciplinas. Nesse aspecto, o profissional deve lembrar-se de verificar a linha do tempo desses indicadores, a fim de compreender se pode ou não haver uma relação de nexo causal, sempre de forma muito cautelosa e atenta aos limites existentes. Ele também deve observar se existiram, na vida da criança, outros eventos que possam estar relacionados aos sinais e sintomas apresentados e, por fim, considerar que não há sintomas específicos associados à violência sexual e que algumas crianças podem ter sido vítimas e não ter apresentado sinais e sintomas.

O profissional deve considerar essas situações sempre como suspeitas de violência sexual, de modo que se abstenha de opiniões prévias e esteja disponível para avaliar todas as hipóteses possíveis de desfecho do caso. Apesar de alguns profissionais apresentarem crenças em que entendem que "é melhor errar em favor da criança", não existe erro em favor da criança. O trabalho do perito está fundamentado em diretrizes de proteção à infância e no princípio do superior interesse da criança. Seu bem-estar e direito a uma vida sem violência, de preferência convivendo com seus familiares regularmente, muitas vezes depende do, ou passa pelo, trabalho de um psicólogo perito. Em situações que envolvam suspeitas de violação aos direitos da criança, o psicólogo perito deve atuar com competência e comprometimento em relação ao bem-estar dela.

Além de ter cuidado e cautela ao avaliar e apresentar os resultados desse tipo de demanda, é fundamental que o psicólogo possa refletir sobre os encaminhamentos necessários para a criança e para a família, sendo esta uma importante contribuição direta de seu trabalho. O papel do psicólogo perito não deve ser apenas buscar retratar uma realidade (a da criança e de sua família), mas também indicar caminhos para que essa realidade possa se tornar mais satisfatória para esses sujeitos.

REFERÊNCIAS

Alves Júnior, R. T. (2013). *Um sistema de análise de entrevistas forenses com crianças em casos de suspeita de abuso sexual* (Tese de doutorado, Instituto de Psicologia, Universidade de Brasília, Brasília).

Amendola, M. F. (2009). Analisando e (des)construindo conceitos: Pensando as falsas denúncias de abuso sexual. *Estudos e Pesquisas em Psicologia, 9*(1), 199-218.

American Professional Society on the Abuse of Children (APSAC). (1997). *Guidelines for psychosocial evaluation of suspected sexual abuse in children* (2nd ed.). Chicago: APSAC.

Baltieri, D. A. (2005). *Consumo de álcool e outras drogas e impulsividade sexual entre agressores sexuais* (Tese de doutorado, Faculdade de Medicina, Universidade de São Paulo, São Paulo).

Barros, D. M. (2015). *Psiquiatria forense: Interfaces jurídicas, éticas e clínicas*. Rio de Janeiro: Elsevier.

Benia, L. R. (2015). A entrevista de crianças com suspeita de abuso sexual. *Estudos em Psicologia, 32*(1), 27-35.

Blefari, C. A. & Padilha, M. G. S. (2015). Capacitação para o uso do Protocolo NICHD em profissionais sulbrasileiros. *Revista de Psicologia, 24*(1), 1-19.

Boscardin, M. K. (2018). *Indicadores considerados por professores para a detecção de abuso sexual infantil* (Dissertação de mestrado, Programa de Pós-Graduação em Psicologia, Pontifícia Universidade Católica do Rio Grande do Sul, Porto Alegre).

Brasil. (1988). *Constituição da República Federativa do Brasil de 1988*. Recuperado de http://www.planalto.gov.br/ccivil_03/constituicao/constituicaocompilado.htm

Brasil. (2017). *Lei nº 13.431, de 4 de abril de 2017*. Estabelece o sistema de garantia de direitos da criança e do adolescente vítima ou testemunha de violência e altera a Lei nº 8.069, de 13 de julho de 1990 (Estatuto da Criança e do Adolescente). Recuperado de http://www.planalto.gov.br/ccivil_03/_ato2015-2018/2017/lei/L13431.htm

Brubacher, S. P., Poole, D. A., & Dickinson, J. J. (2015). The use of ground rules in investigative interviews with children. *Developmental Review, 36*, 15-33.

Bull, R., Feix, L. F., & Stein, L. M. (2009). Detectando mentiras em entrevistas forenses. In S. L. R. Rovinski & R. M. Cruz. *Psicologia jurídica: Perspectivas teóricas e processos de intervenção* (pp. 75-87). São Paulo: Vetor.

Calçada, A. (2014). *Perdas irreparáveis: Alienação parental e falsas acusações de abuso sexual*. Rio de Janeiro: Publit.

Casoni, D. (2001). Les trois étapes de l'évaluation des allégations d'agression sexuelle. *Psychologie Québec, 18*(5), 23-26.

Cesca, T. B. (2004). O papel do psicólogo jurídico na violência intrafamiliar: Possíveis articulações. *Psicologia & Sociedade, 16*(3), 41-46.

Chagnon, J. Y. (2010). A perícia psicológica da criança e do adolescente. In D. M. Amparo, S. F. Almeida, K. T. Brasil, & F. Marty (Orgs.), *Adolescência e violência: Teorias e práticas nos campos clínico, educacional e jurídico* (pp. 191-228). Brasília: Líber Livro.

Conselho Federal de Psicologia (CFP). (2010). *Resolução CFP nº 008/2010*. Dispõe sobre a atuação do psicólogo como perito e assistente técnico no Poder Judiciário. Recuperado de https://site.cfp.org.br/wp-content/uploads/2010/07/resolucao2010_008.pdf

Conselho Federal de Psicologia (CFP). (2019). *Resolução nº 9, de 25 de abril de 2018*. Estabelece diretrizes para a realização de avaliação psicológica no exercício profissional da psicóloga e do psicólogo, regulamenta o Sistema de Avaliação de Testes Psicológicos – SATEPSI e revoga as Resoluções nº 002/2003, nº 006/2004 e nº 005/2012 e Notas Técnicas nº 01/2017 e nº 02/2017. Recuperado de https://site.cfp.org.br/wp-content/uploads/2018/04/Resolu%C3%A7%C3%A3o-CFP-n%C2%BA-09-2018-com-anexo.pdf

Conselho Federal de Psicologia (CFP). (2019). *Resolução CFP nº 06/2019. Institui regras para a elaboração de documentos escritos produzidos pela(o) psicóloga(o) no exercício profissional e revoga a Resolução CFP nº 15/1996, a Resolução CFP nº 07/2003 e a Resolução CFP nº 04/2019*. Recuperado de https://atosoficiais.com.br/cfp/resolucao-do-exercicio-profissional-n-6--2019-institui-regras-para-a-elaboracao-de-documentos-escritos-produzidos-pela-o-psicologa-o-no-exercicio-profissional-e-revoga-a-resolucao-cfp--no-15-1996-a-resolucao-cfp-no-07-2003-e-a-resolucao-cfp-no-04-2019?origin=instituicao&q=documento

Echeburúa, E. & Subijana, I. J. (2008). Guía de buena práctica psicológica en el tratamiento judicial de los niños abusados sexualmente. *International Journal of Clinical and Health Psychology, 8*(3), 733-748.

Gava, L. L. & Dell'Aglio, D. D. (2013). Percepções de psicólogos sobre a perícia nos Institutos médicos legais do Brasil. *Estudos de Psicologia, 18*(4), 609-617.

Gava, L. L., Pelisoli, C., & Dell'Aglio, D. D. (2013). A perícia psicológica em casos de suspeita de abuso sexual infantojuvenil. *Avaliação Psicológica, 12*(2), 137-145.

Green, A. H. (1993). Child sexual abuse: Immediate long-term effects and intervention. *Journal of the American Academy of Child and Adolescent Psychiatric, 32*(5), 890-902.

Habigzang, L. F., Corte, F. D., Hatzenberger, R., Stroeher, F., & Koller, S. H. (2008). Avaliação psicológica em casos de abuso sexual na infância e adolescência. *Psicologia: Reflexão e Crítica, 21*(2), 338-344.

Juárez López, J. R. (2004). *La credibilidad del testimonio infantil ante supuestos de abuso sexual: Indicadores psicosociales* (Tese de doutorado, Universidad de Girona, Girona).

Klemfuss, J. Z. & Ceci, S. (2009). Normative memory development and child witness. In K. Kuehnle & M. Connell. *The evaluation os child sexual abuse allegation* (pp. 153-180). New Jersey: Wiley & Sons.

Krahenbuhl, S. & Blades, M. (2005). The effect of interviewing techniques on young children's responses to questions. *Child: Care, Health, Development, 32*(3), 321-331.

Lago, V. M. & Bandeira, D. R. (2008). As práticas em avaliação psicológica envolvendo disputa de guarda no Brasil. *Avaliação Psicológica, 7*(2), 223-234.

Lago, V. M., Yates, D. B., & Bandeira, D. R. (2016). Elaboração de documentos psicológicos: Considerações críticas à resolução CFP nº 007/2003. *Temas em Psicologia, 24*(2), 771-786.

Maffioletti, F. & Salinas, M. (2005). *Manual: Estrategias de evaluación pericial en abuso sexual infantil*. Santiago: Servicio Nacional de Menores.

Otto, R. K. & Heilbrun, K. (2002). The practice of forensic Psychology: A look toward the future in the light of the past. *American Psychologist, 57*(1), 5-18.

Paolucci, E. O., Genuis, M. L., & Violato, C. (2001). A meta-analysis of the published research on the effects of child sexual abuse. *The Journal of Psychology, 135*(1), 17-36.

Paulo, R., Albuquerque, P. B., & Bull, R. (2015). Entrevista de crianças e adolescentes em contexto policial e forense: Uma perspectiva do desenvolvimento. *Psicologia: Reflexão e Crítica, 28*(4), 623-631.

Pelisoli, C. & Dell'Aglio, D. D. (2014). As contribuições da psicologia para o sistema de justiça em situações de abuso sexual. *Psicologia: Ciência e Profissão, 34*(4), 916-930.

Pelisoli, C. & Dell'Aglio, D. D. (2015). Práticas de profissionais de psicologia em situações de abuso sexual. *Arquivos Brasileiros de Psicologia, 67*(1), 51-67.

Pelisoli, C. & Dell'Aglio, D. D. (2017). A atuação do psicólogo judiciário em situações envolvendo violência sexual contra crianças e adolescentes e as especificidades jurisdicionais. In E. M. Rosa & L. Z. Avellar. *Psicologia, justiça e direitos humanos* (pp. 173-188). Curitiba: Juruá.

Pinto, O. L. A., Gomez, G. P., & Herrera, C. R. (2008). Aplicabilidade de la técnica "Análises de contenidos basado em critérios" (CBCA) al testimonio de ninos escolares abusados sexualmente em una instituicion de proteccion en la ciudad de Bogotá. *Psychologia: Avances de la Disciplina, 2*(1), 23-48.

Poole, D. A. & Wolfe, M. A. (2009). Child development: Normative sexual and nonsexual behaviors that may be confused with symptoms of sexual abuse. In K. Kuehnle, & M. Connell. *The evaluation os child sexual abuse allegation* (pp. 101-128). Hoboken: Wiley & Sons.

Rovinski, S. L. R. & Stein, L. (2009). O uso da entrevista investigativa no contexto da psicologia forense. In S. L. R. Rovinski & R. M. Cruz. *Psicologia jurídica: Perspectivas teóricas e processos de intervenção* (pp. 67-74). São Paulo: Vetor.

Rovinski, S. L. R. (2007). *Fundamentos de perícia psicológica forense* (2. ed.). São Paulo: Vetor.

Rovinski, S. L. R. (2013). *Fundamentos de perícia psicológica forense* (3. ed.). São Paulo: Vetor.

Rovinski, S. L. R. (2014). Avaliação psicológica forense em situações de suspeita de abuso sexual em crianças: Possibilidades e riscos. *Revista Praksis, 2*, 19-25.

Sanderson, C. (2005). *Abuso sexual de crianças: Fortalecendo pais e professores para proteger crianças de abusos sexuais*. São Paulo: M Books.

Saraiva, M. C. G. (2012). *A sugestionabilidade infantil: Construção de um instrumento de avaliação* (Dissertação de mestrado, Universidade do Minho, Lisboa).

Schaefer, L. S., Rossetto, S., & Kristensen, C. H. (2012). Perícia psicológica no abuso sexual de crianças e adolescentes. *Psicologia: Teoria e Pesquisa, 28*(2), 227-234.

Seto, M. (2008). *Pedophilia and sexual offending against children: Theory assessment and intervention*. Washington: APA.

Silva Júnior, A. P. (2006). *Dano psíquico em crianças vítimas de abuso sexual sem comprovação de ato libidinoso ou conjunção carnal* (Dissertação de mestrado não publicada, Universidade de Brasília, Brasília).

Steller, M. & Boychuk, T. (1992). Children as witnesses in sexual abuse cases: Investigative interview and assessment techniques. In H. Dent & R. Flin (Eds.), *Children as witnesses* (pp. 47-73). New York: John Wiley & Sons.

Strassberg, D. S., Eastvold, A., Kenney, J. W., & Suchy, Y. (2012). Psychopathy among pedophilic and nonpedophilic child molester. *Child Abuse & Neglect, 36*(4), 379-382.

Vrij, A. (2005). *Detecting lies and deceit* (5th ed.). Chinchester: John Willey.

World Health Organization (WHO). (2006). *Preventing child maltreatment: A guide to taking action and generating evidence*. Geneva: WHO.

World Health Organization (WHO). (2014). *Global status report on violence prevention 2014*. Geneva: WHO. Recuperado de http://www.who.int/iris/handle/10665/145086

13
O RELATÓRIO PSICOSSOCIAL NA AVALIAÇÃO DO ADOLESCENTE INFRATOR

Maria Aparecida Penso
Maria Inês Gandolfo Conceição

Este capítulo apresenta uma proposta de construção do relatório psicossocial de adolescentes em conflito com a lei na perspectiva de oferecer ao magistrado maior conhecimento sobre esses sujeitos, subsidiar suas decisões com informações mais qualificadas e, possivelmente, servir como peça de intervenção. O Estatuto da Criança e do Adolescente (ECA) (Brasil, 1990), com base na Declaração Universal dos Direitos da Criança (Fundo das Nações Unidas para a Infância [UNICEF], 1959) e na Constituição Federal (Brasil, 1988), prevê que quando um adolescente comete um ato infracional deve ser decretada uma medida socioeducativa. Nesse caso, o juiz pode solicitar o relatório psicossocial para os profissionais do serviço psicossocial das Varas da Infância e Juventude (psicólogos, assistentes sociais, pedagogos) ou das unidades socioeducativas. Essa também é uma premissa do Sistema Nacional de Atendimento Socioeducativo (Sinase) (Brasil, 2006), que virou lei em 2012 (Brasil, 2012). Trata-se de um documento construído a partir de um amplo debate entre diversas áreas de governo, representantes de entidades e especialistas no assunto, além de uma série de discussões protagonizadas por operadores do Sistema de Garantia dos Direitos da Criança e do Adolescente. Deliberou-se que o relatório deve ter por objetivo aprofundar o conhecimento sobre o sujeito e sua realidade sociocomunitária e familiar e deve ser construído de forma a ampliar a visão dos atores do Judiciário sobre a fase de desenvolvimento em que se encontra o adolescente, e não conter somente uma visão avaliativa descontextualizada. Desse modo, pode contribuir para uma visão mais humanizada dos adolescentes que cometeram ato infracional e, ao mesmo tempo, promover uma perspectiva de intervenção psicossocial possível. A prática aponta que é preciso atentar para os conflitos familiares e para as condições de direitos violados, de carências múltiplas, de baixa escolaridade e de vulnerabilidade social em que se encontram esses adolescentes.

Em muitos países, como Austrália, Canadá, Reino Unido e Estados Unidos, os relatórios encaminhados aos juízes enfocam prioritariamente o que denominam de avaliação de risco (Calhoun, Glaser, & Bartolomucci, 2001; Mandeville-Norden & Beech, 2006; Vess, Ward, & Collie, 2008). Nesses países, esses documentos contêm indicadores objetivos, obtidos mediante a aplicação de instrumentos com enfoque estatístico, e podem subsidiar a decisão judicial e torná-la mais acurada, pois apontam índices e tabelas discriminatórias de periculosidade e/ou possibilidade de reincidência em atos infratores. Cabe questionar se esse tipo de avaliação é adequada à complexa realidade brasileira e aos adolescentes que estão cumprindo medidas socioeducativas.

Vess e colaboradores (2008) e Mandeville-Norden e Beech (2006) defendem que o relatório sobre os riscos de reincidência em atos infratores seja também avaliado do ponto de vista qualitativo, sugerindo que o estudo de caso pode beneficiar sobremaneira a compreensão da dinâmica dessas atuações. Essa dimensão mais compreensiva pode alterar positivamente os encaminhamentos feitos para o adolescente (Vess et al., 2008). Portanto, esses autores concordam com uma complementaridade entre a aplicação de medidas objetivas e de medidas compreensivas. Na área dos adolescentes infratores, o Brasil não tem a tradição de realizar avaliações por meio de instrumentos validados. Poderíamos até dizer que há quase um preconceito em relação à medição dos riscos de reincidência em atos delinquentes. Talvez isso se deva ao reconhecimento de que essa população autora de atos violentos é, ela mesma, extremamente violentada. Encontra-se uma exceção a esse *modus operandi* em Padovani e Williams (2005), que fizeram um estudo de caso envolvendo medidas objetivas.

A situação da adolescência no Brasil, um país de tantas contradições e onde convivem tantas diversidades – econômicas, culturais, sociais, étnicas, climáticas –, configura-se como um risco para grande parte dessa população. Dados do UNICEF (2002) apontam que dos 21,5 milhões de pessoas entre 12 e 17 anos – 12,5% da população brasileira –, 8 milhões têm níveis de escolaridade e renda que limitam suas condições de desenvolvimento. Esse é o número de brasileiros e brasileiras que pertencem a famílias com renda *per capita* inferior a meio salário mínimo e que têm pelo menos três anos de defasagem em relação ao nível de escolaridade correspondente a sua faixa etária. A condição de exclusão desses adolescentes se expressa de diferentes formas: no seu analfabetismo (1,3 milhão de adolescentes entre 12 e 17 anos é analfabeto); no abandono escolar (12% não frequentam a escola na faixa etária de 10 a 17 anos, ou seja, 3,3 milhões); e no trabalho infantil (1,9 milhão de crianças e adolescentes entre 10 e 14 anos trabalha). O aumento da violência, das doenças sexualmente transmissíveis, do uso de drogas e da gravidez precoce é apontado como o principal fator que leva à exclusão dessa parcela da população.

Com o quadro descrito, é muito importante ter clareza de que os adolescentes e jovens brasileiros são muito mais vítimas da violência do que agressores, conforme apontam as conclusões do *Mapa da violência IV: os jovens do Brasil* (Organização das Nações Unidas para a Educação, a Ciência e a Cultura [UNESCO], 2004). Com relação à morte de jovens, o referido relatório aponta que os índices de homicídio entre os jovens saltaram de 30 em 1980 para 54,5 a cada 100 mil jovens em 2002, sendo que nesse ano 39,9% das mortes de jovens no Brasil foram devidas a homicídios. O *Mapa da violência 2016* traz resultados muito semelhantes, apontando que, em 2014, 60% das vítimas de homicídios por armas de fogo eram jovens de 15 a 29 anos (UNESCO, 2016).

Mesmo sendo considerado pequeno o número de adolescentes que cometem atos infracionais, os dados do Conselho Nacional de Justiça (CNJ) apontam que em 2016 havia 92 mil adolescentes cumprindo medidas socioeducativas no Brasil (CNJ, 2016). Outro dado preocupante diz respeito ao número de adolescentes e jovens entre 12 e 21 anos em medidas socioeducativas de restrição e privação de liberdade no Brasil. O levantamento anual do Sinase (Brasil, 2018) apontou que havia, em 2015, 26.868 adolescentes apenas em cumprimento de medidas socioeducativas, sendo 26.209 em cumprimento de internação, internação provisória e semiliberdade e 659 em outras modalidades de atendimento da medida socioeducativa (atendimento inicial, internação-sanção e medida protetiva). Vale ressaltar que esse relatório não incluiu as medidas em meio aberto. Em relação ao perfil desses adolescentes e jovens, o levantamento mostrou que a maior parte – 96% do total – era do sexo masculino e que 61,03% foram considerados negros. A maior proporção (57%) estava na faixa etária de 16 a 17 anos. Esses adolescentes praticaram 27.428 atos infracionais em

2015. Desse total, 46% (12.724) foram classificados em atos infracionais análogos a roubo, e 24% (6.666) foram registrados como análogos ao tráfico de drogas. O ato infracional análogo ao homicídio foi registrado em 10% (2.788) do total de atos praticados.

Nesse contexto, vale relembrar as lições do grande jurista brasileiro Saraiva (2009), que afirma que o número de adolescentes autores de ato infracional é percentualmente insignificativo em face da população infantojuvenil brasileira e que menos de 1% dos adolescentes brasileiros estão incluídos no sistema socioeducativo. No entanto, os atos desse grupo, que ele classifica como pequeno, sempre têm grande visibilidade. O autor segue afirma que essa visibilidade ocorre em razão de uma crise de implementação do ECA, que resulta de uma crise de interpretação do próprio Estatuto, somada à insuficiência de ações em face da chamada "delinquência juvenil" que contamina toda a política pública de defesa dos direitos humanos da infância e da juventude brasileira (Saraiva, 2009), além de inflamar os discursos de redução da maioridade penal.

Retomando os dados do levantamento de 2018, podemos afirmar que eles colocam os adolescentes em posição muito diferenciada em relação à juventude dos países de primeiro mundo. Nesse sentido, é necessária uma posição crítica em relação à elaboração do relatório psicossocial com base em avaliações prioritariamente psicopatológicas, com definições e prognósticos sombrios acerca dos atos infracionais, esquecendo-se de que a adolescência é uma etapa transitória da vida (Castro & Guareshi, 2008; Estevam, Coutinho, & Araújo, 2009; Gallo, 2008). Consideramos que o teor desse relatório psicossocial precisa ser pensado com muito cuidado, para que não seja mais um instrumento de controle e classificação de um sujeito que está vivendo uma fase de transição e de experimentação de papéis e formas de inserção no mundo. Isso significa que é preciso entender o adolescente por trás do ato infracional, além de considerá-lo como sujeito a ser protegido. Desse modo, nossa proposta é que o relatório deve contribuir para a compreensão das realidades social, econômica e familiar vivenciadas por esses adolescentes. É importante refletir sobre as condições adversas e de extrema desigualdade em que vive grande parte da população brasileira, fazendo muitos adolescentes estarem mais suscetíveis a envolvimento com violência e atos infracionais. Nesse sentido, é importante compreender quem é o adolescente que comete atos infracionais, em vez de julgá-lo sob uma perspectiva classificatória e, muitas vezes, preconceituosa.

A APLICAÇÃO DAS MEDIDAS SOCIOEDUCATIVAS: PRECEITOS LEGAIS

Segundo Aquino (2012), o ato infracional é aquele condenável, de desrespeito às leis, à ordem pública, aos direitos dos cidadãos ou ao patrimônio cometido por crianças ou adolescentes. Se o ato infracional é cometido por criança (até 12 anos), devem ser aplicadas medidas de proteção, sendo o Conselho Tutelar (CT) o órgão responsável pelo atendimento. Se o ato infracional for cometido por adolescente, deve ser apurado pela Delegacia da Criança e do Adolescente, a quem cabe encaminhar o caso ao promotor de Justiça, que poderá aplicar uma das medidas socioeducativas previstas no ECA. Conforme o art. 112 do ECA, as medidas aplicadas podem ser seis: 1) advertência; 2) obrigação de reparar o dano; 3) prestação de serviços à comunidade (PSC); 4) liberdade assistida (LA); 5) inserção em regime de semiliberdade; e 6) internação em estabelecimento educacional (Aquino 2012; Brasil, 1990).

Somado a isso, a Política Nacional de Assistência Social (PNAS) (Brasil, 2004) regulamentou o cumprimento das medidas socioeducativas de PSC e LA, que, desde então, passaram a ser executadas pelos Centros de Referência Especializados de Assistência Social locais. Isso marca uma mudança paradigmática no tocante ao atendimento prestado aos adolescentes e às suas famílias, pois a implementação da PNAS é norteada por uma política de Estado, e não mais por uma política de governo. Nesse sentido, independentemente da organização governamental do momento, existe uma política que regulamenta os eixos nos quais a execução do atendimento deverá se basear.

Alinhado com a PNAS, foi implantado o Sinase (Brasil, 2006), marco fundamental para regulamentar a implementação e a execução das medidas socioeducativas, assentada nos princípios dos direitos humanos. Esse sistema propõe diretrizes para uma política pública voltada à implementação das medidas socioeducativas previstas no ECA, estabelecendo um conjunto de regras e critérios de caráter jurídico, político, pedagógico, financeiro e administrativo que deve ser seguido desde a instauração do processo de apuração de ato infracional cometido por adolescentes até a execução de medidas socioeducativas. As recomendações do Sinase são de extrema relevância, tendo em vista, por exemplo, que propõem as medidas em meio aberto (PSC e LA) em preferência às medidas restritivas de liberdade, as quais somente devem ser aplicadas em caráter excepcional, nos casos de atos infracionais mais graves, sendo que o adolescente deve ficar em uma unidade de segurança eficaz. O documento orienta, ainda, para a articulação das políticas intersetoriais em âmbito local e para a constituição de redes de apoio nas comunidades.

Quanto à medida de internação, ressalta-se que, apesar de privar o adolescente de sua liberdade de ir e vir, não o exime de seus direitos e deveres constitucionais. Em suma, a cassação do direito de ir e vir se dá exclusivamente com o propósito de preparar o adolescente, em meio protegido, para o livre exercício dessa mobilidade social. Portanto, as intervenções técnicas que ocorrem nesse contexto específico são extremamente delicadas diante da gravidade de sua indicação e do histórico de fracassos anteriores.

Um dos maiores equívocos em relação à compreensão dos objetivos da medida socioeducativa, principalmente as privativas de liberdade, tem sido a ênfase no aspecto punitivo. Essa perspectiva de manifesta violência simbólica remonta aos resquícios dos códigos anteriores e tem lugar garantido nos centros de internação. Subjaz à ideia do destaque na punição, a noção de que o adolescente tem de "sofrer" pelo que fez. Para quem pensa assim, a unidade de internação não pode ser um lugar bom para não se configurar um "prêmio". Pelo contrário, para estes, o espaço tem de ser degradante, sub-humano, hostil e indesejado. Isso corresponde ao retrato fiel da realidade da maioria das 447 unidades de internação de nosso país, número que consta no Relatório Anual do Sinase de 2018 (Brasil, 2018). Um dos maiores desafios na perspectiva do reordenamento institucional tem sido desconstruir o discurso e a prática equivocada de tornar a punição uma função inerente à medida socioeducativa. Enquanto isso não ocorrer, não podemos afirmar que se esteja fazendo socioeducação. Se esperamos que a medida de internação transforme o adolescente, capacitando-o para o convívio social, torna-se imprescindível a criação de um clima propício e favorecedor da educação, o que parece incompatível com os espaços das prisões.

Convém ressaltar que o grande avanço do ECA foi considerar a criança e o adolescente como seres em condição peculiar de desenvolvimento e que, portanto, devem ser considerados prioridade absoluta do Estado, da sociedade e da família, sendo-lhes garantido o princípio da proteção integral (Brasil, 1990). A Doutrina da Proteção Integral foi consagrada a partir de uma convenção da Organização das Nações Unidas (ONU) e vem inspirando toda a legislação sobre a infância e a adolescência, na perspectiva de que essas duas etapas de vida do indivíduo requerem atenção especial, por se tratar de seres em plena formação. Essa doutrina representa uma ruptura com o pensamento do direito anterior, que se constituía no direito do menor e traduzia uma perspectiva de infância delinquente, característica de uma tradição autoritária do direito, enquanto a perspectiva dos direitos humanos, que é a base filosófica da proteção integral, identifica a infância e a adolescência carentes, necessitando mais de proteção do que de punição. Os dois paradigmas são contraditórios: um está preocupado em acusar e punir, e o outro busca proteger e oferecer condições de mudança na realidade de vida do adolescente (Machado, 2003). Desse modo, na aplicação de qualquer uma das medidas previstas no ECA, o objetivo é sempre educativo, sendo a única punição imposta ao adolescente, que deverá ter assegurado todos os seus outros direitos (saúde, educação, entre outros). O ECA prevê, ainda, a possibilidade de aplicação concomitante de medidas protetivas, na intenção de restabelecer direitos violados.

O objetivo precípuo da medida socioeducativa é educar o adolescente para o convívio social, de forma que ele não volte a cometer atos infracionais e aprenda a conviver em sociedade sem quebrar normas. Portanto, o foco de intervenção psicossocial no contexto da socioeducação deve levar em consideração os três aspectos fundamentais referentes às funções da medida socioeducativa (Selosse, 1997):

1. **Caráter sancionatório:** o aspecto coercitivo da medida diante da transgressão cometida (ou seja, a relação do adolescente com a lei).
2. **Caráter educativo ou reeducativo:** a reconciliação do adolescente com seu entorno social em outros padrões relacionais (ou seja, a relação do adolescente com a sociedade).
3. **Caráter reparatório:** a reconciliação do adolescente consigo mesmo, por meio de processo interno que favorece a restituição de sua imagem pessoal que foi contaminada pelo ato infracional (ou seja, a relação do adolescente com ele mesmo).

Quanto à relação dessas famílias com a Justiça, Bucher (1992) ressalta que algumas veem a lei como instrumento de proteção. Todavia, outras se percebem excluídas desse sistema, diante da desigualdade social também perpetrada pela lei. Esse fator dá mais força a sistemas de lei paralelos, em que, muitas vezes, há uma inversão de valores com a exaltação de bandidos e seus símbolos de poder. Contudo, a intervenção da instância judiciária pode representar uma mudança para a família, uma vez que essa interferência pode oportunizar um encaminhamento para atendimento terapêutico e acesso a serviços públicos básicos (Costa et al., 2007). Também deve promover uma reestruturação familiar por meio de um espaço de escuta e o reencontro com a lei na figura do juiz (Sudbrack, 2003), efetivando, nesses dois sentidos, maior garantia de proteção às crianças e aos adolescentes.

AVALIAÇÃO INICIAL DO ADOLESCENTE E O PLANO INDIVIDUAL DE ATENDIMENTO

Ao ser criado, em 2006, o Sinase teve a pretensão de se constituir como uma política pública em interface com os sistemas estaduais, distritais e municipais, levando em consideração as políticas de educação, saúde, trabalho, previdência social, assistência social, cultura, esporte, lazer, segurança pública e outras, e com programas destinados a concretizar a proteção integral dos adolescentes em conflito com a lei (Brasil, 2006). Antes do Sinase, a única possibilidade de os magistrados obterem informações sobre os adolescentes em medida socioeducativa era requerendo a elaboração de um relatório psicossocial às equipes psicossociais dos tribunais e das Varas da Infância e Juventude. Nesse sentido, o Sinase traz um grande avanço ao preconizar que o cumprimento das medidas socioeducativas pelo adolescente em regime de PSC, LA, semiliberdade ou internação dependerá do Plano Individual de Atendimento (PIA), que é obrigatório para todos eles.

Em 2012, o Sinase passou a ser lei (Lei nº 12.594, de 18 de janeiro de 2012), tornando obrigatória a aplicação dos preceitos que vinham sendo preconizados na política. Isso fica evidenciado no art. 42 da referida lei, que inclusive determina prazos para a reavaliação do adolescente, bem como para designação de audiência:

> **Art. 42** – As medidas socioeducativas de liberdade assistida, de semiliberdade e de internação deverão ser reavaliadas no máximo a cada 6 (seis) meses, podendo a autoridade judiciária, se necessário, designar audiência, no prazo máximo de 10 (dez) dias, cientificando o defen-

sor, o Ministério Público, a direção do programa de atendimento, o adolescente e seus pais ou responsável (Brasil, 2012, documento *on-line*).

O PIA é um instrumento de diagnóstico, planejamento, registro e gestão das atividades a serem desenvolvidas com o adolescente em cumprimento de medidas socioeducativas postulado pelos envolvidos na execução da medida. Seu propósito fundamental é a personalização do atendimento ao adolescente, configurando-se como uma ferramenta importante na conquista de metas e compromissos estabelecidos no decorrer da medida e na adequação às necessidades do adolescente e de sua família. O PIA é o ponto central da estruturação da execução da medida socioeducativa.

A construção do PIA deve ocorrer a partir de um estudo de caso realizado pela equipe multidisciplinar, com a participação efetiva do adolescente e de sua família, buscando criar metas e compromissos pactuados com os jovens que cumprem medidas socioeducativas e com seus familiares. Deve incluir acompanhamento, avaliação e evolução pessoal e social do adolescente, propiciando maior concretude em relação aos seus avanços e/ou retrocessos no processo socioeducativo. Em seu art. 54, o Sinase (Brasil, 2006) postula que devem constar do PIA, no mínimo:

I – os resultados da avaliação interdisciplinar;
II – os objetivos declarados pelo adolescente;
III – a previsão de suas atividades de integração social e/ou capacitação profissional;
IV – as atividades de integração e apoio à família;
V – as formas de participação da família para efetivo cumprimento do plano individual; e
VI – as medidas específicas de atenção à sua saúde.

Art. 55 – Para o cumprimento das medidas de semiliberdade ou de internação, o plano individual conterá, ainda:

I – a designação do programa de atendimento mais adequado para o cumprimento da medida;
II – a definição das atividades internas e externas, individuais ou coletivas, das quais o adolescente poderá participar; e
III – a fixação das metas para o alcance de desenvolvimento de atividades externas.

O PIA prevê, também, momentos de intervenção diferenciados pelas várias áreas que atendem os adolescentes em medida socioeducativa, iniciando no processo de acolhimento e devendo ser concluído após 15 dias no caso de internação provisória e 45 dias no caso de internação estrita. No caso da LA, o PIA deve ser elaborado até no máximo 15 dias após o ingresso do adolescente no programa. É importante ressaltar que essas intervenções precisam ser caracterizadas por abordagens adequadas às necessidades específicas de cada adolescente e sua família, considerando as dimensões social e coletiva. Devem ser abordadas de forma multiprofissional e interdisciplinar, envolvendo os diferentes aspectos que interagem no cotidiano dos adolescentes no contexto em que estão inseridos, suas potencialidades e sua capacidade de enfrentamento e superação de dificuldades.

Em resumo, o PIA precisa ser construído a partir de uma proposta de diagnóstico polidimensional e individualizado, com definição de ações a serem implementadas, compreendendo a situação processual e as providências necessárias, a fixação das metas a serem alcançadas pelo adolescente e a definição das atividades internas e externas, individuais ou coletivas, das quais o adolescente irá participar, inclusive as condições para o exercício da sexualidade e as medidas especiais de atenção à saúde. Além disso, a elaboração, o acompanhamento e a reavaliação do PIA incluem discussões permanentes em encontros periódicos, quinzenais e/ou quando necessários com a equipe multiprofissional de referência do adolescente e sua família. Assim, o PIA deverá estar sempre sujeito a reformulações de acordo com o processo evolutivo do adolescente ou quando forem necessárias, por demanda do adolescente, dos familiares ou dos profissionais responsáveis pelo seu atendimento.

O CONTEXTO DE AVALIAÇÃO DO PLANO INDIVIDUAL DE ATENDIMENTO E DO RELATÓRIO PSICOSSOCIAL

O PIA de cada adolescente deverá ser encaminhado à autoridade judiciária, que dará vistas da proposta ao defensor e ao Ministério Público pelo prazo sucessivo de três dias, contados a partir do recebimento da proposta encaminhada pela direção do programa de atendimento (Brasil, 2006). Ademais, o juiz pode determinar, de ofício, por sua própria decisão ou por requerimento das partes, a realização de qualquer avaliação ou perícia que entender necessária para a complementação do plano individual ou seu acompanhamento. Assim, o PIA pode ser acrescido de um relatório psicossocial complementar elaborado pela equipe técnica, que quase sempre é solicitado por ocasião de sua reavaliação, principalmente nas medidas de LA, semiliberdade e internação (Brasil, 2006). É necessário refletir como devem ser elaborados – tanto o PIA como os relatórios psicossociais complementares – e quais aspectos devem ser considerados, pois é importante que nada do que for dito prejudique o adolescente.

Nossa compreensão é a de que tanto o PIA como os demais relatórios solicitados pelo Judiciário devem conter aspectos subjetivos do adolescente, sua condição familiar, social e comunitária, privilegiando uma equação a partir de sua vulnerabilidade e dos recursos que lhe estão sendo oferecidos para uma mudança na sua trajetória de vida, resgatando sua condição especial de desenvolvimento (Costa, Penso, Sudbrack, & Jacobina, 2011). Isso deve ser realizado sem perder de vista o fato de se tratar, antes de tudo, de um adolescente. Em outras palavras, *trata-se de um adolescente que por acaso é um infrator, e não de um infrator que por acaso é um adolescente*. As intervenções previstas no PIA deveriam ser pautadas em uma perspectiva relacional, que considerasse as relações do adolescente com a lei, com a sociedade e consigo mesmo. Além disso, é preciso que o Estado ofereça a esses adolescentes acesso aos direitos que lhes foram negados por sua condição de carência e que quase sempre são totalmente tolhidos quando cumprem medidas de internação.

Para compreender o adolescente em sua complexidade, é importante lembrar que, em nossa realidade, na maioria dos casos, o cometimento de atos infracionais está associado a contextos de pobreza e vulnerabilidade social. Os dados do censo de 2010 apontaram que o Brasil tinha cerca de 21 milhões de adolescentes com idades entre 12 e 17 anos, o que representa cerca de 11% da população de um país marcado por intensa desigualdade social e concentração de renda, em que 1% da população detém 13,5% da renda nacional, enquanto os 50% mais pobres detém 14,4% (Instituto Brasileiro de Geografia e Estatística [IBGE], 2010). Isso significa que temos um grande número de adolescentes excluídos, sem perspectivas de inclusão no mercado formal de trabalho, vivendo em contexto de grande oferta de drogas e armas e inserção no tráfico de drogas como oportunidades de sobrevivência. Conforme Guareschi (2004), são adolescentes que vivem em situação de vulnerabilidade social, buscando sobreviver por meio de uma integração perversa. Esse autor, referindo-se à obra de Manuel Castells, ao avaliar a dinâmica social do capitalismo informacional, aponta que essa integração perversa se dá pelo trabalho em uma economia fora da lei, isto é, em atividades de geração de renda que a lei declara criminosas, como tráfico de drogas, contrabando, extorsões e outras.

Deve-se ter o cuidado de não transformar o adolescente que cometeu a infração em um delinquente. Para isso, é necessário fazer uma cuidadosa avaliação das condições individuais, familiares e sociais de quem cometeu ato infracional, sem construir para ele um perfil de delinquente. Para quem elabora o relatório psicossocial, precisa estar claro que, embora o interesse da Justiça seja compreender aspectos específicos do ato delinquente, é necessário transformar essa solicitação em uma possibilidade de conhecimento do sujeito e de sua história. Para isso, é preciso que os profissionais tomem cuidado para não se deixarem contaminar pelos estereótipos sociais que recaem sobre esses adolescentes, impedindo-os de enxergar sua subjetividade. O profissional precisa ter clareza de que o futuro desse adolescente depende da maneira como o relatório for escrito e das informações enfatizadas nele. Conforme Foucault (1986), devem-se diferenciar as nomenclaturas de delinquente e infrator. Para o filósofo, infrator é definido como aquele que infringiu as normas jurídicas estabelecidas, enquanto o delinquente é um ser fabricado e submetido ao sistema judiciário, que o nomeia, estigmatiza e controla, prendendo-o ao seu delito por um feixe de fios complexos (instintos, pulsões, tendências, temperamento).

Assim, é importante conhecer as relações com a lei, a ordem e as normas que o adolescente construiu ao longo de sua trajetória e que culminaram na prática do ato infracional. Nesse nível, repontam aspectos referentes à função paterna e seus desdobramentos no processo de resgate de limites, normas e referências de autoridade. Cabe compreender as representações que os adolescentes têm sobre a lei e a justiça, eles que foram as vítimas mais vulneráveis de iniquidade e injustiça sociais. Por sua vez, é importante entender como se deram as incursões do adolescente na exploração da margem e do desvio. Esses dois conceitos são fundamentais na compreensão do caminho do adolescente "rumo à delinquência". Para Selosse (1997), o movimento do adolescente de testar limites e ficar à margem da lei e das normas é esperado. Mas alguns "derrapam" e caem no desvio. O autor afirma que aqueles que caem no desvio são os que não têm vínculos sociais e familiares suficientemente fortes para detê-los. Isso reforça a necessidade de avaliação do contexto social e familiar do adolescente para a devida compreensão do cometimento do ato infracional.

Portanto, para construir o relatório psicossocial, não é suficiente conhecer o ato infracional; é preciso também adentrar as motivações que vêm da história de vida do adolescente, sua realidade sociocultural e comunitária e os conflitos familiares que o envolvem (Gallo, 2008; Mandeville-Norden & Beech, 2006). Abandonar a perspectiva preconceituosa é fundamental na elaboração do relatório psicossocial. O objetivo deve ser ampliar o conhecimento sobre o adolescente e propor intervenções, auxiliando magistrados a tomarem decisões com mais segurança.

Essa avaliação deve centrar-se no sujeito e em sua história, dando visibilidade ao adolescente como um ser em desenvolvimento e em fase de transição, sem perder de vista a complexidade que lhe é inerente, exercendo um papel fundamental nas orientações e intervenções que acompanham a medida (Gallo, 2008). Nessa esteira, não se trata de elaborar um diagnóstico fechado e absoluto, e sim de considerar esses adolescentes como sujeitos que estão no processo de formação da sua personalidade, que necessitam de proteção e têm direito à possibilidade de formar sua personalidade humana adulta (Costa et al., 2011). Essa perspectiva deve orientar a equipe psicossocial quanto à escolha dos métodos e dos instrumentos a serem aplicados na coleta de informações para a elaboração de um relatório realista, mas que também garanta a proteção do adolescente. A aplicação das medidas socioeducativas como forma de concretização da proteção integral pode encontrar um meio correto e justo nas argumentações contidas no relatório.

O que temos observado em nosso contexto de atuação é que, mesmo com a premissa de que crianças e adolescentes são prioridade absoluta e responsabilidade da família, do Estado e da sociedade, os adolescentes oriundos de contextos de vulnerabilidade somente recebem alguma atenção e ganham visibilidade quando se encontram nessa condição de excepcionalidade, ou seja, quando estão cumprindo uma medida socioeducativa. Somente nesse momento é que as instituições responsáveis pelo acompanhamento da medida socioeducativa buscam conhecer esse sujeito com mais profundidade, para assim construir uma avaliação, seja para cumprir as exigências do Sinase, seja por exigência do juiz, que necessita de avaliações complementares para auxiliar na tomada de decisão. O que se pretende ressaltar é que o conhecimento sobre esse indivíduo deve ser construído de forma que ele seja sujeito de direito, de voz e de intervenção, como está preconizado no Sinase (Brasil, 2006).

Uma pesquisa sobre os relatórios de adolescentes em medida de internação realizada por Castro e Guareschi (2008) identificou que esses documentos caracterizam esses adolescentes como marginais e perigosos e têm uma visão determinista que não leva em conta a complexidade da vida e da realidade socioeconômica desses sujeitos. A pesquisa também encontrou que os relatórios consideram os atos infracionais como tendências definitivas e naturais, e não como construções transitórias e possíveis de serem transformadas se lhes forem oferecidas condições reeducativas e ressocializadoras.

Além das dificuldades para a elaboração do PIA, também se observa enorme fragilidade no acompanhamento desses adolescentes. Os recursos alocados para esse fim são escassos e inadequados, revelando descaso e não cumprimento da proteção devida a esses sujeitos (Souza & Costa, 2011). No caso específico da LA, Jacobina e Costa (2011) apontam para uma desarticulação do sistema de garantias de direitos que atende o adolescente a quem foi aplicada essa medida, o que se traduz em violação de seus direitos e dificulta a superação das condições que o levaram à prática do ato infracional.

ASPECTOS QUE DEVEM CONSTAR NO RELATÓRIO

A partir de nossa experiência, concluímos que existem alguns aspectos e premissas que não podem deixar de constar no relatório psicossocial de adolescentes que cumprem medida socioeducativa, conforme pontuamos a seguir.

- **O relatório precisa ser amplo.** Deve ser construído de maneira que forneça as informações que o juiz solicita, mas também deve contribuir para que o sistema de justiça traga para dentro de seu contexto a realidade social desse sujeito, ampliando a compreensão sobre ele a partir do paradigma de sua inserção no meio social e contemplando as questões éticas implícitas no processo.
- **História familiar do adolescente.** As informações sobre as relações familiares dos adolescentes são essenciais. O relatório será mais completo se oferecer informações que visualizem a família em seus conflitos e em sua história transgeracional. É importante investigar se ocorreram situações de violência nas gerações anteriores. Isso permitirá compreender se o adolescente está envolvido em uma teia de repetições, da qual não consegue sair sozinho, e ter consciência de que sua conduta reproduz outras violências das quais não consegue se livrar (Bucher-Maluschke, 2007).
- **Contextualização do adolescente em uma perspectiva sócio-histórica.** É preciso conhecer a história social, o contexto e as vivências do adolescente, buscando investigar sua realidade social, econômica, política e comunitária. Giffin (2002) aponta que a condição socioeconômica da família define as oportunidades de seus membros, especialmente porque a maioria dessas famílias é chefiada pela mãe. A pobreza material, a baixa escolaridade, as atividades de envolvimento com uso ou tráfico de drogas e a constante troca de parceiros por parte das mulheres constroem um ambiente de vulnerabilidade que afeta o adolescente diretamente.
- **Compreensão do adolescente como pessoa em desenvolvimento.** Ele deve ter direito a receber proteção para poder desenvolver-se e alcançar a maturidade. Para isso, no relatório devem constar avaliações de sua condição de saúde, tanto física como psicológica, atentando para questões da saúde sexual e reprodutiva, um direito que deve ser garantido a todos os jovens (Brasil, 2013). O relatório também deve contemplar questões educacionais: dificuldades na escola, de aprendizagem e com os pares.
- **Visões ampliadas sobre o adolescente, incluindo seu contexto social.** É preciso sair da dimensão apenas do sujeito para considerar as interações que o adolescente mantém com o meio, pois elas podem explicar seu ato.
- **Potencialidades e habilidades do adolescente.** Esse item é importante para que a

medida realmente tenha uma dimensão educativa. Nesse sentido, essas potencialidades devem ser avaliadas de forma individual, considerando cada adolescente como único.
- **O relatório deve trazer informações claras e objetivas.** Não pode existir margem para dupla interpretação. A linguagem deve ser clara, objetiva e direta. Nesse sentido, não se deve usar termos vagos e genéricos. É preciso lembrar que o relatório será lido por várias pessoas com formações profissionais diferentes do psicólogo e que precisam compreender o que está escrito.
- **Compreensão sobre as representações que os adolescentes têm sobre a lei e a justiça.** Ao elaborar o relatório, é preciso considerar que esses adolescentes foram as vítimas mais vulneráveis da iniquidade e injustiça sociais, como já apontado anteriormente. É importante compreender como se deram as incursões na exploração da margem e do desvio. Que noções de certo e errado os adolescentes construíram? Sob que bases educacionais se deram essas construções? De que forma foram preparados para o exercício de sua autonomia? Como foi vivida a figura de autoridade em suas vidas? Quais códigos e valores pautaram suas relações com os familiares, com os amigos e com os grupos de pares? Quais significados têm os apelos feitos pelos adolescentes por meio de seus atos destrutivos?
- **Aspectos da vida que podem estar sendo comunicados pelo adolescente por meio de seus atos infracionais.** A equipe psicossocial deve se perguntar: o que o adolescente está comunicando com seus atos transgressivos? Podemos supor que, a partir de seu comportamento transgressivo, o adolescente expressa seu desejo de romper com algo instituído, isto é, recusa-se a complementar os papéis sociais a ele ditados e esperados pelo seu meio social. Curiosamente, a palavra "transgressão" significa "quebra". A indisciplina, que etimologicamente deriva da palavra "discípulo", também pode ser entendida como recusa em seguir seu "mestre". Sob esse enfoque, o agir transgressivo ganha conotações de inconformidade e muda o rumo dos acontecimentos de sua vida.
- **Perspectiva relacional e do olhar da complexidade na compreensão dos atos infracionais do adolescente.** Essa posição deve estar espelhada no relatório e estar de acordo com as práticas e a ética que norteiam o trabalho da equipe interdisciplinar que elabora o documento. Isso significa que não se devem conceber soluções simplistas ao problema. Ao contrário, deve-se romper com a perspectiva maniqueísta e reducionista típica de velhos paradigmas e instituir uma mudança de mentalidade afinada com a compreensão complexa dos fenômenos sociais. Entende-se que se o indivíduo nasce, cresce e se desenvolve no grupo; suas práticas transgressivas, portanto, também são fruto dessas *inter-ações*.
- **O relatório deve conter as metas pactuadas com o adolescente e sua família.** Na perspectiva do adolescente como protagonista do seu futuro, o relatório precisa contemplar seus planos de vida para além do cumprimento da medida socioeducativa, bem como de que maneira a família planeja ajudá-lo a alcançar suas metas.

CONSIDERAÇÕES FINAIS

Ao praticar o ato infracional, o adolescente é alçado ao papel de protagonista de sua história. Por se tratar de uma prática severamente condenada pela sociedade, o ato transgressivo ganha forte destaque e não passa despercebido. Ao ser notado, o adolescente converte-se em herói ou anti-herói. Porém, quais outras chances esse adolescente tem de receber semelhante destaque? Ressignificar e transformar esse lugar são um grande desafio: cabe ao serviço psicossocial, a partir de vinculações afetivas e respeitosas com o adolescente, desenvolver ações integradas e estratégias que lhe garantam o desempenho espontâneo e criativo do papel de protagonista em um contexto longe da margem e do desvio.

O relatório sobre o adolescente que está cumprindo medida socioeducativa precisa estabelecer o sentido da aplicação da medida, tanto para o adolescente, para sua família e para os profissionais que o acompanham, quanto para o sistema de justiça. Todos precisam encarar a medida como a construção de uma nova oportunidade para que o adolescente tenha seus direitos restabelecidos e para que sua passagem pelo Judiciário seja o momento desse resgate. Nesse ponto, a Justiça se constitui no contexto que cria as condições para que o adolescente recupere sua perspectiva de um ser em formação.

É fundamental que, no estabelecimento e no cumprimento da medida, o adolescente e sua família tenham vez e voz, pois isso possibilitará a reconfiguração de suas relações, mediante um diálogo construtivo e capaz de apontar-lhes o sentido da medida disciplinar. Também precisa ser resgatada pelo Judiciário, particularmente pela figura do juiz, a ideia de que deve ver em sua autoridade um momento oportuno para que o adolescente infrator recrie relações sociais com base no respeito e na percepção de seu lugar no meio social.

Para que os profissionais possam construir um relatório condizente com os princípios da proteção integral e da crença na eficácia da medida como processo educativo, é fundamental desconstruir o imaginário social sobre a periculosidade do adolescente. Também é importante uma escuta aberta e não preconceituosa da história de vida desses indivíduos e de suas famílias. Nesse sentido, deve ser estabelecido entre a equipe e o adolescente que cometeu o ato infracional e sua família um clima de diálogo, e não de interrogatório, em que ele possa se expressar. Desse modo, além da compreensão dos elementos que se reúnem no cometimento do ato infracional, é preciso que o relatório contemple relações corretas de confiança entre o profissional e o adolescente.

É preciso ter clareza de que o relatório pode vir a ser uma peça definitiva na vida do adolescente, marcando-o com um estereótipo que poderá prejudicá-lo enormemente até o fim de sua vida, ou oferecendo-lhe oportunidades de educação e reconstrução de sua trajetória. Desse modo, o relatório jamais deve ser confundido com uma ata, em que são relatados acontecimentos da vida do adolescente de forma meramente burocrática. Ao contrário, trata-se de um documento dinâmico que aponta para as contradições da sua situação, sua história e sua inserção familiar, social e comunitária. Uma compreensão importante é que cada adolescente é único; portanto, sua avaliação também é singular.

Por fim, a escrita do relatório precisa informar ao Judiciário os aspectos sobre a subjetividade do adolescente e suas relações familiares, sociais e comunitárias, mas sem perder sua intenção protetiva. O mais importante é que o relator possa reafirmar seu compromisso ético e profissional, defender os direitos humanos e a garantia da humanização dos serviços e criar propostas ousadas de atendimento a esses jovens em contextos livres de contenção, para que se viabilize a emergência do protagonismo juvenil longe das páginas policiais. É importante a presença atuante do psicólogo nesses contextos para fazer valer os direitos do adolescente. Mesmo nas situações de privação de liberdade, esta deve se restringir apenas ao direito de ir e vir, garantindo-se os direitos à liberdade de expressão, de comunicação, de criação, de manifestação da espontaneidade, de dar e receber afeto e de acreditar em um futuro melhor.

REFERÊNCIAS

Aquino, L. G. de. (2012). Criança e adolescente: O ato infracional e as medidas socioeducativas. *Âmbito Jurídico, 15*(99).

Brasil. (1988). *Constituição da República Federativa do Brasil de 1988*. Recuperado de http://www.planalto.gov.br/ccivil_03/constituicao/constituicao.htm

Brasil. (1990). *Lei nº 8.069, de 13 de julho de 1990*. Dispõe sobre o Estatuto da Criança e do Adolescente e dá outras providências. Recuperado de http://www.planalto.gov.br/ccivil_03/leis/L8069Compilado.htm

Brasil. (2004). *Política Nacional de Assistência Social: PNAS 2004*. Brasília: MDS. Recuperado de http://www.mds.gov.br/webarquivos/publicacao/assistencia_social/Normativas/PNAS2004.pdf

Brasil. Ministério da Mulher, da Família e dos Direitos Humanos. (2018). *Levantamento anual do Sistema Nacional de Atendimento do Sistema Socioeducativo*. Recuperado de http://www.mdh.gov.br/sdh/noticias/2018/janeiro/divulgado-levantamento-anual-do-sistema-nacional-de-atendimento-socioeducativo

Brasil. Ministério da Saúde. Secretaria de Atenção à Saúde. Departamento de Ações Programáticas Estratégicas. (2013). *Marco teórico e referencial: Saúde sexual e saúde reprodutiva de adolescentes e jovens*. Brasília: MS. Recuperado de http://bvsms.saude.gov.br/bvs/publicacoes/07_0471_M.pdf

Brasil. Presidência da República. Secretaria Especial dos Direitos Humanos. Conselho Nacional dos Direitos da Criança e do Adolescente. (2006). *Sistema Nacional de Atendimento Socioeducativo (SINASE)*. Brasília: CONANDA. Recuperado de http://www.conselhodacrianca.al.gov.br/sala-de-imprensa/publicacoes/sinase.pdf

Bucher, J. F. (1992). Lei, transgressões, famílias e instituições: elementos para uma reflexão sistêmica. *Psicologia: Teoria e Pesquisa, 8*, 475-483.

Bucher-Maluschke, J. S. N. F. (2007). Revisitando questões sobre lei, transgressão e família em suas interações com a psicologia, a psicanálise, o direito e a interdisciplinaridade possível. *Psicologia: Teoria e Pesquisa, 23*(especial), 89-96.

Calhoun, G. B., Glaser, B. A., & Bartolomucci, C. L. (2001). The juvenile counseling and assessment model and program: A conceptualization and intervention for juvenile delinquency. *Journal of Counseling & Development, 79*(2), 131-141.

Castro, A. L. S. & Guareschi, P. (2008). Da provação da dignidade social à provação da liberdade individual. *Psicologia & Sociedade, 20*(2), 200-207.

Conselho Nacional de Justiça (CNJ). (2016). *Dobra número de adolescentes cumprindo medidas socioeducativas por infrações*. Recuperado de https://www.conjur.com.br/2016-nov-26/dobra-numero-adolescentes-cumprindo-medidas-socioeducativas

Costa, L. F., Penso, M. A., Rufino, B. R., Mendes, Josimar A. A., & Borba, N. F. (2007). Família e abuso sexual: Silêncio e sofrimento entre a denúncia e a intervenção terapêutica. *Arquivos Brasileiros de Psicologia, 59*(2), 245-255.

Costa, L. F., Penso, M. A., Sudbrack, M. F. O., & Jacobina, O. M. P. (2011). Adolescentes em conflito com a lei: O relatório psicossocial como ferramenta para promoção do desenvolvimento. *Psicologia em Estudo, 16*(3), 379-387.

Estevam, I. D., Coutinho, M. P. L., & Araújo, L. F. (2009). Os desafios da prática socioeducativa de privação de liberdade em adolescentes em conflito com a lei: Ressocialização ou exclusão social? *Psico, 40*(1), 67-72.

Foucault, M. (1986). *Vigiar e punir* (4. ed.). Rio de Janeiro: Vozes.

Fundo das Nações Unidas para a Infância (UNICEF). (1959). *Declaração universal dos direitos das crianças*. Recuperado de http://www.dhnet.org.br/direitos/sip/onu/c_a/lex41.htm

Fundo das Nações Unidas para a Infância (UNICEF). (2002). *Situação da infância brasileira*. Recuperado de www.unicef.org/brazil/pt/sab_3.pdf

Gallo, A. E. (2008). Atuação do psicólogo com adolescentes em conflito com a lei: A experiência do Canadá. *Psicologia em Estudo, 13*(2), 327-334.

Giffin, K. (2002). Pobreza, desigualdade e equidade em saúde: Considerações a partir de uma perspectiva de gênero transversal. *Cadernos de Saúde Pública, 18*(suplemento), 103-112.

Guareshi, P. A. (2004). Pressupostos psicossociais da exclusão: Competitividade e culpabilização. In B. B. Sawaia (Ed.), *As artimanhas da exclusão: Análise psicossocial e ética da desigualdade social* (pp. 141-156). Petrópolis: Vozes.

Instituto Brasileiro de Geografia e Estatística (IBGE). (2010). *Censo demográfico 2010*. Recuperado de https://ww2.ibge.gov.br/home/estatistica/populacao/censo2010/default.shtm

Jacobina, O. M. P. & Costa, L. F. (2011). Da medida protetiva à socioeducativa: O registro da (des)proteção. *Psicologia Política, 11*(21), 123-139.

Machado, M. T. (2003). *A proteção constitucional de crianças e adolescentes e os direitos humanos*. Barueri: Manole.

Mandeville-Norden, R. & Beech, A. R. (2006). Risk assessment of sex offenders: The current position in the UK. *Child Abuse Review, 15*(4), 257-272.

Organização das Nações Unidas para a Educação, a Ciência e a Cultura (UNESCO). (2004). *Mapa da violência IV: Os jovens do Brasil*. Brasília: Instituto Airton Sena.

Organização das Nações Unidas para a Educação, a Ciência e a Cultura (UNESCO). (2016). *Homicídios por armas de fogo no Brasil*. Brasília: Instituto Airton Sena.

Padovani, R. C. & Williams, L. C. de A. (2005). Proposta de intervenção com adolescentes em conflito com a lei: Um estudo de caso. *Interação em Psicologia, 9*(1), 117-123.

Saraiva, J. B. C. (2009). *Medidas socioeducativas e o adolescente autor de ato infracional*. Portal Jurídico Investidura. Recuperado de www.investidura.com.br/biblioteca-juridica/artigos/direito-penal/3870-medidas-socioeducativas-e-o-adolescente-autor-de-ato-infracional

Selosse, J. (1997). *Adolescence, violences et déviances*. Paris: Matrice.

Souza, L. A. & Costa, L. F. (2011). Liberdade assistida no Distrito Federal: Impasses na implementação das normativas do SINASE e do SUAS. *Revista Brasileira de Adolescência e Conflitualidade*, (4), 117-134.

Sudbrack, M. F. O. (Org.). (2003). *Adolescentes e drogas no contexto da justiça*. Brasília: Plano.

Vess, J., Ward, T., & Collie, R. (2008). Case formulation with offenders: An illustration of individualized risk assessment. *Journal of Behavior Analysis of Offender and Victim Treatment and Prevention, 1*(3), 284-293.

Parte 4

AVALIAÇÃO PSICOLÓGICA NAS VARAS DE FAMÍLIA

14
AVALIAÇÃO EM SITUAÇÕES DE REGULAMENTAÇÃO DE GUARDA E DIREITO DE CONVIVÊNCIA

Sidney Shine
Martha Fernandes

A existência de uma criança cujos interesses sejam disputados por dois adultos em conflito é o que justifica a avaliação em situações de regulamentação de guarda e direito de convivência. Estamos falando de uma prática técnica especializada que ocorre dentro de um procedimento legal: são os casos típicos da intervenção do psicólogo dentro da Vara de Família e Sucessões.

Tratando-se de um caso legal, parte-se da constatação de que o "dono do caso" é o juiz. Isso significa que somente ele pode determinar uma avaliação psicológica em casos de disputa de guarda, modificação de guarda e regulamentação de visitas. Atente para o verbo "determinar": no jargão legal, o juiz não pede, não solicita nem sugere – ele decide, ou seja, determina a realização da avaliação. Outro assinalamento pertinente é que, muito provavelmente, na redação da decisão judicial, não constará o termo "avaliação", muito menos "avaliação psicológica" ou "psicodiagnóstico infantil". Estes são termos psicológicos, utilizados por psicólogos. Os profissionais do direito estão acostumados a utilizar os termos "estudo psicossocial", "estudo psicológico" e "perícia psicológica".

Quando o juiz entende que o estudo psicológico é necessário, ele tem a expectativa de que o resultado o ajudará, ou seja, apontará uma direção para julgar. Afinal, esta é a função de qualquer juiz. Se essa afirmação é óbvia, pode não ficar tão óbvio para o psicólogo qual é o conteúdo que o juiz espera ser esclarecido pela avaliação.

Se o psicólogo está sendo convocado a avaliar alguém, ele deve saber *quem* está avaliando, mas também *para quê*. É consenso que, se ambos os responsáveis por uma criança querem ter a guarda, a criança não será consultada para resolver essa pendência. Por exemplo: "Seu pai e eu estamos nos separando. Nós conversamos e decidimos que é o melhor. Não seremos mais marido e mulher, mas sempre seremos seus pais e vamos continuar amando você do mesmo jeito. Por isso estamos conversando juntos com você. Mas temos que resolver uma coisa muito importante: você gostaria de continuar morando aqui comigo ou prefere ficar com o papai?".

Essa cena é hipotética e ficcional. Não é recomendável, do ponto de vista psicológico, pois significaria transferir a responsabilidade dos adultos à criança. Quando os pais não sabem, podem recorrer à ajuda profissional (terapeuta de casal e família, mediador, psicólogo, pediatra, etc.). Se essa via falhar – ou se o que os pais querem os levam a um impasse –, a via judicial pode ser acionada. Assim, podem recorrer a advogados para forçar o outro a aceitar aquilo que consideram o melhor. Na verdade, estão apostando que o juiz enxergue a situação da mesma maneira que eles. Porém, como essa expectativa é comum e antagônica, pelos menos um dos lados sairá frustrado.

Portanto, está claro que, para ajudar o juiz a pensar sobre como fica a guarda e/ou a convivência do genitor descontínuo (aquele que saiu de casa), o psicólogo terá de avaliar pelo menos três pessoas: os adultos em litígio e a criança, foco do processo legal. Alguém pode se perguntar: "Mas o juiz só escreveu na sentença que era para avaliar a mãe (ou o pai, ou a criança). E então? Faço o que ele manda ou avalio todo mundo?". É uma pergunta pertinente, uma vez que, via de regra, havendo determinação judicial, cumpre-se. Mas a pergunta para quem vai proceder à avaliação seria: "Serei capaz de responder o que o juiz quer, avaliando somente fulano? Sem considerar beltrano? E ciclano?". Com certeza, não! A estratégia da avaliação é de responsabilidade do psicólogo, que responderá por seus resultados.

Deve-se tomar muito cuidado quando recebemos uma demanda por nossa intervenção. Devemos sempre ter em mente qual é a finalidade ou objetivo (*para quê*). E não podemos esquecer que nossa intervenção tem sempre um aspecto ético a ser resguardado em relação àquilo que fazemos ou sabemos a partir do que fazemos.

Para o juiz julgar um caso em que visa o melhor interesse da criança, o conflito interpessoal dos responsáveis pela criança se traduz em quem terá a *guarda* (1) e como serão as *visitas* (2). Para a maioria das pessoas, "guarda" e "visita"[1] são termos claros que significam: quem fica com o filho tem a guarda; quem não tem, fica com a visita (direito de convivência). É o que as pessoas leigas precisam saber. A preocupação da psicologia – ou melhor, dos psicólogos – começa bem antes e continua para além do momento de definição de uma sentença sobre a guarda e/ou convivência. Mas não nos adiantemos.

Vestindo a camisa do psicólogo a quem foi determinado realizar o estudo psicológico para definição da guarda e da convivência, seria possível perguntar: "Como faço para o juiz me indicar para perito do caso?". A resposta consiste em algumas questões: Você sabe o que é um perito? Você atende crianças e adultos? Seu trabalho é de conhecimento de algum juiz de família? Se as respostas forem positivas, você está no caminho certo e poderá ser nomeado como um perito *ad hoc*.[2] Você também pode prestar concurso para o Tribunal de Justiça; passando, estará elegível para atuar nesses casos. Para o psicólogo judiciário ou para o perito *ad hoc*, a determinação para a realização da avaliação ou do estudo psicológico (ou perícia psicológica) vem por meio de um ofício. Esse ofício faz parte do aspecto físico do processo judicial ou dos autos do processo judicial.[3] Cada vez mais o processo judicial tem deixado de ter um aspecto concreto, passando a existir apenas nos bancos de dados dos tribunais.

A leitura dos autos do processo judicial, termo ao qual se referem os ofícios e os documentos que vão sendo acostados, permite entender *o que* se requer, *quem* requer, *quem* é o requerido e *sobre quem* recai a ação que se requer. Se colocarmos isso em um exemplo, seria possível dizer que ao ler o processo toma-se conhecimento de que o Sr. Fulano de Tal (pai

---

[1] Estamos cientes da discussão que envolve o uso desses termos, mas, para o objetivo deste capítulo, não aprofundaremos essa questão. Em relação a isso, ver Groeninga (2011, p. 132): "O Poder Judiciário pode definir a duração e a frequência do contato, o que não descreve a qualidade do relacionamento, nem garante que este seja suficientemente bom. O mesmo ocorre em relação ao direito de visitas em nosso ordenamento, que não equivale à totalidade do relacionamento ou à convivência, como se quer fazer crer. Reitere-se a inadequação do termo *visitas*, como extemporâneo, e o uso do termo *convivência*, dada suas peculiaridades e seus aspectos valorativos, que não correspondem à realidade de algumas famílias, sejam transformadas ou não, como é o caso de pais que residem longe dos filhos".

[2] Perito por indicação ou perito de confiança do juízo.

[3] "Trata-se do conjunto de peças reunidas para formar um processo judicial ou administrativo. É a representação física do processo." (Direitonet.com, 2009).

e requerente) requer a guarda da menor (filha de 6 anos e 6 meses) contra a Sra. Fulana de Tal (mãe e requerida). Os motivos pelos quais se requer essa medida são explicados e comprovados por meio de provas documentais (registro de nascimento, registro de casamento, boletim de ocorrência, etc.) e testemunhais (babá, amigos, profissionais da área da educação e da saúde, etc.). Quem redige esse requerimento (a petição inicial), na forma de um ofício, é o advogado contratado pelo pai e requerente.

Normalmente, essa medida não é exarada de imediato sem que a parte contrária se manifeste por meio de seu próprio advogado. Então se tem a contestação, na qual os motivos alegados são rebatidos, ponto por ponto, comprovados por outro rol de documentos e testemunhas. O conflito se traduz em argumentos, que se transmutam em provas, que levam a dúvidas. Cabe ao juiz eliminar as dúvidas, formar seu convencimento e dirimir o conflito.

Dentro dessa lógica adversarial de oposição e de luta, cabe ao membro do Ministério Público (o promotor) ser fiscal da lei (verificar se os trâmites legais estão sendo devidamente seguidos) e zelar pelos interesses da menor (uma vez que a criança não tem advogado). Na qualidade de profissional que entende os argumentos jurídicos e busca equacionar as dúvidas que vão surgindo, é função do promotor sugerir provas que ajudem no deslinde da matéria. A perícia psicológica seria uma delas.

É nessa seara que o psicólogo, agora transformado em perito, é demandado a contribuir com sua avaliação, a qual será transcrita na forma de um documento, o *laudo pericial*, ou *laudo psicológico*. Portanto, o laudo é uma ferramenta no embate legal, cuja função é lançar luz à matéria a ser julgada. Porém, deve-se prestar atenção à distinção que está sendo feita. A avaliação em situações de guarda e direito de convivência é um *procedimento*. Esse procedimento se consubstancia em um *laudo*. O laudo é um tipo de *prova*, para respaldar uma *tese*, esclarecer uma *dúvida* e resolver uma *questão*. Mas prova não é sinônimo de *sentença*. Quem faz prova é o perito; quem dá a sentença é o juiz.

Esse alerta é importante. O próprio Conselho Federal de Psicologia (CFP) deixou isso claro na Resolução nº 008/2010 – que dispõe sobre a atuação do psicólogo como perito e assistente técnico no Poder Judiciário:

> **Art. 7º** – Em seu relatório, o psicólogo perito apresentará indicativos pertinentes à sua investigação que possam diretamente subsidiar o juiz na solicitação realizada, reconhecendo os limites legais de sua atuação profissional, sem adentrar nas decisões, que são exclusivas às atribuições dos magistrados (CFP, 2010a).

No entanto, é inegável a influência do laudo psicológico sobre a sentença judicial. Repare nos termos utilizados pelo CFP na citação anterior. Qual palavra poderia substituir "avaliação" na referida passagem? Se você respondeu "investigação", está correto. Perceba que a atividade eminentemente clínica da avaliação assume contornos cada vez mais jurídicos.

Se você acompanhou nosso percurso até este momento, conseguiu identificar quem sugeriu a avaliação, quem a determinou, quem serão as pessoas a serem avaliadas e qual ou quais são as dúvidas a serem esclarecidas pelo trabalho. Agora, suponhamos que você se identifique com aqueles que pensam que não deveriam se "contaminar" com informações prévias ao contato direto e pessoal com as pessoas a serem avaliadas. Ou seja, preferem atender as pessoas sem ler nada do caso para buscar seu entendimento de quem é o outro sem filtros de terceiros. Pensamos que essa atitude reflete os padrões de exigência de uma atividade clínica que pode contar com a colaboração do atendido (aliança terapêutica) em um contrato de atendimento sem término predeterminado e cuja finalidade e propósito são buscados pela própria pessoa que demanda o atendimento. Esses elementos do enquadre psicoterapêutico clínico, corolário da prática psicanalítica clássica, estão totalmente fora de lugar no âmbito da avaliação em situações de guarda e convivência. Assim, ler os autos do processo é o primeiro passo para a perícia psicológica.

Estamos adentrando no manejo técnico da avaliação com as pessoas a serem avaliadas. Quem eu chamo primeiro? Como me apresento? Qual é o tempo que ofereço para esse encontro? O que preciso avaliar? Como vou fazê-lo? Afinal, por que faço o que faço? E, não menos importante, a quem beneficio ou prejudico com o que faço? A questão técnica é inseparável da questão ética. Partimos da premissa de que a psicologia tem o ser humano como fim em si mesmo, nunca como meio para outro fim. Nesse sentido, precisamos compatibilizar a demanda de cada um e de todos.

Iniciamos a avaliação em situações de regulamentação de guarda e convivência a partir da demanda do juiz (primeiro demandante). Vimos, no exemplo anterior, que o pai (segundo demandante) requer algo que acredita ser o melhor para a filha. A ele se contrapõe a mãe (terceiro demandante), que, do mesmo jeito, acredita que defende o melhor interesse da mesma filha. A entrada do processo judicial estabelece quem será o segundo ou o terceiro demandante: uma vez será o pai e, em outro caso, será a mãe ou uma avó, entre outras pessoas, uma vez que o juiz é sempre o primeiro, e, por fim, mas não menos importante – aliás, todos dizem que é o mais importante –, o que quer a criança ou de que necessita a criança (quarto demandante). Podemos resolver essa equação pensando que existem apenas dois lados. Do lado profissional, estão o juiz, o promotor, os advogados, o assistente social, o psiquiatra (às vezes) e o psicólogo – eles fazem parte do sistema judiciário para prestar um serviço aos jurisdicionados, aos cidadãos. Do outro lado, está a família, que será considerada usuária dessa prestação jurisdicional; e os profissionais existem para melhor atendê-la. Portanto, como psicólogos, contribuímos com a avaliação para a lógica do sistema, para equacionar o que é justo, ou o que é menos prejudicial para a família. E cuidar da família seria, em última instância, ajudá-la a recuperar a função de autodeterminação – pais que precisam do juiz são pais de autoridade prejudicada diante da tarefa de criar e educar o filho.

Você pode estar questionando se não estamos utilizando o termo "família" de forma equivocada. Afinal, se os pais estão separados como cônjuges, não se trataria mais de uma família. Embora o processo judicial somente discrimine o requerente e a requerida, trata-se daquilo que seria o melhor interesse da criança, trata-se da família da menor em questão. Para essa filha disputada, a família é tanto o pai quanto a mãe e seus respectivos troncos genealógicos. Portanto, é a partir da criança que a família é identificada, e é com foco nela que o melhor manejo técnico deve ser pensado.

Deveríamos atendê-la primeiro? Essa seria uma opção lógica para respeitarmos a diretriz de que ela é a pessoa que merece destaque. Entretanto, muitos pais ficariam desconfortáveis em permitir que alguém que eles não conhecem, não escolheram e nem sabem o que faz encontrasse sua filha primeiro. Por sua vez, a criança se sentiria mais tranquila tendo esse profissional validado pelos pais. Ver a família como grupo também seria uma possibilidade, mas o manejo técnico seria difícil, dado o alto nível de litigância dos casos, principalmente se pensarmos que essa criança seria convocada a se aliar a um dos lados contra o outro.

Lembre-se que há um tempo limitado para a tarefa. Diferentemente do enquadre clínico, em que o psicólogo estabelece a duração de sua intervenção, no enquadre institucional jurídico é o juiz quem estabelece o prazo. Em muitos casos, no próprio corpo da decisão judicial vem explicitado o prazo para a realização do trabalho. Quando esse prazo não é especificado, seria recomendável um contato direto com o juiz, para esclarecer a expectativa e a possibilidade do trabalho. O perito pode solicitar prorrogação desse prazo, apresentando motivo justificado (Brasil, 2002).

Agora precisamos definir *em qual ordem* veremos os membros da família. Para simplificar, vamos ter em mente uma família nuclear mínima: pai, mãe e filha. Seguindo a lógica do exemplo dado anteriormente, parece coerente começar com a pessoa que deu início ao processo, o requerente. Estamos interessados em entender *o motivo* do processo judicial. Depois vemos a requerida. E, por fim, a criança.

Vemos os adultos individualmente, no mínimo, duas vezes. O primeiro encontro, com o requerente, é para compararmos nossas impressões a partir de duas fontes de informação: a que consta nos autos do processo com o que depreendemos, sentimos e pensamos no contato direto com a pessoa em questão. A impressão inicial pode se confirmar ou não; o interessante do trabalho é que, embora sejam sempre os mesmos personagens, a família é sempre única. É importante manter a família com as idiossincrasias de seus membros em nosso mundo mental. Esse recurso técnico é chamado de contenção.[4] Se os membros da família não forem mantidos no nosso horizonte, não temos como cuidá-los – nosso objetivo central como psicólogos.

Como você se apresenta ao sujeito? A melhor política, do nosso ponto de vista, é a da transparência em relação ao papel e a sua função. "Minha função como psicólogo é entender por que vocês, como família, precisam de um juiz para dizer o que fazer com a sua filha. Li o processo, mas gostaria que você me dissesse o que acha importante eu saber. E, à medida que eu tiver dúvidas, vou perguntando." É comum as pessoas iniciarem reproduzindo o que os advogados alegam nos autos, mas, pouco a pouco, aquilo que realmente incomoda vai aparecendo. Nesse momento, sendo empáticos com o que as partes trazem, acabamos nos aproximando, e isso permite uma experiência compartilhada. Não é comum a parte ser incentivada a se expressar de forma mais livre no contexto do judiciário, algo que a entrevista semidirigida permite. Alguns chegam para a segunda entrevista chamando-a de "sessão". Corrigimos de imediato, afinal não estamos fazendo terapia – o que não quer dizer que não haja momentos com efeitos terapêuticos.

Mas o que se passa com o psicólogo durante as entrevistas? Aquilo que os psicanalistas chamam de contratransferência. É comum surgir pensamentos de compreensão ("Eu não faria igual, mas dá para entender"), de solidariedade ("Acho que eu faria igual"), de repulsa ("Que sujeito pretensioso!"), de admiração ("Que paizão!") e de toda a gama de emoções que o contato humano permite aflorar. É por isso que o psicólogo usa a si mesmo para entender o outro. E entender não é reagir, ou seja, não se está propondo uma interação qualquer. O psicólogo deve ter em mente as lições mais básicas: não julgar e aceitar o outro como ele é; afinal, o psicólogo não é um tipo qualquer de perito. Sua função é compreender, em sua acepção intelectual, mas também em sua forma vivencial de receber e conter. Somos depositários do que alguém já designou como "restos do amor no Judiciário".

Sugerimos não atender os membros de uma mesma família no mesmo dia. Estamos colocando nosso aparelho psíquico à disposição das pessoas quando as recebemos. O impacto de suas histórias, emoções e vivências é poderoso. Quando alguém conta algo sobre outrem, formamos uma imagem do outro a partir do ponto de vista da pessoa que está na nossa frente. Por mais que saibamos que se trata de um filtro – ou seja, a pessoa que existe fora da cabeça do entrevistando não coincide exatamente com aquela imago –, há uma convocação para que possamos ver e sentir o que a pessoa sentiu. Traduzindo: se o outro agiu sem escrúpulo, você vai ser convocado a sentir o outro como inescrupuloso.

Aqui talvez caiba um lembrete: quando você começou a atender, não era comum a pessoa falar de tudo, menos dela própria? Pois, então, embora rebatizada com o nome jurídico de "perícia", a entrevista psicológica elicia o mesmo fenômeno. O entrevistando tenderá a falar mais do outro do que dele mesmo. Caberá a você utilizar os recursos necessários para que o foco da entrevista se volte para a pessoa que está na sua frente.

Outro alerta: por se tratar de âmbito jurídico, há uma ansiedade particular que se manifesta nos adultos de maneira específica – querem mostrar provas (físicas) do que estão falando. Somos solicitados a ver fotografias e documentos, ouvir gravações, mensagens de

---

[4]"Na transferência, o terapeuta tem que ser capaz de tolerar as frustrações da família, bem como as suas próprias, e de ajudar a família a 'modificar' em vez de 'evitar'. Para que aconteça a contenção, o terapeuta precisa conservar sua própria noção de 'bondade' ou eficácia, apesar da projeção da família do oposto sobre ele; ele precisa tolerar a dúvida que está sendo criada e, assim, como a mãe com seu bebê, conter os sentimentos indesejados até que eles possam ser devolvidos à família de forma que possam ser assimilados." (Moustaki, 1994).

WhatsApp, vídeos, etc. Nós trabalhamos com o discurso, não com fatos; precisamos fazer o entrevistando entender que não atuamos da mesma maneira que o juiz. Aquilo que for importante para o julgador, o advogado anexará aos autos, e nós (peritos) teremos acesso a isso. Não seria produtivo gastar o tempo da entrevista com esse procedimento, mesmo porque as provas factuais geralmente são a respeito do outro. Ora, é o aspecto psicológico da própria pessoa, e não do outro, que estamos avaliando.

O segundo membro da família a ser visto por você (a requerida) será considerado a partir de três fontes de informação: 1) do processo; 2) da imagem que você formou a partir da primeira pessoa que você atendeu; e 3) da sua experiência do que a pessoa comunica a você. Você será confrontado com uma tendência do ser humano de buscar coerência e sentido com aquilo com o que se defronta: quando as histórias e as vivências são muito díspares, conflitantes e antagônicas, haverá uma pressão interna para unificá-las. Ao mesmo tempo, externamente, as pessoas querem que você tome partido, acredite nelas e veja as coisas a partir do ponto de vista delas. A somatória dessas pressões pode fazer você decidir, mais rapidamente do que é recomendável, qual é a *sua* versão da história para as duas pessoas que você acabou ouvindo. Se fizer isso, estará resolvendo o seu problema e não dando o tempo necessário para entender o delas.

Recomendamos atender uma segunda vez, depois que atendeu a outra parte. É interessante rever a pessoa a partir das novas impressões. Agora você tem mais fontes de informação: 1) do processo; 2) da vivência que você teve com a pessoa; 3) da vivência que você teve com a outra parte; e 4) daquilo que você começa a concluir. O que começa a ficar claro é a dinâmica do ex-casal conjugal que interfere na interação do casal parental.

Depois de tudo isso, vamos ver a criança. Como psicólogos, sabemos que a criança se inscreve dentro de uma linhagem, de um contexto, de uma história que a precede. Nesse sentido, toda criança nasce alienada. Nasce sem saber qual é seu lugar na família e no mundo, sem saber sequer seu nome! A família é que lhe dá um lugar no mundo.

A criança exige que o psicólogo tenha em seu arsenal de recursos algo mais do que o discurso (palavra) e a lógica (pensamento). Pela sua própria condição de ser em desenvolvimento, a capacidade de entendimento e de comunicação varia conforme sua idade, maturidade, possíveis problemas congênitos ou hereditários. Ou seja, a criança necessita de um material intermediário pelo qual possa se expressar. Em outras palavras, o psicólogo necessita fornecer à criança algo mais do que uma cadeira e algumas perguntas para entendê-la. Aqui também valem as lições básicas do manejo de recursos lúdicos e expressivos como forma de comunicação com esse ser em estado mais ou menos "selvagem" conforme seu estágio de desenvolvimento e socialização. Quando falamos de "material intermediário", incluímos nessa categoria também os testes psicológicos. Muitos deles têm caráter de jogo, de tarefas escolares que disfarçam seu objetivo real, e sua utilização pode servir como uma forma de comunicação entre a criança e o psicólogo. Somente tome cuidado em relação à análise dos dados obtidos. Os testes psicológicos foram criados tendo em vista populações clínicas e objetivos terapêuticos; portanto, seus dados não foram verificados diante de populações forenses e objetivos jurídicos (Rovinski, 2004).

Assim como os adultos, a criança existe independentemente das imagos de seus pais. Quanto mais jovem, mais se oferece como objeto das projeções destes: o pai a considera uma "menina de bom temperamento, extrovertida, alegre, inteligente, bonita, amorosa, compreensiva, com senso de responsabilidade. Ela tem condições e aptidão para realizar o que tiver vontade – seja na esfera artística, empresarial ou na atividade física, mas é egocêntrica". Por essa razão, "eles colocaram no futebol para aprender a trabalhar em grupo e aprender a dividir". Para a mãe, ela é uma "artista", descrevendo que a filha foi selecionada para participar de um musical, além de ser "carinhosa e companheira".

Não basta verificar a acuidade da percepção dos pais, nem somente o inverso – aferir a percepção da criança sobre os pais. O momento de interação com a criança é especial: por conta da interação anterior com ambos os pais, estamos na situação estratégica de sentir o que o filho vive "no meio do conflito entre dois". Podemos nos identificar com a posição solitária da criança e compreendê-la na situação entre dois polos de referência em oposição. Situação estranha a do atendimento psicológico, em que um desconhecido pode ser mais próximo que alguém da própria família.

Feita essa rodada de encontros individuais com os membros da família, precisamos nos aproximar mais do centro do problema que os traz ao Judiciário. Partimos da premissa de que o conflito nasce na/da relação. Quando os ex-cônjuges estão em litígio, estão naquela fase: "Fale com meu advogado". A comunicação deixou de existir há muito tempo. Há uma radicalização, uma cisão em que o ex-companheiro é o "inimigo" e a criança fica no lugar do "parceiro". Quanto mais essa polarização ocorre, mais as coisas estão fora de lugar.

Vimos os adultos primeiro e, depois, a criança. Para passar a esse outro nível, continuamos com a criança e convidamos os adultos, um de cada vez, a compor o enquadre do atendimento: criança – requerida e criança – requerente. Solicitamos que os respectivos adultos venham com a criança no dia marcado. Às vezes, o guardião resiste em permitir que o outro venha sozinho com a filha. Quando isso acontece, não vale a pena a confrontação (ou seja, forçar a situação), mas você já tem um dado a mais para análise.

É interessante observar no enquadre do atendimento a *repetição* de certos comportamentos que foram notados e apontados ao longo do processo, como também *contradições*: a mãe é tida como muito controladora – na entrevista conjunta da filha com o pai, ela quer determinar o horário da entrevista conjunta, o que abordaremos, etc.; o pai é considerado negligente – no dia da observação conjunta, ele se esquece do compromisso. A mãe diz que a filha tem medo do pai. No dia da interação conjunta, os dois desenham, brincam e se divertem. Como entender? Como explicar? Serão esses conteúdos que formarão a parte central da avaliação psicológica a ser encaminhada ao juiz. Portanto, aquilo que acontece dentro do enquadre que organizamos é o nosso "laboratório de pesquisa" para entender o que acontece ou não com a família.

Fechando a rodada de entrevistas conjuntas, recomendamos a entrevista conjunta com os pais. Alguns pais resistem: dizem que não querem ver o outro; queixam-se de que não estão lá para terapia ou mediação. Se sua postura até agora foi a de um profissional imparcial – mas atento –, de alguém aberto a ouvir – mas também falando o que percebe – e de alguém que realmente compreendeu algo, então será capaz de sustentar a entrevista conjunta dos pais como mais uma etapa da avaliação. Avaliar a capacidade dos pais de ouvir e entender o que o psicólogo tem a dizer do filho é avaliar a parentalidade que sobrevive (ou não) ao fim da conjugalidade. É também a possibilidade de construir conjuntamente uma saída honrosa da situação em que a família se colocou. No litígio judicial, quem se defende, defende atacando o outro. Os pais podem até concordar que o dinheiro gasto com advogados seria mais bem utilizado no bem-estar do filho, mas as coisas não são tão simples. Os advogados, o juiz, o promotor, o assistente social e o psicólogo podem ser necessários quando a família está passando por um momento de disfuncionalidade. O horizonte desejável para a avaliação é que ela não seja necessária uma segunda vez: quando podemos dizer aos pais que não queremos nos tornar "membros honorários" da família; que quando o juiz decidir, eles possam viver tal decisão e não retornem ao Judiciário com "novas alegações". Entretanto, caso voltem, serão bons exemplos de estudo e pesquisa para entender o que fazer ou o que não fazer em casos futuros.

Assim termina o procedimento da avaliação psicológica na interação com os membros da família e inicia-se o trabalho solitário da escrita: redigir o laudo, resultado dessa avaliação, que será prova técnica a apontar para o juiz o que, do ponto de vista psicológico, é o melhor interesse da filha.

Uma vez que a prova técnica psicológica tem peso sobre a decisão judicial (Rodrigues, Couto, & Hungria, 2005), haverá um escrutínio rigoroso sobre as afirmações e os argumentos que ela traz para subsidiar uma direção ou outra. Nesse processo, é função do advogado enaltecer os pontos favoráveis ao seu cliente e depreciar os negativos. Entretanto, sendo profissional de outra área, a qualidade dessa crítica será necessariamente externa, não técnica e de valor questionável. Contudo, no momento em que o juiz determina a prova pericial, o advogado poderá valer-se de um recurso, garantido ao seu cliente: o da assessoria de um assistente técnico (Brasil, 2015).

Até agora, falamos da avaliação psicológica em situações de regulamentação de guarda e direito de convivência a partir da perspectiva do psicólogo que assume a função de perito. Propomos a você, leitor, que nos acompanhe agora em outro contexto: na situação em que o psicólogo é procurado para atuar como assistente técnico, quando a perícia for determinada pelo juiz da causa. Como se dá tal entrada?

Um cenário possível é o próprio interessado entrar em contato com o profissional. Por "interessado", aqui, estamos chamando o cliente-pai ou cliente-mãe. Essa pessoa pode chegar por indicação do advogado, de um ex-cliente ou de um colega. Do mesmo modo que na perícia psicológica, o juiz é o "dono" do caso; no campo da assistência técnica, o "dono" da causa é o advogado. Portanto, a assistência técnica é tanto para o profissional quanto para o demandante, membro da família, que, dentro do processo, é tratado como a parte interessada.

Novamente, há duas vertentes a cuidar: a do advogado e a do cliente-demandante/parte. Aqui, o termo "cliente" se aplica melhor do que "usuário". No âmbito privado, aquele que busca os serviços do profissional é tratado como um cliente/paciente, enquanto o termo "usuário" é reservado para o âmbito público. Essa distinção busca relativizar e englobar a orientação do próprio CFP (2010b, p. 23-24):

> Perante a indagação sobre quem seria o usuário do trabalho desenvolvido por psicólogos que atuam em Varas de Família, aponta-se que, como o trabalho é encaminhado ou desenvolvido no Poder Judiciário, o usuário é o jurisdicionado, ou seja, aquele que está sendo atendido pelo Poder Judiciário. No caso das Varas de Família, dentro desta forma de compreender o termo, usuários dos serviços dos psicólogos seriam as famílias e seus membros, portanto, são esses os clientes que devem ter o sigilo resguardado. Entende-se que apenas no caso de o psicólogo estar atuando como assistente técnico é que seu cliente seria uma das partes envolvidas no processo, e não a família toda. Mesmo assim, o profissional não deve desprezar o dado de que está lidando com questão inscrita em uma dinâmica familiar.

Observe um dado importante assinalado nas duas últimas frases da citação. O cliente será, no caso do assistente técnico, o responsável pela criança (o pai ou a mãe). O que esse cliente deseja do psicólogo assistente técnico? Ele ou ela está solicitando que o psicólogo assista quem? O adulto angustiado e confuso que o procura ou a criança tida como indefesa e à mercê da outra parte "não confiável"?

A projeção dos problemas a outrem é um fenômeno frequente na clínica. Em muitos atendimentos infantis, aquilo que os adultos enxergam como problemático nos filhos tem sua origem nos conflitos e nas dificuldades dos próprios pais. Não é diferente no caso de uma demanda psicolegal nas situações de avaliação de guarda e visitas. Do ponto de vista do psicólogo, não se pode esquecer de que: "está [se] lidando com questão inscrita em uma dinâmica familiar". Isso quer dizer que o psicólogo não pode desconsiderar a importância do membro ausente da família em tal demanda, ou seja, do antagonista da parte que bate à sua porta.

Ao receber uma demanda para assistência técnica, a primeira coisa que você deveria atentar é para as situações potencialmente perigosas do ponto de vista ético. O CFP deixa claro o que seria considerado impeditivo para o trabalho (2010b, p. 3-4):

> **Art. 10º** – Com intuito de preservar o direito à intimidade e equidade de condições, é vedado ao psicólogo que esteja atuando como psicoterapeuta das partes envolvidas em um litígio:

I – atuar como perito ou assistente técnico de pessoas atendidas por ele e/ou de terceiros envolvidos na mesma situação litigiosa;

II – produzir documentos advindos do processo psicoterápico com a finalidade de fornecer informações à instância judicial acerca das pessoas atendidas, sem o consentimento formal destas últimas, à exceção de Declarações, conforme a Resolução CFP nº 07/2003.[5]

Parágrafo único – Quando a pessoa atendida for criança, adolescente ou interdito, o consentimento formal referido no *caput* deve ser dado por pelo menos um dos responsáveis legais.

Será que você, leitor, percebeu a decorrência técnica e ética disso? Como psicoterapeuta, por conta do contrato de confidencialidade, deve-se resguardar o conteúdo do que lhe foi confiado em sigilo, enquanto do lugar de assistente técnico expõe-se o sujeito para que o advogado melhor o defenda. Além dessa exposição, o psicólogo entrará em contato com pessoas significativas da vida de seu paciente, perdendo a neutralidade e a isenção necessárias ao seu lugar de terapeuta. Seu trabalho como psicoterapeuta estará comprometido. Situação mais delicada seria a do psicoterapeuta infantil, uma vez que seu paciente é a criança, e o compromisso com ambos os pais é obrigatório. Como o psicólogo poderia ser um profissional de referência da criança e ficar aliado a um dos responsáveis contra o outro?

É preciso enfatizar que o advogado que se utilizará do trabalho do assistente técnico não é um profissional de saúde mental. Seu trabalho não é cuidar da família. Seu foco é provar que seu cliente é quem está *realmente* defendendo o melhor interesse da criança, fazendo o juiz beneficiá-lo por meio da sentença judicial. Ao perdedor, sobra a conta dos honorários advocatícios, e, para a família, catar os "cacos" do que restou para continuar vivendo.

Como assistente técnico, um erro que deve ser evitado é analisar, interpretar e sugerir um manejo técnico sobre alguém que não viu, não entrevistou e com quem não realizou nenhum procedimento técnico. Essa recomendação parece óbvia; porém, se não houvesse uma forte pressão para o profissional proceder dessa forma, a American Psychological Association (APA) não teria explicitado tal recomendação.[6] Ou seja, isso não ocorre somente no Brasil. Como psicólogos, sabemos que só podemos falar sobre quem atendemos (parte da família). Por isso, assim como o advogado, somos parciais, o que nos faz correr o risco de falar de quem não conhecemos.

É possível que a parte que nos procure para atuação como assistentes técnicos seja a guardiã. Nesse sentido, teria a filha em casa e com maior disponibilidade de trazê-la para que a conheçamos. Se conhecermos a criança, estaremos "empurrando" a outra parte (o pai visitante) a fazer o mesmo com seu assistente técnico. Lembrando que o perito vai precisar conhecer e avaliar a criança, estaremos sendo corresponsáveis por uma supermanipulação da criança em questão. Pensamos que, do ponto de vista psicológico, essa não é a forma correta de seguir a diretriz do melhor interesse da criança.

Não estamos dizendo que a criança não tenha um problema psicológico que mereça a atenção dos adultos. O que enfatizamos é que a demanda por assistência técnica parte da necessidade do advogado de melhor abordar o trabalho de avaliação e o laudo que será produzido pelo psicólogo perito. Portanto, repetimos, o foco principal do advogado não é a saúde mental da criança. E, se o assistente técnico começar a atender a criança sem se atentar ao contexto jurídico do caso, corre o risco de expor ela a um processo triplo de avaliação.

Apesar de vir pela parte, contribuímos com nossa escuta com o objetivo central que é "cuidar" da família, e isso significa buscar o

---

[5] Esta resolução foi substituída pela Resolução nº 06/2019.

[6] *"Evaluators shall not make statements of fact or inference about parties whom they have not seen."* (Melton, Petrila, Poythress, & Slobogin, 2007, p. 885).

melhor interesse da criança. Quando atendemos a parte no consultório particular, fazemos isso quantas vezes acharmos necessário. Mas o que queremos quando a atendemos e qual é nosso manejo?

A primeira entrevista com a parte serve para entender a demanda e ver se há algum impedimento, como assinalado na última citação. Estando isso coberto, precisamos saber detalhes do caso que um leigo pode não ser capaz de fornecer e, principalmente, nos atentar para os prazos a serem cumpridos. Um trabalho entregue fora do prazo é um trabalho inútil. Para isso, o que é necessário?

É o momento de contatar o advogado para ter acesso aos autos e saber dos prazos. Assim, pode-se conhecer a estratégia do advogado e alinhar-se a ela. De forma alternativa, pode-se até mesmo sugerir um objetivo diferente que, do nosso ponto de vista, seja mais interessante tanto para a parte quanto para a criança.

Costuma-se redigir um contrato com os termos do trabalho, os prazos e os honorários, solicitando que a parte o assine. Até aqui, já houve um grande trabalho, do ponto de vista psicológico, no sentido de ouvir, entender, conter sem atuar. Entretanto, para a parte, isso não é perceptível. O primeiro momento de atuação, do ponto de vista de quem nos contrata, é quando providenciamos os quesitos, que são perguntas apresentadas à autoridade judiciária, que, se não as indeferir, deverão ser respondidas pelo perito. Por isso, os quesitos devem ser adequados ao caso, às dúvidas de cada lado e apropriados ao campo da psicologia. Se o pai requer a guarda da filha, qual seria sua motivação? Quais seriam as vantagens, do ponto de vista psicológico, para essa menina morar com o pai em vez de morar com a mãe? Uma menina na fase de desenvolvimento em que se encontra e com suas características idiossincráticas tem necessidade de quê? E de que forma os pais percebem isso e conseguem suprir? Portanto, a função dos quesitos, uma vez que serão respondidos pelo perito, é lançar luz aos aspectos que serão, no fim das contas, do melhor interesse da criança. Eles são feitos no início, como é o caso que estamos explicando, mas também cabem quesitos complementares depois que a perícia foi realizada.[7] O assistente técnico tem uma vantagem em relação ao perito, da mesma forma que o advogado em relação ao juiz: se você não se sentir à vontade com aquilo que a parte quer, você não é obrigado a aceitar o trabalho.

Uma vez feitos os quesitos, inicia-se a fase de acompanhamento da perícia. Solicitar e participar de uma reunião técnica é um momento importante do trabalho. Reunião com quem? Propomos nos apresentar ao colega perito, mostrar nosso posicionamento e buscar uma forma de parceria para pensar na família como um todo. Infelizmente, alguns peritos se negam a receber seus colegas assistentes técnicos. Essa postura nos parece contrária à que preconiza o CFP (2010a, p. 2), quando afirma:

> considerando que é dever fundamental do psicólogo ter, para com o trabalho dos psicólogos e de outros profissionais, respeito, consideração e solidariedade, colaborando, quando solicitado por aqueles, salvo impedimento por motivo relevante.

É altamente contraditório que profissionais que trabalham com conflitos e problemas de relação não possam estabelecer relações profissionais cordiais em casos em que estejam atuando conjuntamente. Na qualidade de assistentes técnicos, também estamos autorizados a "[...] ouvir pessoas envolvidas, solicitar documentos em poder das partes, entre outros meios (art. 429, Código de Processo Civil)" (CFP, 2010a, p. 3). É muito comum o processo de perícia estimular o desenvolvimento de receios e ansiedades de todo tipo que o assistente técnico tem a possibilidade de reconhecer, conter e devolver. Pensamos que contribuímos para o próprio processo da perícia, fazendo

---

[7] "Art. 8º – O assistente técnico, profissional capacitado para questionar tecnicamente a análise e as conclusões realizadas pelo psicólogo perito, restringirá sua análise ao estudo psicológico resultante da perícia, elaborando quesitos que venham a esclarecer pontos não contemplados ou contraditórios, identificados a partir de criteriosa análise." (CFP, 2010a, p. 3).

condutas, atitudes e pensamentos rígidos serem questionados e revistos.

Ao longo de todo esse trabalho, na qualidade de assistentes técnicos, não recomendamos entrar em contato direto com a criança, que é o foco do processo. Essa é uma prerrogativa do perito, uma vez que somente ele, na sua imparcialidade, estará em condições de compreender o lugar da criança na dinâmica familiar. Além disso, não acreditamos que o contato da criança com três psicólogos (um perito e dois assistentes técnicos) seria algo produtivo e do melhor interesse do menor. Pelo contrário, poderia gerar mais confusão e angústia diante da situação em que os próprios pais a colocam.

E como, do lugar do assistente técnico, entrar em contato com a criança? Pensamos que isso se obtém por meio de uma parceria com o perito. A análise psicológica do perito será o guia para o *parecer crítico* que será redigido. Para tanto, contribuiria termos acesso a dados de primeira mão produzidos pela criança. Ou seja, se o perito aplicou algum instrumento psicológico padronizado (testes psicológicos) pelos quais obtém os dados que fundamentarão sua análise, seria de muita valia ter acesso aos protocolos. Não vemos como esse pedido possa ferir a ética psicológica, afinal é o próprio responsável (pai ou mãe) que é o cliente por trás do assistente técnico que estará autorizando o acesso a uma produção da filha cuja análise lhe interessa. Alguns instrumentos não podem ser reaplicados sem se considerar um lapso de tempo. E que sentido teria fazer a criança realizar três procedimentos iguais com diferentes profissionais? Quando atuamos como peritos, facultamos esse acesso; como assistentes técnicos, no entanto, esbarramos com a recusa.

Outra fonte importante de acesso às informações sobre a criança são as reuniões técnicas com profissionais envolvidos no trato com ela, como, por exemplo, professor, coordenador pedagógico, pediatra, psiquiatra, psicoterapeuta, psicopedagogo, entre outros. Mas quem marca essas reuniões? Entendemos que, novamente, é uma prerrogativa do perito lançar mão desse recurso, uma vez que sua autoridade e imparcialidade lhe garantem uma entrada privilegiada com os profissionais. Quando isso acontece, na qualidade de assistentes técnicos, manifestamos nosso desejo de participação. Por uma questão de coerência, na qualidade de peritos, marcamos essas reuniões e abrimos a possibilidade de participação dos colegas assistentes técnicos.

Para o assistente técnico que não tem acesso direto à criança, é ainda mais importante poder entendê-la por meio das avaliações técnicas disponíveis. Esse recurso se mostra particularmente interessante no contexto forense pela necessidade de ancorar as conclusões psicológicas em dados objetivos que não partam apenas dos relatos dos pais (anamnese). Ora, os pais estão em desacordo e provavelmente têm compreensões diferentes da criança. Avaliar essa discrepância ou convergência com os dados objetivos fornecidos pelos profissionais torna-se um importante critério de discriminação da parentalidade.

A compreensão da posição subjetiva da parte, da criança e da dinâmica familiar, obtida por todo esse processo, é o que o assistente técnico leva à última parte de seu trabalho: a redação do parecer crítico. Cabe destacar que esse parecer deve ser a análise do laudo psicológico do perito. Essa análise tem por função, seguindo a diretriz do melhor interesse da criança, realçar aquilo que o assistente técnico considere importante para o deslinde do caso. Mas atenção: o prazo do assistente técnico para a entrega do parecer começa a contar do momento em que o juiz der vista do laudo às partes.[8]

Antes de findar o prazo para entrega do parecer, o advogado deverá recebê-lo para poder analisá-lo a fim de melhor utilizá-lo. Não é incomum que, nessa fase, o profissional faça ponderações, solicitando correções, alterações e complementações. Perceba que o parecer será o subsídio, não do juiz, mas do advogado, para que ele possa realizar seu trabalho de se apro-

---

[8] "Art. 477 – § 1º As partes serão intimadas para, querendo, manifestar-se sobre o laudo do perito do juízo no prazo comum de 15 (quinze) dias, podendo o assistente técnico de cada uma das partes, em igual prazo, apresentar seu respectivo parecer." (Brasil, 2015).

priar da prova técnica que determinará o desfecho do caso.

Os psicólogos costumam se preocupar mais com o trabalho no aqui e agora da interação do que com seu resgate por escrito. Isso continua válido no contexto judicial. Afinal, é o que a família puder apreender do contato com o perito e com o assistente técnico que fará diferença na forma de perceber, pensar e reagir. Ou seja, a relevância do nosso trabalho se dá no contato direto com as pessoas – não estamos fazendo terapia, mas *insights* não se restringem ao enquadre clínico. Uma entrevista com o perito ou com o assistente técnico pode ser potente o bastante para deslocar os adultos da posição de acusar o outro, não mais ignorando a própria responsabilidade pela situação, bem como para permitir que a criança se manifeste sem ter que se alinhar a um dos lados. Com certeza, isso não é terapia, mas terapêutico. Essas são as grandes contribuições do psicólogo.

Pensamos que, embora atuando em contexto diferente da clínica, continuamos profissionais da saúde mental. Se temos o privilégio de poder contar com três psicólogos (um perito e dois assistentes técnicos) para uma mesma família, a questão que se coloca é como podemos ser instrumentos para que ela se reaproprie de sua capacidade de julgamento e condução.

Aqui cabe um alerta aos profissionais da área psi: a proximidade pode trazer "contaminação". Isso é concretamente visível no hospital: o psicólogo que trabalha nesse ambiente tem de se proteger para não contrair moléstias que acometem seus pacientes. No ambiente jurídico, o risco é contrair "juizite".[9] Portanto, se o perito se arrogar a uma posição de autoridade (que é), abusando desse poder e agindo de forma coercitiva sobre o outro, estará cometendo o mesmo erro.

Tal qual o perito, o assistente técnico pode ser contaminado por "advocatite", ou seja, por uma confusão identitária: passar a agir como um "advogado" do cliente, um porta-voz acrítico daquilo que a parte quer, esquecendo-se dos demais membros da família. Situação interessante que pode ser contracenada na interação perito-assistentes técnicos: reprodução da cena juiz-advogados em que os assistentes técnicos defendem seus respectivos clientes, atacando seu antagonista, enquanto o perito é puxado e empurrado a concordar, ora com um, ora com outro argumento. Tanto o Judiciário quanto as famílias merecem mais da psicologia e dos psicólogos.

REFERÊNCIAS

Brasil. (2002). *Lei nº 10.406, de 10 de janeiro de 2002*. Institui o Código Civil. Recuperado de http://www.planalto.gov.br/ccivil_03/leis/2002/l10406.htm

Brasil. (2015). *Lei nº 13.105, de 16 de março de 2015*. Código de Processo Civil. Recuperado de http://www.planalto.gov.br/ccivil_03/_Ato2015-2018/2015/Lei/L13105.htm

Conselho Federal de Psicologia. (2010a). *Resolução nº 08/2010*. Dispõe sobre a atuação do psicólogo como perito e assistente técnico no Poder Judiciário. Recuperado de https://site.cfp.org.br/wp-content/uploads/2010/07/resolucao2010_008.pdf

Conselho Federal de Psicologia. (2010b). *Referências técnicas para atuação do psicólogo em Varas de Família*. Brasília: CFP.

Dicionarioinformal.com. (2011). *Juizite*. Recuperado de https://www.dicionarioinformal.com.br/juizite/

Direitonet.com. (2009). *Autos*. Recuperado de https://www.direitonet.com.br/dicionario/exibir/923/Autos

Groeninga, G. C. (2011). *Direito à convivência entre pais e filhos: Análise interdisciplinar com vistas à eficácia e sensibilização de suas relações no Poder Judiciário* (Tese de doutorado, Universidade de São Paulo, São Paulo).

Melton, G. B., Petrila, J., Poythress, N. G., & Slobogin, C. (2007). *Psychological evaluations for the courts: A handbook for mental health professionals and lawyers*. New York: Guilford.

Moustaki, E. (1994). Glossário: Uma discussão e aplicação dos termos. In S. Box, B. Copley, J. Magagna, & E. Moustaki. *Psicoterapia com famílias: Uma abordagem psicanalítica* (pp. 230). São Paulo: Casa do Psicólogo.

Rodrigues, M. C., Couto, E. M., & Hungria, M. C. L. (2005). A influência dos laudos psicológicos nas decisões judiciais das Varas de Família e Sucessões do Fórum Central da capital de São Paulo. In S. Shine (Org.), *Avaliação psicológica e lei: Adoção, vitimização, separação conjugal, dano psíquico e outros temas* (pp. 19-36). São Paulo: Casa do Psicólogo.

Rovinski, S. L. R. (2004). *Fundamentos da perícia psicológica forense*. São Paulo: Vetor.

---

[9] "Afetação, fruto da prepotência e vaidade, de que são acometidos alguns juízes estaduais ou federais no exercício de seu mister; comportamento pedante, presunçoso, incorrendo em abuso de autoridade, rotulado de 'síndrome (psicologicamente denominado o estado mórbido que apresenta um conjunto de sintomas e pode ser resultado de mais de uma causa) da juizite'; expressão usada pela ministra Eliana Calmon, do Superior Tribunal de Justiça (STJ), na condição de corregedora do Conselho Nacional de Justiça (CNJ), ao dizer 'É preciso acabar com essa doença que é a juizite', em entrevista à revista *Veja*, edição de 29/10/2010." (Dicionarioinformal.com, 2011).

15
A ENTREVISTA COM CRIANÇAS EM VARAS DE FAMÍLIA

Beatriz Cancela Cattani

"Eu queria poder não ser tão exposta ao que minha mãe e meu pai vivem. Eles ficam se alfinetando o tempo todo."

Fernanda (nome fictício), 12 anos, durante entrevista pericial em processo de disputa de guarda que tramitava havia oito anos.

Essa frase de abertura foi retirada de um laudo produzido na qualidade de perita terceirizada (*ad hoc*) de uma Vara de Família do Estado do Rio Grande do Sul. Em perícias psicológicas forenses em diversas Varas de Família (ou de Família e Sucessões) desde 2015, cada vez mais é percebida a enorme complexidade presente nos processos judiciais nos quais é requisitada a realização de perícia psicológica pelo juiz. Tal complexidade tem diversas razões (Huss, 2011).

Inicialmente, é de se supor que as famílias que procuram o Judiciário são aquelas que, ao vivenciarem o rompimento da união de seus cônjuges, não conseguem resolver de forma amigável os dilemas referentes à guarda dos filhos e ao esquema de visitação. Associadas a esse cenário turbulento, existem subjetividades dos sujeitos, as quais direcionam a forma de encarar as situações vividas e a percepção do que seria o mais adequado naquele momento para o contexto familiar. Em famílias rompidas, a tendência é que tais percepções sejam praticamente opostas, impossibilitando a existência de qualquer diálogo saudável, o que torna o trabalho do perito ainda mais complexo. Nesse sentido, este capítulo procura contribuir para esclarecer um ponto importante nas perícias de disputa de guarda e regulamentação de visitas: que aspectos devem ser levados em conta quando as entrevistas psicológicas envolvem a participação de crianças?

Apesar de as intervenções com famílias poderem ser de diversas ordens no que diz respeito ao trabalho do psicólogo no contexto forense, pretendo refletir sobre minha experiência como perita terceirizada, com destaque para a entrevista com a criança. Ao longo do capítulo, serão abordados: o princípio do melhor interesse da criança, as orientações sobre a prática, o uso de instrumentos de avaliação psicológica em perícias envolvendo crianças e a importância da supervisão.

O PRINCÍPIO DO MELHOR INTERESSE DA CRIANÇA

Quem trabalha com perícias psicológicas envolvendo crianças já deve ter tomado conhecimento sobre o princípio do melhor interesse da criança. Esse conceito é internacional e aparece no art. 3, Parte I, do tratado Convenção sobre os Direitos da Criança como "interesse superior da criança" (Fundo das Nações Unidas para a Infância [Unicef], 1989).[1] Nesse documento, é informado que em todas as ações envolvendo crianças (contextos privados, públicos ou mesmo instituições legais) deve ser considerado como prioritário o melhor interesse dela. Mas o que, na prática, significa isso? Muitos profissionais ficam em dúvida no momento de operacionalizar o conceito, já que não há uma definição clara do significado da expressão, apenas sendo dito que o melhor interesse da criança sempre deve ser respeitado.

Stahl (2011) defende essa imprecisão, visto que as particularidades e as necessidades de cada família são distintas e únicas. Para o autor, uma possível definição do que seria o melhor interesse da criança poderia ser prejudicial para certos grupos familiares, não atendendo às necessidades específicas das crianças avaliadas. Mesmo assim, aponta seis pontos que julga importantes de serem avaliados considerando um grupo familiar específico: 1) presença de genitores psicologicamente saudáveis e disponíveis para a criança; 2) relação entre os genitores relativamente livre de conflito e animosidade; 3) compartilhamento de tempo com cada genitor de forma adequada e equilibrada, considerando o estágio de desenvolvimento da criança; 4) planejamento parental adequado para o estágio de desenvolvimento da criança; 5) estratégias de redução de conflito; e 6) consideração de que a segurança da criança deve vir em primeiro lugar, protegendo-a em caso de responsáveis disfuncionais ou abusivos.

Atuei como perita em alguns casos nos quais, considerando fatores emocionais e operacionais dos genitores, identificou-se que as crianças teriam suas necessidades emocionais, afetivas, educacionais e domésticas mais bem atendidas na companhia dos avós. Em um dos casos, a genitora do menino, o qual tinha 6 anos na época da perícia, apresentava indícios de deficiência intelectual moderada, além de cegueira congênita. A avó materna convivia com o menino desde seu nascimento e com ele tinha um relacionamento muito positivo. Não foi identificada confusão de papéis por parte da criança, sabendo o menino diferenciar a avó da mãe. Em outro caso, a menina de 5 anos morava com o avô paterno desde seus 3 anos, época na qual o pai havia falecido. A genitora, muito jovem e com sinais de imaturidade emocional, reconhecia que a filha tinha suas necessidades afetivas e materiais mais bem supridas na companhia do pai de seu ex-companheiro. Morando perto da residência do avô paterno, conseguia visitar a menina de forma frequente.

Sani (2017) destaca que o trabalho do perito auxilia o juiz a tomar uma decisão legal que reflita o melhor interesse da criança. Ambos os casos apresentados evidenciam que, diferentemente de crenças populares, nem sempre o mais recomendado para a criança é a permanência com os genitores. Nos casos citados, as crianças evidenciaram, durante a entrevista lúdica, o quão felizes estavam na companhia dos avós e assim desejavam permanecer. O menino que morava com a avó, ao ser questionado sobre a relação com genitora, expressou descontentamento e balançou sua mão na horizontal, insinuando que a relação com a genitora era "mais ou menos". Sem entusiasmo, disse que encontrava a mãe eventualmente e que a relação entre eles era "normal". Reforça-se que os casos investigados sempre devem ser compreendidos em sua radical singularidade e que o material aqui apresentado é apenas um recorte da avaliação completa realizada em tais processos.

ORIENTAÇÕES SOBRE A PRÁTICA

No contexto brasileiro, não há resolução específica do Conselho Federal de Psicologia (CFP) ou legislação que determine a forma objetiva como a perícia psicológica deva transcorrer. O Centro de Referências Técnicas em Psicologia e Políticas Públicas (CREPOP), uma inicia-

---

[1] Em inglês, a expressão aparece no plural: *child's best interests*. Na tradução para o português, a expressão popularizou-se no singular.

tiva do Sistema Conselhos de Psicologia (CFP e CRPs), lançou em 2010 o documento "Referências técnicas para atuação do psicólogo em Varas de Família". No material, há reflexões e orientações sobre o fazer do profissional na referida área, com o destaque: "[...] não se propõe a ser um guia, com descrição passo a passo, do caminho a ser trilhado pelos psicólogos" (CFP, 2010). Já o Código de Processo Civil (CPC), art. 156, informa apenas que "[...] o juiz será assistido por perito quando a prova do fato depender de conhecimento técnico ou científico" (Brasil, 2015), não especificando a área relacionada à perícia.

Assim, o profissional tem alguma (ou mesmo significativa) liberdade para determinar a forma como sua perícia será realizada (número de encontros, duração, uso de testes psicológicos, necessidade de entrevistar outras pessoas além das intimadas oficialmente, etc.), aspecto destacado por Castro (2003). Em entrevistas realizadas com psicólogos judiciários em sua pesquisa de doutorado, as variações na forma de atuação foram constantes nas falas dos entrevistados, o que reforça as consequências das orientações que têm caráter mais vago e amplo.

No que tange às crianças, dependendo da faixa etária, a prática profissional mostra que nem sempre elas são mencionadas na intimação judicial para comparecerem à perícia. Em uma pesquisa que mapeou a produção científica sobre guarda de filhos em teses e dissertações brasileiras, Quirino e Menezes (2017) identificaram diversos estudos empíricos nos quais a criança nem sequer era escutada, ferindo o princípio do melhor interesse da criança. Nesses casos, quando chamadas, ocupavam papel coadjuvante na avaliação. Ribeiro dos Santos e Fortunato Costa (2015) salientam que a participação da criança na Justiça (sem especificar de qual recorte falam) ainda é controversa e aspecto em construção, não havendo consenso entre os profissionais da área. Para Brito, Ayres e Amen (2006), entretanto, não há dúvidas sobre a concepção de que a escuta de crianças em contextos jurídicos diversos é um direito fundamental.

Já atuei como perita em casos envolvendo crianças de 3 ou 4 anos que não foram intimadas judicialmente.[2] A justificativa normalmente está relacionada à crença de que, por terem pouca idade, não têm capacidade cognitiva para fornecer informações que possam auxiliar na investigação da dinâmica familiar feita pelo perito. Felizmente, essa posição não encontra unanimidade no campo forense, havendo juízes que consideram a avaliação da criança (independentemente de sua idade) a principal etapa do trabalho pericial.

Em situações nas quais as crianças não são intimadas, entro em contato com o cartório da Vara e solicito sua intimação, para que também sejam entrevistadas, assim como o são os adultos. É compreensível que mesmo crianças pequenas têm capacidade para fornecer informações muito ricas sobre sua vida, rotina, desejos e medos. Porém, é fundamental que a forma de entrevistar seja adaptada para o universo infantil, ou será impossível acessar esses conteúdos. É o que será visto a seguir.

O DISCURSO DAS CRIANÇAS

A fala de Fernanda, que abre este capítulo, é um exemplo que pode ser considerado positivo no sentido de coleta de dados e compreensão da dinâmica familiar. A menina, estando na transição entre infância e adolescência, apresentava maior clareza sobre como percebia o litígio dos genitores (o qual teve início quando ela ainda era uma criança pré-escolar). Em virtude de seu maior desenvolvimento cognitivo, conseguia expressar seus incômodos, medos e desejos. Porém, por ter 12 anos, e em virtude de características suas (como maior maturidade e organização emocional), Fernanda não representa a realidade do trabalho pericial com crianças de menor idade.

---

[2] Essas perícias foram realizadas em um serviço multidisciplinar, composto por psicólogos e assistentes sociais concursados e terceirizados. Os agendamentos das entrevistas eram realizados por uma secretária a partir dos despachos judiciais. Assim, nas situações aqui citadas, os juízes não haviam solicitado a intimação das crianças, apenas dos genitores.

Independentemente da área de atuação, muitos psicólogos optam por não trabalhar com crianças (e, em especial, crianças em idade pré-escolar), dada a dificuldade de discernir a realidade da fantasia no discurso infantil, sendo comum a ambiguidade de seu discurso (Ribeiro dos Santos & Fortunato Costa, 2015). A combinação entre brincadeira e realidade é uma constante. Associe a esse cenário habilidades linguísticas e mesmo dicção ainda em desenvolvimento. Está criado um contexto complexo e desafiador.

No papel de peritos, não é raro escutarmos durante entrevistas falas sem sentido aparente, com personagens fantasiosos mesclados aos familiares e às vivências cotidianas. Em uma perícia com um menino de 5 anos, escutei-o falando sobre os dinossauros que habitavam sua casa, ao mesmo tempo que me contava sobre a rotina com o pai e a madrasta, todos residentes no mesmo apartamento. A sobreposição entre real e imaginário não deve ser considerada um fator impeditivo para entrevistar crianças em perícias psicológicas. Como proceder, então, na busca pela "verdade" (entre aspas, visto tratar-se de conceito subjetivo) na fala infantil?

Inicialmente, é fundamental atentar para o fato de que o trabalho do perito não é provar a ocorrência de situações, e sim auxiliar na avaliação daquele grupo de indivíduos (Fermann, Chambart, Foschiera, Bordini, & Habigzang, 2017), fornecendo subsídios para decisões judiciais. Assim, da mesma forma que não há garantia de veracidade do conteúdo da fala dos adultos, dada a possibilidade de distorção e manipulação de informações, o discurso infantil também não será a representação exata da realidade.

Além disso, assim como as respostas aos testes psicológicos não devem ser interpretadas de forma isolada da história de vida do avaliando (Rigoni & Sá, 2016), as informações trazidas pela criança deverão ser relacionadas a diversos dados coletados ao longo da perícia psicológica (análise da documentação processual, entrevistas com responsáveis, respostas aos testes psicológicos, observação do comportamento e da interação, etc.). Essa convergência é fundamental para que se tenha uma compreensão integral da família avaliada, com destaque para o discurso infantil. Huss (2011) destaca que o profissional deve buscar indícios que apontem a possibilidade de sugestionamento ou treinamento por um dos (ou ambos os) genitores. Pontua, ainda, que pode ser necessário entrevistar pessoas que façam parte da vida da criança, como professores, babás e profissionais da saúde.

O menino que falava dos dinossauros que moravam em sua casa também contou sobre o que gostava de fazer com o pai, com a mãe e sobre o seu dia a dia na escola. Tais informações foram extremamente úteis para a compreensão da dinâmica familiar na qual ele estava envolvido. Como em avaliações psicológicas das mais diversas, sua fala não foi compreendida isoladamente: o relato da criança foi relacionado ao relato apresentado pelos genitores para, a partir da relação entre as informações, melhor se compreender a vivência daquela criança naquele universo familiar.

A ENTREVISTA

As informações fornecidas pela criança não são, na maioria das vezes, claras e imediatamente compreendidas pelo profissional. Entrevistar crianças requer paciência, habilidade e flexibilidade, visto que os entrevistados muitas vezes choram e recusam-se a entrar na sala de entrevista, apresentando resistência mais explícita do que os adultos. É necessário estar, em algum grau, familiarizado com o universo infantil e disponível para adaptar o fazer profissional às necessidades do contexto.

Se a criança está muito nervosa ou expressando medo, deve-se ter sensibilidade para tentar diminuir ao máximo o desconforto (lembre-se: aquela é uma briga dos adultos, não das crianças, apesar de serem elas as que sofrem as piores consequências). Expressões faciais de medo, mãos tremendo, suor excessivo e movimentos inquietos de braços e pernas podem ser indicativos de que aquele momento está sendo de sofrimento. Nesses casos, nunca inicie a avaliação pelo motivo que a trouxe ali (objetivando uma melhor coleta de dados, é recomendado que nunca se comece assim, mesmo se a criança estiver tranquila). Pergunte sobre amenidades, como, por exemplo, se ela foi à escola naquele dia, quem a trouxe para a perícia, comente algo sobre algum personagem de desenho que esteja estampando sua roupa ou sobre o time preferido. Somente após um longo "quebra-gelo" de assuntos variados é que se deve começar a situá-la em relação à perícia, sempre respeitando o seu ritmo. Carvalho, Beraldo, Pedrosa e Coelho (2004) destacam que, ao entrevistar crianças, a qualidade do dado colhido vai depender da qualidade da relação que for estabelecida entre o profissional e a criança. Dessa forma, o papel do entrevistador é fundamental para que as informações fornecidas sejam coletadas de forma mais eficaz, sendo necessária flexibilidade e disposição para lidar com situações inesperadas que possam ocorrer.

Em situações de desconforto infantil para ingressar na sala de atendimento, pode-se negociar com a criança: pode-se convidá-la a conhecer a sala na companhia do responsável, informando em voz alta que o adulto a deixará sozinha após os minutos iniciais ou quando for perceptível que ela está à vontade. Se for necessário e o espaço físico permitir, coloque uma cadeira do lado de fora da sala, a fim de que o adulto fique sentado em um local próximo da criança, mas distante o suficiente para que se tenha alguma privacidade ao longo da entrevista. Huss (2011) aponta que é comum que crianças menores necessitem ser inicialmente acompanhadas pelos responsáveis.

Para fazer a criança ser mais colaborativa com o trabalho do psicólogo e fornecer um maior número de informações válidas, é importante situar sua participação na avaliação, explicando a razão de sua vinda. Não são raros os responsáveis que não informam à criança a necessidade de sua ida ao Foro, seja por dificuldades emocionais, seja por não saber como fazê-lo.

Com crianças em fase escolar inicial, seu estágio de desenvolvimento cognitivo permite que compreendam de forma mais clara a razão de estarem ali. O Sistema de Avaliação do Relacionamento Parental (SARP) (Lago & Bandeira, 2013, p. 27), aprofundado a seguir, tem um livreto de apresentação, o qual tem por objetivo "[...] apresentar o profissional [...] e os objetivos do processo de avaliação em uma linguagem acessível à criança". Ele serve como material de auxílio para profissionais ao iniciarem a perícia, mas o perito pode situar a criança com suas próprias palavras. Para casos de disputa de guarda entre pai e mãe, fale à criança que seus pais não estão conseguindo decidir quanto tempo cada um permanecerá com ela ao longo da semana. Por isso, vieram pedir ajuda ao juiz para decidir o que é melhor para ela. É significativo ressaltar que a opinião dela é de fundamental importância, mesmo que a decisão do juiz possa ser diferente daquilo que deseja.

Quando a perícia envolve crianças pré-escolares, o desafio de situá-las é um pouco maior. Termos como separação, divórcio e disputa de guarda, muitas vezes já assimilados por crianças mais velhas, são frequentemente desconhecidos por crianças pequenas. Com elas, pode-se dizer que estão ali pois é preciso conhecê-las, saber seus gostos e o que fazem no dia a dia (utilizo como orientação para minha fala o livreto de apresentação do SARP citado anteriormente). O trabalho envolve conhecer a família e tentar ajudar nos problemas enfrentados. É interessante finalizar dizendo que os responsáveis pela criança que está sendo entrevistada (citar o nome do autor e do réu) concordaram que se conversasse com ela, de forma a mostrar que pode se sentir à vontade, já que o profissional conhece um pouco sua família.

Em processos de disputa de guarda e/ou regulamentação do direito de convivência, sugere-se que as entrevistas com a criança sejam realizadas por último, após as entrevistas com os responsáveis. Essa organização facilita o trabalho do perito, pois entrevistar a criança já tendo coletado informações sobre a disputa e o conflito aumenta a compreensão das informações trazidas em seu discurso. É comum as crianças não terem informações sobre algumas particularidades do litígio, visto que muitos genitores afirmam que buscam "poupá-las" das brigas com o(a) ex-companheiro(a). Ainda, crianças pequenas eventualmente apresentam dicção menos desenvolvida, pronunciando nomes de familiares e lugares de forma incompreensível para o perito. Assim, já ter acesso a tais informações permite que se compreenda de forma mais fluida o que foi dito. Porém, é importante destacar que é apenas uma sugestão de organização do trabalho, ficando o profissional livre para organizar a ordem de suas entrevistas da forma como compreender ser a mais adequada em cada caso.

Entrevistar a criança sozinha é fundamental, pois a presença de algum responsável aumenta as chances de inibições, retraimento ou discurso pronto, normalmente assumindo posturas e falas dos adultos. Affonso (2012) pontua, entretanto, que, caso a criança necessite de acompanhamento em um atendimento, é importante compreendê-lo no contexto da avaliação, sem recriminar essa necessidade.

Em uma perícia de disputa de guarda, ao final da entrevista com a genitora e antes de chamar a criança para sua entrevista, fui orientada pela mãe sobre o que eu deveria perguntar para a menina, ou seja, sobre a forma como eu deveria conduzir meu trabalho. Essa postura materna (muito explícita, por sinal) lançou dúvidas sobre a possibilidade de a criança estar reproduzindo o discurso materno. Certamente a presença da genitora durante a entrevista inviabilizaria maior espontaneidade e liberdade de respostas da filha.

Muitas crianças pedem para falar com o responsável durante a avaliação, solicitando a saída da sala de atendimento. O pedido deve ser compreendido de acordo com as particularidades do caso: ansiedade, nervosismo, necessidade de garantir que o responsável permanece do lado de fora, irritabilidade ou medo, entre tantos outros motivos. Novamente, é necessário flexibilidade por parte do profissional, já que interromper a entrevista de forma frequente atrapalha a qualidade e a fluidez da coleta de dados. Ao mesmo tempo, impedir a saída da criança pode gerar consequências negativas em termos do vínculo estabelecido com o profissional, além de possivelmente transformar aquele momento em (mais) uma vivência de sofrimento para a criança. Nessas situações, com cuidado e calma, argumente com a criança sobre a importância de continuar ali, salientando que será por pouco tempo, e, utilizando uma linguagem que ela compreenda, retome a razão de sua vinda para a perícia.

Da mesma forma como ocorre em outros tipos de avaliação psicológica, o profissional é orientado a registrar todos os conteúdos manifestados ao longo das entrevistas periciais (falas, contradições, posturas corporais, etc.). Muitos psicólogos iniciantes acabam confundindo orientações recebidas em estágios de psicoterapia (especialmente os de orientação psicanalítica) e acreditam que não podem realizar qualquer tipo de anotação durante os atendimentos. Em perícias psicológicas, o pensamento é o contrário: quanto mais detalhado o registro, melhor. Não se pode perder de vista que, ao final do trabalho, será preciso produzir um documento (laudo/relatório) com todas as informações coletadas nas entrevistas, as quais contêm sintomas, vivências, datas e até mesmo dosagem de medicação utilizada pelo entrevistado, quando for pertinente para o caso. O fato de não anotar pode ser prejudicial, e confiar na memória é perigoso (Mônego, 2016), especialmente quando se trabalha com muitos casos simultaneamente.

No atendimento de crianças, a anotação deve ser feita de forma cuidadosa e discreta, visto o quanto isso pode distraí-las. Comumente crianças interrompem a brincadeira para questionar o que está sendo escrito ou a razão de se estar anotando informações. Pode-se dizer que se está anotando informações importantes sobre o encontro, já que o objetivo é conhecê-la melhor, além de saber de seus gostos, desejos e medos. A orientação de Affonso (2012) é que o profissional fique livre para brincar com a criança, ao mesmo tempo que faz as anotações que considerar necessárias. Para facilitar o trabalho, pode-se deixar uma caneta e papéis em uma prancheta próximos de onde se está com a criança (na mesa ou mesmo no chão da sala de atendimentos). Essa dinâmica permite anotar dados relevantes e breves reflexões, mas também estar disponível para participar da brincadeira da criança.

Por fim, a literatura destaca não ser indicado que o profissional questione diretamente a criança sobre com quem ela deseja residir (CFP, 2010). Essa prática pode induzir erroneamente a criança a sentimentos de culpa sobre ter escolhido um dos genitores em detrimento do outro. Durante a perícia, não é raro perceber que as crianças se mostram aliviadas ao compreenderam que não precisam decidir com quem querem residir, sendo esta destacada como uma decisão do juiz.

O USO DE INSTRUMENTOS

Uma queixa frequente dos psicólogos que trabalham com perícia psicológica é relacionada à escassez de instrumentos (testes, escalas e inventários) voltados para o uso forense. São poucos os instrumentos construídos para serem utilizados em perícias de Varas de Família, e mais escassos ainda aqueles voltados para o público infantil.

Em uma pesquisa de levantamento que buscou compreender a forma como peritos realizavam seu trabalho avaliativo, Lago e Bandeira (2008) identificaram que, apesar de a avaliação forense em Varas de Família ser focada na avaliação da qualidade do relacionamento entre criança e genitores, não havia clareza sobre a forma como tal aspecto era avaliado (quais técnicas ou instrumentos). A dúvida apontou, na época da pesquisa, para a necessidade de se refletir sobre a forma de coletar informações sobre o conflito e a dinâmica familiares.

Assim, as autoras da pesquisa desenvolveram o SARP (Lago & Bandeira, 2013), que prioritariamente deve ser usado na atuação com perícias de disputa de guarda e regulamentação de visitas, pois foi criado a fim de avaliar o relacionamento parental, cuja definição adotada no instrumento é: "[...] a capacidade dos genitores de atender às necessidades de afeto, cuidados, proteção, educação, lazer e segurança dos filhos" (Lago & Bandeira, 2013, p. 20). O material é composto pela Entrevista SARP (utilizada com os responsáveis pela criança), o Meu Amigo de Papel (utilizado com a criança) e a Escala SARP (pontuada pelo avaliador).

A faixa etária para uso do Meu Amigo de Papel engloba crianças de 5 a 12 anos.[3] Sugere-se utilizar o SARP em perícias envolvendo crianças de 3 a 5 anos, visto haver uma crescente ocorrência de casos de divórcios em famílias que estão vivendo o período de transição para a parentalidade (entre o nascimento e os 18 meses dos filhos) (Cano, Gabarra, Moré, & Crepaldi, 2009). Devido a esse aumento, a hipótese é a de que haja também aumento no número de divórcios litigiosos envolvendo crianças pequenas, o que reforça a importância da adaptação do instrumento para ampliar sua faixa etária de interesse. Com nome prévio de Meu Amigo de Brinquedo, objetiva-se que o profissional, por meio de uma entrevista lúdica, conheça e compreenda a vida da criança, seus gostos, rotinas e relacionamento com responsáveis.

Para além do SARP, fica o questionamento: quais são as alternativas, em termos de instrumentos psicológicos, que os psicólogos têm para avaliação de crianças em Varas de Família? Existem testes adaptados para o uso com crianças que podem auxiliar o profissional na coleta de dados de personalidade e funcionamento emocional no âmbito forense, mesmo que estes não tenham sido desenvolvidos para tal contexto. Destaco As Pirâmides Coloridas de Pfister (Villemor-Amaral, 2015), a técnica projetiva de desenho Casa-Árvore-Pessoa (HTP; Buck, 2003) e o Sistema de Avaliação por *Performance* no Rorschach (R-PAS; Meyer, Viglione, Mihura, Erard, & Erdberg, 2017). O HTP é alvo de algumas críticas, principalmente no que tange às suas características psicométricas, aplicação e levantamento de dados (Borsa, Lins, & Cardoso, 2018). Mesmo assim, é perceptível o uso do teste como válido em coleta de dados, visto ser um material que complementa a compreensão sobre o indivíduo que está sendo avaliado considerando sua absoluta singularidade. Nesse sentido, devem-se buscar informações que forneçam dados que obviamente devem ser contextualizados, focando em aspectos daquele sujeito em questão. Minha interpretação considera aspectos ideográficos: reflito sobre de que forma aqueles dados coletados são representativos daquele/para aquele sujeito (Tavares, 2003). Além disso, o desenho é uma atividade conhecida das crianças e tende a ser tranquilizadora em casos de crianças

---

[3] Para mais informações sobre o SARP, ver Capítulo 6.

ansiosas e amedrontadas pela entrevista pericial.

SUPERVISÃO

É importante que psicólogos recém-formados não trabalhem sozinhos, pelo menos não nos estágios iniciais da caminhada profissional: a supervisão é imprescindível para que o trabalho seja feito de forma correta e ética, atendendo às solicitações judiciais que são feitas. No campo forense, a complexidade dos casos, a profundidade do litígio e o impacto direto na vida das crianças atendidas reforçam a necessidade de um trabalho responsável. Afinal, é sobre o presente e o futuro delas que estão litigando.

A psicóloga, psicanalista e professora Denise Hausen, em entrevista para o CFP em 2009, destacou que a supervisão é obrigatória apenas durante os estágios da graduação (tanto supervisão acadêmica quanto local). Porém, compreende que a supervisão após a conclusão da graduação, além de ser tradição em diversas áreas, é um privilégio da profissão, pois permite que o psicólogo usufrua do conhecimento de alguém mais experiente para orientar sua atividade profissional (CFP, 2009). Apesar de transcorridos 10 anos de sua fala, o argumento é bastante atual.

A supervisão frequente fornece o acolhimento, a orientação e o auxílio na reflexão acerca das melhores estratégias a adotar em cada caso. Ainda possibilita que se transcenda a escuta inicial daquilo dito e apresentado pelo sujeito avaliado, escuta esta muitas vezes inexperiente e carente de teoria e técnica. Os pontos cegos podem ser muitos e atrapalhar a compreensão satisfatória da dinâmica familiar. Comumente se vê profissionais recém-formados oscilando entre o desejo de usufruir de maior experiência e independência profissional (e, consequentemente, maior retorno financeiro) e a falta de experiência e o desamparo ante novas situações de confronto. Assim, é necessário que seja feito um balanço, visto existir uma relação direta entre investimento e retorno. Quanto maior um, maior a chance de o outro acontecer.

Na área forense, profissionais mais bem capacitados conduzem melhores avaliações e compõem melhores laudos. Considerando a importância das decisões legais baseadas também nos laudos produzidos, as quais influenciarão diretamente a vida dos envolvidos, a qualidade dos documentos deve ser uma preocupação constante do profissional (O'Neill, Bussey, Lennings & Seidler, 2018; Silva & Alchieri, 2011). Esses laudos fazem uma espécie de *propaganda* de seu trabalho, pois são vistos por todas as pessoas envolvidas no processo judicial (advogados das partes, Ministério Público e juiz). Se o material for de excelência, mais chances esse profissional tem de ser novamente nomeado para atuar como perito ou contratado para atuar como assistente técnico. Para profissionais que atuam com avaliações psicológicas no contexto clínico, ainda há a possibilidade de serem contratados para realizar avaliações psicológicas para fins jurídicos, as quais têm seus laudos comumente anexados aos autos dos processos como provas (mas sem o peso da prova pericial).

Porém, muito acima da possibilidade de nomeações e contratações, o trabalho cuidadoso do perito não deve perder de vista o sofrimento das crianças envolvidas. Ocasionalmente, são encontrados laudos periciais mal elaborados, desorganizados e sem qualquer tipo de embasamento científico. Nessas situações, é frequente o Ministério Público solicitar a realização de nova perícia psicológica, a qual normalmente é acatada pelo juiz. O resultado disso é a necessidade da realização de nova perícia psicológica com a família, sendo seus membros mais uma vez expostos a entrevistas, questionamento e aplicação de testes. A nova avaliação prolonga ainda mais o litígio judicial e a resolução do caso. Pense nas crianças envolvidas: novamente precisarão ser avaliadas e submetidas a uma investigação que terá relação direta com a definição de seu futuro naquela família. O Código de Ética Profissional do Psicólogo é categórico: devem-se assumir responsabilidades profissionais somente por atividades para as quais esteja capacitado pessoal, teórica e tecnicamente (CFP, 2005).

CONSIDERAÇÕES FINAIS

Este capítulo buscou aprofundar as particularidades da entrevista psicológica infantil em contextos de perícia psicológica em Varas de Família. A experiência profissional mostra que a atuação pode variar bastante, pois cada Vara de Família apresenta suas particularidades, exigências, necessidades e formas de interagir com as famílias. Em alguns Foros, há a possibilidade de realizar as perícias nas dependências da instituição, em salas adaptadas para atendimento infantil, com brinquedos e materiais gráficos. Em outros, a orientação é que o perito, quando terceirizado, realize a perícia em seu próprio consultório, utilizando o material que desejar. Há, ainda, contextos nos quais o perito pode negociar com o cartório da Vara para realizar as perícias em uma sala nas dependências do Foro, mas que em geral não é adaptada para atendimento infantil (já realizei perícias na sala de audiências e na sala da Oficina de Parentalidade, ocasiões nas quais levei meu próprio material lúdico). Independentemente das diferenças estabelecidas, o trabalho é fundamentalmente o mesmo: avaliar a família considerando o conflito e responder um questionamento legal.

Trabalhar com avaliação de crianças é um enorme desafio. Na área forense, esse fazer torna-se um desafio ainda maior, pois estão sendo avaliadas famílias e crianças que poderão ter seu presente e futuro diretamente impactados por nosso trabalho. O impacto torna-se ainda maior quando se atenta para a mudança de paradigma que vem acontecendo: laudos psicológicos periciais têm ganhado cada vez mais visibilidade no meio jurídico (Polak, 2013). O tripé da formação (conhecimento pessoal, conhecimento da teoria e supervisão), se seguido à risca, aumenta enormemente as chances de ser realizado um trabalho ético e de qualidade (Bandeira, Trentini, & Krug, 2016). Assim, será atingido o objetivo na qualidade de peritos: compreender a dinâmica familiar, permeada por um conflito interpessoal, e dar voz aos principais personagens dessa história: as crianças (Miyagui, 2014).

REFERÊNCIAS

Affonso, R. M. L. (2012). O procedimento ludodiagnóstico. In R. M. L. Affonso (Org.), *Ludodiagnóstico: Investigação clínica através do brinquedo*. Porto Alegre: Artmed.

Bandeira, D. R., Trentini, C. M., & Krug, J. S. (2016). Psicodiagnóstico: Formação, cuidados éticos, avaliação de demanda e estabelecimento de objetivos. In C. S. Hutz, D. R. Bandeira, C. M. Trentini, & J. S. Krug (Orgs.), *Psicodiagnóstico* (pp. 21-26). Porto Alegre: Artmed.

Borsa, J. C., Lins, M. A. R. C., & Cardoso, L. M. (2018). Teste da Casa-Árvore-Pessoa (HTP) na avaliação de personalidade. In C. S. Hutz, D. R. Bandeira, & C. M. Trentini (Orgs.), *Avaliação psicológica da inteligência e da personalidade* (pp. 409-422). Porto Alegre: Artmed.

Brasil. (2015). *Lei nº 13.105, de 16 de março de 2015*. Código de Processo Civil. Recuperado de http://www.planalto.gov.br/ccivil_03/_ato2015-2018/2015/lei/l13105.htm

Brito, L., Ayres, L., & Amen, M. (2006). A escuta de crianças no sistema de justiça. *Psicologia & Sociedade, 18*(3), 68-73.

Buck, J. N. (2003). *H-T-P: Casa-Árvore-Pessoa: Técnica projetiva de desenho: Manual e guia de interpretação*. São Paulo: Vetor.

Cano, D. S., Gabarra, L. M., Moré, C. O., & Crepaldi, M. A. (2009). As transições familiares do divórcio ao recasamento no contexto brasileiro. *Psicologia: Reflexão e Crítica, 22*(2), 214-222.

Carvalho, A. M. A., Beraldo, K. E. A., Pedrosa, M, I., & Coelho, M. T. (2004). O uso de entrevistas em estudos com crianças. *Psicologia em Estudo, 9*(2), 291-300.

Castro, L. R. F. (2003). *Disputa de guarda e visitas: No interesse dos pais ou dos filhos?* São Paulo: Casa do Psicólogo.

Conselho Federal de Psicologia (CFP). (2005). *Código de ética profissional do psicólogo*. Recuperado de https://site.cfp.org.br/wp-content/uploads/2012/07/codigo-de-etica-psicologia.pdf

Conselho Federal de Psicologia (CFP). (2009). *CRPRS 35 anos: História do Presente: Psicólogos contam a história da profissão (2009)*. Recuperado de https://www.youtube.com/watch?v=8ZdytoZUiUg&t=1058s

Conselho Federal de Psicologia (CFP). (2010). *Referências técnicas para atuação do psicólogo em Varas de Família*. Brasília: CFP.

Fermann, I. L., Chambart, D. I., Foschiera, L. N., Bordini, T. C. P. M., & Habigzang, L. F. (2017). Perícias psicológicas em processos judiciais envolvendo suspeita de alienação parental. *Psicologia: Ciência e Profissão, 37*(1), 35-47.

Fundo das Nações Unidas para a Infância (UNICEF). (1989). Convention on the rights of the child. *Child Labor, 8*. Recuperado de http://digitalcommons.ilr.cornell.edu/cgi/viewcontent.cgi?article=1007&context=child

Huss, M. T. (2011). *Psicologia Forense: Pesquisa, prática clínica e aplicações*. Porto Alegre: Artmed.

Lago, V. M. & Bandeira, D. R. (2008). As práticas em avaliação psicológica envolvendo disputa de guarda no Brasil. *Avaliação Psicológica, 7*(2), 223-234.

Lago, V. M. & Bandeira, D. R. (2013). *Sistema de Avaliação do Relacionamento Parental (SARP): Manual técnico*. São Paulo: Casa do Psicólogo.

Meyer, G. J., Viglione, D. J., Mihura, J. L., Erard, R. E., & Erdberg, P. (2017). *R-PAS: Rorschach Performance Assessment System: Manual*. São Paulo: Hogrefe.

Miyagui, C. (2014). *O melhor interesse da criança: Estudos sobre laudos psicológicos e sociais em Vara de Família do Estado de São Paulo* (Tese de doutorado não publicada, Pontifícia Universidade Católica de São Paulo, São Paulo).

Mônego, B. (2016). Cuidados técnicos no início do psicodiagnóstico. In C. S. Hutz, D. R. Bandeira, C. M. Trentini, & J. S. Krug (Orgs.), *Psicodiagnóstico* (pp. 35-44). Porto Alegre: Artmed.

O'Neill, A. T., Bussey, K., Lennings, C. J., & Seidler, K. M. (2018). The views of psychologists, lawyers, and judges on key components and the quality of child custody evaluations in Australia. *Family Court Review, 56*(1), 64-78.

Polak, S. H. D. A. (2013). *A valoração da perícia psicológica por juízes de Varas de Família de Curitiba/PR e Região Metropolitana* (Dissertação de mestrado não publicada, Universidade Tuiuti do Paraná, Curitiba).

Quirino, D. M. R. & Menezes, J. (2017). Estado da arte sobre guarda de filhos em teses e dissertações das universidades brasileiras. *Trends in Psychology, 25*(3), 1095-1106.

Ribeiro dos Santos, M. & Fortunato Costa, L. (2015). Da invisibilidade à participação: A expressão da criança em disputas de guarda. *Revista de Psicologia, 24*(2), 1-15.

Rigoni, M. S. & Sá, S. D. (2016). O processo psicodiagnóstico. In C. S. Hutz, D. R. Bandeira, C. M. Trentini, & J. S. Krug (Orgs.), *Psicodiagnóstico* (pp. 27-34). Porto Alegre: Artmed.

Sani, A. I. (2017). Perícias psicológicas em casos de conflito interparental: Recomendações para a prática. *Temas em Psicologia, 25*(2), 427-436.

Silva, F. H. V. C. & Alchieri, J. (2011). Laudo psicológico: Operacionalização e avaliação dos indicadores de qualidade. *Psicologia Ciência e Profissão, 31*(3), 518-535.

Stahl, P. (2011). *Conducting child custody evaluations: From basic to complex issues*. Thousand Oaks: Sage.

Tavares, M. (2003). Validade clínica. *Psico-USF, 8*(2), 125-136.

Villemor-Amaral, A. E. (2015). *As Pirâmides Coloridas de Pfister: Versão para crianças e adolescentes: Manual*. São Paulo: Casa do Psicólogo.

16

AVALIAÇÃO PSICOLÓGICA DE CRIANÇAS QUE RESISTEM AO CONTATO PARENTAL

Vera Regina Röhnelt Ramires

A separação conjugal e o divórcio constituem uma das transições familiares mais complexas e, eventualmente, conflitivas. Quando o casal que se separa tem filhos, essa transição, dependendo do grau de conflito envolvido, pode assumir contornos ainda mais complexos e até mesmo dramáticos.

Em decorrência da mudança do *status* conjugal dos pais, novos arranjos deverão ser estabelecidos quanto aos cuidados dos filhos, sendo a guarda compartilhada preconizada como o arranjo ideal, devendo ser recomendada sempre que possível (Brasil, 2008). Nesse modelo de guarda, ambos os genitores serão responsáveis pelos cuidados, decisões e planejamento da vida das crianças, independentemente de a residência ter sido definida com um ou com ambos de forma alternada. Trata-se de uma opção que busca assegurar o contato continuado da criança com as figuras materna e paterna, a proteção dos vínculos afetivos com elas estabelecidos e a promoção da participação e responsabilização de ambos em sua vida.

Entretanto, nem sempre o rompimento do vínculo conjugal se dará de forma pacífica ou isenta de conflitos, e nem sempre as decisões quanto à guarda e ao contato das crianças com ambos os genitores ocorrerão de modo consensual. Na hipótese de guarda unilateral, e no contexto de transições familiares altamente conflitivas, o que se observa é que, muitas vezes, o contato continuado com ambos os genitores poderá se ver comprometido. Em tais situações, as crianças podem apresentar resistência ao contato com uma das figuras parentais, via de regra aquela que não detém sua guarda. Recusas em acompanhar o genitor não guardião nas visitas, queixas relativas ao tempo que passa com ele e animosidade estendida à família extensa desse guardião podem estar presentes.

Esses comportamentos podem variar em intensidade e nas suas formas de expressão e manifestação e dependem também da idade da criança. A motivação para a resistência ao contato parental não é sempre a mesma e pode ocorrer por várias razões. Embora se espere que uma criança tenha desenvolvido vínculos afetivos consistentes com ambos os genitores, quando presentes em sua vida, e mantenha esses laços independentemente da situação conjugal deles, nem sempre é isso o que acontece. Em consequência, algumas vezes, a resistência ao contato com um dos genitores poderá ser a expressão de um vínculo frágil e distante, mesmo anterior à separação conjugal. Além disso, a vivência de alguma forma de negligência ou violência, fazendo a criança não se sentir segura, cuidada e amparada na companhia desse genitor, pode estar na origem de sua resistência.

Algumas vezes, o casal que se separa, ou um dos membros do casal, não supera o rompimento do vínculo conjugal, não se conforma e busca desesperadamente alguma maneira de reaver a situação anterior ou, pelo menos, manter alguma forma de contato e/ou de controle sobre o ex-cônjuge. Nesse contexto, quando há filhos, eles podem ficar em segundo plano no que diz respeito às suas necessidades e importância para os genitores. Em minha experiência, em alguns casos em que as crianças resistiam ao contato parental, havia a percepção de que as visitas ou a disputa pela sua guarda não eram motivadas pelo desejo de proximidade e convivência com ela, mas pelo desejo de, prioritariamente, manter o vínculo e a proximidade com o ex-cônjuge, ou puni-lo pelo desejo de separação. Assim, o contato com os filhos era o pretexto para encontrar e interagir com o ex--cônjuge e, eventualmente, para brigar, atacar, etc. Quando a criança percebe essa situação, bem como a falta de interesse genuíno do genitor na convivência com ela, poderá resistir ao contato com essa figura parental.

Por fim, nessa esteira de rompimentos conjugais altamente conflitivos, também se encontram situações nas quais a criança se vê capturada por conflitos de lealdade e/ou sofre influência do genitor detentor de sua guarda no sentido do afastamento do genitor não guardião. Tais situações variam em intensidade, podendo se expressar sob a forma de resistência ao contato e às visitas até chegar à recusa categórica para manter qualquer interação e comunicação com esse genitor. Essa situação tem sido descrita na literatura como *alienação parental* e motiva algumas das situações com as quais o psicólogo que atua em perícias psicológicas no contexto forense se depara.

Em todos os casos, tratam-se de situações bastante complexas e desafiadoras, que colocam o profissional diante da tarefa de contribuir para os operadores do direito e para as famílias, cuja disposição para colaborar no processo de avaliação poderá ser mínima ou até mesmo inexistente. Neste capítulo, serão discutidos alguns aspectos da dinâmica psicológica envolvida nesses processos, visando a oferecer subsídios para o estabelecimento de um enquadre psicológico que fundamente sua avaliação. Na sequência, focaliza-se a avaliação psicológica no contexto da resistência das crianças ao contato parental.

A DINÂMICA PSICOLÓGICA ENVOLVIDA NAS SITUAÇÕES DE RESISTÊNCIA AO CONTATO PARENTAL

A resistência de crianças ao contato parental costuma se manifestar em processos relacionados à regulamentação do direito de convivência e disputas por guarda. A literatura, tanto no campo da psicologia como do direito, costuma se referir a tais situações como podendo ser resultantes de um processo de alienação parental, o qual constituiria uma forma de abuso emocional em que um genitor promove o afastamento da criança do outro genitor. Por meio de uma campanha difamatória, a criança é levada a reprimir o afeto pelo genitor não guardião, a rejeitá-lo e algumas vezes até mesmo a odiá-lo. Conforme Paulo (2011), essa forma de abuso emocional pode ser praticada tanto pelas mães como pelos pais ou outros familiares, e constitui uma violação do genitor guardião de sua responsabilidade de promover e de estimular o vínculo afetivo e o relacionamento da criança com o genitor não guardião. Resulta, segundo o autor, de um fracasso na elaboração do luto decorrente do rompimento do vínculo conjugal, dos sentimentos de rejeição, de abandono e de traição, acompanhados por tendências vingativas, que utilizam o afastamento entre o genitor e os filhos como castigo e punição pela dor e pelas feridas emocionais causadas pela separação. Nesses casos, o amor próprio ferido suplanta o amor parental, podendo as crianças tornarem-se armas no conflito e no litígio conjugal, vítimas de uma violência invisível.

Porém, como visto, nem sempre a resistência ao contato com um dos genitores decorre de um processo ativo por parte de um adulto que busca promover esse afastamento. Além disso, é importante destacar que as relações humanas, assim como as relações familiares, são complementares e não dicotômicas (Coelho de Souza, 2010; Groeninga, 2003; Refosco & Fernandes, 2018). A dinâmica familiar é construída de maneira conjunta por pais, mães e filhos, ainda que em níveis diferentes e assimétricos. Para compreender o comportamento dos membros de uma família, e seus sintomas, será necessário que se considere a forma como estão constituídos seus vínculos afetivos e, de acordo com Barbosa e Castro (2013), as relações interpessoais, as normas que organizam cada família e o contexto social e cultural no qual estão inseridas.

Portanto, quando o psicólogo é demandado a avaliar crianças e famílias em litígio, famílias em situação de conflito e sofrimento, será reducionista discutir a existência de *culpados* (Refosco & Fernandes, 2018) ou reforçar conotações de *demonização* ou *angelização* que se instalam automaticamente nesses casos (Coelho de Souza, 2010; grifos da autora). Para Refosco e Fernandes (2010, p. 84), "[...] apontar um único responsável tende a cindir a família, a potencializar e tornar crônico o conflito, causando retrocesso no caminho do desenvolvimento maturacional dos seus membros, que passam a depender do Judiciário para as deliberações familiares". Para as autoras, as fragilidades parentais de ambos os genitores devem ser consideradas, assim como as características e os recursos pessoais dos filhos e as interações entre todos os membros da família.

Do ponto de vista das crianças, a dinâmica psicológica envolvida na rejeição ao contato parental pressupõe a existência de um vínculo emocional particular entre elas e seus cuidadores. Esse vínculo poderá ser marcado por características de simbiose, insegurança, indiscriminação de desejos, de sentimentos e de necessidades (Rodrigues & Ramires, 2012). Na vigência do conflito e do litígio familiar, a criança, muitas vezes, depara-se com figuras de apego indisponíveis. Conforme as autoras citadas, "[...] envolvidos no conflito conjugal, nas mágoas, ressentimentos e sofrimento que os acompanham, pais e mães, em tais circunstâncias, poderão apresentar dificuldades para atender às demandas de suas crianças, num momento importante de crise familiar" (Rodrigues & Ramires, 2012, p. 230). Consequentemente, discriminar as funções parentais da relação conjugal desfeita pode se tornar difícil e conduzir a um transbordamento do conflito sobre o cuidado e a relação com os filhos.

Coelho de Souza (2010) defende a necessidade, quando o psicólogo recebe a incumbência de assessorar os operadores do direito nesses casos, de construir hipóteses *tridimensionais*, isto é, explorar as causas e origens dos conflitos, descrever claramente o quadro atual e delinear prováveis prognósticos. Os conflitos conjugais e/ou familiares não acontecem somente depois da separação. Sua origem já estará presente antes. De acordo com Rodrigues e Ramires (2012), diferentes estilos de relacionamento e casamento darão origem a diferentes tipos de separação e divórcio. Assim, por exemplo, no caso do afastamento e da rejeição de contato com o pai, o desinvestimento e a negação das funções paternas poderão estar presentes já durante o casamento. Coelho de Souza (2010) discute o desejo latente da mãe de constituir com o filho uma relação simbiótica, que poderá se expressar sob a forma da promoção do afastamento do pai. Este, por seu turno, ao reivindicar a convivência, nem sempre ou não necessariamente estará expressando um desejo genuíno de proximidade com os filhos.

Por sua vez, a atitude de um genitor de questionar o direito à visitação ou disputar a guarda dos filhos pode resultar de um desejo de proteger a criança, "[...] frente a uma figura percebida como incapaz, precária, descaracterizada para a tarefa – ou perigosa, direta ou indiretamente –, mas difícil de comprovar como tal, enquanto suporta acusações de relação exclusivista" (Coelho de Souza, 2010, p. 35-36). Dessa forma, a dinâmica psicológica subjacente às situações nas quais as crianças resistem ao contato parental não é sempre a mesma, o que demanda do psicólogo um conhecimento aprofundado sobre os múltiplos fatores que podem estar presentes e que explicam o afastamento da criança de seu genitor ou genitora. É importante que se evite o risco de generalizações pouco fundamentadas e atribuição do rótulo de *alienação parental* de forma injustificada a todo e qualquer caso de resistência da criança. A partir da vigência da Lei nº 12.318 de 2010, que busca coibir tal prática, observa-se que essa acusação tem estado presente em processos de litígio familiar, em especial os de disputa de guarda de crianças e regulamentação do direito de convivência, e, com frequência maior, essa hipótese tem sido corroborada pelos laudos psicológicos resultantes das avaliações e perícias realizadas (Brasil, 2010). Kelly e Johnston (2001), baseadas em pesquisa clínica, indicam que nas separações altamente conflitivas muitos pais e mães se engajam em comportamentos que buscam *doutrinar* a criança, mas apenas uma pequena parte delas se torna alienada. Para as autoras, o comportamento alienador de um genitor não é uma condição necessária nem suficiente para que uma criança resista e se afaste do contato com o outro genitor.

Kelly e Johnston (2001) propõem deslocar o foco da alienação parental para a criança alienada, a qual definem como aquela que expressa sentimentos e crenças irracionais em direção a um genitor que são desconectados de sua experiência com ele. Entre esses sentimentos, descrevem raiva, ódio, rejeição e/ou medo, sendo que eles são expressos livremente e de modo persistente pela criança. Para as autoras, "[...] é crítico diferenciar a criança alienada [...] de outras crianças que também resistem ao contato parental depois da separação, mas por uma variedade de razões normais, realísticas e/ou evolutivamente esperadas" (Kelly & Johnston, 2001, p. 251). Entre essas razões, incluem: aquelas relacionadas a processos normais do desenvolvimento, por exemplo, a ansiedade de separação nas crianças pequenas; resistências derivadas de casamentos e divórcios altamente conflitivos; resistência em resposta a um estilo parental rígido, bravo ou insensível; resistência que emerge da preocupação da criança com um genitor guardião emocionalmente frágil (devido ao medo de deixá-la sozinha); e resistência que emerge do recasamento do genitor. A essas razões são acrescentadas, como mencionado, a possibilidade de um vínculo frágil e distante existente mesmo antes da separação, a vivência de alguma forma de negligência e/ou violência com o genitor rejeitado e a percepção da criança de que o interesse primário do genitor é no ex-cônjuge, e não nela.

A relação das crianças com os pais depois de uma separação varia de um contínuo desde relacionamentos positivos com ambos até a completa rejeição de um deles (Kelly & Johnston, 2001). No extremo positivo dos relacionamentos, pode haver crianças que tenham afinidade maior com um dos genitores (devido a temperamento, gênero, idade, interesses compartilhados, práticas parentais, etc.), mas que, mesmo na presença dessa preferência, continuam desejosas e abertas à convivência com os dois. Mais adiante no contínuo, Kelly e Johnston (2001) descrevem a *criança aliada*, referindo-se àquelas que demonstram preferência consistente por um dos genitores durante o casamento ou separação e com frequência desejam contato limitado com o outro. Porém, essas crianças não rejeitam completamente o contato com o outro genitor, mas com frequência apresentam alguma ambivalência em relação a ele, podendo incluir amor, raiva, tristeza e resistência ao contato. Essas alianças podem resultar de conflitos conjugais intensos e dinâmicas relacionais frágeis, nas quais as crianças foram estimuladas a tomar partido ou transmitir mensagens hostis entre os pais, o que pode ser intensificado após a separação. Tais alianças são mais comuns em crianças mais velhas, em idade escolar, e podem envolver julgamentos morais delas a respeito de qual genitor causou a separação, qual está mais magoado e vulnerável e qual necessita de sua fidelidade e apoio. Essas crianças se diferenciam das crianças alienadas, porque reconhecem, mesmo que a contragosto, seu amor pelo outro genitor, e esse tipo de aliança pode tanto ser mitigado como evoluir para intensas resistências à visitação, dependendo do desdobramento dos conflitos associados à separação.

Mais adiante no contínuo, Kelly e Johnston (2001) descrevem as crianças que se distanciam de um dos pais em decorrência de uma história de violência familiar, abuso ou negligência. A criança tanto pode ter sofrido ela mesma a violência como pode ter testemunhado repetidas situações de agressões ou explosões violentas entre os genitores, o que leva à rejeição do genitor abusivo depois da separação. Diferentemente das crianças alienadas, essas crianças não nutrem raiva ou medo irracionais pelo genitor afastado e muitas vezes apresentam transtorno de estresse pós-traumático que demanda intervenção. Além disso, o desejo de distanciamento de um genitor pode ser uma resposta a deficiências parentais importantes, comportamentos imaturos e autocentrados do genitor, estilo parental restritivo, rígido ou irritado, transtornos psiquiátricos e abuso de substâncias que interferiram em sua capacidade parental. O desejo de limitar o contato com o genitor que detém tais características é mais comum em crianças no final da latência ou na adolescência e constitui uma resposta saudável no sentido de se proteger dos efeitos da relação com ele e garantir a própria diferenciação. Como salientado por Kelly e Johnston (2001), essas situações, muitas vezes, são confundidas ou equivocadamente interpretadas como alienação parental.

Por fim, no extremo oposto do contínuo, encontram-se as crianças que expressam sua rejeição de maneira categórica, resistindo ou recusando completamente qualquer contato com o genitor. Distorcem de forma significativa o relacionamento anterior que mantinham com esse genitor afastado e não aparentam sentir culpa ou ambivalência (Kelly & Johnston, 2001). Essa atitude vai muito além da aliança e do distanciamento descritos anteriormente, tanto em termos de intensidade como de abrangência e de hostilidade de seu comportamento em direção ao genitor rejeitado, e apresenta contornos patológicos. Trata-se de uma resposta a uma dinâmica complexa e ameaçadora, ou aos comportamentos parentais, ou, ainda, às próprias vulnerabilidades que as tornam suscetíveis de serem alienadas. Essa resposta implica alto custo emocional, mas algumas vezes é a única forma encontrada para lidar com e/ou se proteger do conflito.

Faccini e Ramires (2012) desenvolveram um estudo que buscou analisar os vínculos afetivos de crianças com indicadores de alienação parental e seus pais, bem como algumas características de personalidade dessas crianças. Com base no procedimento de estudos de casos múltiplos, três casais e quatro crianças entre 6 e 10 anos, dois meninos e duas meninas, participaram (um dos casais tinha dois filhos) da pesquisa. Todos os casos envolviam processos judiciais de disputa de guarda ou regulamentação de visitas, as crianças estavam sob a guarda unilateral materna, e o tempo sem contato com os pais variou de seis meses a um ano. Os instrumentos utilizados com as crianças foram a Hora de Jogo (Aberastury, 2007), uma adaptação do Manchester Child Attachment Story Task (MCAST) (Green, Stanley, Smith, & Goldwyn, 2000), o Teste do Desenho da Família (Corman, 2003) e o Teste das Fábulas (Cunha & Nunes, 2003). Com os pais e mães, foram utilizadas entrevistas estruturadas, entrevistas semiestruturadas e a aplicação do Checklist para Avaliação Clínica da Mentalização de Bateman e Fonagy (2006). Em todos os casos, as separações foram marcadas por muitas brigas e litígios envolvendo a polícia e o Sistema Judiciário, em um caso devido à acusação de abuso sexual, e, nos outros, devido aos episódios de brigas e agressões entre os cônjuges. Todas as crianças se recusavam a ver os pais e não mantinham qualquer contato com eles.

Nas entrevistas com as crianças, foram identificadas a perda de espontaneidade, atitudes de controle e um discurso pronto, concentrado em falar mal dos pais (Faccini & Ramires, 2012). Conflitos relacionados ao processo de separação-individuação, relações simbióticas com as mães e indicadores de ambivalência em relação às figuras maternas estavam presentes nas narrativas produzidas no Teste das Fábulas. Nos Desenhos da Família das meninas, mães e filhas foram retratadas com características iguais, imaturas e infantis, sem discriminação entre elas. Nos dos meninos, identificou-se desvalorização de si mesmo em um caso e exclusão de si mesmo no outro. Em todos os desenhos, houve omissão do pai. O MCAST revelou indicadores de apego inseguro nos quatro casos, com predominância de estratégias evitativas, interações muito pobres entre cuidadores e crianças, ausência de cuidados contingentes e sensíveis por parte dos cuidadores, que proporcionasse alívio da angústia, e capacidade de mentalização limitada. As narrativas produzidas foram pouco consistentes, sem profundidade descritiva, eram pobres, indistintas e apresentavam um estilo que estava aquém da idade e do nível de desenvolvimento esperado.

Os vínculos afetivos dos casais participantes do estudo apresentavam características de fragilidade, insegurança e ambivalência (Faccini & Ramires, 2012). Suas uniões eram marcadas por muitas brigas, agressões, separações e reconciliações. A estratégia predominante de resolução de conflitos era pautada por atuações, sem regulação dos afetos e das emoções, revelando capacidade de mentalização comprometida. As relações das mulheres com as próprias mães caracterizaram-se por forte vínculo de apego, dependência e idealização em relação a elas. Todas experimentaram um relacionamento distante de seus pais. Com relação aos homens participantes, dois deles perderam os pais com 6 anos de idade, ambos de maneira traumática. Suas relações com os próprios pais também foram mais distantes ou ausentes, havendo predominância da presença e da participação das figuras maternas em suas vidas.

Damiani e Ramires (2016) analisaram características da estrutura de personalidade dos membros desses mesmos casais com base no Teste de Rorschach, aplicado, codificado e interpretado com base no Sistema Compreensivo de Exner. Entre os achados que se destacaram, foram identificados nos homens indicadores de depressão, sentimentos de desesperança, baixa autoestima e dificuldade na capacidade de discriminação. Nas mulheres, foram identificados déficits relacionais, imaturidade, distorções na percepção do outro e autoritarismo infantil. Em todos os casos, a ansiedade predominante era de perda de objeto vinculada a um núcleo simbiótico, no caso das mulheres, e às vivências de separação, no caso dos homens. As defesas utilizadas por eles foram evitação, negação e repressão, enquanto as utilizadas pelas mulheres foram negação, clivagem, projeção e identificação projetiva.

Todas essas características, tanto das crianças como de suas mães e seus pais, constituem variáveis que se combinaram em diferentes intensidades em cada caso, mas deixando evidente a participação e a contribuição de todos os atores envolvidos no processo. A presença de comportamentos alienadores nos genitores não é suficiente para promover a alienação parental (Coelho de Souza, 2010; Kelly & Johnston, 2001), ainda que esses comportamentos sejam passíveis de sanção, de acordo com a legislação vigente no Brasil (Lei nº 12.318 de 2010). Portanto, variáveis das crianças e de cada um dos genitores deverão ser examinadas de forma cuidadosa e discriminadas no processo da avaliação psicológica e, por fim, integradas em uma compreensão global do caso, de forma que contribuam, de modo efetivo, para sua elucidação.

Considerando alguns aspectos cognitivos e comportamentais, que não se contrapõem, mas complementam os aspectos discutidos, Kelly e Johnston (2001) sintetizaram as crenças organizadoras, os comportamentos do genitor alienador e os comportamentos do genitor rejeitado que contribuem para a alienação da criança e para vulnerabilidades desta para a alienação. Uma das crenças do genitor alinhado à criança ou alienador é a de que ela não necessita do outro genitor em sua vida, sendo este denegrido e desvalorizado naquilo que pode oferecer. Além disso, o genitor alienador tem convicção de que o genitor rejeitado é perigoso para a criança de alguma forma (sendo violento, física ou sexualmente abusivo, negligente). Sua campanha para proteger a criança do perigo presumido se dá em múltiplas frentes e costuma envolver advogados, terapeutas, pediatras, professores e supervisores escolares. Uma terceira crença é a de que o genitor rejeitado nunca amou ou se importou com a criança. Kelly e Johnston referem, com base em pesquisas empíricas e observações clínicas, que existe uma significativa patologia no genitor que encoraja a alienação da criança, que inclui problemas com limites e diferenciação da criança, ansiedades de separação, identificação projetiva com a criança e teste da realidade prejudicado, dificuldades também encontradas nos estudos citados anteriormente (Damiani & Ramires, 2016; Faccini & Ramires, 2012). As autoras salientam que, mesmo na presença de história de abuso da criança, doença mental do genitor ou ameaça à segurança da criança, a maioria dos pais e das mães busca outros caminhos e formas mais racionais de protegê-la do que instigar sua rejeição do genitor com dificuldades. Além disso, são capazes de reconhecer o afeto da criança por esse genitor, apesar de seus problemas.

Quanto às características dos genitores rejeitados pelas crianças, e que podem contribuir para tal comportamento, Kelly e Johnston (2001) descreveram a passividade e o isolamento diante da exacerbação do conflito, estilo parental ríspido ou excessivamente rígido, imaturidade, egocentrismo, comportamento exigente e crítico, pouca empatia pela criança, além da possibilidade de contrarrejeição diante da percepção da rejeição da criança. Esses comportamentos remetem para as características de personalidade descritas e devem ser considerados quando se analisam a dinâmica familiar e as motivações das crianças que resistem ao contato com esses genitores.

Além dos aspectos relacionados a cada um dos genitores, o estágio de desenvolvimento da criança e suas vulnerabilidades para a alienação também devem ser considerados (Kelly & Johnston, 2001). Segundo essas autoras, a faixa de idade mais comum das crianças que rejeitam o contato com os pais devido a um processo de alienação varia de 9 a 15 anos. Postulam que, para que isso ocorra, é necessário certo nível de desenvolvimento cognitivo e emocional, incluindo alguma noção sobre valores e julgamentos morais. Consideram, ainda, que crianças menores de 7 ou 8 anos que apresentem dificuldades relacionadas ao apego e ansiedade de separação estejam em risco de desenvolver comportamento alienado quando ficarem mais velhas, se o contexto conflitivo não se alterar. Em minha experiência clínica e de pesquisa, em contrapartida, encontramos crianças também na faixa dos 5 aos 9 anos que apresentavam rejeição intensa de qualquer contato com o genitor não guardião, sem evidências de justificativas racionais para essas atitudes, corroboradas e reforçadas pelos discursos de suas mães.

Crianças que apresentam problemas de ajustamento, ansiedade, baixa autoestima, teste de realidade prejudicado, problemas cognitivos e pensamento concreto são mais vulneráveis à alienação. A falta de suporte externo, como terapeutas, presença da família extensa ou outros adultos de confiança, pode aumentar essa vulnerabilidade, além da possibilidade de a criança se sentir abandonada pelo genitor que deixa a residência familiar (Kelly & Johnston, 2001).

AVALIAÇÃO PSICOLÓGICA NOS CONTEXTOS DE RESISTÊNCIA AO CONTATO PARENTAL

O trabalho do psicólogo em todos os contextos em que atua sempre será pautado por suas concepções de mundo e de sujeito, por valores e por princípios éticos que irão nortear sua prática. No âmbito forense, a avaliação psicológica de famílias em situação de litígio poderá ser mais ou menos atravessada pelas concepções de família, de relacionamento e de desenvolvimento infantil sustentadas por esse profissional. Assim, é muito importante que elas sejam reconhecidas e que tenham sido trabalhadas no contexto de um tratamento pessoal, de forma a minimizar os riscos de se sobrepujarem às avaliações que lhe serão demandadas. Concepções normativas a respeito da família, idealizações de determinados modelos de configuração familiar, priorização absoluta de vínculos consanguíneos sobre vínculos afetivos e de cuidado, todos esses são aspectos que podem constituir vieses na condução e na interpretação dos resultados de avaliações psicológicas, cujas consequências serão significativas na vida de todos os envolvidos.

Dessa forma, um primeiro requisito para o profissional que se dispõe a atuar nessa área diz respeito à sua formação pessoal, que inclui análise ou tratamento pessoal. O segundo requisito refere-se à sua formação profissional, a qual deve incluir, preferencialmente, especialização nas áreas clínica e jurídica. O conhecimento clínico constitui uma base que pode ser muito útil para a avaliação psicológica no contexto forense, desenvolvendo competências e habilidades que fortalecerão sua *expertise* para analisar casos complexos como os aqui tratados. Ter experiência profissional com crianças é essencial para o psicólogo que se disponha a avaliá-las no âmbito forense. Além disso, a especialização em avaliação psicológica e/ou psicologia jurídica oferece a base e o instrumental necessários para a realização de avaliações e perícias, elaboração de laudos, etc. Ainda, o aperfeiçoamento e a atualização permanentes, seja por meio de cursos de curta duração, seja por meio de supervisões, discussões de casos entre colegas, acompanhamento de publicações resultantes de pesquisas e relatos de casos, fazem-se necessários como medida de renovação e garantia de uma prática em sintonia com o estado da arte. Por fim, são imprescindíveis o conhecimento e o acompanhamento do Código de Ética do Psicólogo e das Resoluções do Conselho Federal de Psicologia (CFP), que oferecem diretrizes e parâmetros para a atividade profissional. Com relação ao tópico discutido neste capítulo, salienta-se que o psicólogo deve conhecer a Resolução CFP nº 06/2019 (CFP, 2019), que institui regras para a elaboração de documentos escritos produzidos pela(o) psicóloga(o) no exercício profissional, a Resolução CFP nº 8/2010 (CFP, 2010), que dispõe sobre a atuação do psicólogo como perito e assistente técnico no Poder Judiciário, a Resolução CFP nº 17/2012 (CFP, 2012), que dispõe sobre a atuação do psicólogo como perito nos diversos contextos, e a Resolução CFP nº 9/2018 (CFP, 2018), que estabelece diretrizes para a realização de avaliação psicológica e regulamenta o Sistema de Avaliação de Testes Psicológicos (Satepsi). Essas diretrizes são renovadas e atualizadas de forma contínua e devem ser seguidas com atenção pelos psicólogos.

A avaliação psicológica realizada no âmbito da Justiça costuma ser denominada perícia psicológica (Maciel & Cruz, 2009; Rovinski, 2003, 2013). Por ser considerada um meio de prova e subsidiar decisões e sentenças judiciais que poderão ter significativas implicações na vida das pessoas envolvidas, requer do psicólogo todo o cuidado possível e comprometimento ético. Embora seja uma área que venha experimentando uma ampliação importante e interesse crescente de estudos e pesquisas ao longo das últimas décadas, ainda se ressente da necessidade de investigações científicas que contribuam de maneira consistente para sua fundamentação. A seguir, serão revisados os principais achados de alguns estudos sobre o tema, no contexto nacional e internacional.

AVALIAÇÃO DE CRIANÇAS EM PROCESSOS DE DISPUTA DE GUARDA OU REGULAMENTAÇÃO DE VISITAS

No contexto brasileiro, Lago e Bandeira (2008) investigaram as práticas envolvendo avaliação psicológica em situações de disputa de guarda de 51 psicólogos, nas cinco regiões do país. Dessa amostra, 80,4% tinham especialização, 62,7% tinham vínculo com o Poder Judiciário e 43,1% trabalhavam como profissionais liberais. Entre os principais procedimentos e técnicas utilizados, as autoras identificaram, nesta ordem: entrevistas com os pais separadamente, entrevistas com o(s) filho(s), testes projetivos, entrevistas com terceiros, hora de jogo, entrevista conjunta com o pai e o(s) filho(s), entrevista conjunta com a mãe e o(s) filho(s), entrevista conjunta com os pais, visitas à escola da criança e às residências de ambos os pais (sendo as visitas mais comuns nas regiões Norte, Nordeste e Centro-Oeste), entrevista conjunta com o casal e os filhos e testes psicométricos (sendo esta última prática presente apenas entre profissionais da região Sul). Entre os testes psicológicos mais utilizados com os pais e as mães, Lago e Bandeira (2008) identificaram o Casa-Árvore-Pessoa (HTP), o Teste de Rorschach, o Teste de Apercepção Temática (TAT), o Inventário de Estilos Parentais (IFP), o Inventário de Expressão de Raiva como Estado e Traço (STAXI-2), o Teste de Zulliger e a Escala de Inteligência Wechsler para Adultos (WAIS-III). Com as crianças, os testes mais utilizados foram o HTP, o Desenho da Figura Humana, o Teste das Fábulas, a Escala de Inteligência para Crianças – 4ª edição (WISC-IV), o IFP, a Escala de Traços de Personalidade para Crianças (ETPC), a Escala de Stress Infantil (ESI) e o Teste de Rorschach.

Mais de 40% dos profissionais entrevistados por Lago e Bandeira (2008) utilizam em média 2 horas com cada um dos pais e mais 2 horas com a criança para a realização da avaliação; 47,1% dedicam até 5 horas para a elaboração do laudo; 43,1% dedicam de 5 a 12 horas; e 9,8% dedicam mais de 12 horas. Uma parcela significativa desses participantes (42%) não recebe honorários das partes por ser concursada e atuar no Sistema Judiciário. Os profissionais liberais calculam os honorários com base no número de horas dedicadas à avaliação psicológica (aplicação das técnicas e elaboração do laudo), e 18% têm um valor fixo estipulado previamente, independentemente do tipo de avaliação solicitado. Os participantes hierarquizaram os fatores relevantes que costumam considerar para a recomendação da guarda da criança, sendo estes, nesta ordem de importância: o relacionamento da criança com cada um dos genitores; o conforto e o cuidado de cada um dos genitores para com os filhos; a presença de fatores de personalidade prejudiciais; a identificação da criança com cada um dos genitores; a flexibilidade dos genitores; a rotina da criança; e as queixas apresentadas pelos genitores.

Mais recentemente, Fermann, Chambart, Foschiera, Bordini e Habigzang (2017) analisaram os procedimentos envolvidos em perícias psicológicas relacionadas à suspeita de alienação parental em Varas de Família, Juizado da Infância e da Juventude e Tribunal de Justiça do Rio Grande do Sul. Oito processos sentenciados ou em andamento no período de 2009 a 2015 foram analisados por meio de uma análise documental descritiva. As autoras constataram que os indicadores ou critérios utilizados pelos psicólogos para identificar a presença de alienação parental foram, quanto à criança, insegurança em relação à convivência com um dos genitores, medo e ansiedade ao saber que iria encontrar o genitor. Quanto aos genitores, os indicadores foram desqualificação do genitor, inconformidade em relação ao divórcio, uso da criança para vingar-se do ex-cônjuge e dificultar o convívio da criança com o outro genitor. Podem-se observar a falta de critérios solidamente fundamentados e a fragilidade dos indicadores utilizados.

Fermann e colaboradores (2017) constataram que nenhum dos laudos examinados seguia as diretrizes do CFP para elaboração de laudos e documentos. Além disso, duas avaliações periciais não incluíram todos os envolvidos no caso, e todas as perícias incluíram apenas um encontro com cada participante, com exceção de uma delas, que realizou dois encontros com cada parte. Quanto aos procedimentos, todos os laudos indicavam o uso de entrevistas, e três deles o uso do HTP; dois laudos indicavam o uso do IFP; um laudo, o uso do Teste de Rorschach; e um laudo, o uso das Pirâmides Coloridas de Pfister. Os laudos não explicitavam o referencial teórico que fundamentou a avaliação, conforme as diretrizes do CFP, nem a justificativa dos procedimentos e instrumentos adotados. Os resultados foram descritos sem indicação de suas bases de evidências, seja por meio dos instrumentos utilizados (cujos resultados não eram descritos), seja por meio de outras fontes de informação. Dessa forma, as conclusões dos laudos pareciam basear-se em opiniões ou percepções dos profissionais sobre os dados levantados. Esses resultados corroboram o achado de Lago e Bandeira (2009) com relação à fragilidade da formação em psicologia jurídica na graduação, tema não abordado pela maior parte dos cursos, exceto como disciplina optativa em alguns casos.

Fermann e colaboradores (2017) também confrontaram as conclusões dos oito laudos analisados quanto à presença ou à ausência de alienação parental com o posicionamento dos juízes nesses casos. Constataram que houve concordância em apenas metade dos processos, o que evidenciou, para essas autoras, a falta de clareza sobre o que seja a alienação parental e de critérios claros para determinar sua presença nos procedimentos de avaliação psicológica.

No contexto norte-americano, Keilin e Bloom (1986) descreveram as práticas de avaliações em processos de disputa de guarda de 82 participantes, 78% deles psicólogos. Em média, esses participantes dedicavam em torno de 19 horas para cada avaliação e quase sempre reportaram entrevistar cada genitor e a criança. Testes psicológicos com os adultos eram usados em 76% dos casos, e com as crianças, em 74%. A maioria observava as interações pais-criança (69%), e metade também as interações entre os genitores. Um terço da amostra relatou visitar a escola e os lares das crianças. Quase a metade também realizava entrevistas com outros familiares e amigos. Entre os testes utilizados com maior frequência com as crianças, Keilin e Bloom (1986) identificaram os testes de inteligência (quase metade da amostra), o Teste de Apercepção Temática Infantil (CAT) (39% dos participantes), seguidos por diversos testes projetivos gráficos, pelo Teste de Rorschach e pelo Teste de Bender. Com os pais, os participantes costumavam utilizar o Inventário Multifásico Minnesota de Personalidade (MMPI) (70%), seguido pelo Teste de Rorschach (42%) e pelo TAT (38%). Nesse estudo, os fatores considerados mais relevantes pelos participantes para determinação da guarda das crianças foram: 1) a preferência declarada dos jovens de 15 anos ou mais; 2) tentativas de alienação parental por parte dos genitores; 3) a natureza e a qualidade da relação emocional da criança com cada genitor; 4) a estabilidade emocional e psicológica de cada genitor; 5) as habilidades parentais de cada genitor; 6) a abertura de cada genitor em relação ao contato da criança com o outro; 7) os cuidados e os papéis parentais assumidos antes da separação; 8) a raiva e a amargura dos genitores com relação ao divórcio; 9) a orientação sexual dos genitores; e 10) as preferências declaradas de crianças de 5 anos.

Alguns anos mais tarde, Ackerman e Ackerman (1997) realizaram a mesma investigação com 201 psicólogos (a partir de uma consulta feita a 800). Desses 25% que retornaram protocolos utilizáveis, foi constatado que eles dedicavam 21 horas ao processo de avaliação, sendo a maior parte desse tempo destinada ao exame de material complementar e à elaboração do laudo ou relatório. Testes de inteligência e projetivos eram os instrumentos mais utilizados com as crianças, e o MMPI/MMPI-2 com os adultos, seguido pelo Teste de Rorschach. De forma semelhante ao estudo de Keilin e Bloom (1986), os fatores considerados mais relevantes pelos participantes para questões de guarda de crianças no estudo de Ackerman e Ackerman foram: 1) a possibilidade de abuso de substâncias de cada genitor; 2) as habilidades parentais dos genitores; 3) tentativas de alienação parental; 4) a natureza e a qualidade da relação emocional da criança com cada genitor; 5) a estabilidade emocional ou psicológica de cada genitor; 6) a abertura de cada genitor em relação ao contato da criança com o outro; 7) o histórico de cumprimento das decisões judiciais durante a separação; 8) os cuidados e os papéis parentais assumidos antes da separação; 9) a preferência declarada dos jovens de 15 anos ou mais; e 10) a raiva e a amargura dos genitores com relação ao divórcio.

No estudo de Ackerman e Ackerman (1997), muitos avaliadores reportaram o uso de instrumentos desenvolvidos especificamente para o contexto forense. Mais de um terço utilizava o Bricklin Perceptual Scales (Bricklin, 1990), 16% o Perception of Relationships Test (Bricklin, 1989), e 11% o Ackerman-Shoendorf Scales for Parent Evaluation of Custody (Ackerman & Shoendorf, 1992), entre outros menos citados.

Emery, Otto e O'Donohue (2005) fazem uma crítica bastante contundente à forma como tais avaliações psicológicas são conduzidas. Pautadas pelo "princípio do melhor interesse da criança", padecem da falta de critérios e definições claras do que seja o melhor interesse da criança. Além disso, baseiam-se no uso de instrumentos projetivos ou psicométricos transpostos do contexto clínico para o contexto forense, sem uma avaliação crítica dessa transposição e de suas limitações, ou baseiam-se em instrumentos desenvolvidos para o contexto forense que não têm ainda suficiente suporte científico, evidências de validade, fidedignidade, etc. Esses autores preconizam que os esforços dos psicólogos deveriam ser para encorajar, em primeiro lugar, que os pais chegassem a um acordo por si mesmos, seja pela via da mediação, da terapia ou de outros fóruns. Em segundo lugar, sugerem mudanças na legislação que ofereçam regras mais claras e assertivas sobre a guarda de crianças. Dessa forma, acreditam que os pais e seus advogados saberiam o que esperar de um processo de disputa de guarda, o que contribuiria para limitar a necessidade de avaliações de custódia e restringir o escopo desses processos de avaliação. Em terceiro lugar, recomendam que os avaliadores sigam a lei, os códigos de ética profissional, as diretrizes disponíveis para essas práticas e somente forneçam resultados e posicionamentos a respeito de tópicos alicerçados em bases científicas sólidas. Isso nos conduz à discussão sobre a necessidade do delineamento de parâmetros e diretrizes para a avaliação psicológica das crianças que resistem ao contato parental, sempre que tais avaliações forem demandadas.

ORIENTAÇÕES PARA O PLANEJAMENTO E O DESENVOLVIMENTO DA AVALIAÇÃO PSICOLÓGICA DE CRIANÇAS QUE RESISTEM AO CONTATO PARENTAL

A avaliação psicológica de crianças que resistem ao contato parental, no âmbito forense, ocorre com frequência em processos judiciais relacionados a questões de guarda e de regulamentação do direito de convivência, como já foi mencionado. São situações que expressam, em geral, um nível acentuado de conflitos, sendo que os resultados dessas avaliações e da sentença judicial que elas subsidiam poderão ter consequências substanciais para a vida dessas crianças e também dos seus genitores.

A avaliação psicológica no contexto forense, ou seja, a perícia psicológica, deverá ser norteada pela questão legal expressa pelo juiz ou por outro agente jurídico (Rovinski, 2003, 2013). A questão formulada, bem como os quesitos que costumam acompanhar essas solicitações, elaborados pelas partes por meio de seus advogados e assistentes técnicos, constituem elementos norteadores da avaliação, que deverão fundamentar seu enquadre, seleção de técnicas e instrumentos a serem utilizados, quem serão os envolvidos no processo de avaliação e a definição de fontes de consulta complementares.

Publicações nacionais e internacionais oferecem orientações e diretrizes para a realização de perícias psicológicas em geral (American Academy of Child and Adolescent Psychiatry [AACAP], 2011; American Psychological Association [APA], 2013; Bernardes, 2005; Rovinski, 2003, 2013) e de perícias psicológicas no contexto de disputa pela guarda de crianças em particular (APA, 2010; Benjamin, Beck, Shaw, & Geffner, 2018; Shine, 2003). Nessas publicações, identifica-se um consenso quanto à diferenciação entre o papel do psicólogo como psicoterapeuta e como perito. No primeiro caso, a demanda parte do paciente, que procura o profissional diretamente; o objetivo da avaliação e do atendimento é focalizado na compreensão e na superação do seu sofrimento; a relação terapeuta-paciente é um elemento importante do processo terapêutico; e o compromisso com o sigilo e a confidencialidade das informações é um elemento imprescindível e determinante da confiança e da aliança de trabalho. No segundo caso, a demanda parte do Sistema Judiciário, e o objetivo da avaliação é a elucidação de questões que possam subsidiar o encaminhamento processual. As partes envolvidas na avaliação não participam por livre escolha, e sua disposição para colaborar poderá ser bastante limitada ou até mesmo ausente, na medida em que a avaliação e seus resultados possam contrariar interesses em jogo e motivações (conscientes ou inconscientes) envolvidas no conflito. Consequentemente, a relação entre o perito e os avaliados se diferencia da relação que se desenvolve no contexto clínico, e o desenvolvimento da empatia e da confiança pode ser mais restrito, da mesma forma que a confidencialidade será limitada pela necessidade de encaminhamento dos resultados da avaliação para o Sistema Judiciário.

Também há consenso quanto à observância do Código de Ética do Psicólogo, quanto ao cuidado na elaboração do laudo e quanto às conclusões que este poderá apresentar (AACAP, 2011; APA, 2010, 2013; Benjamin et al., 2018; Bernardes, 2005; Rovinski, 2003, 2013; Shine, 2003). O psicólogo somente deve conduzir as perícias para as quais for devidamente capacitado, devendo declinar e justificar quando este não for o caso. Não deverá extrapolar em suas conclusões, restringindo-se rigorosamente às inferências e às deduções que as técnicas e os instrumentos utilizados lhe permitirem registrar.

A importância do conhecimento sobre a legislação pertinente e do funcionamento do

Sistema Judiciário é destacada pelos autores (AACAP, 2011; APA, 2010; 2013; Rovinski, 2003; 2013). Da mesma forma, a clarificação da questão a ser elucidada por meio da perícia psicológica e a consequente definição coerente das técnicas e dos instrumentos que serão utilizados para essa finalidade são balizadores que, em geral, são recomendados pelos autores (AACAP, 2011; APA, 2010; 2013; Benjamin et al., 2018; Rovinski, 2003; 2013; Shine, 2003).

Com base nas diretrizes e nos fundamentos da perícia psicológica disponíveis na literatura revisada, e com base em minha experiência com crianças envolvidas em conflitos familiares litigiosos, a seguir, serão destacados alguns parâmetros que podem auxiliar na realização da avaliação psicológica de crianças que resistem ao contato parental. Sem a pretensão de propor um protocolo ou receita a ser seguida em todos os casos, busca-se salientar alguns princípios e orientações básicas a serem levados em conta pelo psicólogo no planejamento dessas avaliações. Em primeiro lugar, são salientados dois princípios considerados fundamentais para a compreensão desses casos, independentemente do foco que o processo de avaliação assumirá, com base na demanda formulada no encaminhamento.

Análise da motivação da criança para resistir ao contato parental

Embora toda perícia psicológica seja norteada pela demanda e pela questão formulada pelos operadores do direito, quando as crianças manifestam resistência ao contato com um dos genitores, ou completa rejeição da interação com ele, é importante que se compreenda por que essa resistência está presente e qual é sua motivação. Como visto, existem várias possibilidades entre as razões que levam uma criança a rejeitar o contato com seu pai ou com sua mãe, e a identificação dessa motivação e de sua origem em muito poderá contribuir para a compreensão do caso e para a elucidação do conflito em curso.

Identificação e compreensão das características principais da relação da criança com cada genitor

A avaliação de crianças que resistem ao contato parental necessariamente inclui os pais, que também deverão ser avaliados. A qualidade da relação pai-criança e mãe-criança e as características dos vínculos afetivos que se originam nesses relacionamentos são aspectos que auxiliam na compreensão da dinâmica das situações em que as crianças rejeitam um dos genitores. O referencial teórico que orienta o trabalho do psicólogo será importante para fundamentar sua compreensão sobre a natureza e a qualidade da relação da criança com cada genitor. Independentemente do referencial, é importante que haja clareza em relação a ele e coerência em relação ao processo da avaliação, seus resultados e sua apresentação.

A forma como as questões descritas serão elucidadas vai depender do tipo de processo e de perícia que estiver sendo demandado. A seguir, serão salientadas as diretrizes que costumam ser seguidas e que se acredita que possam ser úteis na realização de perícias ou a título de indicadores a serem observados nos pareceres como assistente técnico.

Estabelecimento do escopo da avaliação de acordo com a natureza da questão que origina o encaminhamento de avaliação

É importante ter claro por que e com que objetivo a avaliação foi solicitada. Há dúvidas quanto à forma e à quantidade de contato que a criança deve manter com cada genitor? Há suspeita de alienação parental? Há suspeita de alguma forma de violência por parte do genitor rejeitado? Há dúvidas quanto às habilidades parentais dos genitores? São muitas as possibilidades de questões que originam a solicitação da perícia psicológica, e ter clareza sobre isso facilitará o estabelecimento de questões norteadoras a serem utilizadas para planejar a avaliação e que deverão ser respondidas durante esse processo.

A leitura do processo judicial oferece informações relevantes a respeito do conflito, de sua duração, das reivindicações e queixas de cada parte, do histórico de tentativas de conciliação e/ou decisão, etc. Essa análise pode indicar elementos e questionamentos a serem esclarecidos durante a avaliação, além de oferecer ao psicólogo dados que poderão ser confrontados com as informações colhidas com os participantes durante as entrevistas e demais técnicas utilizadas.

Necessidade de utilizar múltiplos métodos de coleta de dados

Considerando a complexidade das situações nas quais as crianças rejeitam o contato com um genitor, é importante a utilização de múltiplas fontes de coleta de dados para a avaliação. Quanto maior o grau de conflito envolvido, mais importante e necessária pode se tornar a adoção dessa estratégia. Assim, além da criança e dos pais, integrantes da família extensa, como avós ou tios, babás, professores ou outros profissionais da comunidade escolar, pediatras, podem participar e complementar as informações. O acesso a documentos provenientes de uma variedade de fontes, como escola, profissionais da saúde, entre outras, também pode servir como fonte de informações complementares (AACAP, 2011; APA, 2010, 2013; Benjamin et al., 2018; Rovinski, 2003, 2013).

Rovinski (2003, 2013) discute fenômenos como simulação, dissimulação, mentira, que podem estar presentes quando se realiza uma perícia psicológica. A autora revisa e discute estratégias possíveis para identificar e lidar com essas situações. A possibilidade de falsas memórias e a questão da sugestionabilidade da memória também são fenômenos com os quais o psicólogo pode se deparar ao avaliar crianças que resistem ao contato parental. Esse fenômeno foi discutido por Welter e Feix (2010), que alertam a possibilidade de seu surgimento na própria coleta do testemunho da criança. Tais problemáticas têm sido objeto de pesquisas, mas os resultados não são conclusivos e não oferecem respostas para todas as questões que elas levantam. Enquanto isso, os profissionais cotidianamente são demandados para atuar nesses casos. A forma de minimizar os riscos e evitar equívocos que podem ter consequências indesejáveis para os envolvidos nesses processos é a utilização de múltiplos métodos e fontes de coleta de dados.

Escolha das técnicas e dos testes que serão utilizados

As peculiaridades de cada caso constituem o indicador mais importante na seleção de técnicas a serem utilizadas (Rovinski, 2003, 2013). Emery et al. (2005) questionaram, por exemplo, o uso de testes de inteligência em avaliações para determinação de custódia de crianças no contexto norte-americano. Lago e Bandeira (2008) identificaram, em seu estudo sobre as práticas dos psicólogos brasileiros nas avaliações para determinação da guarda, o WISC-IV como uma das técnicas mais utilizadas com as crianças. Excetuando-se os casos em que a suspeita de deficiência intelectual e consequentes cuidados necessários seja um critério importante para atribuição de guarda, ou para a avaliação de situações de rejeição ao contato parental, por exemplo, é questionável o uso de testes de inteligência nesses processos (com todas as implicações de tempo, energia e recursos despendidos). Portanto, ao escolher determinado tipo de entrevista e/ou determinados testes a serem aplicados, é importante que se tenha claro o porquê de tal escolha, com que objetivo será(ão) utilizado(s) e qual resultado se espera obter.

Assim, a questão a ser respondida com a avaliação psicológica constitui um norte relevante na seleção das técnicas a serem adotadas. Outro fator importante é o referencial teórico que orienta a atividade do profissional. Krug, Trentini e Bandeira (2016) salientaram a importância do referencial teórico de base para a realização de psicodiagnósticos, sob pena de produzirem-se "*fransksteins* técnicos e teóricos" (Krug et al, 2016, p. 19, grifo dos autores). Embora a perícia psicológica não constitua um psicodiagnóstico, ela deve ser fundamentada pelo referencial teórico com base no qual o profissional costuma atuar. Consequentemente, deve haver coerência entre esse referencial e as técnicas selecionadas, bem como com a finalidade da avaliação que foi solicitada.

A avaliação psicológica de crianças que resistem ao contato parental demanda análise de características da personalidade tanto da criança como de cada um dos genitores. É necessária também uma análise das características dos vínculos constituídos entre ambos, de forma que seja viável discriminar as origens e as motivações da rejeição e o papel de cada um dos envolvidos nesse processo. As entrevistas constituem meios privilegiados para essa avaliação, tanto as entrevistas individuais com cada um (criança, mãe, pai) quanto aquelas em conjunto criança-mãe e criança-pai. Além disso, testes projetivos e de personalidade fundamentados em evidências científicas consistentes e atuais agregam importantes informações.

Benjamin et al. (2018) propõem um protocolo para a avaliação de famílias em litígio relacionado à custódia de crianças. Esse protocolo inclui entrevistas com cada genitor em conjunto com a criança, e os autores oferecem parâmetros para a condução e a apreciação dessas entrevistas. A necessidade de padronização para as entrevistas realizadas em perícias no contexto dos litígios familiares já havia sido destacada por Emery e colaboradores (2005). De fato, é importante que o psicólogo tenha claro o que pretende investigar nessas entrevistas, como fará isso, bem como analisará e interpretará seus achados. Na ausência de protocolos derivados de pesquisas devidamente validados para a finalidade e a população a que se destinam, é necessário, no mínimo, que o avaliador tenha definido, de forma fundamentada, a dinâmica da entrevista que será realizada, suas questões norteadoras e os parâmetros de avaliação.

Ao discutirem o uso de instrumentos na avaliação psicológica forense que envolve disputa de guarda de crianças, Lago e Bandeira (2009) também recomendaram o uso de instrumentos que permitam uma análise da estrutura de personalidade dos genitores. Para essas autoras, essa avaliação deve contemplar a dinâmica do ex-casal, suas competências parentais

e o nível de desenvolvimento das crianças envolvidas. Uma importante revisão de instrumentos para avaliação da personalidade foi publicada por Hutz, Bandeira e Trentini (2018). Além disso, Gorenstein, Wang e Hungerbuhler (2016) organizaram uma coletânea na qual apresentam uma série de ferramentas de avaliação da saúde mental, incluindo instrumentos para avaliação de depressão, ansiedade, sintomas psicóticos, abuso de álcool e drogas, impulsividade, entre outros problemas. A coletânea também abrange instrumentos para uso na infância e adolescência. Essas fontes de consulta podem ser úteis para apoiar as escolhas do avaliador, de acordo com a demanda recebida pelo sistema judiciário e os aspectos que necessite investigar em cada caso, de acordo com suas peculiaridades.

Alguns instrumentos têm sido desenvolvidos em nosso contexto, com o objetivo específico de identificar indicadores de alienação parental. Brandão e Baptista (2016) descreveram a etapa inicial de construção da Escala de Rastreamento de Sinais de Alienação Parental (ERSAP), que abrangeu a construção de itens, uma avaliação por especialistas e uma aplicação-piloto. Composta inicialmente por 66 itens formulados com base em revisão de literatura sobre o assunto, dimensionados de acordo com uma escala Likert, a ERSAP pode ser respondida por crianças e adolescentes de 8 a 14 anos, sobre o comportamento de seus pais e mães. Estudos para exame das propriedades psicométricas da Escala foram anunciados pelos seus autores.

Carvalho, Medeiros, Coutinho, Brasileiro e Fonsêca (2017) desenvolveram o Inventário de Práticas Maternas Alienantes (IPMA), com base em dois estudos. No primeiro, o Inventário foi desenvolvido e validado. No segundo, sua estrutura fatorial foi confirmada por meio de modelagens de equações estruturais. O IPMA é composto por 10 itens respondidos em uma escala Likert de cinco pontos pelas mães que supostamente apresentam práticas alienantes. Carvalho et al. (2017) constataram evidências de validade fatorial e consistência interna do Inventário e indicaram que estudos futuros devem investigar a estabilidade temporal do IPMA (teste-reteste) e a validade convergente discriminante em relação a medidas que investiguem alienação parental. Recomendam seu uso, mas com cautela.

Já Gomide, Camargo e Fernandes (2016) avaliaram as propriedades psicométricas da Escala de Alienação Parental. Essa Escala é composta por 59 itens divididos em cinco categorias, que devem ser respondidos pelos profissionais que atuam no contexto forense a respeito das famílias com suspeita de alienação parental que avaliam. As respostas são dadas em uma escala Likert de três pontos. Segundo as autoras, a validade de critério concorrente evidenciou que a Escala é capaz de discriminar genitores alienadores e apresenta padrões consistentes e significativos com relação às suas propriedades psicométricas.

Por fim, Lago e Bandeira (2013) desenvolveram o Sistema de Avaliação do Relacionamento Parental (SARP), que é um conjunto de técnicas que tem como objetivo avaliar a qualidade do relacionamento entre a criança e seus genitores. O SARP destina-se a subsidiar perícias psicológicas para processos de disputa de guarda e regulamentação de visitas. O construto analisado pelo SARP é o relacionamento parental, definido pelas autoras como "[...] a capacidade dos genitores de atender às necessidades de afeto, cuidados, proteção, educação, lazer e segurança dos filhos" (Lago & Bandeira, 2015, p. 13). Três técnicas compõem o SARP: uma entrevista semiestruturada aplicada aos responsáveis pela criança; a técnica Meu Amigo de Papel, aplicada a crianças de 5 a 12 anos; e a Escala SARP, pontuada pelo perito ou avaliador. O SARP é baseado nos pressupostos da Teoria Familiar Estrutural e vem acompanhado de um manual que orienta sua aplicação e interpretação.

Observa-se, assim, um esforço importante no contexto brasileiro no sentido do desenvolvimento de instrumentos especificamente voltados para a análise de situações que possam envolver a rejeição do contato com os genitores ou a alienação parental. Esses instrumentos e procedimentos têm o potencial de contribuir para o aprimoramento e a exatidão das avaliações desses casos no contexto forense.

Estabelecimento de um contrato claro com as partes

Mesmo que a demanda da avaliação parta do sistema judiciário, é muito importante o estabelecimento de um contrato claro com os participantes, incluindo a criança. Esse contrato poderá incluir ou não a obtenção do consentimento informado e do assentimento com a criança (APA, 2010; Rovinski, 2013). De qualquer forma, as condições e os procedimentos da avaliação devem ser esclarecidos aos participantes, assim como os limites da confidencialidade e a necessidade de retorno dos resultados para o sistema judiciário. Combinações sobre os honorários, quando for o caso, também fazem parte do contrato, assim como a forma de devolução aos avaliados.

A literatura apresenta algumas controvérsias a respeito da devolução, sendo discutido se ela é devida somente aos operadores do direito que demandaram a avaliação ou também aos participantes. Alerta-se também quanto aos riscos que a antecipação dos resultados para as partes pode ocasionar ao processo, antes de sua divulgação pela via dos autos processuais (Rovinski, 2013). Alternativas intermediárias são consideradas, como o psicólogo colocar-se à disposição dos avaliados depois que o laudo for encaminhado ao juízo e disponibilizado para conhecimento das partes.

Não há uma única fórmula aplicável a todos os casos. Assim como a avaliação deverá ser planejada de acordo com as características e a demanda de cada caso, da mesma forma a devolução poderá assumir formatos diferentes, de acordo com as possibilidades, as necessidades e os limites de cada um. Considera-se que o *cliente* do psicólogo perito não é apenas o sistema judiciário, mas também aqueles que se submetem ao processo de avaliação. O compromisso do psicólogo com essas pessoas é tão ou mais importante quanto aquele com os operadores do direito, e, de uma forma ou de outra, algum vínculo terá se estabelecido, por mais frágil ou ambivalente que possa ser. Isso não significa confundir ou justapor papéis com aqueles que são exercidos em um *setting* clínico, por exemplo; significa responsabilizar-se pelo que pode ser mobilizado no processo de avaliação, viabilizar sua compreensão e sinalizar possíveis encaminhamentos.

A avaliação deve ser imparcial, e o psicólogo não deve se orientar pelos seus valores e crenças acerca de família e relações pais-filhos

A avaliação de crianças que resistem ao contato parental pode produzir no psicólogo uma identificação com a criança; nos casos de alienação parental, pode produzir uma identificação com um dos genitores, seja o chamado *alienado* ou o *alienador*, dependendo de suas experiências, valores e, eventualmente, conflitos e dificuldades relacionais que possa ter vivenciado ao longo de seu ciclo vital. Essas identificações podem operar em um nível mais ou menos inconsciente e podem constituir vieses indesejados e comprometedores de uma avaliação objetiva e focada.

Como discutido, a formação pessoal e profissional do psicólogo deve ter sido capaz de prepará-lo para a atuação no campo das perícias psicológicas no contexto forense, em consonância com os melhores padrões éticos e técnicos que a tarefa exige. Atualizações e reciclagens, tanto no âmbito de tratamento pessoal como no de supervisão, estudos e trocas com os pares são sempre medidas bem-vindas e capazes de assegurar as melhores práticas.

Cuidado com a qualidade dos registros e sua manutenção e com a qualidade do laudo

Tão importante quanto o planejamento e o desenvolvimento da avaliação será a qualidade dos registros a que eles derem origem. A precisão dos registros e sua completude são fatores que contribuem para a consistência da análise que fundamentará o laudo. Este deve estar em conformidade com as orientações do CFP, tanto no que diz respeito aos aspectos formais quanto ao seu conteúdo. É importante que as observações contidas no laudo, as afirmações e as conclusões indiquem sempre as evidências que as sustentam, seja a partir das entrevistas, seja a partir dos testes ou de outras fontes complementares, que devem ser apontadas.

O material resultante das avaliações deve ser mantido e arquivado em local seguro e reservado. Como não é infrequente os litígios familiares se estenderem por vários anos, o psicólogo pode voltar a ser consultado a respeito de um mesmo caso. Além disso, esse material pode ser fonte de estudo e aprendizado, visando ao aprimoramento contínuo do profissional e de suas futuras avaliações.

CONSIDERAÇÕES FINAIS

As crianças que resistem ao contato parental não constituem uma categoria homogênea. Nas origens desse fenômeno podem-se encontrar fatores de ordem distinta, que precisarão ser discriminados no processo de uma avaliação psicológica efetiva. As razões que podem levar à rejeição de um genitor podem estar relacionadas a características e vulnerabilidades da própria criança, a características e dificuldades desse genitor, à influência do outro genitor, às interações e relações estabelecidas entre essas pessoas, aos conflitos familiares e/ou conjugais vivenciados, etc. Via de regra, esses fatores costumam se combinar em graus diversos. Em alguns casos, essas razões podem estar relacionadas a experiências de negligência, violência, abuso sexual. A compreensão da dinâmica relacional que desencadeia o afastamento ou o rompimento de um vínculo pai-filhos ou mãe-filhos, bem como a compreensão das características, dificuldades e do papel de cada um dos envolvidos, poderá subsidiar o encaminhamento do processo judicial, quando houver um em curso, e contribuir para a superação dessas dificuldades e conflitos.

Resistência ao contato parental não é sempre sinônimo de um processo de alienação parental. Não deve conduzir, portanto, a condutas ameaçadoras ou punitivas. São situações que precisam ser analisadas com cautela e sem preconcepções. Mesmo quando constituírem um processo semelhante ao que a literatura descreve como alienação parental, é importante que o psicólogo tenha em mente que está diante de pessoas com dificuldades, muitas vezes graves, e sofrimento psíquico, necessitando de ajuda e intervenção psicológica, que possivelmente não se esgota com a perícia psicológica e a sentença judicial.

REFERÊNCIAS

Aberastury, A. (2007). *Psicanálise de crianças: Teoria e técnica*. Porto Alegre: Artmed.

Ackerman, M. J. & Ackerman, M. C. (1997). Custody evaluation practice: A survey of experienced professionals (revisited). *Professional Psychology: Research and Practice, 28*(2), 137-145.

Ackerman, M. J. & Shoendorf, K. (1992). *ASPECT: Ackerman-Shoendorf Scales for Parent Evaluation of Custody*. Los Angeles: Western Psychology Services.

American Academy of Child and Adolescent Psychiatry (AACAP). (2011). Practice parameter for child and adolescent forensic evaluations. *Journal of the American Academy of Child & Adolescent Psychiatry, 50*(12), 1299-1312.

American Psychological Association (APA). (2010). Guidelines for child custody evaluations in family law proceedings. *American Psychologist, 65*(9), 863-867.

American Psychological Association (APA). (2013). Specialty guidelines for forensic psychology. *American Psychologist, 68*(1), 7-19.

Barbosa, L. P. G. & Castro, B. C. R. (2013). *Alienação parental: Um retrato dos processos e das famílias em situações de litígio*. Brasília: Liber Livro.

Bateman, A. W. & Fonagy, P. (2006). *Mentalization-based treatment for borderline personality disorder: A practical guide*. Oxford: Universtity Press.

Benjamin, G. A. H., Beck, C. J., Shaw, M., & Geffner, R. (2018). *Family evaluation in custody litigation: Promoting optimal outcomes and reducing ethical risks*. Washington: APA.

Bernardes, D. C. F. (2005). Avaliação psicológica no âmbito das instituições judiciárias. In R. M. Cruz, S. K. Maciel, & D. C. Ramirez (Orgs.), *O trabalho do psicólogo no campo jurídico* (pp. 71-80). São Paulo: Casa do Psicólogo.

Brandão, E. M. & Baptista, M. N. (2016). Alienação parental: Revisão integrativa e construção de um instrumento de rastreamento. *Psicologia Argumento, 34*(84), 65-75.

Brasil. (2008). *Lei nº 11.698, de 13 de junho de 2008. Altera os arts. nº 1.583 e nº 1.584 da Lei nº 10.406, de 10 de janeiro de 2002 – Código Civil, para instituir e disciplinar a guarda compartilhada*. Recuperado de http://www.planalto.gov.br/ccivil_03/_Ato2007-2010/2008/Lei/L11698.htm

Brasil. (2010). *Lei nº 12.318, de 26 de agosto de 2010. Dispõe sobre a alienação parental e altera o art. nº 236 da Lei nº 8.069, de 13 de julho de 1990*. Recuperado de http://www.planalto.gov.br/ccivil_03/_ato2007-2010/2010/lei/l12318.htm

Bricklin, B. (1989). *Perception of relationships test*. Furlong: Village.

Bricklin, B. (1990). *Bricklin perceptual scales*. Furlong: Village.

Carvalho, T. A., Medeiros, E. D., Coutinho, M. P. L., Brasileiro, T. C., & Fonsêca, P. N. (2017). Alienação parental: Elaboração de uma medida para mães. *Estudos de Psicologia (Campinas), 34*(3), 367-378.

Coelho de Souza, I. M. (2010). Alienação parental (Lupi et Agni). *Direito das Famílias e Sucessões, 12*(16), 30-41.

Conselho Federal de Psicologia (CFP). (2010). *Resolução CFP nº 008/2010*. Dispõe sobre a atuação do psicólogo como perito e assistente técnico no Poder Judiciário. Recuperado de https://site.cfp.org.br/wp-content/uploads/2010/07/resolucao2010_008.pdf

Conselho Federal de Psicologia (CFP). (2012). *Resolução CFP nº 17/2012*. Dispõe sobre a atuação do psicólogo como perito nos diversos contextos. Recuperado de https://site.cfp.org.br/wp-content/uploads/2013/01/Resolu%C3%A7%C3%A3o-CFP-n%C2%BA-017-122.pdf

Conselho Federal de Psicologia (CFP). (2018). *Resolução CFP nº 009/2018*. Estabelece diretrizes para a realização de avaliação psicológica no exercício profissional da psicóloga e do psicólogo, regulamenta o Sistema de Avaliação de Testes Psicológicos – SATEPSI e revoga as Resoluções nº 002/2003, nº 006/2004 e nº 005/2012 e Notas técnicas nº 01/2017 e nº 02/2017. Recuperado de http://satepsi.cfp.org.br/docs/Resolu%C3%A7%C3%A3o-CFP-n%C2%BA-09-2018-com-anexo.pdf

Conselho Federal de Psicologia (CFP). (2019). *Resolução CFP nº 06/2019*. Institui regras para a elaboração de documentos escritos produzidos pela(o) psicóloga(o) no exercício profissional e revoga a Resolução CFP nº 15/1996, a Resolução CFP nº 07/2003 e a Resolução CFP nº 04/2019. Recuperado de https://atosoficiais.com.br/cfp/resolucao-do-exercicio-profissional-n-6-2019-institui-regras-para-a-elaboracao-de-documentos-escritos-produzidos-pela-o-psicologa-o-no-exercicio-profissional-e-revoga-a-resolucao-cfp-no-15-1996-a-resolucao-cfp-no-07-2003-e-a-resolucao-cfp-no-04-2019?origin=instituicao&q=documento

Corman, L. (2003). *O teste do desenho da família*. São Paulo: Casa do Psicólogo.

Cunha, J. A. & Nunes, M. L. T. (2003). *Teste das fábulas*. São Paulo: Centro Editor de Testes e Pesquisas em Psicologia.

Damiani, F. & Ramires, V. R. R. (2016). Características de estrutura de personalidade de pais e mães envolvidos no fenômeno da alienação parental. *Interação em Psicologia, 20*(2), 206-218.

Emery, R. E., Otto, R. K., & O'Donohue, W. T. (2005). A critical assessment of child custody evaluations. *Psychological Science in the Public Interest, 6*(1), 1-29.

Faccini, A. & Ramires, V. R. R. (2012). Vínculos afetivos e capacidade de mentalização na alienação parental. *Interamerican Journal of Psychology, 46*(2), 199-208.

Fermann, I. L., Chambart, D. I., Foschiera, L. N., Bordini, T. C. P. M., & Habgzang, L. F. (2017). Perícias psicológicas em processos judiciais envolvendo suspeita de alienação parental. *Psicologia: Ciência e Profissão, 37*(1), 35-47.

Gomide, P. I. C., Camargo, E. B., & Fernandes, M. G. (2016). Analysis of the psychometric properties of a parental alienation scale. *Paidéia, 26*(65), 291-298.

Gorenstein, C., Wang, Y., & Hungerbuhler, I. (2016). *Instrumentos de avaliação em saúde mental*. Porto Alegre: Artmed.

Green, J. Stanley, C., Smith, V., & Goldwyn, R. (2000). A new method of evaluating attachment representations in young school-aged children: The Manchester Child Attachment Story Task. *Attachment & Human Development, 2*(1), 48-70.

Groeninga, G. C. (2003). Família: Um caleidoscópio de relações. In G. C. Groeninga & R. C. Pereira. *Direito de família e psicanálise: Rumo a uma nova epistemologia* (pp. 125-142). Rio de Janeiro: Imago.

Hutz, C. S., Bandeira, D. R., & Trentini, C. M. (Orgs.). (2018). *Avaliação da inteligência e da personalidade*. Porto Alegre: Artmed.

Keilin, W. G. & Bloom, L. J. (1986). Custody evaluation practice: A survey of experienced professionals. *Professional Psychology: Reserch and Practice, 17*(4), 338-346.

Kelly, J. B. & Johnston, J. R. (2001). The alienated child: A reformulation of parental alienation syndrome. *Family Court Review, 39*(3), 249-266.

Krug, J. S., Trentini, C. M., & Bandeira, D. R. (2016). Conceituação de psicodiagnóstico na atualidade. In C. S. Hutz, D. R. Bandeira, C. M. Trentini, & J. S. Krug. *Psicodiagnóstico* (pp. 16-20). Porto Alegre: Artmed.

Lago, V. & Bandeira, D. R. (2008). As práticas em avaliação psicológica envolvendo disputa de guarda no Brasil. *Avaliação Psicológica, 7*(2), 223-234.

Lago, V. & Bandeira, D. R. (2009). O uso de instrumentos em avaliação psicológica no contexto do direito de família. In S. L. R. Rovinski & R. M. Cruz. *Psicologia jurídica: Perspectivas teóricas e processos de intervenção* (pp. 55-66). São Paulo: Vetor.

Lago, V. & Bandeira, D. R. (2013). *Sistema de Avaliação do Relacionamento Parental: SARP.* São Paulo: Casa do Psicólogo.

Lago, V. & Bandeira, D. R. (2015). *SARP: Manual técnico: Sistema de Avaliação do Relacionamento Parental.* São Paulo: Casa do Psicólogo.

Maciel, S. K. & Cruz, R. M. (2009). Avaliação psicológica em processos judiciais nos casos de determinação de guarda e regulamentação de visitas. In S. L. R. Rovinski & R. M. Cruz. *Psicologia jurídica: Perspectivas teóricas e processos de intervenção* (pp. 45-54). São Paulo: Vetor.

Paulo, B. M. (2011). Alienação parental: Identificação, tratamento e prevenção. *Revista Brasileira de Direito de Família e Sucessões, 19,* 5-26.

Refosco, H. C. & Fernandes, M. M. G. (2018). Entre o afeto e a sanção: Uma crítica à abordagem punitiva da alienação parental. *Revista Direito GV, 14*(10), 79-98.

Rodrigues, M. A. & Ramires, V. R. R. (2012). Alienação parental e a lei: A judicialização das relações familiares? In F. D. Boeckel & K. R. R. Rosa. *Direito de família em perspectiva interdisciplinar* (pp. 225-240). Rio de Janeiro: Elsevier.

Rovinski, S. (2003). Perícia psicológica na área forense. In J. A. Cunha (Ed.), *Psicodiagnóstico V* (5ª ed., pp. 183-195). Porto Alegre: Artmed.

Rovisnki, S. L. R. (2013). *Fundamentos da perícia psicológica forense* (3. ed.). São Paulo: Vetor.

Shine, S. (2003). *A espada de Salomão: A psicologia e a disputa de guarda de filhos.* São Paulo: Casa do Psicólogo.

Welter, C. L. W. & Feix, L. F. (2010). Falsas memórias, sugestionabilidade e testemunho infantil. In: L. M. Stein (Ed.), *Falsas memórias: Fundamentos científicos e suas aplicações clínicas e jurídicas* (pp. 157-185). Porto Alegre: Artmed.

ID # 17

NOVAS DEMANDAS DE AVALIAÇÃO PSICOLÓGICA NA ÁREA DE FAMÍLIA

Evani Zambon Marques da Silva
Maria Luiza Dias

Muitos são os temas que impulsionam a solicitação de avaliação psicológica de indivíduos, casais, ex-casais ou famílias nos processos em andamento nas Varas de Família. As transformações sociais, culturais e políticas trouxeram novas demandas à perícia psicológica, quer pela velocidade das mudanças ocorridas na sociedade e nas famílias, quer pela complexidade dos assuntos que hoje orbitam nas relações entre as pessoas.

Neste capítulo, trataremos de algumas temáticas que, apesar de não serem necessariamente novas, têm trazido questionamentos entre os operadores do direito para além do que ocorria no passado, ou seja, estudos psicológicos para casos que envolviam disputa de guarda e regulamentação do direito de convivência.

A intenção é trazer à tona algumas reflexões sobre questões que desafiam o profissional que hoje trabalha com novos dilemas instalados por mudanças culturais da atualidade. Pensemos sobre alguns desses temas.

A PATERNIDADE EM QUESTÃO

As famílias nem sempre conseguem resolver sozinhas seus fortes conflitos. Muitas buscam ajuda ou são encaminhadas para espaços como psicoterapia, redes e grupos de apoio, atendimentos multi ou interdisciplinares para serviços diversos que se propõem a trabalhar com a saúde mental (os quais recebem designações diversas pelo Brasil) e tantos outros que objetivam ofertar um espaço de escuta, entendimento, capacitação e fortalecimento, para que façam suas próprias escolhas. Concordamos com Rizzini, Barker e Cassaniga (2000), os quais dizem que, para as famílias exercerem suas principais funções em sua plenitude, é necessário o Estado crie condições para que possam cumprir o papel que lhes cabe na proteção das crianças e dos adolescentes. Nas palavras de Macedo e Martins (2014), "apontar o dedo e acusar a família de incompetente só cronifica a questão, ao passo que se oferecermos a ela oportunidades de mudança conseguiremos soluções mais eficazes e duradouras".

Todavia, é certo que as proposições que indicam que a proteção, a atenção, a capacitação das famílias, entre outros cuidados, devem ser idealizadas a partir do que as próprias famílias necessitam, e não em função do que o Estado acredita ser o melhor para elas. Isso, segundo estudiosos, "[...] poderia fazer com que ele assumisse um papel hegemônico, patriarcal, que colocaria a *família como hipossuficiente*, e redundaria em uma forma de dominação e controle" (Groeninga, 2003, p. 103).

Por sua vez, temos um crescente contingente de famílias que buscam o Judiciário para resolver questões emocionais; elas judicializam seus problemas e não desejam ou não enxergam outras vias de resolução de conflitos. Caminham para que o Poder Judiciário passe a ser o espaço de depósito de suas queixas e colocam nele a esperança de que suas necessidades sejam atendidas por intervenção de um representante do Estado, da lei – um juiz ou uma juíza –, que irá regulamentar o que a família não está sendo capaz de fazer por si mesma. Dessa maneira, ajustam-se as relações familiares no âmbito domiciliar: se um genitor está ou não apto ao convívio com sua prole e em qual enquadre a interação irá ocorrer, por exemplo. Nessa direção, o Estado tem influência na regulação das relações afetivas na família, já que pode dar maior ou menor acesso dos pais ao(s) filho(s), estabelecendo, portanto, quem supervisiona lições, dá banho, escolhe as alternativas de lazer ou tantas outras atividades diárias, que influenciam também na maneira como se desenvolve a afetividade entre os familiares.

As transformações sociais nas últimas décadas no que se refere ao exercício da parentalidade e à concepção dos papéis de gênero trouxeram todo um contingente de pais do sexo masculino ativos requerendo judicialmente a proteção de seu exercício de guarda de filho(s) e requerendo maior tempo ao lado das crianças e adolescentes, como meio de participar do cotidiano e da formação de sua prole. A figura do "pai ativo", ou seja, aquele que se impõe de modo a requerer maior participação na criação e no acompanhamento do desenvolvimento dos filhos (Silva, 2005), já é uma realidade em muitos segmentos sociais da sociedade brasileira. Ele deseja contemporaneamente seu acesso aos filhos e às filhas em equidade à mãe, que antes, em raríssimos casos, deixava ou perdia a guarda unilateral para o pai, geralmente quando fosse considerada de fato incapacitada e inapta ao papel principal na educação de crianças e adolescentes.

O modelo da família patriarcal que vigorou na sociedade brasileira no período colonial com contornos descritos como dominantes está sendo substituído por uma família mais igualitária. Na família de modelo patriarcal, ao patriarca cabia cuidar dos negócios, da linhagem e da honra; às mulheres cabia cuidar do lar e dos filhos. Deve-se mencionar que há uma controvérsia exposta por historiadores sobre se esse teria sido o modelo dominante em todos os casos.[1] Na família igualitária, homens e mulheres têm acesso ao trabalho remunerado fora da residência, até porque, em muitos casos, a renda masculina já não é mais suficiente para sustentar a casa, dadas as dificuldades presentes no mundo laborativo atual. Além disso, os homens também passaram a exercer mais tarefas domésticas, inclusive no cuidado com os filhos. Mães e pais estão agora dentro e fora de casa. Ainda vivemos um momento de heteronormatividade na cultura brasileira; contudo, podemos afirmar que, mesmo em famílias compostas por casais homoafetivos ou outros arranjos, observa-se uma tendência à divisão equitativa de tarefas.

No âmbito das Varas de Família, ocorreu, nas últimas décadas, um afluxo de genitores masculinos reivindicando um espaço mais estendido para a convivência com seus filhos. Wallerstein e Kelly (1998), estudiosas norte-americanas da família, já apontavam que desde os anos de 1990 os homens começaram a ter uma visão mais clara sobre a parentalidade, pelo fato de após o divórcio eles conseguirem voltar a atenção para a relação com os filhos, o que não ocorria na vigência do casamento.

Afora os fins de semana alternados, por exemplo, eles requerem pernoites durante a semana e a possibilidade de levar os filhos à escola e de participar das decisões importantes

---

[1] Segundo Samara (1986), estudos realizados revelam que as famílias extensas do tipo patriarcal não foram as predominantes no período colonial, pois havia significativo número de famílias com estruturas mais simplificadas e menor número de integrantes. Corrêa (1981) também questionou a ideia de que a família patriarcal tenha sido o modelo dominante sobre várias formas alternativas. Cabe considerar, portanto, que no período colonial tenham existido outras formas de organização familiar no Brasil.

da vida da criança garantida pelo regime de guarda compartilhada. Pleiteiam ter uma convivência ampla, muito além das limitadas horas estipuladas judicialmente. Assim, passaram a opinar na escolha da escola e de serviços de saúde (escolha de dentista, pediatra, psicólogo, entre outros) e se a criança pode ou não realizar determinadas atividades. Quando se desempregam e vivem dificuldades financeiras, estando com a guarda dos filhos, ou em situação de maior atuação com a prole, podem inclusive requerer pensão alimentícia à ex-esposa. Na visão de uma pessoa conservadora, o mundo ficou pelo avesso, principalmente se pensarmos que somente de uma geração para outra já são observadas aceleradas mudanças.

Nessa busca por equidade de direitos, em alguns momentos, os adultos podem até mesmo estressar as crianças e os adolescentes, que têm suas vidas reguladas por seus pais, como no caso de genitores que disputavam na Justiça o local de residência dos filhos, sendo que, em uma semana típica, as crianças dormiam na segunda-feira com o pai, na terça-feira com a mãe, na quarta-feira com o pai, na quinta-feira com a mãe e na sexta-feira com quem já ficariam no fim de semana. Parecia a todos que o convívio encontrava-se bem equilibrado; porém, ao perguntarmos às crianças como viam essa rotina, descobrimos que não era problema o manejo de roupas ou material escolar, já que tinham roupas em ambas as casas e o material escolar permanecia na escola, e sim o fato de que se sentiam sem estabilidade, mudando o tempo todo, sendo que gostavam mais de dormir na casa onde residiam desde pequenos, pois era à noite que viviam um momento de intimidade assistindo à televisão com a mãe ou ficando com ela em sua cama por um tempo antes de dormir, enquanto, com o pai, prefeririam o momento matutino de serem levados à escola. Infelizmente, essa mãe impedia o pai de pegar os filhos pela manhã e levá-los à escola, e esse pai os impedia de dormir mais noites com a mãe. A equidade de direitos, concebida em sua forma mais concreta e material, era o que vigorava.

É óbvio que defendemos a parentalidade conjunta e compartilhada, assumida de forma responsável e igualitária, dando espaço seguro para a participação e o envolvimento de cada um dos pais – individualmente e como casal – na formação e no desenvolvimento global da prole. No entanto, como temos um universo de casos concretos – e é sempre em cima dessa realidade que objetivamos falar –, temos claro que não basta erguer a bandeira da legislação sem que antes possamos olhar as necessidades de cada criança e, por que não dizer, de cada pai e mãe envolvidos na luta emocional não só do divórcio como da vida em sentido *lato*.

Castro (2003) entende que o melhor interesse dos filhos deve sempre ser analisado conjuntamente ao melhor interesse dos pais. Assim, interpretamos que esse interesse não pode ser apartado ou subjugado a ideologias que se distanciam da dor e das penúrias a que estão submetidas as famílias "de carne e osso" que estão diante de nós, na Justiça, nos consultórios e nos ambulatórios, as quais necessitam ser vistas para além de um número de processo ou da designação de partes dos autos processuais.

QUESTÕES DE GÊNERO

No início de 2018, o Supremo Tribunal de Justiça brasileiro (STF, 2018) autorizou transexuais e transgêneros a alterarem o nome no registro civil sem a realização de cirurgia de mudança de sexo. Além disso, transexuais e transgêneros podem pedir para mudar o nome e o gênero sem precisarem passar por avaliação médica ou psicológica (Conselho Federal de Psicologia [CFP], 2018). A ação foi ajuizada pela Procuradoria-Geral da República, em 2009, que mencionou o direito fundamental à identidade de gênero – com base nos princípios da dignidade da pessoa, da igualdade, da vedação de discriminações odiosas, da liberdade e da privacidade –, que está na Constituição Federal e deve ser respeitado.

> Com a decisão histórica para os direitos transexuais, a pessoa poderá solicitar a mudança diretamente no cartório e não precisará comprovar sua condição, que deverá ser atestada por autodeclaração.

A partir do pedido, o cartório não irá expedir uma nova certidão de nascimento, mas sim mudar os dados, corrigindo o documento já existente. O motivo da mudança fica sob sigilo no cartório (Brasil, 1988).

O STF também definiu que não há idade mínima para que alguém esteja apto a mudar o registro [...] (CFP, 2018).

Hoje, profissionais que predominantemente atuam em avaliação psicológica em clínicas-escola ou perícias nas Varas de Família se deparam com temas muito distintos da heteronormatividade e da clássica identidade de gênero, presentes nos padrões conservadores. Se antes chegavam ao Tribunal de Justiça ações para autorização do nome registral sem que houvesse a cirurgia para mudança de sexo, hoje se apresentam, por exemplo, pedidos de pais que desejam alterar o próprio nome na certidão do filho, pois alteraram sua identidade sexual (o pai ou a mãe são transgêneros), ou desejam que o filho – criança ou adolescente – tenha essa alteração por entenderem que ele(a) não condiz com o sexo biológico.

Há diversos exemplos que, ao chegarem ao Poder Judiciário, incitam o operador do direito a solicitar a colaboração de outras ciências para a ampliação do entendimento da questão. Nesse sentido, nos casos de família, por vezes a psicologia pode contribuir na compreensão do histórico familiar, dos aspectos do desenvolvimento infantil, das condições psicopatológicas, dos fatores de risco e vulnerabilidade, entre outros.

Tradicionalmente, as diferenças sexuais eram vistas como naturais, ou seja, constituídas pelas características biológicas. Os pedidos por mudança de sexo ou de nome próprio, para ajustar uma opção de gênero voluntária, eram esporádicos e não conclamavam a sociedade como um todo a refletir e a buscar realmente novas luzes sobre o assunto. Nos dias atuais, qualquer profissional que trabalhe ou preste assistência em diversos níveis para famílias se depara com a questão de gênero e necessariamente deve atualizar-se sobre os debates presentes na sociedade e os que se edificam em seu órgão de classe e nos demais que tenham afinidade com o escopo de seu trabalho.

Butler (2003, 2008, 2014) questionou a formulação comum de gênero que utiliza o binarismo feminino/masculino, sobre a qual a cultura gera características para os gêneros, produzindo significados atribuídos às identidades masculina e feminina. A autora propõe uma visão que implode os processos identitários dos gêneros a partir do sexo do indivíduo (feminino/masculino) em sua forma conhecida e difundida até então. Introduz uma desconstrução social e uma nova construção, em que a dominação masculina (associação do feminino com fragilidade e submissão), o binarismo do órgão sexual, a fronteira entre heterossexualidade-homossexualidade-bissexualidade e as identidades fixas são problematizados. Nessa linha de compreensão, haveria, então, um aspecto político na naturalização de categorias de identidades masculinas e femininas, isto é, como homens e mulheres devem se portar nas relações sociais.

Cabe mencionar que o movimento LGBT (lésbicas, *gays*, bissexuais, travestis ou transgêneros) desconstrói as visões normativas de feminilidade e masculinidade. Agora, inclui-se nesse contexto o movimento *queer*, teoria que afirma que não existem papéis sexuais biologicamente inscritos na natureza humana; portanto, a identidade sexual ou de gênero resulta de uma construção social. A sigla recebeu uma ampliação adicional, podendo ser referida por LGBTQIA, na qual ocorre a inserção dos termos *queer*, intersexo e assexual, ou seja, respectivamente, indivíduos de ambos os gêneros que apresentam uma variedade de orientações/preferências e hábitos sexuais; outros cujas características físicas não são expressas por elementos sexuais exclusivamente masculinos ou femininos, como são compreendidos no modelo tradicional; e outros indivíduos, ainda, que não apresentam atração sexual por ambos os sexos ou que não têm orientação sexual definida.[2]

---

[2]Consulte: Universidade de São Paulo. *O que é LGBTQIA?* Recuperado de http://prceu.usp.br/uspdiversidade/lgbtqia/o-que-e-lgbtqia/.

No mundo contemporâneo em que tudo pode ser ou não ser, que expõe uma enorme variabilidade de modelos, introduz-se na infância e na adolescência, a nosso ver, uma imprecisão desconcertante em uma fase, na qual, ao contrário, crianças e adolescentes necessitam de padrões com os quais possam se identificar. Parece-nos que um mundo apresentado em um espectro onde tudo pode ser soa mais como um empoderamento de nossas crianças e adolescentes reforçando a onipotência infantil de que o mundo fica em suas mãos do que como uma provisão de modelo identificatório que gere a primeira matriz de identidade. Por exemplo, em geral, não se pergunta à criança qual religião ela deseja ter e se deseja ter uma. A criança é socializada dentro dos padrões familiares e, a partir da adolescência, passa a questioná-los e poder transformá-los. Como pode uma criança decidir sobre as opções em todas as áreas de sua vida com recursos cognitivos de primeira infância?

Nessa direção, entendemos que a criança ainda não tem maturidade cognitiva para assimilar conhecimentos que são do referencial adulto; por exemplo, ainda não está apta a escolher qual igreja, sinagoga, terreiro de umbanda, centro espírita (ou outro) vai frequentar e por qual escolha ideológica, já que ainda não é capaz de executar operações mentais dentro de princípios de lógica formal. Tendo por base o que nos ensinou o psicólogo suíço Piaget (1983), somente por volta dos 12 anos em diante o indivíduo raciocina sobre hipóteses, formando esquemas conceituais abstratos. Como esperar de uma criança de pouca idade que ela possa não só conhecer as diferentes ideologias religiosas, mas também adquirir maturidade para compará-las, e que já tenha sofrido o aprendizado de fazer escolhas considerando múltiplos fatores e um pensamento complexo?

Como conciliar um mundo que apresenta uma variabilidade maior de modelos com a necessidade da criança de estabilidade e sustentação física e emocional? Nessa esfera, concordamos com o posicionamento do Conselho Regional de Medicina do Estado de São Paulo (CREMESP), que realizou, em 19 de janeiro de 2018, uma plenária temática sobre desenvolvimento psicossexual da criança e do adolescente, em que psiquiatras, psicanalistas, psicólogos e endocrinologistas pediátricos, todos profissionais de grande excelência na área, manifestaram suas considerações a respeito da saúde mental da criança e do adolescente. A seguir, está transcrita a nota divulgada após o evento:

> A saúde mental do ser humano depende de um desenvolvimento harmônico, desde o princípio da vida, e uma parte dessa formação se faz por meio do desenvolvimento psicossexual da libido.
>
> Considerando que:
>
> - a criança é uma pessoa em desenvolvimento e que o ser humano nasce desprovido de condições autônomas para se manter, tanto física quanto psiquicamente;
> - a criança é dependente e requer cuidados especiais, distintos em cada fase do desenvolvimento;
> - as diferentes fases de desenvolvimento evoluirão ao longo das duas primeiras décadas de vida e que essa evolução dar-se-á gradativamente;
> - os bebês e as crianças são absolutamente vulneráveis;
> - é negligente, irresponsável e alienante consentir ou induzir as crianças a fazerem escolhas prematuras, já que são desprovidas de maturidade para tal;
> - é função parental apresentar referenciais para a educação psicossexual da criança, podendo se valer de orientação médica e psicológica;
> - durante a adolescência ainda há parcial vulnerabilidade;
> - educação sexual, direito da criança e do adolescente, é muito diferente de incentivo à indefinição sexual, o que traz a eles insegurança, inadaptação e risco, com consequências para essa população vulnerável;
> - é medida antiética a realização de experimentos psíquicos, não aprova-

- dos pela Comissão Nacional de Ética em Pesquisa (CONEP), conforme legislação vigente, com a população de crianças e adolescentes, visto sua vulnerabilidade;
- os Conselhos de Medicina têm por função zelar pela saúde da população, em seus aspectos físicos e psíquicos;
- a homologação da Sessão Plenária do CREMESP realizada em 14 de fevereiro de 2018.

O CREMESP entende que o cuidado com a saúde mental das crianças e dos adolescentes deve ser prioridade e que colocá-los em risco pode trazer consequências danosas à formação do aparelho psíquico. Entende que a determinação sexual é dependente de fatores genéticos, epigenéticos e do desenvolvimento psicossexual precoce e que as variações do desenvolvimento sexual podem ocorrer em crianças e adolescentes e devem ser abordadas como tal, não devendo ser objeto de questões políticas, ideológicas ou de outra ordem.

O CREMESP considera que o cuidado com crianças e adolescentes em seu desenvolvimento psicossexual é prioridade, deixando claro que as diferenças sexuais existem e devem ser observadas para que a confusão não se estabeleça por desvio de objetivos (Conselho Regional de Medicina do Estado de São Paulo [CREMESP], 2018).

Fica, então, um desafio ao profissional contemporâneo, no sentido de avaliar em que casos procede uma intervenção no sentido de favorecer pedidos de mutação das condições ligadas aos gêneros, quando processos de avaliação psicológica se configuram como meio de acesso a esse tipo de escolha. Não se trata de evitar a possibilidade de um pensar disruptivo ou de se restringir ao binarismo homem e mulher como única forma de compreender o campo do gênero. O propósito é de não compactuar com uma ideologia que desrespeite a necessidade da criança de pertencer a um elo geracional em que seja contida e no qual as figuras parentais garantam acolhimento e condição efetiva de transmissão psíquica de padrões familiares, o que inclui internalizar limites, normas, valores e fronteiras, e não somente recursos e possibilidades.

Nas gerações passadas, sempre foram os adultos que transmitiam seu saber aos mais novos. Na geração recém-chegada atual, parece haver, pela primeira vez, uma inversão de papéis e de autoridade. Pela nova ideologia de gênero apregoada, são as crianças que devem dizer aos adultos quem elas são e o que fazer com elas. Os avanços tecnológicos também têm posicionado crianças e adolescentes nesse lugar de autonomia precoce.

INTOXICAÇÃO TECNOLÓGICA

A era tecnológica trouxe aceleradas mudanças aos costumes e ao padrão de comunicação intrafamiliar, além de transformações nas relações em geral. A criança, precocemente capturada pela grande enciclopédia eletrônica denominada Google, não mais depende dos pais para o acesso a informações, gerando uma hierarquia invertida: agora são os mais novos que ensinam os mais velhos. Não é incomum que, quando se vive um problema eletrônico no lar, sejam crianças e adolescentes que resolvam os problemas técnicos e que pais tentem informar algo a um filho e perceba que ele está quase sempre já ciente das informações e talvez detenha até mais detalhes sobre elas que os próprios pais. Incentivados pelos adultos, que na casa aparelham seus filhos com os eletrônicos (*smartphones*, *notebooks*, *tablets* e outros), e pela escola, que em geral posta as lições e todo o material para estudo no *site* da instituição educacional e em plataformas específicas para isso, crianças e adolescentes inserem-se em um contexto no qual o recurso eletrônico se torna indispensável muito cedo.

Ao lado das indiscutíveis vantagens do uso tecnológico, surgem também as desvantagens: pais que perdem a autoridade para o Google, que ensina de tudo e com soberania, sobrepondo-se a valores e padrões familiares, retirando-se o lugar em que se opera uma transmissão – pais expropriados de um saber (na internet, há tutorial para quase tudo); filhos vítimas de *cyberbullying*;[3] excesso de informação (há mensagens eletrônicas que também cultivam a violência); relacionamentos desfeitos com um toque em uma tecla eletrônica denominada *delete*; *nudes* circulando irresponsável e indevidamente na internet à revelia de seus corpos, podendo ser motivo de suicídio na adolescência.

As mensagens eletrônicas também alimentam os processos judiciais, e conversas íntimas passaram a ser concebidas como provas em litígios. As equipes técnicas das Varas de Família ou os profissionais que estão no lugar de avaliadores peritos e/ou assistentes técnicos deparam-se com diversas capturas de telas de celulares como prova comprobatória "de um que disse e o outro disse também". Palavras podem perder-se no ar; contudo, mensagens eletrônicas são atemporais, imortais e podem transcender as fases do ciclo vital familiar. Mensagens eletrônicas passam a ser comprobatórias de adventos na lide do ex-par conjugal. Muitas vezes já obsoletas ou descontextualizadas, ganham força de prova documental, fazendo renascerem diálogos de anos anteriores. Além disso, os próprios filhos, instrumentalizados com recursos eletrônicos móveis, passam a ter possibilidade de documentar em tempo real os contatos com o outro genitor (aquele que está sendo visitado, p. ex.), assumem atitudes vigilantes e acabam por contaminar, em muitos casos, a edificação de uma relação saudável com o outro lado.

Uma grande pesquisa (Comitê Gestor da Internet [CGI] & Centro Regional de Estudos para o Desenvolvimento da Sociedade de Informação [CETIC], 2015) realizada por vários países, entre eles o Brasil, indica números alarmantes sobre o contato cada vez mais precoce das crianças e adolescentes com a internet. O Brasil apresentou maior percentual de crianças entre 9 e 10 anos (52%) com perfis nas redes sociais se comparado a sete países da Europa. Menciona, também, que países como Dinamarca, Portugal e Romênia apresentam alto índice de crianças mais velhas com perfis sociais, porém, na idade destacada (9 a 10 anos), estão abaixo dos dados do Brasil.

Se o envolvimento com o mundo digital é inevitável e também traz enormes possibilidades de crescimento e conhecimento, é certo que o contato excessivo, desregrado e sem parâmetros educacionais eficazes traz, para essa relação, uma abertura para a identificação de psicopatologias ou, no mínimo, instabilidades emocionais e/ou cognitivas (Felisoni & Godoi, 2018) que afetam as atividades cotidianas ligadas à evolução de novas tecnologias, ao vício em jogos eletrônicos e à própria dependência do mundo virtual em si.

Estudiosos contemporâneos, dos quais destacamos Abreu, Eisenstein e Estefenon (2013), Mota (2007), Silva (2018) e Vieira Junior, Maluf e Silveira (2011), discutem elementos que sugerem que muitos dos conflitos existentes no interior da família também podem trazer sensações desagradáveis à criança e ao adolescente que se valem do mundo digital como um escudo protetor, uma blindagem que lhes permite fugir ou apenas distanciar-se daquele conflito instalado e com pouca ou nenhuma chance de ser trazido e lapidado para o mundo real.

O alerta para a inequívoca disfuncionalidade de certo tipo de uso dependente de computadores e *videogames* e a necessidade de alguma abordagem terapêutica do problema é importante. "Diagnosticar uma dependência não equivale a compreendê-la como uma doença psiquiátrica em seu senso estrito, mas apenas reconhecer uma condição disfuncional que merece apoio e tratamento" (Vieira Jr., Maluf, & Silveira, 2011, p. 402).

Cabe mencionar que a exposição por meios eletrônicos também alimenta disputas e que não é infrequente que ex-cônjuges acompanhem a evolução do transcorrer da vida do outro por meios eletrônicos – por exemplo, o Facebook, espaço virtual no qual se publicam as melhores imagens e façanhas de si mesmo. Sobre isso, Dias (2014, p. 175) alerta:

---

[3] Usar o espaço virtual para intimidar e hostilizar uma pessoa (colegas de escola, professores ou até mesmo desconhecidos), difamando, insultando ou atacando.

Um tipo de funcionamento narcísico, autorreferente, fica aderido à tecnologia como um tipo de consumo de si mesmo. O indivíduo parece se portar como uma mercadoria, ele mesmo em si, por exemplo, quando fica no Facebook vendendo uma imagem valorizada de si próprio. É bem comum que, neste espaço *on-line*, ele publique tudo que há de melhor sobre si mesmo, como um tipo de autopropaganda.

Desse modo, ex-cônjuges irritam-se mutuamente, pois podem se sentir facilmente descartados, substituídos, repostos e excluídos do parentesco com os próprios filhos, quando um(a) novo(a) parceiro(a) amoroso(a) é incluído(a) nas imagens de reunião da nova composição familiar. A elaboração do luto da separação conjugal pode até mesmo ser prejudicada diante da pressão de uma atmosfera eletrônica maníaca que mostra uma superação instantânea da ruptura dos vínculos conjugal e familiar.

NOVAS COMPOSIÇÕES DE FAMÍLIA

Quem hoje realiza avaliação psicológica de crianças e adolescentes se depara com uma maior variabilidade de configurações de família. As intensas transformações na vida doméstica ocasionaram até mesmo uma mudança em verbete de dicionário. As versões antigas referiam-se a um grupo de pessoas que tinham relação de parentesco e habitavam o mesmo lugar: pai, mãe e filhos; pessoas cujas relações foram estabelecidas pelo casamento, por filiação ou pelo processo de adoção; grupo de pessoas que compartilhavam os mesmos antepassados. O Dicionário Houaiss, valorizando a diversidade, realizou pesquisa *on-line*, perguntando aos internautas o que era família, o que resultou em uma nova definição: "[...] núcleo social de pessoas unidas por laços afetivos, que geralmente compartilham o mesmo espaço e mantêm entre si uma relação solidária" (Instituto Brasileiro de Direito de Família [IBDFAM], 2016). A consanguinidade como elemento norteador nuclear para o entendimento do conceito de família perdeu seu valor, tal como a heteronormatividade.

Hoje, a parentalidade afetiva – ou, como dizem alguns estudiosos, a socioafetividade – envolve a constituição de valores e da singularidade da pessoa e de sua dignidade humana, adquirida principalmente na convivência familiar durante a infância e a adolescência. Assim, podemos dizer que toda maternidade e paternidade é socioafetiva, sendo consanguínea ou não, reafirmando-se aqui que o mais importante não são laços sanguíneos ou questões patrimoniais, mas os laços de afeto que unem as pessoas.

A antropóloga Sarti (1996) encontrou outra representação de grupo familiar em camadas urbanas pobres (São Miguel Paulista, Zona Leste da cidade de São Paulo), para quem a noção de família se refere a um tipo de relação que envolve aqueles em que se pode confiar e com quem se pode contar ou, ainda, aqueles que retribuem o que se dá e com quem se tem obrigação. Nesse contexto, a família não é identificada pelos laços de consanguinidade, e sim pelas redes de obrigação que delimitam vínculos, e é o princípio de obrigação moral que fundamenta a família e que estrutura suas relações. A reciprocidade, nesse caso, é estruturante das relações familiares.

Constata-se, portanto, que no Brasil atual não há uma família-padrão e que esse fator precisa ser considerado na situação de avaliação psicológica, quando é necessário conhecer a maneira como uma família se autorrepresenta. As novas composições mais conhecidas são:

- **Família uniparental/monoparental ou singular:** o termo "monoparental" é um termo demográfico utilizado para famílias em que os filhos habitam com o pai ou com a mãe. Denominada por Souza (1994) como "singular", em seu estudo sobre pais singulares, trata-se da família composta pelo indivíduo que vive com os filhos e responde pelo seu cuidado sem a presença de um(a) companheiro(a), embora ele(a) possa existir.
- **Família estendida:** composta a partir da formação de um novo grupo doméstico,

decorrente de divórcio e de casamentos subsequentes, que podem incluir filhos do casal atual e de relacionamentos anteriores de ambos os cônjuges, além de avós, tios, primos, entre outros.
- **Família composta por casal homoafetivo:** configura-se a partir da adoção de filho(s) ou de filhos tidos em uniões heterossexuais anteriores.
- **Família substituta (guarda, tutela, adoção):** formada a partir da inapetência dos genitores em exercer as funções de cuidado ou pelo falecimento dos pais.
- **Família anaparental:** caracteriza-se pela inexistência da figura dos pais, ou seja, constitui-se pela convivência entre parentes ou entre pessoas sem conotação sexual.

Outras denominações podem ser encontradas na literatura voltada à família, que trata, sobretudo, das transformações ocorridas nas relações de parentesco e nas fronteiras na família pós-advento do divórcio e da dificuldade observada com a nomeação a ser aplicada às novas composições de família e aos novos parentes que surgiram a partir de uniões sucessivas. Em Dias (2006, p. 100), encontram-se outras denominações que tentam oferecer nova nomenclatura às composições que emergiram. São elas:

> Família substituta, família de recasamento ou recasada, família reconstituída, família multiparental, família agregada, família mista, família remendada, reacomodamento familiar, família juntada, família amigada, família adotada, família postiça, família dos meus, dos teus e dos nossos, família reciclada, família de segunda mão.

Surgiram, ainda, as expressões "família mosaica" e "família *patchwork*". Expressões como "meio-irmão", "mãe-drasta", "vô-drasto", "boadastra" e "namorido" também tentam atender à necessidade de reinventar uma nomeação que dê conta das transformações dessa época. Há uma revolução no sistema de parentesco por consequência também das novas tecnologias, como a fertilização *in vitro*, até mesmo com ovodoação e uso de banco de espermas, sem contar a utilização do chamado útero em substituição (popular "barriga de aluguel") amparada pelo Conselho Federal de Medicina (CFM, 2017), mas ainda sem apoio legislativo em território nacional (Alves, 2018).

O modelo tradicional de família – heterossexual, monogâmica, nuclear – está em rápida transformação. Adiciona-se a isso uma visível alteração de valores, em que o velho e o novo são flagrados coexistindo. Há uma reinvenção de formas de se relacionar. Cabe salientar que, em uma avaliação psicológica, o que realmente interessa não é o tipo de composição e como organizam a parentela, ou seja, de que variação se trata, e sim se a criança avaliada está sendo adequadamente cuidada, sem exposição a situações de risco e vulnerabilidade e a fatores que gerem sofrimento e violência psíquica.

Soifer (1982) já descrevia, há décadas, que as funções da família incluíam não só ensinar os cuidados físicos, as relações familiares, a atividade produtiva e recreativa, a inserção profissional, mas também as relações sociais e as sentimentais. Hoje, no século XXI, sabemos que uma criança precisa muito mais do que leite e cobertor para crescer forte e saudável. Ela precisa de carinho, proteção, continência, limites, coerência dos adultos a sua volta, pessoas com uma saúde psíquica minimamente integrada e que vejam o outro (no caso, a criança) em sua integralidade, e não apenas nos aspectos que lhe interessam ou que caibam em sua visão de ser humano e de mundo, em sua ideologia (Boliero & Guerra, 2014; Gomes-Pedro, Brazelton, Nugent & Young, 2005; Nalini, 2000; Pinto, Silva & Cicco, 2018; Ribeiro, 2007; Ribeiro, 2009; Silva, 2005; Silva, Saraiva, & Ferreira, 2013; Sottomayor, 2014).

ADOÇÃO E HOMOPARENTALIDADE

O casamento e a adoção por casal homoafetivo são um dos temas da contemporaneidade. Cabe lembrar que a atuação do psicólogo forense deve respeitar princípios éticos estabelecidos pelo CFP, que se posicionou contra a patologização e a homofobia.

Em 1999, foi aprovada a Resolução nº 1/1999 do CFP, que estabelece normas de atuação para os psicólogos em relação à questão da orientação sexual. Essa Resolução prevê que a atuação profissional não deve abordar a homossexualidade como patologia, distúrbio ou perversão, mas como uma das sexualidades possíveis. Ela afirma que os psicólogos deverão contribuir, com seu conhecimento, para uma reflexão sobre o preconceito e o desaparecimento de discriminações e estigmatizações contra a população LGBT (CFP, 1999).

Em 2008, o CFP lançou a cartilha *Adoção, um direito de todos e todas*, na qual são apresentados, aos psicólogos e a outros profissionais, argumentos necessários e importantes na luta pelos direitos LGBT a respeito do desenvolvimento da criança e do adolescente em lares de pessoas homossexuais ou casais homofóbicos (CFP, 2008). Em 2011, o CFP publicou a obra intitulada *Psicologia e diversidade sexual: desafios para uma sociedade de direitos*, dando acesso aos debates realizados ao longo do Seminário Nacional Psicologia e Diversidade Sexual: desafios para uma sociedade de direitos, entre os dias 17 e 19 de junho de 2010, em Brasília, com a pretensão de difundir as ideias e ampliar o posicionamento crítico da categoria acerca da promoção dos direitos das pessoas LGBT (CFP, 2011).

Nas Varas de Família, tem surgido como nova demanda a determinação de avaliações psicológicas que abarcam essa questão, ou seja, quando um dos membros da díade parental assume ser homoafetivo, deseja separar-se de seu par heterossexual com quem teve filhos e pleiteia a manutenção de seus direitos como pai/mãe na vida da prole, agora com uma relação homoafetiva. A questão é judicializada, via de regra, porque o outro lado do par (então heterossexual) se nega a permitir a manutenção da convivência com o genitor da criança com sua nova vida, seu direcionamento atual em termos de sexualidade.

Nesses casos, os psicólogos são chamados para avaliar a qualidade da relação e os parâmetros de proteção e, da mesma maneira realizada em todos os outros casos nos quais são demandadas as avaliações, verificar situações de risco e vulnerabilidade para a saúde física e psíquica das crianças envolvidas. Não nos cabe, é claro, tecer qualquer consideração moral ou normativa sobre o caso, devendo o profissional manter-se isento e firme em seus princípios éticos que direcionam a profissão.

ABUSOS NA FAMÍLIA

Uma nova dificuldade contemporânea em casos de avaliação ligados às Varas de Família é encontrada na avaliação de famílias envolvidas com violência intrafamiliar, seja por agressão desferida entre adultos, seja contra crianças e adolescentes ou até na forma de abuso sexual (atos libidinosos) e assédios diversos. Há registro de situações em que o provável agressor permanece liberado provisoriamente e tem consequências jurídicas atenuadas, o que o retira do foco das acusações (também definitiva ou provisoriamente), e isso representa e gera muitas dificuldades para o equilíbrio familiar e, principalmente, para o desenvolvimento das crianças e dos adolescentes envolvidos.

A Lei nº 11.340, de 7 de agosto de 2006, conhecida como Lei Maria da Penha, criou mecanismos para coibir e prevenir a violência doméstica contra a mulher e ampliou o conceito de violência, apontando que ao lado da violência física também existem outros tipos, como a violência psicológica, sexual, patrimonial e moral. Peritos forenses do Setor de Psicologia, nas Varas de Família, contornam e sobrevivem a ameaças diretas ou veladas advindas de abusadores de crianças, quando em situação de avaliação psicológica (Brasil, 2006). Apesar de todo o cenário jurídico que opera como uma tentativa de cessar a conduta violenta dirigida a crianças, adolescentes e suas mães (ou pais, já que, hoje, em certos casos, os homens[4] são

---

[4]Pensamos que a sociedade contemporânea carece de estudos e pesquisas sobre a violência voltada ao homem. Muitos não prestam queixa por temerem humilhação social, uma vez que padrões conservadores ainda vigo-

agredidos), em alguns casos, agressores conseguem fazer a passagem pelos procedimentos forenses, convencendo o Juízo ao utilizarem fatos mentirosos, livrando-se de consequências jurídicas restritivas.

A dificuldade na prisão do agressor ou no seu afastamento do lar, por meio da concessão de medidas protetivas, assusta familiares que temem realizar a denúncia e não serem suficientemente amparados pela lei. Assim, muitos casos não chegam nem sequer aos cuidados da Justiça, uma vez que indivíduos agredidos temem sofrer consequências mais graves e lançam mão do auxílio dos setores da Justiça para a autodefesa e a defesa de seus familiares, no que concerne à preservação de sua integridade física e psicológica. Uma adolescente, em situação de avaliação psicológica, relatou que o pai já havia lhe dado dois socos no rosto, que deixaram hematomas na área atingida, mas que, apesar de ter evidências para realizar um exame de corpo de delito e ter conhecimento de como procurar esse procedimento, não o fez, já que, ao ameaçar o pai, dizendo que procuraria auxílio da polícia, ele lhe respondeu que seria pior, porque ele seria preso e a família não teria mais como se manter financeiramente, por ser ele o único provedor material da casa.

Nas Varas de Família, são muitos os casos em que discutimos a regulamentação de visitas de indivíduos que cumprem medida protetiva por terem agredido a mãe, por exemplo. Nesse sentido, haverá sempre a necessidade da pesquisa sobre a veracidade dos relatos, bem como da verificação do histórico dos indivíduos, inclusive quanto aos seus antecedentes de violência, criminalidade e outros.

Com os elementos em mãos, somados ao trabalho de avaliação com o foco na questão discutida nas Varas de Família, o psicólogo deve ater-se à relação possível do indivíduo (pai/mãe) com a prole e verificar indicadores de risco e atuação da agressividade. Além disso, deve analisar se existem parâmetros que indiquem condições internas para esse indivíduo conter e lidar com a agressividade, fatores que o tornem vulnerável, mentiras patológicas, indicadores de psicopatia e outros que se desenharem necessários para que as crianças/adolescentes tenham uma proteção eficaz ao visitarem aquele com quem não residem, ou para que este possa exercer seu direito de visitação e convivência com a prole.

Há inúmeros entraves para apurar a veracidade dos casos envolvendo abusos e agressões. Muitos autores defendem a realização de visitas monitoradas enquanto correm as avaliações e o trâmite processual de forma geral (Ribeiro, 2007), as quais podem ocorrer na própria rede de apoio (Silva, 2005)

Concordamos com a dificuldade nas avaliações envolvendo acusações de abusos; porém, também temos clareza de que muitos psicólogos têm enorme dificuldade de se posicionar diante dos casos, apesar de terem chegado a conclusões plausíveis sobre a ocorrência da violência, identificada a partir do uso de suas teorias e técnicas. Eles temem retaliações da parte às vezes identificada como violenta e das representações em órgãos de classe. Assim, acabam lançando nos laudos colocações evasivas e pouco esclarecedoras aos juízes, valendo-se da premissa de que não estão ali para julgar (o que é certo). No entanto, esquecem de que avaliar não é julgar, e comprometer-se com seus achados não os tornará juízes ocultos, como afirmam diversos teóricos.

Assumir o papel que nos cabe no exercício da psicologia, que tem seu espaço delimitado nas Varas de Família, é uma tarefa árdua, que exige comprometimento ético com os pilares da profissão, em uma coconstrução com os operadores do direito, as redes de apoio e a proteção da criança e do adolescente. Sobretudo, é

---

ram em nossa sociedade brasileira às expensas de toda a variabilidade de modelos difundidos na última década. Histórias como a de um rapaz, na cidade de São Paulo, que sofreu estupro por um grupo de moças, que alegavam que a ação de violência era para que "os homens vissem como era que as mulheres se sentiam quando agredidas", correm de boca a boca, mas logo são esquecidas. Esse grupo feminino utilizou a lei do talião – "olho por olho, dente por dente"? Teriam já sofrido abuso sexual ou violência de outra ordem? Por que ocorrências como essa são rapidamente silenciadas? Pensamos que fenômenos dessa ordem merecem maior estudo e investigação por parte da ciência psicológica.

necessário coragem para estudar e pesquisar de forma isenta, sem que nos lancemos ao academicismo como escudo ou, pior, como um meio de confirmar premissas já cristalizadas internamente.

Como nova demanda no Brasil atual, está a necessidade de conter a violência conjugal e intrafamiliar efetivamente e de pensar em novas formas de intervenção que possam auxiliar agressores e agredidos a se desenvolverem psiquicamente. Sabe-se que vitimizadores, em geral, são oriundos de lares em que também foram vitimizados e que a escolha do parceiro conjugal não é aleatória: existem necessidades psíquicas que garantem que justamente determinado par se sinta atraído de maneira mútua.

É certo que a Lei Maria da Penha e outras medidas judiciais aplicadas à violência intrafamiliar representam um grande avanço e resolvem a situação imediata de afastar o agressor e interromper a prática da violência. Porém, é necessário um trabalho psicoterapêutico posterior que consiga auxiliar o grupo familiar na ressignificação das experiências vividas e na busca de novos recursos psíquicos internos, que permita criar padrões inter-relacionais que previnam a repetição, a reprodução e a transmissão geracional da violência.

O IDOSO E OS PAPÉIS AVOENGOS

O envelhecimento vem sendo objeto de grande interesse em todo o planeta, sobretudo porque nas últimas décadas houve aumento significativo no número de idosos de forma geral, conforme atestam diversos órgãos de levantamento estatístico, dos quais destacamos o Instituto Brasileiro de Geografia e Estatística (IBGE). As formas de concepção do envelhecimento variam nas diferentes culturas existentes, mas, invariavelmente, percebe-se, de maneira gradual, uma mudança necessária no olhar para o idoso.

No Brasil, sofremos um impacto maior sobre a questão do envelhecimento não apenas em função das cifras (serão 70 milhões de idosos em 2050, ou 73 idosos para cada 100 crianças), segundo o IBGE (2019), mas também porque, sendo um país mais jovem e ainda com muitas áreas em desenvolvimento, não experimentamos a convivência com uma população menos jovem de forma tão intensa como já ocorre em países mais desenvolvidos (Silva, 2013). Os problemas econômicos e sociais no país, além das questões que afetam a família e agregam ou modificam seus contornos e configurações, trazem assuntos que envolvem invariavelmente os idosos nas avaliações determinadas, para ilustrar processos transitados nas Varas de Família.

Inicialmente, é importante dizer que, em meio às discussões de uma família em litígio conjugal, não é raro ouvir idosos que desempenham papéis importantes para os filhos, netos, parentes e amigos. Para tanto, por exemplo, é necessário que nos deem maiores elementos de entendimento sobre o funcionamento e as características das famílias e suas relações com a prole, além, é claro, de sinalizar funcionamentos de cunho intergeracional, de importância elevada para a compreensão sobre o caso.

É cada vez mais comum que os idosos desempenhem funções ativas nas famílias, contribuindo e tendo sua renda incorporada nas necessidades das famílias, ou assumindo papéis preponderantes em diversos níveis na educação e na orientação de crianças e adolescentes. O aumento da expectativa de vida, a redução na taxa da natalidade/fecundidade, o aumento das separações conjugais, as altas taxas de desemprego e a maciça entrada das mulheres no mercado de trabalho são alguns dos fatores que redimensionam a atuação dos avós nas famílias contemporâneas (Cardoso, 2011; Oliveira, 2007; Silva, 2013).

Cardoso (2011) fez um estudo sobre avós que cuidam dos netos, e, entre diversas conclusões que sua pesquisa alcançou, está o fato de que os avós não só têm um papel preponderante na educação dos netos como também estão ampliando essa atuação com criticidade. Cardoso (2011) apud Oliveira (2007) menciona que há diversos papéis que versam sobre a entrada dos avós na vida dos netos atualmente, sendo eles, em apertada síntese, os *participativos* (avós presentes, mas que não cuidam diretamente dos netos – não são os responsáveis por eles), os *cui-*

dadores voluntários (avós que cuidam dos netos rotineiramente, em geral de forma voluntária, pois os pais necessitam por algum motivo) e os *cuidadores involuntários* (assumem cotidianamente o cuidado dos netos e são os responsáveis por eles, tendo inclusive sua guarda).

Todo esse universo de situações geradas pelo exercício dos papéis avoengos de forma diversa resulta em aumento de processos judiciais, além de incremento nas determinações de avaliações psicológicas. Isso acontece quando há casos de disputas de guarda entre avós (maternos e paternos), entre avós e pais e inclusive entre avós (quando estes já são separados e brigam entre si para estarem com os netos).

Para além das questões que pairam sobre as famílias em disputa sobre os filhos, temos as situações atreladas a inventários, partilhas e interdições. Nesses casos, os juízes necessitam da avaliação psicológica para se cercar de dados também do ponto de vista do funcionamento psíquico pessoal e familiar, a fim de ter melhor compreensão das alegações diversas trazidas pelos demais familiares, para indicar curadores e apoiadores. Enfim, a avaliação psicológica é necessária para que os juízes executem toda uma gama de proteção hoje prevista no Estatuto do Idoso (Brasil, 2003).

Se hoje o idoso tem um papel mais ativo e produtivo nas famílias e diante dos netos, é certo também que é sujeito de toda sorte de problemas que atingem as famílias. Assim, a questão da violência contra o idoso é uma vertente importante a ser discutida em âmbito próprio e que incita debates sobre o relacionamento, suas fronteiras e alcances, das gerações mais novas com as mais velhas.

SUICÍDIO NA INFÂNCIA E NA ADOLESCÊNCIA

Os temas da depressão e do suicídio na infância e na adolescência não estão somente rondando as conversas em família; estão de fato presentes na vivência de muitos grupos familiares. Estão instalados na clínica e em muitos processos de avaliação de crianças e adolescentes demandados nas Varas de Família, com manifestações que orbitam em torno da discussão sobre a responsabilidade atribuída a um ou outro genitor sobre o(s) episódio(s) ou ameaça(s). Os genitores, em meio a um litígio conjugal e à discussão sobre guarda e visitação aos filhos, acabam sendo questionados judicialmente.

Vejamos a situação de um menino de 7 anos que foi atendido para psicodiagnóstico. Na entrevista inicial em uma clínica-escola, a mãe relatou que seu filho não lhe contava suas experiências e que disse: "Não quero conversar. Ah, eu odeio a minha vida. Ah, eu quero morrer. A minha vida é uma chatice". Isso ecoou na escola do menino, que encaminhou a criança e sua mãe para avaliação psicológica. Outra criança, de 8 anos, também foi atendida para avaliação psicológica e disse: "Eu quero morar com o Papai do Céu porque aqui não tenho amigos". A mãe lhe perguntou como ele faria isso, e a criança lhe respondeu: "Vou tomar remédios". O suicídio tem sido muito mais mencionado entre crianças e adolescentes, que verbalizam intenções suicidas, porém, deve-se considerar que a mídia e o acesso irrestrito à internet também têm colaborado para a expressão de tristeza e de aspectos depressivos de crianças e jovens, por meio dos pensamentos suicidas.

Essa temática emerge também em famílias envolvidas com a Justiça. A situação litigante pode ser tão estressante que crianças e adolescentes a vivenciam como insustentável, vendo na morte uma possibilidade de libertação. Não é raro que o desejo de morrer apareça em crianças e adolescentes vitimizados pelas disputas e brigas entre os pais separados, quando o desrespeito e o desejo de retaliação ao ex-cônjuge se sobrepõem às necessidades de cuidado dos filhos. Crianças deprimidas, acuadas pelo litígio e pela participação em assuntos que os adultos deveriam manter internalizados ou compartilhados entre a díade parental, ficam sobrecarregadas com as manifestações da disputa. Isso provoca, nos filhos, fantasias ou atuações, como jogar-se para fora do carro em marcha ou atirar-se pela janela.

A alta velocidade das transformações sociais contemporâneas e seus fortes impactos geraram um contingente de adolescentes que falam sobre e até chegam a atuar o suicídio; é uma geração sem esperança de futuro. Imediatistas e portadores de um sentimento de solidão, esses jovens expressam a desesperança por meio da própria morte. A presença humana substituída por recursos tecnológicos também empurra crianças e adolescentes a um sentimento de vazio. O outro humano disponível para se relacionar precisa sair de uma tela para fazer presença humana.

É espantoso o fato de o adulto chamar crianças e adolescentes para almoçar por meio do WhatsApp, ou seja, a comunicação é mediatizada pela máquina, até mesmo em casos de proximidade física. Nesse momento, a questão não é o que se proporciona no vínculo, mas, sobretudo, o que não se proporciona quando a tecnologia monopoliza o espaço psíquico. Sabemos que o calor humano é ingrediente indispensável e insubstituível ao ser humano. As máquinas, na era do tecnicismo, já substituíram excessivamente o ser humano, por exemplo, tirando-lhe empregos, já que agora é ela que está na catraca do prédio, nos pedágios, no *check-in* de aeroportos e em supermercados. É importante evidenciar que, apesar de seu largo alcance, ela não pode substituir, de maneira efetiva, o contato humano significativo.

Aspectos culturais favorecem o suicídio, fornecendo modelo e, até mesmo, estímulo para isso. Na internet, pode-se assistir a suicídios ao vivo, postados no Facebook, como registro do último momento neste mundo; encontrar receita suicida e aulas para crianças que ensinam como se enforcar, bem como o famoso jogo Baleia Azul, em que adolescentes passam por etapas de desafio até se matarem, como tarefa final. Como construir a própria identidade em meio a um entorno mórbido? Como povoar a própria subjetividade com bons objetos, se a destrutividade está propagada?

O desenvolvimento psíquico favorável depende também de um ambiente favorável em que se possa crescer. As pessoas significativas com quem um indivíduo tem experiências emocionais, do nascimento ao transcorrer de seu desenvolvimento, marcam a maneira como o sujeito cria uma expectativa em relação ao seu futuro. Quando alguém deseja morrer, algo falhou nesse convívio.

Dias (1991) apontou que o suicídio é um ato de linguagem, que o indivíduo morre para falar, revelando o que vivia em seu isolamento. Salientou que a prevenção do suicídio se viabiliza por meio da comunicação e da presença humana. Acredita que o suicida se encontra atrapalhado com sua própria agressividade, que acaba por se autodirigir na esperança de que o incômodo que o acomete em vida seja cessado. Nessa direção, pessoas em grave litígio, incluindo adultos, crianças e adolescentes, podem compor um segmento com vulnerabilidade para o suicídio.

Os processos judiciais e as disputas de forma geral são terrenos propícios para a incontinência, a violência e as condutas destrutivas de variada extensão. Muitas vezes, a batalha travada pelo casal parental sobrepõe-se aos cuidados e à atenção necessária aos filhos. Estes, sem entender a turbulência que atravessam e sem receber o apoio efetivo para conseguir enxergá-la apenas como uma fase de transição para outras, sucumbem à tristeza, à destrutividade interior e à ausência de parâmetros afetivos que os sustentem.

Assim, é importante o posicionamento do psicólogo sobre os riscos iminentes para a criança e sobre os prós e os contras de um ou outro caminho da batalha familiar judicial. Muitas vezes, nas avaliações psicológicas demandadas pelas Varas de Família, estamos diante do que representa ser o "menos pior" para a prole, já que o ambiente está quase invariavelmente deteriorado e pouco consegue enxergar os filhos de forma integral.

EMBOTAMENTO NARCÍSICO *VERSUS* ALTERIDADE E RESPONSABILIDADE NOS VÍNCULOS

Discriminar-se do outro e enxergar-se em oposição não é difícil para pais em disputa, que alienam a outra figura parental ou requerem mudança de guarda. Embora não sejam temas novos – a autorreferência, a dificuldade empática e de comunicar-se com outro indivíduo do qual difere e não é seu espelho –, são condições que estão gerando cada vez mais violência em meio a processos judiciais. Cabe ponderar que os representantes legais das partes, dependendo de como orientam seus clientes e atuam, podem mais engendrar aumento do ódio do que apaziguá-lo. Defesas combativas, nas quais experiências são contadas com tom dramático, relatos parciais de visão pouco sistêmica, mentiras e falsas acusações garantem a perpetuação da manutenção dos operadores do direito para lidar ou solucionar questões rotineiras do cuidado com a prole.

A criança está amparada em relação às suas necessidades? Ou se transforma em arma para atingir o outro, sem que se tenha responsabilidade no cuidado dos vínculos? A resposta a essas perguntas é encontrada dependendo do grau de diferenciação e maturidade atingido pelos ex-cônjuges, se estes entendem que a separação se deu na conjugalidade anteriormente estabelecida, mas não na parentalidade. Traços crescentes da cultura contemporânea, como o individualismo, a mediação da relação pela máquina, a desesperança quanto ao futuro, a competitividade no lugar da cooperação, promovem mais desacordos do que confluências em boas direções.

Refletir a respeito das bases sobre as quais edificamos a interação entre família, equipe profissional forense e representantes das partes é necessário para que se possa encontrar um caminho de pacificação dos vínculos, e não de fomento à guerra instalada. O cuidado com o estilo da escrita de um parecer pelo psicólogo integrante de uma equipe técnica forense inclui-se nesse espectro.

CONSIDERAÇÕES FINAIS

Nesse esforço de reflexão sobre temas contemporâneos emergentes nos processos de avaliação psicológica na área de família, tratamos de antigas temáticas que se ampliaram, inaugurando novos dilemas. Além disso, também focalizamos temas atuais que ganharam evidência nos últimos tempos. Em meio a uma enormidade de assuntos que assolam o cotidiano do profissional que atua com famílias, optamos por trazer reflexões sobre paternidade, identidade de gênero, homoparentalidade, adoção, abusos, violência, suicídio e indivíduo idoso. Muitos outros poderiam ser elencados, mas tivemos que fazer nossa opção. Parece-nos que a família é assim: plena de possibilidades e em constante mutação, porque é o que transcorre quando indivíduos se relacionam significativamente. Cabe considerar que a família e seu ciclo vital se recriam a cada momento e que a todo momento nasce uma nova composição de família envolvida com novos temas.

Nossa cultura está em constante movimento; assim, entramos em contato com uma rica produção simbólica, própria do ser humano. Isso exige que nos adaptemos a intensas mudanças nos padrões de pensamento e nas modalidades de ação no mundo, recriando a todo tempo nosso espaço simbólico pessoal e compartilhado. Portanto, o profissional que realiza uma avaliação psicológica deve estar sempre disponível para um olhar novo e para repensar os instrumentos e alicerces teóricos que orientam sua atuação profissional. Que possamos dar conta da velocidade e da diversidade presentes no fluxo que engendra o mundo atual!

REFERÊNCIAS

Abreu, C. N. de, Eisenstein, E., & Estefenon, S. G. B. (Orgs.). (2013). *Vivendo esse mundo digital: Impactos na saúde, na educação e nos comportamentos sociais.* Porto Alegre: Artmed.

Alves, G. (2018). *Ucrânia vira destino de brasileiros que estão em busca de barriga de aluguel.* Recuperado de https://www1.folha.uol.com.br/equilibrioesaude/2018/09/ucrania-vira-destino-de-brasileiros-que-estao-em-busca-de-barriga-de-aluguel.shtml

Boliero, H. & Guerra, P. (2014). *A criança e a família: Uma questão de direitos* (2. ed.). Coimbra: Coimbra Edições.

Brasil. (1988). *Constituição da República Federativa do Brasil de 1988.* Recuperado de http://www.planalto.gov.br/ccivil_03/constituicao/constituicaocompilado.htm

Brasil. (2003). *Lei nº 10.741, de 1º de outubro de 2003.* Dispõe sobre o Estatuto do Idoso e dá outras providências. Recuperado de http://www.planalto.gov.br/ccivil_03/LEIS/2003/L10.741.htm

Brasil. (2006). *Lei nº 11.340, de 7 de agosto de 2006.* Cria mecanismos para coibir a violência doméstica e familiar contra a mulher, nos termos do § 8º do art. 226 da Constituição Federal, da Convenção sobre a Eliminação de Todas as Formas de Discriminação contra as Mulheres e da Convenção Interamericana para Prevenir, Punir e Erradicar a Violência contra a

Mulher; dispõe sobre a criação dos Juizados de Violência Doméstica e Familiar contra a Mulher; altera o Código de Processo Penal, o Código Penal e a Lei de Execução Penal; e dá outras providências. Recuperado de http://www.planalto.gov.br/ccivil_03/_ato2004-2006/2006/lei/l11340.htm

Butler, J. (2003). O parentesco é sempre tido como heterossexual? *Cadernos Pagu*, (21), 219-260.

Butler, J. (2008). *Problemas de gênero: Feminismo e subversão da identidade* (2. ed.). Rio de Janeiro: Civilização Brasileira.

Butler, J. (2014). Regulações de gênero. *Cadernos Pagu*, (42), 249-274.

Cardoso, A. R. (2011). *Avós no século XXI: Mutações e rearranjos na família contemporânea*. Curitiba: Juruá.

Castro, L. R. F. (2003). *Disputa de guarda e visitas: No interesse dos pais ou dos filhos?* São Paulo: Casa do Psicólogo.

Comitê Gestor da Internet (CGI) & Centro Regional de Estudos para o Desenvolvimento da Sociedade de Informação (CETIC). (2015). *Pesquisa TIC kids online Brasil*. Recuperado de https://www.cetic.br/pesquisa/kids-online/

Conselho Federal de Medicina (CFM). (2017). *Resolução CFM nº 2.168/2017*. Adota as normas éticas para a utilização das técnicas de reprodução assistida – sempre em defesa do aperfeiçoamento das práticas e da observância aos princípios éticos e bioéticos que ajudam a trazer maior segurança e eficácia a tratamentos e procedimentos médicos –, tornando-se o dispositivo deontológico a ser seguido pelos médicos brasileiros e revogando a Resolução CFM nº 2.121, publicada no D.O.U. de 24 de setembro de 2015, Seção I, p.117. Recuperado de https://sistemas.cfm.org.br/normas/visualizar/resolucoes/BR/2017/2168

Conselho Federal de Psicologia (CFP). (1999). *Resolução CFP nº 001/99, de 22 de março de 1999*. Estabelece normas de atuação para os psicólogos em relação à questão da orientação sexual. Recuperado de https://site.cfp.org.br/wp-content/uploads/1999/03/resolucao1999_1.pdf

Conselho Federal de Psicologia (CFP). (2008). *Adoção: Um direito de todos e todas*. Brasília: CFP.

Conselho Federal de Psicologia (CFP). (2011). *Psicologia e diversidade sexual: Desafios para uma sociedade de direitos*. Brasília: CFP.

Conselho Federal de Psicologia (CFP). (2018). *STF decide que trans podem mudar registro civil sem cirurgia*. Recuperado de https://site.cfp.org.br/stf-decide-que-trans-podem-mudar-registro-civil-sem-cirurgia/

Conselho Regional de Medicina do Estado de São Paulo (CREMESP). (2018). *Cremesp manifesta-se sobre saúde mental da criança e do adolescente após Plenária Temática*. Recuperado de http://www.cremesp.com.br/?id=4880&siteAcao=NoticiasC

Corrêa, M. (1981). Repensando a família patriarcal brasileira: Notas para o estudo das formas de organização social no Brasil. *Cadernos de Pesquisa*, (37), 5-16.

Dias, M. L. (1991). *Suicídio: Testemunhos de adeus*. São Paulo: Brasiliense.

Dias, M. L. (2006). *Famílias & terapeutas: Casamento, divórcio e parentesco*. São Paulo: Vetor.

Dias, M. L. (2014). Adolescer em um mundo instantâneo: uma reflexão sobre os vínculos familiares na Era tecnológica. In G. Castanho & M. L. Dias (Orgs.), *Terapia de família com adolescentes* (pp. 172-180). São Paulo: Grupo Gen.

Felisoni, D. & Godoi, A. S. (2018). Cell phone usage and academic performance: An experiment. *Computers & Education*, 117, 175-187.

Gomes-Pedro, J., Brazelton, T. B., Nugent, J. K., & Young, J. K. (Orgs.). (2005). *A criança e a família no século XXI*. Portugal: Dinalivro.

Groeninga, G. C. (2003). O direito a ser humano: Da culpa à reponsabilidade. In G. C. Groeninga & R. C. Pereira (Orgs.), *Direito de família e psicanálise: Rumo a uma nova epistemologia*. Rio de Janeiro: Imago.

Instituto Brasileiro de Direito de Família (IBDFAM). (2016). *Dicionário reformula conceito de família*. Recuperado de http://www.ibdfam.org.br/noticias/5990/Dicion%C3%A1rio+reformula+conceito+de+fam%C3%ADlia

Instituto Brasileiro de Geografia e Estatística (IBGE). (2019). *Projeção da população do Brasil e das Unidades da Federação*. Recuperado de https://www.ibge.gov.br/apps/populacao/projecao/

Macedo, R. M. S. & Martins, S. R. C. (2014). Conceitos de infância e leis que protegem crianças e adolescentes. In L. Costa, M. A. Penso, & M. I. Conceição (Orgs.), *Abordagem à família no conselho tutelar*. São Paulo: Ágora. E-pub.

Mota, A. B. (2007). *Criança e mídia: O acesso ao computador e seus reflexos nos saberes da criança de educação infantil* (Dissertação de mestrado, Universidade Federal do Paraná, Curitiba).

Nalini, J. R. (2000). A família brasileira do século XXI. *Revista de Direito Privado*, 1(1), 9-27.

Oliveira, M. R. (2007). *Nascimento dos filhos: Rede de apoio e envolvimento de pais e avós* (Dissertação de mestrado, Universidade de Brasília, Brasília).

Piaget, J. (1983). *Psicologia da inteligência* (2. ed.). Rio de Janeiro: Zahar.

Pinto, E. V. C, Silva, M. A. M. da & Cicco, C. (Coords). (2018). *Direito à verdade, à memória ao esquecimento*. Lisboa: AAFDL.

Ribeiro, C. J. C. (2009). *A criança na justiça*. Coimbra: Almedina.

Ribeiro, M. S. P. (2007). *Amor de pai: Divórcio, falso assédio e poder paternal. A guarda de filhos em tempo de divórcio*. Lisboa: Dom Quixote.

Rizzini, I., Barker, G., & Cassaniga, N. (2000). *Criança não é risco, é oportunidade: Fortalecendo as bases de apoio comunitários para crianças e adolescentes*. Rio de Janeiro: Instituto Promundo.

Samara, E. M. (1986). *A família brasileira*. São Paulo: Brasiliense.

Sarti, C. (1996). *A família como espelho: Um estudo sobre a moral dos pobres*. Campinas: Autores Associados.

Silva, E. Z. M. (2005). *Alcances e limites da psicologia jurídica* (Tese de doutorado, Pontifícia Universidade Católica de São Paulo, São Paulo).

Silva, E. Z. M. (2005). *Paternidade ativa na separação conjugal* (2. ed.). São Paulo: Juarez de Oliveira.

Silva, E. Z. M. (2013). Considerações preliminares sobre o tema da violência contra idosos. In E. Z. M. da Silva, R. Saraiva, & M. B. Ferreira (Orgs.), *Direito e psicologia* (pp. 355-359). Portugal: Coimbra.

Silva, E. Z. M. (2018). A indevida exposição da criança ao mundo virtual. In E. V. Pinto, M. A. M. da Silva, & C. Cicco (Coords), *Direito à verdade, à memória ao esquecimento* (pp. 65-79). Lisboa: AAFDL.

Silva, E. Z. M. da, Saraiva, R. & Ferreira, M. B. (Orgs.). (2013). *Direito e psicologia*. Portugal: Coimbra.

Soifer, R. (1983). *Psicodinamismos da família com crianças*. Petrópolis: Vozes.

Sottomayor, M. C. (2014). *Temas de direito das crianças*. Coimbra: Almedina.

Souza, R. M. (1994). *Paternidade em transformação: O pai singular e sua família* (Tese de doutorado, Pontifícia Universidade Católica de São Paulo, São Paulo).

Supremo Tribunal Federal (STF). (2018). *STF reconhece a transgêneros possibilidade de alteração de registro civil sem mudança de sexo*. Recuperado de http://portal.stf.jus.br/noticias/verNoticiaDetalhe.asp?idConteudo=371085

Vieira Junior, A. C., Maluf, T. G., & Silveira, D. X. da. (2011). Dependência de internet e jogos eletrônicos entre adolescentes. In E. Silva & D. Micheli (Orgs.), *Adolescência: Uso e abuso de drogas: Uma visão integrativa* (pp. 399-416). São Paulo: Unifesp.

Wallerstein, J. & Kelly, J. (1998). *Sobrevivendo à separação: Como pais e filhos lidam com o divórcio*. Porto Alegre: Artmed.

Parte 5

AVALIAÇÃO PSICOLÓGICA NAS VARAS DO TRABALHO

18
PERÍCIA PSICOLÓGICA TRABALHISTA

Roberto Moraes Cruz

A perícia psicológica, seja em seus fundamentos, seja na possibilidade efetiva de exercício profissional do psicólogo, ainda é um desafio para o ensino e para as práticas de estágio no processo de formação do psicólogo no Brasil. Felizmente, cursos de aperfeiçoamento e de pós-graduação *lato sensu* têm procurado suprir essa lacuna, o que tem aprimorado o trabalho de psicólogos que atuam no campo jurídico, especialmente na lida com processos judiciais.

A perícia psicológica é uma atividade profissional relativamente consolidada no Brasil, em especial na área cível (Lago, Amato, Teixeira, Rovinski, & Bandeira, 2009), principalmente no direito de família. É possível verificar a eficácia da perícia psicológica na avaliação dos conflitos familiares (particularmente quando envolvem a guarda e a visita de filhos), em que pese a necessidade de avanços técnicos e instrumentais nos processos periciais de maneira geral, em particular na elaboração de laudos psicológicos. A necessidade de desenvolver argumentos, com base em evidências e na produção científica relacionada à matéria sob investigação, assim como a melhoria na redação técnico-científica dos laudos psicológicos, são aspectos relevantes à validação das informações produzidas pelos peritos no processo judicial.

A realização de perícias psicológicas no contexto jurídico exige, por parte dos psicólogos, adaptação de princípios teóricos e métodos psicológicos, o que confere ao trabalho pericial exigências e competências específicas (Rovinski, 2007). Peritos psicólogos são aqueles que atuam em Tribunais de Justiça ou são nomeados (*ad hoc*) entre os psicólogos legalmente habilitados (inscritos no Conselho Regional de Psicologia) para atuar em litígio judicial, em que se presume que sua colaboração técnica e científica no processo judicial proverá de argumentos relevantes para o esclarecimento do objeto do litígio, por meio da elaboração da prova pericial. Da mesma forma, psicólogos que atuam como assistentes técnicos, contratados pelas partes, devem apresentar habilitação e qualificação técnicas que possam auxiliá-los na crítica da prova pericial.

Na área trabalhista, a atuação do psicólogo perito é mais recente, tendo em vista a ausência de peritos oficiais na Justiça do Trabalho e a menor tradição em qualificar psicólogos *ad hoc*, por parte dos magistrados da área trabalhista, para realizar perícias no âmbito do dano moral, das doenças ocupacionais e dos acidentes de trabalho. Contudo, essa é uma situação que vem mudando, com a ampliação das contribuições dos psicólogos peritos em diversas Varas do Trabalho no país.

O objetivo deste capítulo é demonstrar os fundamentos técnico-científicos da perícia psicológica no âmbito da Justiça do Trabalho, com base em minha experiência profissional como perito em processos trabalhistas, assim como docente e pesquisador em saúde mental relacionada ao trabalho e ao contexto jurídico, desde 2001. A expectativa deste capítulo é contribuir para a formação de psicólogos, estudantes e pesquisadores interessados nos fundamentos e nas características técnicas da perícia psicológica no âmbito trabalhista, considerando a necessidade de produção de materiais de referência técnico-científica sobre o assunto no mercado editorial brasileiro.

CONCEITOS BÁSICOS

A perícia psicológica na área trabalhista se insere no contexto das normas processuais, assim como na doutrina jurídica e na jurisprudência, ou seja, na hermenêutica jurídica e nas decisões judiciais acerca de aspectos psicojurídicos envolvidos nas demandas à Justiça do Trabalho. Um dos marcos legais mais importantes, a partir do qual a prova pericial tornou-se um elemento relevante, foi a Emenda Constitucional nº 45/2004, que trata da competência da Justiça do Trabalho para julgar ações de indenização por dano moral ou patrimonial, decorrentes da relação de trabalho.

O documento denominado "Diretrizes sobre prova pericial em acidentes do trabalho e doenças ocupacionais", gestado no Comitê Gestor Nacional do Programa Trabalho Seguro, do Conselho Superior da Justiça do Trabalho, publicado em fevereiro de 2014, assinala um momento importante na consolidação do trabalho do perito psicólogo na elaboração da prova pericial em questões referentes ao meio ambiente, à segurança e à saúde do trabalho. Conforme seu art. 1º:

Nas perícias em matéria de acidente do trabalho e doenças ocupacionais deverão ser nomeados peritos que atendam às normas legais e ético-profissionais para análise do objeto de prova, tais como médicos, psicólogos, fisioterapeutas, fonoaudiólogos, terapeutas ocupacionais, engenheiros, entre outros, sem prejuízo da nomeação de mais de um profissional, ainda que não se trate de perícia complexa, nos moldes do art. 431-B do Código de Processo Civil (Associação Brasileira de Ergonomia [ABERGO], 2014).

Ou seja, indica expressamente a participação de psicólogos nas perícias em matéria de acidente do trabalho e doenças ocupacionais.

Nos processos judiciais que envolvem matérias relacionadas à saúde do trabalhador, e considerando a hipótese de os magistrados se depararem com matérias que extrapolam sua competência jurídica e em termos de formação profissional, ou seja, de que a prova pericial depende de conhecimento técnico especializado na área da saúde, o juiz determinará, de ofício ou por requerimento de uma das partes, a produção de prova pericial, conforme disciplina o art. 156 do Código de Processo Civil (Brasil, 2015). Em sua rotina de trabalho, o magistrado da área trabalhista, ao se deparar com a prova pericial, estará sujeito a lidar com um conjunto de conceitos técnicos oriundos da literatura científica de diferentes áreas do conhecimento (psicologia, medicina, fisioterapia, entre outras) e normas (resoluções e diretrizes técnicas expedidas por órgãos profissionais), tendo em vista a necessidade da decisão judicial.

Vejamos, a seguir, alguns conceitos fundamentais ao trabalho do psicólogo perito no processo judicial trabalhista.

Saúde mental e trabalho

É possível constatar que o trabalho, e seu efetivo exercício na organização do trabalho e da produção, é um determinante da qualidade da saúde das pessoas (Cruz, 2010). Profissionais e pesquisadores do campo da saúde, das ciências sociais e do trabalho têm investigado, de forma cada vez mais acentuada, os aspectos biopsicossociais do trabalho e suas repercussões no *modus vivendi* dos trabalhadores (Lacaz, 2007; Rocha & Bussinguer, 2017).

Estudos epidemiológicos têm sinalizado, nas últimas décadas, ampla participação de doenças relacionadas ao trabalho no espectro de adoecimento da população (Baasch, Trevisan, & Cruz, 2017; Cruz, 2010; Sardá, Kupek, & Cruz, 2009). Do ponto de vista das patologias atribuídas à organização e ao processo de trabalho, é possível verificar, nos estudos especializados, o modo como progridem os efeitos somáticos e psicológicos relacionados às exigências e às condições de trabalho, à competitividade, à intensidade de trabalho, denominados genericamente de distúrbios musculoesqueléticos e psicopatologias do trabalho, que refletem, respectivamente, descompensações físicas e psicológicas nos trabalhadores e que se acentuam quando se detectam modos de funcionamento degradados nas organizações (Joyce et al., 2016; Cruz, 2005, 2011).

De fato, desde a segunda metade do século XX, tem-se avançado significativamente na compreensão dos constrangimentos e problemas de saúde enfrentados por profissionais de diferentes níveis hierárquicos nas organizações. Na década de 1950, com a publicação dos artigos *La fatigue nerveuse*, por Victor Lapie, em 1950, *Psycho-pathologie du travail*, por Paul Sivadon, em 1952, e *La névrose des téléphonistes*, por Louis Le Guillant, em 1956, o exame dos problemas psicológicos associados aos ambientes de trabalho e aos modos de produção ganhou destaque na literatura europeia (Karnas, 2018; Leplat, 1993; Souza & Athayde, 2006), com influências marcantes, a partir da década de 1980, no Brasil, com a intensificação da produção de conhecimento acerca dos determinantes do trabalho nas condições psíquicas dos trabalhadores, sob vários domínios, entre os principais a psicopatologia do trabalho, a psicodinâmica do trabalho e a clínica do trabalho (Cruz, 2004, 2005).

Desde então, fenômenos como fadiga mental, estresse, *burnout*, violações de contratos psicológicos, violência no local de trabalho, transtornos mentais relacionados ao trabalho, só para exemplificar alguns dos mais evidentes, passaram a ser investigados sistematicamente, tendo em vista suas implicações na qualidade de vida de indivíduos e grupos institucionalizados (Mendes & Cruz, 2004). Em associação a esses fenômenos, também foi ampliada a compreensão sobre os efeitos negativos de determinados fenômenos socioeconômicos e práticas de gestão organizacional (crise econômica, desemprego, *downsizing*, terceirização, entre outros) na saúde e no desempenho das pessoas.

Fatores de risco e vulnerabilidade

A base da teoria dos fatores humanos no trabalho se refere à suposição de que as ações bem ou malsucedidas, sejam elas de caráter protetivo ou de risco, e suas respectivas consequências (acidentes, prejuízos materiais e danos pessoais), ocorrem devido a uma cadeia de eventos associados a maior ou menor controle do erro humano e das falhas no sistema organizacional (Mullen, 2004; Reason, 1995a). Riscos, por sua vez, são eventos reconhecíveis como potencialmente danosos ou perigosos, que fazem parte da vida das pessoas, em diferentes circunstâncias, como as atividades de trabalho, desportivas ou de estudos científicos (Bley, Turbay & Cunha Jr., 2007; Hofmann, Burke, & Zohar, 2017).

Comprometimentos à saúde dos trabalhadores associados a riscos ocupacionais são, portanto, produtos da exposição desses indivíduos à insalubridade ocupacional, aspectos que têm sido historicamente investigados por diferentes disciplinas das ciências da saúde e do trabalho, entre elas a fisiologia do trabalho, a epidemiologia ocupacional, a saúde do trabalhador, a ergonomia, e a psicologia da saúde e da segurança no trabalho (Daniellou, Simard, & Boissières, 2013; Cruz, 2011). No âmbito dessas disciplinas, é relevante considerar a necessidade de estudos sobre fatores de riscos (que implicam condições perigosas para os trabalhadores) e de proteção (que reduzem as chances de impactos desfavoráveis à integridade e à saúde) presentes nos sistemas organizacionais.

A abordagem de risco, desenvolvida na teoria psicológica dos acidentes de trabalho, parte de duas perspectivas distintas: o risco dos sistemas – centrado nos aspectos da estrutura e do funcionamento dos sistemas organizacionais – e o comportamento de risco – centrado nas ações individuais (Reason, 1995b, 2016; Slovic, 1987). No primeiro caso, a ênfase se dá nos denominados fatores de risco, ou seja, em que medida as exigências do ambiente de trabalho podem afetar a capacidade de resposta do trabalhador, tornando-o mais vulnerável (condição de fragilidade diante de estímulos aversivos) e, portanto, menos resiliente (capacidade de se adaptar e resistir à pressão de fatores ambientais). A vulnerabilidade, portanto, refere-se à suscetibilidade das pessoas a adquirirem problemas de saúde, ou seja, trabalhadores expressam vulnerabilidade ao adoecimento quando sob determinadas condições de riscos e, também, quando suas habilidades físicas ou psicológicas se mostram restritas ao controle dessas condições.

A premissa básica da perspectiva do risco centrada nos sistemas é a de que os trabalhadores estão sujeitos a cometerem erros e a sofrerem acidentes, em virtude de perigos e estressores presentes no ambiente de trabalho. No segundo caso, do risco centrado nas ações individuais, a ênfase se dá na explicação de que os incidentes e acidentes resultam de lapsos, omissões, desatenção, desvios de conduta. Ou seja, trata-se de saber em que medida aspectos individuais perceptivos, cognitivos e motivacionais podem estar diretamente associados com as consequências danosas para o próprio trabalhador tendo em vista a qualidade da percepção de risco, as características de personalidade e as experiências prévias de condutas arriscadas.

O pressuposto básico da perícia psicológica no trabalho é o de que o ambiente laboral e seus respectivos modos de produção e gerenciamento promovem ou exacerbam fatores de riscos à saúde e à segurança dos trabalhadores e o de que a ausência ou a precarização no controle dos riscos inerentes aos sistemas de trabalho e de produção contribuem, de maneira primária ou secundária, de forma direta ou indireta, para a ocorrência de acidentes de trabalho e para o surgimento de doenças ocupacionais. Com base nesse pressuposto, uma vez ocorrido um acidente de trabalho, a pergunta principal seria "Quais fatores de riscos do ambiente e dos modos de gestão do trabalho contribuíram para sua ocorrência?" em vez de "Qual(is) indivíduo(s) foi(foram) responsável(is) pelo acidente?".

Por isso, na investigação de fatores de riscos à saúde e à segurança dos trabalhadores, procedimento que deve fazer parte da perícia psicológica trabalhista, é necessária a análise do ambiente de trabalho e de aspectos do sistema organizacional que sejam úteis para a busca de evidências por parte do perito. Faz parte dessa investigação o acesso ao posto de trabalho e à profissiografia do cargo (do reclamante), a outros trabalhadores que fazem a mesma atividade que o reclamante, aos equipamentos utilizados, às metas de produção ou produtividade, assim como a documentos que informem sobre monitoramento e avaliação de fatores de riscos, indicadores de acidentes e de doenças ocupacionais.

Acidente de trabalho e doenças ocupacionais ou relacionadas ao trabalho

A relação entre trabalho e saúde/adoecimento das pessoas resulta em um conjunto de fatores humanos no trabalho, muitas vezes ambíguos ou contraditórios. O trabalho pode promover ou manter a saúde, mas também pode deteriorá-la; pode auxiliar no controle e na proteção aos riscos ocupacionais, mas também é indutor de processos de adoecimento e comprometimento da mobilidade física e das funções psicológicas; pode contribuir, ainda, no aprendizado de condutas seguras no meio ocupacional e, ao mesmo tempo, ser um fator desencadeador de acidentes de trabalho (Cruz, 2004, 2005, 2010). No Brasil, a relação entre a frequência de acidentes de trabalho e a mortalidade em diferentes categorias profissionais não é baixa, além do potencial de morbidade ser relevante, considerando os problemas de saúde e incapacidade manifestados em trabalhadores (Mauro, Muzi, Guimarães, & Mauro, 2004).

A Constituição Federal assegura aos trabalhadores (art. 7º, XXVIII) o direito a benefícios contra os acidentes de trabalho, sem excluir as indenizações por danos materiais, morais ou estéticos que o empregador está obrigado a pagar à vítima de acidente ou doença ocupacional (Brasil, 1988). Acidente de trabalho e doenças ocupacionais ou relacionadas ao trabalho têm conceitos próprios, embora, no Brasil, sejam equiparados, no plano jurídico. Conforme dispõe o art. 19 da Lei nº 8.213/91 (Brasil, 1991), acidente de trabalho é o que ocorre pelo exercício do trabalho ou a serviço da empresa, capaz de provocar lesão corporal ou perturbação funcional, que cause a morte, perda ou redução, permanente ou temporária, da capacidade para o trabalho. Ou seja, a doença ocupacional ou relacionada ao trabalho é o estado mórbido ou patológico produzido pelo acidente de trabalho (Oliveira, 2018).

A referida legislação define a doença ocupacional ou profissional como aquela produzida ou desencadeada pelo exercício de determinadas ocupações ou profissões, por meio de uma ação lenta e continuada ou por um trauma direto (geralmente lesões ou fraturas musculoesqueléticas), e que pode ser comprovada pela relação causa-efeito. Doenças do trabalho ou relacionadas ao trabalho, por sua vez, são aquelas adquiridas em virtude de condições especiais em que o trabalho é realizado e que com ele se relacionem diretamente. São aquelas em que não se verifica, *a priori*, a relação causa-efeito entre trabalho e dano – comprometimentos à capacidade física e/ou mental (Neves, 2011).

Na perícia psicológica trabalhista, independentemente das diferenças sutis entre as denominações doenças ocupacionais ou relacionadas ao trabalho, o mais importante é buscar evidências para caracterizar as condições clínico-psicológicas dos trabalhadores e sua possível associação com o trabalho, tendo em vista que as condições insalubres e perigosas podem se tornar naturalizadas no ambiente laboral e, muitas vezes, não percebidas pelos gestores e trabalhadores com a devida saliência. Muitas vezes, o reconhecimento de doenças ocupacionais ou relacionadas ao trabalho em uma organização mostra-se associado a outros produtos indesejáveis, como a queda na produtividade, o aumento do absenteísmo e a ocorrência de acidentes de trabalho.

Dano moral e dano psicológico

O termo "dano" provém do latim *damnu* e significa mal ou ofensa pessoal; prejuízo moral; prejuízo material causado a alguém pela deterioração ou inutilização de seus bens; estrago, deterioração, danificação (Cruz & Maciel, 2005; Daray, 2000). No âmbito jurídico, dano é definido como todo prejuízo causado à pessoa, ou seja, lesão a bem ou interesse jurídico, podendo ser de ordem material ou moral, e se refere aos interesses juridicamente protegidos (Diniz, 2010). A legislação brasileira utiliza a expressão "dano moral" para referir-se a todas as espécies de danos não patrimoniais, ou seja, aqueles que atingem a integridade e a saúde das pessoas. Na Constituição Federal, há, em duas disposições, o reconhecimento expresso da reparação em razão do dano moral: a primeira, em seu art. 5º, V: "É assegurado o direito de resposta proporcional ao agravo além da indenização por dano material, moral e à imagem"; a segunda, no art. 5º, X, segundo o qual: "São invioláveis a intimidade, a vida privada, a honra e a imagem das pessoas, assegurado o direito à indenização pelo dano material ou moral decorrente de sua violação" (Brasil, 1988; Martins-Costa, 2002).

Dano psicológico, por sua vez, reflete a deterioração de funções psicológicas que advêm de um curso de cronificação de um agravo à saúde mental ou que pode surgir de forma súbita e inesperada, tendo em vista os eventos desestabilizadores ou traumáticos aos quais a vítima tenha sido submetida (Cruz & Maciel, 2005). Dano psicológico configura transtorno mental, diferentemente do dano moral, que não implica presença de doença. O dano moral é arbitrado pelos agentes jurídicos, e o dano psicológico é de competência dos profissionais da saúde mental (Martins-Costa, 2002; Oliveira, 2018).

Do ponto de vista da capacidade e do funcionamento psicológicos, o dano psicológico se caracteriza por ser relativamente permanente, o que o situa no campo dos transtornos mentais crônicos, em que o indivíduo precisa se submeter a tratamento médico e psicológico para manter seu tônus psicofisiológico, humoral e emocional sob alguma estabilidade funcional. Danos psicológicos geralmente resultam em perda da qualidade de vida e funcionamento social limitado para suas atividades habituais e de trabalho (Cruz & Maciel, 2005). Diferem, nesse sentido, do conceito de prejuízo psicológico, que se refere a descompensações psicológicas relativamente temporárias (como luto, episódios depressivos, rebaixamento do tônus emocional, cansaço mental). O dano psicológico, tal como as lesões musculoesqueléticas, é caracterizado pela identificação de alguns aspectos fisiológicos e psicológicos que fazem parte de uma cadeia de eventos (microtraumatismos, constrangimentos, descompensações, comprometimentos) que evoluem em processo de adoecimento, mas que também podem ser o resultado imediato de evento traumático ou acidente, que, por sua intensidade ou magnitude, impõe a condição de dano.

Nas perícias psicológicas trabalhistas, a investigação de dano psicológico é um recurso objetivo à verificação do nexo entre trabalho e agravos à saúde mental de natureza incapacitante. O dano psicológico pode ser objeto de indenização, desde que fique caracterizado, por meio de evidências clínicas, como uma incapacidade associada a alterações ou perturbações significativas no tônus psicológico/psicofisiológico, na atividade humoral/afetiva, no equilíbrio emocional do indivíduo, ou seja, cujas consequências indiquem restrições relevantes na autonomia, na capacidade de autorregulação, na adesão a tratamentos e na integração ao meio social.

Nexo de causalidade ou concausalidade

No âmbito das relações entre o trabalho e a saúde mental dos trabalhadores, é imprescindível refletir sobre o papel da perícia psicológica na investigação dos fatores determinantes ou desencadeantes de doenças ocupacionais ou relacionadas ao trabalho. Além disso, os transtornos mentais têm uma etiologia multicausal em que conjuntos de diversos fatores interagem de modo complexo. Um dos conceitos fundamentais à elaboração dos argumentos periciais é a constatação ou não do nexo de causalidade ou de concausalidade na pretensão judicial. Denomina-se nexo causal o vínculo que se estabelece entre a execução de uma atividade ou serviço (causa) e o acidente do trabalho ou doença ocupacional (efeito). A causalidade deriva da atribuição inicial de um nexo técnico, ou seja, da identificação da existência de riscos para o desenvolvimento de agravos à saúde no ambiente de trabalho, o que não significa afirmar, ainda, que esses riscos constituíram a causa desses agravos.

As doenças ocupacionais ou relacionadas ao trabalho são classificadas em três grupos, com base nos critérios de Schilling (1984), adotados na legislação brasileira (Minghetti, Kanan, & Rocha, 2014). Esses critérios partem da compreensão de que as doenças manifestadas por trabalhadores resultam da interação entre fatores pessoais, do ambiente externo e do comportamento individual, compondo a denominada *causalidade múltipla*:

1. **O trabalho como causa necessária:** doenças manifestadas em trabalhadores que tiveram como causa, suficiente e necessária, os elementos do ambiente de trabalho e/ou as formas de execução da atividade (ambientes insalubres e processos de trabalho perigosos, em geral).
2. **O trabalho como fator contributivo, mas não necessário:** nesse caso, o ambiente de trabalho, bem como os meios de realização deste e, ainda, os modos de gestão organizacional, induzem estressores que contribuem, conforme a dose, para a frequência ou a intensidade da manifestação de doenças em trabalhadores, ainda que não sejam causa necessária e suficiente para sua manifestação.
3. **O trabalho como provocador de um distúrbio latente, ou agravador de uma**

doença já estabelecida: nesse caso, a doença já existia previamente, mas foi identificada ou caracterizada no curso da atividade laboral.

Transtornos mentais e do comportamento estão, em geral, classificados nos grupos 2 ou 3, conforme nomenclatura do Ministério da Saúde (Brasil, 2001), exceto aqueles causados por substâncias tóxicas ou por fatores bem específicos, como traumas físicos, por exemplo. No âmbito da perícia psicológica no processo trabalhista, o nexo de causalidade se refere ao vínculo entre o trabalho (exigências, fatores de risco e proteção, condições de execução, forma de gestão, eventos críticos ou traumáticos a ele associados) e a instalação ou desenvolvimento de agravos à saúde mental no trabalhador. Sem essa ligação não se pode definir a pretensão indenizatória reclamada, porque ninguém deve responder por prejuízos e danos pelos quais não foi constatada sua responsabilidade.

A discussão acerca do nexo causal para a caracterização da natureza acidentária da doença ou incapacidade do trabalhador foi acentuada com a edição da Lei nº 11.430/2006, que instituiu o Nexo Técnico Epidemiológico Previdenciário (NTEP), para as perícias do Instituto Nacional do Seguro Social (INSS), que pressupõe, em casos específicos, a existência de uma relação causal presumida entre a doença e a atividade econômica à qual o trabalhador está submetido (Jacques, 2007). O NTEP é atribuído a partir de associações entre agravos à saúde, conforme a *Classificação internacional de doenças e problemas relacionados à saúde* (CID), e exposição a fatores de risco sintetizados pela Classificação Nacional de Atividade Econômica (CNAE). Tal medida inverte o ônus da prova em alguns casos ao determinar o registro automático como doença relacionada ao trabalho de determinadas patologias em virtude de altas incidências em certos ambientes de trabalho.

É importante considerar que, na maior parte das vezes, especialmente nas perícias que investigam transtornos mentais relacionados ao trabalho, há dificuldades objetivas para estabelecer o nexo causal, tendo em vista que agravos à saúde mental, em geral, se desenvolvem no curso de eventos críticos na vida das pessoas. Nesses casos, considerando o trabalho como um fator desencadeante, dentro de um conjunto de outras variáveis possíveis que explicariam a manifestação da doença (determinantes que podem estar associados a condições clínicas pregressas, experiências anteriores e atuais no meio social e familiar, entre outras), há argumentos periciais para utilizar o conceito de concausalidade. O trabalho não é causa determinante, mas contribuiu, em algum grau ou relevância, para a manifestação da doença (Cabral, Soler, & Wysocki, 2018).

No caso dos transtornos mentais, reconhece-se sua etiologia multicausal (Jacques, 2007). Por exemplo, pode ser estabelecido o nexo de concausalidade entre depressão e trabalho, ainda que haja evidência de sintomas preexistentes à atividade na empresa, desde que tenham sido identificados os aspectos do ambiente de trabalho que tenham contribuído para a exacerbação ou a agudização ou tornado crônico esse quadro clínico. Há sinais e sintomas de comprometimentos à saúde mental que podem ser efetivamente investigados pelo psicólogo perito por meio dos recursos técnicos e instrumentais adequados à avaliação da capacidade e funcionalidade. Entre estes, destacam-se: a percepção de mal-estar, as alterações de humor e afeto, a exaustão emocional, o sofrimento, a inapetência para relacionamentos sociais, a dificuldade de enfrentamento de sintomas, as alterações perceptivas, de memória e cognitivas, associadas, conforme o grau de cronicidade, à fadiga física, à manifestação de síndromes dolorosas e orgânicas, a processos infecciosos e somatizações (Cruz & Maciel, 2005).

DOMÍNIOS TEÓRICOS E TÉCNICOS DA PERÍCIA PSICOLÓGICA TRABALHISTA

Realizar uma perícia é, na prática, produzir uma prova técnica, que, por seu nível de complexidade, requer, necessariamente, aliar noções de direito processual civil e do trabalho com os conhecimentos relevantes à produção de evidências no caso concreto sob investigação pericial. Nesse sentido, a perícia psicológica no processo judicial trabalhista resulta da intersecção de quatro domínios teóricos e técnicos, que são considerados fontes primárias ao trabalho do perito nesse âmbito: a) psicologia jurídica; b) avaliação psicológica; c) saúde do trabalhador; d) marcos legais e ético-profissionais. A Figura 18.1 sintetiza os principais domínios teóricos e técnicos relevantes à perícia psicológica no processo trabalhista.

Psicologia jurídica

O delineamento de uma subárea do conhecimento psicológico, denominada de psicologia jurídica, fundamenta-se no percurso histórico de um conjunto de práticas psicológicas orientadas para a investigação de depoimentos e a avaliação de perfis e processos psicopatológicos e, progressivamente, na leitura de fenômenos psicológicos instalados ou manifestados no âmbito das relações das pessoas com a Justiça e com as instituições judiciárias (Cruz, Maciel, & Ramirez, 2005; Rovinski & Cruz, 2009; Cruz, Maciel, & Ramirez, 2005). É possível afirmar que, atualmente, a atuação dos psicólogos no campo jurídico compreende processos de investigação e intervenção no âmbito do comportamento dos atores, sejam eles representados pelas pessoas em conflito, pelos operadores do direito, pelas instituições jurídicas ou, mesmo, pelos próprios psicólogos. Compõem o espectro dessa atuação os serviços de assessoramento direto e indireto às organizações de justiça e as instituições que cuidam dos direitos dos cidadãos.

A psicologia jurídica pode ser considerada, nos dias de hoje, uma disciplina consolidada e reconhecida socialmente, graças à construção histórica de um *corpus de conhecimentos* – conjunto de pressupostos teóricos, conceitos, reflexões, argumentos científicos, informações – e de um *habitus* – conjunto de práticas e procedimentos realizado pelos psicólogos no campo jurídico lastreado por competências técnicas específicas (Cruz, 2016). No âmbito da perícia psicológica trabalhista, é importante considerar que, para o melhor desenvolvimento das habilidades do psicólogo perito, é necessário conhecer elementos normativos e processuais do sistema jurídico em que vai operar, nesse caso, a Justiça do Trabalho, buscando identificar doutrinas e marcos legais específicos úteis à atividade pericial. Associado a isso, é importante ter acesso ao conhecimento sobre as relações entre a atividade ocupacional e a saúde mental de trabalhadores, manifestado na produção técnico-científica especializada, mas, também, nas doutrinas jurídicas e nos estudos psicojurídicos sobre comprometimentos psicológicos relacionados ao trabalho. Todos esses aspectos são relevantes ao trabalho dos psicólogos (peritos e assistentes técnicos) e dos operadores do direito, seja para fundamentar ar-

Figura 18.1 / Domínios teóricos e técnicas da perícia psicológica no processo judicial trabalhista.

gumentos psicojurídicos, seja para auxiliar na convicção dos juízes em suas decisões.

Avaliação psicológica

Conceitualmente, avaliar é produzir juízo crítico com base em investigação ou intervenção realizada. Por juízo crítico entende-se a capacidade de interpretar dados e informações provenientes de um processo de investigação ou intervenção, com base em repertórios teóricos e recursos instrumentais e na possibilidade reflexiva de julgar as consequências do próprio comportamento de avaliar (Cruz, 2002ab). O processo de avaliar tem como produto principal a produção de informações, oriunda da comparação entre o que ocorre na realidade e alguma situação tomada como referencial, o que possibilita a tomada de decisão acerca do objeto avaliado ou de outros aspectos relacionados a ele (De la Orden, 2000; Luckesi, 2011). No âmbito profissional, a avaliação psicológica é o processo de investigação das condições psicológicas das pessoas, com base em fundamentos teóricos e procedimentos técnicos válidos e confiáveis. Nesse caso, a avaliação psicológica atende a interesses específicos, tendo em vista a possibilidade efetiva de que o produto da avaliação psicológica sirva para auxiliar indivíduos, operadores do direito, profissionais da saúde ou equipes multidisciplinares na tomada de decisão que lhes é pertinente.

A perícia psicológica é definida como uma "[...] avaliação descritiva e conclusiva acerca de fatos, situações ou problemas que exijam juízo crítico por parte dos psicólogos, sobre matéria de psicologia, cujo conteúdo deverá certificar a medida da investigação realizada" (Cruz, 2004, p. 23). Nesse sentido, perícia psicológica é uma modalidade de avaliação psicológica e, portanto, constitui um processo de investigação técnico-científica de busca de evidências sobre demandas específicas, que exige coleta e apreciação de dados e informações para produzir uma interpretação e conclusão quanto a aspectos avaliados em termos psicológicos. Ou seja, toda perícia psicológica é uma avaliação psicológica realizada para fins específicos, seja de natureza judicial, extrajudicial ou administrativa, com objeto, demanda, contexto, processo de investigação e conclusão especializados.

A perícia psicológica judicial é aquela realizada por determinação de um juiz de direito. No âmbito do processo judicial, é considerada uma prova técnica, como os demais meios de prova propriamente ditos (testemunhal, documental), e tem por finalidade servir de subsídio à decisão judicial (Müller, Cruz, & Roberti Júnior, 2013). Nesse caso, a perícia psicológica é realizada para investigar a causalidade ou relações de determinação entre eventos ou fatos e comprometimentos psicológicos a eles associados, por meio de ações judiciais, geralmente em ações indenizatórias para reparação ou compensação de prejuízo, perda, ofensa ou dano (Cruz & Maciel 2005). Assim, avaliação psicológica é o domínio responsável pelos fundamentos teóricos e metodológicos da perícia psicológica em geral, tendo em vista que esta é uma modalidade de avaliação psicológica aplicada no campo jurídico (Alchieri & Cruz, 2004). Faz parte desse domínio o entendimento do objeto de estudo pericial, assim como os procedimentos mais eficazes para investigar, mensurar e interpretar fenômenos e processos psicológicos no âmbito do processo trabalhista.

Saúde do trabalhador

Neste domínio situam-se conhecimentos relevantes sobre as exigências, as condições, os riscos e os fatores de proteção à saúde e à segurança dos trabalhadores. De forma mais específica, interessam conhecimentos produzidos por estudos empíricos acerca de agravos à saúde mental em trabalhadores, seja do ponto de vista clínico ou epidemiológico e em diferentes grupos ocupacionais, seja no setor público, seja no setor privado (Baasch et al., 2017; Cruz, 2010), bem como critérios de diagnóstico de doenças ocupacionais, preditores de processos de adoecimento de trabalhadores, aspectos relativos à prevenção e ao controle de doenças ocupacionais e relacionadas ao trabalho (Azevedo & Cruz, 2006; Buss, & Pellegrini Filho, 2007; Lacaz, 2007, 2016; Seligmann-Silva, Bernardo, Maeno, & Kato, 2010). Do ponto de vista disciplinar e interdisciplinar, os estudos nesse domínio são influenciados por conhecimentos e métodos oriundos da psicologia do trabalho/ocupacional, psicopatologia do trabalho, psicodinâmica do trabalho, clínica do trabalho, saúde coletiva, epidemiologia, saúde e segurança do trabalho, ergonomia, medicina do trabalho, entre outros campos.

Marcos legais e ético-profissionais

Neste domínio destaca-se um conjunto de documentos normativos e orientadores que assinalam as competências do perito, seus limites de atuação e condutas ético-profissionais: Código de Processo Civil, Resoluções do Conselho Federal de Psicologia (CFP) e Código de Ética Profissional do Psicólogo. De forma específica, considerando o trabalho do perito na Justiça do Trabalho, destacam-se: as Diretrizes sobre Prova Pericial em Acidentes do Trabalho e Doenças Ocupacionais, os critérios técnicos descritivos sobre doenças relacionadas ao trabalho e sua equiparação com acidentes de trabalho no Brasil (Legislação do Ministério da Saúde, Normas Regulamentadoras do Ministério do Trabalho) e os critérios clínicos para avaliação de capacidade, funcionalidade e formulação de diagnóstico clínico (Códigos de Saúde: *Classificação estatística internacional de doenças e problemas relacionados à saúde* [CID-10]; *Manual diagnóstico e estatístico de transtornos mentais* [DSM-5]; *Classificação internacional de funcionalidade, incapacidade e saúde* [CIF]). Deve-se especialmente considerar o documento *Doenças relacionadas ao trabalho: manual de procedimentos para os serviços de saúde* (Brasil, 2001), notadamente o capítulo "Transtornos mentais e do comportamento relacionados ao trabalho (Grupo V da CID-10)", elaborado conjuntamente pelo Ministério da Saúde do Brasil e a Organização Pan-Americana da Saúde, que define, descreve e traça um perfil de morbimortalidade dos trabalhadores brasileiros. Todos esses documentos são úteis à convalidação do nexo de causalidade entre trabalho e agravos à saúde mental.

MÉTODO: PROCESSO E PROCEDIMENTOS DA PERÍCIA PSICOLÓGICA TRABALHISTA

A perícia psicológica trabalhista, tendo em vista suas especificidades, vale-se de um conjunto de conhecimentos e de procedimentos técnicos necessários à interpretação dos dados empíricos decorrentes da realização da investigação pericial, que se realiza por meio do método pericial. Um aspecto fundamental à compreensão do método pericial, do ponto de vista psicológico, é a distinção entre *processo* e *procedimentos* periciais.

O *processo pericial* pode ser caracterizado como o conjunto de ações realizadas pelo psicólogo para investigar as condições psicológicas das pessoas e suas respectivas condutas ante a situação fática, sob análise. Uma vez qualificado o perito nos autos do processo, o processo pericial retrata uma série de competências e responsabilidades do psicólogo para investigar a demanda judicial instalada:

- ater-se à demanda e especificar o escopo de sua investigação pericial, no momento de sua qualificação como perito do juízo;
- definir e executar os procedimentos necessários ao propósito pericial;
- sistematizar os achados científicos, especialmente os aspectos clínicos e epidemiológicos relativos à ocupação/ambiente de trabalho sob investigação, disponíveis e atualizados em bases de dados científicas e livros especializados, além das informações presentes em documentos técnicos oriundos da empresa e dos autos do processo;
- analisar dados e informações coletados nos procedimentos periciais, sistematizando os principais resultados;
- demonstrar evidências produzidas no trabalho pericial com base no conjunto das análises realizadas, ou seja, construir a interpretação e a conclusão do trabalho pericial, necessária e relevante à tomada de decisão judicial.

Procedimentos periciais, por sua vez, são os meios técnicos e instrumentais utilizados no processo de avaliação psicológica para coletar dados e informações pertinentes à investigação das condições psicológicas do trabalhador investigadas no caso concreto. Nesse âmbito, intitulam-se *exames psicológicos* o repertório de técnicas de observação e de inquirição (anamnese, entrevista psicológica), testes psicológicos, escalas e questionários de rastreio clínico, entre outros instrumentos de uso complementar às necessidades da investigação e busca de evidências no trabalho pericial.

Entre os exames periciais, é relevante destacar o papel da anamnese clínico-ocupacional – técnica de observação baseada em um inquérito, em que se busca, detalhadamente, identificar junto ao periciado aspectos biográficos (pessoal e profissional), condição de saúde geral e aspectos clínicos (história mórbida pregressa e atual, relato de sintomas e formas tratamento) e, especialmente, relatos acerca da natureza da ocupação e sua associação com as condições de saúde e segurança no trabalho. A anamnese clínico-ocupacional tem a função de levantar hipóteses sobre a condição clínica do periciado e permite deduzir, por meio de raciocínio clínico, a necessidade de exames específicos complementares.

A entrevista psicológica também é um recurso amplamente utilizado no trabalho pericial e pode ser definida como uma técnica de investigação dialógica em que se busca investigar o perfil e o modo de funcionamento psicológico e psicossocial do periciado, assim como características de seu comportamento no meio familiar, social e no ambiente de trabalho. A anamnese clínico-ocupacional e a entrevista psicológica servem para sistematizar dados e levantar hipóteses, mas não confirmam quadros clínicos *per se*. Quando a entrevista psicológica é realizada ao final de um processo pericial, sua função é integrar o conjunto dos resultados obtidos por meio dos procedimentos periciais (exames psicológicos, vistoria e análise documental). As evidências produzidas no trabalho pericial emergem da relação dessas hipóteses com os resultados obtidos por meio de instrumentos de exame válidos e confiáveis e, necessariamente, com critérios clínicos e/ou epidemiológicos ocupacionais identificados na literatura pertinente ao caso. Todos esses aspectos, obviamente, devem ser analisados considerando as demais informações sobre as condições de saúde do periciado.

Incluem-se nos procedimentos periciais a *análise documental*, isto é, o estudo de documentos técnicos relativos à saúde e à segurança do trabalhador: a) documentos que se referem aos históricos clínico e ocupacional do periciado (atestados e laudos médico-psicológicos, licenças para tratamento de saúde, tratamentos realizados); b) documentos técnicos relacionados a acidentes de trabalho, embora nem sempre disponíveis ou existentes, que reúnam indicadores sobre absenteísmo-doença, morbimortalidade ocupacional, programas de capacitação e treinamento em controle e prevenção de doenças e acidentes de trabalho na organização, especialmente aqueles relacionados à atividade ocupacional do periciado.

Sempre que possível, e tendo em vista a busca de dados que possam auxiliar na compreensão dos aspectos psicológicos examinados, deve-se também realizar o procedimento de *vistoria* no ambiente/posto de trabalho, que pressupõe a coleta e a análise de dados e informações sobre a natureza e as características da atividade ocupacional exercida pelo periciado (exigências psicológicas, riscos e fatores de proteção, meios de execução do trabalho, desenho do trabalho, condições de salubridade, práticas de gestão, qualidade das relações de trabalho, etc.). O trabalho de vistoria inclui observações diretas e entrevistas com trabalhadores que realizam a mesma função do periciado, demais profissionais (técnicos de segurança, da área da saúde e de recursos humanos, especialmente) e gestores diretos e indiretos, sempre que for possível e necessário à complementação e ao confronto de dados.

No processo pericial, a comunicação das informações psicológicas produzidas, por meio do laudo pericial, assim como as respostas aos quesitos formulados pelas partes (inclusive, se for o caso, os quesitos complementares), consolidam a participação do perito como auxiliar do juiz e sua relevância no esclarecimento da controvérsia entre as partes envolvidas. O laudo pericial é um documento redigido pelo psicólogo que tem por finalidade fundamentar as evidências produzidas no estudo do caso concreto, com base nos dados e nas informações coletados, e concluir sobre a pretensão jurídica provocada no processo judicial. A apresentação do laudo psicológico segue à *qualificação do perito*.

Os elementos essenciais à estruturação de um laudo psicológico no processo trabalhista seguem o previsto na Resolução CFP nº 06/2019 (2019), que institui as regras para a elaboração de documentos escritos produzidos pelos psicólogos no exercício profissional, e podem ser sistematizados conforme ilustrado a seguir.

Exemplo de folha inicial:

> EXCELENTÍSSIMO(A) SENHOR(A) JUÍZ(A)
> DA 6ª VARA DO TRABALHO DE XXXXXXXX – ESTADO DE XXXXXX
>
> Processo nº: XXXX-XX. XXX.XXX
> AÇÃO TRABALHISTA
> RECLAMANTE: Fulano de tal
> RECLAMADO: Empresa XYZ
>
> Fulano de tal, Dr. perito psicólogo (CRP12/1418), já qualificado (fl.2304), vem à presença de Vossa Excelência, respeitosamente, nos autos do processo nº XXXX-XX. XXX.XXX, ajuizado por Fulano de tal contra a empresa XYZ, apresentar **laudo psicológico e respostas aos quesitos das partes**.

1. *Identificação*: deve constar a identificação do número do processo judicial e das partes – reclamante e reclamado.
2. *Descrição da demanda*: deve ser especificado o objeto da investigação, qual seja, a avaliação de agravos à saúde mental e/ou assédio moral relacionados à exposição ao ambiente e às situações de trabalho.

Exemplo dos itens 1 e 2:

> **LAUDO PSICOLÓGICO**
>
> I. *Identificação*
> Solicitação: 6ª Vara do Trabalho
> Processo: 0001510-23.2016.5.12.0036
> AÇÃO TRABALHISTA
> RECLAMANTE: Fulano de tal
> RECLAMADO: Empresa XYZ
>
> II. *Descrição da demanda*
> Investigação de nexo de causalidade entre assédio moral no trabalho e agravo à saúde mental.

3. *Procedimentos*: devem ser descritas todas as ações do perito no caso, incluindo as sessões com o periciado, as visitas técnicas e as observações realizadas *in loco* de trabalho do reclamante, assim como o acesso a outros profissionais do ambiente do trabalho do reclamante, quando for o caso, e fontes documentais relacionadas ao ambiente laboral (indicadores de absenteísmo-doença, acidentes de trabalho, treinamentos preventivos, etc.). No caso da avaliação psicológica com o periciado, é importante referir as técnicas e os instrumentos utilizados, com seus respectivos objetivos (privativos ao exercício profissional do psicólogo e complementares – de uso multiprofissional, com evidências de validade e precisão na literatura especializada), assim como se houve a participação de assistentes técnicos nas sessões periciais, ainda que isso não seja conveniente.

Exemplo do item 3:

> III. *Procedimentos*
>
> A perícia psicológica foi realizada por meio de três tipos de procedimentos:
>
> 1) Avaliação psicológica das condições de saúde mental do Reclamante, com base em técnicas e instrumentos de exame psicológico primários e complementares. Foram realizadas X sessões periciais com o Reclamante, nos dias 12, 15 e 20 de novembro de 20XX, das 08h30 às 10h30, nas dependências da... (local, endereço). A avaliação psicológica consistiu no uso de técnicas e instrumentos de exames primários e complementares e seus respectivos objetivos: (identificar os instrumentos utilizados e seus objetivos. No caso de instrumentos complementares, indicar estudos de evidências de validade e precisão nas referências bibliográficas).
> 2) Vistoria no local de trabalho, visando a coletar dados e informações primárias sobre o ambiente de trabalho e com profissionais que realizam atividades correlatas ou associadas ao fluxo de trabalho do periciado e gestores do local de trabalho (descrever quantas vistorias técnicas foram realizadas, local, horários, o que foi observado, se foram realizadas entrevistas técnicas com outros trabalhadores e gestores – com permissão expressa dos profissionais –, se essas vistorias foram acompanhadas pelos assistentes técnicos).
> 3) Análise de fontes documentais, visando a levantar dados e informações disponíveis sobre acidentes de trabalho e afastamentos por problemas de saúde (identificar quais fontes documentais foram acessadas, quais informações constavam, se a empresa tem programas de prevenção e controle de riscos e prevenção de doenças ocupacionais, por exemplo, PPRA, PCMSO, cumprindo legislação vigente).

4. *Análise:* devem ser descritos e sistematizados aspectos relevantes acerca do histórico

pessoal, profissional e clínico do municipal, além das características ocupacionais relativas à natureza do trabalho realizado, aos modos de gestão e à qualidade das relações de trabalho. É fundamental, neste item, descrever as evidências detectadas pelo perito nos procedimentos de observação e exames clínicos (coleta de dados com o municipal e com a organização), assim como aquelas informações obtidas em documentos presentes nos autos do processo judicial ou coletados no local de trabalho pelo perito. É fundamental que as evidências obtidas sejam articuladas com informações clínicas e/ou epidemiológicas identificadas na literatura especializada.

Exemplo do item 4:

> IV. *Análise*
>
> O Sr. Fulano de tal, nascido em 10 de janeiro de 1983, bancário, graduado em Economia, reside em XXXXX, com a esposa e um filho de 7 anos de idade. Trabalha na empresa XYZ desde novembro de 20XX, tendo tido experiências profissionais anteriores nos ramos XXX (descrever experiências profissionais anteriores, funções assumidas, período, etc.). Na empresa XYZ, seu cargo atual é XXX, que lhe delega como funções principais: (descrever as funções primárias da atividade, conforme levantamento realizado na empresa e com o municipal). Apresenta histórico de agravos à saúde desde XXX... (descrever...). Está atualmente em retorno ao trabalho, após três períodos de afastamento por doença (descrever...). Nas sessões periciais, o Sr. Fulano de tal demonstrou... (descrever intercorrências, comunicação, etc.). Os exames periciais indicam... (descrever cada aspecto psicológico identificado). No ambiente de trabalho, o Sr. Fulano de tal refere (descrever percepção do ambiente, do processo de trabalho, possíveis conflitos e repercussões pessoais, profissionais e familiares, etc.). Refere que as exigências e as pressões no trabalho... (descrever quais e em que medida foram e são avaliadas pelo Reclamante). Em termos temporais, e para melhor situar a concorrência ou concomitância de fatos relacionados ao ambiente de trabalho e a respectiva condição de saúde alegada pelo Reclamante... (situar, no tempo, os eventos relevantes relacionados ao ambiente de trabalho e as manifestações dos sintomas e quadro clínico). É possível constatar, portanto, que (apontar as evidências clínicas e descrever o raciocínio que levou o perito a identificar ou não o nexo [individual causal ou concausal] entre ambiente de trabalho e possível quadro clínico, considerando as outras informações provenientes da vistoria técnica e das fontes documentais acessadas).

5. *Conclusão:* deve ser sistematizada a compreensão do perito sobre o objeto da perícia, concluindo acerca da presunção de nexo de (con)causalidade entre característica do trabalho/ambiente laboral e agravos à saúde mental (comprometimentos psicológicos) do municipal.

Exemplo do item 5:

> V. *Conclusão*
>
> As condições clínicas atuais, aferidas por meio da avaliação pericial, indicam que... (descrever as principais evidências sobre hipóteses ou quadros clínicos de agravos à saúde mental). O quadro clínico plausível indica nexo de concausalidade... (descrever evidências de relação, se for o caso, entre fatores do ambiente de trabalho e os agravos à saúde mental detectados, assim como demais repercussões na vida).
>
> Cidade e data
>
> Fulano de tal
> Perito psicólogo (CRP xx/xxxx)
> (minicurrículo)
> (Referências bibliográficas devem vir preferencialmente em notas de rodapé ao longo das páginas, ao final do laudo ou após todas as respostas aos quesitos.)

No laudo pericial, há que se destacar que o uso de referências científicas é muito importante na consolidação dos argumentos plausíveis e garantidores de um trabalho pericial competente do perito, as quais devem ser identificadas por meio de notas de rodapé ou ao final do laudo. Quando for necessário, podem ser utilizadas referências bibliográficas nas respostas aos quesitos formulados pelas partes nos autos, desde que sirvam ao propósito de melhor argumentar os achados derivados da perícia. Para que todo esse processo ocorra, é necessário, obviamente, uma leitura detalhada dos autos do processo, procurando-se identificar informações que situem a competência do perito no exame do caso concreto, que possibilitem a confrontação dessas informações com as análises produzidas no trabalho pericial e que, também, possam auxiliar nas respostas aos quesitos formulados, pelas partes, ao perito.

O parecer, elaborado pelo assistente técnico, em contraposição ao laudo do perito, deve conter os elementos essenciais a sua estruturação conforme previsto na Resolução CFP nº 06/2019:

1. *Identificação*, em que se identifica o solicitante do documento e na qual se declaram o nome e qualificações técnicas do assistente técnico (competência no assunto, titulação e registro profissional no CRP).
2. *Descrição da demanda*, em que se transcreve o objetivo do pronunciamento por

escrito do assistente técnico (finalidade, aspectos críticos do laudo ou das respostas do perito aos quesitos), tendo em vista que o procedimento adotado foi a análise dos documentos periciais e de outras fontes do processo.
3. *Análise*, em que se promove a crítica sobre os fundamentos, a qualidade técnica e as evidências científicas apresentadas pelo laudo psicológico pericial e, se for o caso, sobre as respostas aos quesitos apresentadas pelo perito. São argumentos lastreados nos princípios éticos e científicos da análise criteriosa e respeitosa profissionalmente.
4. *Conclusão*, em que são sintetizados os elementos críticos essenciais do parecer, tendo em vista as evidências e os argumentos apresentados no laudo pericial e nas respostas aos quesitos.

Obviamente, e da mesma forma que referido ao documento do perito, o parecer do assistente técnico deve conter, sempre que necessário, referências científicas e normativas para a sustentação dos argumentos críticos ante o laudo pericial. Do ponto de vista prático, é possível esquematizar um *fluxo de questões e decisões básicas* atinentes à perícia psicológica trabalhista, conforme demonstrado na Figura 18.2.

Com base na demanda judicial formulada, e tendo em vista a necessidade de produção de prova pericial, parte-se da seguinte controvérsia geral: o ambiente e as condições de trabalho, em um caso concreto, são responsáveis pela perda ou restrição da condição de saúde do trabalhador e, portanto, atingem o empregador a responsabilidade por indenizar os prejuízos ou danos à saúde mental causados? Responder a essa demanda inicial exige, primeiramente, investigação, considerando a pretensão da parte reclamante (em geral, o trabalhador que busca provar o impacto do ambiente e das condições de trabalho em sua saúde mental, deteriorando-a). Na maior parte das vezes, esse impacto, em termos de agravos à saúde mental, é definido em termos de espectro clínico: depressão, transtorno de estresse pós-traumático, transtornos de ansiedade, síndrome de *burnout*, entre outros (Cruz, 2010).

Entre esses aspectos, a depressão é emblemática, em virtude de já ser considerada um sistema clínico, de amplo espectro, muitas vezes confundido com outros fenômenos psicológicos e psicofisiológicos, tais como mal-estar, tristeza, angústia, frustração, crises existenciais, fadiga mental, reações agudas ao estresse, além de outras disfunções químicas. Parte dessa confusão se refere à imprecisão na caracterização clínica dos sinais e sintomas da depressão, assim como na adequada verificação de sua condição preexistente e da influência de variáveis sócio-ocupacionais em sua determinação ou acentuação em determinadas circunstâncias de vida e trabalho. A síndrome de *burnout*, por exemplo, uma condição clínica enfaticamente relacionada a estressores ocupacionais e profissionais, mostra-se fortemente associada a sintomas depressivos, assim como ao estresse pós-traumático primário ou secundário, embora não sejam, em seus respectivos espectros, condições clínicas similares.

Todo espectro clínico em termos de saúde mental, como é o caso da depressão, geralmente está relacionado a uma história de sinais e sintomas, agravados ou exacerbados ao longo de certo tempo (frequência, intensidade, severidade, extensão dos efeitos nas outras dimensões da vida). Assim, histórico de sinais e sintomas, atestados e tratamentos médico-psicológicos do reclamante, identificados no processo, associados aos fatores de exposição ocupacionais, suscitam suspeita de concausalidade, o que deve ser objeto de investigação criteriosa.

Do ponto de vista epidemiológico (distribuição de agravos à saúde em populações específicas, por exemplo, grupos ocupacionais), a prevalência de depressão aumenta significativamente quando associada à história de síndromes dolorosas crônicas ou, ainda, a doenças reumáticas. De outra forma, há forte associação entre a prevalência de transtornos do humor e distúrbios musculoesqueléticos entre trabalhadores (inflamações e lesões em articulações, tendões, grupos musculares).

Em todos esses casos, a condição insalubre de trabalho, em virtude dos riscos ocupacionais, assim como a incompatibilidade entre as

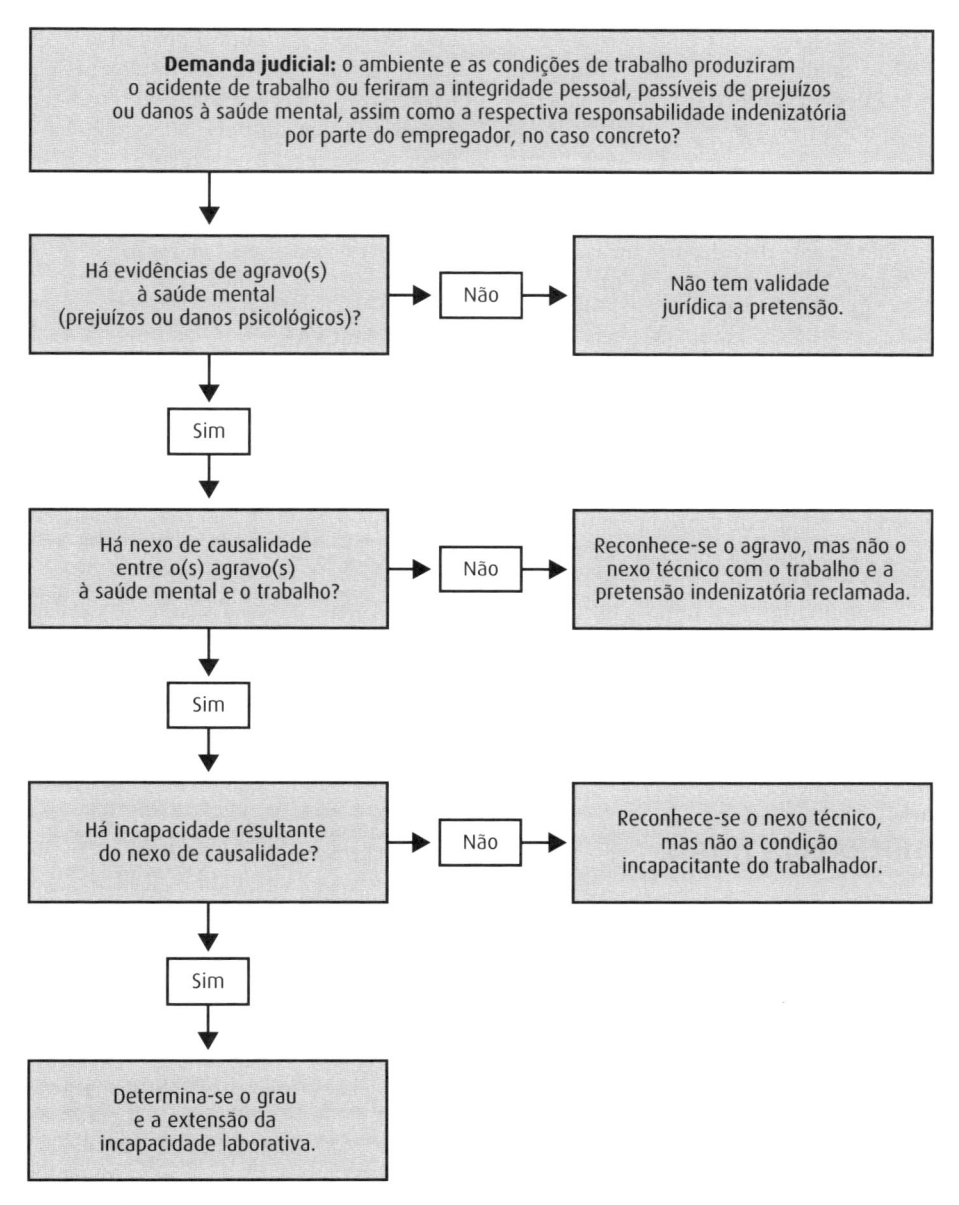

```
┌─────────────────────────────────────────────────────────────────────┐
│  Demanda judicial: o ambiente e as condições de trabalho produziram │
│  o acidente de trabalho ou feriram a integridade pessoal, passíveis │
│  de prejuízos ou danos à saúde mental, assim como a respectiva      │
│  responsabilidade indenizatória por parte do empregador, no caso    │
│  concreto?                                                          │
└─────────────────────────────────────────────────────────────────────┘
                                  │
                                  ▼
   ┌────────────────────────┐      ┌─────┐     ┌──────────────────────┐
   │ Há evidências de       │      │     │     │ Não tem validade     │
   │ agravo(s) à saúde      │─────▶│ Não │────▶│ jurídica a pretensão.│
   │ mental (prejuízos ou   │      │     │     │                      │
   │ danos psicológicos)?   │      └─────┘     └──────────────────────┘
   └────────────────────────┘
              │
            ┌───┐
            │Sim│
            └───┘
              ▼
   ┌────────────────────────┐      ┌─────┐     ┌──────────────────────┐
   │ Há nexo de causalidade │      │     │     │ Reconhece-se o       │
   │ entre o(s) agravo(s)   │─────▶│ Não │────▶│ agravo, mas não o    │
   │ à saúde mental e       │      │     │     │ nexo técnico com o   │
   │ o trabalho?            │      └─────┘     │ trabalho e a pretensão│
   └────────────────────────┘                  │ indenizatória         │
                                               │ reclamada.            │
                                               └──────────────────────┘
              │
            ┌───┐
            │Sim│
            └───┘
              ▼
   ┌────────────────────────┐      ┌─────┐     ┌──────────────────────┐
   │ Há incapacidade        │      │     │     │ Reconhece-se o nexo  │
   │ resultante do nexo     │─────▶│ Não │────▶│ técnico, mas não a   │
   │ de causalidade?        │      │     │     │ condição incapacitante│
   └────────────────────────┘      └─────┘     │ do trabalhador.       │
                                               └──────────────────────┘
              │
            ┌───┐
            │Sim│
            └───┘
              ▼
   ┌────────────────────────┐
   │ Determina-se o grau    │
   │ e a extensão da        │
   │ incapacidade laborativa│
   └────────────────────────┘
```

Figura 18.2 Fluxo das questões fundamentais da perícia psicológica no processo trabalhista e suas repercussões no processo judicial.

exigências implícitas e explícitas nas atividades de trabalho e a capacidade biopsicológica e psicossocial dos trabalhadores em respondê-las, constituem variáveis salientes à determinação dos agravos à saúde física e mental dos trabalhadores (Cruz, 2004; Frutuoso & Cruz, 2005; Sardá Junior, Kupek, & Cruz, 2009). A expectativa é a de que o desenvolvimento da pesquisa, de novas diretrizes clínicas, do aperfeiçoamento do diagnóstico precoce e o empoderamento técnico dos operadores da vigilância em saúde do trabalhador promovam interpretações mais precisas sobre o papel da depressão nos agravos à saúde relacionados ao trabalho.

Uma vez constatado o nexo de causalidade entre trabalho e agravos à saúde mental, é necessário verificar se dele decorre incapacidade laborativa, definida como a perda ou redução da capacidade do indivíduo para desempenhar atividades ou funções referentes a sua ocupação profissional (Silva Junior & Fischer, 2014; Serafim, Campos, Cruz, & Rabuske, 2012). A incapacidade laborativa é uma condição resultante de alterações patológicas, provocadas por doenças ocupacionais ou acidentes de trabalho, sendo avaliada de acordo com o grau, a duração e a abrangência, podendo ser total ou parcial, permanente ou temporária. Na primeira, o trabalhador está impossibilitado de desempenhar a atividade laboral do cargo, função ou emprego examinado. Na segunda, ainda existe a capacidade residual para o desempenho da atividade, com restrições, sem riscos para si ou terceiros.

CONSIDERAÇÕES FINAIS

O trabalho do psicólogo no processo trabalhista reflete a necessidade de promover soluções no âmbito da Justiça do Trabalho, na busca por evidências acerca das relações entre trabalho e saúde mental, lastreado pelos pressupostos biopsicossociais determinantes da capacidade humana e da compreensão do indivíduo como um ser de direitos e obrigações. A qualidade da relação entre as exigências do processo de trabalho e a capacidade humana em responder ou desempenhar essas exigências está diretamente associada aos impactos percebidos na situação de trabalho, especialmente aqueles resultantes dos acidentes de trabalho, e na manifestação de agravos à saúde mental.

Ambientes e condições de trabalho que ofendam a integridade e a saúde dos trabalhadores resultam em prejuízos e danos ao trabalhador, com repercussões morais sobre o grupo de trabalho e o processo produtivo e, dependendo de sua gravidade, implicam sequelas irreversíveis, irrecuperáveis ou traumatismos. A importância da perícia psicológica como prerrogativa legal é justamente legitimar a investigação sobre prejuízos e danos psicológicos em trabalhadores e, com isso, possibilitar, quando for o caso, sua reparação.

REFERÊNCIAS

Alchieri, J. C. & Cruz R. M. (2004). *Avaliação psicológica: Conceito, métodos e instrumentos* (2. ed.). São Paulo: Casa do Psicólogo.

Associação Brasileira de Ergonomia (ABERGO). (2014). *Diretrizes sobre prova pericial em acidentes do trabalho e doenças ocupacionais*. Recuperado de http://www.abergo.org.br/arquivos/noticias/DIRETRIZES.pdf

Azevedo, B. M. & Cruz, R. M. (2006). O processo de diagnóstico e de intervenção do psicólogo do trabalho. *Cadernos de Psicologia Social do Trabalho, 9*(2), 89-98.

Baasch, D., Trevisan, R. L., & Cruz, R. M. (2017). Perfil epidemiológico dos servidores públicos catarinenses afastados do trabalho por transtornos mentais de 2010 a 2013. *Ciência & Saúde Coletiva, 22*(5), 1641-1650.

Bley, J. Z., Turbay, J. C., & Cunha Jr., O. (2007). *Comportamento seguro: A psicologia da segurança no trabalho e a educação para a prevenção de doenças e acidentes* (2. ed.). Curitiba: Sol.

Brasil. (1988). *Constituição da República Federativa do Brasil de 1988*. Recuperado de http://www.planalto.gov.br/ccivil_03/constituicao/constituicaocompilado.htm

Brasil. (1991). *Lei nº 8.213, de 24 de julho de 1991*. Dispõe sobre os Planos de Benefícios da Previdência Social e dá outras providências. Recuperado de http://www.planalto.gov.br/ccivil_03/leis/l8213cons.htm

Brasil. (2001) *Doenças relacionadas ao trabalho: manual de procedimentos para os serviços de saúde*. Brasília: MS.

Brasil. (2015). *Lei nº 13.105, de 16 de março de 2015*. Código de Processo Civil. Recuperado de http://www.planalto.gov.br/ccivil_03/_ato2015-2018/2015/lei/l13105.htm

Buss, P. M. & Pellegrini Filho, A. (2007). A saúde e seus determinantes sociais. *Physis: Revista de saúde coletiva, 17*(1), 77-93.

Cabral, L. A. A., Soler, Z. A. S. G., & Wysocki, A. D. (2018). Pluralidade do nexo causal em acidente de trabalho/doença ocupacional: Estudo de base legal no Brasil. *Revista Brasileira de Saúde Ocupacional, 43*, e1.

Conselho Federal de Psicologia (CFP). (2019). *Resolução CFP nº 06/2019*. Institui regras para a elaboração de documentos escritos produzidos pela(o) psicóloga(o) no exercício profissional e revoga a Resolução CFP nº 15/1996, a Resolução CFP nº 07/2003 e a Resolução CFP nº 04/2019. Recuperado de https://atosoficiais.com.br/cfp/resolucao-do-exercicio-profissional-n-6-2019-institui-regras-para-a-elaboracao-de-documentos-escritos-produzidos-pela-o-psicologa-o-no-exercicio-profissional-e-revoga-a-resolucao-cfp-no-15-1996-a-resolucao-cfp-no-07-2003-e-a-resolucao-cfp-no-04-2019?origin=instituicao&q=documento

Cruz, R. (2004). Distúrbios musculoesqueléticos, processos de trabalho e cultura organizacional. In: A. Tamayo (Org.). *Cultura e saúde nas organizações* (pp. 231-252). Porto Alegre: Artmed.

Cruz, R. M. (2002a). O processo de conhecer em avaliação psicológica. In R. M. Cruz, C. Alchieri & J. Sardá Junior, *Avaliação e medidas psicológicas: Produção do conhecimento e da intervenção profissional* (pp. 15-24). São Paulo: Casa do Psicólogo.

Cruz, R. M. (2002b). Perícia em psicologia e laudo. In R. M. Cruz, J. C. Alchieri, & J. Sardá Junior. *Avaliação e medidas psicológicas* (pp. 263-274). São Paulo: Casa do Psicólogo.

Cruz, R. M. (2005). Saúde, trabalho e psicopatologias. In B. Aued (Org.), *Traços do trabalho coletivo* (pp. 201-223). São Paulo: Casa do Psicólogo.

Cruz, R. M. (2010). Nexo técnico e vigilância à saúde do trabalhador: Uma agenda científica para o Ntep. In V. Machado, J. L. Soratto, W. Codo, *Saúde e trabalho no Brasil: Uma revolução silenciosa: O NTEP e a previdência social* (pp. 256-272). Rio de Janeiro: Vozes.

Cruz, R. M. (2011). Trabalho docente, modo degradado de funcionamento institucional e patologias do trabalho. In M. Souza, F. Martins, & J. N. G. Araújo, *Dimensões da violência: Conhecimento, subjetividade e sofrimento psíquico* (pp. 45-69). São Paulo, Casa do Psicólogo.

Cruz, R. M. (2016). Competências científicas e profissionais e exercício profissional do psicólogo. *Psicologia: Ciência e Profissão, 36*(2), 251-254.

Cruz, R. M. & Maciel, S. K. (2005). Perícia de danos psicológicos em acidentes de trabalho. *Estudos e Pesquisas em Psicologia, 5*(2), 120-129.

Cruz, R. M., Maciel, S. K., & Ramirez, D. C. (2005). Apresentação. In R. M. Cruz, S. K. Maciel, & D. C. Ramirez, *O trabalho do psicólogo no campo jurídico* (pp. 7-8). São Paulo: Casa do Psicólogo.

Danielllou, F., Simard, M., & Boissières, I. (2010). Fatores humanos e organizacionais da segurança industrial, um estado da arte. In: *Les Cahiers de la sécurité industrielle*, Toulouse: FONCSI. Recuperado de http://www.FonCSI.org/fr/cahiers.

Daray, H. (2000). *Daño psicológico*. Buenos Aires: Astrea.

De la Orden, A. (2000). La función optimizante de la evaluación de programas evaluativos. *Revista de Investigación Educativa, 18*(2), 381-389.

Diniz, M. H. (2010). *Curso de direito civil brasileiro: Responsabilidade civil* (24. ed., vol. 7). São Paulo: Saraiva.

Frutuoso, J. & Cruz, R. M. (2005). Mensuração da carga de trabalho e sua relação com a saúde do trabalhador. *Revista Brasileira de Medicina Ocupacional, 3*(1), 29-36.

Hofmann, D. A., Burke, M. J., & Zohar, D. (2017). 100 years of occupational safety research: From basic protections and work analysis to a multilevel view of workplace safety and risk. *Journal of Applied Psychology, 102*(3), 375-388.

Jacques, M. D. G. C. (2007). O nexo causal em saúde/doença mental no trabalho: Uma demanda para a psicologia. *Psicologia & Sociedade. São Paulo, 19*(1), 112-119.

Joyce, S., Modini, M., Christensen, H., Mykletun, A., Bryant, R., Mitchell, P. B., & Harvey, S. B. (2016). Workplace interventions for common mental disorders: A systematic meta-review. *Psychological Medicine, 46*(4), 683-697.

Karnas, G. (2018). *Psychologie du travail:«Que sais-je?»* Paris: Puf.

Lacaz, F. A. C. (2016). Continuam a adoecer e morrer os trabalhadores: As relações, entraves e desafios para o campo Saúde do Trabalhador. *Revista Brasileira de Saúde Ocupacional, 41*(13), 1-11.

Lacaz, F. A. D. C. (2007). O campo Saúde do Trabalhador: Resgatando conhecimentos e práticas sobre as relações trabalho-saúde. *Cadernos de Saúde Pública, 23*(4), 757-766.

Lago, V. M., Amato, P., Teixeira, P. A., Rovinski, S. L. R., & Bandeira, D. R. (2009). Um breve histórico da psicologia jurídica no Brasil e seus campos de atuação. *Estudos de Psicologia, 26*(4), 483-491.

Leplat, J. (1993). L'analyse psychologique du travail: quelques jalons historiques. *Le travail humain, 56*(2-3), 115-132.

Luckesi, C. C. (2011). *Avaliação da aprendizagem: Componente do ato pedagógico*. São Paulo: Cortez.

Martins-Costa, J. (2002). Os danos à pessoa no direito brasileiro e a natureza da sua reparação. *Revista da Faculdade de Direito, 19*(19), 181-207.

Mauro, M. Y. C., Muzi, C. D., Guimarães, R. M., & Mauro, C. C. C. (2004). Riscos ocupacionais em saúde. *Revista Enfermagem UERJ, 12*(3), 338-345.

Mendes, A. & Cruz, R. M. (2004). Trabalho e saúde no contexto organizacional: Vicissitudes teóricas. In A. Tamoyo (Org.), *Cultura e saúde nas organizações* (pp. 39-55). Porto Alegre: Artmed.

Minghetti, L. R., Kanan, L. A., & Rocha, G. (2014). Saúde mental do trabalhador: Transtornos mentais e do comportamento relacionados com o trabalho que podem, em alguma medida, estar associados ao suicídio laboral. *Revista Interdisciplinar de Estudos em Saúde, 3*(2), 105-143.

Mullen, J. (2004). Investigating factors that influence individual safety behavior at work. *Journal of Safety Research, 35*(3), 275-285.

Müller, F. G., Cruz, R. M., & Roberti Júnior, J. P. (2013). Perícia em saúde do trabalhador: Contribuições da perícia psicológica judicial. *Caminhos, 4*(6), 65-85.

Neves, M. A. B. D. (2011). *As doenças ocupacionais e as doenças relacionadas ao Trabalho: As diferenças conceituais existentes e as suas implicações*. São Paulo: LTr.

Oliveira, S. G. (2018). *Indenizações por acidente do trabalho ou doença ocupacional* (10. ed.). São Paulo: LTr.

Reason, J. (1995a). A systems approach to organizational error. *Ergonomics, 38*(8), 1708-1721.

Reason, J. (1995b). Understanding adverse events: Human factors. *BMJ Quality & Safety, 4*(2), 80-89.

Reason, J. (2016). *Managing the risks of organizational accidents*. Burlington: Routledge.

Rocha, S. H. & Bussinguer, E. C. de A. (2017). A invisibilidade das doenças mentais ocupacionais no mundo contemporâneo do trabalho. *Pensar -Revista de Ciências Jurídicas, 21*(3), 1104-1122.

Rovinski, S. L. R. (2007). *Fundamentos da perícia psicológica forense*. São Paulo: Vetor.

Rovinski, S. L. R. & Cruz, R. M. (2009). Apresentação. In S. L. R. Rovinski & R. M. Cruz, *Psicologia jurídica: Perspectivas teóricas e processos de intervenção* (pp. 9-10). São Paulo: Vetor.

Sardá Junior, J., Kupek, E., & Cruz, R. M. (2009). Preditores biopsicossociais de incapacidade física e depressão em trabalhadores do setor de frigoríficos atendidos em um programa de reabilitação profissional. *Acta Fisiatrica, 16*(2), 76-80.

Schilling, R. S. F. (1984). More effective prevention in occupational health practice? *Journal of Society of Occupational Medicine, 34*(3), 71-79.

Seligmann-Silva, E., Bernardo, M. H., Maeno, M., & Kato, M. (2010). Saúde do Trabalhador no início do século XXI. *Revista Brasileira de Saúde Ocupacional, 35*(122), 185-186.

Serafim, A. C, Campos, I. C. M., Cruz, R. M., & Rabuske, M. M. (2012). Riscos psicossociais e incapacidade do servidor público: um estudo de caso. *Psicologia: Ciência e profissão, 32*(3), 686-705.

Silva Junior, J. S. D. & Fischer, F. M. (2014). Adoecimento mental incapacitante: Benefícios previdenciários no Brasil entre 2008-2011. *Revista de Saúde Pública, 48*(1), 186-190.

Slovic, P. (1987). Perception of risk. *Science, 236*(4799), 280-285.

Souza, P. C. Z. D. & Athayde, M. (2006). A contribuição da abordagem clínica de Louis Le Guillant para o desenvolvimento da psicologia do trabalho. *Estudos e Pesquisas em Psicologia, 6*(1), 6-19.

19

AVALIAÇÃO DO ASSÉDIO MORAL NO TRABALHO

Mayte Raya Amazarray
Fabiane Konowaluk Santos Machado
Patrícia Andréa Barbosa Machado

Nos últimos anos, o assédio moral no trabalho (AMT) vem sendo um tema recorrente, que tem ensejado demandas processuais no âmbito do Poder Judiciário. As ações envolvendo AMT podem ser ajuizadas na Justiça do Trabalho, no caso das relações de emprego regidas pela Consolidação das Leis do Trabalho (CLT); na Justiça Federal, quando envolvem servidores públicos federais; e na Justiça Estadual, nos casos de servidores públicos municipais e estaduais. Os trabalhadores afetados com essa forma de violência laboral têm buscado guarida jurídica, tanto de maneira individual como mediante ações coletivas. Nesse cenário, com certa frequência, também podem estar envolvidos, direta ou indiretamente, entidades representativas de categorias profissionais (sindicatos), Ministério Público do Trabalho, entre outros órgãos públicos e/ou de interesse da sociedade civil.

É nesse contexto que se problematiza a avaliação psicológica forense do AMT. Os profissionais da psicologia podem ser solicitados para auxiliar na avaliação dos casos, tanto na condição de perito do juízo como na qualidade de assistente técnico de uma das partes. Nessa segunda situação, a avaliação psicológica, comumente, tem sido requerida por parte dos trabalhadores, pois são estes os principais autores das ações no Judiciário, na reivindicação de direitos e na reparação de eventuais danos sofridos. Embora não exista, na legislação brasileira, uma previsão específica para o AMT, a Constituição Federal e a CLT têm sido os marcos legais de referência para amparar as ações, além da jurisprudência que vem sendo consolidada nos últimos anos no país (Amazarray & Galia, 2016; Ramos & Galia, 2013).

Ademais, algumas ações têm sido propostas no intuito de combater a prática do AMT em diversos órgãos públicos. Recentemente, em âmbito federal, foi assinada a Portaria nº 583, de 22 de maio de 2017, que institui a Política Nacional de Prevenção e Enfrentamento do Assédio Moral e Sexual e da Discriminação no âmbito do Ministério Público do Trabalho (Brasil, 2017). Essa portaria prevê a criação de comissões para desenvolver ações de prevenção e enfrentamento, além de receber e analisar casos e recomendar ao procurador-geral e aos procuradores-chefes das regionais a adoção de medidas voltadas a relações interpessoais, liderança e gestão de pessoas. Nos âmbitos estadual e municipal, há diversas leis aprovadas com a finalidade de combate e prevenção do AMT nas administrações públicas correspondentes.

Neste capítulo, serão expostos o conceito de AMT, algumas possibilidades de sua expressão nas relações laborais, bem como diferentes perspectivas de análise do fenômeno. Também serão apresentados os possíveis impactos na saúde dos trabalhadores acometidos e o conceito de dano psicológico relativo ao AMT. Será abordado o papel dos profissionais da psicologia na condição de assistentes técnicos e peritos no contexto de avaliação psicológica do AMT. Por fim, serão apresentados os elementos relevantes para a realização da avaliação do assédio no contexto forense.

ASPECTOS CONCEITUAIS DO ASSÉDIO MORAL NO TRABALHO

O AMT está circunscrito em um campo mais amplo: o da violência no contexto laboral. Como manifestação humana, a violência é relacional e se expressa em ações, de uma ou de várias pessoas/instituições, direcionadas a outro(s) indivíduo(s). No cenário organizacional e do trabalho, é legítimo considerar uma gradação de atitudes que podem ser definidas como violentas. Entre elas, podemos citar: condições precárias e degradantes de trabalho, agressões físicas e verbais, diferentes formas de discriminação, corrupção, assédio moral e sexual, negligência e imprudência, acidentes de trabalho, homicídios, atentados e insegurança (Bradaschia, 2007; Chappell & Di Martino, 2006; Pillinger, 2017; Sznelmar, 2017).

A própria Organização Internacional do Trabalho (OIT) (Chappell & Di Martino, 2006; Organização Internacional do Trabalho [OIT], 2016) concebe o assédio moral como um modo extremo de violência psicológica e o define como abuso de poder. A violência psicológica nas relações de trabalho diz respeito a comportamentos sutis, por vezes invisíveis. São exemplos: pressões psicológicas, ameaças, intimidações, constrangimentos, humilhações e hostilidades (Chappell & Di Martino, 2006). O assédio configura-se pelo caráter processual, ou seja, quando esses eventos se manifestam de maneira sistemática. Dessa forma, situações pontuais são consideradas atos de violência, e não de assédio. Por exemplo, um episódio de humilhação sofrido na frente de colegas de trabalho, por mais danoso e vexatório que possa ser, é um fato pontual; o assédio, por sua vez, configura-se por repetidas situações de humilhação. Também é importante distinguir os atos de violência/assédio no trabalho dos conflitos e divergências inerentes e, por vezes, até mesmo "saudáveis", das relações laborais de indivíduos e coletividades no ambiente organizacional. Os atos violentos, mesmo que pontuais, são modos de apresentação tão agressivos que podem desorganizar emocionalmente e trazer consequências graves aos trabalhadores.

Por meio da definição de diversos autores (Freitas, Heloani, & Barreto, 2017; Glina & Soboll, 2012; Hirigoyen, 2009; 2011; Leymann, 1990; Soboll, 2008; Soboll & Gosdal, 2009), entende-se que o conceito de AMT centra-se em um tipo de conduta frequente e abusiva que desqualifica, humilha e constrange o trabalhador; o AMT é utilizado como recurso para atingir um objetivo pessoal e/ou organizacional. É uma violência praticada no local de trabalho ou em decorrência dele que consiste em realizar ações e utilizar gestos, palavras e comportamentos que imprimam uma intenção discriminatória aos trabalhadores, causando-lhes sofrimento e angústia psíquica. Pode incorrer em dano à personalidade, à dignidade e à integridade física ou psíquica e provocar a perda do emprego e a decomposição do clima organizacional. É um processo com ataques repetidos – por vezes propositais – que ocorrem em determinado período.

Considerando o assédio circunscrito no fenômeno da violência, ele contém, necessariamente, uma relação de abuso de poder. A assimetria manifesta-se de modo que a parte agressora possui mais recursos, apoios ou posição superior. A relação desigual pode derivar de uma relação hierárquica. Entretanto, o abuso de poder também pode estar relacionado com outros aspectos, como força física e simbólica, traços de personalidade, antiguidade na organização, familiaridade e influência no grupo (Einarsen, 2000; Leymann, 1996), bem como pode ser resultado do controle da subjetividade decorrente de determinadas estratégias de pessoal (Soboll, 2017).

Dessa assimetria deriva outra característica do fenômeno de assédio: a dificuldade de defesa por parte dos trabalhadores que são alvo (Einarsen, 2000; Freitas et al., 2017; Hirigoyen, 2011; Leymann, 1996). Essa impossibilidade de reação também guarda íntima relação com o medo (de perder o emprego ou o *status*, de exclusão, de humilhação), com a competitividade e com a falta de solidariedade no ambiente laboral. O efeito deletério do assédio resulta da repetição de agressões aparentemente inofensivas, porém contínuas; o conjunto e a repetição dos ataques sutis criam um processo destrutivo (Hirigoyen, 2011; Leymann, 1996). Em razão disso, é comum que o processo destrutivo já tenha-se estabelecido quando trabalhadores acometidos pelo assédio de fato percebem a situação como ofensiva. A manipulação perversa tende a intensificar-se; não raramente, os trabalhadores atingidos se sentem em situação de inferioridade.

Para caracterização do AMT, há dois elementos que, necessariamente, devem estar presentes (Soboll, 2017): a existência concreta de atos hostis recorrentes (critério objetivo) e a vivência da humilhação e ofensa à dignidade humana (critério subjetivo). Quanto ao primeiro critério, para que se identifique uma situação de assédio, pelo menos um ato hostil praticado de maneira sistemática precisa ser identificado. Ainda que não seja necessário indicar duração ou periodicidade mínimas, é preciso demonstrar a ocorrência de práticas assediadoras de forma frequente e continuada.

Quanto à natureza dos atos hostis, pode-se dizer que correspondem a uma ampla variedade de comportamentos, e qualquer tentativa de exposição ou classificação não dará conta das diversas possibilidades de expressão desse tipo de violência nas relações de trabalho. Ainda assim, há registros na literatura acerca de algumas situações ou atos negativos no trabalho que costumam ser observados como práticas de assédio moral (Freitas et al., 2017; Hirigoyen, 2011; Leymann, 1996). Vale lembrar que essas práticas de assédio moral podem ocorrer por ação e/ou omissão; ademais, podem apresentar-se mediante um só tipo de conduta ou por meio de diferentes atos simultâneos. No Quadro 19.1, são apresentados alguns exemplos de atos hostis agrupados em quatro grandes categorias.

Além da presença de atos hostis, o elemento subjetivo constitui critério obrigatório para caracterização da presença do AMT. Soboll (2017) refere os sentimentos de ofensa à dignidade e os constrangimentos, bem como os possíveis efeitos sobre a saúde e o bem-estar das pessoas atingidas. Não raramente, há processos de intenso sofrimento ou adoecimento envolvidos. Além disso, essa dimensão subjetiva inclui uma possível degradação do ambiente de trabalho e das relações socioprofissionais. Diferentemente do critério objetivo, cuja avaliação reside na constatação concreta da existência (ou não) de atos hostis, esse elemento subjetivo resulta de difícil generalização e precisão. Isso ocorre porque os possíveis desfechos ambientais, emocionais e de saúde resultarão da combinação das particularidades individuais e contextuais. A maneira como cada trabalhador percebe as situações pode supervalorizar a magnitude de determinado evento (e o oposto também pode ocorrer). Isto é, frequentemente, há trabalhadores expostos a situações de assédio sem que as reconheçam como tal. Portanto, o elemento subjetivo deverá ser sempre averiguado, de maneira muito sensível e competente, por parte dos profissionais com essa incumbência. Em geral, constata-se algum tipo de sentimento relativo à ofensa, à humilhação ou ao constrangimento.

Há um ponto que merece especial atenção por parte dos profissionais da psicologia dedicados à avaliação do AMT: a intencionalidade. Concordando com Soboll (2017) e Soboll e Gosdal (2009), é dispensável a confirmação do critério da intencionalidade, pois ainda se discute sobre o que é intencional: o assédio em si ou o dano causado pelos atos praticados. Apesar de diversas situações apresentarem, deliberadamente, a intenção de excluir e de prejudicar os trabalhadores afetados, em outras circunstâncias, as práticas assediadoras podem ocorrer sem que os atores da ação tenham consciência de estar causando mal a outrem (Amazarray & Galia, 2016; Einarsen, Hoel, Zapf, & Cooper, 2003; Schatzmam, Gosdall, Soboll, & Eberle, 2009).

QUADRO 19.1
Modalidades e exemplos de atos hostis no trabalho

Modalidades	Exemplos
Deterioração proposital das condições de trabalho	Atribuir tarefas com prazos impossíveis de serem cumpridos; privar o acesso a instrumentos de trabalho; deixar de transmitir informações essenciais para a consecução das tarefas; induzir ao erro; atribuir atividades incompatíveis com as condições de saúde e/ou competências dos trabalhadores.
Isolamento e recusa de comunicação	Ignorar as pessoas; isolá-las de colegas e superiores hierárquicos; recusar ou dificultar todo tipo de comunicação.
Atentado contra a dignidade	Atitudes de desprezo e desqualificação dos trabalhadores (em relação ao seu desempenho profissional), desacreditando-os diante dos demais ou atacando características e condições pessoais, como aparência física, etnia, gênero, religião, posicionamento político, etc.; obrigar o trabalhador a realizar autocríticas publicamente; imposição de punições que exponham o trabalhador em razão de não atingir metas.
Violência verbal, física e sexual	Ameaças ou práticas de violência física, verbal e sexual, bem como invasão da privacidade.

Fonte: elaborado com base em Freitas e colaboradores (2017) e Hirigoyen (2011).

DIFERENTES EXPRESSÕES DO ASSÉDIO MORAL NO TRABALHO

No que se refere à direção do assédio, podem ser identificadas diversas orientações. Pode ser vertical, em linha descendente ou ascendente. Na linha descendente, os trabalhadores sofrem a ação por um superior hierárquico. Já na linha ascendente, são trabalhadores em condição inferior que assediam seus superiores. Há, ainda, a direção horizontal, em que a agressão é realizada entre colegas de trabalho de mesmo nível hierárquico. Pode ocorrer, ainda, o assédio moral misto, e, nesses casos, ele é sofrido simultaneamente nas direções vertical e horizontal (Hirigoyen, 2011; Pedroso et al., 2006; Silva, 2004). Seja qual for a direção, o AMT é sempre um processo doloroso que deteriora o desempenho do trabalhador, fragiliza as relações no trabalho e corrói o ambiente organizacional.

Para além da direção horizontal ou vertical, o AMT pode apresentar-se sob duas distintas e, por vezes, complementares facetas: assédio interpessoal e assédio organizacional. Freitas e colaboradores (2017) entendem que o AMT é, por si só, uma questão organizacional, pois conserva prerrogativas a partir de papéis organizacionais e ocorre dentro do ambiente laboral ou em razão dele. Isso torna as organizações, no mínimo, corresponsáveis pelos atos que ocorrem em seu interior. Sob essa visão, todo assédio seria organizacional em alguma medida, ainda que nem todo assédio ocorra para atingir objetivos estritos da organização.

Ambos os tipos de assédio (interpessoal e organizacional) contemplam situações que envolvem atos hostis continuados. Porém, no assédio interpessoal, o processo é direcionado a alvos específicos (Schatzmam et al., 2009; Soboll, 2017). Em geral, esse processo tem por objetivo a exclusão de determinado(s) trabalhador(es) do ambiente laboral, o que se concretiza a partir de diferentes possibilidades, como transferências de setor, às vezes inclusive de cidade ou estado; solicitações dos trabalhadores para sair do emprego, cargo ou função (pedidos de demissão ou exoneração); ou afastamento do trabalho devido a licença-saúde (muitas vezes, adoecimentos em decorrência do assédio sofrido). Levando em consideração que essas práticas de assédio interpessoal são pessoalizadas, em geral, é possível identificar tanto o(s) agressor(es) como o(s) alvo(s) dos ataques. O assédio interpessoal, embora ocorra no ambiente organizacional, não está sujeito, necessariamente, a um modo de gestão, mesmo que venha a ser perpetrado por um gestor que, no exercício desse cargo, representa a empresa. Entretanto, também há casos nos quais o assédio interpessoal pode ser induzido ou estimulado por determinada cultura organizacional pautada no autoritarismo, na competitividade, no individualismo, na gestão pelo medo e/ou pelo estresse.

Por sua vez, o assédio pode ser de natureza organizacional quando estiver relacionado a um conjunto sistemático de práticas reiteradas, inseridas como estratégias de gestão (Gosdall, 2017; Soboll, 2017). Nesses casos, as organizações (públicas ou privadas) são as responsáveis diretas por promover o assédio, caracterizando uma gestão abusiva que tem por finalidade aumentar o controle e a disciplina ou buscar maiores índices de produtividade e alcance de metas. Nesse cenário, tende-se a culpabilizar os trabalhadores, impingindo a eles a responsabilidade pelo processo, alegando suas eventuais dificuldades em adaptar-se à cultura e às estratégias organizacionais. Nessa modalidade, gestores, individual ou coletivamente, intensificam estruturas e mecanismos abusivos de gestão de controle (Einarsen et al., 2003; Schatzmam et al., 2009). Também é comum observar a reprodução de práticas assediadoras em diferentes níveis e por distintos atores, podendo ser, inclusive, praticadas por colegas.

Partindo do princípio de que no assédio organizacional a violência é institucionalizada (Soboll, 2017), todos são alvo das práticas abusivas, ou trabalhadores de dado setor da organização, ou, ainda, um grupo específico, a partir de determinado "perfil". Algumas características desse perfil têm sido relatadas, em geral relacionadas a alguma limitação para a produtividade ou ao desvio da imagem e/ou da postura desejada pelas organizações (Barreto, 2003; Calvo, 2014; Einarsen, 2000; Einarsen et al., 2003; Hirigoyen, 2011; Soboll, 2017). Um exemplo claro disso ocorre com os trabalhadores adoecidos (principalmente no retorno da licença-saúde por acidente de trabalho, ou quando têm estabilidade por serem servidores públicos). Em geral, eles são alvo de práticas assediadoras institucionalizadas. O adoecimento dos trabalhadores impõe limites físicos e/ou psíquicos para a produção, sendo comum, inclusive, observar-se uma justaposição de assédio interpessoal e organizacional nessas situações.

De acordo com Gosdall (2017), o assédio organizacional pode, por vezes, ser muito amplo e dificultar o reconhecimento do fenômeno pelo Poder Judiciário. Entretanto, o assédio organizacional requer, necessariamente, a presença de atos hostis; trata-se de quando a organização, para o alcance de determinados fins, o faz por meio de assédio aos trabalhadores. As agressões costumam ser generalizadas e ligadas aos objetivos organizacionais, como determinado nível de excelência e/ou de produtividade. Portanto, mais uma vez reitera-se a necessidade de recorrer ao critério objetivo definidor obrigatório do assédio moral – o da presença de atos hostis voltados contra os trabalhadores.

PERSPECTIVAS DE COMPREENSÃO DO FENÔMENO

Para identificar o assédio organizacional, é necessário pressupor uma observação da organização do trabalho e uma investigação das ferramentas de administração de pessoal no ambiente organizacional. A atual organização do trabalho e a disseminação de princípios como a competitividade, o alto desempenho e a excelência contribuem no argumento da violência e da agressividade, pautando as relações sociais no trabalho (Vieira, Lima, & Lima, 2012). A análise do fenômeno do assédio moral a partir da identificação das categorias interpessoal e organizacional fortalece a sistematização da perspectiva psicossocial do assédio (Soboll, 2017), que será mais bem exposta a seguir.

A temática do assédio moral vem sendo analisada por meio de duas abordagens distintas (Vieira et al., 2012), que expõem duas orientações para a discussão do tema. Uma delas dirige-se para a psicologização dos conflitos interpessoais no ambiente laboral e a judicialização desses conflitos. A outra percebe o assédio como acontecimento envolvido no reconhecimento das condições sociais e das relações de trabalho e requer uma discussão sobre as origens e os contextos da violência.

Na primeira perspectiva, entende-se o fenômeno sob um olhar eminentemente psicológico, pelo qual as divergências no campo das relações interpessoais seriam ocorrências originadas de características individuais. Há, então, um esforço em descrever o perfil psicológico dos assediadores e das vítimas e tratar o assédio relacionando-o a uma falha ética e moral. Na denominação de Soboll (2017), essa é a perspectiva vítima-agressor, uma vez que limita a teoria ao olhar dessa díade. Em geral, são desconsiderados aspectos relativos aos modelos de gestão e à organização do trabalho. Por sua vez, na segunda perspectiva, temos a abordagem psicossocial, que trata o assédio moral imbricado pelo arranjo organizacional. A partir desse olhar, o assédio é considerado uma circunstância dirigida pela organização do trabalho e pelos modos de gestão dos processos laborais e das relações interpessoais produzidas (Vieira et al., 2012).

IMPACTOS NA SAÚDE MENTAL E DANO PSICOLÓGICO RELATIVO AO ASSÉDIO MORAL NO TRABALHO

Quanto às implicações na saúde dos trabalhadores acometidos pelo AMT, reforça-se o potencial danoso desse tipo de violência. Contudo, constatar o adoecimento físico ou psíquico não é obrigatoriedade para que se determine a incidência do assédio. Existe uma variabilidade individual na forma de resistência e de enfrentamento da violência e, do mesmo modo, no suporte social recebido e nas diversas manifestações que os efeitos do assédio podem assumir no corpo e no psiquismo. Para mais, as próprias situações de assédio também são inúmeras e se diferenciam no que diz respeito à gravidade dos atos praticados e ao tempo de exposição (Amazarray & Galia, 2016).

Na investigação do AMT, o psicólogo perito geralmente é convocado para fins de elucidação da existência e/ou gravidade do "dano psicológico" associado a alguma questão ou diretamente referente ao trabalho executado, ou por algum agente estressor presente no ambiente laboral, seja ele humano ou físico. O conceito de dano psicológico refere-se, segundo Cruz e Maciel (2005), a deteriorações das funções psicológicas de forma súbita ou inesperada, que surgem a partir de uma ação deliberada ou culposa de alguém e que traz para a vítima prejuízos morais e materiais, diante das limitações de suas atividades de trabalho, habituais e rotineiras.

A compreensão da relação entre o dano psicológico e o AMT tem em Brodsky (1976) e Hirigoyen (2011) seus pilares conceituais notadamente reconhecidos no Brasil, inclusive no Judiciário. As proposições desses autores auxiliaram na compreensão do impacto dos atos violentos inclusos nos diversos modelos de gestão do trabalho sobre os trabalhadores, facilitando o estabelecimento do nexo causal entre AMT e dano psicológico. No Brasil, os estudos de Heloani e Barreto (2018) também são utilizados frequentemente como referências teórico-metodológico-conceituais por operadores do direito para qualificar ações de AMT.

Heloani e Barreto (2018) observam que, para a caracterização de dano psicológico relacionado ao AMT, é necessário que o evento desencadeante seja compreendido como estressante e traumático, tanto pela relevância do impacto corporal (sintomas físicos associados) quanto pelo impacto psicológico (sintomas referentes aos quadros diagnósticos dos transtornos mentais e do comportamento). Esse prejuízo à saúde mental pode envolver todas as fases de sofrimento ou adoecimento psíquico, até mesmo um desfecho final, infelizmente cada vez mais comum, com a morte de alguma das partes envolvidas, seja por homicídio, seja por suicídio. O dano psicológico, assim como o dano físico, caracteriza-se pela identificação de aspectos que fazem parte de uma cadeia de eventos (microtraumas, constrangimentos e exposição sucessivos à situação que origina o dano) e que evoluem ao longo de um processo de adoecimento, podendo resultar em sintomas e comportamentos de forma imediata ou não ao agente traumático, em diferentes intensidades e expressões clínicas.

Um dos pilares do diagnóstico na relação entre a saúde mental e o trabalho é a entrevista baseada na anamnese ocupacional (Amazarray, Câmara, & Carlotto, 2014; Jacques, 2007). A entrevista pericial no âmbito da averiguação da existência de algum dano referente a essa relação também deve ser incorporada na investigação do AMT como dispositivo do agravo à saúde. Para tanto, deve considerar a abordagem e o aprofundamento dos seguintes itens básicos:

- atividades laborais;
- relacionamentos interpessoais no ambiente de trabalho;
- domínio que o trabalhador tem das atividades que deve desempenhar;
- condições físicas em que o trabalho é desempenhado;
- modo como o trabalho se organiza (turnos, escalas, horários, duração das jornadas);
- processos vinculados às suas tarefas;
- hierarquias (oficiais ou não);
- avaliação de desempenho;
- *feedback*, etc.

Existem, ainda, outros elementos que são fundamentais para considerar na entrevista pericial: aprofundar a identificação de cobranças psicoafetivas, mentais e físicas; compreender como os trabalhadores estimam os riscos inerentes às tarefas executadas; formular a história clínica do trabalhador, pareando sempre com sua história de trabalho; e evitar abordar apenas questões individuais de personalidade, sem examinar os possíveis vínculos dos sintomas das patologias ao trabalho. Ademais, deve-se examinar a forma como o trabalho é organizado na instituição e o grau de autonomia do trabalhador no gerenciamento de sua atividade, além das múltiplas relações originadas a partir desse trabalho. Esses elementos, entre outros, são fatores-chave para a adequada verificação do nexo ou não entre o evento estressor e o dano ocasionado.

Caso seja necessário, poderão ser feitas entrevistas complementares com outras pessoas envolvidas, direta ou indiretamente, assim como com familiares e colegas de trabalho, que possam auxiliar na busca pela associação do quadro clínico apresentado ao trabalho propriamente dito. A fase de investigação possivelmente levará, então, mais de um encontro. Ademais, poderá ter a presença de entrevistas com terceiros, sendo que estes podem participar de forma individual ou coletiva.

PAPEL DO PSICÓLOGO ASSISTENTE TÉCNICO NA AVALIAÇÃO DO ASSÉDIO MORAL NO TRABALHO

O psicólogo assistente técnico é um profissional que atua no assessoramento aos advogados por todas as partes envolvidas ao longo do processo. Suas ações podem incluir, entre outras atividades, o acompanhamento da avaliação pericial realizada por outro profissional da área, o psicólogo perito nomeado pelo juiz responsável pelo caso. A Resolução nº 008/2010 do Conselho Federal de Psicologia (2010) cita a atuação do psicólogo como assistente técnico em processos judiciais. De acordo com essa resolução, o psicólogo assistente técnico é orientado a não interferir na avaliação pericial realizada pelo perito, e sua postura deve ser de respeito e colaboração à avaliação pericial realizada. Esse documento considera, primordialmente, a necessidade de estabelecimento de parâmetros e diretrizes que delimitem o trabalho cooperativo para exercício profissional de qualidade, especificamente no que diz respeito à interação profissional entre os psicólogos que atuam como peritos e assistentes técnicos em processos que tratam de conflitos e que geram uma lide (CFP, 2010).

Sobre a produção e a análise de documentos, o psicólogo assistente técnico deverá, assim como o psicólogo perito, observar o rigor técnico e manter os preceitos éticos, conforme essa mesma resolução (CFP, 2010). Para isso, deve-se observar a normativa atualizada do Manual de Elaboração de Documentos Escritos produzidos por psicólogos, bem como a validade dos testes e demais instrumentos psicológicos de acordo com o Sistema de Avaliação de Testes Psicológicos (Satepsi), no *site* do CFP. É importante observar sempre a validade dos instrumentos de acordo com o CFP, assim como suas portarias e notas técnicas, observando sua vigência, pois é comum a invalidação de laudos psicológicos e/ou pareceres em questões judiciais por esse motivo.

Cabe observar que tanto o psicólogo perito quanto o psicólogo assistente técnico poderão solicitar documentos complementares pertinentes a sua investigação, bem como também cabe a eles (ambas as funções) a elaboração dos quesitos que sejam esclarecedores de pontos não contemplados na avaliação pericial (ou até mesmo contraditórios). Em geral, os quesitos são formulados como perguntas e são baseados no art. 473, parágrafo 3º, da Lei nº 13.105, de 16 de março de 2015, segundo o qual, no desempenho de sua função, o psicólogo perito e o assistente técnico

> [...] podem valer-se de todos os meios necessários, ouvindo testemunhas, obtendo informações, solicitando documentos que estejam em poder da parte, de terceiros ou em repartições públicas, bem como instruir o laudo com planilhas, mapas, plantas, desenhos, fotografias ou outros elementos necessários ao esclarecimento do objeto da perícia (Brasil, 2015).

Dessa forma, os quesitos podem ser feitos antes e depois das avaliações periciais, por qualquer uma das partes, incluindo o juiz (Brasil, 2015). Cabe, tanto ao psicólogo perito quanto ao assistente técnico, durante a avaliação e/ou investigação, visitar o local de trabalho, ouvir outras pessoas envolvidas com a ocorrência, solicitar documentos complementares para as partes, entre outros meios, conforme previsto na Resolução CFP nº 008/2010 (CFP, 2010).

A AVALIAÇÃO PSICOLÓGICA COMO INSTRUMENTO DE NEXO DO DANO PSICOLÓGICO COM O TRABALHO: ASPECTOS EMOCIONAIS

As funções executivas referem-se a um conjunto de habilidades necessárias para o controle e a autorregulação de sua própria conduta, e essas funções permitem o estabelecimento de manutenção, supervisão, correção e realização de um plano de ação previamente estabelecido (Cunha et al., 2007). Além disso, o conjunto das funções cognitivas é parte integrante e importante da vida cotidiana e auxilia na realização de atividades diárias com sucesso e eficácia. Esse grupo de habilidades está indexado nas estruturas pré-frontais do cérebro. Assim, essas habilidades atuam no controle e na regulação de outros processos comportamentais, o que inclui cognição e emoção, e são requeridas sempre que o indivíduo se engaja em tarefas ou situações novas, para as quais não apresenta um esquema comportamental prévio ou automatizado, bem como na resolução de problemas e no estabelecimento de objetivos, sendo fundamentais ao seu funcionamento adaptativo no dia a dia.

Com relação ao AMT, a avaliação psicológica com base nos instrumentos adequados pode obter uma estimativa da integridade funcional dessas estruturas avaliando as funções executivas. Assim como as funções executivas podem ser treinadas e melhoradas com a prática e o treinamento cognitivo, também são indicadoras de quando há algum tipo de interferência ou até mesmo prejuízo, mesmo que temporário, causados por eventos e/ou situações desencadeadoras de algum trauma psíquico. Sob esse aspecto, ao escolher os instrumentos psicológicos para a avaliação pericial, é importante estar atento aos resultados do exame das funções executivas. Em caso de alguma alteração, deve-se investigar, na entrevista, se esse prejuízo compõe o histórico referente ao motivo da avaliação (causa) ou se pode estar vinculado a algum outro tipo de situação clínica anterior ao evento, sem nexo com o trabalho.

Existe consenso na literatura especializada (Cunha et al., 2007; Hutz, Bandeira, & Trentini, 2015) sobre quais habilidades compõem as funções executivas. As principais habilidades identificadas e muito utilizadas no âmbito organizacional são:

- **Alteração:** habilidade para adaptar opiniões e condutas a situações novas, variáveis e inesperadas.
- **Inibição:** habilidade para controlar respostas impulsivas e automáticas por meio da atenção e do raciocínio.
- **Atualização:** habilidade para supervisionar a conduta e garantir que se está realizando adequadamente o plano de ação estabelecido.
- **Planejamento:** habilidade para pensar em eventos futuros e antecipar mentalmente a maneira correta de realizar uma tarefa ou alcançar um objetivo específico.
- **Memória operacional:** habilidade para armazenar e lidar com informações temporariamente para realizar tarefas cognitivas complexas.
- **Tomada de decisão:** habilidade para selecionar uma opção entre diferentes alternativas de forma eficiente e criteriosa.

Dessa maneira, as alterações encontradas nos resultados da avaliação psicológica relativas ao dano psíquico relacionado ao trabalho podem ser referentes a uma possível lesão nas estruturas pré-frontais decorrente de traumas externos, que podem ocasionar, entre outros problemas, anosognosia (déficit de autoconsciência), abulia (falta de motivação), dificuldade para seguir ações, problemas com a conduta e as emoções, rigidez cognitiva, etc., que estão se refletindo na atuação laboral cotidiana. Por sua vez, essas alterações também podem estar relacionadas a algum tipo de evento traumático ou estressor que culmina com a alteração da regulação adequada dos processos cognitivos, implicando dificuldade de realização das tarefas cotidianas, incluindo as laborais. Esse aspecto também deve ser levado em consideração nos processos de avaliação pericial do AMT. A fundamentação entre a relação das alterações nas funções executivas encontradas nas avaliações periciais com os estudos realizados na área da violência reforça a evidência entre a alteração do comportamento e funcionamento psíquico e os eventos extremamente violentos e/ou estressores vividos por suas vítimas (Lago & Bandeira, 2008; Rovinski & Cruz, 2009; Ocampo & Arzeno, 2001).

Ainda, conforme o *Manual diagnóstico e estatístico de transtornos mentais*, 5ª edição (DSM-5) (American Psychiatric Association [APA], 2014), o dano psicológico pode ser caracterizado pela identificação de alguns elementos ou conjuntos de aspectos comportamentais, como:

- alteração e/ou presença de comportamentos não habituais, como alterações de sono, alimentação, concentração, hipervigilância, irritabilidade, problemas relacionados à concentração e à memória;
- alteração nas competências cognitivas ou relacionais;
- restrição das relações afetivas e sociais;
- diminuição da autonomia por meio da inibição por constrangimento e/ou desconforto diante do agente causador;
- diminuição e/ou perda da autoestima, elevação do grau de insegurança, perda de motivação causada pela prolongação do estresse;
- diminuição da qualidade de vida;
- reatividade fisiológica;
- ideação suicida, tentativa de suicídio e suicídio.

Esses elementos compõem o rol diagnóstico vinculado aos transtornos mentais e comportamentais que são passíveis de vinculação com o trabalho, a partir de eventos estressores ou traumáticos que ocorram no ambiente laboral (Silva, 2011). Tanto o dano físico quanto o psicológico são caracterizados a partir da identificação de alguns aspectos que desencadeiam o quadro clínico. Pequenos eventos traumáticos, que inicialmente se apresentam de forma eventual, ao longo do tempo passam a se cronificar e acabam evoluindo para um processo de adoecimento. Em outros casos, porém, o adoecimento não é tão insidioso, podendo instalar-se de imediato em resposta a determinado fato traumático ou acidente, que, por sua intensidade ou magnitude, impõe o dano. Essas condições são passíveis de observação por meio dos mais diversos instrumentos de avaliação psicológica, disponíveis aos profissionais da área.

VISITA AO LOCAL DE TRABALHO, INFORMAÇÕES DE TERCEIROS, RESPOSTA AOS QUESITOS E DOCUMENTAÇÕES COMPLEMENTARES

A visita ao local de trabalho, apesar de ser muito pouco utilizada pelos psicólogos, é um dos elementos que pode auxiliar o processo de avaliação do AMT. A visita pode ajudar a compor o que Silva (2014) denominou de "anamnese do ambiente laboral", momento em que o perito poderá verificar o quanto a organização do trabalho, com seus múltiplos aspectos (ambiente físico, químico, biológico, ergonômico e psicossocial), contribuiu ou não para o desencadeamento e/ou reforço do dano psicológico. Também é importante verificar a documentação da empresa ou organização durante a visita referente a vistorias, autorizações e demais itens relacionados às normatizações de segurança do trabalho. Caso haja equipe de saúde, a entrevista com seus integrantes também pode ser realizada, assim como acesso aos documentos (prontuário) de saúde e seus devidos encaminhamentos e acompanhamentos.

No caso das documentações complementares, a lista poderá ser constituída a partir da visita ao local de trabalho, pois elas variam mediante o porte da empresa ou organização. É importante também a solicitação de visita ao setor de gestão de pessoas, para verificar a questão de atividades formativas, avaliações de desempenho e demais formas de acompanhamento do trabalhador, envolvendo informações de terceiros, fundamentais para o processo de investigação e avaliação. Aqui, esses aspectos estão sendo trazidos de maneira ampla; porém, em cada caso de AMT, deve-se ponderar quais elementos são importantes de ser estudados para avaliar o dano psicológico relacionado à situação de assédio.

Torna-se importante a atenção, conforme apontam Heloani e Barreto (2018), a elementos facilmente observáveis no local de trabalho relacionados à cultura organizacional (se os atos de violência são aceitos ou naturalizados como algo comum e pertencente às relações de trabalho); às mudanças repentinas na gestão do trabalho; aos relatórios de desempenho, níveis de exigência e de pressão por resultados; à ocorrência de problemas de comunicação entre setores e trabalhadores (ambiguidade de papéis); às deficiências de pessoal, que podem ocasionar acúmulo de trabalho; ao estilo de supervisão (autoritário ou participativo); e ao reconhecimento do trabalho (se há falta dele ou, ainda, de espaços coletivos de trocas de experiências e valorização do trabalho). Quanto à intensificação do trabalho, é possível observar ritmo de trabalho; volume de trabalho por pessoa, equipe ou setor; condições do local de trabalho (se é adequado ou não em termos de espaço físico e se apresenta problemas ergonômicos, térmicos, de ruído, etc.); carga de informação decorrente do uso excessivo de novas tecnologias e a maneira como isso ocorre; aumento repentino de exigências em virtude de diminuição recente de trabalhadores; entre outros elementos relevantes para a avaliação.

Esses riscos são emergentes e significam que estão contidos na organização, em íntima relação com as políticas de gestão e cultura organizacional. Traduzem-se, portanto, em riscos invisíveis, que afetam todos os trabalhadores que pertencem à organização e que, muitas vezes, se expressam em atos de violência, agravados por atitudes e comportamentos discriminatórios, práticas racistas e sexistas e intolerância às diferenças (Heloani & Barreto, 2018).

As documentações complementares também incluem laudos e atestados médicos e, em alguns casos, de outros profissionais da saúde, bem como todo tipo de documento funcional que auxilie psicólogos peritos e assistentes técnicos a examinar o caso em profundidade. Exemplos desses documentos são avaliações de desempenho, eventuais processos administrativos sofridos, acompanhamentos funcionais, etc.

CONSIDERAÇÕES FINAIS

Apesar das diferentes abordagens e paradigmas teórico-práticos que englobam a atuação do psicólogo perito e do assistente técnico em perícia psicológica no âmbito do trabalho e, especificamente, do AMT, o tema deste capítulo denota significativa expansão para o campo de atuação do psicólogo. A questão das avaliações psicológicas nessa área ainda carece de maior formação e aprofundamento e deve ser campo de pesquisa e produção para a área da psicologia. Como desafios para a avaliação pericial dessa matéria permanecem a materialização do AMT, assim como a comprovação do dano psicológico sofrido. É comum que uma parte significativa dos fenômenos psicológicos não seja observada pelos operadores do direito e, até mesmo, algumas vezes, pelos psicólogos que avaliam o nexo entre o dano e o assédio. Esse fato se relaciona com as características da própria formação em psicologia, que não objetiva a abordagem desses temas quando toca na questão da avaliação psicológica, centrando-se em aspectos clínicos que, comumente, não levam a atividade laboral em consideração. Observamos que, assim como cabe ao psicólogo registrar tudo que foi elaborado e identificado por ele durante sua vida profissional, também cabem às organizações o registro e o acompanhamento funcional de seus empregados e colaboradores, sendo essa ação um ato de responsabilidade profissional.

Dessa forma, deve-se ter clareza sobre os objetivos de uma situação de avaliação psicológica relacionada ao AMT, seja em âmbito administrativo, organizacional ou jurídico. A investigação e a perícia no âmbito do assédio moral, diferentemente de uma perícia meramente clínica, devem levar em consideração outros documentos complementares, como legislações, normas e regulamentos que são próprios da atividade laboral desempenhada pelo sujeito em avaliação e que, na maioria dos casos, não fazem parte do processo da avaliação psicológica tradicional.

Assim, a comprovação ou não do dano psicológico, bem como o estabelecimento do nexo causal com o assédio moral, ainda é um desafio para o campo da psicologia jurídica. Negligências organizacionais referentes ao não seguimento de normas e legislações de saúde e segurança laboral também são elementos importantes nesse tipo de avaliação que, infelizmente, por vezes não são observados nos laudos emitidos por psicólogos em perícias judiciais, mantendo seu foco apenas nas questões projetivas da personalidade do sujeito avaliado, cabendo maior profundidade e *expertise* no tema avaliado.

REFERÊNCIAS

Amazarray, M. R. & Galia, R. W. (2016). Assédio moral no trabalho. In P. I. C. Gomide e S. S. S. Júnior (Orgs.), *Introdução à psicologia forense* (pp. 149-165). Curitiba: Juruá.

Amazarray, M. R., Câmara, S. G., & Carlotto, M. S. (2014). Investigação em saúde mental e trabalho no âmbito da saúde pública no Brasil. In A. R. C. Merlo, C. G. Bottega, & C. V. Perez (Eds.), *Atenção à saúde mental do trabalhador: Sofrimento e transtornos psíquicos relacionados ao trabalho* (pp. 75-92). Porto Alegre: Evangraf.

American Psychiatric Association (APA). (2014). *Diagnostic and statistical manual of mental disorders: DSM-V* (5th ed.). Arlington: APA.

Barreto, M. M. S. (2003). *Violência, saúde e trabalho: Uma jornada de humilhações*. São Paulo: EDUC.

Bradaschia, C. A. (2007). *Assédio moral no trabalho: A sistematização dos estudos sobre um campo em construção* (Dissertação de mestrado, Fundação Getúlio Vargas, São Paulo).

Brasil. (2015). *Lei nº 13.105, de 16 de março de 2015*. Código de Processo Civil. Recuperado de http://www.planalto.gov.br/ccivil_03/_ato2015-2018/2015/lei/l13105.htm

Brasil, Ministério Público do Trabalho (MPT). (2017). *Portaria nº 583, de 22 de maio de 2017*. Recuperado de http://www.lex.com.br/legis_27430590_PORTARIA_N_583_DE_22_DE_MAIO_DE_2017.aspx

Brodsky, C. (1976). *The Harassed worker*. Hardcover: Lexington Books.

Calvo, A. (2014). *O direito fundamental à saúde mental no ambiente de trabalho: O combate ao assédio moral institucional: visão dos tribunais trabalhistas*. São Paulo: LTr.

Chappell, D. & Di Martino, V. (2006). *Violence at work* (3rd ed.). Geneva: ILO.

Conselho Federal de Psicologia (CFP). (2010). *Resolução CFP nº 008/2010*. Dispõe sobre a atuação do psicólogo como perito e assistente técnico no Poder Judiciário. Recuperado de https://site.cfp.org.br/wp-content/uploads/2010/07/resolucao2010_008.pdf

Cruz, R. M. & Maciel, S. K. (2005). Perícia de danos psicológicos em acidentes de trabalho. *Estudos e Pesquisas em Psicologia*, 2(2), 120-129.

Cunha, J. A., Pérez-Ramos, A. L. M. Q., Jacquemin, A., Amaral, A. E. V., Werlang, B. G., Camargo, C. H. P., & Trinca, W. (2007). *Psicodiagnóstico* (5. ed.). Porto Alegre: Artmed.

Einarsen, S. (2000). Harassment and bullying at work: A review of the Scandinavian approach. *Agression and Violent Behavior*, 5(4), 379-401.

Einarsen, S., Hoel, H., Zapf, D., & Cooper, C. L. (2003). *Bullying and emotional abuse in the workplace: International perspectives in research and practice*. London: Taylor & Francis.

Freitas, M. E., Heloani, J. R., & Barreto, M. (2017). *Assédio moral no trabalho*. São Paulo: Cegange Learning.

Glina, D. M. R. & Soboll, L. A. (2012). Intervenções em assédio moral no trabalho: Uma revisão da literatura. *Revista Brasileira de Saúde Ocupacional, 37*(126), 269-283.

Gosdal, T. C. (2017). O entendimento do assédio moral e organizacional na Justiça do Trabalho. In L. A. Soboll (Ed.), *Intervenções em assédio moral e organizacional* (pp. 23-33). São Paulo: LTr.

Heloani, R. & Barreto, M. (2018). *Assédio moral: Gestão por humilhação*. Curitiba: Juruá.

Hirigoyen, M. F. (2009). *Mal-estar no trabalho: Redefinindo o assédio moral*. Rio de Janeiro: Bertrand Brasil.

Hirigoyen, M. F. (2011). *Assédio moral, a violência perversa do cotidiano*. Rio de Janeiro: Bertrand Brasil.

Hutz, C. S., Bandeira, D. R., & Trentini, C. M. (2015). *Psicometria*. Porto Alegre: Artmed.

Jacques, M. G. (2007). O nexo causal em saúde/doença mental no trabalho: Uma demanda para a Psicologia. *Psicologia & Sociedade, 19*, 112-119.

Lago, V. M. & Bandeira, D. R. (2008). O uso de instrumentos em Avaliação Psicológica no contexto do direito de família. In S. L. Rovinski & R. M. Cruz (Orgs.), *Psicologia Jurídica: Perspectivas teóricas e processos de intervenção* (pp. 55-66). São Paulo: Vetor.

Leymann, H. (1990). Mobbing and psychological terror at workplaces. *Violence and Victims, 5*(2), 119-126.

Leymann, H. (1996). The content and development of mobbing at work. *European Journal of Work and Organizational Psychology, 5*(2), 165-184.

Ocampo, M. L. S. & Arzeno, M. E. G. (2001). Entrevistas para a aplicação de testes. In M. L. S. Ocampo, M. E. G. Arzeno, & E. G. Piccolo (Orgs.), *O processo psicodiagnóstico e as técnicas projetivas* (pp. 47-62). São Paulo: Martins Fontes.

Organização Internacional do Trabalho (OIT). (2016). *Boletim Internacional de Investigação Sindical, 8*(1-2). Recuperado de http://www.ilo.org/wcmsp5/groups/public/---dgreports/---dcomm/---publ/documents/publication/wcms_556028.pdf

Pedroso V. G., Limongi, A. C., Martins, F. A. S., Hrdlicka, H., Jorge, S. M., & Cornetta, V. K. (2006). Aspectos conceituais de assédio moral: Um estudo exploratório. *Revista Administração Saúde, 8*(33), 139-147.

Pillinger, J. (2017). *Violence and harassment against women and men in the world of work: Trade union perspectives and action*. Geneva: ILO.

Ramos, L. L. G. & Galia, R. W. (2013). *Assédio moral no trabalho: O abuso do poder diretivo do empregador e a responsabilidade civil pelos danos causados ao empregado: Atuação do Ministério Público do Trabalho* (2. ed.). Porto Alegre: Livraria do Advogado.

Rovinski, S. L. R. & Cruz, R. M. (Orgs.). (2009). *Psicologia Jurídica: Perspectivas teóricas e processos de intervenção*. São Paulo: Vetor.

Schatzmam, M., Gosdall, T. C., Soboll, L. A., & Eberle, A. D. (2009). Aspectos definidores do assédio moral. In T. C. Gosdal & L. A. P. Soboll (Eds.), *Assédio moral interpessoal e organizacional: Um enfoque interdisciplinar* (pp. 17-32). São Paulo: LTr.

Silva, E. S. (2011). *Trabalho e desgaste mental: O direito de ser dono de si mesmo*. São Paulo: Cortez.

Silva, J. A. R. (2014). *Acidente de trabalho: Responsabilidade objetiva do empregador* (3. ed.). São Paulo: Ltr.

Silva, R. B. T. (2004). Critérios de fixação da indenização do dano moral. In: M. L. Delgado & J. F. Alves (Orgs.), *Questões controvertidas no Novo Código Civil* (pp. 257-268). São Paulo: Método.

Soboll, L. A. P. (2008). *Assédio moral/organizacional: Uma análise da organização do trabalho*. São Paulo: Casa do Psicólogo.

Soboll, L. A. P. (2017). *Intervenções em assédio moral e organizacional*. São Paulo: LTr.

Soboll. L. A. P. & Gosdal, T. C. (2009). *Assédio moral interpessoal e organizacional: Um enfoque interdisciplinar*. São Paulo: LTr.

Sznelwar, L. I. (2017). Violência e trabalho. *Laboreal, 13*(2), 70-72.

Vieira, C. E. C., Lima, F. P. A., & Lima, M. E. A. (2012). E se o assédio não fosse moral? Perspectivas de análise de conflitos interpessoais em situações de trabalho. *Revista Brasileira de Saúde Ocupacional, 37*(126), 256-268.

Parte 6
AVALIAÇÃO PSICOLÓGICA NAS VARAS DE VIOLÊNCIA DOMÉSTICA

20
AVALIAÇÃO PSICOLÓGICA NA VIOLÊNCIA INTRAFAMILIAR

Denise Falcke

A violência, nas suas mais diversas formas de expressão, constitui-se como um dos grandes desafios para os profissionais da psicologia. No contexto familiar, as manifestações de violência contrariam o ideal de família como um espaço de amor, de acolhimento e de segurança. Ainda que a família seja considerada o principal espaço de socialização e construção da identidade dos sujeitos, muitas vezes ela não cumpre esse papel e inclusive mostra-se como cenário das mais diferentes formas de maus-tratos.

A violência intrafamiliar caracteriza-se por ação ou omissão que viole a integridade física ou psicológica de outro membro da família, comprometendo o direito de seu desenvolvimento pleno. Ela pode ser infringida em qualquer espaço, desde que envolva pessoas que são consideradas como familiares, incluindo aquelas que exercem função parental, mesmo que não tenham laços de consanguinidade (Cesca, 2004). Nesse contexto, são muitos os casos em que os profissionais da psicologia são acionados para contribuir com o Judiciário. De forma geral, os campos de atuação do psicólogo jurídico que envolvem situações de violência intrafamiliar estão ligados às Varas de Família (p. ex., nas disputas de guarda que envolvem suspeitas de violência), às Varas da Infância e Juventude (como nos casos de destituição do poder familiar por maus-tratos infantis) e aos Juizados Especializados em Violência Doméstica (nos casos de aplicação da Lei Maria da Penha e também violência contra familiares idosos).

Muito diferente do que ocorre no âmbito clínico, no qual as pessoas buscam ajuda dos profissionais da psicologia e tendem a relatar seu sofrimento da forma mais verdadeira possível, no contexto jurídico é comum que as informações sejam distorcidas, seja pelo desejo, seja pelo temor, de punição. Isso torna a avaliação psicológica mais desafiadora, especialmente nos casos de violência intrafamiliar, que atingem esse núcleo central de vivências das pessoas, mobilizando muita ambivalência de sentimentos. Quem recorre ao Judiciário normalmente já esgotou seus recursos pessoais para a resolução do caso e busca um terceiro que, em nome da lei, poderá auxiliar, indicando um caminho a partir do que avaliará como mais adequado. O psicólogo que recebe um encaminhamento do juiz tenderá a ser visto como uma espécie de investigador, e, por isso, é comum que os avaliados tenham a tendência a se portar da forma como acreditam que será mais conveniente para seu benefício. Assim, é necessário que os profissionais da psicologia se sintam preparados para esse tipo de avaliação, que requer boa qualificação profissional e aparato técnico para compreender as sutilezas da avaliação psicológica com essa demanda específica.

A fim de refletir sobre as especificidades da avaliação psicológica em contextos de violência intrafamiliar, em diferentes etapas do ciclo evolutivo, serão consideradas separadamente a violência contra crianças e adolescentes, a violência conjugal e a violência contra familiares idosos. No entanto, vale destacar que essa separação ocorre somente para fins didáticos, pois, em muitos casos, as situações de violência intrafamiliar se sobrepõem, e identifica-se um contexto familiar com múltiplas expressões da violência.

VIOLÊNCIA INTRAFAMILIAR CONTRA CRIANÇAS E ADOLESCENTES

Nas Varas da Infância e Juventude, o psicólogo pode ser solicitado a atuar na avaliação de situações de destituição do poder familiar. É importante considerar que a retirada do poder familiar deve ocorrer quando se entende que o prejuízo que a criança ou adolescente sofre no convívio com seus responsáveis legais até o momento (seja por violência, negligência ou qualquer forma de violação de seus direitos) é maior do que as consequências da extinção do poder familiar. Nessa direção, Rovinski (2003) destaca que cabe ao psicólogo considerar, na avaliação do *melhor interesse da criança*, não somente as circunstâncias de sua vida atual na companhia dos responsáveis, mas os efeitos futuros do rompimento dos vínculos com estes pela extinção do poder familiar. O papel do psicólogo, então, é apresentar evidências empíricas, coletadas por meio de seu instrumental técnico, sobre a competência parental dos responsáveis e as repercussões nas condições emocionais das crianças ou adolescentes.

Cyrulnik (2005) destaca que, quando a criança é retirada do convívio familiar e acolhida, facilmente ela passa a perceber os representantes do Estado como culpados pelo seu sofrimento, minimizando a violência que sofria na família. Essa situação serve de alerta para a necessidade do máximo cuidado na avaliação da destituição do poder familiar, considerando as repercussões que o rompimento ou a manutenção dos vínculos familiares pode ter para o desenvolvimento infantil futuro.

A destituição do poder familiar é um fenômeno que demanda a compreensão de múltiplos fatores envolvidos, não sendo associada diretamente às situações de pobreza e vulnerabilidade, mas especialmente à saúde mental dos cuidadores (Ramires & Falcke, 2018). Todavia, as perícias que avaliam competências parentais (p. ex., avaliação de maus-tratos), de acordo com Rovinski (2003), devem ampliar o foco para além da avaliação das características de personalidade e saúde mental dos pais, buscando compreender também os aspectos de interação pais-filhos, assim como levar em consideração a rede de apoio da família no exercício da parentalidade. Complementando essa ideia, Lago e Bandeira (2009) recomendam que sejam avaliadas as competências de maternagem e paternagem, a estrutura de personalidade de cada membro da família, a qualidade dos vínculos parentais e outras características específicas do caso que sejam relevantes. Nesse sentido, a observação das interações entre a criança e seus responsáveis será de fundamental importância, de preferência se ocorrer em ambiente natural, como na residência da família. Além disso, devem ser realizadas entrevistas individuais com cada membro da família, visando a compreender não somente a história atual, mas também a história de vida e experiências na família de origem dos cuidadores, em especial considerando o ciclo transgeracional da violência familiar (Falcke & Wagner, 2005).

Para uma avaliação minuciosa das situações de violência intrafamiliar contra crianças e adolescentes, é necessário considerar as idiossincrasias dos diferentes tipos de violência. Nesse sentido, serão destacadas características específicas da violência física, sexual e psicológica contra crianças e adolescentes, entendendo-se que são as que mais ocorrem e que também é muito comum haver sobreposição entre elas.

Violência física contra crianças e adolescentes

A vitimização física infantil envolve os comportamentos parentais de negligência (p. ex., alimentação ou cuidados de higiene) e de maus-tratos físicos (englobando qualquer ação que provoque dano físico à criança ou ao adolescente). A confirmação da ocorrência da violência física costuma ser mais fácil no âmbito judiciário, pois tende a deixar marcas visíveis. Apesar disso, geralmente, existe a tentativa de dissimulação, alegando acidentes cotidianos, o que demanda uma avaliação apurada dos fatos e da dinâmica familiar para uma melhor compreensão dos fatores desencadeadores das lesões.

A avaliação da violência física apresenta um dificultador, que se refere ao fato de que, até pouco tempo em nosso país, havia uma espécie de permissão social para que se utilizasse da força física, por meio de tapas, chineladas e inclusive uso de objetos como cinta e vara, para a correção do comportamento infantil. Nesse sentido, existia um limiar muito sutil entre a violência permitida para fins "educativos" e o abuso físico.

Atualmente, há grande preocupação com o poder destrutivo das consequências do uso de violência contra crianças e adolescentes (Silva, 2012). Corroborando a ideia de que existe uma cultura permissiva em relação à violência na educação infantil, a autora destaca que, mesmo após a denúncia, é comum os pais não negarem a agressão, mas defenderem que foi uma forma de impor limites ao comportamento dos filhos, justificando-se de que não foi tão violento quanto parece e que foi a criança quem provocou os atos por ter-se comportado mal. Não é raro os pais afirmarem que sofreram o mesmo e que foi justamente isso que os tornou boas pessoas, trazendo à tona a necessidade de transformação cultural para que se possa romper definitivamente com o ciclo de transmissão intergeracional da violência.

Reforçando a necessidade de extinção do uso da violência na educação infantil, está em vigência no Brasil a Lei nº 7.672/2010 (também conhecida como Lei Menino Bernardo, ou Lei da Palmada), que proíbe o uso de castigos físicos ou tratamentos cruéis ou degradantes na educação de crianças e adolescentes (Brasil, 2010a). Essa lei, aliada ao Estatuto da Criança e do Adolescente, visa a garantir os direitos e a segurança dessa população. Aspecto importante da lei é que prevê punição aos profissionais médicos, professores e também agentes públicos que tomem conhecimento da ocorrência de atos de violência contra crianças e adolescentes e não denunciem às autoridades cabíveis. Assim, é necessária a capacitação do profissional da psicologia, atuante no âmbito do Judiciário ou não, para o reconhecimento e a notificação das situações de violência de que ele tome conhecimento.

Na avaliação da violência física, além das marcas visíveis, é relevante considerar que a criança vítima de violência física intrafamiliar pode apresentar também sintomas emocionais, que não devem ser utilizados como indicadores isolados, mas como aspectos a serem considerados na avaliação psicológica nesse contexto. Alguns desses sintomas são: mal-estar difuso, sentimento de vazio e inferioridade, baixa autoestima, queixas somáticas, estado constante de alerta, alterações de humor, hábitos e comportamentos, além de excessiva desconfiança de adultos (Azevedo, 2001; Gabel, 1997; Pinheiro, 2015; Silva, 2012).

VINHETA CLÍNICA 1

Gabriel chega à emergência hospitalar com o braço quebrado e muitas marcas roxas pelo corpo. Quando investigada possível violência doméstica, os pais inicialmente negam, alegando que ele caiu de bicicleta. Na continuidade, no entanto, reconhecem as agressões, principalmente paternas, por considerar o filho preguiçoso. O pai relata que saiu de casa muito cedo, aos 10 anos, para trabalhar e não consegue ver o filho sem fazer nada. Conta que sofria violência do seu próprio pai e que, ainda que tivesse lembranças ruins desses momentos, acredita que o ajudaram a ser o homem que se tornou.

O relato evidencia a utilização da violência com supostos fins educativos e a naturalização desse fato. Ainda que no início os pais neguem as agressões, possivelmente pela consciência de um excesso na fratura, os tapas e as chineladas são reconhecidos e assumidos, demonstrando o quanto é necessária a mudança de perspectivas sobre a violência física contra os filhos.

Ainda são poucos os instrumentos específicos utilizados para a identificação de violência física contra crianças e adolescentes. Entre eles, destaca-se o Inventário de Frases no Diagnóstico de Violência Doméstica contra crianças e adolescentes (IFVD), que se constitui como um instrumento auxiliar na identificação da violência doméstica (em suas manifestações física e/ou sexual) contra essa população. A identificação é realizada com base nos transtornos (emocionais, cognitivos, físicos, sociais e comportamentais) que podem advir da experiência de vitimização (Tardivo & Pinto Júnior, 2010). O instrumento é composto por 57 frases a serem respondidas dicotomicamente com *sim* ou *não*. Aplica-se a crianças e adolescentes entre 6 e 16 anos, e, de acordo com a pontuação obtida, quando acima de 22 pontos, identificam-se indícios de vitimização. O IFVD não é um teste psicológico, podendo ser utilizado por diferentes profissionais, e tem potencial de auxiliar nas perícias que envolvem situações de violência contra crianças e adolescentes.

Violência sexual contra crianças e adolescentes

Quando ocorre no âmbito intrafamiliar, a vitimização sexual tende a constituir-se como um tabu e fica, em muitos casos, protegida pelo segredo familiar. Costuma haver muita ambivalência de sentimentos, pois o mesmo responsável que cuida é o que violenta, gerando dificuldade da criança em compreender o tipo de sentimento que apresenta (Perrone & Nannini, 2007). Os autores destacam que pode haver até mesmo uma espécie de fascínio da vítima, que fica enfeitiçada pela dinâmica do vitimizador.

Conforme Azevedo (2001), é ainda mais grave quando o incesto se torna uma forma de manutenção do funcionamento familiar, pois, nesses casos, a criança tende a ficar mais desprotegida, uma vez que, além do abusador, o outro genitor passa a ser conivente com a situação abusiva e não a protege. Além disso, a autora destaca que, ainda que os principais abusadores de crianças e adolescentes no âmbito doméstico sejam pais e padrastos, no caso de a mãe ser a figura que vitimiza sexualmente a criança, a comprovação da violência é ainda mais difícil, pois existe uma confusão entre os cuidados com o corpo da criança e o comportamento abusivo. Destaca-se também que o mito do amor materno e a imagem idealizada que se tem sobre as mães tornam difícil reconhecê-la como alguém que pode perpetrar violência sexual.

VINHETA CLÍNICA 2

Em supervisão, estagiárias de psicologia comentam a preocupação com uma criança que, no ambiente escolar, está demonstrando comportamento extremamente hipersexualizado e mudanças de hábitos cotidianos. Elas suspeitam de possível ocorrência de violência sexual, mas já visitaram a família, e o único homem com quem a criança convive está viajando há mais de dois meses. O menino não relata nenhuma outra interação com possíveis vitimizadores; só conta que costuma assistir a filmes com conteúdo sexual na companhia da mãe. As estagiárias se surpreendem quando, a partir do próprio relato, se dão conta de que não tinham pensado na possibilidade de a mãe ser a vitimizadora sexual do filho.

A dinâmica familiar no caso do abuso sexual incestuoso é muito complexa, pois o abusador utiliza-se de sua prerrogativa de cuidador para ter acesso à criança e, geralmente de forma sutil, iniciar o abuso. A criança, muitas vezes, tem dificuldade de reconhecer a interação como abusiva e, à medida que vai tomando consciência disso, passa a sofrer ameaças para que não revele o que ocorre a outras pessoas.

Como se sente vulnerável e, inclusive, culpada pelo que ocorre em muitas situações, a criança fica com vergonha e também acredita que precisa se resignar para preservar a família, mantendo a situação encoberta geralmente por um período em torno de um ano (Habigzang, Corte, Hatzenberger, Stroeher, & Koller, 2008).

Na avaliação psicológica de casos de vitimização sexual infantil, a busca pela identificação da ocorrência ou não do abuso em geral ocorre considerando-se características e sintomas comumente encontrados nas vítimas de abuso sexual. As informações para essa constatação costumam ser obtidas em entrevistas com o genitor e outras pessoas envolvidas no processo, além de pelo contato direto com a criança, por meio de entrevista, hora do jogo e utilização de testes psicológicos, especialmente os projetivos. Todavia, é necessária muita atenção nesse processo, pois não existem características psicológicas que sejam identificadas exclusivamente em casos de crianças vitimizadas sexualmente.

O transtorno de estresse pós-traumático é a ocorrência mais associada ao abuso sexual infantil, chegando a acometer 50% das vítimas (Cohen, 2003), mas também podem ser constatados sintomas como depressão, ansiedade, transtornos alimentares, enurese, encoprese, déficits de atenção e hiperatividade (Habigzang & Caminha, 2004). Mudanças comportamentais (como conduta hipersexualizada, isolamento social, abuso de substâncias, furtos, fugas e autolesões), cognitivas (baixa concentração, desconfiança, percepção de inadequação e inferioridade) e emocionais (medo, culpa, tristeza, vergonha e raiva) são possíveis manifestações em contexto de abuso sexual (Cohen, 2003; Habigzang & Caminha, 2004; Habigzang et al., 2008).

As características e os sintomas infantis podem estar associados a múltiplos fatores desencadeantes, mas costumam ser fortes indicativos de alguma situação de violência. Além disso, o discurso infantil costuma ser verdadeiro na imensa maioria dos casos e precisa receber atenção das pessoas próximas.

Em algumas situações, o discurso das crianças e dos adolescentes pode estar contaminado pela influência das pessoas envolvidas,

VINHETA CLÍNICA 3

Uma menina de 7 anos muda drasticamente seu comportamento, buscando manter-se isolada embaixo da mesa de jantar na casa da avó. Quando alguém se aproxima, mostra-se irritada e tem apresentado comportamento agressivo na escola. Foi à avó que a menina relatou que, quando o pai chega em casa alcoolizado, pede para ela fazer coisas que ela não gosta e acaricia suas partes íntimas. Após o relato, prontamente a avó buscou ajuda profissional.

sendo necessário que o profissional da psicologia, quando chamado em juízo para manifestar-se, cuide para não pressupor com total certeza que o relato de uma criança sobre uma situação de abuso sexual seja sempre verdadeiro, sem avaliar a credibilidade do testemunho, que pode estar influenciado pelos interesses escusos de um de seus genitores (Silva, 2012). Na mesma direção, Brito (1999) e Silva (2012) destacam que também se constitui como grave equívoco delegar à criança a decisão sobre visitar ou não um dos genitores, em especial quando existe alguma acusação de violência física, psicológica ou sexual, cuja procedência é duvidosa ou inconclusiva. A tarefa do psicólogo é contribuir para avaliar as situações de violência envolvidas, de que parte elas provêm e, com base nisso, recomendar a continuidade ou descontinuidade da visitação.

Nessa situação, muito importante é a postura do psicólogo na condução da avaliação de crianças em situações de suspeita de violência sexual. Como já é sabido, infelizmente não se dispõe de instrumentos psicológicos que assegurem a ocorrência do abuso. Assim, torna-se relevante a realização de entrevistas de qualidade, complementando-as com testes psicológicos que permitam uma boa avaliação psicológica. Nas entrevistas, o profissional deve estar atento para ouvir todas as pessoas envolvidas, conduzindo entrevistas particulares em que elas possam se sentir mais acolhidas na sua escuta, estabelecendo um relacionamento verdadeiro, com contrato de trabalho claro sobre o seu papel no contexto jurídico, demonstrar empatia e abertura para uma escuta o mais livre possível de ideias preestabelecidas ou julgamentos, fazer perguntas abertas e não sugestivas.

Pelisoli, Dell'Aglio e Herman (2016) apontam sete erros que podem ocorrer na avaliação de situações de abuso sexual contra crianças e adolescentes:

1. Confusão conceitual, uma vez que existem diferenças na definição do fenômeno.
2. Pressuposto de que existe associação entre a experiência de abuso sexual e a manifestação de sintomas de diferentes ordens, quando nem sempre é possível estabelecer esse nexo causal.
3. Confusão entre os papéis do psicólogo nos âmbitos clínico e jurídico, destacando a necessidade de que o profissional esteja mais atento à simulação e à dissimulação no contexto jurídico do que no clínico.
4. Excesso de autoconfiança na detecção de situações de abuso sexual, pois a superconfiança pode levar a equívocos de avaliação.
5. Crenças e vieses cognitivos dos próprios avaliadores – por exemplo, se for cometer um erro, é melhor ser em favor da vítima, ou, ao contrário, tendo dúvidas, é melhor absolver o réu.
6. Desconsideração de aspectos, como sexo, idade e profissão do avaliador, que podem influenciar na percepção de uma situação de modos diferentes, pois existem evidências de que mulheres, assistentes sociais e profissionais mais jovens têm mais chances de considerarem que o abuso sexual aconteceu.
7. Limitação da avaliação a apenas uma fonte de informações ou utilização de instrumentos inadequados e entrevistas sugestivas. Considerando que todas as decisões se referem à vida das pessoas envolvidas, são necessários investimentos constantes dos profissionais que atuam na área para um aperfeiçoamento pessoal e profissional.

Na avaliação de situações de violência intrafamiliar, o psicólogo também deve estar atento ao fenômeno da alienação parental. Ainda que seja repleto de polêmicas, ele tem sido uma realidade presente em muitas disputas de guarda, tendo sido, inclusive, criada a Lei da Alienação Parental (Brasil, 2010b). Em alguns casos, a alienação parental envolve falsas acusações do alienador sobre a existência de violência sexual que teria sido cometida pelo alienado. Segundo Silva (2012), a principal acusação formulada é a de abuso sexual, especialmente se os filhos são pequenos, por serem mais manipuláveis. Todavia, a autora ressalta que denegrir a imagem do outro genitor para os filhos deve ser considerada uma forma de abuso psicológico que, mesmo sutil e subjetiva, pode acarretar graves consequências para os filhos. Mais graves ainda são os casos de síndrome de Münchausen por procuração (Michelini & Figueiró, 2000), na qual um dos genitores provoca ou distorce situações vividas pela criança (dores, ferimentos, relatos de gestos afetivos do genitor acusado, entre outras), fazendo ser entendidas como maus-tratos provocados pelo genitor alienado. Essas situações podem levar a múltiplas demandas de avaliações de especialistas (médicos, psicólogos e outros profissionais), buscando comprovações dos danos supostamente infringidos pelo genitor acusado, mas que podem estar sendo provocados inclusive pelo genitor alienador (Silva, 2012). Nesses casos, como a síndrome é de difícil diagnóstico, é necessário que o psicólogo esteja atento para não ser envolvido na situação e reforçar a necessidade de afastamento do alienador do outro genitor.

Algumas diferenciações costumam ser encontradas nos casos de existência de abuso ou negligência, diferenciando-se dos casos de alienação parental. Importantes aspectos devem ser analisados nessa diferenciação (Calçada, 2008):

1. **Lembranças dos filhos:** a criança vítima de abuso tende a recordar bem as situações vivenciadas, enquanto aquela que não viveu realmente o que o alienador afirma tende a ter mais dificuldade de recordar e descreve cenas com menor credibilidade.
2. **Lucidez do genitor:** o genitor de um filho abusado identifica os danos e faz o possível

para minimizar as consequências, enquanto o genitor alienador costuma somente destacar os danos.
3. **Patologia do genitor:** um genitor que abusa tende a ter outras áreas de sua vida comprometidas, enquanto um genitor alienado se mantém são nos outros setores.
4. **Vítimas do abuso:** um genitor que acusa o outro de violência contra os filhos com frequência também o acusa de violência contra si, enquanto nos casos de alienação preponderam as acusações somente contra os filhos.
5. **Momento do abuso:** geralmente, quando há violência, as queixas existem para períodos anteriores à separação, enquanto, nos casos de alienação, tendem a existir somente após esta.

Silva (2012) acrescenta ainda alguns pontos a serem considerados no que se refere à memória, destacando que, nos relatos de abusos reais, a vítima tenta esquecer o ocorrido, e as falhas de memória ocorrem pela força do impacto emocional da experiência, enquanto, na alienação parental, a memória da criança foi induzida, e ela acredita que precisa relatar sempre a mesma história, com todos os detalhes, costumando não haver falhas ou lacunas. Também costuma haver diferenças quanto às sequelas, pois, conforme a autora, no abuso real, os pais tendem a querer acreditar que seus filhos não foram feridos, preferindo estar enganados sobre o que aconteceu, enquanto, em situações de alienação parental, o alienador costuma demonstrar certeza sobre o que aconteceu e tende a querer comprovar o dano, muitas vezes buscando diferentes profissionais que o atestem.

A complexidade da avaliação dos quadros de violência no âmbito jurídico fica evidenciada pelas diferentes situações que os casos podem apresentar, o que demanda um olhar atento e fuga de ideias preconcebidas dos profissionais para que possam avaliar a singularidade de cada caso acompanhado. Trata-se de um trabalho complexo, e o aumento do número de informantes pode ser essencial para que se possa ter uma visão ampla sobre o contexto avaliado. Muitos equívocos podem ser cometidos quando são feitas avaliações que não contemplam a escuta de todos os envolvidos, inclusive havendo algumas situações de emissão de laudos que indiquem a ocorrência de abuso sexual sem que o principal acusado tenha sido pelo menos ouvido (Silva, 2012).

> **VINHETA CLÍNICA 4**
>
> Após um divórcio conturbado, advindo de uma relação extraconjugal do marido, Beatriz mostra-se com muita raiva dele. Após um ano do evento, ela relata: "Quando me separei, fiquei com as crianças e deixava elas verem o pai nos dias de visitas por obrigação, pois não era meu desejo. Meu ex-marido sempre foi um bom pai, carinhoso com os filhos, mas eu sentia muita raiva pelo que ele tinha feito comigo que eu não queria ele por perto e dizia para as crianças que ele era um homem mau. Me dou conta de que acabei afastando meus filhos do convívio com o pai, e hoje eles me cobram por isso".

Vitimização psicológica de crianças e adolescentes

Além da vitimização física e sexual de crianças e adolescentes nas famílias, a vitimização psicológica tende a ocorrer simultaneamente nesses contextos. Costuma-se pensar que a violência que se expressa na forma física ou sexual é somente a ponta do *iceberg* de um contexto muito mais amplo que envolve a depreciação da criança ou do adolescente como ser humano: humilhação, descaso com suas necessidades emocionais e até a própria indiferença/falta de afeto. Por ter manifestações sutis e invisíveis, a vitimização psicológica torna-se de difícil avaliação e comprovação para fins jurídicos. Todavia, os danos à autoestima e à própria integridade emocional das crianças tornam extremamente necessário o reconhecimento da violência psicológica.

É muito difícil que sejam denunciados casos que envolvam de forma exclusiva a violência psicológica contra crianças e adolescentes, pois a comprovação e mesmo o reconhecimento das atitudes dos cuidadores como violência psicológica são muito difíceis. Todavia, é importante atentar para as graves consequências desse tipo de violência e a necessidade de coibir sua ocorrência. A negligência emocional pode trazer danos ao desenvolvimento humano em curto, médio e longo prazos.

Em situações de disputas de guarda que envolvam denúncia de violência, principalmente de cunho emocional, o psicólogo, no papel de assistente técnico contratado pelo advogado de uma das partes, pode ficar em uma posição delicada ao perceber que seu cliente é quem tem menos condições de assumir a guarda dos filhos. Nessas situações, o psicólogo assistente técnico deve sentir-se livre para não encobrir fatos graves dos quais tome conhecimento, podendo inclusive optar por abandonar o caso para não prejudicar seu cliente. Segundo Silva (2012), são também fatores que podem levar o psicólogo assistente técnico a renunciar ao cargo por questões morais e ética profissional, quando se sentir desrespeitado pelo cliente e sem confiança na relação estabelecida: se o cliente mente para o profissional (negando que agride ao filho, quando essa situação fica evidente no relato da criança ou por outras evidências) ou se o cliente faz propostas inadequadas, ilegais ou ilícitas (p. ex., emissão de atestados de falsas acusações de violência para promover o afastamento do outro genitor).

Todo o contexto de avaliação psicológica de situações de violência contra crianças e adolescentes é delicado, e, por isso, o preparo profissional e a qualidade da avaliação realizada devem ser inquestionáveis. Somente com profissionais capacitados e com avaliações precisas o psicólogo poderá colaborar efetivamente com a decisão pelo *melhor interesse da criança* e de todos os demais envolvidos.

VIOLÊNCIA CONJUGAL

A violência conjugal tem sido considerada um grave problema de saúde pública, devido aos inúmeros agravos que provoca, em diferentes âmbitos da vida de todos os envolvidos. Muito além do casal, existem reflexos diretos nos filhos, na família ampliada, no trabalho, nas instituições de saúde e na comunidade como um todo. A compreensão da violência conjugal se baseia prioritariamente em uma perspectiva de gênero, considerando que as mulheres são as principais vítimas da violência nesse contexto e que a violência contra a mulher é fruto de uma cultura patriarcal, que concede poder aos homens e submissão às mulheres (Dantas-Berger & Giffin, 2005). Nesse cenário, questiona-se inclusive a nomenclatura de violência conjugal, entendendo-se mais apropriado nomeá-la como violência de gênero ou violência contra a mulher. Por meio de lutas empreendidas por movimentos feministas, foram criadas políticas públicas no que se refere à questão da violência contra a mulher. Destaca-se, no Brasil, a criação da Lei nº 11.340/2006, conhecida como Lei Maria da Penha, que tem como objetivo a coibição e a prevenção da violência doméstica contra a mulher (Brasil, 2006), assim como a Lei nº 13.104/2016, conhecida como Lei do Feminicídio.

A avaliação psicológica nos casos de violência contra a mulher precisa ser cuidadosa, pois trata-se de um fenômeno complexo, permeado por muitas particularidades culturais, em especial no que se refere aos estereótipos de gênero. Muita atenção é necessária para evitar cair na armadilha de culpabilização da víti-

VINHETA CLÍNICA 5

Anelise busca ajuda por ter sido agredida pelo companheiro e estar sofrendo ameaças a sua integridade física. Conta que o companheiro chegou em casa e, após uma discussão com ela, desferiu-lhe um tapa e a empurrou em uma escada. Refere ter-se sentido extremamente constrangida quando o profissional que a atendia questionou: "Mas o que aconteceu para ele ter ficado tão bravo?". "Era como se eu é que tivesse me comportado mal."

ma pela violência sofrida. Esse é um dos fatores que faz muitas mulheres resistirem em buscar ajuda, por medo de não serem compreendidas e receio de culpabilização.

Mulheres vítimas de violência doméstica tendem a apresentar características peculiares, como dificuldades na manifestação de sentimentos, autocrítica precária, déficits nos relacionamentos, características de desamparo, sentimentos de culpa, estresse situacional, desesperação e depressão (Sá, 2011). Esses dados são confirmados pelo estudo realizado por Mozzambani, Ribeiro, Fuso, Fiks e Mello (2011), ao indicarem que mulheres vítimas de violência doméstica que recorrem a delegacias especializadas têm grande probabilidade de apresentar morbidade psiquiátrica, além de alterações cognitivas que dificultam o rompimento do ciclo da violência. Outro fator importante de ser avaliado nesse contexto são as experiências na família de origem, considerando que é muito comum a transmissão transgeracional da violência intrafamiliar (Colossi, Marasca, & Falcke, 2015; Madalena, Carvalho, & Falcke, 2018). Reforçando essa ideia, estudos também apontam associação entre esquemas iniciais desadaptativos e a violência conjugal, tanto sofrida como perpetrada (Paim & Falcke, 2016; Paim, Madalena, & Falcke, 2012), indicando que tanto sofrer diretamente violência na infância como testemunhar agressões entre os cuidadores são preditores de vivências de violência em relacionamentos futuros.

Considerando as características dos agressores conjugais, uma das tipologias mais pesquisada em estudos científicos foi proposta por Holtzworth-Munroe e Stuart (1994), sendo de três diferentes tipos: 1) caracterizado por baixos níveis de psicopatologia; 2) denominado *borderline* e disfórico, que apresenta altos níveis de impulsividade e características da personalidade *borderline*; 3) violento e antissocial, com características antissociais ou de psicopatia. Inicialmente, essa tipologia foi desenvolvida a partir da avaliação de homens perpetradores, mas, posteriormente, Walsh e colaboradores (2010) também a identificaram em mulheres.

Os transtornos da personalidade *borderline* e antissocial são os que aparecem com maior frequência na literatura como associados à violência conjugal, mostrando-se presentes tanto em perpetradores quanto em vítimas (Madalena et al., 2018), o que possibilita o questionamento sobre as interações diádicas entre o casal e traz à tona a necessidade de avaliação não somente de características individuais, mas também relacionais e contextuais nas situações de violência conjugal. A perspectiva sistêmica, nesse sentido, dá suporte à compreensão dos múltiplos papéis que os cônjuges exercem na conjugalidade (Falcke, Oliveira, Rosa, & Bentancur, 2009), destacando uma perspectiva relacional para a compreensão do fenômeno. Nesse sentido, salienta-se que o gênero é um importante foco de análise nas situações de violência entre parceiros íntimos, mas existem outros marcadores de poder que também precisam ser analisados, como raça, etnia, escolaridade, renda, entre outros. Os estudos sistêmicos costumam nomear o fenômeno como violência conjugal, considerando todas as expressões de violência nos diferentes arranjos conjugais.

Cezario, Fonseca, Lopes e Lourenço (2015) destacam que, no Brasil, existem poucas publicações sobre a violência contra homens em relacionamentos íntimos heterossexuais. Consideram que isso pode ocorrer pelo investimento maior em estudos de gênero, assim como em políticas públicas pautadas nessa perspectiva. Esse é um alerta importante para que, ao avaliarem os casos de violência na conjugalidade, os profissionais possam estar abertos à compreensão de suas múltiplas expressões e não fiquem limitados por uma perspectiva determinista de homem agressor e mulher vítima, pois esse modelo dualista pode contribuir para "[...] silenciar os homens que se sentem machucados, frágeis, violentados, legitimando uma cultura que, mesmo se dizendo crítica e processual, continua valorizando a virilidade masculina e a fragilidade feminina" (Oliveira & Souza, 2006, p. 46). Esses autores refletem ainda sobre a violência que pode estar sendo produzida por psicólogos ao atenderem aos homens em contextos de violência somente na condição de agressores.

> **VINHETA CLÍNICA 6**
>
> Augusto teve seu automóvel destruído pela parceira ao dizer que pretendia romper o relacionamento. Ela o ameaçou dizendo que, se ele não ficasse com ela, não teria nenhuma outra mulher na vida. Recebeu a sugestão de recorrer à delegacia para relatar o ocorrido, mas disse sentir-se constrangido e preferiu permanecer em silêncio. Somente quando as ameaças da ex-esposa passaram a ser dirigidas à nova namorada é que resolveram denunciar o ocorrido.

Os estereótipos sociais de gênero trazem dificuldades tanto às mulheres como aos homens, pois ambos precisam se encaixar em padrões rígidos de comportamento, que nem sempre correspondem à realidade que vivenciam em seus relacionamentos. Assim, é necessária abertura dos profissionais que trabalham com a avaliação psicológica em contextos de violência conjugal para entenderem que cada casal é singular e que a violência pode se expressar de diferentes formas. Em alguns casos, ela pode ser assimétrica, com um agressor e uma vítima claramente estabelecidos, e, em outros, pode ser simétrica, com manifestações agressivas bidirecionais.

Torna-se pertinente também atentar para as falsas denúncias de violência na conjugalidade. Esse é um tema delicado que precisa ser avaliado com muita atenção para que não se corra o risco de culpabilizar pessoas que realmente estejam vivenciando situações de violência. Contudo, profissionais que atendem em serviços especializados revelam que se deparam com situações de falsas denúncias de violência com diferentes motivações, inclusive para ter acesso à realização de aborto (Villela et al., 2011). A existência de falsas denúncias prejudica o auxílio às vítimas de violência, que muitas vezes são ouvidas com desconfiança, e complexifica ainda mais o processo de avaliação psicológica, demandando um olhar acurado dos profissionais envolvidos. Novamente, dar voz a todos os envolvidos, se possível inclusive a terceiros, além do casal em questão, é uma forma de triangular informações, possibilitando uma visão mais abrangente do relacionamento em questão.

VIOLÊNCIA INTRAFAMILIAR CONTRA IDOSOS

No Brasil, a Política Nacional do Idoso foi aprovada em 1994, e o Estatuto do Idoso foi criado em 2004. Essas iniciativas colocam a violência contra o idoso em um contexto de responsabilidade social. O National Center on Elder Abuse (NCEA, 1998) descreve diferentes formas de violência cometidas contra os idosos:

1. **Violência psicológica:** envolve insultos, ameaças e até mesmo infantilização do idoso.
2. **Violência física:** corresponde a todas as formas de agressão física, como tapas, socos, empurrões e queimaduras.
3. **Violência sexual:** envolve contato íntimo não consentido.
4. **Violência financeira:** pode se expressar pela apropriação indevida de bens do idoso ou chantagem econômica.
5. **Negligência:** corresponde ao não atendimento de necessidades básicas, como alimentação, roupas ou remédios.
6. **Abandono:** ocorre quando o idoso é deixado pelo responsável por seus cuidados.
7. **Autonegligência:** ocorre quando o idoso tem condutas que ameaçam sua própria integridade.

As agressões contra o idoso costumam ser perpetradas por familiares que residem com ele (Souza, Freitas, & Queiroz, 2007), sendo os principais perpetradores os filhos, seguidos pelas filhas, noras e parceiros (Minayo, 2003). Algumas características individuais, relacionais e contextuais são consideradas como de maior risco para a ocorrência de situações de violência contra idosos. Idade superior a 75 anos e cuidadores com doença mental ou que abusam de álcool ou drogas são variáveis associadas ao abuso (Campbell Reay & Browne, 2001). Na mesma direção, a depressão ou doença mental do idoso, sintomas de incontinência urinária, isolamento social e conflito com familiares ou amigos também são fatores relacionados à ocorrência de violência (Garreolmo et al., 2009).

A qualidade da relação entre cuidador e idoso anterior ao envelhecimento é um fator a ser analisado no contexto de avaliação de violência intrafamiliar. Shaffer, Dooley e Williamson (2007) indicam que o cuidador ressentido com o idoso ou que tinha uma relação interpessoal ruim com ele nas etapas anteriores da vida constitui-se em alguém com potencial de comportamento abusivo. Do mesmo modo, filhos que foram vítimas de abuso, quando se tornam cuidadores de pais violentos, podem repetir o padrão aprendido (Sudário, Almeida, & Jorge, 2005).

Em geral, a violência contra o familiar idoso se insere na história de um relacionamento prévio. Todavia, sofrimentos passados não podem servir de justificativas para a ocorrência de violência. Nesse sentido, é importante compreender a dinâmica familiar presente e passada, a fim de se fazer a melhor avaliação possível sobre a situação de violência em si e os possíveis encaminhamentos.

VINHETA CLÍNICA 7

Matilde, 91 anos, reclama que é tratada como "bicho" pelo filho mais velho, responsável pelo seu cuidado. Ela está acamada e necessitando de cuidados especializados e se queixa de que o filho não lhe dá atenção e briga por tudo. O filho é muito ressentido com a mãe por situações do passado. Ele reclama que ela exige a atenção que nunca lhe deu e refere que não é brabo com ela por acaso. Revela que presenciou inúmeras traições da mãe, na sua própria casa, e que ele constantemente pensa: "Será que ela não está em uma cama definhando por tudo que ela fez na vida de mau para os outros?".

CONSIDERAÇÕES FINAIS

O contexto de avaliação psicológica em situações de violência intrafamiliar é extremamente complexo, pois envolve as pessoas com as quais, geralmente, se tem a maior proximidade e vínculos afetivos. Isso faz os indivíduos estarem em geral muito fragilizados e com muita ambivalência de sentimentos. Assim, para a compreensão do fenômeno, torna-se necessário um olhar atento para questões individuais, relacionais e contextuais. Destaca-se, então, a necessidade de ouvir a todos os envolvidos, incluindo na abordagem técnica não somente as pessoas diretamente envolvidas, mas também outros integrantes da família ampliada e da comunidade.

Outro aspecto importante é olhar para cada caso como único e singular, buscando abertura para a identificação de suas idiossincrasias, sem partir de estereótipos predeterminados sobre como se expressa a violência intrafamiliar. Somente assim as pessoas serão respeitadas e haverá maior possibilidade de compreensão de cada situação em particular, favorecendo o bem-estar de todos os envolvidos.

Por fim, é fundamental lembrar que a atribuição de julgar é do Judiciário, enquanto ao psicólogo cabe fornecer informações sobre a dinâmica psicológica dos indivíduos e das famílias envolvidos. No entanto, é relevante uma boa apreciação do caso, pois laudos evasivos não contribuem para o melhor encaminhamento deste. Por isso, é essencial uma boa formação do profissional da psicologia que pretende atuar junto ao Judiciário, para que possa ter uma compreensão ampla sobre o fenômeno da violência intrafamiliar e seus desdobramentos.

REFERÊNCIAS

Azevedo, E. C. D. (2001). Atendimento psicanalítico a crianças e adolescentes vítimas de abuso sexual. *Psicologia: ciência e profissão, 21*(4), 66-77.

Brasil. (2006). *Lei nº 11.340, de 7 de agosto de 2006*. Cria mecanismos para coibir a violência doméstica e familiar contra a mulher, nos termos do § 8º do art. 226 da Constituição Federal, da Convenção sobre a Eliminação de Todas as Formas de Discriminação contra as Mulheres e da Convenção

Interamericana para Prevenir, Punir e Erradicar a Violência contra a Mulher; dispõe sobre a criação dos Juizados de Violência Doméstica e Familiar contra a Mulher; altera o Código de Processo Penal, o Código Penal e a Lei de Execução Penal; e dá outras providências. Recuperado de http://www.planalto.gov.br/ccivil_03/_ato2004-2006/2006/lei/l11340.htm

Brasil. (2010a). *PL 7672/2010*. Altera a Lei nº 8.069, de 13 de julho de 1990, que dispõe sobre o Estatuto da Criança e do Adolescente, para estabelecer o direito da criança e do adolescente de serem educados e cuidados sem o uso de castigos corporais ou de tratamento cruel ou degradante. Recuperado de https://www.camara.leg.br/proposicoesWeb/fichadetramitacao?idProposicao=483933

Brasil. (2010b). *Lei nº 12.318, de 26 de agosto de 2010*. Dispõe sobre a alienação parental e altera o art. 236 da Lei nº 8.069, de 13 de julho de 1990. Recuperado de http://www.planalto.gov.br/ccivil_03/_ato2007-2010/2010/lei/l12318.htm

Brito, L. M. T. (1999). De competências e convivências: Caminhos da psicologia junto ao direito de família. In L. M. T. Brito (Org.), Temas de psicologia jurídica. Rio de Janeiro: Relume Dumará.

Calçada, A. (2008). *Falsas acusações de abuso sexual e a implantação de falsas memórias*. Porto Alegre: Equilíbrio.

Campbell Reay, A. M. & Browne, K. D. (2001). Risk factor characteristics in carers who physically abuse or neglect their elderly dependants. *Aging & Mental Health, 5*(1), 56-62.

Cesca, T. B. (2004). O papel do psicólogo jurídico na violência intrafamiliar: Possíveis articulações. *Psicologia & Sociedade, 16*(3), 41-46.

Cezario, A. C. F., Fonseca, D. S., Lopes, N. C., & Lourenço, L. M. (2015). Violência entre parceiros íntimos: Uma comparação dos índices em relacionamentos hetero e homossexuais. *Temas em Psicologia, 23*(5), 565-575.

Cohen, J. A. (2003). Treating acute posttraumatic reactions in children and adolescents. *Biological Psychiatry, 53*(9), 827-833.

Colossi, P. M., Marasca, A. R., & Falcke, D. (2015). De geração em geração: A violência conjugal e as experiências na família de origem. *Psico, 46*(4), 493-502.

Cyrulnik, B. (2005). *O murmúrio dos fantasmas*. São Paulo: Martins Fontes.

Dantas-Berger, S. M. & Giffin, K. (2005). A violência nas relações de conjugalidade: Invisibilidade e banalização da violência sexual? *Cadernos de Saúde Pública, 21*(2), 417-425.

Falcke, D. & Wagner, A. (2005). A dinâmica familiar e o fenômeno da transgeracionalidade. Definição de conceitos. In A. Wagner, *Como se perpetua a família?: A transmissão dos modelos familiares* (pp. 25-46). Porto Alegre: EdiPUCRS.

Falcke, D., Oliveira, D. Z. D., Rosa, L. W. D., & Bentancur, M. (2009). Violência conjugal: Um fenômeno interacional. *Contextos Clínicos, 2*(2), 81-90.

Gabel, M. (1997). *Crianças vítimas de abuso sexual*. São Paulo: Summus.

Garroelmo, J., Planas-Pujol, X., López-Pousa, S., Juvinyà, D., Vilà, A., & Vilalta-Franch, J. (2009). Prevalence and risk factors of suspected elder abuse subtypes in people aged 75 and older. *Journal of American Geriatrics Society, 57*(5), 815-822.

Habigzang, L. F. & Caminha, R. M. (2004). *Abuso sexual contra crianças e adolescentes: Conceituação e intervenção clínica*. São Paulo: Casa do Psicólogo.

Habigzang, L. F., Corte, F. B. D., Hatzenberger, R., Stroeher, F. H., & Koller, S. H. (2008). Avaliação psicológica em casos de abuso sexual na infância e adolescência. *Psicologia: reflexão e crítica, 21*(2), 338-344.

Holtzworth-Munroe, A. & Stuart, G. L. (1994). Typologies of male batterers: Three subtypes and the differences among them. *Psychological Bulletin, 16*(2), 476-497.

Lago, V. M. & Bandeira, D. R. (2009). O uso de instrumentos em avaliação psicológica no contexto do direito de família. In S. L. Rovinski & R. M. Cruz (Orgs.), *Psicologia jurídica: Perspectivas teóricas e processos de intervenção* (pp. 55-60). São Paulo: Vetor.

Madalena, M., Carvalho, L. D. F., & Falcke, D. (2018). Violência conjugal: O poder preditivo das experiências na família de origem e das características patológicas da personalidade. *Temas em Psicologia, 26*(1), 75-91.

Michelini, C. & Figueiró, J. A.B. (2000). *O doente imaginário*. São Paulo: Segmento.

Minayo, M. C. S. (2003). Violência contra idosos: Relevância para um velho problema. *Caderno de Saúde Pública, 19*(3), 783-779.

Mozzambani, A. C. F., Ribeiro, R. L., Fuso, S. F., Fiks, J. P., & Mello, M. F. D. (2011). Gravidade psicopatológica em mulheres vítimas de violência doméstica. *Revista de Psiquiatria do Rio Grande do Sul, 33*(1), 43-47.

National Center on Elder Abuse (NCEA). (1998). *The national elder abuse study: Final report*. Washington: Administration on Aging.

Oliveira, D. C. D. & Souza, L. D. (2006). Gênero e violência conjugal: Concepções de psicólogos. *Estudos e Pesquisas em Psicologia, 6*(2), 34-50.

Paim, K. & Falcke, D. (2016). Perfil discriminante de sujeitos com histórico de violência conjugal: O papel dos esquemas iniciais desadaptativos. *Revista Brasileira de Terapia Comportamental e Cognitiva, 18*(2), 112-129.

Paim, K., Madalena, M., & Falcke, D. (2012). Esquemas iniciais desadaptativos na violência conjugal. *Revista Brasileira de Terapias Cognitivas, 8*(1), 31-39.

Pelisoli, C. L., Dell'Aglio, D. D., & Herman, S. (2016). Sete erros na avaliação de situações de abuso sexual contra crianças e adolescentes. In S. J. L. Vasconcellos & V. M. Lago (Orgs.), *A psicologia jurídica e as suas interfaces: Um panorama atual* (pp.127-146). Santa Maria: UFSM.

Perrone, R. & Nannini, M. (2007). *Violencia y abusos sexuales en la familia: Una visión sistémica de las conductas sociales violentas* (2. ed.). Buenos Aires: Paidós.

Pinheiro, S. M. A. (2005). Crianças e adolescentes vitimizados: Rotina dos atendimentos. In S. Shine (Org.), *Avaliação psicológica e lei: Adoção, vitimização, separação conjugal, dano psíquico e outros temas*. São Paulo: Casa do Psicólogo.

Ramires, V. R. R. & Falcke, D. (2018). Fatores de risco e proteção para vínculos familiares no sul do Brasil. *Revista Psicologia-Teoria e Prática, 20*(1), 126-140.

Rovinski, S. L. R. (2003). Perícia psicológica na área forense. In J. A. Cunha (Org.), *Psicodiagnóstico V* (pp. 183-195). Porto Alegre: Artmed.

Sá, S. D. (2011). *Características sociodemográficas e de personalidade de mulheres vítimas de violência doméstica* (Tese de doutorado, Pontifícia Universidade Católica do Rio Grande do Sul, Porto Alegre).

Shaffer, D. R., Dooley, W. K., & Williamson, G. M. (2007). Endorsement of proactively aggressive caregiving strategies moderates the relation between caregiver mental health and potentially harmful caregiving behavior. *Psychology and Aging, 22*(3), 494–504.

Silva, D. M. P. (2012). *Psicologia jurídica no processo civil brasileiro* (2. ed.). Rio de Janeiro: Forense.

Souza, J. A., Freitas, M. C., & Queiroz, T. A. (2007). Violência contra os idosos: Análise documental. *Revista Brasileira de Enfermagem, 60*(3), 268-272.

Sudário, S., Almeida, P. C., & Jorge, M. S. B. (2005). Mulheres vítimas de estupro: Contexto e enfrentamento dessa realidade. *Psicologia & Sociedade, 17*(3), 73-79.

Tardivo, L. S. P. C. & Pinto Júnior, A. A. (2010). *IFVD: Inventário de frases no diagnóstico de violência doméstica contra crianças e adolescentes*. São Paulo: Vetor.

Villela, W. V., Vianna, L. A. C., Lima, L. F. P., Sala, D. C. P., Vieira, T. F., Vieira, M. L., & Oliveira, E. M. D. (2011). Ambiguidades e contradições no atendimento de mulheres que sofrem violência. *Saúde e Sociedade, 20*(2), 113-123.

Walsh, Z., O'Connor, B. P., Shea, M. T., Swogger, M. T., Schonbrun, Y. C., & Stuart, G. L. (2010). Subtypes of partner violence perpetrators among male and female psychiatric patients. *Journal of Abnormal Psychology, 119*(3), 563-574.

21
AVALIAÇÃO DE RISCO EM CASOS DE VIOLÊNCIA CONTRA A MULHER PERPETRADA POR PARCEIRO ÍNTIMO

Marcelo Tavares
Marcela Novais Medeiros

A violência doméstica contra a mulher é um dos problemas mais preocupantes da atualidade. As taxas de violências praticadas por parceiro íntimo permanecem consistentes em todo o mundo. Os profissionais da rede de enfrentamento à violência contra mulheres e a comunidade têm feito um grande questionamento aos profissionais da área de avaliação: como avaliar e chegar a um julgamento mais seguro do risco de reincidência de violência contra mulheres? E como estimar o potencial de letalidade do risco? Estudos internacionais sobre feminicídios mostram que entre 70 e 80% das mulheres mortas pelo parceiro íntimo sofreram episódios de violência física antes da violência letal (Campbell et al., 2003; Campbell, Glass, Sharps, Laughon, & Bloom, 2007; McFarlane et al., 1999) e demonstram que esse fenômeno está associado a dinâmicas relacionais violentas. A análise de casos de feminicídio íntimo nas regiões da Bahia, do Mato Grosso, de Minas Gerais, do Pará e do Paraná também mostrou realidade alarmante: em 18 dos 34 casos analisados, havia violência física ou psicológica anterior, apesar de tais violências não terem sido alvo de denúncia criminal (Machado et al., 2015). Existem fatores preditivos de violências potencialmente letais. Muitas dessas vítimas e os autores de tais violências tiveram algum contato com o sistema de justiça, de saúde ou outros serviços de proteção antes da ocorrência da violência letal (Castanho, 2013). Há, portanto, grande oportunidade para evitar o sofrimento provocado pela reincidência da violência contra a mulher nas relações íntimas. O acesso aos serviços, a qualidade do acolhimento a essa condição e uma avaliação de risco mais efetiva são elementos fundamentais para o desenvolvimento de estratégias mais eficazes de intervenção para o apoio a essas mulheres.

AVALIAÇÃO DE RISCO NO CONTEXTO FORENSE

A consciência da violência contra a mulher como crime exigiu que diversos países, entre eles o Brasil, alterassem sua legislação que trata de sanções penais com vistas ao aprimoramento das estratégias para coibir a violência sofrida por mulheres nas suas relações afetivas (Campbell, 2005; Grams & Magalhães, 2011; Williams & Houghton, 2004). O Estado brasileiro, por exemplo, promulgou, em 2006, a Lei nº 11.340/2006, conhecida como Lei Maria da Penha, que é uma legislação específica de proteção integral a mulheres vítimas de violência doméstica. Essa lei propõe novo tratamento aos casos de violência doméstica com a criação das varas especializadas para julgar esse tipo de crime contra mulheres e com a defesa da importância da atuação das equipes multidisciplinares (Brasil, 2006). Em 2015, o Brasil promulgou a Lei nº 13.104/2015, conhecida como Lei do Feminicídio, a partir da qual o assassinato de mulheres em contexto de violência doméstica deixou de ser tipificado genericamente no art. 121 do Código Penal, seguindo a tendência de tipificação do feminicídio na América Latina, com a inclusão da qualificadora feminicídio ao crime de homicídio praticado em contexto de violência doméstica e familiar contra a mulher (Brasil, 2015).

As alterações legislativas e institucionais impulsionaram o Judiciário e outros participantes da rede de enfrentamento à violência doméstica contra mulheres a refletirem sobre estratégias para distinguir os casos que necessitam de intervenção urgente daqueles que não requerem ação imediata. Também contribuíram para a ampliação do debate e estudo sobre estratégias para a eleição do tipo de intervenção necessário para cada situação, de forma a separar quais requerem a prisão e quais exigem outras medidas menos drásticas, como, por exemplo, afastamento do agressor do lar (Campbell, 2005; Grams & Magalhães, 2011; Williams & Houghton, 2004).

Considera-se que todas as mulheres que buscam ajuda na rede de enfrentamento à situação de violência estejam em condição de perigo, porém, é preciso diferenciar o grau de risco de danos ou de morte (Grams & Magalhães, 2011; Santos, 2010). Uma mesma condição de perigo pode envolver riscos diferentes, dependendo de seu contexto e das medidas de proteção adotadas (Santos, 2010). Assim, ter um homem violento como companheiro configura-se como condição de perigo. Caso a companheira de um homem violento peça a separação, ela está em condição de periculosidade, e, se ele não for obrigado a entregar sua arma à polícia, a periculosidade é maior.

A investigação do risco deve ser executada em todas as situações em que há violência contra a mulher, independentemente da motivação e da decisão da vítima ante o relacionamento com o autor, seja por desejo de separação, seja pela expectativa de que ele mude seu comportamento (Pena, 2016). A investigação e a análise dos riscos são indispensáveis para subsidiar o processo de tomada de decisões nas instâncias de controle, proteção, prevenção e punição de casos de violência doméstica contra a mulher. A partir da notícia do grau de risco, é possível avaliar de forma mais acurada as estratégias de proteção, como o pedido de medidas protetivas de urgência, a necessidade de encaminhamento para a casa abrigo, entre outras medidas de gestão de riscos. Essas informações também são úteis para embasar estratégias de intervenções com homens autores desse tipo de violência.

Os detalhes sobre a condição de risco em que a vítima se encontra e a consideração de suas possíveis implicações são úteis para a eleição dos procedimentos adequados a serem tomados pelos profissionais e pelas vítimas (Pena, 2016). A situação de extremo perigo pode gerar relutância nas pessoas em buscarem intervenção do Judiciário para a solução de seus conflitos. Pode também induzir a enganos e provocar desnecessárias restrições de liberdade do agressor, bem como alterações na vida da vítima e de suas crianças, além das indispensáveis para garantir a segurança dessas pessoas (Campbell, 2005). Esse exagero prejudicaria a alocação adequada dos recursos no sistema criminal (Kropp & Hart, 2000).

DEFINIÇÃO DE AVALIAÇÃO DE RISCO E SEU CONTEXTO

A avaliação de risco em situação de violência é definida como um "[...] processo de recolha de informação, acerca das pessoas envolvidas, para tomar decisões de acordo com o risco de reincidência da violência" (Almeida & Soeiro, 2010, p. 180). Em outras palavras, faz referência ao "[...] registro detalhado de informações para fazer essas valorações de risco" (Acosta, 2013, p. 17, tradução nossa) e envolve técnicas de predição de violência para estimar a possibilidade de comportamentos violentos (Andrés-Pueyo

& Echeburúa, 2010). É uma atividade que permite o reconhecimento do perigo existente, a promoção da conscientização de pessoas envolvidas (Santos, 2010) e a intervenção adequada para evitar, minimizar ou extinguir o risco (Andrés-Pueyo & Echeburúa, 2010; Santos, 2010).

Meios válidos de estimar o risco de reincidência de violência são necessários para aumentar a probabilidade de sucesso de estratégias de proteção dessas mulheres. Uma forma de estimar a validade de um procedimento de avaliação é pelo exame de suas consequências, o que é conhecido como validade consequencial (Primi, Muniz, & Nunes, 2009). Esse critério de validade indica o grau de sucesso de uma avaliação em obter os benefícios almejados. Ou seja, espera-se que a avaliação da violência nas relações de intimidade produza as consequências desejadas pela intervenção preventiva, que, nesse caso, significa a cessação da violência. A parceria com instituições acadêmicas poderia apoiar o sistema de enfrentamento à violência na tarefa de se demonstrar a validade consequencial de seus procedimentos. Para isso, o primeiro passo envolveria o estabelecimento de registros fidedignos do processo das avaliações e o acompanhamento longitudinal das mulheres por algum tempo após a intervenção para saber seu impacto e suas consequências imediatas, incluindo a verificação de reincidência e outras consequências longitudinais, a médio e longo prazos.

A leitura dos fatores de risco por meio da avaliação da situação de violência deve facilitar a identificação dos casos nos quais o agravamento da violência tende a ocorrer (Almeida & Soeiro, 2010; Campbell, 2005; Campbell, Webster, & Glass, 2009; Webster, Haquer, & Hucker, 2014; Santos, 2010). A avaliação de risco é, portanto, ação essencial para orientar intervenções no sistema de justiça e em outros setores (Nicholls, Pritchard, Reeves, & Hilterman, 2013). Para garantir sua eficácia, ela deve ser fundamentada em técnicas com base em evidências, como requer a literatura internacional sobre avaliação de risco (Dutton & Kropp, 2000; Haggard-Grann, 2007; Kropp, 2004). Além disso, a avaliação deve ser utilizada como técnica que orienta e complementa os tratamentos já dispensados a vítimas e autores de violência em ambientes assistenciais e jurídico-criminais (Andrés-Pueyo & Echeburúa, 2010). Em especial, é a técnica que pode ajudar na sinalização de casos que requeiram ação imediata ante o risco iminente de violências graves ou letais.

Avaliar risco é uma tarefa difícil. Toda atividade preditiva é de caráter probabilístico, em qualquer área do conhecimento, especialmente quando trata de um fenômeno complexo, como é o caso do risco de violência. Fidedignidade e validade, duas concepções altamente valorizadas em qualquer tipo de avaliação, em particular na avaliação preditiva, são de natureza probabilística: não se referem a acertar ou errar uma predição, mas a definir as margens de erro da predição em relação à população na qual o instrumento ou procedimento foi desenvolvido (Primi et al., 2009; Tavares, 2003). Ou seja, a avaliação de risco não é determinística, pois não se pode saber com certeza se uma pessoa apresentará intencionalmente comportamento violento no futuro (Hermoso, Vicente, Mezquita, Martin, & Calle, 2012). É possível, no entanto, identificar características pessoais associadas a grupos que tenham maior propensão para cometer determinados atos violentos. Nessa perspectiva, a avaliação de risco é uma tarefa que tem como finalidade prevenir violências no contexto social (Haggard-Grann, 2007) por meio de diagnóstico de características associadas ao prognóstico de reiteração de comportamentos violentos (Hermoso et al., 2012). Configura-se como uma estratégia para avaliar os casos que necessitam de intervenção urgente, de forma a garantir a proteção da mulher, prevenir danos a ela, aos filhos, à família, ao agressor e a terceiros envolvidos e também para favorecer a gestão adequada de recursos públicos (Campbell, 2005; Grams & Magalhães, 2011; Williams & Houghton, 2004).

DESENVOLVIMENTO DA AVALIAÇÃO DO RISCO DE VIOLÊNCIA CONTRA A MULHER

A literatura aponta que a avaliação de risco é em geral conduzida por profissionais da saúde mental que atuam no sistema de justiça (Nicholls et al., 2013), e foi nesse campo que instrumentos de avaliação foram gestados (Abdalla-Filho, 2012). O investimento em estratégias de risco de violência teve suas origens no âmbito da psiquiatria (Campbell, 2005). A psiquiatria forense, desde seu início, interessou-se pelo estudo da personalidade dos criminosos e pelo comportamento violento apresentado por pessoas com transtorno mental. No antigo regime francês, a medicina aproximou-se da Justiça, no intuito de legitimar práticas, sancionadas pelo Judiciário, de internação de indivíduos considerados loucos (Arantes, 2004). A partir do século XX, a associação entre transtorno mental e crime passou a ser investigada de forma cada vez mais minuciosa e ponderada. Foi nesse contexto que foram desenvolvidos instrumentos de investigação de *periculosidade*, termo que era entendido como a inclinação de uma pessoa para agir violentamente (Abdalla-Filho, 2012).

Estudos subsequentes da psiquiatria e da psicologia criminológica demonstraram que esse conceito de *periculosidade* pouco contribuía para o entendimento da reincidência criminal, por partir do pressuposto de que características fixas e permanentes de um indivíduo, somadas a seus antecedentes, *causavam* o comportamento violento (Andrés-Pueyo & Echeburúa, 2010). A classificação em graus de risco, a partir da investigação de fatores de risco biopsicológicos e contextuais, bem como o uso do conceito de perigo como um risco iminente, vieram a substituir a concepção binária que classificava de forma equivocada a pessoa, e não a situação, em periculosa ou não periculosa. A diferença proposta é que a classificação de risco considere uma grande complexidade de fatores individuais e sociais de homens e de mulheres que aumentam a probabilidade de um ato violento. Por ser complexa, a avaliação deve articular múltiplos fatores qualitativamente distintos (p. ex., tipos de violência), cada qual com suas variações quantitativas (p. ex., frequência ou intensidade do dano), o que deve produzir um resultado que admite variações em um contínuo (graus de risco), mas também deve considerar múltiplas recomendações de intervenção qualitativamente distintas, referentes ao agressor, à vítima e ao contexto, em especial filhos e familiares. Fatores de risco nesse contexto são indicadores individuais, sociais e contextuais que aumentam a probabilidade de ocorrência de um ato violento (Hermoso et al., 2012). O conceito de risco é mais abrangente e demonstra preocupação tanto com a investigação de fatores relacionados à violência quanto com a gestão do risco a curto, médio e longo prazos, considerando as pessoas, os ambientes e os contextos (Acosta, 2013).

Duas outras linhas de pesquisa sobre avaliação de risco de reincidência de violência contra a mulher que se destacam se referem às avaliações de supostos psicopatas e pedófilos (Abdalla-Filho, 2012). Historicamente, foi necessário diferenciar a influência da psicopatologia em casos de violência contra a mulher de outras realidades criminais. Diferentemente dos demais tipos de avaliação, as medidas de avaliação de risco de violência sofrida por mulheres nas relações de intimidade conferem menor ênfase à questão do transtorno mental como fator de risco (Campbell, 2005). Contrariamente ao senso comum na cultura, na atualidade, sabe-se que ter um transtorno mental não é um elemento central para cometer violência contra a parceira íntima (Abdalla-Filho, 2012; Almeida, 2012; Castanho, 2013). Mesmo em situações em que há comprometimento da saúde mental, hoje, compreende-se que a violência contra a parceira tem como principais indicadores a dominação, o controle, o desejo de posse e outras manifestações da masculinidade hegemônica e das desigualdades de gênero, ou seja, um transtorno mental não é suficiente para caracterizar a situação de perigo, mas pode potencializar outros indicadores de risco.

ESTRATÉGIAS DE AVALIAÇÃO DE RISCO DE VIOLÊNCIA CONTRA A MULHER

No campo de avaliação de risco nas relações de intimidade, é comum o contraste entre as avaliações estruturadas e a avaliação não estruturada (Acosta, 2013; Andrés-Pueyo & Echeburúa, 2010; Grams & Magalhães, 2011; Nicholls et al., 2013). Esse debate no campo da avaliação de risco de violência nas relações íntimas segue a mesma distinção dicotômica que foi apontada há mais de seis décadas pelo trabalho provocativo e inspirador de Paul E. Meehl (1954), que estimulou a psicologia clínica a desenvolver progressivamente uma base fundamentada em evidências e aproximou os dois extremos dessa dicotomia (Dawes, 2005; Meehl, 2013/1954; Tavares, 2003; Westen & Weinberger, 2004). Como os primeiros esforços de proteção a mulheres no contexto da violência íntima iniciaram-se historicamente pela via da avaliação clínica livre ou não estruturada, essa contradição persiste nesse contexto. Por serem relevantes para o desenvolvimento futuro dessa área, serão tratados as estratégias e os modelos de avaliação.

Essa visão do caráter não estruturado da avaliação clínica fundamenta-se na percepção de que seus procedimentos para a classificação de risco são informais. O profissional utilizaria sua intuição, seu julgamento, sua experiência profissional, sua observação e a coleta de dados para estimar de modo informal a probabilidade de ocorrência da violência em cada caso individual (Acosta, 2013; Grams & Magalhães, 2011; Litwack, 2001; Nicholls et al., 2013; Tavares, 2000ab). Essa crítica é pertinente não porque a avaliação clínica não possa oferecer julgamentos válidos ou úteis para a avaliação de risco, mas porque ainda não existem protocolos de entrevistas clínicas em avaliação de risco de violência em relações íntimas. Esses protocolos deveriam definir quais temas devem ser abordados, como abordá-los, com que objetivos e critérios de julgamento, além de relacionar as pesquisas que demonstrem as evidências para estimar a validade de suas conclusões aplicadas no contexto da avaliação de risco de violência em relações íntimas.

Até o momento, não há diretrizes, protocolos, formalização de procedimentos ou definição de como aplicar o julgamento clínico aos procedimentos da entrevista para chegar a uma avaliação baseada em evidências (Acosta, 2013; Grams & Magalhães, 2011; Nicholls et al., 2013; Singh, Grann, & Fazel, 2011). A falta de procedimentos clínicos padronizados e validados prejudica essa forma de avaliação. Uma avaliação clínica sem parâmetros ou critérios validados pode ter pouca confiabilidade e está sujeita a ser facilmente enviesada, de um lado, pela demanda de serviços e pressão institucional pela produtividade e, de outro, pelas características do entrevistador, lacunas de conhecimento, pouco tempo de experiência e subjetividade. Por exemplo, sua concepção de gênero e experiência na área poderiam afetar a avaliação e o julgamento clínico relativo a variáveis associadas a gênero (Grams & Magalhães, 2011; Singh et al., 2011). Na falta de trabalhos nessa direção, ainda persistem os argumentos de que avaliações com base em entrevistas clínicas não estruturadas têm baixa confiabilidade, o que as tornariam insuficientes para modelos de pesquisa e ofereceria pouco suporte para o desenvolvimento de modelos de prevenção da violência (Nicholls et al., 2013).

O desenvolvimento das entrevistas clínicas semiestruturadas que adotam princípios de padronização só veio mais tarde (ver adiante). Em contraste, as abordagens de avaliação estruturadas se fundaram a partir do uso de itens padronizados e procedimentos estatísticos na forma de questionários, escalas e *checklists* e visam a majorar a precisão da estimativa da possibilidade de reincidência de violência por meio do aprimoramento de regras explícitas na articulação de fatores objetivos de risco (Nicholls et al., 2013). As estratégias mais bem estruturadas utilizam protocolos ou recursos padronizados que favorecem a cobertura mais ampla e completa dos quesitos relevantes na avaliação de risco. Por serem instrumentos padronizados, de fácil preenchimento por leigos ou pela própria vítima, torna-se mais fácil demonstrar sua consistência e fidedignidade em relação às abordagens não estruturadas. Consequentemente, o impacto e a resolutividade desses meios de avaliação nos atendimentos de casos nos serviços de proteção à mulher são mais facilmente demonstrados. Em associação a esses procedimentos pode-se realizar a consulta aos registros criminais, médicos ou judiciários e requerer informações diretamente das vítimas e outros informantes.

As avaliações estruturadas utilizam modelos estatísticos para prever a probabilidade de reincidência de violência. A previsão é feita a partir de itens preditores, pela quantidade de fatores de risco identificados e de pesos atribuídos a eles. Dados de pesquisas sobre fatores de risco de reincidência são utilizados para a construção de fórmulas que oferecem a probabilidade de ocorrência de violências (Grams & Magalhães, 2011; Nicholls et al., 2013). Dessa maneira, as avaliações são feitas com base em relação explicitada entre preditores mensuráveis e variáveis dependentes, oferecendo peso para escores (Campbell, 2005; Litwack, 2001). Esse modelo requer o teste empírico da capacidade preditiva dos itens em situações reais em um processo de validação destes para a predição do comportamento violento em determinada cultura. O avaliador, ao usar instrumento padronizado, do tipo escala, questionário ou inventário, deve indicar quais fatores de risco estão presentes, ausentes ou são irrelevantes (Nicholls et al., 2013). Ao final dessa ação, aplicam-se regras para a obtenção de um escore que deve levar a uma estimativa do risco envolvido.

Existem vantagens importantes do uso de instrumentos e procedimentos de avaliação de risco pelas abordagens estruturadas. Além de serem mais facilmente validadas, elas são de fácil aplicação, podendo ser usadas por profissionais não especializados ou pela vítima, e, consequentemente, são de baixo custo de obtenção de resultados. Algumas críticas lhes são atribuídas (Haggard-Grann, 2007; Singh et al., 2011, Williams & Houghton, 2004). A principal delas é a baixa capacidade de perceber diferenças entre contextos de risco que levaria a escores equivalentes para situações muito distintas, e que podem ser mais bem compreendidas pela interação de variáveis mais subjetivas, observáveis por meio da entrevista clínica (p. ex., vulnerabilidades específicas da vítima, relação de dependência com o agressor, distorção ou negação do contexto de risco, entre outros aspectos). Por sua vez, modelos mais atuais de avaliação têm aproximado essas perspectivas na direção de superar a dicotomia entre modelos puramente clínicos ou puramente estatísticos (Tavares, 2003).

Nos dias atuais, há um corpo de pesquisas que mostram que a observação clínica pode ser quantificada utilizando-se procedimentos psicométricos-padrão de forma que a descrição clínica atenda aos critérios de predição estatística (Westen & Weinberger, 2004). Esses modelos baseiam-se na estratégia clínica semiestruturada. Para indicar a urgência de desenvolver modelos clínicos na avaliação de risco de violência em relações íntimas e comprovar sua eficácia com base nas evidências empíricas de pesquisas, citaremos alguns exemplos. A clínica já demonstrou a validade estatística desses procedimentos de entrevista por meio de protocolos que definem como devem ser realizados e como devem ser aplicados os critérios para o julgamento clínico.

Um exemplo de procedimento clínico quantificável é o Shedler-Westen Assessment Procedure (SWAP-200). Um profissional especializado avalia os critérios diagnósticos por meio de observações e conhecimento de um caso, com base em questões disparadoras e na narrativa espontânea da pessoa obtida por meio de entrevista e consulta a outras fontes de informação. Ao completar o procedimento, os algoritmos de pontuação baseados em *software* calculam escores (T-scores) e apresentam os resultados em um gráfico com 37 escalas organizadas em perfis, com alta confiabilidade (acima de 0,80), validade teste-reteste (de até 0,90) e validade convergente com variáveis critério genéticas (psicose e abuso de substâncias em familiares), de desenvolvimento (abuso físico infantil, abuso sexual, evasão escolar, problemas relacionados à escola), de eventos de vida (hospitalizações psiquiátricas, tentativas de suicídio, prisões, violência criminal, violência doméstica), de funcionamento adaptativo (ocupacional, interpessoal e global), de resposta a tratamento, entre outras medidas de critério (Shedler & Westen, 2007; Westen, Shedler, Bradley, & DeFife, 2012). Outros exemplos de procedimentos clínicos que satisfazem critérios estatísticos de confiabilidade e validade são: a SCID, uma entrevista semiestruturada para o DSM (Tavares, 2000b), e as Escalas de Hamilton para Depressão (Rohan et al., 2017) e para Ansiedade (Shear et al., 2001).

A abordagem clínica (semi)estruturada é um tipo de avaliação desenhado em resposta às limitações da avaliação baseada exclusivamente em resultados obtidos a partir de estatísticas normativas (Nicholls et al., 2013). Ela deve ser um guia ou um protocolo com objetivos e estratégias explícitos que ofereça orientações gerais sobre como conduzir a avaliação de risco, ponderar as informações, comunicar os resultados e gerenciar os riscos (Andrés-Pueyo & Echeburúa, 2010; Campbell, 2005). A classificação de risco nesse tipo de avaliação é "[...] uma decisão tomada sem regras fixas e explícitas, mas com base, pelo menos em parte, na consideração de informações padronizadas" (Kropp & Hart, 2000, p. 102). É uma forma de avaliação que requer tanto a apreciação clínica do avaliador quanto a análise de fatores de risco específicos descritos na literatura e que foram testados empiricamente (Grams & Magalhães, 2011; Singh et al., 2011; Webster, Haque, & Hucker, 2014). Esses fatores devem ser avaliados quanto a sua presença ou ausência, para que os riscos possam ser mais bem compreendidos (Acosta, 2013), mas a classificação em graus de risco, como, por exemplo, risco moderado, grave e extremo, não é baseada em um escore final. Ou seja, pode-se utilizar, mas não se limita a informações ou instrumentos padronizados. Cabe ao avaliador, a partir da análise de fatores de risco com base em estudos científicos e no uso de outras teorizações, fazer essa classificação final considerando a totalidade das informações investigadas pelos instrumentos, bem como as informações adicionais consideradas relevantes em cada caso específico (Nicholls et al., 2013). Quando associados aos instrumentos estruturados tradicionais, como questionários, esses procedimentos clínicos complementam e contextualizam a história dos envolvidos e os comportamentos que têm relação com o que se pretende prever ou prevenir (Tavares, 2003).

Diferentes instituições e serviços vinculados ao sistema de proteção têm características e necessidades particulares. Cada modelo de avaliação pode ser mais adequado e mais útil dependendo da necessidade dos serviços, das características dos profissionais e do tipo de treinamento que eles têm. O modelo escolhido deve também considerar a população atendida e os objetivos da avaliação. A abordagem baseada de forma exclusiva em procedimentos estatísticos, por ser uma avaliação estruturada com base em procedimentos padronizados e operações fixas, pode ser utilizada por profissionais com pouco treinamento em técnicas de entrevista clínica, mas falha na dificuldade que terá em ponderar elementos menos acessíveis a um olhar não especializado. Alguns instrumentos podem ser preenchidos e contabilizados pela própria vítima. Estes podem fazer parte de um sistema de triagem e ser suficientes para identificar os casos que precisam de avaliação por profissional devidamente qualificado.

Estratégias que fazem uso de entrevistas, sejam livres, sejam estruturadas, são compreendidas como um tipo de avaliação que investiga, além de aspectos objetivos e observáveis, aspectos pessoais e subjetivos e requerem que uma apreciação clínica da situação seja realizada por um profissional suficientemente treinado. Estratégias intermediárias entre esses dois extremos podem ser desenvolvidas pela associação de escalas padronizadas a diferentes tipos de entrevistas, realizados por profissionais sem treinamento clínico – por exemplo, por um policial. Essas estratégias intermediárias podem atender necessidades específicas de diferentes instituições ou serviços no sistema de proteção. Como existem diferenças significativas de objetivo, impacto ou consequência entre as estratégias, a escolha do método deve ser criteriosamente aplicada.

Desde a década de 1980, diversos instrumentos padronizados de avaliação de risco de violência contra a mulher cometida pelo parceiro íntimo foram construídos com o objetivo de classificar níveis de risco (Acosta, 2013; Echeburúa, Amor, Loinaz, & Coral, 2010) a partir de uma avaliação estruturada com uso ou não do julgamento clínico. Estados Unidos e Canadá foram pioneiros no desenvolvimento desse tipo de instrumento. O primeiro instrumento de avaliação de risco foi o Danger Assessment (DA) (Campbell et al., 2009), desenvolvido nos Estados Unidos. Outros instrumentos são: Revised Domestic Violence Screening Instrument (DVSI-R) (Williams & Houghton, 2004), Ontario Domestic Assault Risk Assessment (ODARA) (Hilton et al., 2004), Spousal Assault Risk Assessment (SARA) (Kropp, Hart, Webster, & Eves, 1999) e Escala de Predicción del Riesgo de Violência Grave Contra la Pareja – Revisada (EPV-R) (Echeburúa et al., 2010).

Esses instrumentos tiveram seus itens formulados a partir da identificação de fatores de risco e demonstram preocupação com estatísticas de validade. Eles foram construídos em idioma e com propriedade adequada à cultura de seu país de origem. Seu uso em outros contextos culturais requer que sejam feitos os devidos processos de tradução, adaptação e validação. O uso de instrumentos em contextos culturais diversos dos quais foram construídos, conforme destaca Walklate (2018), pode ser problemático, por não garantir que seja investigado o que especificamente é risco naquela população.

Pesquisadores de países como Portugal, Canadá, Estados Unidos e Austrália estão, na atualidade, estudando a reavaliação de estratégias de avaliação de risco, gestadas na década de 1990 (Bowen, 2011). O mesmo não ocorreu no campo de estudos e intervenções brasileiras. O Brasil carece de instrumentos de avaliação de risco validados e de estudos sobre modelos e métodos de avaliação de risco. Portanto, há pouco suporte empírico na literatura brasileira para defender a eficácia desses procedimentos, a maioria inferida de estudos internacionais. Consequentemente, a amplitude e a natureza do que se é avaliado ficam sujeitas à influência da visão de mundo do avaliador e de sua experiência em casos anteriores. Isso deixa clara a grande importância de treinamento e capacitação e a necessidade de se atentar para a possibilidade de que sejam feitas associações indevidas entre fatores que empiricamente não têm correlação, por exemplo, achar que a violência física é condição necessária para a constituição do risco.

A atenção e o enfoque nos processos de avaliação de risco no Judiciário brasileiro são recentes. É possível perceber a disseminação desse tema a partir da promulgação da Lei do Feminicídio e das Diretrizes nacionais de investigação criminal com perspectiva de gênero (Brasil, 2016). Atualmente, é possível encontrar discussões institucionais sobre esse tema e o desenvolvimento de modelos de avaliação de risco para uso no contexto forense em alguns estados, como o Distrito Federal (Ávila, 2015) e o Espírito Santo (Guadalupe, 2018). Cabe ressaltar que esses modelos de avaliação de risco foram construídos a partir de debates envolvendo os parceiros da rede de enfrentamento à violência contra a mulher, mas ainda não passaram por validação e teste da capacidade preditiva dos itens.

Tipos de avaliações de risco diferentes estão associados a conceituações de risco diversas. Aqueles que defendem avaliações cujos resultados são baseados em dados estatísticos abordam o risco como probabilidade numérica de ocorrer uma reincidência. Aqueles que defendem avaliações com enfoque no julgamento clínico conceituam o risco como possibilidade de reincidência associada a múltiplos fatores (Bowen, 2011). Em comum, todas as estratégias de avaliação de risco têm o fato de serem baseadas na identificação da presença ou ausência de fatores de risco. A tarefa do avaliador é investigar essa presença e ausência de fatores de risco de violência nas relações de intimidade.

FATORES DE RISCO DE VIOLÊNCIA NAS RELAÇÕES DE INTIMIDADE

Fatores de risco são elementos individuais, sociais e contextuais que aumentam a *probabilidade* de ocorrer um ato violento (Hermoso et al., 2012). Não se pode atribuir aos fatores de risco o estatuto de causas da violência. Na avaliação, deve-se buscar uma compreensão do perfil do risco, considerando-se a complexidade de fatores associados ao agressor, à vítima, à dinâmica da relação, ao ambiente e ao contexto socioeconômico e cultural. Nenhum indicador por si só é suficiente para avaliar o risco ou fazer um julgamento de grau de risco. Esses fatores devem ser vistos, antes, como elementos que potencializam o acontecimento da violência. O raciocínio é o de que, quanto mais fatores de risco ocorrerem juntos, estima-se que maior será o risco de reincidência de violência e de haver a possibilidade de que o risco se torne letal (Santos, 2010). Essa coocorrência de fatores é que contribui para o aumento da fidedignidade e da validade dos procedimentos de avaliação.

Os fatores de risco de violência perpetrada por parceiro íntimo podem ser estáticos ou dinâmicos e se distinguem pela sua probabilidade de modificação e influência no grau de risco (Acosta, 2013; Almeida & Soeiro, 2010; Haggard-Grann, 2007; Heckert & Gondolf, 2005). Os fatores estáticos são aqueles que têm maior estabilidade ao longo do tempo e são mais difíceis de ser alterados por uma intervenção. Alguns exemplos são características pessoais como idade, sexo, etnia e outros que se relacionam com a história de vida ou fatos do passado (Haggard-Grann, 2007). Um fator estático no contexto deste capítulo é o comportamento violento prévio, que não pode ser alterado, diferentemente do comportamento violento posterior, que pode ser impactado pela qualidade da intervenção.

Os fatores dinâmicos são aqueles que têm maior propensão para sofrer alterações ao longo do tempo, com ou sem intervenção profissional, sendo: as variáveis sociais, situacionais e psicológicas (Almeida & Soeiro, 2010); ter pouca idade, estar desempregado, ter acesso a armas (Haggard-Grann, 2007); ter acesso à vítima e à participação em programas de intervenção (Heckert & Gondolf, 2005). Alguns fatores de risco dinâmicos sofrem mudança mais rapidamente por meio da intervenção clínica (Haggard-Grann, 2007). Ter pouca idade é um fator estático relacionado a pouca maturidade, que é um fator dinâmico que pode ser estimulado por meio de um tratamento que favoreça o amadurecimento, por exemplo, pela aquisição de habilidades sociais e emocionais.

Estratégias de avaliação de risco devem incluir tanto fatores estáticos quanto dinâmicos. Especial consideração deve ser dada aos elementos dinâmicos, que requerem uma avaliação continuada, na medida em que podem alterar a situação de risco a qualquer momento (Almeida & Soeiro, 2010). Nessa perspectiva, a atenção a essas variáveis possibilita o manejo do caso e a previsão em longo prazo do risco (Heckert & Gondolf, 2005). São, portanto, variáveis que podem subsidiar as ações do sistema de justiça para a garantia da proteção da vítima e responsabilização do autor.

Há, na literatura internacional, a descrição de fatores de risco relacionados ao agravamento da violência e à possibilidade de esse crescente resultar em violências graves e até letais. Esses elementos podem se relacionar com a vítima, com o agressor, com a dinâmica da relação do casal, com o ambiente familiar no qual a relação ocorre e com o ambiente sociocultural (Santos, 2010). Os fatores de risco de feminicídios são diferenciados de fatores de risco de reincidência. Autores que pesquisam o feminicídio destacam a importância de distingui-los (Campbell et al., 2003; Campbell et al., 2009; Almeida, 2012). Pode haver sobreposição de indicadores, mas não são exatamente os mesmos (Campbell, 2004; Campbell et al., 2009). A Tabela 21.1 apresenta uma síntese dos fatores de risco e as evidências apontadas para reincidência e para feminicídio.

O conceito de risco de reincidência é diferente do conceito de risco de feminicídio. Nesse último caso, é preciso demarcar a real intenção de matar (Campbell et al., 2009). Determinar a intenção de provocar lesões graves ou letais pode ser algo muito difícil de identificar antes da ocorrência da violência. Por isso, em situações de violência contra a mulher, é importante que sejam avaliados os fatores que, de forma independente, estão relacionados ao risco de a mulher ser morta ou gravemente ferida pelo parceiro íntimo. Os estudos sobre fatores de risco de reincidência e de feminicídios mostram que vários fatores são compartilhados nas duas condições, mas alguns elementos auxiliam na demarcação do aumento da gravidade e da possibilidade de violências letais. Esses eventos são considerados chave e aparecem em diversos estudos como fatores de risco de feminicídio, conforme a Tabela 21.1.

A violência física prévia é reiterada em várias pesquisas (Bograd & Mederos, 1999; Campbell et al., 2003; Campbell et al., 2009). Campbell e colaboradores (2003) tratam essa

TABELA 21.1
Fatores de risco de reincidência e de feminicídio

Critério	Reincidência	Feminicídio
Características individuais da mulher		
Baixa autoestima	1	
História de violência doméstica na família de origem	1	
Dificuldade de tomar decisões	1	
Dependência emocional do parceiro	1	
Idade jovem (entre 18 e 50 anos)		2, 3
Grande diferença etária com o autor		3, 4
Percepção de perigo de ser morta ou gravemente ferida		3
Ter criança de relação anterior		2, 3, 5
Características individuais do homem		
Uso abusivo de substâncias (drogas ilícitas)	1, 2	2, 3, 6
Uso abusivo de álcool	1	
Personalidade impulsiva e baixo autocontrole	1	
Baixa tolerância à frustração	1	
Baixa capacidade de reflexão de seus atos e suas consequências	1	
História criminal	8, 10	6, 8, 9
História de violência em outra relação íntima	2, 7, 8	8
Uso da violência e coerção para resolver conflitos	8	8, 9
Comportamento de destruir objetos		9
Comportamento excessivamente ciumento e controlador		1, 3, 6, 19
Estilo de apego inseguro	8	8
Idade muito maior que a da vítima		3, 4
Tentativa de suicídio	8, 11	2
Ameaças de homicídio seguido de suicídio		3, 9, 12
Não reconhecimento dos abusos cometidos	1, 7	
Transtornos mentais	8	3, 6, 9, 13
Características socioambientais e econômicas		
Desigualdade de gênero na família	1	
Dependência financeira feminina do companheiro	1	
Falta de acesso a serviços de proteção, de tratamento e de suporte social	1, 14	
Condições de pobreza extrema	1	
História de violência na família de origem da mulher	1	
História de violência na família de origem do homem	1	15

Continua

TABELA 21.1
Fatores de risco de reincidência e de feminicídio

Critério	Reincidência	Feminicídio
Isolamento social da mulher	8	
Isolamento social da mulher junto a seu companheiro		9
Baixo nível econômico e sociocultural	1	
Condição de desemprego	1, 7	2, 3
Fácil acesso a arma de fogo		1, 2, 3, 6, 13
Violências e dinâmica relacional		
Coabitação		2, 3, 16
Tentativa de separação		2, 3, 15
Famílias com muitos filhos	1	
Presença de filhos de outra relação		2, 3
Famílias recasadas	1	
Gravidez indesejada	1	
Episódios de violência física prévia		2, 3, 6
Episódios de violência prévia na relação íntima		2, 3, 13, 15, 17
Violência com uso de arma branca ou de fogo		6, 13
Stalking (padrão repetido de assédio, perseguição)		2, 6, 18
Ameaças de morte		2, 6, 13
Agressão durante a gravidez		2, 3
Tentativa de envenenamento		2, 13
Tentativa de estrangulamento		2, 13
Violência sexual		2, 9, 13
Abuso contra criança		2
Escalonamento da violência		8, 9
Escalonamento da violência física		2
Novos relacionamentos amorosos		3, 9

Os números na tabela representam as seguintes referências:

1. Santos (2010)
2. Campbell e colaboradores (2003)
3. Campbell e colaboradores (2009)
4. Breitman e colaboradores (2004)
5. Daly, Wiseman e Wilson (1997)
6. Bograd e Mederos (1999)
7. Dutton e Kropp (2000)
8. Almeida (2012)
9. Walker (1999)
10. Almeida e Soeiro (2010)
11. Saunders (1992)
12. Bossarte, Simon e Barker (2006)
13. Campbell e colaboradores (2007)
14. Haggard-Grann (2007)
15. Dobash, Dobash, Cavanagh e Lewis (2004)
16. Wilson e Daly (1993, 2011)
17. Moracco, Runyan e Butts (1998)
18. McFarlane e colaboradores (1999)
19. Castanho (2013)

violência como o fator de risco primário para ocorrência de feminicídio. A combinação desse fator com outros elementos frequentes em relações violentas é útil como modelo de compreensão dos riscos de feminicídios. Deve ser dada especial consideração à ocorrência de violências físicas graves que sinalizam o aumento de intensidade da violência. Esse escalonamento da violência física, com a ocorrência de violências sexuais, agressões na gestação, tentativas de estrangulamento e enforcamento, é fator de risco para feminicídio. Apesar de haver essa associação entre feminicídio e agravamento de violência física, nem sempre essas manifestações precedem o feminicídio (Nicolaidis et al., 2003). É importante também avaliar a ocorrência e o escalonamento de outras violências, como violências psicológicas bizarras, por exemplo, privação do sono, tortura por fome (Bograd & Mederos, 1999), ameaças com uso de arma e *stalking* (Almeida, 2012).

O *stalking* representa risco de feminicídio (Bograd & Mederos, 1999; Campbell et al., 2003; McFarlane et al., 1999). Esse termo engloba uma série de comportamentos de perseguição e assédio reiterados por meio de tentativas de comunicação, vigilância, intimidação e monitoramento. Pode se manifestar sob a forma de telefonemas insistentes, tentativas de contato e perseguição. Esse fator isolado parece não ser bom preditor de feminicídio, mas assume maior relevância associado a outros aspectos, como ameaça de morte, ideação suicida e violência física prévia (Grangeia & Matos, 2012).

A separação ou a intenção da mulher de se separar do agressor têm-se mostrado como evento crítico em casos de feminicídio, em especial se o casal tiver coabitado e se o homem apresenta comportamento controlador (Campbell et al., 2003; Campbell et al., 2009; Dobash et al., 2004). A influência da separação no aumento da letalidade é de curto prazo, havendo maior risco de ocorrência de feminicídio no primeiro ano após a separação (Campbell et al., 2017). Walby e Allen (2004) alertam que a separação pode ser o evento estopim para o escalonamento, com aumento da frequência e/ou gravidade das violências ou início de comportamentos violentos não existentes previamente. A separação pode ser entendida como perda de controle e poder sobre a mulher e ofensa ao homem (Ellis & DeKeseredy, 1997). Se essa ruptura estiver associada a comportamentos de controle, ciúmes excessivos e dependência emocional, ela requer extremo cuidado dos profissionais para manejo dos riscos (Castanho, 2013). Atenção especial também deve ser dada caso, após a tentativa de separação, o agressor for atrás da companheira e a agredir, se for violento com pessoas que a ajudavam (Soares, 2005), se iniciar comportamentos de *stalking* (Almeida, 2012) ou se a mulher iniciar novo relacionamento (Campbell et al. 2003; Walker, 1999).

A associação entre transtorno mental e violência é indireta. Porém, o comprometimento da saúde mental é uma das variáveis que devem ser investigadas na avaliação de reincidência e de feminicídios. Um homem que comete violência contra sua parceira, legitimado pela desigualdade de gênero e pela naturalização da violência contra a mulher, pode tornar-se mais violento caso passe a apresentar sintomas ou quadros de transtorno mental. Indivíduos com sintomas psicóticos, acompanhados ou não de sintomas maníacos, podem apresentar comportamentos violentos, sendo suas vítimas, especialmente, pessoas conhecidas (Day et al., 2003). Além destes, homens autores de violências contra suas parceiras com transtornos da personalidade caracterizados pelos perfis disfórico/limítrofe e antissocial também devem ser avaliados com cuidado com vistas à compreensão da letalidade. Homens com esses perfis têm dificuldade de vinculação e tendem a apresentar paranoia, ciúme patológico e características limítrofes e esquizoides (Bograd & Mederos, 1999).

A ideação suicida por parte do autor é elemento crítico para reincidência (Almeida 2012; Saunders, 1992) e para feminicídio (Campbell et al., 2003) por demonstrar que o homem pode estar em situação limite. A ameaça de suicídio, quando associada ao *stalking*, pode configurar-se como forma de manipulação do homem e pressão sobre a vítima ou como uma última tentativa de evitar que ela o deixe (MacKenzie et al., 2009). Campbell (2003) alerta que esse fator é extremamente relevante para a compreensão de risco de feminicídio, mesmo em casos em que não há história de violência física anterior. As ameaças de homicídios seguidos por tentativas de suicídio ou suicídio são fatores preditivos fortes de feminicídio (Bossarte et al., 2006; Campbell et al., 2007).

O uso de substâncias (drogas ilícitas e álcool) é um fator de risco de reincidência (Santos, 2010), enquanto o uso abusivo de drogas é sinalizado como fator indicativo de risco extremo de violência (Bograd & Medeiros, 1999; Campbell et al., 2003; Campbell et al., 2009). O uso de álcool, abusivo ou não, pode aumentar a possibilidade de ocorrência de violência, pois diminui as inibições e a capacidade de julgamento, bem como altera a habilidade de interpretar os sinais (Krug, Dahlberg, Mercy, Zwi, & Lozano, 2002; Santos, 2010). Outras substâncias psicoativas além do álcool e consideradas ilícitas também alteram o estado de consciência, da cognição e do humor (Abdalla-Filho & Oliveira, 2002; Santos, 2010). O uso sucessivo de substâncias pode contribuir para que os comportamentos violentos fiquem frequentes e para que o escalonamento da violência seja mais súbito (Bograd & Medeiros, 1999). Como fator de risco, o uso abusivo de drogas parece relacionado ao feminicídio como indicador indireto, na presença de outras evidências de violências físicas, que, por sua vez, são fatores de risco diretos para feminicídio (Campbell et al., 2003). Por sua vez, o uso ou abuso de álcool não é forte preditor de aumento da letalidade (Campbell et al., 2003).

Determinadas características de personalidade do homem estão associadas a risco de violência. Ser impulsivo, ter baixo controle de impulsos, pouca tolerância à frustração e reduzida reflexão sobre seus atos são fatores de risco de reincidência (Santos, 2010). Aqueles com perfil antissocial costumam ser violentos com pessoas em geral e a ter histórico criminal e são mais propensos a cometer violências mais graves, já que as expressões violentas são egossintônicas (Bograd & Medeiros, 1999). Aqueles com estilo de vinculação insegura tendem a ter mais medo de ser abandonados e a ter comportamentos de ciúmes e controle diante de ameaça real ou imaginada de ruptura de relacionamento (Almeida, 2012; Castanho, 2013).

Ciúme excessivo e controle são características de personalidade do homem que também representam risco de feminicídio (Bograd & Mederos, 1999; Campbell et al., 2009; Castanho, 2013; Santos, 2010). O ciúme não está necessariamente associado a pensamentos obsessivos e outros transtornos psicopatológicos (Castanho, 2013), mas tem íntima relação com comportamento controlador excessivo, socialização de gênero, concepção de amor como posse, dependência emocional e baixa autoestima do homem. O controle e o monitoramento das atividades da mulher, com seu isolamento de familiares, amigos e colegas, dificultam a percepção pela mulher do risco sofrido e são fatores agravantes, especialmente se o homem tiver algum recurso especial contra a mulher, como, por exemplo, ser policial, ter amigo policial ou ter envolvimento com crime organizado. Ou seja, é importante considerar a complexidade de outros indicadores de risco na dinâmica do ciúme nas relações íntimas durante as avaliações.

A história criminal e o uso da violência para resolver conflitos devem ser avaliados durante o processo de identificação de riscos. Ser preso por outros crimes não diferencia aquele que comete homicídio contra a parceira íntima daquele que é autor de outras violências contra a mulher (Campbell et al., 2003). Todavia, um homem que já cometeu crimes contra familiares, ex-parceiras íntimas ou pessoas desconhecidas tem mais chance de reincidir em violências contra a parceira íntima e a cometer violências mais graves (Almeida, 2012). A história criminal está associada a outro fator de risco importante, que é o padrão de resolução de conflitos. O uso da violência e da coerção para resolver conflitos interpessoais é um indicador de risco de reincidência (Almeida, 2012) e de feminicídio (Almeida, 2012; Walker, 1999). No contexto do uso da violência como meio de resolver ou regular conflitos, saber se o parceiro usa arma ou ameaça pessoas fisicamente para intimidar agrega informação sobre o risco, para além da avaliação de características de personalidade. Avaliação da personalidade é uma avaliação global (abrangente) que representa um indicador mais indireto do risco. Por sua vez, o comportamento (uso de arma ou ameaça para regular conflito) é um indicador objetivo que tem mais validade na identificação do risco grave.

A compreensão das características socioambientais é relevante no entendimento dos riscos e na demarcação de possível letalidade. Exemplos de indicadores que contribuem para permanência das violências são: desigualdades de gênero na família, dependência financeira feminina, condições de extrema pobreza (Santos, 2010) e falta de acesso a serviços de proteção e suporte social (Haggard-Grann, 2007; Santos, 2010). O isolamento social da mulher prejudica sua percepção da gravidade da situação e, assim, contribui para reincidência (Almeida, 2012). Se a mulher e seu companheiro estiverem isolados de seus amigos, familiares e comunidade, a gravidade é ainda maior (Walker, 1999).

A história de violência na família de origem, como testemunha ou vítima direta de violências, é fator de risco de reincidência. Contribui para a ocorrência de violências, mas, em si, não contribui para demarcação da letalidade (Almeida, 2012). A exposição a essas experiências promove a aprendizagem de modelos de relações de gênero e de resolução de conflitos e age como facilitadora da repetição de violências nos relacionamentos íntimos. Agressores que minimizam os atos de violência reproduzidos por eles quando adultos indicam pouca disponibilidade para mudança e vontade de cessar essas repetições.

O fácil acesso à arma de fogo é apontado como indicador socioambiental que aumenta a letalidade e o fator de risco de feminicídio (Campbell et al., 2003; Bograd & Mederos, 1999; Santos, 2010). Um homem que tem arma ou pode consegui-la facilmente tem mais chance de usá-la no mais grave episódio de violência, podendo resultar na morte da vítima. Caso esse homem já tenha usado arma para ameaçar, o risco é ainda maior.

Determinados estressores estão associados à reincidência e ao risco de feminicídio. Por exemplo, ter muitos filhos ou gravidez indesejada (Santos, 2010) é elemento de risco para reincidência. Ter criança de relação anterior que viva com o casal está associado ao agravamento da letalidade (Campbell et al., 2003; Campbell et al., 2009; Daly et al., 1997). Almeida (2010) destaca que ter filhos de outro relacionamento aumenta a possibilidade de sentimentos de ciúmes e posse por parte do autor e que, por isso, tal fator está associado ao feminicídio.

O desemprego é um estressor que pode ser tanto fator de risco de reincidência (Santos, 2010; Dutton & Kropp, 2000) quanto de feminicídio (Campbell et al., 2003; Campbell et al., 2009). Ser despedido, ter situação laboral instável ou baixos salários são estressores que podem levar alguns homens que já cometeram violências contra suas parceiras a descontar suas frustrações nelas. Campbell e colaboradores (2003) verificaram que esse fator foi o único aspecto sociodemográfico que previu o risco de feminicídios depois de controladas outras variáveis e ajudou a diferenciar autores de violências contra a mulher de autores de feminicídios. Diante desses resultados, os autores hipotetizaram que o desemprego pode ser fator subjacente a outros elementos que frequentemente são apontados como risco, por exemplo, raça/etnia. Esses dados sugerem que aumentar escolaridade e oportunidades de emprego pode contribuir para a prevenção de violências.

O tipo de relacionamento – namoro, casamento, união de fato – é relevante para o entendimento dos riscos. Coabitação é fator de risco de feminicídio (Campbell et al., 2007; Wilson & Daly, 1993). Morar junto com o autor das violências aumenta o risco de sofrer violências mais graves devido à maior possibilidade de controle e acesso à vítima. Almeida (2012), em análise de estudos que versam sobre o tema, destaca que viver junto sem oficializar a união pode estar associado a violências mais graves em virtude de essas relações costumarem ser mais tênues e instáveis, com maior possibilidade de rupturas, e estarem associadas a outros contextos de risco, como filhos de relação anterior, homens e mulheres jovens e com recursos financeiros mais escassos (Almeida, 2012). Em comparação com a união de fato, mulheres legalmente casadas ou que namoraram são menos vulneráveis a feminicídio (Shackelford & Mouzos, 2005). Em contrapartida, as mulheres casadas oficialmente são o grupo de maior risco em comparação com as que apenas namoraram, pois a relação conjugal está associada a maior investimento emocional e a conflitos relacionados a poder e controle, em virtude do *status* social (Almeida, 2012).

Embora a literatura dê mais atenção a características individuais do autor, da relação e do contexto socioambiental, determinados elementos individuais da mulher também são considerados fatores de risco de reincidência e de feminicídio. Ter baixa autoestima, história de violência na família de origem, dificuldades para tomar decisões, ser dependente emocionalmente (Santos, 2010) são fatores de risco de reincidência, na medida em que dificultam a percepção pela vítima da situação vivida e a busca de estratégias para saída da situação. Somados a esses fatores, outros elementos deixam a mulher mais vulnerável a violências graves ou letais, como ser jovem (Campbell et al., 2003; Campbell et al., 2009) e ter grande diferença etária com o autor (Campbell et al., 2009; Breitman, Shackelford, & Bloco, 2004). Breitman e colaboradores (2004) defendem que o homem ser pelo menos 16 anos mais velho que a mulher eleva o risco de feminicídio e que o mesmo ocorre quando a mulher é pelo menos 10 anos mais velha.

CONSIDERAÇÕES FINAIS

Avaliar riscos compete a todos os profissionais que atendem mulheres em situação de violência perpetrada por parceiro íntimo (Campbell, 2001). A avaliação deve ser compatível com as necessidades e as condições locais e com o tipo e o nível de especialização do profissional que irá realizá-la (Campbell, 2001; Hermoso et al., 2012). Em qualquer atendimento dispensado a esse público, questões de segurança devem ser identificadas, e, sempre que necessário, uma estratégia de proteção para a mulher e seus familiares deve ser elaborada (Bograd & Mederos, 1999; Greene & Boro, 2002; Haddock, 2002; Walker, 1999, 2009).

Profissionais da saúde mental não são os únicos que devem conduzir avaliações de risco. Policiais, enfermeiros, juízes, advogados e assistentes sociais que atuam na atenção direta a pessoas em situação de violência, em virtude do alto custo de manutenção de um profissional da saúde mental, têm participado da avaliação de risco, no âmbito internacional, após terem sido treinados para isso (Nicholls et al., 2013). No contexto forense, esses profissionais podem realizar avaliações que ofereçam o primeiro panorama sobre o risco com o objetivo de orientar ações emergenciais de proteção e oferecer um primeiro filtro sobre quais casos demandam posterior avaliação clínica especializada. Hermoso e colaboradores (2012) ressaltam que um psicólogo forense também pode ser chamado para fazer uma avaliação emergencial, e, dada a limitação de tempo, poderá não ter condições de fazer uma análise exaustiva dos riscos por meio de investigação de registro policiais, entrevistas com informantes significativos, aplicação de testes e outras técnicas clínicas que favoreçam a compreensão da dinâmica interacional. Nesse contexto, muitas vezes, torna-se necessário focalizar fatores de risco relacionados à violência física iminente. Posteriormente, uma análise exaustiva do caso deve ser realizada.

A execução de qualquer tipo de avaliação de risco requer treinamento. Cada técnica de avaliação exige habilidades e conhecimentos específicos, e determinadas avaliações de risco exigem conhecimentos e habilidades específicos da área de saúde mental. Nicholls e colaboradores (2013) destacam que nem todo profissional da saúde mental está apto para conduzir uma avaliação de risco que necessite de seu julgamento clínico. Psicólogos que atuam no contexto forense, para serem habilitados a realizar avaliações de risco, além de terem conhecimento específico sobre risco de reincidência e de feminicídio íntimo, devem ter conhecimento específico sobre diagnóstico diferencial e avaliação global do funcionamento (Dutton & Kropp, 2000). Outros conhecimentos e habilidades necessários são: conhecimento da legislação criminal e civil, de pesquisas baseadas em evidências e das teorias psicológicas, além de habilidade para trabalhar em equipe e elaborar plano para situações de crise. Também devem estar aptos para buscar atuação organizacional para subsidiar ações individuais, estabelecer protocolos para troca de informações entre instituições sobre o paciente e detalhar e informar possíveis desfechos esperados (Webster et al., 2014).

Para além da formação profissional, é preciso que os profissionais se preocupem com a qualidade das informações nos processos de avaliação. Em busca dessa garantia, é importante incluir múltiplas fontes de informação e métodos de coleta de dados (Dutton & Kropp, 2000; Nicholls et al., 2013). Podem ser usados: entrevistas com vítimas, ofensores, familiares; registros médicos; registros de testagem psicológica; e registros criminais. Nesse contato com vítimas, autores e familiares, é importante que seja explicitado que o avaliador não poderá manter sigilo do resultado da avaliação de risco, já que esse resultado poderá ter implicações legais para os envolvidos. Durante o processo de avaliação de riscos, é preciso evitar a homogeneização e a essencialização das mulheres ao se pensar nas características associadas às vítimas e compreender o contexto em que elas vivem. Segundo Walklate (2018), negar variáveis estruturais, como o contexto sociocultural no qual as mulheres estão inseridas, é uma grande falha no processo de avaliação de risco. Gênero é uma das variáveis socioculturais que deve ser considerada. Violências sofridas por mulheres em relações íntimas estão associadas com a desigualdade estrutural entre homens e mulheres que confere maior poder daqueles sobre estas. Nossa sociedade ainda é marcada por relações hierárquicas entre homens e mulheres, pela defesa da honra masculina em função do comportamento feminino e pela banalização da violência. Esses fatores sociais e culturais favorecem a ocorrência de violências psicológicas, físicas, sexuais e patrimoniais contra as mulheres nas relações afetivas, como estratégia de abuso e controle (Angelim, 2009; Bandeira, 2009; Diniz & Angelim, 2003; Diniz & Poondag, 2006; Guimarães, 2009; Guimarães, Diniz, & Angelim, 2017; Medeiros, 2010; Ravazzola, 2005). Fatores sociais e culturais também contribuem para a ocorrência de crimes extremamente violentos contra mulheres pelos seus parceiros, apresentando, dessa maneira, o ápice das manifestações de controle e uso do poder (Almeida, 2012; Radford & Russell, 1992; Taylor & Jasinski, 2011).

Os psicólogos forenses devem ter cuidado ao comunicarem os resultados das avaliações para juízes, promotores e advogados. É importante que nessa comunicação sejam consideradas as questões éticas, as limitações do processo de avaliação de risco e a complexidade envolvida nessa ação avaliativa (Hermoso et al., 2012), como alertam Dutton e Kropp (2000), para não tratar o campo da avaliação de risco como uma ciência sem limites ou que não falha.

A pesquisa empírica sobre os fatores de risco de reincidência, bem como sobre a resolutividade longitudinal das intervenções protetivas, configura-se como uma estratégia de prevenção que pode subsidiar a melhoria dos serviços e a formulação de políticas públicas de enfrentamento à violência contra as mulheres. Como elemento central para a garantia da integridade física e psíquica de mulheres e da preservação da vida, a avaliação de risco de violência precisa ser fortalecida no Brasil. A compreensão dos fatores de risco específicos para o caso brasileiro é essencial para a melhoria dos processos avaliativos. Com vistas a esse aprimoramento, fazem-se necessárias mais pesquisas que possam contribuir para a identificação, por meio de estudos retrospectivos e prospectivos, de fatores preditivos que ajudem na compreensão de quais são os fatores de proteção que devem receber maior peso nas avaliações e ajudar no desenvolvimento e na validação de instrumentos estruturados de avaliação de risco, de modelos de entrevista clínica e de protocolos para outros procedimentos na área. A pesquisa longitudinal é um dos modelos mais importantes para o desenvolvimento e a validação dos procedimentos de avaliação nessa área. É necessário que barreiras institucionais, limitações éticas e dificuldades práticas sejam superadas. O melhor cenário envolve a parceria colaborativa entre as instituições acadêmicas e o sistema de proteção à mulher e a busca, por todos os parceiros, pela compreensão das limitações e das necessidades dos outros sujeitos envolvidos. O objetivo primordial das metodologias de pesquisa é cuidar para que o controle das variáveis necessárias seja suficiente para determinar a validade dos procedimentos de avaliação e das estratégias de gestão de risco (prisão, tratamento, planos de segurança) no acompanhamento dessas mulheres, dos autores e de familiares ao longo de alguns anos. O desenvolvimento da avaliação de risco de violência nas relações íntimas no Brasil depende de ações colaborativas desse tipo, e os benefícios seriam para todos: o sistema de proteção à violência nas relações íntimas, os profissionais envolvidos, a vítima, os autores, os familiares e a toda a sociedade.

REFERÊNCIAS

Abdalla-Filho, E. & Oliveira, E. F. de. (2002). Transtornos por uso de substâncias psicoativas. In J. G. V. Taborda, E. Abdalla-Filho, & M. Chalub (Eds.), *Psiquiatria forense* (pp. 338-354). Porto Alegre: Artmed.

Abdalla-Filho, E. (2012). Avaliação de Risco. In J. G. V. Taborda, E. Abdalla-Filho, & M. Chalub (Eds.), *Psiquiatria forense* (pp. 183-204). Porto Alegre: Artmed.

Acosta, M. L. (2013). *La valoración médico forense del Riego em la violencia de género. Predicción y prevención*. Recuperado de http://www.poderjudicial.es/stfls/CGPJ/OBSERVATORIO%20DE%20VIOLENCIA%20DOM%C3%89STICA/OTRAS%20ACTIVIDADES%20FORMATIVAS/FICHEROS/20130502%20Listado%20de%20Ponencias.pdf

Almeida, I. & Soeiro, C. (2010). Avaliação de risco de violência conjugal: Versão para polícias (SARA: PV). *Análise Psicológica*, 1(28), 179-192.

Almeida, I. S. B. de. (2012). *Avaliação de risco de feminicídio: Poder e controle nas dinâmicas das relações íntimas*. Tese de doutorado, Instituto Universitário de Lisboa, Lisboa.

Andrés-Pueyo, A. & Echeburúa, E. (2010). Valoración del riesgo de violência: Instrumentos diponibles e indicaciones de aplicación. *Psicothema*, 22(3), 403-409.

Angelim, F. P. (2009). A importância da intervenção multidisciplinar face à complexidade da violência doméstica. In F. R. de Lima & C. Santos (Eds.), *Violência doméstica: Vulnerabilidades e desafios na intervenção criminal e multidisciplinar* (pp. 125-136). Rio de Janeiro: Lumen Juris.

Arantes, E. M. de M. (2004). Pensando a psicologia aplicada à Justiça. In H. S. Gonçalves & E. P. Brandão (Eds.), *Psicologia jurídica no Brasil* (pp. 15-50). Rio de Janeiro: Nau.

Ávila, T. A. P. de (Ed.). (2015). *Projeto de proteção integral à mulher em situação de violência doméstica*. Brasília: MPDFT.

Bandeira, L. (2009). Três décadas de resistência feminista contra o sexismo e a violência feminina no Brasil: de 1976 a 2006. *Sociedade e Estado*, 24 (2), 401-438.

Bograd, M. & Mederos, F. (1999). Battering and couple therapy: Universal screening and selections of treatment modality. *Journal of Marital and Family Therapy*, 25(3), 291-312.

Bossarte, R. M., Simon, T. R., & Barker, L. (2006). Characteristics of homicide followed by suicide incidents in multiple states, 2003-04. *Injury Prevention*, 12(2), 33-38.

Bowen, E. (2011). An overview of partner risk assessment and the potential role of female victim risk appraisals. *Agression and Violent Behavior*, 16(3), 214-216.

Brasil. (2006). *Lei nº 11.340, de 7 de agosto de 2006*. Cria mecanismos para coibir a violência doméstica e familiar contra a mulher, nos termos do § 8º do art. 226 da Constituição Federal, da Convenção sobre a Eliminação de Todas as Formas de Discriminação contra as Mulheres e da Convenção Interamericana para Prevenir, Punir e Erradicar a Violência contra a Mulher; dispõe sobre a criação dos Juizados de Violência Doméstica e Familiar contra a Mulher; altera o Código de Processo Penal, o Código Penal e a Lei de Execução Penal; e dá outras providências. Recuperado de http://www.planalto.gov.br/ccivil_03/_ato2004-2006/2006/lei/l11340.htm

Brasil. (2015). *Lei nº 13.104, de 9 de março de 2015*. Altera o art. 121 do Decreto-lei nº 2.848, de 7 de dezembro de 1940 – Código Penal, para prever o feminicídio como circunstância qualificadora do crime de homicídio, e o art. 1º da Lei nº 8.072, de 25 de julho de 1990, para incluir o feminicídio no rol dos crimes hediondos. Recuperado de http://www.planalto.gov.br/ccivil_03/_ato2015-2018/2015/lei/l13104.htm

Brasil. (2016). *Diretrizes nacionais de investigação criminal com perspectiva de gênero*. Brasília: Secretaria de Políticas para Mulheres.

Breitman, N., Shackelford, T. K. & Block, C. R. (2004). Couple Age Discrepancy and Risk of Intimate Partner Homicide. *Violence and Victims*, 19(3), 321-342.

Campbell, J. C. (2001). Safety planning based on lethality assessment for partners of batterers in intervention programs. *Journal of Agression, Maltreatment & Trauma*, 5(2), 129-143.

Campbell, J. C. (2004). Helping women understand their risk in situations of intimate partner violence. *Journal of Interpersonal Violence*, 19(12), 1464-1477.

Campbell, J. C. (2005). Assessing dangerousness in domestic violence cases: History, challenges, and opportunities. *Criminology & Public Policy*, 4(4), 653-672.

Campbell, J., Glass, N., Sharps, P. W., Laughon, K., & Bloom, T. (2007). Intimate partner homicide: Review and implications of research and policy. *Trauma, Violence & Abuse*, 8(3), 246-269.

Campbell, J., Webster, D., Koziol-McLain, J., Block, C., Campbell, D., Curry, M. A., ... Laughon, K. (2003). Risk factors for femicide in abuse relationships: Results of a multisite case control study. *American Journal of Public Health*, 93(7), 1089-1097.

Campbell, J., Webster., W., & Glass, N. (2009). The danger assessment: Validations of a lethality risk assessment instrument for intimate partner femicide. *Journal of Interpersonal Violence*, 24(4), 653-674.

Castanho, A. (Ed.). (2013). *Análise retrospectiva de homicídios ocorridos em relações de intimidade*. Lisboa: Direção Geral de Administração Interna.

Daly, M., Wiseman, K. A., & Wilson, M. (1997). Women with children sired by previous partners incur excess risk of uxoricide. *Homicide Studies*, 1(1), 61-71.

Day, P. V., Telles, L. E. de B., Zoratto, P. H., Azambuja, M. R. F. de, Machado, D. A., Silveira, M. B., ... Blank, P. (2003). Violência doméstica e suas diferentes manifestações. *Revista de Psiquiatria*, 25(1), 9-21.

Dawes, R. M. (2005). The ethical implications of Paul Meehl's work on comparing clinical versus actuarial prediction methods. *Journal of Clinical Psychology*, 61(10), 1245–1255.

Diniz, G. R. S. & Angelim, F. (2003). Violência doméstica: porque é tão difícil lidar com ela? *Revista de Psicologia da UNESP*, 2 (1), 20-35.

Diniz, G. R. S. & Pondaag, M. C. M. (2006). A face oculta da violência contra a mulher: o silêncio como estratégia de sobrevivência. In M. de O. Almeida, M. de .F. de S. Santos, G. R. S. Diniz & Z. A.Trindade (Eds.),

Violência, exclusão e desenvolvimento humano: Estudos em representações sociais (pp. 233-259). Brasília: UNB.

Dobash, R. E., Dobash, R. P., Cavanagh, K., & Lewis, R. (2004). Not an ordinary killer – Just an ordinary guy: When men murder an intimate woman partner. *Violence Against Woman*, 10(6), 577-605.

Dutton, D. G. & Kropp, P. R. (2000). A review of domestic violence risk instruments. *Trauma Violence & Abuse*, 1(2), 171-181.

Echeburúa, E., Amor, P. J., Loinaz, I., & Coral, P. de. (2010). Escala de predicción del riesgo de violencia grave contra la pareja – revisada (EPV-R). *Psicothema*, 22(4), 1054-1960.

Ellis, D. & DeKeseredy, W. S. (1997). Rethinking estrangement, interventions, and intimate Femicide. *Violence Against Women*, 3(5), 590-609.

Grams, A. C. & Magalhães, T. (2011). Violência nas relações de intimidade. Avaliação de Risco. *Revista Portuguesa do Dano Corporal*, (22), 75-98.

Grangeia, H. & Matos, M. (2012). Riscos associados ao stalking: Violência, persistência e reincidência. *Psiquiatria, Psicologia e Justiça*, 5, 29-44.

Greene, K. & Bogo, M. (2002). The different faces of intimate partner violence: Implications for assessment and treatment. *Journal of Marital and Family Therapy*, 28(4), 455-466.

Guadalupe, T. de C. (Ed.). (2018). *A elaboração da ficha de avaliação de risco do Espírito Santo*. Vitória: Instituto Jones dos Santos Neves.

Guimarães, F. (2009). "Mas ele diz que me ama...": impacto da história de uma vítima na vivência de violência conjugal de outras mulheres. Dissertação de mestrado, Instituto de Psicologia, Universidade de Brasília.

Guimarães, F., Diniz, G. S. R. & Angelim, F. P. (2017). Duplo vínculo e não nomeação da violência conjugal. *Psicologia: teoria e pesquisa*, 33, 1-10.

Haddock, S. A. (2002). Training family therapists to assess for and intervene in partner abuse: a curriculum for graduate courses, professional workshops, and self-study. *Journal of Marital and Family Therapy*, 28(2), 193-202.

Haggard-Grann, U. (2007). Assessing violence risk: A review and clinical recommendations. *Journal of Counseling and Development*, 85(3), 294-302.

Heckert, D. A. & Gondolf, E. W. (2005). Do multiples outcomes and conditional factors improve predictions of batterer reassault? *Violence and Victims*, 20(1), 3-24.

Hermoso, M. del R. G., Vicente, J. M. M., Mezquita, B. G., Martin, R. G., & Calle, N. M. (2012). *Guía de buenas prácticas para la evaluación psicológica forense del riesgo de violencia contra la mujer en las relaciones de pareja (VCMP)*. Madrid: Colegio Oficial de Psicólogos de Madrid.

Hilton, N. Z., Harris, G. T., Rice, M. E., Lang, C., Cormier, C. A., & Lines, K. J. (2004). A brief actuarial assessment for the prediction of wife assault recidivism: The Ontario domestic assault risk assessment. *Psychological Assessment*, 16(3), 267-275.

Kropp, P. R. & Hart, S. D. (2000). The spousal assault risk assessment (SARA) guide: Reliability and validity in adult male offenders. *Law and Human Behavior*, 24(1), 101-118.

Kropp, P. R. (2004). Some questions regarding spousal assault risk assessment. *Violence Against Women*, 10(5), 676-697.

Kropp, P. R., Hart, S. D., Webster, C., & Eves, D. (1999). *Spousal risk assessment guide user's manual*. Toronto: Multi-Health Systems.

Krug, E. G., Dalberg, L. L., Mercy, J. A., Zwi, A. B., & Lozano, R. (2002). *Relatório mundial sobre violência e saúde*. Geneva: OMS.

Litwack, T. R. (2001). Actuarial versus clinical assessments of dangerousness. *Psychology Public Policy and Law*, 7(2), 409-443.

Machado, M. R. de A., Matsuda, F. E., Giannattasio, A. R. C., Couto, M. C. G do, Tozi, T. S., Carli e Silva, M. L. do ... Chryssafidis, L. C. (2015). *A violência doméstica fatal: o problema do feminicídio íntimo no Brasil*. Brasília: Ministério da Justiça.

MacKenzie, R. D., McEwan, T. E., Pathé, M. T., James, D. V., Ogloff, J. R. P., & Mullen, P. E. (2009).The *Stalking risk profile: guidelines for the assessment and management of stalkers*. StalkInc & Monash University.

McFarlane, J. M., Campbell, J. C., Wilt, S., Sachs, C. J., Ulrich, Y., & Xu, X. (1999). Stalking and intimate partner femicide. *Homicide Studies*, 3(4), 300-316.

Medeiros, M. N. (2010). *Violência conjugal: Repercussões na saúde mental de mulheres e de suas/seus filhas/os*. Dissertação de mestrado, Instituto de Psicologia, Universidade de Brasília.

Meehl, P.E. (2013). *Clinical versus statistical prediction – A theoretical analysis and a review of the evidence*. Brattleboro: Echo Point Books & Media. (Obra original publicada em 1954).

Moracco, K. E., Runyan, C. W., & Butts, J. (1998). Femicide in North Carolina, 1991-1993: A statewide study of patterns and precursors. *Homicide Studies*, 2(4), 422-446.

Nicholls, T. L., Pritchard, M. M., Reeves, K. A., & Hilterman, E. (2013). Risk assessment in intimate partner violence: A systematic review of contemporary approaches. *Partner Abuse*, 4(1), 76-168.

Nicolaidis, C., Curry, M., Ulrich, Y., Sharps, P., McFarlane, J., Campbell, D., & Campbell, J. (2003). Could we have known? A qualitative analysis of data from women who survived an attempted homicide by an intimate partner. *Journal of General Internal Medicine*, 18(10), 788-794.

Pena, S. (2016). *Violências domésticas, implicações sociológicas, psicológicas e jurídicas do fenómemo: Manual pluridisciplinar*. Lisboa: Centro de Estudos Judiciários.

Primi, R., Muniz, M., & Nunes, C. H. S. S. (2009). Definições contemporâneas de validade de testes psicológicos. In H. S. Cláudio (Ed.), *Avanços e polêmicas em avaliação psicológica* (pp. 243-265). São Paulo: Casa do Psicólogo.

Radford, J. & Russel, D. E. H. (1992). *Femicide: The politics of woman killig*. New York: Twayne.

Ravazzola, M. C. (2005). *Historias infames: Los maltratos em las relaciones*. Buenos Aires: Paidós.

Rohan, K. J., Rough, J. N., Evans, M. A., Ho, S., Meyerhoff, J., Roberts, L. M., & Vacek, P. M. (2016). A protocol for the Hamilton rating scale for depression: Item scoring rules, rater training, and outcome accuracy with data on its application in a clinical trial. *Journal of Affective Disorders*, 200, 111-118.

Santos, M. J. M. L. dos. (2010). *A perícia médico-legal nos casos de violência nas relações de intimidade: Contributo para a qualidade* (Dissertação de mestrado, Universidade do Porto, Porto).

Shackleford, T. K. & Mouzos, J. (2005). Partner killing by men in cohabiting and marital relationships: A comparative, cross-national analysis of data from Australia and the United States. *Journal of Interpersonal Violence*, 20(10), 1310-1324.

Saunders, D. G. (1992). Woman battering. In R. T. Ammerman & M. Hersen (Eds.), *Assessment of family violence: A clinical and legal sourcebook* (pp. 208-235). New York: Wiley.

Shear, M. K., Bilt, J. V., Rucci, P., Endicott, J., Lydiard, B., Otto, M. W., ... Frank, D. M. (2001). Reliability and validity of a structured interview guide for the Hamilton Anxiety Rating Scale (Sigh-A). *Depression and Anxiety*, 13(14), 166-178.

Shedler, J. & Westen, D. (2007). The Shedler-Westen Assessment Procedure (SWAP): Making personality diagnosis clinically meaningful. *Journal of Personality Assessment*, 89(1), 41-55.

Singh, J. P., Grann, M., & Fazel, S. (2011). A comparative study of violence risk assessment tolls: A systematic review and metaregression analysis of 68 studies involving 25,986 participants. *Clinical Psychology Review*, 31(3), 499-513.

Soares, B. S. (2005). *Enfrentando a violência contra mulher: Orientações práticas para profissionais e voluntários(as)*. Brasília: Secretaria Especial de Políticas para as Mulheres.

Taylor, R. & Jasinski, J. L. (2011). Femicide and the feminist perspective. *Homicide Studies*, 15(4), 341-362.

Tavares, M. (2000a). A entrevista clínica. In J. A. Cunha (Ed.), *Psicodiagnóstico V* (5. ed. pp. 45-56). Porto Alegre: Artmed.

Tavares, M. (2000b). A entrevista estruturada para o DSM-IV. In J. A. Cunha (Ed.), *Psicodiagnóstico V* (5. ed., pp. 75-86). Porto Alegre: Artmed.

Tavares, M. (2003). Validade clínica. *Psico-USF*, 8(2), 125-136.

Walby, S. & Allen, P. (2004). *Interpersonal violence: Findings from British Crime Survey*. London: Home Office Research, Development and Statistics Directorate.

Walker, L. E. A. (1999). *The battered woman syndrome* (2nd ed.). New York: Springer.

Walker, L. E. A. (2009). *The battered woman syndrome* (3rd ed.). New York: Springer.

Walklate, S. (2018). Criminology gender and risk: The dilemas of Northern theorising for Southern responses to intimate partner violence. *International Journal of Crime, Justice and Social Democracy*, 7(1), 1-14.

Webster, C. D., Haque, Q., & Hucker, S. J. (2014). *Violence risk-assessment and management: Advances though structured professional judgment and sequential redirections* (2nd ed.). London: Wiley-Blackwell.

Westen, D., Shedler, J., Bradley, B., & DeFife, J. (2012). An empirically derived taxonomy for personality diagnosis: Bridging science and practice in conceptualizing personality. *American Journal of Psychiatry*, 169(3), 273-284.

Westen, D. & Weinberger, J. (2004). When clinical description becomes statistical prediction. *American Psychologist*, 59(7), 595–613.

Williams, K. R. & Houghton, A. B. (2004). Assessing the risk of domestic reoffending: A validation study. *Law and Human Behavior*, 28(4), 437-455.

Wilson, M. & Daly, M. (1993). Spousal homicide risk and estrangement. *Violence and Victims*, 8(1), 3-15.

LEITURAS RECOMENDADAS

Cattaneo, L. B., Bell, M. E., Goodman, L. A., & Dutton, M. A. (2007). Intimate partner violence victim's accuracy in assessing their risk of reabuse. *Journal of Family Violence*, 22(6), 429-440.

Diniz, D. (Ed.). (2015). *Radiografia dos homicídios por violência doméstica contra a mulher no Distrito Federal*. Brasília: ANIS – Instituto de Bioética, Direitos Humanos e Gênero.

Eke, A. W., Hilton, N. Z., Harris, G. T., Rice, M. E., & Houghton, R. E. (2011). Intimate partner homicide: risk assessment and prospects for predictions. *Journal of Family Violence*, 26(3), 211-216.

Koller, S. H. & Narvaz, M. G. (2004). Famílias, gêneros e violências: Desvelando as tramas da transmissão transgeracional da violência de gênero. In M. P. R. de Azambuja, F. P. Jaeger, & M. N. Strey (Eds.), *Violência, gênero e políticas públicas* (pp. 149-176). Porto Alegre: EdiPUCRS.

Kropp, P. R. & Gibas, A. (2010). The Spousal Assault Risk Assessment Guide (SARA). In R. K. Otto & K. Douglas (Orgs.), *Handbook of violence risk assessment* (pp. 147-186). New York: Taylor & Francis.

Mcculloch, J., Maher, J. M., Fitz-Gibbon, K., Segrave, M., & Roffee, J. (2016). *Review of the family violence risk assessment and risk management framework (CRAF): Final report*. Melbourne: Monash University.

Williams, K. R. & Grant, S. R. (2006). Empirically examining the risk of intimate partner violence: The revised domestic instrument. *Public Health Reports*, 121(4), 400-408.

22.
VIOLÊNCIA CONTRA O IDOSO NA FAMÍLIA: POSSIBILIDADES DE AVALIAÇÃO

Cirlene Francisca Sales da Silva
Cristina Maria de Souza Brito Dias
Maria Lúcia Gurgel da Costa

Nenhum idoso será objeto de qualquer tipo de negligência, violência, crueldade ou opressão, e todo atentado a seus direitos por ação ou omissão será punido na forma da lei (Brasil, 1994).

Até 2050, o número de pessoas com idade a partir dos 60 anos chegará a dois bilhões, ou seja, os idosos representarão um quinto da população mundial. Para atender às demandas crescentes dos indivíduos nessa faixa etária, faz-se necessário que os atuais sistemas de saúde, e demais, estejam preparados para acolhê-los de forma adequada, proporcionando-lhes o apoio de que precisam para viver com mais dignidade e qualidade de vida (Organização Mundial da Saúde [OMS], 2017).

No Brasil, esse percentual cresceu em velocidade superior à da média mundial, saindo de 9,8% para 14,3%. Isso significa que, dos 208 milhões de brasileiros, mais de 26 milhões estão acima dos 60 anos. A previsão é a de que, em 2027, esse quantitativo chegue a 37 milhões de pessoas (Instituto Brasileiro de Geografia e Estatística [IBGE], 2018).

Nessa transição demográfica, o envelhecimento populacional nos países desenvolvidos ocorreu em 200 anos, enquanto, no Brasil, isso se deu, aproximadamente, em 60 anos. Essa situação desfavoreceu o país no sentido de preparar-se para acolher o grande número de idosos, pois não temos a infraestrutura necessária para oferecer-lhes uma melhor qualidade de vida.

Por conseguinte, como já referido, muitas demandas emergem do maior alcance da longevidade, entre elas a violência contra a pessoa idosa, principalmente na família, sendo a violência intrafamiliar um problema nacional e internacional (Figueiredo, Sousa, Njaine, & Ribeiro, 2010). Isso representa uma questão importante, pois a família deveria ser o porto seguro das pessoas idosas, uma vez que, "[...] no Brasil, mais de 90% delas moram com filhos, filhas, netos ou outros parentes. Em média, 28% dos lares brasileiros têm pelo menos uma pessoa idosa em casa" (Minayo, 2016, p. 1329). Destas, segundo Faleiros (2013), aproximadamente 80% das que moram com familiares sofrem algum tipo de violência.

As violações contra as pessoas idosas estão em segundo lugar na lista das denúncias, precedidas pelas violações contra as crianças. Segundo o Disque 100, principal meio para comunicar violações de direitos humanos no país, esse serviço recebeu 142.665 denúncias em 2017, número superior às 133.061 registradas em 2016. A violência contra pessoas idosas gerou 33.133 denúncias e 68.870 violações. Nas denúncias de violações, 76,84% envolvem negligência, 56,47%, violência psicológica, e 42,82%, abuso financeiro e econômico. A maior parte dos casos, 76,3%, ocorre na casa da própria vítima (Agência Brasil, 2018).

No entanto, trata-se de uma violência calada, invisível e invisibilizada pelos pactos familiares do silêncio, em nome de uma confiança esperada, até porque a vítima teme represálias, tem medo de retaliação ou mesmo do abandono. Desse modo, muitos preferem conviver com os abusos, motivados também por sentimentos de culpa e de vergonha, acarretando o *conluio do silêncio* (Faleiros, Loureiro, & Penso, 2009; Minayo, 2016). Nesse sentido, a violência contra o idoso na família é um problema relevante, porque, além de sua crescente incidência, traz repercussões graves em níveis psicológico e físico para o idoso (quando não culmina com a morte), que já vivencia uma fase do desenvolvimento em que seu organismo está mais fragilizado (Neri, Vieira, & Araújo, 2013; Papalia & Feldman, 2013).

Diante do exposto, serão feitas aqui reflexões sobre a violência contra a pessoa idosa na família, bem como sobre as possíveis formas de sua averiguação, por meio de instrumentos de avaliação. Por fim, serão apontadas intervenções, por meio de ações que contribuam para o enfrentamento desse mal que tanto assola os indivíduos idosos.

Na primeira parte do capítulo, será discutido o conceito de violência contra o idoso: suas formas, perfil do idoso agredido e do agressor e as consequências da violência para o idoso. Na segunda parte, serão apresentados instrumentos que rastreiam a violência contra a pessoa idosa, exemplificando com os resultados de uma pesquisa empírica (Silva & Costa, 2015) que objetivou analisar a relação da disfuncionalidade familiar com a violência contra a pessoa idosa. Na terceira parte, serão abordadas a avaliação da violência, com foco no agressor, e possibilidades de intervenção, e serão apresentados os resultados de outra pesquisa empírica (Silva & Dias, 2015).

A VIOLÊNCIA CONTRA O IDOSO NA FAMÍLIA

Inicialmente, compreende-se ser importante conceituar os termos que compõem o estudo. Estes estão indexados na Biblioteca Virtual em Saúde (BVS), especificamente nos Descritores em Ciências da Saúde (DeCS). Entende-se a violência contra o indivíduo idoso também como maus-tratos e abusos cometidos contra pessoas idosas.

A violência é um comportamento agressivo individual ou grupal que não é aceitável socialmente, turbulento e muitas vezes destrutivo. Ele é precipitado por frustrações, hostilidade, preconceito, entre outros (Biblioteca Virtual em Saúde [BVS], 2018).

A violência doméstica se traduz em: 1) abuso deliberado físico, verbal e/ou de outro tipo por um ou mais membros contra outros membros de um lar; 2) problema universal que atinge milhares de pessoas, em grande número de vezes de forma silenciosa e dissimulada. Acomete ambos os sexos e não costuma obedecer a nenhum nível social, econômico, religioso ou cultural específico. Sua importância é relevante sob dois aspectos: devido ao sofrimento indescritível que imputa às suas vítimas e porque pode impedir um bom desenvolvimento físico e mental da vítima. Inclui também a negligência precoce e o abuso sexual (BVS, 2018).

"Maus-tratos ao idoso" significa exploração ou abandono emocionais, financeiros, nutricionais ou físicos causados a uma pessoa idosa, geralmente por membros da família ou por funcionários de uma instituição (BVS, 2018). "Idoso" é aquela pessoa com 60 anos, ou mais, nos países em desenvolvimento, e a partir dos 65 anos, nos países desenvolvidos (Brasil, 1994; BVS, 2018; Neri, 2008; Piletti, Rossato, & Rossato, 2017). "Família" é um sistema composto por subsistemas (pais, filhos, avós, netos, tios, sobrinhos e demais parentes) que interatuam entre si, em busca da homeostase familiar (Bertalanffy, 2008; BVS, 2018; Osório, 2013).

Não obstante a família ser um sistema aberto, também pode mostrar-se, em algumas ocasiões, como um sistema fechado (Bertalanffy,

2008), sendo formada por várias configurações, como: *nuclear* (conjugal: pai-mãe-filhos), *extensa* (consanguínea: membros que tenham qualquer laço de parentesco) e *abrangente* (inclui os não parentes que coabitam) (Osório, 2013), acrescentando-se outras configurações (monoparental, recasada, homoafetiva, multigeracional, entre outras). Nesse sentido, a compreensão da família como um sistema, focalizando a relação e a interação entre as partes do todo que a compõem, é de suma importância para o entendimento do fenômeno da violência contra o idoso na família.

A violência e suas formas

Segundo a OMS (2002a), a violência contra a pessoa idosa consiste em ações ou omissões cometidas uma ou muitas vezes, prejudicando sua integridade física e emocional e impedindo o desempenho de seu papel social. A violência se expressa pela quebra de expectativa de confiança por parte das pessoas que cercam o indivíduo idoso, sobretudo filhos, cônjuges, parentes, cuidadores e comunidade (Minayo, 2016; Neri, 2014). O Estatuto do Idoso (Brasil, 2003), seguindo as orientações da OMS (2002b), pontua que a violência contra esse grupo etário se constitui como "[...] qualquer ação ou omissão praticada em local público ou privado que lhe cause morte, dano ou sofrimento físico ou psicológico" (Capítulo IV, art. 19, 1).

Os maus-tratos contra os idosos foram relatados, pela primeira vez, em 1975, com a publicação de um artigo sobre espancamento de avós; posteriormente, em 1989, foi publicada uma revista exclusiva sobre maus-tratos aos idosos (Berzins & Watanabe, 2010). Contudo, segundo Minayo (2014), o abuso contra a pessoa idosa é um problema que remonta a tempos passados e sempre esteve presente em todos os tipos de sociedade. A autora salienta que preconceito e discriminação são as formas mais antigas, comuns e frequentes de violência contra essa população. Ela ressalta que os jovens e os adultos, nos mais diferentes contextos históricos, tendem a desvalorizá-los e a tratá-los como descartáveis, inúteis e sem função social

e que esse comportamento acarreta aos idosos a depressão, o isolamento e, em muitos deles, o desejo de morte. A esse respeito, Minayo (2018) adverte que o principal fator para o suicídio do idoso é o isolamento e a solidão.

Conforme Minayo (2016), no Brasil, esse assunto entrou na pauta apenas nas duas últimas décadas, o que tem a ver com o aumento da população idosa e com o fato de ter-se tornado uma questão pública por meio da assinatura de convenções internacionais e de movimentos nacionais preocupados com a mudança na pirâmide demográfica. Em outro texto, Minayo (2013a) afirma que ainda se aponta o protagonismo dos idosos em suas associações de aposentados, conselhos e movimentos sociais e por direitos como mola propulsora para esse avanço.

Berzins e Watanabe (2010, p. 154) afirmam que "Minayo (2005), segundo critérios internacionais, definiu algumas categorias e tipologias para designar as várias formas de violências mais praticadas contra a população idosa". A classificação e a conceituação estão oficializadas no documento da Política Nacional de Redução da Morbimortalidade por Acidentes e Violências do Ministério da Saúde (Brasil, 2002): abuso físico, maus-tratos físicos ou violência física; abuso psicológico, violência psicológica ou maus-tratos psicológicos; abuso sexual, violência sexual; abandono; negligência; abuso financeiro e econômico; e autonegligência. Desse modo, Minayo (2016) pontua e acrescenta que as principais formas de violência contra a pessoa idosa se apresentam como:

- **Maus-tratos físicos:** empurrões, beliscões, tapas, agressões com cintos, objetos caseiros, armas brancas e armas de fogo, desferidos contra a pessoa idosa frágil, sendo o ambiente familiar onde mais ocorrem. A incidência dos maus-tratos físicos contra os idosos no mundo é de 5 a 10% (OMS, 2002c). No Brasil, eles corresponderam a 34% das denúncias, entre as demais formas de violência, entre os anos de 2010 e 2012 (Brasil, 2013).
- **Abuso psicológico:** menosprezo, desprezo, preconceito e discriminação da pessoa pelo fato de ela ser idosa. Minayo e Cavalcante

(2010) pontuam que o sofrimento mental causado por esse tipo de agressão contribui para processos depressivos e autodestrutivos, como ideações, tentativas ou suicídio consumado. Estudos realizados em municípios brasileiros ressaltam que a violência mais sofrida pelos idosos é a psicológica (62,5%) seguida da física (32%) (Melo, Cunha, & Falbo Neto, 2006).

- **Abuso sexual:** consiste no ato ou no jogo em relações hétero ou homossexuais que estimulam ou utilizam a vítima para obter excitação sexual e em práticas eróticas e pornográficas, por meio de aliciamento, violência física e ameaças. Os principais tipos de abuso são beijos forçados, atos sexuais não consentidos e bolinação.
- **Financeira:** a violência econômica e a financeira, combinadas com discriminações e maus-tratos, são praticadas principalmente pela própria família. As manifestações mais comuns são: apossar-se dos bens do idoso sem seu consentimento; assenhorear-se de seus cartões de banco e de crédito usufruindo de seus rendimentos; fazer dívidas em seu nome; provocar-lhe uma tutela judicial sem que isso tenha respaldo em seu comprometimento mental para apossar-se antecipadamente de seus bens.
- **Abandono e negligência:** *abandono* trata-se de retirar a pessoa idosa da sua casa contra sua vontade; trocar seu lugar na própria residência, dando prioridade aos mais jovens; conduzi-la a uma instituição de longa permanência para idosos (ILPI) contra sua vontade; abandoná-la em hospitais. *Negligência* consiste em privá-la da assistência de que precisa: deixar que passe fome, desidrate-se e seja privada de medicamentos e de outras necessidades básicas, antecipando sua imobilidade, aniquilando sua personalidade ou promovendo seu lento adoecimento e morte. Inclui também a inadequação da casa às necessidades do idoso. Os idosos dependentes são os mais afetados em relação à administração de medicamentos e aos cuidados corporais.
- **Autonegligência:** compreende os maus-tratos que o próprio idoso provoca em si mesmo, como é o caso de isolar-se, não sair de casa, recusar-se a tomar banho, a alimentar-se e a tomar os medicamentos, além de manifestar vontade de morrer, o que pode levar a ideações suicidas, tentativas de suicídio e suicídio consumado. A esse respeito, Cavalcante e Minayo (2012, 2015) afirmam que tem aumentado o número de suicídios entre homens idosos, bem como de tentativas de suicídio e ideações em pessoas de ambos os sexos. As autoras ressaltam que esse fenômeno está associado à autodesvalorização, ao abandono familiar, à solidão, ao sofrimento ocasionado por doenças degenerativas, ao medo de tornar-se dependente, à perda de gosto pela vida e a processos depressivos de maior ou menor gravidade (Minayo & Cavalcante, 2010, 2015). Desse modo, os suicídios em idosos representam mais de 8% do total das mortes violentas e mostram tendência de crescimento (Minayo, 2016).

Perfil do idoso agredido e do agressor

Conforme Minayo (2005, 2014, 2016) e Neri (2014), as pessoas idosas muito pobres e as que apresentam dependências financeira, física e mental em grau elevado são as mais abusadas. Os motivos podem ser choque de gerações, aglomeração de pessoas nas residências ou falta de condições ou de disponibilidade de tempo e vontade para cuidar dos idosos, por vezes considerados por familiares como decadentes, problemáticos e descartáveis. Esse quadro se agrava principalmente quando existe dependência emocional ou financeira do agressor em relação ao idoso. Também fazem parte do grupo de idosos que mais são abusados aqueles que têm depressão, transtornos mentais, incontinências urinária e fecal, diabetes, reumatismo e comorbidades. Outro fator é a maior vulnerabilidade dos que têm idade avançada, baixa escolaridade, são do sexo feminino e solteiros ou viúvos.

A literatura revela que cerca de dois terços dos agressores são filhos, parentes e cônjuges (Minayo, 2003, 2013b, 2014, 2016; Silva & Dias,

2015, 2016a). Conforme as autoras, o perfil típico do agressor familiar inclui: ser filho (sexo masculino), nora, genro e cônjuge. As características da interação entre eles, na maioria das vezes, consistem em o agressor e a vítima viverem na mesma casa; os filhos serem dependentes financeiramente dos pais de idade avançada; idosos e idosas serem dependentes dos filhos para sua sobrevivência; familiares abusarem de álcool e drogas; ambiente ser caracterizado por vínculos afetivos frouxos na família; haver isolamento social dos familiares e da pessoa idosa; o idoso ou a idosa terem sido ou serem agressivos com os familiares; e existir história de violência na família.

Outro ponto importante a considerar é desmistificar a ideia de que os cuidadores familiares seriam os principais agressores das pessoas idosas. Por exemplo, na pesquisa realizada por nós (Silva & Dias, 2014, 2015, 2016b), nenhum agressor familiar era cuidador da vítima. Contudo, pode haver violência quando o cuidador familiar se isola socialmente, tem comprometimento emocional, sofre depressão ou problemas psiquiátricos, tem laços afetivos frouxos com o idoso, ou ele próprio foi vítima de violência por parte da pessoa que cuida (Neri, 2014; Queiroz, 2005; Reay & Browne, 2001).

A esse respeito, Novo e Lopes (2010), em estudo sobre a violência contra a pessoa idosa, propõem um olhar mais abrangente sobre o fenômeno quando vislumbram o idoso também como agente agressor dentro da relação, adotando, assim, a visão sistêmica. Nesse sentido, admitem que a temática não é fácil, pois a discussão vigente relata a violência contra o idoso em uma perspectiva em que a própria comunidade científica estudiosa do envelhecimento está presa ao imaginário social do velho vitimizado.

Sob esse olhar, as autoras mencionadas pontuam que esse discurso atesta a incapacidade do velho que será sempre frágil, indefeso ou caricato, porque há muitas pesquisas que abordam a velhice fragilizada e suas vicissitudes. Na prática, por vezes, a realidade acontece de outra forma, na qual o idoso se coloca como agente do crime ou como coparticipante da situação que eclodiu na violência. Silva e Dias (2014) reforçam o enunciado anterior e pontuam que existem idosos violentos que provocam o outro e até mesmo o cuidador, muitas vezes se valendo do Estatuto do Idoso. Do mesmo modo, Côrte (2010) e Vilela e Silva (2018) relatam que o número de crimes cometidos por pessoas idosas está aumentando, não somente porque se tornaram criminosas depois dos 60 anos, mas também porque estão envelhecendo no mundo do crime.

Consequências da violência para o idoso

Barcelos e Madureira (2013) afirmam que esse tipo de violência, no Brasil, constitui grave problema de saúde pública, provocando impacto significativo na morbidade e na mortalidade da população idosa, embora os registros não retratem a violência como causa. Essa subnotificação associa-se, muitas vezes, à solidão, ao isolamento, à tendência dos indivíduos idosos de não relatar suas adversidades e à omissão das pessoas que presenciam a violência. Deve-se também ao não reconhecimento por parte de alguns profissionais da saúde, muitas vezes despreparados para identificar o problema. A violência contra o idoso traz reflexos que interferem no seu convívio social, familiar e institucional, comprometendo sua qualidade de vida.

Os referidos autores pontuam que as consequências da violência contra o idoso se traduzem em: falta de confiança; mudanças de crenças e valores; negligência em relação aos cuidados com o corpo; dificuldade para se comunicar; dificuldade para tomar decisões; perda de identidade; depressão que se manifesta como alterações do sono e do apetite, isolamento social, irritabilidade, agressividade, sentimento de culpa, desamparo e solidão; tentativa de suicídio; raiva contra os parentes e a sociedade; rancor de si mesmo; dependência de álcool, drogas, alimentos e jogos; e doenças físicas.

Referem, ainda, nos serviços de saúde, que o idoso geralmente não relata os maus-

-tratos ou as situações de violência que sofreu, pois, muitas vezes, um déficit cognitivo, como ocorre com a doença de Alzheimer, o impede de se lembrar do que ocorreu ou de se expressar. Muitos idosos temem denunciar os maus-tratos por receio de serem institucionalizados ou de ocorrer agravamento do problema após a denúncia. Por sua vez, Gondim e Costa (2006) referem que os idosos submetidos a situações crônicas de violência dentro do lar apresentam diminuição gradual de suas defesas físicas e psicológicas, o que se traduz em doenças psicossomáticas, fuga da realidade, agitação, fadiga, diminuição do rendimento e falta de concentração.

De acordo com Menezes (2010, p. 25), "[...] a incidência crescente da violência contra pessoas idosas em nossa sociedade contribui para o aumento de doenças na velhice e afeta a qualidade de vida dessa população". O autor afirma que os idosos vêm sofrendo todos os tipos e formas de violência, não importando a idade, o sexo, a condição social, a situação conjugal, os tipos de famílias, a etnia e a religião. Eles são vítimas de agressões com frequência e por tempo prolongado. A intensidade e a gravidade das violências não deixam dúvidas de sua intencionalidade.

Percebe-se que é consenso que a violência contra a pessoa idosa, além de prejudicá-la, causa prejuízos aos cofres públicos. Essa situação onera o sistema de saúde com suas consequências, elevando os níveis de mortalidade, reduzindo anos de vida produtiva, aumentando os gastos com cuidados hospitalares, podendo, ainda, ocasionar sequelas irreversíveis para as pessoas idosas, quando não culmina com a morte. Faleiros e Brito (2009) reforçam que a violência implica prejuízos materiais, morais ou de imagem, ou mesmo a morte da pessoa idosa, em virtude do aumento de vantagens para o agressor.

Nesse sentido, a realização de pesquisas que analisem a disfuncionalidade familiar e proponham intervenções para contribuir para o restabelecimento da homeostase familiar é de suma importância. A melhor qualidade de vida da pessoa idosa pode depender dessas intervenções.

INSTRUMENTOS DE RASTREIO DA VIOLÊNCIA CONTRA O IDOSO

Argimon, Irigaray e Zibetti (2016, p. 247) afirmam que "[...] o processo de avaliação psicodiagnóstica exige, essencialmente, um raciocínio clínico que visa a uma compreensão dinâmica do funcionamento do paciente, tanto de suas potencialidades como de suas dificuldades". Nesse sentido, percebe-se a necessidade de um olhar sistêmico sobre a pessoa avaliada, observando-a como um todo, o que exige do examinador a integralidade de percepção biopsicossocial e cultural sobre ela, ou seja, a interação de todos esses aspectos de sua vida.

Os autores também ressaltam que os avaliadores devem estar habilitados e atentos quanto às questões de gênero, idade e grau de instrução da pessoa analisada. No caso da avaliação de pessoas idosas, eles chamam a atenção para a importância de o psicodiagnóstico estar alinhado às demandas peculiares dos idosos, sendo necessário buscar técnicas e testes adequados para pessoas dessa faixa etária.

No caso específico de instrumentos que possam rastrear a violência sofrida pelos idosos, foi realizada uma pesquisa no Portal de Periódicos CAPES/MEC (2018), ocasião na qual foi percebida carência de testes que mensurem a violência praticada contra a pessoa idosa. Maia (2017) afirma que, diante dessa realidade de carência, realizou um estudo para investigar as propriedades psicométricas da Escala de *Screening* da Vulnerabilidade ao Abuso (VASS-Br) para identificação do risco de violência doméstica contra idosos. A pesquisa foi realizada com 199 idosos, frequentadores de espaços de convivências para idosos, da Região Metropolitana de Natal (RN). Foram coletadas informações sociodemográficas, clínicas e relacionadas à violência. A confiabilidade, via reprodutibilidade, foi verificada em uma amostra de 75 idosos, submetidos ao reteste do instrumento de 7 a 14 dias após a primeira aplicação. Foram realizadas análises descritivas e comparativas para todas as variáveis, com nível de significância de 5%. A evidência de validade de construto foi analisada pela análise fatorial exploratória, com matriz de correlação tetracórica. Já a confiabilidade da escala foi medida pelo Coeficiente de Correlação Intraclasse (ICC) e a estatística Kappa de Fleiss (Kp), e a consistência interna, pela estatística de Kuder-Richardson (KR-20). O autor concluiu que a VASS-Br apresenta-se como um instrumento válido, sensível e com boas propriedades psicométricas para rastreio da violência doméstica contra o idoso.

Outro instrumento utilizado para avaliar possíveis situações de violência contra as pessoas idosas é a Escala de Avaliação da Presença de Violência e Maus-tratos Contra a Pessoa Idosa (Brasil, 2007, p. 184-185), apresentada no Apêndice deste capítulo.

O instrumento apresentado foi desenvolvido em Porto Rico e já é utilizado em pesquisas no Brasil e em locais de atendimento à pessoa idosa que se encontra em possível situação de violência. Ele consta no *Caderno de Atenção Básica: Envelhecimento e Saúde da Pessoa Idosa*, do Ministério da Saúde (Brasil, 2007). É importante o aprofundamento de pesquisas que façam uso dessa escala, com o objetivo de tomar conhecimento da realidade do idoso que demonstra indícios desse sofrimento, para melhor atendê-lo e acolhê-lo.

Outra possibilidade é a avaliação da funcionalidade familiar por meio do Questionário APGAR de Família traduzido, adaptado e validado no Brasil (Brasil, 2007), que pode ser visualizado no Apêndice deste capítulo. Ele também constitui um instrumento interessante para compreender a dinâmica familiar, que, por sua vez, pode proporcionar pistas sobre possibilidades de violência contra a pessoa idosa na família. O Ministério da Saúde afirma que existem situações que são com frequência observadas no atendimento a idosos e que "[...] o reconhecimento da dinâmica de funcionamento familiar permite a detecção de disfunções e possibilita a intervenção precoce na busca do reequilíbrio dessa estrutura de relações e na melhoria da qualidade assistencial prestada ao idoso" (Brasil, 2007, p. 174). Nesse sentido, pontua que os profissionais da saúde, ao envolverem a família no cuidado da pessoa idosa, devem considerar que as doenças ou injúrias acarretam, de alguma forma, estresse familiar, o que interfere na dinâmica da família.

O APGAR representa um acrônimo (palavra formada pela primeira letra de cada item): *Adaptation* (Adaptação), *Partnership* (Companheirismo), *Growth* (Desenvolvimento), *Affection* (Afetividade) e *Resolve* (Capacidade resolutiva). Esse questionário é uma medida unidimensional de satisfação com a dinâmica de funcionamento familiar, que verifica a percepção das pessoas sobre suas famílias como um recurso ou como um fator estressor. Os domínios citados são avaliados por meio de cinco questões simples às quais são atribuídos valores, que, ao final, são somados, resultando em um escore total cuja representação numérica relaciona-se diretamente com uma condição de funcionamento familiar (boa funcionalidade, moderada disfuncionalidade ou alta disfuncionalidade).

Desse modo, altos índices do APGAR demonstram maior capacidade de adaptação da família à nova situação e a possíveis e prováveis mudanças de papéis, enquanto um baixo índice pode representar um ambiente estressante e de baixa adaptabilidade à nova situação e pode requerer intervenções apropriadas e urgentes.

Ainda há uma segunda parte, que é utilizada para auxiliar no diagnóstico de aspectos mais vulneráveis no interior das famílias. É composta por dois itens: um relacionado às pessoas que coabitam e outro às pessoas que vivem sós (Brasil, 2007, p. 176).

O Questionário APGAR de Família nos remete à reflexão da importância de sondar as interações familiares, de forma sistêmica, para compreensão da dinâmica familiar como um todo. Assim, é possível detectar possíveis disfunções que podem alterar o equilíbrio familiar e impulsionar a violência contra a pessoa idosa.

Nesse sentido, pode-se pensar a disfuncionalidade familiar como resultante da *insuficiência familiar*, no que se refere ao idoso, caracterizada como um processo de interação psicossocial de estrutura complexa, fundado especialmente no baixo apoio social à pessoa idosa e no vínculo familiar prejudicado. Esse fenômeno tem como antecedentes as transformações contemporâneas no sistema familiar, os conflitos intergeracionais, o comprometimento das relações familiares e a fragilidade social da família. As consequências da insuficiência familiar incluem a vulnerabilidade social da pessoa idosa, o declínio da saúde psicológica e funcional, a menor qualidade de vida e o envelhecimento malsucedido (Souza, Pelegrini, Ribeiro, Pereira, & Mendes, 2015).

O Ministério da Saúde (Brasil, 2007) afirma que os sistemas familiares disfuncionais são aqueles nos quais há comprometimento com a dinâmica e a manutenção do sistema por parte de seus membros, porque eles costumam priorizar seus interesses particulares, sem assumir seus papéis dentro do sistema. Com frequência são observados vínculos afetivos superficiais e instáveis e alto grau de agressividade e hostilidade entre seus membros, mesmo que encobertos. Trata-se de um contexto que desemboca em violência. Corroborando esses resultados, Johannesen e LoGiudice (2013) afirmam que a desarmonia familiar, que implica relações ruins ou conflituosas, e o baixo suporte social são preditores de violência doméstica contra a pessoa idosa.

Foi realizada uma pesquisa com o objetivo de verificar a relação da disfuncionalidade familiar, mensurada por meio do Questionário APGAR de Família, com a violência contra a pessoa idosa, verificada pela Escala de Avaliação da Presença de Violência e Maus-tratos Contra a Pessoa Idosa. Especificamente, o estudo almejou: caracterizar o perfil sociodemográfico dos idosos, verificar a presença de disfuncionalidade familiar e a existência de violência doméstica e correlacionar os índices de disfuncionalidade familiar aos índices de violência sofrida pelo idoso (Silva & Dias, 2016c).

Para tanto, foi feito um estudo transversal, descritivo e inferencial. Os participantes responderam ao questionário sociodemográfico, ao Questionário APGAR de Família e, após, à Escala de Avaliação da Presença de Violência e Maus-tratos Contra a Pessoa Idosa para análise da existência de violência. A verificação dos resultados seguiu o protocolo determinado pelos instrumentos por meio de análise estatística.

Participaram da pesquisa 10 idosos(as), com idades entre 62 e 73 anos, a maioria do sexo feminino, viúvos(as), com ensino fundamental, aposentados(as) e com renda familiar de dois salários mínimos, professando a religião evangélica. Eles apresentavam problemas de saúde, tais como diabetes e hipertensão, e moravam com os familiares, em especial com os filhos. Os familiares não eram seus cuidadores, e eles não dependiam financeira ou fisicamente deles.

Nas respostas ao Questionário APGAR da Família, houve predominância dos participantes que apresentaram moderada disfunção familiar, situando-se nos índices 5 e 6 que indicam essa condição. Quanto ao instrumento que avalia a presença de violência e maus-tratos contra a pessoa idosa, houve predominância de participantes que apresentaram respostas afirmativas. Concluímos que a violência contra o idoso está relacionada com a disfuncionalidade familiar.

Foi compreendida, a partir do exposto, a importância da avaliação da violência sofrida pela pessoa idosa, por meio de instrumentos de rastreio, para se entender melhor o fenômeno e criar formas de intervenção para minimizar esse mal. Nesse sentido, após o uso dos instrumentos referidos, foi proposto o uso das intervenções psicoeducativas como possibilidades importantes no combate à violência contra o idoso. Lopes (2013) afirma que a psicoeducação é uma abordagem que se baseia em métodos experimentais e científicos, partindo do pressuposto de que as cognições gerenciam as emoções e os comportamentos, ou seja, o componente cognitivo precede o componente afetivo, uma vez que ocorre transferência de informação e de descarga emocional. Silva, Santana e Hartmann Júnior (2017) concordam que essa ação constitui uma forma de minimizar o possível desengajamento moral, que, por vezes, integra o comportamento dos agressores, fazendo-os infligir sofrimento a um parente idoso sem que se autocondenem pela ação danosa.

Avaliação dos agressores

Silva e Dias (2014) realizaram uma pesquisa qualitativa com o objetivo geral de avaliar um grupo de pessoas denunciadas por agressão a um idoso da família. Especificamente, buscaram caracterizar o suposto agressor; identificar a presença da violência praticada e compreender suas motivações, o contexto gerador de violência, os sentimentos experimentados nessa situação, bem como as necessidades sentidas; elaborar e implementar uma intervenção psicoeducativa; analisar as impressões do agressor sobre a intervenção; e investigar os efeitos da intervenção sobre os participantes.

Participaram 13 familiares de idosos, que não eram seus cuidadores, acusados de agredi-los e que respondiam a processo no Juizado Especial Criminal do Idoso e na I Vara de Violência Doméstica e Familiar contra a mulher na cidade do Recife (PE). Os participantes responderam a um roteiro de entrevista semiestruturado contendo questões relacionadas aos objetivos da pesquisa e aos dados sociodemográficos, participaram de uma intervenção psicoeducativa e responderam a outro roteiro de entrevista para avaliação. A técnica utilizada para análise dos dados foi a Análise de Conteúdo Temática.

Os principais resultados obtidos sobre os agressores, quanto aos dados sociodemográficos, apontaram que a média de idade era de 44 anos; o grau de escolaridade predominante foi o ensino médio completo (5), seguido do ensino superior completo e incompleto (4); as profissões foram variadas, predominando a de doméstica; o grau de parentesco dos agressores foi o de filhos (6), seguido de genros (2); a renda familiar foi de dois salários mínimos; o estado civil foi casado(a), independentemente de ser união legalizada ou estável (10); oito disseram professar a religião católica, e três, a evangélica, havendo um espírita e um ateu.

A entrevista para avaliação, realizada antes da intervenção psicoeducativa, indicou que: 1) houve a presença de violência por parte dos participantes, prevalecendo as agressões verbais, seguidas das físicas e financeiras; 2) as principais motivações se referem à posse de bens materiais, ao uso abusivo de álcool, à proximidade física, à dependência financeira do agressor em relação ao idoso(a), bem como a desentendimentos anteriores à ocorrência da agressão e à vivência em um contexto de violência; 3) os sentimentos experimentados nessa situação foram de tristeza, decepção, raiva, injustiça, angústia e revolta; 4) entre as necessidades sentidas, sobressaiu-se o desejo de que o processo fosse encerrado e de que eles pudessem voltar a sua vida normal.

A intervenção psicoeducativa foi composta de oito sessões com 2 horas de duração, enfocando os seguintes temas: violência, processo de envelhecimento, comunicação, resolução de conflitos e direitos dos idosos. No que se refere à entrevista realizada após a intervenção, houve indícios de que eles foram sensibilizados e compreenderam melhor a complexidade do envelhecimento e as demandas que o acompanham. Concluiu-se que existe, por vezes, certa dificuldade em compreender a ação imputada contra o idoso como violência, fato que perpassa as questões do que caracteriza a violência na velhice. Ressalta-se que o suposto agressor necessita de assistência profissional que o oriente no sentido de construir ações e estratégias eficazes que lhe favoreçam ao lidar com as demandas da velhice.

Desse modo, Minayo (2016) afirma que é possível prevenir a violência contra a pessoa idosa por meio da realização de ações estratégicas que possam beneficiá-la. A autora reforça que algumas dessas ações estão no âmbito das políticas públicas, outras em âmbito institucional, e outras, no da cidadania. Nesse sentido, ressalta que, para haver a minimização da violência, faz-se necessário: investir em uma sociedade para todas as idades; priorizar os direitos da pessoa idosa, segundo as Convenções Internacionais assinadas pelo país; contar com a pessoa idosa para o combate à violência; apoiar as famílias que abrigam pessoas idosas em sua casa; criar espaços sociais seguros e amigáveis dentro e fora de casa; formar profissionais da saúde, cuidadores e promover a assistência; e prevenir dependências. Além disso, a responsabilidade do Estado precisa refletir-se nos governos locais.

Para além dessas recomendações, pensa--se ser de igual importância: ensinar sobre o processo de envelhecimento e a velhice desde a infância; adotar uma visão sistêmica e contextualizada da situação; capacitar os profissionais do cuidado com idosos ou que os atendem para compreender o envelhecimento, a violência contra idosos e suas consequências; denunciar, anonimamente, qualquer ato de violência; divulgar o tema da violência contra a pessoa idosa nas redes sociais, nas associações de moradores e nos grupos de convivência, para que haja esclarecimento sobre o tema.

Segundo Neri (2014), a OMS e outras organizações internacionais, entre as quais se destaca a International Network for Prevention of Elder Abuse (INPEA), promovem campanhas regulares de prevenção contra a violência aos idosos. Os pontos principais desses movimentos, implementados e testados em alguns países desenvolvidos, elencados pela OMS (WHO, 2011), serão apresentados a seguir:

1. Rastreio de abusadores e de vítimas potenciais.
2. Detecção de vítimas e de perpetradores de abusos por profissionais de atenção primária.
3. Intervenções de apoio a cuidadores familiares (fornecer apoio emocional e de desenvolvimento de competências para cuidar de idosos com doença de Alzheimer, proporcionar pessoas que possam ajudar durante o tempo em que o cuidador familiar tira folga para cuidar de si e de outros afazeres negligenciados por causa da prestação de cuidados).
4. Para profissionais da saúde e da proteção social, instituição da obrigatoriedade de denunciar abusos contra idosos às autoridades.
5. Visitas domiciliares por assistentes sociais.
6. Grupos de autoajuda a idosos abusados e a perpetradores de abusos a idosos.
7. Casas e abrigos emergenciais de custódia para as vítimas.
8. Intervenções de apoio aos cuidadores familiares.

Para além dessas iniciativas, apoiadas pela OMS, a INPEA designou o dia 15 de junho como data consagrada à conscientização sobre o abuso contra as pessoas idosas (WHO, 2002).

CONSIDERAÇÕES FINAIS

Neste capítulo, buscamos discorrer acerca da violência contra o idoso na família e dos possíveis instrumentos de rastreio para avaliar a existência de maus-tratos contra a pessoa idosa, com foco principal no sujeito agredido, e apontar possibilidades de intervenção para minimizar as ocorrências. Para tanto, inicialmente, discutiu-se sobre o que é a violência contra o idoso na família, que consta de um ato que se traduz em agressão de diferentes tipos, sendo um fenômeno que ocorre em todo o mundo. Também se discutiu a respeito das formas de violência, sendo mais comuns a psicológica, a física e a financeira. Sobre o perfil do idoso agredido, chegou-se à conclusão de que ele independe de classe social, etnia, raça, religião ou do fato de ser dependente ou não do agressor. Sobre os agressores, que são principalmente os filhos, faz-se necessário considerar a história de vida de ambos, agressor e vítima, de forma sistêmica, para compreender melhor o fenômeno. Foram abordadas, também, as consequências da violência para as pessoas idosas, que lhes geram grande sofrimento, quando não culminam com a morte.

No segundo momento, buscou-se verificar possíveis instrumentos de rastreio da violência contra a pessoa idosa, encontrando-se a VASS-Br, para identificação do risco de violência doméstica contra idosos. Também incluímos o resultado de uma pesquisa empírica que objetivou analisar a relação da disfuncionalidade familiar com a violência contra a pessoa idosa, por meio do uso de dois instrumentos para verificação da violência sofrida, aplicados ao idoso: o Questionário APGAR de Família, um instrumento interessante para compreender a dinâmica familiar, que, por sua vez, pode proporcionar pistas sobre possibilidades de violência contra o idoso, e a Escala de Avaliação da Presença de Violência e Maus-tratos Contra a Pessoa Idosa, que visa a mostrar a relação existente entre a disfuncionalidade familiar e a violência contra a pessoa idosa.

Por fim, foi descrito outro estudo, que objetivou avaliar o agressor e realizar uma intervenção de modo a conscientizá-lo de seu ato. Desse modo, foram apresentados os resultados de uma pesquisa empírica, na qual foi realizada uma intervenção psicoeducativa junto a 13 agressores, familiares dos idosos, vislumbrando-se essa ação como uma importante contribuição no combate à violência contra a pessoa idosa.

Nesse sentido, ressalta-se a importância da realização de futuras pesquisas que aprofundem a análise sobre a violência contra idosos na família, de forma sistêmica, utilizando-se instrumentos de avaliação que contribuam para compreender o contexto que faz emergir a violência, no afã de minimizar os maus-tratos contra a pessoa idosa. Esperamos ter colaborado com conhecimentos sobre o tema e ter instigado a implementação de ações que possam esclarecer os familiares a respeito das peculiaridades da velhice. Dessa forma, prepara-se a construção de uma sociedade mais justa, sobretudo para uma população vulnerável, como a dos idosos, combatendo, assim, a violência contra essas pessoas, um problema de saúde pública.

REFERÊNCIAS

Agência Brasil. (2018). *Disque 100 registra 142 mil denúncias de violações em 2017*. Recuperado de http://agenciabrasil.ebc.com.br/direitos-humanos/noticia/2018-04/disque-100-registra-142-mil-denuncias-de-violacoes-em-2017

Argimon, I. I. L., Irigaray, T. Q., & Zibetti, M. R. (2016). Psicodiagnóstico de idosos. In C. S. Hutz, D. R. Bandeira, C. M. Trentini, & J. S. Krug (Eds.), *Psicodiagnóstico V* (pp. 247-256). Porto Alegre: Artmed.

Barcelos, E. M. & Madureira, M. D. S. (2013). Violência contra o Idoso. In F. Chaimowicz (Ed.), *Saúde do idoso* (pp. 132-141). Belo Horizonte: NESCON.

Bertalanffy, L. V. (2008). *Teoria geral dos sistemas: Fundamentos, desenvolvimento e aplicações*. Petrópolis: Vozes.

Berzins, M. V. & Watanabe, H. A. W. (2010). A violência doméstica contra a pessoa idosa. In D. V. S. Falcão (Ed.), *A família e o idoso, desafios da contemporaneidade*. (pp. 151-170). Campinas: Papirus.

Biblioteca Virtual em Saúde (BVS). (2018). *DeCS: Descritores em Ciências da Saúde*. Recuperado de http://decs.bvs.br/

Brasil, Ministério da Saúde. (2002). *Política nacional de redução da morbimortalidade por acidentes e violências*. Brasília: MS.

Brasil. (1994). *Lei nº 8.842, de 4 de janeiro de 1994*. Dispõe sobre a política nacional do idoso, cria o Conselho Nacional do Idoso e dá outras providências. Recuperado de http://www.planalto.gov.br/ccivil_03/leis/L8842.htm

Brasil. (2003). *Lei nº 10.741, de 1º de outubro de 2003*. Dispõe sobre o Estatuto do Idoso e dá outras providências. Recuperado de http://www.planalto.gov.br/ccivil_03/leis/2003/l10.741.htm

Brasil. (2007). Violência intrafamiliar e maus-tratos contra a pessoa idosa. In Brasil, *Envelhecimento e saúde da pessoa idosa* (pp. 174-185). Brasília: MS.

Brasil. (2013). *O mapa da violência contra a pessoa idosa no Distrito Federal*. Brasília: MPDFT.

Cavalcante, F. G. & Minayo, M. C. S. (2012). Autópsias psicológicas e psicossociais de idosos que morreram por suicídio no Brasil. *Ciência & Saúde Coletiva, 17*(8), 1943-1954.

Cavalcante, F. G. & Minayo, M. C. S. (2015). Estudo qualitativo sobre tentativas e ideações suicidas com 60 pessoas idosas brasileiras. *Ciência & Saúde Coletiva, 20*(6), 1655-1666.

Côrte, B. (2010). O idoso como agente do crime. In M. V. Berzins & W. Malagutti (Eds.), *Rompendo o silêncio: Faces da violência na velhice* (pp. 253-273). São Paulo: Martinari.

Faleiros, V. P. & Brito, D. O. (2009). Representações da violência intrafamiliar por idosas e idosos. In V. P. Faleiros, A. M. L. Loureiro, & M. A. Penso (Eds.), *O conluio do silêncio: A violência intrafamiliar contra a pessoa idosa* (pp. 2-19). São Paulo: Roca.

Faleiros, V. P. (2013). *O mapa da violência contra a pessoa idosa no Distrito Federal/Tribunal de Justiça do Distrito Federal e dos Territórios*. Brasília: MPDFT.

Faleiros, V. P., Loureiro, A. M. L., & Penso, M. A. (2009). Representações da violência intrafamiliar por idosas e idosos. In V. P. Faleiros, A. M. L. Loureiro, & M. A. Penso (Eds.), *O conluio do silêncio: A violência intrafamiliar contra a pessoa idosa* (pp. 2-19). São Paulo: Roca.

Figueiredo, A. E. B., Souza, E. R., Njaine, K., & Ribeiro, A. P. (2010). Violência contra a pessoa idosa. In M. V. Berzins & W. Malagutti (Eds.), *Rompendo o silêncio: Faces da violência na velhice* (pp. 109-121). São Paulo: Martinari.

Gondim, R. M. F. & Costa, L. M. (2006). Violência contra o idoso. In D. V. S. Falcão, C. M. S. B. Dias (Eds.), *Maturidade e velhice: Pesquisas e intervenções psicológicas* (pp. 169-191). São Paulo: Casa do Psicólogo.

Instituto Brasileiro de Geografia e Estatística (IBGE). (2018). *Projeção da população do Brasil e das Unidades da Federação*. Recuperado de: https://www.ibge.gov.br/apps/populacao/projecao/index.html

Johannesen, M. & LoGiudice, D. (2013). Elder abuse: A systematic review of risk factors in community-dwelling elders. *Age and ageing, 42*(3), 292-298.

Lopes, L. O. (2013). *Impacto de uma intervenção psicoeducacional sobre o bem-estar subjetivo de cuidadores de idosos com doença de Alzheimer* (Dissertação de mestrado, Universidade Estadual de Campinas, Campinas).

Maia, R. S. (2017). *Evidências psicométricas da Escala de Screening da vulnerabilidade ao abuso (VASS-BR): Instrumento de investigação da violência doméstica contra idosos* (Tese de Doutorado, Universidade Federal do Rio Grande do Norte, Natal).

Melo, V. L., Cunha, J. O. C., & Falbo Neto, G. H. (2006). Maus-tratos contra idosos no município de Camaragibe, Pernambuco. *Revista Brasileira de Saúde Materna Infantil, 6*(1), 43-48.

Menezes, M. R. (2010). Violência contra idosos: É preciso se importar! In M. V. Berzins & W. Malagutti (Eds.), *Rompendo o silêncio: Faces da violência na velhice* (pp. 25-28). São Paulo: Martinari.

Minayo, M. C. S. & Cavalcante, F. G. (2010). Suicídio entre pessoas idosas: Revisão da literatura. *Revista de Saúde Pública, 44*(4), 750-757.

Minayo, M. C. S. & Cavalcante, F. G. (2015). Tentativas de suicídio entre pessoas idosas: revisão de literatura (2002/2013). *Ciências e Saúde Coletiva*, *20*(6), 1751-1762.

Minayo, M. C. S. (2003). Violência contra idosos: Relevância para um velho problema. *Caderno de Saúde Pública*, *19*(3), 783-791.

Minayo, M. C. S. (2005). Violência: Um velho-novo desafio para a atenção à saúde. *Revista Brasileira de Educação Médica*, *29*(1), 55-63.

Minayo, M. C. S. (2013a). *Violência contra a pessoa idosa. É possível prevenir. É necessário superar. Um manual para compreender e transformar.* Brasília: SEDH.

Minayo, M. C. S. (2013b). *Direito da pessoa idosa: Responsabilidade de todos.* Brasília: SEDH.

Minayo, M. C. S. (2014). *Manual de enfrentamento à violência contra a pessoa idosa. É possível prevenir. É necessário superar.* Brasília: SEDH.

Minayo, M. C. S. (2016). Violência contra a pessoa idosa: Castigo do corpo e mortificação do eu. In E. V. Freitas & L. Py. (Eds.), *Tratado de geriatria e gerontologia* (pp. 1526-1534). Rio de Janeiro: Guanabara Koogan.

Minayo, M. C. S. (2018). *"O principal fator para o suicídio do idoso é o isolamento, a solidão".* GEPeSP entrevista Cecília Minayo. Recuperado de https://gepesp.org/2018/04/o-principal-fator-para-o-suicidio-do-idoso-e--o-isolamento-a-solidao-gepesp-entrevista-cecilia-minayo/

Neri, A. L. (2008). *Palavras-chave em gerontologia* (pp. 114-115). Campinas: Alínea.

Neri, A. L. (2014). *Palavras-chave em gerontologia* (4. ed., pp. 13-20). Campinas: Alínea.

Neri, A. L., Vieira, L. A. M., & Araújo, L. F. (2013). Arranjos domiciliares, suporte social, expectativa de cuidado e fragilidade. In A. L. Neri (Ed.), *Fragilidade e qualidade de vida na velhice* (pp. 267-282). Campinas: Alínea.

Novo, A. L. M. S. & Lopes, R. G. C. (2010). O outro lado da moeda: Velhos violentos. In M. V. Berzins, & W. Malagutti. *Rompendo o silêncio: Faces da violência na velhice* (pp. 239-252). São Paulo: Martinari.

Organização Mundial da Saúde (OMS). (2002a). *Missing voices: Views of older persons on elder abuse.* Geneva: WHO.

Organização Mundial da Saúde (OMS). (2002b). *Plano de ação internacional sobre o envelhecimento.* Geneva: WHO.

Organização Mundial da Saúde (OMS). (2002c). *Relatório mundial sobre violência e saúde.* Geneva: WHO.

Organização Mundial da Saúde (OMS). (2017). *OMS cobra melhorias no atendimento aos idosos.* Recuperado de http://www.blog.saude.gov.br/index.php/promocao-da-saude/52959-oms-cobra-melhorias-no--atendimento-aos-idosos

Osório, L. C. (2013). *Como trabalhar com sistemas humanos: grupos, casais e famílias, empresas.* Porto Alegre: Artmed.

Papalia, D. E. & Feldman, R. D. (2013). *Desenvolvimento humano.* Porto Alegre: AMGH.

Piletti, N., Rossato, S. M., & Rossato, G. (2017). *Psicologia do desenvolvimento.* São Paulo: Contexto.

Queiroz, Z. P. V. (2005). Identificação e prevenção de negligências em idosos. *Mundo Saúde*, *29*(4), 613-616.

Reay, A. M. & Browne, K. D. (2001). Risk factor characteristics in carers who physically abuse or neglect their elderly dependants. *Aging Mental Health*, *5*(1), 56-62.

Silva, C. F. S. & Costa, M. L. G. (2015). *A relação da disfuncionalidade familiar com a violência doméstica contra o idoso* (Monografia de Especialização, Universidade Federal de Pernambuco, Recife).

Silva, C. F. S. & Dias, C. M. S. B. (2014). *Violência contra idosos: Uma proposta de intervenção psicoeducativa junto a familiares envolvidos com a Justiça* (Dissertação de mestrado, Universidade Católica de Pernambuco, Recife).

Silva, C. F. S. & Dias, C. M. S. B. (2015). Violência contra idosos na família: Intervenção psicoeducativa junto aos agressores. *Revista Brasileira de Geriatria e Gerontologia*, *9*(1), 26-33.

Silva, C. F. S. & Dias, C. M. S. B. (2016a). Violência contra idosos: Perfil sociodemográfico dos familiares agressores, tipos de violência impetrada e motivações para sua ocorrência. *Revista Eletrônica Gestão & Saúde*, *7*(2), 563-581.

Silva, C. F. S. & Dias, C. M. S. B. (2016b). Violência contra idosos na família: Motivações, sentimentos e necessidades do agressor. *Revista Psicologia: Ciência e Profissão*, *36*(3), 637-652.

Silva, C. F. S. & Dias, C. M. S. B. (2016c). Violência contra idosos: Características e enfrentamento. In D. V. S. Falcão, L. F. Araújo, & J. S. Pedroso (Eds.), *Velhices: Temas emergentes nos contextos psicossocial e familiar* (pp. 209-228). Campinas: Alínea.

Silva, C. F. S., Santana, S., & Hartmann Júnior, J. A. S. (2017). Violência familiar contra o idoso: Um olhar a partir da teoria social cognitiva. In S. Santana, C. Dias, & M. S. Oliveira (Eds.), *Teoria social cognitiva no contexto da saúde, escola e trabalho* (pp. 91-108). Novo Hamburgo: Sinopsys.

Souza, A., Pelegrini, T. S., Ribeiro, J. H. M., Pereira, D. S., & Mendes, M. A. (2015). Conceito de insuficiência familiar na pessoa idosa: análise crítica da literatura. *Revista Brasileira de Enfermagem*, *68*(6), 1176-1185.

Vilela, D. S. D. & Silva, C. F. S. (2018). *O Idoso como agente do crime* (Monografia de Especialização, Faculdade de Ciências Humanas de Olinda, Olinda).

World Health Organization (WHO). (2002). *Missing voices: Views of older persons on older abuse. A study from eight countries: Argentina, Austria, Brasil, Canada, India, Kenya, Lebanon and Sweden.* Geneva: WHO.

World Health Organization (WHO). (2011). *Global health and ageing.* Geneva: WHO.

LEITURAS RECOMENDADAS

Figueiredo, D., Guerra, S., Marques, A., & Sousa, L. (2012). Apoio psicoeducativo a cuidadores familiares e formais de pessoas idosas com demência. *Revista Temática Kairós Gerontologia*, *15*(1), 31-55.

Organização das Nações Unidas (ONU). (2017). *Países dos BRICS terão 940 milhões de idosos até 2050.* Recuperado de https://nacoesunidas.org/paises-dos-brics-terao-940-milhoes-de-idosos-ate-2050/

Organização Mundial da Saúde (OMS). (2015). *Relatório mundial de saúde e envelhecimento.* Recuperado de https://oglobo.globo.com/sociedade/saude/idosos-serao-um-quinto-do-planeta-em-2050-diz--oms-17649843

APÊNDICE 1
Avaliação de violência e maus-tratos contra a pessoa idosa

Instrumento desenvolvido em Porto Rico para avaliar possíveis situações de violência contra as pessoas idosas. Deve ser aplicado junto à pessoa idosa sozinha, evitando-se situações constrangedoras.

Objetivo: identificar situações de violência.

Avaliações dos resultados: respostas afirmativas em qualquer questão sugerem situação de violência que deverá ser minuciosamente avaliada.

Providências com os achados/resultados: Na confirmação da situação de violência, fazer a notificação e encaminhar aos órgãos competentes de cada região.

1.	No último ano, alguma das pessoas que o(a) rodeiam tem gritado com o(a) Sr.(a) sem razão?	Sim Não (vá para a questão 3)	( ) ( )
2.	Com que frequência?	Todos os dias da semana 2 ou 3 vezes na semana 1 vez na semana 2 a 3 vezes ao mês 1 vez ao mês ou menos	( ) ( ) ( ) ( ) ( )
3.	No último ano, alguma das pessoas que o(a) rodeiam tem chamado o(a) Sr.(a) por algum nome ou apelido que não goste?	Sim Não (vá para a questão 5)	( ) ( )
4.	Com que frequência?	Todos os dias da semana 2 ou 3 vezes na semana 1 vez na semana 2 a 3 vezes ao mês 1 vez ao mês ou menos	( ) ( ) ( ) ( ) ( )
5.	No último ano, alguma das pessoas que o(a) rodeiam tem usado ou manejado seu dinheiro sem seguir suas instruções?	Sim Não (vá para questão 7)	( ) ( )
6.	Com que frequência?	Todos os dias da semana 2 ou 3 vezes na semana 1 vez na semana 2 a 3 vezes ao mês 1 vez ao mês ou menos	( ) ( ) ( ) ( ) ( )
7.	No último ano, alguma das pessoas que o(a) rodeiam tem o(a) ameaçado por não fazer o que eles querem que o(a) Sr.(a) faça?	Sim Não (vá para a questão 9)	( ) ( )
8.	Com que frequência?	Todos os dias da semana 2 ou 3 vezes na semana 1 vez na semana 2 a 3 vezes ao mês 1 vez ao mês ou menos	( ) ( ) ( ) ( ) ( )

Continua

9.	No último ano, alguma das pessoas que o(a) rodeiam o(a) tem golpeado, batido ou esbofeteado?	Sim Não (vá para a questão 11)	( ) ( )
10.	Com que frequência?	Todos os dias da semana 2 ou 3 vezes na semana 1 vez na semana 2 a 3 vezes ao mês 1 vez ao mês ou menos	( ) ( ) ( ) ( ) ( )
11.	No último ano, alguma das pessoas que o(a) rodeiam o(a) tem sacudido ou segurado de forma intimidadora ou ameaçadora?	Sim Não (vá para a questão 13)	( ) ( )
12.	Com que frequência?	Todos os dias da semana 2 ou 3 vezes na semana 1 vez na semana 2 a 3 vezes ao mês 1 vez ao mês ou menos	( ) ( ) ( ) ( ) ( )
13.	No último ano, alguma das pessoas que o(a) rodeiam tem roubado seu dinheiro ou algum de seus pertences?	Sim Não (encerrar as perguntas)	( ) ( )
14.	Com que frequência?	Todos os dias da semana 2 ou 3 vezes na semana 1 vez na semana 2 a 3 vezes ao mês 1 vez ao mês ou menos	( ) ( ) ( ) ( ) ( )

Fonte: Brasil (2007).

APÊNDICE 2
Questionário APGAR de família

Objetivo: possibilita verificar indícios de disfunção familiar permitindo a elaboração de um projeto terapêutico. É uma medida unidimensional de satisfação com a dinâmica de funcionamento familiar, verificando a percepção das pessoas sobre suas famílias como um recurso ou como um fator estressor.

Avaliações dos resultados: os domínios citados são avaliados por meio de cinco questões simples às quais são atribuídas valores que, ao final, são somados resultando num escore total cuja representação numérica relaciona-se diretamente com uma condição de funcionalidade familiar (boa funcionalidade, moderada ou alta disfuncionalidade).

- 0 a 4 = elevada disfunção familiar
- 5 e 6 = moderada disfunção familiar
- 7 a 10 = boa funcionalidade familiar

Altos índices do APGAR demonstram maior capacidade de adaptação da família à nova situação e possíveis e prováveis mudança de papéis, enquanto um baixo índice pode representar um ambiente estressante, de baixa adaptabilidade à nova situação e pode requerer intervenções apropriadas e urgentes.

Providências com os achados/resultados: para os idosos mais dependentes deverá ser elaborado um projeto terapêutico.

DIMENSÕES AVALIADAS	PERGUNTAS A SEREM REALIZADAS	SEMPRE 2	ALGUMAS VEZES 1	NUNCA 0
A = *Adaptation* (Adaptação): representa a satisfação do membro familiar com a assistência recebida quando recursos familiares são necessários. É definida como a capacidade de utilização de recursos intra e extrafamiliares, diante de uma situação de estresse familiar, para a resolução dos problemas que provocaram a alteração do equilíbrio da referida família.	Estou satisfeito(a), pois posso recorrer à minha família em busca de ajuda quando alguma coisa está me incomodando ou preocupando.			
P = *Partnership* (Companheirismo): compreendido como a satisfação do membro familiar com a reciprocidade nas comunicações familiares e na solução de problemas. Por definição, é a capacidade da família de repartir decisões, responsabilidades e ações de maneira a manter seus membros protegidos e "alimentados".	Estou satisfeito(a) com a maneira como minha família e eu conversamos e compartilhamos os problemas.			

Continua

G = *Growth* (Desenvolvimento): representa a satisfação do membro familiar com a liberdade disponibilizada pela família para mudanças de papéis e para alcance de maturidade ou desenvolvimento emocional. É definido como maturidade estrutural e emocional da unidade familiar, bem como seu desenvolvimento obtido através do apoio, auxílio e orientações mútuas.	Estou satisfeito(a) com a maneira como minha família aceita e apoia meus desejos de iniciar ou buscar novas atividades e procurar novos caminhos ou direções.			
A = *Affection* (Afetividade): indica a satisfação do membro familiar com a intimidade e as interações emocionais em seu contexto familiar. Por definição, representa o cuidado ou a relação afetiva que existe entre os membros da família.	Estou satisfeito(a) com a maneira como minha família demonstra afeição e reage às minhas emoções, tais como raiva, mágoa ou amor.			
R = *Resolve* (Capacidade resolutiva): representa a satisfação do membro familiar com o tempo compartilhado entre eles. Em sua definição, associa-se à decisão, determinação ou resolutividade existente em uma unidade familiar. É o compromisso existente entre os membros de dedicarem-se uns aos outros, com o objetivo de fortalecimento mútuo (envolve geralmente a questão de tempo compartilhado, divisão de bens materiais, prosperidade e espaço). Embora possa compreender todos esses aspectos, o autor considerou mais relevante incluir apenas o tempo compartilhado entre os membros familiares neste domínio.	Estou satisfeito(a) com a maneira como minha família e eu compartilhamos o tempo juntos.			
Fonte: Brasil (2007).				

Parte **7**

AVALIAÇÃO PSICOLÓGICA NAS VARAS CÍVEIS

23
AVALIAÇÃO PSIQUIÁTRICO-FORENSE EM SITUAÇÕES DE INTERDIÇÃO

Paulo Oscar Teitelbaum

A avaliação da capacidade civil é uma situação de intervenção do Estado, por meio de seu ordenamento jurídico, sobre questões privadas do indivíduo, suas relações e negócios. O objetivo de tal intervenção é assegurar que preceitos gerais previstos na Constituição Federal sobre como deve funcionar a organização da sociedade sejam garantidos.

Essa intervenção, segundo a legislação, contará com manifestação técnica e é uma das áreas de atuação em que o trabalho integrado do psicólogo e do psiquiatra forense pode e deve, por excelência, ocorrer. A Lei nº 13.105/2015 do Código de Processo Civil (CPC) determina que um processo de interdição começa por meio de uma petição inicial ao juízo informando sobre fatos que levem a suspeitar da capacidade do *interditando* para o exercício de diversos direitos civis, como administrar seus bens ou praticar outros atos da vida civil (art. 749) (Brasil, 2015a). A essa petição, conforme art. 750, deve ser juntado um *laudo médico* que faça prova das alegações iniciais.

Para um adequado entendimento dos diversos aspectos envolvidos nessa interface com o direito, é importante, de início, definir alguns conceitos básicos, cujo conhecimento deve nortear a atividade pericial no âmbito da avaliação da capacidade civil, bem como a ação do perito de qualquer área que transita na relação entre o direito e sua própria *expertise* profissional, produzindo elementos de prova para instrução do processo judicial (Rigonatti, 2003).

Segundo o art. 1º da Lei nº 10.406/2002 do Código Civil (CC), todo indivíduo é titular de direitos, os quais são inerentes à simples condição de existir como *pessoa natural* (em contraposição ao conceito de *pessoa jurídica*, que são entes coletivos privados ou públicos) e, por definição, art. 2º, são inalienáveis desde o nascimento (ressalvados os "direitos do nascituro desde a concepção") até a morte (Brasil, 2002). Porém, para que possa *exercer* os direitos que lhe são inerentes, é necessário que o indivíduo mantenha a integridade de sua *capacidade* de discernimento de forma a poder distinguir entre o que seja conveniente ou prejudicial aos seus próprios interesses. Ou seja, na prática, a *titularidade* e o *exercício* dos direitos civis não são conceitos indissociáveis.

Com a mudança do CC brasileiro em 2002, ocorreu a delimitação dos chamados direitos da personalidade. No sentido jurídico do termo, a *personalidade* é um atributo do sujeito, inerente a sua natureza, enquanto a *capacidade* é a aptidão do sujeito para o exercício de atos e negócios jurídicos. Por isso decorre que a *capacidade* se vincula à prática dos negócios e das relações jurídicas, e não aos fatos jurídicos em si (Brasil, 2002).

A lei divide as pessoas físicas (ou *naturais*) em capazes e incapazes, sendo que as capazes podem praticar atos e negócios jurídicos, e as incapazes necessitam do auxílio ou da intervenção de mais alguém para praticá-los. Outro aspecto relevante, do ponto de vista da legislação vigente, é que a capacidade é vista como regra, e a incapacidade, como exceção. As pessoas que não têm capacidade de fato são consideradas incapazes do ponto de vista legal, o que é determinado por sentença judicial, decretando a interdição do indivíduo e sendo-lhe designado um curador. O curador nomeado é pessoa responsável por representar o interditado na realização de negócios ou atos jurídicos relativos à vida civil, sempre dentro dos limites da curatela estabelecida em sentença.

As alterações da capacidade de discernimento do indivíduo podem afetar diversas áreas da vida civil, como aquelas relativas à administração e à disposição do próprio patrimônio e renda, às decisões quanto aos cuidados relativos à própria saúde (inclusive aceitar ou rejeitar tratamento), para casar, testar, testemunhar, manter a guarda de filhos menores, receber citações judiciais, entre outras. Importante destacar que o instituto jurídico da interdição tem o objetivo primordial de proteção do indivíduo. Nesse sentido, a privação do exercício dos direitos civis deve necessariamente ser a menos restritiva possível, focada nos prejuízos específicos, buscando a preservação da autonomia do sujeito na maior extensão possível de acordo com as capacidades remanescentes. A regulação legal dessas circunstâncias, como de resto o ordenamento jurídico em geral, sofre periódicas modificações e atualizações, ainda que de forma bastante lenta, na tentativa de acompanhar os processos evolutivos da sociedade.

BREVE REVISÃO DA LEGISLAÇÃO PERTINENTE À CAPACIDADE CIVIL E SUAS ALTERAÇÕES RECENTES

No que se refere especificamente às questões relativas ao exercício de direitos civis e, por consequência, da avaliação da capacidade para exercê-los, a legislação brasileira experimentou expressivas modificações ao longo dos últimos 15 anos. Para bem desempenhar as funções de perito ou de assistente técnico, é de fundamental importância que o profissional esteja familiarizado e atualizado em relação à legislação específica, compreendendo seu espírito e sua evolução. Com esse objetivo, serão revistos brevemente alguns aspectos específicos da legislação e as principais modificações ocorridas.

Os dispositivos legais que regulamentam a capacidade (ou suas modificações) do sujeito para o exercício dos direitos civis e que são do interesse da abordagem feita neste capítulo encontram-se no CC, no CPC e no Estatuto da Pessoa com Deficiência (EPD) (Brasil, 2009). O CC brasileiro, promulgado em 1916[1] (Brasil, 1916), manteve sua vigência por mais de 80 anos, quando, em 2002, foi modificado e atualizado de modo expressivo, após uma tramitação legislativa de quase 30 anos, entre o início dos debates e a sanção presidencial. Com as mudanças, o legislador procurou incorporar as grandes evoluções ocorridas tanto na nosologia como no conhecimento e possibilidades de tratamento das condições relativas à saúde mental e seus consequentes reflexos sobre o exercício de direitos civis e os atos jurídicos correspondentes (Serafim, Barros, & Rigonatti, 2006).

Um exemplo concreto da evolução da linguagem legal foi a supressão da expressão *loucos de todo gênero*, vaga e estigmatizante, utilizada no CC de 1916 (art. 5º, inc. II) e já criticada por psiquiatras e juristas desde sua origem naquela época. De acordo com uma linguagem mais adaptada à nosologia psiquiátrica, foi substituída no CC de 2002 por "os que, por enfermidade ou retardo mental, não tiverem o necessário discernimento" (Abdalla-Filho, Chalub, & Borba Telles, 2015).

A delimitação legal da condição de incapacidade absoluta ou relativa ficou, então, assim definida na Lei nº 10.406/2002 do CC (Brasil, 2002, documento *on-line*):

---

[1]Código Civil. Lei nº 3071/1916 revogada pela Lei nº 10.406/2002.

Art. 3º – São absolutamente incapazes de exercer pessoalmente os atos da vida civil:
I – os menores de 16 anos;
II – os que, por enfermidade ou deficiência mental, não tiverem o necessário discernimento para a prática desses atos;
III – os que, mesmo por causa transitória, não puderem exprimir sua vontade.
Art. 4º – São incapazes, relativamente a certos atos, ou à maneira de os exercer:
I – os maiores de 16 e menores de 18 anos;
II – os ébrios habituais, os viciados em tóxicos, e os que, por deficiência mental, tenham discernimento reduzido;
III – os excepcionais, sem desenvolvimento mental completo;
IV – aqueles que, por causa transitória ou permanente, não puderem exprimir sua vontade;
V – os pródigos.

Para estabelecer as condições de incapacidade relativa e absoluta, foi adotado um critério biopsicológico. O critério biológico se define pela idade do sujeito, consideradas as condições de amadurecimento pessoal e sociocultural, por meio de dois pontos de corte cronológicos e progressivos. Quando o indivíduo atinge o primeiro, aos 16 anos, o legislador considera que ele adquire capacidade relativa para o exercício de seus direitos civis, e o segundo, aos 18 anos, a plena capacidade é atingida. Já o critério psicológico está implícito na expressão *discernimento*, que decorre de uma adequada funcionalidade cognitiva, avaliação objetiva da realidade e pragmatismo.

Alterações do discernimento, total ou parcial, nos termos do legislador de 2002, podem ser causadas por deficiência intelectual ou doença mental, bem como por influência de substâncias psicoativas (SPA) lícitas (*ébrios*) e/ou ilícitas (viciados em tóxicos). Além destes, a lei ocupou-se de proteger também aqueles que, acometidos por alguma doença clínica grave, como traumatismos craniencefálicos, estados comatosos, entre outros quadros, estivessem transitória ou definitivamente incapazes de *exprimir sua vontade*.

Os *excepcionais* referidos no inciso II do art. 4º seriam os indivíduos portadores de deficiências, geralmente de natureza sensorial, que tenham prejudicadas ou diminuídas suas possibilidades de apreensão e/ou compreensão da realidade. Entre estes estariam, por exemplo, os surdos-mudos (se incapazes de comunicação por qualquer meio) ou os acometidos de paralisia cerebral grave.

A expressão "pródigos" (art. 4º, inc. V) é um conceito jurídico, e não psiquiátrico. Refere-se àquele que dissipa ou desperdiça seus recursos e patrimônio sem um fim útil. Sabe-se que diversos transtornos mentais apresentam em seus sintomas comportamentos correspondentes à prodigalidade. Entre os mais comumente encontrados estão as síndromes maníacas, mas também os quadros compulsivos (p. ex., jogo compulsivo); ainda, as dependências químicas graves podem ser acompanhadas de comportamento pródigo (nesse caso, para sustentar o custo do consumo da substância de abuso). Indivíduos com deficiência intelectual também podem apresentar prodigalidade, além daqueles com alterações orgânicas da personalidade (p. ex., sequela de traumatismo craniencefálico, demências, tumores cerebrais).

Em 2007, o Brasil assinou a Convenção Internacional sobre os Direitos das Pessoas com Deficiência, promovida pela Organização das Nações Unidas (ONU), na qual, entre diversos dispositivos protetivos e inclusivos, encontramos como de especial interesse para o tema aqui abordado o art. 12, inc. 2, que se refere à capacidade legal: "Os estados-partes reconhecerão que as pessoas com deficiência gozam de capacidade legal em igualdade de condições com as demais pessoas em todos os aspectos da vida". A integral ratificação dos termos da Convenção em nosso país veio pela promulgação do Decreto nº 6.949/2009 (Brasil, 2009).

A necessária adequação do sistema legal aos termos prescritos pelo Decreto de 2009 resultou na edição da Lei nº 13.146/2015, conhecida como Lei Brasileira de Inclusão da Pessoa com Deficiência do EPD, a qual modificou ou revogou vários dispositivos relativos à capacidade civil para o exercício de direitos do então ainda recente CC de 2002 (Brasil, 2015b). Em seu art. 2º, o EPD estabelece a definição genérica sobre o que seja, do ponto de vista legal, uma pessoa com deficiência:

> Art. 2º – Considera-se pessoa com deficiência aquela que tem impedimento de longo prazo de natureza física, mental, intelectual ou sensorial, o qual, em interação com uma ou mais barreiras, pode obstruir sua participação plena e efetiva na sociedade em igualdade de condições com as demais pessoas (Brasil, 2015b, documento *on-line*).

Mais adiante, em seus arts. 4º e 6º, o EPD enuncia aquelas que talvez sejam as alterações mais expressivas e que, ao mesmo tempo, introduziram mais discussão e complexidade à atuação do perito na área específica de avaliação da capacidade civil, uma vez que incluem as pessoas com transtornos mentais ou deficiências intelectuais. Diz o texto legal (Brasil, 2015b, documento *on-line*):

> Art. 4º – Toda pessoa com deficiência tem direito à igualdade de oportunidades com as demais pessoas e não sofrerá nenhuma espécie de discriminação.
> Art. 6º – A deficiência não afeta a plena capacidade civil da pessoa, inclusive para:
> I – casar-se e constituir união estável;
> II – exercer direitos sexuais e reprodutivos;
> III – exercer o direito de decidir sobre o número de filhos e de ter acesso a informações adequadas sobre reprodução e planejamento familiar;
> IV – conservar sua fertilidade, sendo vedada a esterilização compulsória;
> V – exercer o direito à família e à convivência familiar e comunitária; e
> VI – exercer o direito à guarda, à tutela, à curatela e à adoção, como adotante ou adotando, em igualdade de oportunidades com as demais pessoas.

Para os fins dessa exposição sobre as bases legais para a atuação do perito na avaliação da capacidade civil, bem como sobre as modificações ocorridas mais recentemente e que impactam diretamente sobre a atividade pericial e suas relações com os operadores do direito, é necessário mencionar também os arts. 84 e 85 do EPD (Brasil, 2015b, documento *on-line*):

> Art. 84 – A pessoa com deficiência tem assegurado o direito ao exercício de sua capacidade legal em igualdade de condições com as demais pessoas.
> § 1º – Quando necessário, a pessoa com deficiência será submetida à curatela, conforme a lei.
> [...]
> Art. 85 – A curatela afetará tão somente os atos relacionados aos direitos de natureza patrimonial e negocial.
> § 1º – A definição da curatela não alcança o direito ao próprio corpo, à sexualidade, ao matrimônio, à privacidade, à educação, à saúde, ao trabalho e ao voto.

A partir desses parâmetros, o EPD revogou incisos e alterou a redação dos arts. 3º e 4º do CC de 2002, que definiam os indivíduos absoluta ou relativamente incapazes perante a lei, retirando as referências à doença mental e à deficiência intelectual, além de restringir a condição de incapacidade absoluta apenas aos menores de 16 anos (critério unicamente biológico), conforme o Quadro 23.1.

Assim, pode-se dizer que as alterações introduzidas no CC de 2002 a partir do EPD, na prática, passaram a considerar as pessoas com transtornos mentais como plenamente capazes do ponto de vista civil, bem como estabeleceram limites bastante estreitos para sua proteção por meio do instituto da curatela, ficando estes restritos, como regra, às questões negociais e patrimoniais. Outro aspecto legal importante com o qual o profissional que atua na área pericial deve ter familiaridade é o instituto da tomada de decisão apoiada (TDA), definido a partir do EPD em seus arts. 115 e 116, os quais acrescentaram o art. 1.783-A ao CC, no capítulo que trata das curatelas. O artigo acrescentado reza que (Brasil, 2015b, documento *on-line*):[2]

---

[2]Código Civil. Lei nº 10.406/2002. Redação modificada pelo EPD Lei nº 13.146/2015.

QUADRO 23.1
Comparativo entre as Leis nº 10.406/2002 e nº 13.416/2015 do Código Civil

Como era até o EPD:	Como ficou após o EPD:
Art. 3º – São absolutamente incapazes de exercer pessoalmente os atos da vida civil: **I** – os menores de 16 anos; **II** – os que, por enfermidade ou deficiência mental, não tiverem o necessário discernimento para a prática desses atos; **III** – os que, mesmo por causa transitória, não puderem exprimir sua vontade. **Art. 4º** – São incapazes, relativamente a certos atos, ou à maneira de os exercer: **I** – os maiores de 16 e menores de 18 anos; **II** – os ébrios habituais, os viciados em tóxicos, e os que, por deficiência mental, tenham discernimento reduzido; **III** – os excepcionais, sem desenvolvimento mental completo; **IV** – aqueles que, por causa transitória ou permanente, não puderem exprimir sua vontade; **V** – os pródigos.	**Art. 3º** – São absolutamente incapazes de exercer pessoalmente os atos da vida civil os menores de 16 anos. **I** – (Revogado) Lei nº 13.146/2015. **II** – (Revogado) Lei nº 13.146/2015. **III** – (Revogado) Lei nº 13.146/2015. **Art. 4º** – São incapazes, relativamente a certos atos, ou à maneira de os exercer: **I** – os maiores de 16 e menores de 18 anos; **II** – os ébrios habituais e os viciados em tóxicos; **III** – aqueles que, por causa transitória ou permanente, não puderem exprimir sua vontade; **IV** – os pródigos.

Da Tomada de Decisão Apoiada

Art. 1.783-A – A tomada de decisão apoiada é o processo pelo qual a pessoa com deficiência elege pelo menos 2 (duas) pessoas idôneas, com as quais mantenha vínculos e que gozem de sua confiança, para prestar-lhe apoio na tomada de decisão sobre atos da vida civil, fornecendo-lhes os elementos e informações necessários para que possa exercer sua capacidade.

§ 1º – Para formular pedido de tomada de decisão apoiada, a pessoa com deficiência e os apoiadores devem apresentar termo em que constem os limites do apoio a ser oferecido e os compromissos dos apoiadores, inclusive o prazo de vigência do acordo e o respeito à vontade, aos direitos e aos interesses da pessoa que devem apoiar.

§ 2º – O pedido de tomada de decisão apoiada será requerido pela pessoa a ser apoiada, com indicação expressa das pessoas aptas a prestarem o apoio previsto no *caput* deste artigo.

§ 3º – Antes de se pronunciar sobre o pedido de tomada de decisão apoiada, o juiz, assistido por equipe multidisciplinar, após oitiva do Ministério Público, ouvirá pessoalmente o requerente e as pessoas que lhe prestarão apoio.

§ 4º – A decisão tomada por pessoa apoiada terá validade e efeitos sobre terceiros, sem restrições, desde que esteja inserida nos limites do apoio acordado.

§ 5º – Terceiro com quem a pessoa apoiada mantenha relação negocial pode solicitar que os apoiadores contra-assinem o contrato ou acordo, especificando, por escrito, sua função em relação ao apoiado.

§ 6º – Em caso de negócio jurídico que possa trazer risco ou prejuízo relevante, havendo divergência de opiniões entre a pessoa apoiada e um dos apoiadores, deverá o juiz, ouvido o Ministério Público, decidir sobre a questão.

§ 7º – Se o apoiador agir com negligência, exercer pressão indevida ou não adimplir as obrigações assumidas, poderá a pessoa apoiada ou qualquer pessoa apresentar denúncia ao Ministério Público ou ao juiz.

§ 8º – Se procedente a denúncia, o juiz destituirá o apoiador e nomeará, ouvida a pessoa apoiada e se for de seu interesse, outra pessoa para prestação de apoio.

§ 9º – A pessoa apoiada pode, a qualquer tempo, solicitar o término de acordo firmado em processo de tomada de decisão apoiada.

§ 10º – O apoiador pode solicitar ao juiz a exclusão de sua participação do processo de tomada de decisão apoiada, sendo seu desligamento condicionado à manifestação do juiz sobre a matéria.

§ 11º – Aplicam-se à tomada de decisão apoiada, no que couber, as disposições referentes à prestação de contas na curatela.

Considerando a garantia de igualdade das pessoas com deficiência que perpassa todo o EPD, observa-se pela redação do artigo que a maior preocupação do legislador é a proteção negocial e patrimonial do indivíduo, não se vislumbrando o mesmo cuidado com todas as demais necessidades específicas das pessoas com doença ou deficiência intelectual, igualmente alcançadas pela lei (Abdalla-Filho, 2017).

Ao examinar o conjunto de dispositivos legais referidos, percebe-se a evolução das normas relativas aos indivíduos que apresentam eventuais limitações de capacidade para o exercício de seus direitos civis no sentido de equiparar as limitações de todas as naturezas, sejam elas físicas, sensoriais, intelectuais e psicopatológicas. Essa circunstância tem sido motivo de discussão e questionamento entre os profissionais psiquiatras forenses com atuação pericial, uma vez que essa equiparação legal, ao tratar de forma genérica situações individuais especificamente desiguais, pode aumentar de forma significativa a desproteção legal daqueles acometidos por doença ou deficiência intelectual, podendo gerar situações fáticas que viriam a contrariar o próprio *espírito* da lei.

RISCOS POTENCIAIS A PARTIR DA LEGISLAÇÃO ATUAL

Conforme visto, de acordo com a legislação atual em vigor, os sujeitos acometidos por doenças mentais, os deficientes intelectuais de qualquer grau, bem como aqueles acometidos por doenças clínicas graves com repercussão psiquiátrica, são considerados, *a priori*, plenamente capazes para o exercício de seus direitos civis. Essa condição estende-se explicitamente aos direitos de, por exemplo, contrair matrimônio e decidir sobre a própria saúde (aceitar ou rejeitar tratamentos), uma vez que o próprio instituto da curatela, cujo espírito é a proteção integral do indivíduo, resultou limitado às questões relativas ao patrimônio e à renda do sujeito curatelado conforme art. 6º, art. 84 e art. 85, §1º da Lei nº 13.416/2015 do EPD (Brasil, 2015b).

Com as alterações introduzidas no CC, não parece exagerado dizer que, do ponto de vista psiquiátrico, o foco da curatela não é mais a proteção da pessoa, e sim a promoção de garantias sociais, sem espaço para consideração à realidade psíquica do sujeito, que acarreta necessidades muito específicas e peculiares com grande repercussão sobre sua saúde e relações interpessoais (Abdalla-Filho, 2017).

Toda alteração significativa do ordenamento jurídico traz consigo um inevitável tempo de incertezas e confusões em relação à sua aplicabilidade prática, tanto para os operadores do direito como para os profissionais que atuam na atividade pericial. Imaginemos um indivíduo com doença mental psicótica grave (p. ex., esquizofrenia), de curso crônico, com períodos de agudização intensa de sintomatologia paranoide, com condutas violentas de risco auto e heteroagressivas (causadas pelas alterações do pensamento e da sensopercepção), que decide de tempos em tempos não mais aceitar tratamento (seja comparecer às consultas, seja tomar medicamento antipsicótico) porque o sistema de apoio (médico, familiar, etc.) está inserido em seus sintomas delirantes ameaçadores. O EPD garante seu direito a "decidir sobre a própria saúde", ou seja, aceitar ou rejeitar tratamento. Sendo esse um exemplo de situação encontrada com frequência na prática clínica, pode-se afirmar que indivíduos que, sob influência de um quadro psiquiátrico que prejudica seu juízo crítico e sua capacidade de discernimento, desejam abandonar o tratamento, sofrendo e infligindo a terceiros consequências que podem trazer risco à vida, são de fato "protegidos" pela nova lei?

Outro exemplo de situação não raramente encontrada na prática clínica é a de um indivíduo viúvo, aposentado de alta função pública, com quadro demencial atual, que decide casar com sua nova cuidadora, 40 anos mais jovem. Caso ele tenha 70 anos ou mais, a Lei nº 12.344/2010 determina ser obrigatório o regime de separação de bens no casamento, o que, em princípio, protege seu patrimônio e eventual herança (Brasil, 2010). Porém, sendo a decisão de casar o exercício de um direito civil universalmente garantido pelo EPD, esse casamento seria considerado um *ato jurídico perfeito*, e a nova esposa adquire o direito à pensão após o eventual falecimento do idoso. Nesse exemplo fictício (mas nem tanto...), poderia estar em curso uma fraude contra o sistema previdenciário, por meio da sedução, com finalidade de lucro pessoal, de pessoa idosa com capacidade de discernimento prejudicada ou abolida por um quadro demencial, doença neuropsiquiátrica de características degenerativas. Parece possível que a esposa assuma integral e legalmente os cuidados para com o marido e passe a administrar a renda do casal da forma que lhe parecer mais conveniente, manejando contas bancárias e/ou reservas de investimentos. Ou, ainda, em algum momento, a nova esposa, apoiada pela existência da doença neuropsiquiátrica do marido, pode optar por requerer judicialmente sua interdição e apresentar-se como potencial curadora. E assim de forma sucessiva.

Ainda no campo das situações práticas, veja-se, por exemplo, o caso de um adulto com deficiência intelectual, que apresenta diagnóstico de câncer, cujo tratamento tem relativas chances de cura, ou ao menos reais possibilidades de significativa extensão da sobrevida com qualidade, mas que envolve cirurgia extensa e delicada, além de tratamento quimio e radioterápico inicial com diversos efeitos colaterais desagradáveis. Com base no EPD, esse indivíduo decide pela TDA, elegendo para tal seus padrinhos, pessoas amorosas e interessadas por ele, porém ambos seguidores de uma religião que é contrária às intervenções médicas propostas. Confiante em seus escolhidos, o sujeito decide não aceitar o tratamento, desconsiderando as opiniões de seus pais e irmãos, que insistem pelo tratamento. Pode-se entender esse indivíduo como efetivamente protegido pela legislação em suas necessidades específicas e peculiares? A garantia de preservação da autonomia proposta pelo EPD é compatível com os *melhores interesses* desse indivíduo?

Ou, ainda, uma mulher em idade fértil, com deficiência intelectual de moderada a grave, incapaz de gerenciar adequadamente funções básicas de autocuidado, como higiene e alimentação, e totalmente dependente dos familiares, mas com higidez física e liberdade de movimentação, costuma "fugir" de casa, permanecendo às vezes por um ou dois dias na rua, quando apresenta repetidamente conduta sexual promíscua, a qual resultou em duas gravidezes no passado. Segundo o EPD, ela tem plena capacidade civil para "[...] exercer direitos sexuais e reprodutivos e exercer o direito de decidir sobre o número de filhos e de ter acesso a informações adequadas sobre reprodução e planejamento familiar" (Brasil, 2015b). Mesmo uma possível interdição e decretação de curatela estaria restringida a questões patrimoniais e negociais em uma interpretação restrita da lei. Qual a efetiva proteção oferecida a essa pessoa e, mais ainda, à prole que gerou ou vier a gerar nas circunstâncias descritas? Situações como essa são vistas cotidianamente por profissionais peritos que atuam junto a, por exemplo, órgãos públicos de assistência social, Ministério Público ou Poder Judiciário.

Enfim, entre as inúmeras situações que encontramos no dia a dia da prática pericial, é importante ter em mente a complexidade das circunstâncias que podem envolver a aplicabilidade prática da nova legislação, caso se pretenda a efetiva proteção de pessoas com doenças mentais de variadas naturezas e que, obviamente, vão muito além das questões patrimoniais. Ainda que se deva aplaudir o *espírito* do instituto da TDA como uma evolução, é necessário considerar que sua utilização, em especial nos primeiros anos de sua aplicação, precisa contar com uma boa dose de sensibilidade dos operadores do direito, assim como dos peritos, para que o potencial benefício de um instrumento de garantia de autonomia não se converta em desproteção daqueles a quem deveria ajudar a proteger.

Também é importante assinalar que o psiquiatra/perito é o único responsável pelo seu relatório e tem total liberdade para descrever e concluir, desde que de forma fundamentada, e apoiado no conhecimento científico mais atual, aquilo que lhe parecer mais adequado e pertinente para responder às questões que lhe são propostas pelos operadores do direito. Nesse sentido, também é necessário destacar que o laudo não é sentença. A decisão, proferida em sentença, é responsabilidade do juiz, que, a partir de seu livre convencimento, tem, por delegação da sociedade, a prerrogativa de aceitar ou descartar (no todo ou em parte) o laudo pericial e as conclusões do perito, conforme expresso na Lei nº 13.105 do CPC (Brasil, 2015a, documento *on-line*):

> **Art. 371** – O juiz apreciará a prova constante dos autos, independentemente do sujeito que a tiver promovido, e indicará na decisão as razões da formação de seu convencimento.
> [...]
> **Art. 479** – O juiz apreciará a prova pericial de acordo com o disposto no art. 371, indicando na sentença os motivos que o levaram a considerar ou a deixar de considerar as conclusões do laudo, levando em conta o método utilizado pelo perito.

ATUAÇÃO DO PERITO NA AVALIAÇÃO DA CAPACIDADE CIVIL

Tendo em mente a legislação pertinente ao tema e as diversas questões levantadas a partir de pontos controversos entre os diversos dispositivos legais, cabe ao psiquiatra forense, ou ao perito de outra área de especialidade, tentar esclarecer, da maneira mais completa possível, as dúvidas levantadas pelos profissionais da área jurídica. Na prática, a avaliação da capacidade civil deve ser conduzida da mesma maneira que antes da publicação do EPD. Ao conduzir o exame de um sujeito com transtorno mental, deficiência intelectual ou algum quadro degenerativo (demência), o especialista deve descrever e apontar as limitações do examinando em termos de capacidade, concluindo pela presença ou não da plena capacidade civil.

Como em qualquer área da atuação pericial, é fundamental que o profissional tenha acesso ao maior número possível de fontes de informação sobre o caso a ser examinado. Assim, dados do próprio processo judicial (em caso de já haver sido iniciado), exames e relatórios médicos, informações de familiares e pessoas da convivência próxima do examinando, entre outros, são elementos indispensáveis para uma adequada avaliação e deverão compor o raciocínio pericial na confecção do laudo ou parecer.

O aspecto central a ser avaliado nesse tipo de perícia é o *discernimento* do examinando, ou seja, sua condição para compreender, julgar, discriminar, analisar e ponderar os elementos disponíveis de sua realidade objetiva, sendo capaz de medir consequências atuais e futuras de seus atos e decisões, avaliando com clareza aquilo que pode ser conveniente ou não para si mesmo, para seus negócios e relações. É importante destacar, em especial para aqueles profissionais iniciantes ou com menor experiência na atividade pericial, que o exame clínico das funções do ego com objetivo forense é um procedimento minucioso que deve buscar, por meio de conversa dirigida com o examinando, a demonstração da integridade das funções examinadas em seu conjunto e em que extensão cada uma delas poderá (ou não) estar prejudicada.

Para que se possa determinar a capacidade de discernimento do examinando, o exame do estado mental fornece elementos que indicam o funcionamento atual da *cognição* e do *teste de realidade* de forma vívida ao perito. O exame das funções da memória, da atenção, da orientação, da consciência e da inteligência oferece o caminho para o examinador inferir o grau de adequação e o tipo de relação do sujeito com a realidade objetiva circundante, bem como sua condição de acessar vivências passadas de forma coerente com seu contexto atual. Por meio da verificação das funções do pensamento, da sensopercepção e do afeto, o examinador pode ter uma visão objetiva sobre o grau de integridade do *teste de realidade*/juízo crítico, especialmente pela pesquisa da presença de ideias supervalorizadas ou delirantes (pensamento), alucinações (sensopercepção) ou expressões afetivas incoerentes com o momento vivenciado ou planos futuros referidos. O exame da conduta (ou *conação*) revela o grau de integração e adequação das demais funções, por meio das informações sobre como o examinando efetivamente *age* em suas relações interpessoais e autocuidado ou na condução de seus negócios e administração de seus bens. Por fim, e por óbvio, a função da linguagem (seja ela *verbal* ou outra forma de expressão comunicativa) permeia a comunicação do examinando com o perito e é o meio pelo qual o primeiro pode manifestar sua vontade (ONU, 2006).

Quando somos chamados a examinar indivíduos gravemente comprometidos em suas funções cognitivas e de regulação do teste de realidade (como nas demências já instaladas ou deficiências mentais moderadas ou graves), o exame do estado mental não apresenta maiores dificuldades, e o simples contato inicial com o examinando fornece significativos indícios do grau de comprometimento, o qual é claramente percebido por pessoas leigas na convivência social e/ou familiar habitual. Quando esse é o caso, em geral encontramos também farto conjunto de informações de familiares e, eventualmente médicas, de evidências de condutas francamente desadaptadas, dependentes, estranhas ou incoerentes do indivíduo. O laudo, ao se descrever essas evidências e achados clínicos, provenientes de diversas fontes, geralmente poderá demonstrar, de maneira lógica e coerente, o prejuízo global da capacidade de *discernimento* do examinando, o qual poderá se refletir em *incapacidade psíquica absoluta* para exercer os atos da vida civil devido a um transtorno mental. Se essa for a opinião técnica do perito, ela deve ser sua conclusão, deixando aos operadores do direito a discussão processual sobre as implicações e os aspectos legais envolvidos.

Porém, há situações nas quais as alterações de comportamento não são tão desadaptadas ou incoerentes, mas levantam suspeitas ou estranheza por destoarem de padrões habituais de comportamento anterior. Nesses casos, o exame do estado mental irá explorar de forma detalhada a percepção do examinando sobre as diversas instâncias de sua vida atual, negócios e relações, respeitando peculiaridades relativas ao seu nível de escolaridade, sociocultural e econômico.

De acordo com as peculiaridades do examinando, perguntas sobre valor do patrimônio, investimentos, fontes de ganho, notícias a respeito da situação e perspectivas econômicas do país, até formas de administrar o próprio orçamento, valor de produtos e bens comuns do dia a dia, ou o reconhecimento de cédulas de dinheiro, podem trazer informações importantes sobre o funcionamento cognitivo. Além das questões relativas a patrimônio e bens, é necessário investigar a vida pessoal e familiar. No âmbito pessoal e de autocuidado, pode-se perguntar sobre a condição de saúde geral, tratamentos médicos indicados e a forma como maneja as medicações prescritas, se realiza os exames sugeridos, etc. Na mesma linha, pode-se perguntar sobre como organiza seu dia, locais que costuma frequentar, atividades de lazer e companhias.

Em relação à vida familiar, investiga-se como são as relações com a família próxima, quem são as pessoas significativas, como são os laços afetivos e se experimentaram modificações recentemente; em caso afirmativo, por que motivos se modificaram. Também se investigam valores éticos familiares e pessoais do examinando ao longo da vida e no momento atual, bem como suas relações e comportamentos sociais, segundo as convenções de seu meio. Avaliam-se também a coerência e a continuidade lógica da qualidade das relações afetivas e dos valores pessoais do examinando no tempo. Também é importante explorar os planos de vida do periciado, tanto os de caráter mais imediato como os mais remotos, verificando sua exequibilidade em relação à expectativa razoável de vida restante (no caso de avaliação de idosos) e em relação às posses e circunstâncias pessoais.

Desse conjunto de informações, obtidas durante o exame do estado mental, e da forma como elas emergem no contexto de um funcionamento melhor ou pior integrado das funções do ego, pode o examinador aferir a integridade da capacidade de *discernimento* do examinando. Observa-se, na prática cotidiana, que o *discernimento* para temas relativos ao gerenciamento do patrimônio e da renda é o primeiro a apresentar prejuízo, sendo a capacidade necessária para gerenciar os demais aspectos da própria vida tardiamente afetada. O examinador, ao se pronunciar, deve ter a sensibilidade de ponderar em cada caso individual a dimensão do que, de forma concreta, compõe a realidade de cada indivíduo, pois a capacidade requerida para, por exemplo, administrar uma aposentadoria previdenciária média é diferente daquela exigida para gerenciar um patrimônio que envolva imóveis ou investimentos financeiros diversos. Na mesma linha, decisões sobre mudar de residência, casar ou recusar um tratamento vital envolvem diferentes níveis de complexidade (ONU, 2006).

Em algumas situações, o trabalho conjunto entre o psiquiatra forense e o psicólogo forense é fundamental, uma vez que este dispõe de ferramentas e conhecimento específicos, por meio de testes padronizados e validados, concebidos para oferecer elementos objetivos de medida. Quando bem selecionados os instrumentos e manuseados por profissionais experientes e preparados, os testes utilizados em avaliações psicológicas da capacidade civil se constituem em elemento de peso a consubstanciar os dados clínicos levantados pelo perito psiquiatra, especialmente na discriminação mais detalhada do comprometimento de funções específicas.

O exemplo a seguir ilustra uma situação na qual uma condição clínica de funcionamento em nível de retardo mental se acompanhou de um resultado de QIT = 96, percentil 39 (nível médio). Situações como essa, caso os dados sejam apresentados em sua forma bruta, compreensivelmente podem trazer dificuldades para os operadores do direito, gerando discussões nas quais os melhores interesses de proteção ao indivíduo resultem prejudicados. Por sua vez, uma acurada discussão e adequada interpretação dos resultados da testagem, de modo consistente, integradas aos achados clínicos, geram esclarecimento, atendendo ao objetivo final de uma prova pericial.

Exemplo

João,[3] 41 anos, divorciado, ensino médio completo, auxiliar administrativo, procedente de cidade do interior do Rio Grande do Sul. É o segundo de uma prole de três filhos (irmão 43 anos e irmã 37 anos, ambos casados e com nível superior). Provém de família legalmente constituída, pais com pouca instrução, mas que criaram e conduziram uma indústria de sucesso, o que resultou na construção de um patrimônio familiar expressivo. A mãe, com o sucesso financeiro, voltou a estudar e concluiu dois cursos de nível superior, integrando-se de forma muito ativa no comando dos negócios, assumindo-os e continuando a expandi-los quando o marido faleceu, há aproximadamente 15 anos.

Familiares informam que João teve um desenvolvimento neuropsicomotor lento (falou aos 4 anos) e que completou o ensino médio com dificuldade e diversas repetências "em uma escola privada que recebia vultosas doações da família" (sic). João vive em uma casa de propriedade da família, cujas despesas de manutenção e impostos são custeadas pela mãe, porém é ele quem se responsabiliza por fazer suas compras de supermercado, pela limpeza e pequenos reparos. A família informa ser ele muito cuidadoso, mantendo a casa e o jardim sempre limpos. Está separado há aproximadamente dois anos, após um casamento que durou dez anos e que foi realizado às escondidas da família, com uma mulher 12 anos mais velha, de nível socioeconômico muito inferior ao seu, a qual já tinha três filhos de relacionamentos anteriores, sendo o mais velho poucos anos mais jovem do que João. A informação disponível sobre o casamento é a de que João era de forma habitual destratado publicamente pela esposa ("burro, inútil, imprestável") e pe-

---

[3] Os dados sociodemográficos foram alterados de forma a preservar a identidade dos envolvidos.

los enteados, sendo uma relação descrita como abusiva e exploradora. Apesar disso, ele sempre recusou a ideia de separar-se e dizia-se feliz e apaixonado pela esposa. A separação deu-se por iniciativa dela e foi conduzida em seus aspectos práticos e legais, de forma consensual, pela mãe de João, envolvendo uma compensação financeira e a doação de uma casa para a ex-esposa.

João leva uma vida pessoal relativamente independente da família de origem, evitando de forma sistemática contatos durante os fins de semana, quando costuma frequentar bailões na periferia de sua cidade, nos quais, segundo informa sua irmã, "sempre arruma uma namorada porque é um sujeito bem bonito e expansivo; o problema é quando ele começa a conversar, porque aí as meninas de um nível melhor se cansam logo" (sic). Durante a semana, porém, é sempre assíduo e pontual no trabalho, relaciona-se bem com todos, tanto familiares como funcionários. Seu trabalho consiste em recolher e transportar documentos entre filiais das empresas em cidades próximas, além de fazer depósitos e retiradas de cheques e valores em espécie nos bancos da região, manuseando quantias relativamente altas de dinheiro, o que sempre fez com zelo e correção. A irmã, a quem João está subordinado na empresa, costuma dar-lhe um roteiro minuciosamente explicado sobre as movimentações que deve fazer entre os diversos endereços e as tarefas a serem realizadas em cada um deles. Informa que passou a adotar tal procedimento, que costuma funcionar bem, porque no passado deu-se conta de que João seguia literalmente uma lista genérica de tarefas, muitas vezes indo a cidades vizinhas e voltando mais de uma vez, sem perceber que havia endereços na mesma cidade logo adiante na sua lista.

Seu salário, estabelecido pela mãe há alguns anos, é o correspondente ao teto de aposentadoria do INSS, e João o utiliza para suas despesas mensais com alimentação, lazer e "uma parte que eu guardo na poupança para o futuro" (sic). As entrevistas de avaliação com mãe e irmãos esclareceram que o salário de João é depositado mensalmente em uma conta poupança, e ele costuma fazer pequenas retiradas direto no caixa do banco, conforme sua necessidade, pois não aprendeu a utilizar cartão magnético ou a operar terminais eletrônicos. Segundo as informações disponíveis, João sente-se confortável com a situação estabelecida, nunca questionando ou reclamando sobre seus ganhos ou estabelecendo comparações com os ganhos dos irmãos ou quanto ao patrimônio familiar: "ele não é um cara invejoso ou interesseiro, ele é bom e ingênuo. Ele simplesmente parece não se interessar se ganha o mesmo que nós ou quanto valem os negócios. Ele vive a vida dele" (sic).

A irmã refere dois episódios passados em que João não conseguiu avaliar riscos e se machucou seriamente. Pouco tempo atrás, sentiu-se ofendido no trânsito por outro motorista: "chamou o cara para a briga" (sic); o outro estava armado de um facão e agrediu-o; "por sorte foi só de prancha, mas ele ficou todo marcado, ficou com vergonha e escondeu de nós. Ficamos sabendo por conhecidos que viram o fato" (sic). Em outro episódio, há aproximadamente quatro anos, foi assaltado por dois homens armados quando saía do banco. Foi ferido com um tiro, pois enfrentou-os de mãos nuas sem considerar os riscos envolvidos.

Tem um carro a sua disposição (tem habilitação), o qual utiliza de forma livre para o trabalho e para seu uso pessoal, mas cuja propriedade formal é da empresa. Há muitos anos, a mãe não permite que ele tenha em seu nome bens de maior valor, pois, no passado, fez alguns negócios comprando ou trocando carros e motos que ganhava dos pais por valores incompatíveis, saindo sempre muito prejudicado financeiramente, porém feliz pelo negócio feito. O irmão informa que há pouco tempo, "ao pegar uma carona com o João" (sic), descobriu que o irmão não utilizava o ar-condicionado porque não sabia como operá-lo no painel do veículo.

No momento da avaliação, a mãe, já com idade avançada, manifesta vontade de afastar-se da condução dos negócios da família, passando formalmente a administração integral aos filhos, os quais já exercem funções nas empresas e nos diversos investimentos familiares (que extrapolaram a indústria original). Preocupa-se com João, o qual sempre teve uma vida protegida (sic), com história de muitas dificuldades para manter empregos simples (chapista em lanchonete), mas que há dez anos adaptou-se muito bem, exercendo tarefas de *office boy* em uma das empresas que é administrada pela irmã, subordinado diretamente a ela. O plano familiar é o de constituir uma *holding*, cuja propriedade deverá ser dividida de forma igual entre os três filhos; porém, eles querem obter proteção tanto para a parte que caberá a João como para o patrimônio global da família após a criação da sociedade, já que João terá a condição de sócio igualitário da *holding* familiar. Para tal fim, foram orientados por advogado a propor uma ação de interdição de João para o exercício de alguns atos da vida civil.

O exame do estado mental não revelou sintomatologia de dimensão psicótica, tampouco se verificaram episódios dessa natureza no passado. As funções do ego mais claramente alteradas são:

- **Pensamento:** destaca-se significativo empobrecimento do conteúdo, com graves e evidentes prejuízos da capacidade de compreensão e abstração (é incapaz de interpretar em níveis abstratos provérbios conhecidos; tem muita dificuldade para efetuar mentalmente cálculos matemáticos simples com números de dois algarismos). O nível de funcionamento do pensamento é predominantemente concreto.
- **Linguagem:** seu vocabulário é restrito, porém fala com correção. Utiliza algumas frases e formulações, que já conhece e domina, de forma repetida quando não entende claramente o que está sendo conversado ou perguntado, procurando preencher o espaço da conversa.
- **Inteligência:** clinicamente apresenta significativo déficit de inteligência. Em consonância com o observado nas funções de pensamento e linguagem, mostra um nível de funcionamento de modo predominante concreto, com claras dificuldades de compreensão e interpretação de conceitos. Solicitado a realizar mentalmente operações matemáticas simples de subtração, multiplicação e divisão com números de dois algarismos, precisa pensar por um tempo longo e apresenta elevado número de respostas incorretas. Seu grau de escolaridade (médio completo) é muito superior à sua real capacidade cognitiva.
- **Afeto:** apresenta-se de uma forma que pode ser descrita como cordial, pueril e superficial. Há referências de familiares de que o avaliado apresenta episódios de raiva e, eventualmente, descontrole sem que, no entanto, chegue a agressões físicas. A irmã descreve situações de raiva do avaliado, as quais ela maneja como faz "com seus filhos pequenos" (sic). O humor é eutímico:

A avaliação psiquiátrica permitiu que se chegasse a uma impressão clínica de um diagnóstico de retardo mental (CID-10 F70). No entanto, para fins de fundamentação objetiva do diagnóstico e estabelecimento do grau de retardo presente, elemento geralmente importante para a instrução de uma ação de interdição (por ser indicativo dos limites da capacidade do avaliado para determinados atos da vida civil), foi solicitada uma avaliação psicológica.

A avaliação psicológica, realizada por psicóloga forense,[4] envolveu, além de entrevistas com João, a aplicação da Escala de Inteligência Wechsler para Adultos (WAIS-III),[5] entre outros instrumentos. Por questões de espaço, será reproduzida a seguir, de forma parcial, a análise do desempenho do avaliado em alguns dos diversos subtestes que compõem a WAIS-III, fundamentando de forma clara e compreensível aos operadores do direito a consistência entre um resultado de QI Total de nível médio e um funcionamento global comprometido, em nível de deficiência cognitiva.

No WAIS-III, João obteve os seguintes resultados: QIT (QI Total) = 96, percentil

---

[4]Agradeço à colega psicóloga Carmem Lisbôa Weingärtner Welter, Doutora em Psicologia Forense pela Universidade de Coimbra, Portugal, que gentilmente autorizou a utilização deste material.
[5]Escala de Inteligência Wechsler para Adultos – 3ª Ed. Adaptação Brasileira – 1ª Ed., 2004.

39, o que corresponde a um nível *médio* de funcionamento cognitivo; QIV (QI Verbal) = 102, percentil 55, também apontando para um nível *médio*; e QIE (QI Execução) = 88, percentil 21, correspondendo a um nível *médio inferior*. Já nos índices fatoriais, o examinando apresentou os seguintes resultados: Índice de Compreensão Verbal (ICV) = 100, percentil 50; Índice de Velocidade de Processamento (IVP) = 103, percentil 58, ambos correspondendo a um nível *médio*; Índice de Memória Operatória (IMO) = 115, percentil 84, correspondendo a um nível *médio superior*; e Índice de Organização Perceptual (IOP) = 87, percentil 19, correspondendo a um nível *médio inferior*.

Ainda que o resultado do QIT, assim como dos índices fatoriais, tenha-se situado ao redor da média, tais índices quantitativos, obtidos por meio da soma dos escores em vários subtestes, não refletem com fidedignidade o funcionamento cognitivo do examinando. A diferença significativa entre os QIV e QIE evidenciada no funcionamento cognitivo do examinando (atingindo 14 pontos), bem como as discrepâncias verificadas entre os índices fatoriais e as flutuações observadas no desempenho dos subtestes em ambas as escalas, tornam o QI Total uma medida inadequada do nível geral de capacidade do indivíduo e apontam para a necessidade de interpretar e compreender de modo mais aprofundado o significado de tais discrepâncias, bem como as implicações reais para a vida do sujeito.

A análise das flutuações observadas no desempenho dos subtestes tanto na escala verbal quanto na escala de execução revela que, em ambas, sua *performance* se sustenta fortemente pelos subtestes que avaliam as funções de memória imediata e mecânica, bem como atenção, concentração, resistência à distratibilidade e vulnerabilidade ante o estresse e a ansiedade, onde o examinando apresentou seus melhores escores. Todavia, em subtestes que avaliam capacidade de compreensão verbal, de formação de conceitos verbais e de abstração, bem como de organização perceptual e raciocínio não verbal, o desempenho do examinando tendeu a cair significativamente, seja com relação às médias alcançadas pelo próprio sujeito nas escalas verbal (M = 10,86) e de execução (M = 8,57) – variação intrassujeito –, seja comparado ao seu grupo populacional – variação intersujeito. Note-se que um desempenho deficitário nessas capacidades em particular consubstancia a hipótese de prejuízo cognitivo e se traduz em dificuldades concretas para lidar com situações da vida, seja em um contexto mais estritamente cognitivo (de resolução de problemas e realização de determinadas tarefas), seja em um contexto socioafetivo (de relacionamentos interpessoais).

Mesmo em subtestes verbais em que o examinando atingiu um desempenho mais próximo à média – *Informação* (Abdalla-Filho e colaboradores, 2015), *Vocabulário* (Abdalla-Filho, 2017) e *Semelhanças* (Serafim et al., 2006) –, a análise qualitativa das respostas aponta consistentemente para uma capacidade conceitual muito restrita e pobre, assentada em algumas poucas qualidades, predominantemente ligadas a aspectos mais concretos e funcionais da experiência, bem como limitada capacidade de abstração.

De especial relevância torna-se a análise do desempenho do examinando no subteste verbal *Compreensão*, que, em conjunto com o subteste de execução *Arranjo de Figuras*, constituem-se em medidas de inteligência social. O resultado apresentado pelo examinando em *Compreensão* (Addalla-Filho, 2017) situou-se significativamente abaixo da média obtida por ele mesmo na escala verbal, bem como relativamente à população em geral, apontando para limitações em usar o conhecimento adquirido (e armazenado na memória) de forma adaptativa em situações sociais. Qualitativamente, observa-se predomínio de respostas sugestivas de funcionamento concreto e baseadas em superaprendizagem (repetição de memória). Já no subteste *Arranjo de Figuras*, sensível à compreensão da significação de uma situação social e à capacidade de discriminar aspectos essenciais de não essenciais, também foi evidenciado desempenho significativamente baixo (ONU, 2006) com relação ao grupo populacional e com relação à média da escala de execução.

Em relação à escala de execução, de modo geral, o desempenho do examinando situou-se abaixo da média, comparado à média do grupo populacional ao qual pertence. Mostrou-se particularmente baixo o desempenho em *Cubos* (ONU, 2006), que, em conjunto com *Arranjo de Figuras* (ONU, 2006), considera-se uma medida fidedigna de inteligência não verbal, corroborando, desse modo, a hipótese de limitação cognitiva. Um baixo desempenho em *Cubos* está associado a déficits na capacidade de análise e síntese, bem como de conceitualização visuoespacial, apontando para dificuldades em organizar e integrar estímulos mais complexos.

Já os escores reduzidos em *Raciocínio Matricial* (Addalla-Filho, 2017) e *Completar Figuras* (Addalla-Filho, 2017) refletem predomínio de pensamento concreto, dificuldades de raciocínio não verbal, bem como de discriminar aspectos essenciais de não essenciais, sugerindo ainda pouco interesse pelo ambiente.

Em síntese, tal qual referido anteriormente, muito embora os escores quantitativos apresentados pelo examinando se situem ao redor da média, o padrão consistente de respostas identificado por meio da análise qualitativa das respostas e das flutuações existentes entre as diversas medidas que compõem o desempenho do examinando em ambas as escalas – verbal e de execução – evidencia déficits e limitações significativas em seu funcionamento cognitivo, que se traduzem em dificuldades concretas para lidar com situações da vida, seja em um contexto mais estritamente cognitivo, seja em um contexto de relações socioafetivas, com importantes implicações para tomada de decisões e organização de condutas.

O conjunto de elementos obtidos a partir das avaliações psiquiátrica e psicológica forense permitiu fundamentar com maior clareza e segurança a conclusão de que João apresenta uma condição psicopatológica de natureza definitiva e irreversível, definida como retardo mental de grau leve, com comprometimento mínimo do comportamento, correspondendo à codificação F70.0, conforme a *Classificação internacional de doenças e problemas relacionados à saúde* (CID-10). Em virtude das implicações dessa condição diagnosticada sobre seu *discernimento* relativo aos atos da vida civil, concluiu-se que João apresenta incapacidade parcial definitiva, estabelecendo-se que os limites da incapacidade são para os atos da vida civil que envolvam firmar contratos e/ou acordos (alienação de patrimônio, compra e/ou negociação de bens móveis e/ou imóveis, participações societárias, etc.) cujo valor total supere o montante de seus rendimentos mensais atuais; tomar decisões relativas aos cuidados com a própria saúde (inclusive decisões sobre receber ou recusar tratamentos); contrair matrimônio e/ou união estável; e testar. Nessas situações especificadas, para a proteção de sua saúde e interesses, deverá ser representado por tutor legal.

DEMANDAS ESPECÍFICAS EM AVALIAÇÕES DE CAPACIDADE CIVIL

Diferentemente do que costuma ocorrer, ou seja, uma demanda genérica ao perito para que se manifeste sobre a capacidade civil do indivíduo, há algumas situações em que o perito é solicitado a avaliar as capacidades do indivíduo para o exercício de direitos específicos relativos a determinados atos da vida civil. Essas situações, diferentemente do exame para fins de interdição, que é sempre uma perícia *transversal* no tempo (isto é, são avaliadas as condições do examinando na época do exame), podem ser também perícias *retrospectivas* (referentes à aferição das condições do examinando *ao tempo de algum ato passado*).

Pode estar enquadrada no segundo caso, por exemplo, a capacidade para testar, fazer doações ou negociar bens, para dar testemunho, para consentir com casamento, entre outras, atos exercidos em momento anterior e que, *a posteriori,* venham a ter sua validade jurídica questionada por possível alteração de capacidade ao tempo do ato. Ou o indivíduo pode ter sido interditado judicialmente no passado apenas para o exercício de alguma delas e, em momento futuro, ter sua capacidade questionada quanto à tomada de decisões e atos passados que não foram objeto de interdição anteriormente decretada. O resultado final desse exame deverá permitir ao perito, em suas conclusões, apontar (se for o caso) quais capacidades do examinando encontravam-se diminuídas ao tempo dos atos, qual a medida da diminuição e como interferiram no exercício dos atos questionados, levando essa informação ao juiz e atendendo, assim, ao preceito de contribuir para efetivamente proteger o sujeito e a validade dos negócios jurídicos.

O perito também deve ter em mente que as alterações da capacidade civil podem ser *definitivas* ou *transitórias*. Algumas condições médicas podem ocasionar quadros com sintomatologia neuropsiquiátrica e, assim, provocar alterações transitórias na capacidade de *discernimento* do indivíduo. Podem-se encontrar quadros pós-traumáticos (traumatismos craniencefálicos), quadros de desequilíbrio metabólico, estados pós-infecção cerebral (síndrome pós-encefalítica), algumas epilepsias não tratadas (cujos efeitos cessam quando sob tratamento farmacológico), tumores cerebrais (de tipo benignos, passíveis de remoção cirúrgica), entre outros. Ante essas situações, e estabelecido o diagnóstico da patologia orgânica de base, deverá o perito informar ao juiz as alterações e os déficits presentes da capacidade de *discernimento* do examinando, indicando a possibilidade de recuperação da plena capacidade sob tratamento adequado e sugerir nova perícia para fins de *levantamento da interdição* estimando um prazo mínimo suficiente para que ocorra a recuperação.

O RITO PROCESSUAL E O LAUDO PERICIAL EM CASOS DE INTERDIÇÃO

O art. 747 da Lei nº 13.105 do CPC define que a legitimidade para requerer a interdição de alguém se restringe ao cônjuge ou ao companheiro, a parentes ou tutores, a representante de entidade onde se encontre abrigado o interditando e, por fim, ao Ministério Público (Brasil, 2015a). Como já dito, a mesma lei determina, em seu art. 750, que um laudo médico seja parte da documentação juntada ao pedido inicial para abertura de um processo de interdição, no qual deverão estar descritos, ainda que de forma sumária, os sintomas e as hipóteses diagnósticas que sustentem a possibilidade de que o *interditando* esteja apresentando alterações em suas capacidades de "[...] administrar seus bens e, se for o caso, para praticar atos da vida civil, bem como o momento em que a incapacidade se revelou" (art. 749) (Brasil, 2015a).

Uma vez aceito o pedido, conforme art. 751 do CPC, o juiz dará início ao processo e marcará audiência para ouvir e entrevistar pessoalmente o interditando "acerca de sua vida, negócios, bens, vontades, preferências e laços familiares e afetivos e sobre o que mais lhe parecer necessário para convencimento quanto à sua capacidade para praticar atos da vida civil [...]" (Brasil, 2015a).

Convencido da presença de indícios de alteração das capacidades do *interditando*, e decorrido o prazo legal, o juiz, conforme o art. 753 do CPC, "[...] determinará a produção de prova pericial para avaliação da capacidade do interditando para praticar atos da vida civil" (Brasil, 2015a). O mesmo artigo determina, em seus parágrafos, quem pode realizar a perícia e o que é esperado do laudo pericial a ser produzido (Brasil, 2015a, documento *on-line*):

§ 1º – A perícia pode ser realizada por equipe composta por experts com formação multidisciplinar.

§ 2º – O laudo pericial indicará especificadamente, se for o caso, os atos para os quais haverá necessidade de curatela.

Poderão ser apresentados ao perito quesitos específicos, os quais deverão ser respondidos ao final da avaliação junto do laudo a ser produzido, como é de praxe em qualquer situação pericial. É importante lembrar que o perito tem a obrigação de responder aos quesitos formulados (e deferidos pelo juízo), ainda que a resposta seja a de que não foi possível chegar a uma conclusão definitiva sobre o que foi perguntado em algum quesito específico. Da mesma forma, a estrutura do laudo em situações de interdição não apresenta nenhuma peculiaridade, seguindo o modelo básico utilizado habitualmente.

O importante é que o laudo seja capaz de comunicar aos operadores do direito, em linguagem clara e acessível, um raciocínio pericial que construa uma sequência lógica e articulada entre as informações obtidas pelo perito em diversas fontes e os achados clínicos próprios do exame, apontando as eventuais implicações sobre capacidades específicas do *interditando*. O laudo deverá indicar de forma detalhada a extensão do prejuízo do *discernimento* e em que áreas há preservação das capacidades, procurando ser fiel ao princípio da menor intervenção possível sobre a autonomia do indivíduo, oferecendo a maior proteção possível aos seus melhores interesses.

Por exemplo, o perito poderá concluir que um *interditando*, como o do exemplo anterior, apresenta diminuição da capacidade para transacionar ou alienar seus bens imóveis por não compreender adequadamente os altos valores envolvidos e suas possibilidades de investimento, porém mantém plenas condições de *discernimento* para administrar as despesas habituais de manutenção própria. Poderá, então, sugerir em suas conclusões que os limites de eventual curatela a ser determinada pelo juiz alcancem apenas negociações ou transações patrimoniais, mas não o recebimento e a administração do rendimento (benefício, pensão, etc.) auferido mensalmente pelo *interditando*.

Examinada a prova pericial, o juiz poderá então decretar a interdição do examinando, levando em consideração seu estado atual, desenvolvimento mental, potencialidades e habilidades, além de suas vontades e preferências, designando um *curador* para representá-lo nos atos da vida civil para os quais tenha sido considerado incapaz conforme a sentença (art. 755) (Brasil, 2015a).

Por fim, cabe mencionar que a interdição, conforme previsão legal, poderá ser levantada a qualquer tempo, desde que cessada a causa de sua determinação. São habilitados para pedir o levantamento da interdição o próprio *interditado*, o curador designado ou o Ministério Público. Nesse momento processual, novamente o juiz nomeará um perito ou equipe multidisciplinar para proceder nova avaliação do *interditado*, os quais deverão produzir laudo em que esclareçam se ocorreram alterações nas causas que deram origem à interdição e se tais alterações permitem seu levantamento total ou parcial. Neste último caso, o laudo deverá indicar com especificidade para quais atos da vida civil o *interditado* recuperou a plena capacidade (art. 756) (Brasil, 2015a).

CONSIDERAÇÕES FINAIS

A perícia para fins de interdição envolve uma avaliação de alta complexidade, cuja consequência pode levar a uma interferência direta do Estado sobre a autonomia do indivíduo, restringindo de forma significativa o exercício de direitos civis inerentes a todos os cidadãos. É uma tarefa que requer do perito – de qualquer área profissional – tempo. Tempo não apenas para execução dos procedimentos periciais (estudo dos autos, documentos médicos, entrevistas com o sujeito e familiares, aplicação de testes selecionados), mas também e principalmente para pensar, articular informações e elaborar um documento (laudo) capaz de transmitir ao operador do direito as melhores conclusões a que conseguir chegar. Nesse sentido, em nome da qualidade final de seu trabalho, que irá resultar na forma como a justiça será distribuída, é fundamental que cada profissional seja capaz de estabelecer o tempo necessário para a realização de cada tarefa pericial, evitando delegar a terceiros (pessoas ou instituições contratantes) a determinação da duração de cada avaliação ou o número de avaliações a serem realizadas em determinado período, ressalvados os prazos determinados em lei.

A legislação atual sobre a matéria vem de mudanças recentes muito significativas, ainda não bem sedimentadas tanto na prática jurídica como na pericial, com isso dando margem a situações fáticas de conflito entre o que o perito observa em seu examinando e, portanto, obriga-se a descrever como *incapacidade psíquica*, e aquilo que o ordenamento jurídico preceitua que deva ser considerado *capacidade legal*. É fundamental manter em mente que cabe ao perito observar e descrever, construindo suas conclusões com base em suas convicções sobre o que seja o melhor para o examinando, deixando a resolução de eventuais impasses ou questões jurídicas para os operadores do direito.

A atuação minuciosa e cuidadosa do perito pode contribuir decisivamente para que a restrição do exercício de direitos civis individuais, quando necessária, venha sempre em benefício do sujeito, salvaguardando seus melhores interesses, quando sua própria capacidade de cuidar de si e/ou de seus bens esteja comprometida por transtornos mentais de forma transitória ou mesmo definitiva.

REFERÊNCIAS

Abdalla-Filho, E. (2017). Psychiatric evaluation of civil capacity with the new Brazilian Statute of the Person with Disabilities. *Revista Brasileira de Psiquiatria, 39*(3), 271-273.

Abdalla-Filho, E., Chalub, M., & Borba Telles, L. E. (2015). *Psiquiatria Forense de Taborda* (3. ed.) Porto Alegre. Artmed.

Brasil. (1916). *Lei nº 3.071, de 1º de janeiro de 1916*. Código Civil dos Estados Unidos do Brasil. Recuperado de http://www.planalto.gov.br/ccivil_03/LEIS/L3071.htm

Brasil. (2002). *Lei nº 10.406 de 10 de janeiro de 2002*. Institui o Código Civil. Recuperado de http://www.planalto.gov.br/ccivil_03/leis/2002/l10406.htm

Brasil. (2009). *Decreto nº 6.949, de 25 de agosto de 2009*. Promulga a Convenção Internacional sobre os Direitos das Pessoas com Deficiência e seu Protocolo Facultativo, assinados em Nova York, em 30 de março de 2007. Recuperado de http://www.planalto.gov.br/ccivil_03/_ato2007-2010/2009/decreto/d6949.htm

Brasil. (2010). *Lei nº 12.344, de 9 de dezembro de 2010*. Altera a redação do inciso II do art. 1.641 da Lei nº 10.406, de 10 de janeiro de 2002 (Código Civil), para aumentar para 70 (setenta) anos a idade a partir da qual se torna obrigatório o regime da separação de bens no casamento. Recuperado de http://www.planalto.gov.br/ccivil_03/_Ato2007-2010/2010/Lei/L12344.htm

Brasil. (2015a). *Lei nº 13.105, de 16 de março de 2015*. Código de Processo Civil. Recuperado de http://www.planalto.gov.br/ccivil_03/_ato2015-2018/2015/lei/l13105.htm

Brasil. (2015b). *Lei nº 13.146, de 6 de julho de 2015*. Institui a Lei Brasileira de Inclusão da Pessoa com Deficiência (Estatuto da Pessoa com Deficiência). Recuperado de http://www.planalto.gov.br/ccivil_03/_ato2015-2018/2015/Lei/L13146.htm

Organização das Nações Unidas (ONU). (2006). *Convention on the Rights of Persons with Disabilities* – Articles. Recuperado de https://www.un.org/development/desa/disabilities/convention-on-the-rights-of-persons-with-disabilities/convention-on-the-rights-of-persons-with-disabilities-2.html

Rigonatti, S. P. (Coord.). (2003). *Temas em psiquiatria forense e psicologia jurídica*. São Paulo: Vetor.

Serafim, A. P., Barros, D. M., & Rigonatti, S. P. (Orgs.). (2006). *Temas em psiquiatria forense e psicologia jurídica II*. São Paulo: Vetor.

LEITURA RECOMENDADA

Brasil. (2016). *Código civil e normas correlatas* (7. ed.) Brasília: Senado Federal. Recuperado de http://www2.senado.leg.br/bdsf/bitstream/handle/id/525763/codigo_civil.pdf

24

AVALIAÇÃO DO DANO PSÍQUICO EM PROCESSOS DA ÁREA CÍVEL

Sonia Liane Reichert Rovinski

A avaliação do dano psíquico em nosso país, apesar de se constituir em matéria recente, tem-se apresentado como importante demanda aos psicólogos. Na legislação brasileira, a noção de dano esteve inicialmente ligada às lesões físicas, em detrimento daquelas que caracterizariam sofrimento emocional. Com o tempo, mudanças na legislação e na jurisprudência passaram a ampliar essa noção de dano, evidenciando uma verdadeira mudança de paradigma na compreensão da saúde e do bem-estar. Com as mudanças, os agentes legais deixaram de valorar apenas o que era visível e palpável para discutir sobre a existência de um patrimônio desmaterializado (Reis, 1997). Na legislação, o marco afirmativo para essa nova visão de direitos foi a Constituição Federal de 1988, que, em seu art. 5º, incisos V e X, garantiu o direito de ressarcimento por dano à imagem e ao dano moral, além de definir direitos personalíssimos, como a intimidade, a vida privada e a honra (Brasil, 1988).

Com a visão ampliada dos direitos humanos, as demandas ultrapassaram o limite do saber jurídico, criando a necessidade de que outras áreas vinculadas à saúde e ao bem-estar fossem consultadas para uma melhor compreensão dos fenômenos levados a juízo. Nesse contexto, a avaliação psicológica adquiriu status importante para medir possíveis danos ao psiquismo, constituindo-se em uma prova legal que pode ser utilizada em diferentes contextos e com diferentes propósitos. Se o exame é requerido no interesse criminal, a perícia deve orientar-se de forma a responder aos interesses do art. 129 do Código Penal, que trata das ofensas à integridade corporal ou à saúde de outrem. Se a questão se prende às razões do interesse da administração pública, o alvo da perícia é no propósito de avaliar as condições de o examinado continuar ou não exercendo provisória ou definitivamente suas atividades funcionais. Por fim, se o objeto da avaliação é no sentido da reparação patrimonial ou extrapatrimonial, a perícia deve dirigir-se aos padrões disciplinados pelo Código Civil (França, 2001). A complexidade do tema, incluindo a própria definição de dano, surge em um campo de intersecção entre o direito e as ciências da saúde. O psicólogo que for requisitado a realizar esse tipo de avaliação deve não só dominar conhecimentos da área psicológica como compreender os fundamentos jurídicos que sustentam e justificam o pedido desse tipo de avaliação dentro do contexto legal. O conteúdo que será aqui discutido diz respeito aos fundamentos jurídicos e à prática psicológica para a avaliação do dano no contexto cível, com o objetivo de pleitear ressarcimento por perdas decorrentes de processo de vitimização.

CONCEITO DE DANO E CONDIÇÕES DE LEGITIMAÇÃO LEGAL

A noção jurídica de dano supõe que um evento danoso só será considerado um fenômeno jurídico quando dele surgirem consequências que tenham relação com a norma jurídica. Isto é, a noção de dano implica a do ato ilícito, podendo-se dizer que "[...] o ilícito se concretiza no dano: sem dano não há ilícito; sem ilícito não há dano reparável" (Manso, 1988, p. 196). Com isso, parte-se do pressuposto de que, para se pleitear um ressarcimento, é necessário que o ato praticado, causador do dano, possa ser, primeiramente, qualificado como ilícito e que a partir dele tenha havido consequência danosa à vítima. Assim, por exemplo, ser atingido por um raio, enquanto se caminha em praça pública, não gera o direito a dano, na medida em que não há a quem imputar ato ilícito. Já ser ameaçado ou mordido pelo cachorro de um vizinho, que escapou da coleira, é fato que gera a possibilidade de imputar a um sujeito a responsabilidade do dano, sendo o ato causador qualificável como ilícito pela lei – ainda que as consequências deste último possam ser bem menos danosas em relação ao primeiro caso.

Algumas condições devem ser preenchidas para que se efetive o direito de reparar, e elas dizem respeito ao dano ser: direto, certo, atingir um interesse legítimo e ser de ordem pessoal (Severo, 1994). O caráter direto é, quanto à terminologia, muito discutido em nossa realidade. Contudo, seria aceito quanto à ideia de que todo dano deve ter relação suficiente de causa e efeito entre a ação perpetrada e o resultado. Quanto à certeza, esta seria uma condição essencial, apesar de que deva ser encarada com razoável relatividade. O dano certo é aquele que não é eventual ou hipotético, ainda que precise ser apreciado quanto aos prejuízos futuros, como a perda de uma chance. Nesse caso, trata-se de avaliar a probabilidade de que um evento ocorresse, não fosse a intervenção do agente causador. Por fim, os aspectos de interesse e legitimidade. Ambos são requisitos que se interligam, pois "[...] o interesse deve ser compatível com a ordem jurídica vigente, de modo que a ausência de interesse faz ilegítimo o pleito, e a ausência de legitimidade importa na falta de interesse" (Severo, 1994, p. 20). São consideradas pessoas legítimas para pleitear a indenização a vítima e o lesado pelo ilícito, isto é, todo aquele que é afetado pelo fato contrário ao direito.

Os efeitos causados pelos danos no contexto jurídico podem ser classificados em dois grandes grupos: danos patrimoniais e extrapatrimoniais (ou não patrimoniais). Severo (1994) ressalva que, apesar de encontrarmos, ainda, na literatura jurídica, os respectivos termos *dano material* e *dano moral*, estes não se mostrariam apropriados para representar o ponto distintivo de ambas as categorias. O autor salienta que, nesse tipo de classificação, não se deve confundir os efeitos com as causas. A distinção dos danos deve ser feita por meio da análise dos efeitos que produzem, e não dos fenômenos que lhes geraram a causa. Ou seja, se a causa de um prejuízo material for uma razão de ordem moral, isso não o descaracteriza como material e, como tal, deve ser ressarcido. Por exemplo, se após um incidente houver a necessidade de o lesado buscar atendimento psicoterápico, o gasto financeiro (material) deverá ser computado no ressarcimento, independentemente dos possíveis danos extrapatrimoniais a sua saúde mental.

A discussão sobre o dano patrimonial, ainda que nos remeta ao conceito de patrimônio, deve ser entendida em uma perspectiva de valor econômico desse conjunto de bens. Para Dias (2011), o dano patrimonial pressupõe sempre ofensa ou diminuição de certos valores econômicos. Portanto, para o cálculo da indenização, bastaria definir-se o patrimônio realmente existente após o dano e aquele que possivelmente existiria se o dano não tivesse acontecido. O dano fica expresso pela diferença negativa encontrada nessa operação. Corroborando essa ideia, Severo (1994, p. 49) diz que o dano patrimonial é aquele que "[...] repercute, direta ou indiretamente, sobre o patrimônio da vítima, reduzindo-o de forma determinável, gerando uma menos-valia, que deve ser indenizada para que se reconduza o patrimônio ao seu *status quo ante*, seja por uma reposição *in natura* ou por equivalente pecuniário".

O dano extrapatrimonial é aquele descrito na literatura em contraposição ao patrimonial. Conforme Dias (2011), tende-se a definir o dano como moral sempre que não corresponderem a ele as características do dano patrimonial, ou, como define Silva (1983, p. 1), seriam "lesões sofridas pelo sujeito físico ou pessoa natural de direito em seu patrimônio ideal, entendendo-se por patrimônio ideal, em contraposição ao material, o conjunto de tudo aquilo que não seja suscetível de valor econômico". Reis (1997) conclui, após revisar esse conceito em vários doutrinadores, que o ponto comum é a existência de um patrimônio desmaterializado. Salienta o vasto e complexo campo de indagações que surge em decorrência dos limites infindáveis da personalidade humana, que, no caso, é o objeto da tutela do direito. Zenun (1997) especifica que o dano moral não corresponderia à dor, em si mesma, mas aos efeitos maléficos produzidos pela dor e pelo sofrimento. Estes, ao invadirem a alma, provocariam apatia, morbidez mental, deixando marcas indeléveis no ofendido. Com a preocupação de captar a subjetividade em toda a sua amplitude, os juízes se utilizariam de peritos, para que em seus respectivos laudos pudessem oferecer o grau da sequela, variável de pessoa a pessoa, e dos derivativos necessários à sua recuperação.

A legislação brasileira já prevê a reparação do dano na área cível desde o antigo Código Civil de 1916, quando, além de estabelecer que o dano deveria ser reparado, admitia a reparação moral como fundamento da ação judicial. Com o advento do Novo Código Civil, desde janeiro de 2002 (Brasil, 2002), o dano extrapatrimonial manteve-se em vigor, salientando-se o art. 186, quando imputa a reparação para "[...] aquele que por ação ou omissão voluntária, negligência ou imprudência, violar direito e causar dano a outrem, ainda que exclusivamente moral, comete ato ilícito" (Tapai, 2002). No capítulo *Da obrigação de indenizar* ficam definidas algumas normas quanto ao ressarcimento (Brasil, 2002, documento *on-line*):

Art. 927 – Aquele que, por ato ilícito (arts. 186 e 187), causar dano a outrem, fica obrigado a repará-lo.
Parágrafo único – Haverá obrigação de reparar o dano, independente de culpa, nos casos especificados em lei, ou quando a atividade normalmente desenvolvida pelo autor do dano implicar, por sua natureza, riscos para os direitos de outrem.
Art. 949 – No caso de lesão ou outra ofensa à saúde, o ofensor indenizará o ofendido das despesas do tratamento e dos lucros cessantes até o fim da convalescença, além de algum outro prejuízo que o ofendido prove haver sofrido.

Existem, também, leis especiais que contemplam na legislação brasileira a expressa possibilidade da reparação dos danos morais. Podemos citar as que tratam da liberdade de manifestação do pensamento e da informação (Lei nº 5.250/67), da reparação de danos relacionada a partidos políticos (Lei nº 4.737/65), que regulamentam os direitos autorais (Lei nº 5.988/73), bem como o Código de Proteção ao Consumidor (Lei nº 8.078/90) e o Estatuto da Criança e do Adolescente (Lei nº 8.069/90). Contudo, ainda pode-se afirmar que o preceito mais importante para o reconhecimento do dano extrapatrimonial foi definido com a promulgação da Constituição Federal de 1988, conforme já descrito anteriormente.

CONCEITO DE DANO PSÍQUICO

Conforme apresentado anteriormente, a legislação brasileira não se refere de forma explícita à expressão *dano psíquico*, sendo seu ressarcimento fundamentado na previsão do *dano moral ou extrapatrimonial*. Assim, é de fundamental importância que psicólogo iniciante em perícias para ressarcimento seja capaz de conceituar e diferenciar cada um deles, de forma a delimitar o objeto de seu próprio trabalho. O dano psíquico, apesar de ser definido como moral, não deve ser confundido com ele. Silva (2012) explica que o dano moral é avaliado pelo juiz com base no prejuízo que ele considera para a honra de uma pessoa o fato vivido, enquanto o dano psíquico é comprovável por meios de provas técnicas que indiquem no que foi afetado o psiquismo da pessoa. É possível dizer que o dano psíquico ou psicológico[1] é perfeitamente caracterizável e avaliável, considerando que os prejuízos psicológicos são demonstráveis, por exemplo, por alterações perceptivas, depressão, fobias, tentativas de suicídio, etc. (Cruz, & Maciel, 2017).

Castex (1997), ao discutir a diferenciação dos conceitos, traz como um dos aspectos mais importantes o fato de o dano moral ser arbitrado por agentes jurídicos, enquanto o dano psíquico estaria no campo dos técnicos em saúde mental. No entanto, salienta que, apesar de se constituírem em conceitos distintos, estes se aproximariam pelo fato de não poderem prescindir do discurso jurídico. Para Castex (1997, p. 17), o dano psíquico pode ser definido da seguinte forma:

> [...] puede hablarse de la existencia de "daño psíquico" en un determinado sujeto, cuando éste presenta un deterioro, disfunción, disturbio o trastorno, o desarrollo psicogénico o psicoorgánico que, afectando sus esferas afectiva y/o volitiva, limita su capacidad de goce individual, familiar, laboral, social, y/o recreativa.

Para o autor, o dano psíquico implicaria a existência, nele mesmo, de um *transtorno mental*, como descrito em uma classificação internacional de doenças (*Manual diagnóstico e estatístico de transtornos mentais* [DSM], *Classificação internacional de doenças e problemas relacionados à saúde* [CID]), que, por sua vez, significa a existência de uma síndrome ou padrão psicológico associados a sofrimento (sintoma que causa dificuldades), incapacitação (dano de uma ou várias áreas importantes de funcionamento psíquico), elevado risco de morte, dor, incapacitação ou importante perda de liberdade. O dano psíquico diferencia-se do sofrimento por inserir em seu conceito a noção de lesão às faculdades mentais, incluindo o afetivo, enquanto o dano moral não implicaria conformação patológica. O luto normal causado por perda afetiva não se configuraria em dano psíquico, mas o luto patológico sim. Por fim, o autor lembra que, em virtude da intersecção com o discurso jurídico, o dano psíquico implicaria a presença de um agente que cause o dano, um sujeito que sofra o dano, um nexo causal entre ambos e uma demanda judicial por dano psíquico. O resultado pode ser o surgimento de uma patologia, o incremento de alguma já preexistente ou o desencadear de uma personalidade predisposta ao patológico. Assim, o sofrimento, na qualidade de expressão de prejuízo aos sentimentos de uma pessoa, também chega a limitar o gozo da plena saúde inerente à personalidade e, por isso, se constitui em uma espécie de dano, no caso do dano moral. No entanto, para Castex (1997), enquanto não se constituir em um quadro de patologia, escapa ao horizonte pericial psicoforense, e a avaliação do sofrimento restringe-se à competência dos agentes jurídicos.

Seguindo em uma mesma linha teórica, Silva (2012) afirma que o dano psíquico pode ser entendido como perturbação profunda do equilíbrio emocional da vítima, desde que guarde nexo causal com o fato danoso e que entranhe significativa descompensação que altere sua integração no meio social, ou também como perturbação patológica da personalidade, que altera o equilíbrio básico ou agrava algum desequilíbrio precedente do indivíduo. Salienta a autora que, em qualquer caso, trata-se sempre de uma alteração psíquica do indivíduo, que pode manifestar-se como o agravamento de uma patologia de base ou expressar-se de forma transitória ou temporal, mas necessariamente deve afetar sua vida de relação. Em outras palavras, pode-se afirmar que o dano psíquico, uma vez preenchendo os requisitos legais para ressarcimento, sempre se constituiria em dano moral, mas, este último, considerando o limite de seus prejuízos, nem sempre chegaria a se configurar em dano psíquico.

---

[1] Nesta discussão não se fará distinção entre dano psíquico e dano psicológico, sendo considerados como sinônimos.

Na conceituação do dano psíquico ou psicológico encontram-se alguns autores que criticam essa obrigatoriedade de se identificar quadros psicopatológicos, valorizando mais o estado funcional do sujeito e sua adaptação ao meio. Com essa perspectiva, Cruz e Maciel (2017, p. 62) descrevem o dano psicológico:

> [...] pela deteriorização das funções psicológicas, de forma súbita e inesperada, surgida após uma ação deliberada ou culposa de alguém e que traz para a vítima tanto prejuízos morais quanto materiais, em face da limitação de suas atividades habituais ou laborativas. A caracterização do dano psicológico requer, necessariamente, que o evento desencadeante se revista de caráter traumático, seja pela importância do impacto corporal e suas consequências, seja pela forma de ocorrência do evento, podendo envolver até morte.

Os autores seguem afirmando que o dano psicológico pode ser caracterizado pela identificação de alguns elementos ou conjunto de alterações significativas no comportamento e no funcionamento global da pessoa, que restringem e comprometem o tônus psicológico e a capacidade de agir. Para a análise dessas alterações, sugerem que o psicólogo atente para os seguintes aspectos (Cruz, & Maciel, 2017, p. 62-63):

- comportamentos e hábitos regulares: perda da qualidade de sono e da alimentação;
- atividade sensoperceptiva: atenção, concentração, memorização e evocação, hipervigilância;
- estados emocionais: sensibilidade e irritabilidade;
- competências cognitivas (tomada de decisão) e relacionais, com embotamento ou restrições nas relações afetivas;
- autoestima: com a manifestação de constrangimentos, desconforto, insegurança pessoal em reagir no ambiente, desmotivação e presença de distresse prolongado, o que implica a limitação da autonomia e da independência do sujeito;
- reatividade fisiológica, ou seja, sensibilidade a eventos estressantes, fazendo o sistema nervoso simpático estimular ações que permitem ao organismo responder a situações de estresse, mas não necessariamente com estratégias de boa qualidade; e
- diminuição da qualidade de vida em geral.

Nessa mesma linha de entendimento sobre a natureza do dano psicológico, Piechowski (2014) aponta que este não pode ser considerado sinônimo de diagnóstico psiquiátrico. A preocupação com essa distinção diz respeito às limitações de diagnósticos clínicos para seu uso em contextos não clínicos, como o forense. Para a autora, é mais útil para os agentes jurídicos que a avaliação de um dano psicológico descreva sobre as capacidades funcionais do sujeito do que simplesmente aponte para determinado rótulo diagnóstico. A capacidade funcional deve ser compreendida como aquela que descreve o que o sujeito consegue fazer, bem como seu conhecimento e a compreensão que apresenta para realizar essas atividades. Para Grisso (2003), no contexto jurídico, a capacidade funcional precisa ser entendida de forma distinta de um diagnóstico, quando a presença de determinada condição não precisa necessariamente estar ligada a certo nível de funcionamento. O construto sobre como avaliar essas competências legais dirige o foco da avaliação sempre para os comportamentos e as capacidades do avaliado.

VÍNCULO DE CAUSALIDADE

Conforme explicado sobre os fundamentos jurídicos do dano, para que exista o dever de indenizar, é necessário que exista a relação entre os atos/fatos omissivos ou comissivos e a violação a direitos ou prejuízos de valor material ou imaterial. Em outras palavras, é necessário que se construa a prova da existência de uma relação de causalidade entre a ação ou omissão culposa do agente e o dano experimentado pela vítima (Silva, 2012). Assim, no contexto da avaliação psicológica de dano em processo cível, o avaliador deve certificar-se de que o sujeito foi vítima, de fato, de uma situação traumática e de que é com essa experiência que se relacionam os eventuais sintomas que venham a ser diagnosticados (Maia, 2011).

O psicólogo deve considerar que, ainda que seja possível provar a exposição a um evento traumático, os sintomas observados não precisam, necessariamente, ser dele decorrentes, além do fato de que algumas pessoas passam por eventos traumáticos e não apresentam sintomas, devido a condições pré, peri e pós-traumáticas (Maia, 2011). França (2001) chama a atenção sobre a necessidade de diferenciar o dano psíquico da doença mental. Diz o autor que o dano caracteriza-se por deterioração das funções psíquicas, de forma súbita e inesperada, surgida após uma ação deliberada ou culposa de alguém, e que traz para a vítima prejuízo material ou moral, em face da limitação de suas atividades habituais ou laborativas; já o transtorno mental, ainda que tenha como elemento definidor a alteração das funções psíquicas, é de causa natural.

No processo de avaliação do dano psíquico, o estabelecimento do nexo causal é considerado a parte mais delicada e complexa da questão. A relação entre o dano traumático e as sequelas psíquicas é um pressuposto imprescindível de ser avaliado, sendo a natureza do pleito muito mais voltada para elucidar essa questão do que na própria quantificação do dano (França, 2001). A dificuldade envolvida na definição de causalidade seria decorrente da própria complexidade da previsibilidade da conduta humana, exigindo cuidados por parte do avaliador na confirmação dessa hipótese. A sugestão da literatura é a de que o técnico, ao ser consultado sobre a causalidade de certos fatos, indicaria simplesmente se o incidente de relevância legal demonstrou ter exercido um papel na produção do prejuízo psíquico trazido pelo reclamante (Melton, Petrila, Poythress, & Slobogin, 1997). Assim, não haveria a obrigatoriedade de o perito afirmar categoricamente se o evento traumático teria produzido em sua totalidade os sintomas observados; é possível que a avaliação contribua com o processo apenas apontando relações que possam atestar o fato de o evento ter *contribuído* para a manifestação da sintomatologia, exacerbando sintomas já existentes (Maia, 2011).

Echeburúa, Corral e Amor (2002) discutem a dinâmica dos diferentes fatores que interferem na relação de causalidade, afirmando que, com muita frequência, essa relação não é unívoca, mas perturbada pela mediação de concausas, que, de forma diferente das causas, não são suficientes para gerar o dano psíquico, ainda que possam contribuir para sua exacerbação. As concausas podem ser descritas como:

- **Preexistentes:** associadas a um fator de vulnerabilidade da vítima – como no caso de uma vítima recente já ter sido vitimizada na infância de forma semelhante.
- **Simultâneas:** ocorrem junto com a vitimização atual – como no caso de uma violação sexual ocasionar doença sexualmente transmissível.
- **Posteriores:** eventos independentes que ocorrem após a vitimização – como novos eventos estressores que intensificam o quadro existente.

Para os autores, os fatores mais importantes que podem interferir na intensidade do dano são: a) a intensidade e a percepção do evento estressor sofrido (significação do fato e atribuição de causalidade); b) o caráter inesperado do acontecimento e o grau real do risco sofrido; c) a maior ou menor vulnerabilidade da vítima; d) a possível coocorrência de outros problemas atuais (em âmbito familiar e de trabalho) e passados (história de vitimização); e) o apoio social existente e os recursos psicológicos de enfrentamento disponíveis. Se for identificado mau funcionamento psicológico prévio, deve-se apontar quais aspectos do problema atual podem ser atribuídos à vivência anterior de vitimização.

Entre as patologias mais citadas pela literatura como decorrentes de fatores de estresse estão aquelas relacionadas à ansiedade e à depressão. Os diagnósticos de transtorno de estresse pós-traumático ou transtorno complexo de estresse pós-traumático são os mais frequentemente relacionados às vítimas, na medida em que pressupõem em seu conceito a presença de um evento estressor. Esse tipo de patologia, que inclui a presença de fatores traumáticos para sua própria definição, facilita a discussão sobre o nível de causalidade, ainda que os sintomas precisem ser considerados quanto à predisposição da vítima. Estudos relacionados com mulheres vítimas de violência, por exemplo, mostraram que elas apresentavam níveis mais elevados de sintomas de estresse pós-traumático quando haviam sofrido vitimização prévia em sua história pessoal, principalmente na infância (Rovinski, 2004). Outros transtornos de ansiedade, como transtorno de ajustamento, de ansiedade generalizada, transtorno de pânico, bem como as diversas manifestações de transtornos depressivos, são, da mesma forma, frequentemente encontrados em vítimas de traumas. A diferença é que nestes últimos o vínculo de causalidade precisa ser discutido com mais cuidado, pois, em sua maioria, tais transtornos incluem determinantes genéticos para a explicação de sua origem. Por último, é preciso considerar as situações de comorbidade, com frequência referidas pela literatura, que exigem, por parte do psicólogo, a necessária discriminação (Maia, 2011; Rovinski, 2004).

Ainda quanto à questão da causalidade, Melton e colaboradores (1997) dizem que, muitas vezes, não há possibilidade de se chegar a níveis mínimos de probabilidade de resposta, sobretudo em patologias em que a causa ainda não está bem definida. Um erro seria trabalhar com a ideia da proximidade do evento, em que aquele que precedeu imediatamente o fato estudado deve ser responsabilizado pelo resultado. Os autores salientam que esse conceito de proximidade não faz sentido dentro de um paradigma determinístico usado pela ciência. A causa do adoecimento psíquico pode estar mais nos fatores da personalidade, que já existiam no momento do trauma, do que nos fatos do próprio evento. Há o perigo de o trauma ser utilizado pelo periciado para encobrir ou negar evidências de doença preexistente à vivência traumática, seja de forma consciente, seja de forma inconsciente. Assim, sugerem que, na questão da causalidade, o perito deva apenas indicar se o evento traumático em questão demonstra ter um papel significativo na produção dos prejuízos trazidos pelo reclamante. Da mesma forma, deve incluir todos os outros fatores que puder identificar e que poderiam, também, contribuir para o problema. Villanueva Cañadas (1995) lembra que a decisão final sobre a questão da causalidade é do próprio juiz, e não do perito. Assim, a tarefa do psicólogo seria acrescentar aos autos do processo conhecimentos que o juiz ou o tribunal não têm, para que estes possam alcançar a verdade e impor uma sentença mais justa.

PROCESSO AVALIATIVO DO DANO PSÍQUICO

O trabalho do psicólogo na avaliação do dano psíquico deve responder à seguinte equação fundamental proposta por Villanueva Cañadas (1995):

> *Dano indenizável* = [estado atual + estado futuro previsível] – [estado anterior (com causas *a priori* + *posteriori*)].

Isso significa que o psicólogo terá que investigar a sintomatologia atual, prevendo se esta tem características situacionais ou tende a permanecer, ou mesmo se agravar, no transcorrer do tempo. De forma concomitante, precisa buscar informações sobre o estado de equilíbrio de seu avaliado antes do evento traumático, descrevendo as diferenças entre os dois períodos quanto ao nível de funcionamento e adaptação psicossocial, procurando indicadores de causalidade entre eles.

Assim, a metodologia da avaliação deve iniciar com a reconstrução do estado de equilíbrio mental do periciado anterior ao momento do evento traumático. Essa reconstrução deve responder se o sujeito, após as perdas que teve, mantém a habilidade de funcionar como a pessoa que era antes do trauma. A avaliação do período pré-mórbido exige uma história de vida completa, não só dos eventos envolvidos durante a alegada vitimização, mas também do período anterior, tão longo quanto o psicólogo achar necessário para esclarecer a ocorrência do dano. Se houver a hipótese da presença de sintomas de doença mental antes do trauma, atenção especial deve ser dada às evidências dessas condutas ou transtornos emocionais e à história clínica da doença (tratamento ou não). A coleta das informações relevantes deve valorizar a rotina de vida da pessoa, incluindo suas atividades na área do trabalho, escolar, seus vínculos familiares e sociais (Melton et al., 1997). As condições atuais precisam, também, ser bem investigadas, avaliando-se a presença de sintomas e limitações para o exercício das atividades da vida diária. Se houver patologia diagnosticável, a avaliação deve ser feita por meio de quadros nosológicos e classificações de doenças reconhecidas no Brasil, lembrando que o Conselho Federal de Psicologia (CFP) faculta ao psicólogo o uso da CID (CFP, 1996).

O principal instrumento da avaliação é a entrevista clínica, que terá dois objetivos principais para sua realização. Primeiro, deve buscar informações sobre as queixas do avaliado, a partir de sua perspectiva, com informações sobre a história pregressa, o evento traumático e as circunstâncias secundárias que ocorreram durante e após tal evento. É importante saber se o avaliado teve apoio de terceiros, se buscou tratamento para seus sintomas e a representação que o evento traumático e suas consequências têm em sua vida atual. É por meio da entrevista que o psicólogo poderá não só identificar prejuízos de funcionamento psíquico, mas também buscar as relações entre estes e os fatos da realidade (Piechowski, 2014). Por exemplo, uma senhora idosa que sofreu atropelamento, em um período da vida em que estava sentindo-se abandonada pela família, pode ampliar a sintomatologia do evento traumático com o objetivo de ganhos secundários (obter maior atenção dos familiares), independentemente do nível de consciência que tenha desse tipo de funcionamento. Contudo, considerando o mesmo caso, se forem identificados sintomas depressivos, estes precisam ser avaliados quanto à origem, pois é muito provável que já estivessem presentes antes do trauma sofrido, funcionando este último apenas como um fator de intensificação do quadro psicopatológico previamente estabelecido.

O segundo objetivo da entrevista seria a possibilidade de observar diretamente as condições de aparência do avaliado, sua fala, afeto, comportamento, confirmando se as queixas verbalizadas se mostram compatíveis com o que pode ser observado (Piechowski, 2014). A possibilidade da presença de simulação é um fenômeno que precisa sempre ser considerado nesse tipo de avaliação judicial, pois o processo discute a possibilidade de ganhos materiais. Na simulação, o sujeito finge ou intensifica sintomas, de forma intencional, com o fim de obter ganhos ou evitar consequências. Esse tipo de prática deve ser diferenciado do transtorno factício, caso em que a produção dos sintomas também não condiz com a realidade do quadro psíquico, mas é realizada de forma não consciente, sem premeditação, para obter ganhos junto à Justiça (Rovinski, 2013). Este último quadro poderia ser uma hipótese explicativa do caso descrito, quando a senhora que sofreu o atropelamento poderia apresentar transtorno factício, ao buscar a atenção da família, ampliando sua sintomatologia, em um processo de dinâmica inconsciente, situação muito diferente de quando uma pessoa cria sintomas para o psicólogo da Justiça com o objetivo de simular sintomas para obter mais benefícios financeiros no processo judicial.

Rogers (1997), a partir de uma revisão da literatura, aponta características que poderiam ser consideradas na entrevista clínica como indicadores da presença de condutas simuladoras, produzidas de forma intencional:

- apresentação dramatizada e exagerada (estilo teatral, referência a sintomas extremamente severos e indiscriminados);
- conduta cautelosa e premeditada (fala lenta, repetição de questões, excessiva hesitação); inconsistência em relação ao diagnóstico psiquiátrico (relato de sintomas raros e não habituais, relato de melhoras repentinas);
- inconsistência no próprio relato (sintomas contraditórios e disparidade entre sintoma relatado e observação de conduta); e confirmação de sintomas óbvios (principalmente os positivos e os mais espalhafatosos, em detrimento dos negativos e mais tênues).

Para os autores que discutem o manejo da simulação nas entrevistas forenses, condutas de questionamento sobre possíveis distorções são adequadas e com frequência utilizadas pelos avaliadores. A sugestão é que o psicólogo possibilite ao avaliado a reformulação do que já havia dito por meio das seguintes técnicas: sintetizando a avaliação da conduta ("Você está dizendo que não consegue lembrar de nada que ocorreu naquela noite?"), estimulando informações mais completas ("Me fale mais sobre os motivos de sua primeira hospitalização"), dando uma chance de mudar seu primeiro relato ("Pense sobre o que você me falou sobre ouvir vozes; você obedece a elas todo o tempo? Quando você não realiza o que elas pedem?"), dando a possibilidade de eliminar discrepâncias no relato ("Estou impressionado com o fato de você não lembrar o que disse ontem sobre o acidente sofrido!") e possibilitando que o cliente admita as distorções realizadas ("Se sua ex-esposa [ou chefe, vítima, etc.] falasse sobre sua verdade, o que ela diria e por quê?") (Hall & Pritchard, 1996).

Outro aspecto pesquisado por Vrij e Heaven (1999) diz respeito a indicadores de comunicação verbal no momento de relatar uma mentira. Foi observado que aqueles que mentiam apresentavam maior número de hesitações e erros na fala apenas quando a mentira relatada apresentava certa dificuldade cognitiva. Se o assunto era fácil e de domínio daquele que mentia, as diferenças não se apresentavam. Isso sugere que detectar uma mentira se torna mais difícil para o entrevistador quando ela não exigir muito esforço mental por parte daquele que a relata ou for realizada por uma pessoa com boas condições cognitivas. Outro aspecto observado na pesquisa foi que sujeitos que relatavam a verdade tinham maior propensão a colocar em dúvida suas lembranças ("eu acho..." ou "eu acredito...") do que aqueles que mentiam – situação contrária às crenças da maioria das pessoas que trabalham com esse problema.

Hall e Pritchard (1996) alertam para o risco de identificarem-se falsos positivos de simulação quando a entrevista for utilizada com o objetivo de buscar fatos anteriores de má adaptação social ou do uso prévio da mentira. Da mesma forma, deve-se evitar a busca de características de personalidade, como traços antissociais, que não mostraram correlação com a frequência do uso da simulação em relação a outros grupos de pessoas com características diferenciadas (Poythress, Edens, & Watkins, 2001). O uso de qualquer um desses critérios, de forma isolada, rompe a premissa básica que deveria sempre ser mantida – que a falsificação intencional é adaptativa e contextual.

Por fim, deve-se ainda salientar a possibilidade da presença de lembranças distorcidas sobre o evento e sobre o período anterior a ele, mas que não se caracterizam como simulação – as falsas memórias. A expressão "falsa memória" refere-se à evocação ou ao reconhecimento de eventos percebidos como memórias reais pelo sujeito, mas que nunca ocorreram na realidade. Estudos envolvendo esse fenômeno indicam que um indivíduo pode não apenas acrescentar detalhes não condizentes com aquilo que, de fato, faz parte de um evento real como também pode gerar falsas lembranças sobre episódios que nunca ocorreram (Vasconcellos, Silva, Rolim, & Rovinski, 2010). Distinguir entre essas diferentes falsificações da lembrança exige do psicólogo que trabalhe sempre com mais de uma fonte de informação, não podendo ficar apenas com a entrevista e a visão do avaliado.

Outra fonte de informação muito utilizada pelos psicólogos é a realização de testagem psicológica, cujo objetivo principal é a identificação e a valoração dos sintomas apresentados pelo avaliado. Por meio de seus métodos padronizados, permite que se comparem os resultados do avaliado com amostras normais e clínicas. Nesse sentido, a testagem pode ser útil também na identificação de transtornos da personalidade, que teriam sua origem em período anterior ao evento traumático, permitindo identificar traços e vulnerabilidades que poderiam ter funcionado como concausas na produção dos sintomas. É importante que o psicólogo considere que os testes nunca trarão respostas finais a questões forenses. A proposta de seu uso é levantar hipóteses sobre o avaliado, que precisarão depois serem confirmadas por outras fontes de dados, principalmente as entrevistas com o avaliado e seus familiares (Greenberg, Otto, & Long, 2003). Por fim, mesmo que os testes utilizados não sejam para identificação de condutas de simulação ou falsificação de sintomas, os resultados podem demonstrar incongruências com o que é relatado pelo avaliado (Piechowski, 2014).

Em virtude da possibilidade de condutas de simulação, cuidados especiais devem ser tomados quanto ao estilo de resposta do avaliado, pois pode haver tentativas de manipulação da testagem. Alguns testes apresentam escalas que trazem indicadores de posturas defensivas ou de tentativas de ampliação dos sintomas. O teste mais pesquisado nesses atributos é o Inventário Multifásico Minnesota de Personalidade (MMPI-2), mas neste momento não se encontra disponível para uso no Brasil. Poucas escalas brasileiras sobre traços de personalidade, como a Escala de Personalidade de Comrey (CPS) e o Inventário de Personalidade NEO Revisado (NEO-PI-R), apresentam atributos semelhantes no controle do estilo de resposta do sujeito. O que deve ser observado nesses instrumentos brasileiros é que essas escalas de controle buscam garantir a validade do próprio instrumento e informam sobre o cuidado que deve haver na interpretação das outras escalas do teste em virtude de possível tendenciosidade nas respostas. Nunca devem ser usadas de forma independente como escalas para avaliar a simulação. A diferença das escalas citadas em relação a inventários de sintomas, como o Inventário Beck para Depressão e/ou Ansiedade, é que estes últimos não têm nenhum tipo de controle da tendenciosidade das respostas; assim, tornam-se mais fáceis de serem manipulados na tentativa de falsificação de sintomas.

Outra estratégia de observação dos dados, tanto de história pessoal como de testagem, é o *floor effect*. Nesse caso, o examinando fracassa em tarefas em que indivíduos muito prejudicados obtêm sucesso – por exemplo, quando não sabe informar a data de seu nascimento, não sabe como chegou à sala de entrevista e afirma desconhecer quem o trouxe para avaliação (Taborda & Barros, 2016). Um exemplo do uso do *floor effect* na testagem é o Teste de Memória dos 15 itens de Rey (Spreen & Strass, 1998), que busca avaliar a simulação de anormalidades na memória, principalmente a anterógrada. Sua aplicação consiste na apresentação de um quadro de estímulo por 10 segundos, quando a figura é removida e é solicitado que o indivíduo reproduza em uma folha em branco os 15 itens que lhe foram mostrados. Em relação aos demais instrumentos de avaliação, Hall e Pritchard (1996) estabelecem alguns critérios que podem servir de indicadores de simulação: falta de fundamentos neurológicos para determinado tipo de resposta, discrepância nas estratégias utilizadas (melhor desempenho em testes mais fáceis ou desempenho diferenciado em testes que medem a mesma capacidade), total incapacidade para a aprendizagem e grande diferença no desempenho esperado para o tipo de problema que apresenta. Para avaliar esses indicadores, o psicólogo deve ter experiência quanto aos quadros clínicos que avalia, conhecendo o perfil típico deles nos testes que utiliza. Uma sugestão frequente dos estudiosos no assunto é a reaplicação dos instrumentos após certo intervalo de tempo (Ackerman, 1999). Entende-se que é difícil para uma pessoa simular determinada patologia em provas que desconhece quanto ao que visam medir e, mesmo sendo preparada para tal, teria aumentado seu grau de dificuldade pela necessidade de repetir, de forma intencional, um mesmo tipo de erro que tenha produzido anteriormente.

Outras fontes importantes de informação na avaliação do dano psíquico são os documentos que possam comprovar desempenho, como relatórios escolares e de trabalho e avaliações psicológicas prévias, assim como documentos sobre tratamentos já realizados, internações psiquiátricas, atendimentos na rede psicossocial. Devem ser considerados, também, todos os documentos que constarem nos autos processuais, incluindo outras avaliações já realizadas. Podem ser pedidos documentos pessoais, como carteira de trabalho e/ou de motorista, pois estes se mostram como parâmetros objetivos de avaliação quanto à adaptação prévia do sujeito (Melton et al., 1997; Piechowski, 2014). Por exemplo, no caso de um adolescente que sofreu um acidente de moto, com traumatismo craniano, que se queixa de perdas na memória e de falta de atenção, é indicado que traga seu histórico escolar. Esse documento não substitui a avaliação clínica e a testagem neuropsicológica que deverá ser feita, mas possibilita ao psicólogo ter uma referência concreta de possíveis mudanças em seu desempenho na vida cotidiana para poder construir o vínculo de causalidade. Esse tipo de documento pode ser pedido para o avaliado diretamente ou por meio dos autos processuais, com solicitação ao juízo (Rovinski, 2013).

Também devem ser valorizadas as entrevistas com pessoas da família ou outras com quem o periciado mantém contato. Essas entrevistas ajudam ao psicólogo a esclarecer pontos controversos ou confusos trazidos pelo avaliado. Em determinados casos, há limitações na própria capacidade do sujeito (cognitivas ou emocionais) em trazer um relato lógico e pormenorizado dos fatos ocorridos. A visão que o avaliado tem dele mesmo nem sempre condiz com a realidade. A experiência mostra que pessoas que tiveram seu desempenho diminuído, de forma súbita, podem ter dificuldades em aceitar essa nova condição, passando a minimizar seus sintomas (inclusive para si mesmas), por não aceitarem suas limitações. Um exemplo seria o sujeito que passou a apresentar graves limitações de memória após um evento traumático. Quando foi entrevistado, procurou minimizar os fatos, dizendo que bastava tomar notas do que deveria fazer para continuar a exercer suas funções cotidianas. Quando o familiar foi entrevistado, verificou-se que a situação era bem mais grave: o indivíduo era incapaz de lembrar-se de fatos recentes e muito limitado para organizar suas atividades e mesmo seguir as anotações que havia feito. As limitações apresentadas ultrapassavam a memória para incluir funções executivas, limitando o próprio discurso de sua vitimização.

CONSIDERAÇÕES FINAIS

Dentro do marco legal, o trabalho de avaliação do psicólogo, com o objetivo de caracterizar os prejuízos decorrentes de vivências traumáticas, traz à vítima uma revalorização de seu papel, tornando-a sujeito do processo, em que pode vir a reivindicar seus direitos, ampliando seu campo de proteção (Licitra & Piccolo, 2001).

Para a realização do trabalho, devem ser tomados cuidados especiais, considerando a natureza adversarial do processo judicial e as diferenças nos procedimentos dos diversos profissionais que atuam nessa dinâmica processual. Desafios éticos estão presentes constantemente na prática do psicólogo, responsável pela construção da prova legal desses danos. É de fundamental importância que ele possa manter a *objetividade* em sua avaliação, independentemente do quanto se sinta empático ou contrário com a causa em questão ou com o sujeito que avalia. Para isso, deve o profissional manter-se fiel aos dados que colher, nas diferentes fontes de informação, evitando criar vieses interpretativos. Deve avaliar de forma constante a *possibilidade de conflito nos papéis* que vier a desempenhar. Por exemplo, não pode realizar avaliações de cunho pericial, dirigidas ao juízo, se for psicoterapeuta da parte, pois, nesse caso, terá conflitos não só quanto a questões de sigilo, mas, principalmente, quanto à necessária imparcialidade para avaliar o caso.

O psicólogo deve se questionar sobre sua objetividade, competência e efetividade na realização do trabalho. Cabe ao profissional resistir às diversas pressões, devendo advogar apenas em relação a sua opinião técnica, e não em relação a esta ou aquela parte, nem a determinada causa ideológica. A avaliação será sempre de um sujeito, e não de uma causa social ou moral. Seu *relatório final deve ser também adequadamente fundamentado na técnica e na ciência*. Nenhuma opinião pode ser apresentada sem ter sido fundamentada em dados colhidos durante o processo avaliativo, sempre por meio de múltiplas fontes de informação. Considerando o tipo de demanda, deve se posicionar quanto à causalidade dos danos, mantendo-se nos limites do que a ciência permite afirmar.

Por fim, é de responsabilidade do psicólogo apresentar um relatório que não contenha frases ambíguas ou que possa gerar confusão em sua interpretação. Sabe-se que as partes tentarão reinterpretar os dados de forma a atingir seus próprios objetivos; portanto, é fundamental que os dados sejam apresentados da forma mais objetiva possível, sem possibilidade de distorções pelos diferentes leitores (Piechowski, 2014). As fontes de orientação para uma prática mais ética pelo psicólogo nesse tipo de processo, como em tantos outros que tramitam no Judiciário, devem ser buscadas junto ao Código de Ética Profissional dos Psicólogos (CFP, 2005) e à Resolução nº 08/2010 (CFP, 2010).

REFERÊNCIAS

Ackerman, M. J. (1999). *Essentials of forensic psychological Assessment*. Toronto: Wiley & Sons.

Brasil. (1988). *Constituição da República Federativa do Brasil de 1988*. Recuperado de http://www.planalto.gov.br/ccivil_03/constituicao/constituicao.htm

Brasil. (2002). *Lei nº 10.406, de 10 de janeiro de 2002*. Institui o Código Civil. Recuperado de http://www.planalto.gov.br/ccivil_03/Leis/2002/l10406.htm

Castex, M. (1997). *Dano psíquico*. Buenos Aires: Tekné.

Conselho Federal de Psicologia (CFP). (1996). *Resolução nº 15/96, de 13 de dezembro de 1996*. Institui e regulamenta a concessão de atestado psicológico para tratamento de saúde por problemas psicológicos. Recuperado de https://site.cfp.org.br/wp-content/uploads/1996/12/Resolu%C3%A7%C3%A3o-015-96.pdf

Conselho Federal de Psicologia (CFP). (2005). *Código de ética profissional do psicólogo*. Recuperado de https://site.cfp.org.br/wp-content/uploads/2012/07/codigo-de-etica-psicologia.pdf

Conselho Federal de Psicologia (CFP). (2010). *Resolução CFP nº 08/2010*. Dispõe sobre a atuação do psicólogo como perito e assistente técnico no Poder Judiciário. Recuperado de https://site.cfp.org.br/wp-content/uploads/2010/07/resolucao2010_008.pdf

Cruz, R. M. & Maciel, S. K. (2017). Dano psicológico e trabalho. In R. M. Cruz. *Perícia psicológica no contexto do trabalho* (pp. 40-49). São Paulo: Vetor.

Dias, J. A. (2011). *Da responsabilidade civil* (12. ed.). Rio de Janeiro: Forense.

Echeburúa, E., Corral, P., & Amor, P. J. (2002). Evaluación del daño psicológico en las víctimas de delitos violentos. *Psicothema, 14*, 39-46.

França. G. V. (2001). *Avaliação e valoração médico-legal do dano psíquico*. Recuperado de http://www.egov.ufsc.br/portal/sites/default/files/anexos/12341-12342-1-PB.pdf

Greenberg, S. A., Otto, R. K., & Long, A. C. (2003). The utility of psychological testing in Assessing emotional damages in personal injury litigation. *Assessment, 10*(4), 411-419.

Grisso, T. (2003). *Evaluating competencies: Forensic assessments and instruments* (2nd ed.). New York: Kluver Academic.

Hall, H. V. & Pritchard, D. A. (1996). *Detecting malingering and deception*. Boca Raton: ST Lucie.

Licitra, L. A. de & Piccolo, B. (2001). *Modos de abordaje pericial en menores de trece años presuntas víctimas de delitos contra la integridad sexual, tratando de disminuir la revictimización institucional*. IV Congreso de la Asociación Iberoamericana de Psicología Jurídica, Madrid.

Maia, A. (2011). Avaliação psicológica do dano em processo cível. In M. Matos, R. A. Gonçalves, & C. Machado. *Manual de psicologia forense: Contextos práticos e desafios* (pp. 271-292). Braga: Psiquilibrios.

Manso, E. V. (1988). Um estudo sobre a taxinomia dos danos jurídicos. *Revista da Associação dos Juízes do Rio Grande do Sul, 43*,193-213.

Melton, G., Petrila, J., Poythress, N., & Slobogin, C. (1997). *Psychological evaluations for the court* (2nd ed.). New York: Guilford.

Piechowski, L. D. (2014). Conducting personal injury evaluations. In I. B. Weiner & R. K. Otto. *The handbook of forensic psychology* (4th ed., pp. 553-554). New Jersey: Wiley & Sons.

Poythress, N. G., Edens, J. F., & Watkins, M. M. (2001). The relationship between psychopathic personality features and malingering symptoms of major mental illness. *Law and Human Behavior, 25*(6), 567-582.

Reis, C. (1997). *Dano moral*. Rio de Janeiro: Forense.

Rogers, R. (1997). *Clinical assessment of malingering and deception*. New York: Guilford.

Rovinski, S. L. R. (2004). *Dano psíquico em mulheres vítimas de violência*. Rio de Janeiro: Lúmen.

Rovinski, S. L. R. (2013). *Fundamentos da perícia psicológica forense* (3. ed.). São Paulo: Vetor.

Severo, S. V. (1994). *Os danos extrapatrimoniais* (Dissertação de mestrado, Universidade Federal do Rio Grande do Sul, Porto Alegre).

Silva, D. M. P. (2012). *Psicologia jurídica no processo cível brasileiro: A interface da psicologia com o direito nas questões de família e infância* (2. ed.). Rio de Janeiro: Forense.

Silva, W. M. (1983). *O dano moral e sua reparação* (3. ed.). Rio de Janeiro: Forense.

Spreen, O. & Strass, E. (1998). *A compendium of neuropsychological test* (2nd ed.). Oxford: University Press.

Taborda, J. G. V. & Barros, A. J. S. (2016). Simulação. In J. G. V. Taborda, E. Abdalla, & M. Chalub. *Psiquiatria forense* (3. ed., pp. 567-584). Porto Alegre: Artmed.

Tapai, G. M. B. (2002). *Novo Código Civil Brasileiro: Lei nº 10.046, de 10 de janeiro de 2002: estudo comparativo com o Código Civil de 1916, Constituição Federal, Legislação codificada e extravagante*. São Paulo: Revista dos Tribunais.

Vasconcellos, S. J. V., Silva, R. S., Rolim, K. I., & Rovinski, S. L. R. (2010). Mitos e verdades sobre a detecção de mentiras e as suas implicações forenses. *Revista de Estudos Criminais, 10*(39), 69-83.

Villanueva Cañadas, E. (1995). Peculiaridades de la prueba pericial en la valoración del daño psíquico. *Folia Neuropsiquiátrica, 30*(2), 97-121.

Vrij, A. & Heaven, S. (1999). Vocal and verbal indicators of deception as a function of lie complexity. *Psychology, Crime & Law, 5*(3), 203-215.

Zenun, A. (1997). *Dano moral e sua reparação*. Rio de Janeiro: Forense.

Parte 8

AVALIAÇÃO PSICOLÓGICA NAS VARAS CRIMINAIS E NA EXECUÇÃO DA PENA

25

AVALIAÇÃO DE IMPUTABILIDADE PENAL/SUPERVENIÊNCIA DE DOENÇA MENTAL

Gabriel José Chittó Gauer
Patrícia Inglez de Souza Machado Gauer
Danielle Irigoyen da Costa

Objeto de controvérsias e teorias, o tema da imputabilidade penal é merecedor de profunda reflexão, por tratar tanto da dogmática penal como das áreas da saúde mental, da psicologia jurídica e da psiquiatria forense. Os instrumentos utilizados na técnica de averiguação da imputabilidade, em especial os instrumentos de avaliação psicológica e os laudos psiquiátricos, também requerem um estudo aprofundado, já que o Poder Judiciário e as "ciências psi", em muitos casos, não chegam a um denominador comum. Nesse panorama, encontram-se o crime, o criminoso e as questões da imputabilidade, que serão objeto de um breve estudo sobre os pontos principais de concentração do direito penal e da saúde mental.

ANTECEDENTES HISTÓRICOS: CRIME E CRIMINOLOGIA

O crime é tão antigo quanto a própria sociedade. Na Idade Média, era identificado como um pecado. Nessa época da história, em que a Igreja era considerada detentora das respostas para todas as questões, aqueles que não se adequavam às suas diretrizes eram considerados hereges e submetidos a torturas e castigos corporais. Então, sob a égide da Inquisição, a Igreja instituía uma ampla e ubíqua forma de poder (Breier, Paz, & Gauer, 2001).

Com a evolução social, o Feudalismo deu lugar ao Absolutismo, e, posteriormente, no século XVIII, século das luzes, Rousseau propôs uma nova forma de organização, pode-se assim dizer, da sociedade, do poder e do Estado. Após a Revolução Francesa, a reunião das vontades e dos interesses dos indivíduos livres, traduzida no contrato social, passou a reger as relações.

Em 1764, outro pensador, o milanês Cesare Beccaria, com apenas 27 anos de idade, publicou a famosa obra *Dos delitos e das penas*, que se baseou nos preceitos contidos no contrato social. O crime é explicado pela ideia da racionalidade a serviço do hedonismo (prazer como objetivo), colocando fim à onda de suplícios impingidos pelo sistema penal então vigente, por meio da proposição de princípios, como o da proporcionalidade, da legalidade e critérios para as penas. Desse modo, as penas devem ser pensadas de modo a anular as gratificações ligadas à prática do crime. Passam a ser consideradas ilegítimas as punições que não promovam o contrato social e que não procurem evitar novas violações, buscando sempre a prevenção geral. As teses de Beccaria foram aplicadas na elaboração do primeiro

Código Criminal brasileiro (Código do Império, 1830), que foi elaborado por uma comissão da Câmara dos Deputados, integrada por Bernardo Pereira de Vasconcelos e José Clemente Pereira; ambos foram alunos de Melo Freire, em Coimbra, e com ele estudaram as proposições do jurista italiano (Lyra, 1946).

Os estudos do crime e do criminoso ganharam forma a partir da obra do médico italiano Cesare Lombroso, *L'Uomo delinqüente*, publicada em 1876, que nega o livre-arbítrio e postula a previsibilidade dos fenômenos humanos (determinismo). Em razão da influência do evolucionismo de Darwin, Lombroso relaciona o crime aos estados primitivos do desenvolvimento de todas as formas vivas. Assim, o delinquente seria um ser atávico, primitivo e inferior, que assume características físicas brutas, anacrônicas e defasadas nas sociedades modernas, dos homens superiores. Nasce, assim, a antropologia criminal, mais tarde denominada criminologia (Lyra, 1946): ciência "[...] que se ocupa do estudo do crime, da pessoa do infrator, da vítima e do controle social do comportamento delitivo [...]" (Molina & Gomes, 1997, p. 33).

Já na década de 1960, surge, no panorama sociocriminal, a denominada criminologia crítica ou nova criminologia, movimento científico caracterizado não pelo estudo das características do criminoso ou do que o leva a delinquir, mas pela reflexão acerca dos órgãos de controle como responsáveis pela produção normativa. Entre os iniciadores, temos os alemães Georg Rusche e Otto Kirchheimer, escritores do livro *Punição e estrutura social*, publicado em Nova York em face da emigração de seus autores, que fugiram do regime nazista. A teoria desenvolvida nessa obra tem como premissa básica os fundamentos da "Escola de Frankfurt", com forte influência marxista (Santos, 2008). Com ferrenha crítica à criminologia tradicional, o questionamento sobre o porquê do crime dá lugar ao questionamento do porquê da seleção de determinadas condutas como criminosas. Dessa forma, não são os motivos que levam o agente a delinquir que são considerados, e sim os critérios utilizados pelos órgãos de controle na seleção dessas condutas.

O homem, segundo essa visão, não tem o livre-arbítrio que lhe atribuem, pois está submetido à estrutura econômica responsável pela criminalidade (Dias & Andrade, 1984).

De acordo com esse movimento científico, o processo de seleção das condutas arroladas como criminosas exprime vividamente as relações de poder existentes entre as classes sociais. O direito penal, por meio do privilégio que concederia às classes dominantes, uma vez que os processos de eleição de condutas criminosas são dirigidos às classes menos favorecidas, deixaria praticamente de fora condutas marcadas por alta potencialidade lesiva e que são oriundas somente das classes que detém o poder, condutas estas que, embora em menor número, somadas ultrapassam extraordinariamente todos os danos provenientes da microcriminalidade que nos assola e atemoriza.

CONCEITO DE CRIME

Analisaremos o conceito de crime por meio da teoria analítica[1] (Grecco, 2011), sob o prisma da teoria do delito, que é, conforme Zaffaroni e Pierangeli (2015), a parte da ciência do direito penal que se ocupa em explicar o que é o delito em geral, ou seja, quais são as características que devem ter qualquer delito. Não se trata de discorrer sobre o delito com interesse puramente especulativo, senão que atenda à função essencialmente prática, consistente em tornar mais fácil a averiguação da presença ou ausência de delito em cada caso concreto.

Crime, de acordo com esse referencial teórico, é o fato típico, antijurídico e culpável[2]

---

[1] Segundo o modelo analítico, crime é ação típica, antijurídica e culpável, uma vez que, conforme Grecco (2011, p. 140), "[...] os conceitos formal e material não traduzem com precisão o que seja crime".

[2] Segundo Bitencourt (2009), trata-se da concepção quadripartida do delito, concebida como ação, típica, antijurídica e culpável, que pode ser considerada como tripartida, considerando apenas os predicados da ação: tipicidade, antijuridicidade e culpabilidade. Acrescenta o autor que essa construção é recente, mais precisamente do final do século passado.

(Bitencourt, 2009). A tipicidade, a antijuridicidade e a culpabilidade são os elementos que convertem uma ação em um delito, ou seja, precisam estar presentes para que uma ação seja considerada um crime.

A tipicidade consiste no enquadramento legal do agir como ilícito penal; significa dizer: a tipicidade é a descrição e a identificação daquela conduta pela lei como crime. A antijuridicidade, ou contrariedade ao direito, concretiza-se em tipos legais e é um pressuposto da culpabilidade (responsabilidade pessoal). Assim, a tipicidade, a antijuridicidade e a culpabilidade relacionam-se, logicamente, de forma que cada elemento posterior pressupõe o anterior[3] (Welzel, 1997).

É indispensável a presença dos três elementos integrativos da teoria do delito para que se possa caracterizar uma conduta humana como crime. De acordo com o conceito de Fragoso (2003, p. 174):

> Crime é ação (ou omissão) típica, antijurídica e culpável. Isso significa dizer que não há crime sem que o fato constitua ação ou omissão, sem que tal ação ou omissão correspondam à descrição legal (tipo) e sejam contrárias ao direito, por não ocorrer causa de justificação ou exclusão da antijuridicidade e, finalmente, sem que a ação ou omissão típica e antijurídica constitua comportamento juridicamente reprovável (culpável).

Pressupondo, pois, que tipicidade e antijuridicidade já estejam presentes, enfocaremos nosso trabalho na análise do terceiro elemento integrativo, aquele que engloba a questão da imputabilidade, qual seja: a culpabilidade.

CULPABILIDADE

Para se falar de imputabilidade penal, faz-se necessária a abordagem global, embora sucinta, sobre o que vem a ser a culpabilidade na estrutura dogmática do crime. Culpabilidade é o juízo sobre o ato. Analisar culpabilidade é, segundo Hassemer (2005, p. 286-287), verificar "se a conduta era um 'injusto'".[4] É, para Dias (2007), de acordo com a concepção normativa, a medida de censurabilidade do agente, censurabilidade por ter agido como agiu. A partir do momento em que o direito se preocupou com a ideia subjetiva de punição, preocupou-se também com o conceito de culpabilidade, atrelando o justo castigo ao comportamento culpável do agente, de forma que o ato externo já não mais era suficiente para justificar a pena, necessitando de um ato interno de vontade (Bruno, 2005).

Conforme Ferrajoli (2002), a culpabilidade é uma das justificações materiais de quando e do que proibir. O autor ensina, ainda, que apenas valora-se como ação aquela que é tomada por meio de uma decisão, não podendo, do contrário, ser punida ou proibida (se não for intencional). Por intencional compreende-se: realizado por uma pessoa capaz de querer e compreender, com consciência de vontade. Assim, indica:

> [...] uma ação não é culpável, não é punível nem suscetível de proibição porque não admite reprovação, referida, como é óbvio, não diretamente ao fato objetivo, senão a seu autor, ou, mais precisamente, ao "sentido subjetivo" ou "intencional" que este dá para o seu "atuar social" e que, precisamente, integra-se na culpabilidade (Ferrajoli, 2002, p. 393).

Callegari trata, ademais, de culpabilidade em seu aspecto material, por esta supor determinado desenvolvimento ou maturidade da personalidade ou alguma condição biopsíquica

---

[3]No original: "*La tipicidad, la antijuridicidad y la culpabilidad son los tres elementos que convierten una acción en un delito. La culpabilidad – la responsabilidad personal por el hecho antijurídico – presupone la antijuridicidad de hecho, del mismo modo que la antijuridicidad, a su vez, ha de estar concretada en tipos legales. La tipicidad, la antijuridicidad y la culpabilidad están relacionadas logimante de tal modo que cada elemento posterior del delito presupone el anterior*" (Welzel, 1997, p. 57).

[4]Segundo o autor, há a avaliação, por meio dos critérios de decisão do direito penal material, sobre a conduta humana ultrapassando (ou não) os limites de liberdade geral.

que permita ao sujeito saber da licitude ou ilicitude de suas ações ou omissões e agir tal qual esse conhecimento. Esclarece, portanto, que culpabilidade é a "[...] reprovação da formação da vontade" (Callegari, 2014, p. 175-176), considerando, ainda, que os dizeres sobre o livre-arbítrio podem trazer alterações para a consideração do papel da culpabilidade, afinal "o poder agir de outra maneira na situação é deste modo requisito irrenunciável do conceito de culpabilidade" (Dias, 1999, p. 233), tornando-se importante tratar sobre a intersecção destes[5] (Gomes, 2013).

Depreende-se do supramencionado que, para se falar em culpabilidade, devem estar presentes alguns requisitos. São eles (Conde, 1988):

1. a imputabilidade ou a capacidade de culpabilidade;
2. o conhecimento da antijuridicidade do ato praticado e a potencial consciência da ilicitude, ou seja, o indivíduo só poderá motivar-se no mandamento jurídico na medida de seu conhecimento sobre este;
3. exigibilidade de um comportamento distinto ou exigibilidade de conduta diversa, considerando que o direito poderá exigir comportamentos difíceis, mas não heroicos, como resistir a uma coerção.

(IN)IMPUTABILIDADE PENAL

Iniciaremos a análise sobre a questão da imputabilidade, da semi-imputabilidade e da inimputabilidade penal, questão central deste capítulo. Esta determinará se o indivíduo que cometeu um delito será condenado à pena privativa de liberdade e recolhido a estabelecimento penal comum (imputabilidade); condenado à pena privativa de liberdade e recolhido a estabelecimento penal comum, com redução da pena imposta (semi-imputabilidade); ou submetido à medida de segurança e recolhido a hospital de custódia ou estabelecimento congênere (inimputabilidade). Em casos excepcionais, medidas de segurança podem ser aplicadas a semi-imputáveis que necessitem de especial tratamento curativo (Bitencourt, 2003).

Imputar significa atribuir a alguém a responsabilidade de algo. Em sentido amplo, imputabilidade é a imputação física e psíquica, com a qual se pretende designar a capacidade psíquica de culpabilidade (Zaffaroni & Pierangeli, 2015). O autor do fato será imputável quando tiver total consciência de seus atos criminosos e estiver com o teste de realidade completamente preservado. Ou seja, o agente tem capacidade mental de compreender o caráter ilícito de sua conduta e, mesmo assim, opta por um agir contrário à lei (Lenza, 2015). Aquele que for imputável deverá ser responsabilizado por seus atos, cabendo-lhe condenação à pena privativa de liberdade ou restritiva de direitos, na medida de sua culpa e desde que haja, nos autos do processo penal, provas suficientes para tanto.

Quando ausente a capacidade de compreensão ou de autodeterminação, temos a inimputabilidade penal. Esse conceito psíquico, pode-se assim dizer, fica evidenciado ao lermos as expressões contidas no art. 26 do Código Penal (CP) brasileiro, que, muito embora não nos forneça uma definição sobre o que seja a imputabilidade penal, refere os casos em que ela é excluída:

> Art. 26 – É isento de pena o agente que, por doença mental ou desenvolvimento mental incompleto ou retardado, era, ao tempo da ação ou omissão, inteiramente **incapaz de entender** o caráter ilícito do fato ou de **determinar-se** de acordo com esse entendimento (Brasil, 1998, p. 6).

A capacidade de entendimento alicerça-se na capacidade que tem o indivíduo para conhecer as condições e as consequências dos seus

---

[5] "Os estudos demonstram que as reações comportamentais e sensoriais se situam no córtex pré-frontal, inundado de estímulos elétricos e hormonais que ditam tendências comportamentais. Portanto, qualquer alteração nessa área do cérebro pode acarretar reflexos no elemento central da culpabilidade no direito penal, a saber: a noção de livre-arbítrio." (Gomes, 2013, p. 81).

atos, a organização legal, as punições, as consequências sociais, e pressupõe determinado grau de lucidez, experiência, orientação, memória e maturidade (Palomba, 1992). Para tanto, a legislação penal adota como tipo da responsabilidade penal a do "homem médio", o relativamente normal, mentalmente são, detentor de capacidade de determinação normal por motivos normais, caracterizando-se pelo tipo comum existente em nossa sociedade. É aquele indivíduo que, muito embora não corresponda a um tipo ideal, tem personalidade madura e equilibrada, que suporta com capacidade de adaptação e tolerância as transmudações que a vida diária nos oferece.

O caráter volitivo anunciado no artigo baseia-se na capacidade que o indivíduo tem entre escolher praticar o ato (ciente de suas implicações legais e sociais) e não o praticar. Para tanto, o indivíduo não pode carregar consigo qualquer transtorno que o diminua ou suprima a capacidade de reflexão e determinação (Palomba, 1992). Cabe ressaltar que, se o agente não tem plena capacidade de valorar seus atos, medir suas consequências e entender seu caráter de delito, não poderá, tampouco, se determinar, ou seja, controlar suas atitudes, visto que a capacidade de determinação pressupõe entendimento. É importante ressaltar que a recíproca não é verdadeira, uma vez que o agente pode ter na íntegra sua capacidade de reflexão e discernimento e, no entanto, não conseguir se controlar, se determinar de acordo com esse entendimento. Portanto, os dois pressupostos não precisam, necessariamente, estar juntos para a incidência da inimputabilidade – basta, para tanto, que o indivíduo ou não entenda o caráter de seus atos, ou não consiga determinar-se de acordo com o entendimento que tem.

Essa capacidade de entendimento e de determinação (psíquica), preconizada pelo CP como requisito fundamental para isenção de responsabilidade penal, está condicionada às causas biológicas enunciadas no mesmo artigo. Assim, o método adotado pelo sistema penal é o chamado biopsicológico.

Esse método exige que, além do transtorno mental ou desenvolvimento mental incompleto ou retardado, o agente, em função disso, tenha sido privado de sua capacidade de entendimento e de volição. Necessária, portanto, a averiguação de nexo causal entre a anormalidade psíquica e o crime praticado para que o indivíduo seja considerado inimputável, conforme demonstrado na Vinheta Clínica 1.[6]

A exceção ao método biopsicológico constante em nosso ordenamento jurídico é feita aos menores de 18 anos, pois, para estes, a causa biológica – imaturidade – basta, por si só, sem que seja necessária qualquer indagação psicológica, havendo, no art. 27 da lei penal, expressa presunção de inimputabilidade. Similar presunção consta com relação à embriaguez completa proveniente de caso fortuito ou força maior (art. 28, § 1º, do mesmo diploma legal), em que a perda da capacidade de discernimento e determinação irá redundar na inimputabilidade penal. Ainda no que se refere à embriaguez, o alcoolismo crônico, considerado doença mental, remete o indivíduo ao *caput* do art. 26, ou seja, inimputabilidade (Palomba, 1992).

O conceito excessivamente maleável de inimputabilidade penal deixa ao arbítrio das "ciências psi" a análise do quão responsável era o agente ao tempo do crime, uma vez que não basta o simples diagnóstico de psicose ou transtorno mental, fazendo-se necessário, também, que sejam aferidos o grau de entendimento e o quanto de vontade e determinação o agente apresentava. O juiz, muito embora não fique – juridicamente – adstrito ao laudo, tende a aceitá-lo, salvo em casos excepcionais.[7]

O termo "doença mental", utilizado pela legislação, é extremamente vago, ultrapassado e amplo. Ao perito cabe, a bem da verdade, diagnosticar o transtorno do periciando, que pode se situar nos diversos diagnósticos psi-

---

[6]As vinhetas clínicas deste capítulo foram baseadas em material de domínio público, e os casos foram modificados com o objetivo de impossibilitar a identificação das pessoas.
[7]Nas ações penais privadas, apenas o juiz nomeará o perito, e tal fato não o coloca vinculado à perícia, e, por isso, não ficará ele adstrito ao laudo, podendo aceitar ou rejeitá-lo no todo ou em parte (sistema do livre convencimento).

VINHETA CLÍNICA 1

Identificação: Paula, sexo feminino, 38 anos, branca, comerciária, não tem companheiro. *Descrição do fato:* Por volta das 9 horas, no interior de sua casa, Paula, fazendo uso de uma faca de mesa, cabo de madeira, lâmina de aço inoxidável, com 15 cm, desferiu em Luciana, com 6 meses de idade, 20 golpes, produzindo-lhe a morte por "hemorragia interna consecutiva a múltiplos ferimentos perfurocortantes do tórax". A vítima era filha da acusada. O Ministério Público denunciou Paula por incursão nas sanções do art. 121, parágrafo 2º, inciso III (meio cruel), c/c art. 61, inciso II, letras "e" (contra descendente) e "h" (contra criança), todos do CP. "No caso em exame, a ré, movida por delírios decorrentes da moléstia que a acomete, atentou vigorosamente contra a vida da própria filha, de tenra idade." *Antecedentes mórbidos pessoais:* Paula relata que se considera uma pessoa muito "desconfiada". Também refere quatro internações psiquiátricas anteriores por "paranoia". Fez uso de medicamento antipsicótico até engravidar. *História do delito segundo a pericianda:* Relata que em determinada data foi admitida em uma empresa, onde trabalhou satisfatoriamente. Na época, fazia uso de levomepromazina 200 mg/dia (antipsicótico). Pouco tempo após o ingresso na empresa, relata que ficou grávida. Em seu relato, referiu: "Quis ter um filho, já que todas as pessoas falavam mal dela, achavam que ela era bicha, um travesti, um veado". Durante a gravidez, parou de fazer uso do medicamento, "porque achava que não precisava mais e porque ia fazer mal ao seu nenê". Refere que, um dia, o pai e o irmão começaram a bater na porta com a intenção de matá-la. Notou que muitas pessoas começaram a chegar e a rodear sua casa e ficou com medo de que roubassem sua filha. Pegou "umas facas" que havia guardado. Ministrou a sua filha um comprimido de levomepromazina, colocado na mamadeira, referindo que ela logo pegou no sono. Diz ter feito isso para conforto de sua filha, para que ela não sentisse dor na hora em que fosse matá-la. Quando os "homens" começaram a entrar no quarto, Paula esfaqueou sua filha até matá-la. Relatou que nesse momento sentiu pavor, estava em pânico, e, com a mesma faca, começou a esfaquear-se no peito. Refere que naquele momento não sentiu dor porque ela é "hiper, super..." (delírio de grandeza). Assim como durante o delito, a examinanda encontrava-se em um surto psicótico agudo, com perda do teste de realidade e movida por pensamentos delirantes. Pelo fato de haver relação causal entre o delito e o transtorno em questão, Paula, sob o ponto de vista legal, enquadra-se no *caput* do art. 26 do CPB e, por apresentar transtorno mental (esquizofrenia paranoide), era, ao tempo da ação, totalmente incapaz de entender o caráter ilícito dos fatos e de determinar-se de acordo com eles. O juiz decidiu absolver Paula das imputações que contra si pesam nos autos, por reconhecer-lhe a excludente da culpabilidade afigurada no art. 26, *caput*, do CP, eis que, por ser acometida de doença mental, era, ao tempo desses fatos, inteiramente incapaz de entender o caráter ilícito de suas ações, e lhe impôs medida de segurança, na forma do inciso I do art. 96 do mesmo diploma legal.

quiátricos. De acordo com a *Classificação internacional de doenças e problemas relacionados à saúde* (CID-10) (Organização Mundial da Saúde [OMS], 1993, p. 5), "[...] o termo transtorno é usado por toda a classificação, de forma a evitar problemas ainda maiores inerentes ao uso de termos como doença ou enfermidade". Transtorno é usado para indicar a existência de um conjunto de sintomas ou comportamentos clinicamente reconhecíveis, associados, na maioria dos casos, a sofrimento e interferência com funções pessoais.

Os profissionais da saúde mental, ao chegarem a um diagnóstico claro e objetivo, deverão descrever o transtorno indicando o grau de comprometimento (ou não) da capacidade de discernimento e autodeterminação em virtude deste, pois apenas o fato de o periciando ter um transtorno mental não significa, consequentemente, que seja inimputável. Por exemplo, segundo alguns estudos, nas populações carcerárias, a prevalência de transtorno da personalidade antissocial pode chegar a 75% (United States Department of Health and Human Services & National Institute of Mental Health, 1994). Os transtornos da personalidade podem gerar inimputabilidade; porém, com frequência, a decisão final não é pela aplicação de medida de segurança, mas pela plena imputabilidade, com aplicação de pena privativa de liberdade, conforme a Vinheta Clínica 2.

A legislação penal vigente, no já mencionado artigo, coloca-nos três causas de exclusão de responsabilidade: doença mental, desenvolvimento mental incompleto e desenvolvimento mental retardado.

Considerando que doença mental seja um termo genérico, Conde (1988, p. 43) refere que:

[...] apesar do tempo transcorrido desde que se iniciaram as primeiras classificações das doenças mentais, a atual nosologia psiquiátrica não é, todavia, um *corpus* teórico absolutamente consistente e fechado, em que cada conceito e entidade nosológica estejam perfeitamente delimitados e tenham uma acepção universalmente válida.

Em linha gerais, e de acordo com um esquema estático, Palomba (1992) menciona as doenças mentais que levam à inimputabilida-

VINHETA CLÍNICA 2

Identificação: Marcelo, sexo masculino, brasileiro, servente de obras, situação social desfavorecida, com 26 anos de idade, instrução 1º grau incompleto, encontrando-se à época dos fatos vivendo maritalmente com uma companheira. *Descrição do fato:* Em horário indeterminado, em sua casa, com *animus necandi*,[8] mediante socos, pontapés e mordidas, matou Lauro, de 1 ano e 6 meses, produzindo-lhe as lesões descritas nos autos de necropsia, os quais consignam como *causa mortis* hemorragia interna consecutiva à ferida do rim direito por instrumento contundente. De acordo com a denúncia do MP, por ocasião dos fatos, Marcelo, na qualidade de padrasto da vítima, encontrava-se em sua residência, na companhia de Lauro e de outros menores, em razão de a mãe deles ter saído. Em dado momento, o denunciado, a exemplo do que fazia de forma costumeira e reiterada – a ponto de ele ter em data anterior fraturado um braço da vítima –, passou a desferir-lhe socos, agressão esta que veio a produzir-lhe a morte, horas depois. O crime foi praticado por meio cruel, revelando ao denunciado ausência de sentimento, de piedade e de solidariedade humana, infligindo à vítima sofrimentos além do necessário para a produção do resultado morte, em face do número, da localização e da gravidade das lesões. Ainda de acordo com a denúncia do MP, o motivo do delito foi fútil, porquanto o denunciado agiu contra a vítima porque se irritou com seu choro. O crime foi, ainda, praticado contra menor de 14 anos. Assim agindo, o MP denunciou Marcelo nos delitos do art. 121, parágrafo 2º, inciso II (motivo fútil) e III (outro meio cruel), do CP (Brasil, 1998). A pedido da defesa, foi instaurado o incidente de insanidade mental, sendo que o perito concluiu que Marcelo apresenta história de comportamento violento e impulsivo, descuido com a própria segurança e a dos outros, história de envolvimento em diversos delitos ao longo da vida, diagnóstico de transtorno da personalidade antissocial e que, por esse motivo, se enquadraria nos casos de semi-imputabilidade. O Conselho de Sentença, em votação soberana, rejeitou a tese de defesa – negativa de autoria – da mesma forma que em várias situações semelhantes, como o caso do "Maníaco do Parque", condenado nos lindes do art. 121, parágrafo 2º, incisos II e III, e parágrafo 4º, do CP, à pena de DEZESSETE ANOS E TRÊS MESES DE RECLUSÃO (grifo do Juiz), a ser cumprida em regime inicial fechado, em presídio.

---

[8] Termo em latim que significa dolo, vontade. É a intenção de matar, ou seja, de tirar a vida de outra pessoa.

de. São elas: as psicoses, que englobam a esquizofrenia, a psicose epiléptica, a psicose senil e puerperal, etc.; o alcoolismo crônico; e a toxicomania grave. Os silvícolas não aculturados e as pessoas com deficiência congênita da fala ou da audição, quando apresentam desenvolvimento mental incompleto, também são considerados inimputáveis.

A presença de uma deficiência congênita da fala ou da audição, por si só, não é suficiente para exclusão da responsabilidade penal, sendo necessária a demonstração de que a presença da deficiência afeta a capacidade de entendimento e volição do indivíduo. Para os silvícolas, também faz-se necessária uma avaliação criteriosa pelo fato de o contato com a cultura ocidental e o conhecimento dela serem muito variáveis (Bitencourt, 1999).

Nos casos de deficiência intelectual (DI), de alterações cognitivas e comportamentais congênitas ou adquiridas, com consequente atraso no desenvolvimento, é importante especificar o nível de gravidade (leve, moderado, grave/severo ou profundo), para fins de verificação de responsabilidade penal, uma vez que há quatro níveis de deficiência a serem levados em consideração. O teste de QI continua a ser um dos "pilares" da avaliação; entretanto, os novos critérios do *Manual diagnóstico e estatístico de transtornos mentais* (DSM-5) enfatizam a importância do nível de funcionamento sociocultural da pessoa. Essa abordagem multidimensional amplia os critérios a serem considerados na avaliação da DI, a qual deve ser caracterizada pela presença de limitação significativa no funcionamento intelectual e no comportamento adaptativo expresso nas habilidades conceituais, sociais e práticas (Schwartzman & Lederman, 2017).

O DSM-5 (American Psychiatric Association [APA], 2013) mantém os níveis de gravidade tradicionais (de leve a profundo), mas substitui as pontuações de QI como critério definidor pela extensão da disfunção adaptativa nos três domínios referidos. Dessa forma, o diagnóstico de DI não deveria ser realizado sem uma avaliação psicológica específica.

No parágrafo único do art. 26 do CP, há referência à imputabilidade diminuída ou semi-imputabilidade para os casos de perturbação da saúde mental ou desenvolvimento mental incompleto ou retardado, em que o indivíduo, no momento de sua ação delituosa, não era inteiramente capaz de entender o caráter ilícito do fato ou de se determinar de acordo com esse entendimento. Nesses casos, a pena pode ser reduzida de um a dois terços, sendo facultada ao juiz a redução.

> **Parágrafo único** – A pena pode ser reduzida de um a dois terços, se o agente, em virtude de perturbação mental ou por desenvolvimento mental incompleto ou retardado, não era inteiramente capaz de entender o caráter ilícito do fato ou de determinar-se de acordo com esse entendimento (Brasil, 1998, p. 6).

Enquadram-se nesse parágrafo, relativamente à perturbação da saúde mental, segundo o esquema estático já mencionado, os quadros denominados como neurose grave nas classificações anteriores, alguns casos de transtornos da personalidade, entre eles o antissocial, e a toxicomania moderada, conforme denota a Vinheta Clínica 3.

A CID da OMS tem validação universal. Não obstante já esteja disponível a versão da CID-11 em língua inglesa, atualmente, no Brasil, os laudos ainda seguem oficialmente a CID-10. A importância da utilização da CID para as avaliações consiste justamente em sua universalidade. Por exemplo, os critérios diagnósticos de esquizofrenia paranoide (F 20.0) são, em tese, os mesmos em qualquer lugar do mundo, o que torna os laudos menos propensos a intervenções puramente pessoais no que concerne aos transtornos mentais. O DSM-5 (APA, 2013) é de extrema valia no auxílio dos diagnósticos; porém, ele se baseia nas estatísticas e nos critérios da sociedade de psiquiatria norte-americana, portanto, menos abrangente do que a CID-10.[9] O conceito de parcialmen-

---

[9] É importante salientar que no Brasil o diagnóstico legalmente aceito é o da OMS, atualmente CID-10, e, em breve, a sua versão 11.

VINHETA CLÍNICA 3

Identificação: Valdemar, sexo masculino, brasileiro, solteiro, 36 anos de idade, história de sérios problemas com uso de drogas, diversas internações para recuperação da dependência química e episódios anteriores de prisão. *Descrição do fato:* Em torno das 16h, Valdemar subtraiu para si, mediante escalada, três barras de ferro de 12 metros, totalizando o valor de R$ 138,00, de propriedade da vítima. De acordo com a denúncia do MP, por ocasião dos fatos, Valdemar escalou o muro que circundava a obra pertencente à vítima e subtraiu para si as barras de ferro. No momento em que deixava o prédio, foi visto por um dos moradores do local, que avisou a polícia. Os policiais militares efetuaram uma busca e encontraram Valdemar, que foi preso em flagrante e encaminhado à delegacia. Os objetos foram apreendidos e restituídos à vítima. O MP denunciou Valdemar como incurso nas sanções do art. 155, § 4º, inciso II, do CP (furto qualificado mediante escalada; Brasil, 1998). A pedido da defesa, foi instaurado o incidente de insanidade mental, sendo que o perito concluiu que Valdemar apresentava deficiência mental moderada e transtornos mentais e de comportamento em face do uso de múltiplas drogas na época do fato delitivo e que ele era, na época do ocorrido, parcialmente incapaz de compreender a ilicitude de seu comportamento ou de se autodeterminar conforme tal entendimento. Valdemar foi condenado por incurso nas sanções do art. 155, § 4º, inciso II, combinado com o art. 26, parágrafo único, ambos do CP. Com a redução em face da semi-imputabilidade reconhecida, a pena restou definitiva em seis meses de reclusão, a ser cumprida em regime inicial aberto cumulada com pena de multa.

te imputável gera dúvidas para os profissionais de saúde mental e os juristas, e nem sempre é inequívoco o efetivo cabimento de redução da pena no caso concreto. O fato é que as casas de custódia, especiais para tratamento psiquiátrico de inimputáveis, bem como o sistema de saúde, têm poucas condições de abrigar semi-imputáveis, como, por exemplo, alguns indivíduos com transtorno da personalidade antissocial, que necessitam de ambientes com maior capacidade de controle e têm pouca resposta aos atuais tratamentos terapêuticos. Logo, ou o sujeito apresenta transtorno mental psicótico, agudo ou crônico (nas mais diversas classificações da CID-10 e do DSM-5), transtorno cerebral orgânico, ou apresenta importante retardo mental que o prive de cognição suficiente para compreender, determinar seu ato delitivo, sendo, portanto, inimputável. A outra possibilidade é a de que é capaz de compreendê-lo e, assim, ser responsável por seus atos, sob pena de responsabilizarmos parcialmente pessoas capazes de compreender seus ilícitos devido a transtornos da personalidade tão comuns em perpetradores.

As áreas "psi", na qualidade de ciência do comportamento, não obstante os fatores externos do meio ambiente e seus diversos estressores, concebem que, se o sujeito não padece de algum tipo de transtorno mental que o incapacita para a compreensão do mundo e de seu cotidiano, ele é plenamente responsável pelos seus atos. Assim, dependerá de si próprio, e não do meio onde vive, a transformação de seu comportamento.

SUPERVENIÊNCIA DE DOENÇA MENTAL

Repisando as ressalvas já feitas sobre o termo "doença mental", abordaremos, neste ponto, as questões atinentes à superveniência de transtorno mental no curso do processo penal ou durante a execução da pena privativa de liberdade, referindo-nos, assim, a uma terminologia mais adequada e atual. O CP aborda o tema no art. 41, determinando o recolhimento do apenado a estabelecimento adequado:

> Art. 41 – O condenado a quem sobrevém doença mental deve ser recolhido a hospital de custódia e tratamento psiquiátrico ou, à falta, a outro estabelecimento adequado (Brasil, 1998, documento *on-line*).

A legislação que regulamenta o cumprimento da pena, Lei de Execução Penal (LEP), traz, em seu art. 183, no mesmo sentido, a possibilidade de o juiz substituir a pena privativa de liberdade por medida de segurança:

> Art. 183 – Quando, no curso da execução da pena privativa de liberdade, sobrevier doença mental ou perturbação da saúde mental, o Juiz, de ofício, a requerimento do Ministério Público, da Defensoria Pública ou da autoridade administrativa, poderá determinar a substituição da pena por medida de segurança (Brasil, 1984, documento *on-line*).

A legislação preocupa-se, assim, em dar solução aos casos em que um transtorno mental se manifesta em momento posterior ao cometimento do delito, pois em que pese não se possa, nesses casos, falar em inimputabilidade, tampouco seria razoável determinar a permanência de pessoas que, por estarem acometidas por transtorno mental, precisam de tratamento especializado, em estabelecimento penal comum, que não dispõe de estrutura para prover tal atendimento. Assim, essas pessoas devem ser encaminhadas ao hospital de custódia ou a outro local apto a dar conta de suas necessidades supervenientes.

A REFORMA PSIQUIÁTRICA E SEUS IMPACTOS

A Lei nº 10.216/01, conhecida por Lei da Reforma Psiquiátrica, é considerada o diploma legal que trouxe os avanços mais significativos ao ordenamento jurídico nacional no que diz respeito aos direitos e garantias fundamentais dos doentes mentais, transpondo, assim, relevantes melhorias no campo da saúde mental. Ao instituir um novo modelo de tratamento, enfatizado principalmente na reabilitação ambulatorial do paciente, a lei propõe-se a modificar o padrão atual de tratamento despendido aos doentes. Iniciando pela questão da internação, o art. 4º e parágrafos do referido diploma sugerem que (Brasil, 2001, documento *on-line*):

> Art. 4º – A internação, em qualquer de suas modalidades, só será indicada quando os recursos extra-hospitalares se mostrarem insuficientes.
> § 1º – O tratamento visará, como finalidade permanente, a reinserção social do paciente em seu meio.
> § 2º – O tratamento em regime de internação será estruturado de forma a oferecer assistência integral à pessoa portadora de transtornos mentais, incluindo serviços médicos, de assistência social, psicológicos, ocupacionais, de lazer, e outros.
> § 3º – É vedada a internação de pacientes portadores de transtornos mentais em instituições com características asilares, ou seja, aquelas desprovidas dos recursos mencionados no § 2º e que não assegurem aos pacientes os direitos enumerados no parágrafo único do art. 2º.

Conforme se verifica da leitura do dispositivo anteriormente transcrito, ao prever que a internação, seja qual for sua modalidade, "só será indicada quando os recursos extra-hospitalares se mostrarem insuficientes", a intenção do legislador é tornar a institucionalização a exceção no que se refere ao tratamento psiquiátrico, fato que já tem influenciado muitos magistrados a optarem em favor do tratamento ambulatorial, o que evidencia importante evolução em nosso ordenamento (Cardoso & Pinheiro, 2012). As medidas de segurança são, em sua predominância, determinadas em sua espécie de internação (art. 96, I, do CP). Vincula-se a isso, como um dos fatores principais, a ausência, até então, de estrutura adequada dos Centros de Atenção Psicossocial (CAPS), pois a internação em hospitais psiquiátricos de custódia acarreta maiores restrições à liberdade do interno. O relatório da I Caravana Nacional de Direitos Humanos, desempenhada pela Câmara dos Deputados em 2000, com o título "Uma amostra da realidade manicomial brasileira", apontou uma enormidade de irregularidades nos hospitais de custódia e tratamento psiquiátrico nas mais diferentes regiões do Brasil. A propósito das precárias condições suportadas pelos pacientes judiciários submetidos às medidas de segurança, Cardoso e Pinheiro (2012, p. 74) assim ponderam:

> [...] as precárias condições de detenção dos doentes mentais implicariam grave prejuízo ao compromisso das medidas de segurança com a sua ressocialização. A adoção de métodos mormente manicomiais interfere no diagnóstico pericial que serve para determinar a desinternação dos inimputáveis no momento adequado, com a possibilidade de cura do estado de psicopatologia.

Outro aspecto que merece atenção quando se trata do tema medida de segurança diz respeito ao prazo de duração do instituto, cenário que desde a reforma da Parte Geral do CP, em 1984, ainda apresenta elevado grau de insegurança aos operadores do direito.

De acordo com o art. 97, § 1º, do CP, na conjectura de um indivíduo considerado inimputável:

> § 1º – A internação, ou tratamento ambulatorial, será por tempo indeterminado, perdurando enquanto não foi averiguada, mediante perícia médica, a cessação de periculosidade. O prazo mínimo deverá ser de 1 (um) a 3 (três) anos (Brasil, 1998, p. 23).

Da leitura do dispositivo legal citado, observa-se que a continuidade da internação ou do tratamento ambulatorial está condicionada à verificação de cessação da periculosidade do paciente, obedecendo ao prazo mínimo estabelecido de 1 (um) a 3 (três) anos, e que deve ocorrer mediante exame pericial, conforme estabelece o § 2º do art. 97:

> § 2º – A perícia médica realizar-se-á ao termo do prazo mínimo fixado e deverá ser repetida de ano em ano, ou a qualquer tempo, se o determinar o juiz da execução (Brasil, 1998, p. 23).

A falta de exatidão quanto ao tempo de duração das medidas, aliada à adoção de métodos invasivos de tratamento e, além disso, ao total descaso por parte da família do doente e pela sociedade em geral, acabaram por fomentar uma enormidade de casos de internações de "caráter perpétuo" nos manicômios judiciários brasileiros. Como exemplo dessa perpetuidade peculiar às medidas de segurança, Cardoso e Pinheiro (2012) trazem em sua obra um caso colacionado pelo jurista Luís Flávio Gomes:

> O jurista Luís Flávio Gomes colaciona o caso mais famoso, no Brasil, de internação por tempo indeterminado. Trata-se de Febrônio Índio do Brasil, que permaneceu 57 anos em um hospital de custódia do Rio de Janeiro. Febrônio ingressou no hospital com 27 anos de idade e morreu com 84 anos, hospitalizado e cumprindo medida de segurança. O doente mental perdurou, até seus derradeiros dias, com as mesmas características psicológicas que o estigmatizaram desde a juventude, sem apresentar, formalmente, controle da periculosidade.

Embora em ritmo gradual, o que se tem visto, não só da jurisprudência dos tribunais inferiores, mas, precipuamente, de decisões motivadas pelos Tribunais Superiores do País, é uma modificação positiva no que diz respeito ao período de duração das medidas de segurança em prol dos pacientes internados em manicômios judiciários. Por exemplo, a Constituição Federal veda, em seu art. 5º, inciso XLVII, "b", a possibilidade de aplicação de penas de caráter perpétuo. Outrossim, o item 158 da Exposição de Motivos da LEP traz a seguinte recomendação: "A pesquisa sobre a condição dos internados ou dos submetidos a tratamento ambulatorial deve ser estimulada com rigor científico e desvelo humano" (Brasil, 1984, documento *on-line*). Ademais, sobre a privação da liberdade em caráter perpétuo, acrescenta: "O problema assume contornos dramáticos em relação aos internamentos que não raro ultrapassam os limites razoáveis de durabilidade, consumando, em alguns casos, a perpétua privação da liberdade" (Brasil, 1984, documento *on-line*).

Outrossim, no que tange ao tempo de cumprimento das penas privativas de liberdade, o legislador penal assim previu (Brasil, 1998, p. 18):

> **Art. 75** – O tempo de cumprimento das penas privativas de liberdade não pode ser superior a 30 (trinta) anos.
> **1º** – Quando o agente for condenado a penas privativas de liberdade cuja soma seja superior a 30 (trinta) anos, devem elas ser unificadas para atender ao limite máximo deste artigo.
> **2º** – Sobrevindo condenação por fato posterior ao início do cumprimento da pena, far-se-á nova unificação, desprezando-se, para esse fim, o período de pena já cumprido.

Dos julgados provenientes do Superior Tribunal de Justiça (STJ) e do Supremo Tribunal Federal (STF), há muito se observa a percepção de que a limitação temporal da internação ou do tratamento ambulatorial dos pacientes em medida de segurança carece de normatização segura e adequada, com o objetivo de que se evitem situações que configurem verdadeira afronta aos direitos e às garantias fundamentais da pessoa. Por exemplo, no acórdão prolatado nos autos do *Habeas Corpus* (HC) nº 107432/RS, de 24 de maio de 2011, da 1ª Turma do STF, o relator Ministro Ricardo Lewandowski traz importantes ponderações sobre o tema (Brasil, 2011, documento *on-line*):

> Penal. HC. Réu inimputável. Medida de segurança. Prescrição. Inocorrência. Periculosidade do paciente subsistente. Transferência para hospital psiquiátrico, nos termos da Lei nº 10.216/2001. *Writ* concedido em parte.
> **I** – Esta Corte já firmou entendimento no sentido de que o prazo máximo de duração da medida de segurança é o previsto no art. 75 do CP, ou seja, trinta anos. Na espécie, entretanto, tal prazo não foi alcançado.
> **II** – Não há falar em extinção da punibilidade pela prescrição da medida de segurança uma vez que a internação do paciente interrompeu o curso do prazo prescricional (art. 117, V, do CP).
> **III** – Laudo psicológico que reconheceu a permanência da periculosidade do paciente, embora atenuada, o que torna cabível, no caso, a imposição de medida terapêutica em hospital psiquiátrico próprio.
> **IV** – Ordem concedida em parte para determinar a transferência do paciente para hospital psiquiátrico que disponha de estrutura adequada ao seu tratamento, nos termos da Lei nº 10.216/2001, sob a supervisão do Ministério Público e do órgão judicial competente.

Considerando como exemplo o julgado anterior colacionado, é de se perceber que a interpretação do vocábulo "pena", empregado no art. 75 do CP, deve ser feita de modo abrangente, ou seja, na forma de sanção penal, a abranger, dessa forma, tanto as penas em sentido estrito como as medidas de segurança.

Tal interpretação se baseia diante da irracionalidade, em termos de finalidades e funções das respectivas espécies de sanção penal, da medida de segurança produzir sanções mais graves do que a pena em sentido estrito. Nas palavras de Cardoso e Pinheiro (2012): "[...] não poderia a medida de segurança (menos gravosa) ser perpétua, enquanto a pena privativa de liberdade (mais gravosa) possui limite constitucional e legal de 30 (trinta) anos".

Como resultado do progresso na compreensão sobre os limites temporais à aplicação da medida de segurança, o STJ editou a Súmula 527, de 18 de maio de 2015, nos seguintes termos:

> **Súmula 527** – O tempo de duração da medida de segurança não deve ultra-

passar o limite máximo da pena abstratamente cominada ao delito praticado (Brasil, 2015, p. 1067).

A discordância entre os entendimentos dos Tribunais Superiores Nacionais reside no fato de que, segundo o STF, o prazo máximo é o definido no art. 75 do CP, 30 anos, no tempo em que, para o STJ, o entendimento é o consolidado na súmula supracitada.

Sobre tal divergência, Gabriel Neto e Losekann (2017, p. 24-25) explicam:

> A bem ver, o atual entendimento do STF leva ao absurdo de se sujeitar uma pessoa condenada por um crime a uma medida de segurança, v.g., pela prática de crime de furto simples, que tem pena máxima, *in abstrato*, de quatro anos, a poder permanecer por até 30 (trinta) anos hospitalizada, enquanto não cessada a periculosidade. O entendimento do STJ, nesse passo, parece muito mais afinado com o texto constitucional e com os contemporâneos fins dessa espécie de sanção penal.

ASPECTOS NEUROPSICOLÓGICOS DA IMPUTABILIDADE PENAL

A neuropsicologia é uma área de caráter interdisciplinar que se constituiu como uma ciência "híbrida" resultante do cruzamento de diferentes disciplinas básicas e aplicadas que se preocupam com o estudo do funcionamento do cérebro e do comportamento humano e, consequentemente, com o resultado dessa inter-relação (Haase et al., 2012; Ramos & Hamdan, 2016). Nesse sentido, a avaliação neuropsicológica no contexto clínico visa a identificar a presença ou não de alterações cognitivas e/ou comportamentais para fins de diagnóstico e intervenção terapêutica. Distintamente do que se busca nesse contexto, a avaliação neuropsicológica forense tem como foco responder a uma questão "legal", isto é, verificar se há uma disfunção cognitiva e, em caso positivo, como essa alteração impacta na capacidade de entendimento e de autodeterminação da pessoa que possa estar relacionada com o ato criminoso em discussão (Serafim, 2014; Serafim, Saffi, & Rigonatti, 2010).

Ressalta-se que, de maneira geral, a principal questão forense não se resume a identificar uma alteração, mas em esclarecer, objetivamente, se essa alteração compromete a pessoa no que tange a sua capacidade de compreender/discernir e de controlar impulsos e em seu juízo crítico. A avaliação neuropsicológica visa, portanto, a contribuir com elementos sobre a condição neuropsicológica de alguém sobre a qual foram levantadas dúvidas quanto à responsabilidade ou capacidade, analisando, de forma sistemática, as alterações cognitivas e comportamentais possivelmente associadas a disfunções cerebrais, causadas por lesões, doenças, uso de substâncias, etc. (Serafim et al., 2015).

A coleta dos dados será direcionada ao que deve ser investigado. Assim, para que o psicólogo selecione os instrumentos mais adequados, ele deverá se basear no objetivo do exame e na prévia leitura dos autos do processo (Jung, 2014; Rovinski, 2003, 2004), com especial atenção ao que demandou a avaliação neuropsicológica e aos quesitos formulados. No que tange à realização de avaliações neuropsicológicas periciais, não existem metodologias fixas para esse fim. Estas são construídas de acordo com as características do caso e do sujeito (idade, nível de escolaridade, presença de limitações físicas, sensoperceptivas ou mentais, etc.). No contexto forense, deve englobar instrumentos para os diferentes domínios cognitivos. Sugere-se a utilização de testes e tarefas, desde os mais gerais, como os que avaliam inteligência e instrumentos de rastreio cognitivo, aos mais específicos, como instrumentos para avaliar a orientação temporal e espacial, habilidades visuoespaciais, visuoconstrutivas, linguagem, memória, atenção e funções executivas (Rabin, Paolillo, & Barr, 2016). Além destes, sugere-se a investigação de aspectos comportamentais, como capacidade de controle emocional, tendência à impulsividade, presença de traços antissociais, qualidade do relacionamento interpessoal, capacidade de empatia, entre outros (Jung, 2014). Para isso, o neuropsicólogo deverá ter bom conhecimento dos instrumentos a serem utilizados, de psicopatologia e dos modelos e teorias existentes na prática neuropsicológica e áreas afins, como, por exemplo, sobre o funcionamento do sistema nervoso, além de habilidades para entrevista e observação comportamental.

Vale ressaltar que o perito, se psicólogo, deverá preocupar-se, ao utilizar testes psicológicos, em somente incluir na sua bateria aqueles que estejam aprovados pelo Sistema de Avaliação de Testes Psicológicos (Satepsi), do Conselho Federal de Psicologia. Outro aspecto a ser considerado, em uma avaliação nesse contexto, é a possibilidade de simulação. Nesse sentido, Taborda (2004) ressalta que em uma avaliação pericial é comum a presença de simulação, visto que o examinando poderá omitir informações que ao seu entender possam prejudicá-lo e potencializar aquelas que possam beneficiá-lo. De fato, no processo de avaliação dos déficits cognitivos, uma das dificuldades com as quais profissionais peritos se deparam é a simulação, que se constitui, atualmente, como um dos tópicos mais estudados.

Enfim, o uso dos testes psicológicos e neuropsicológicos e outras escalas abertas entre profissionais de saúde nas avaliações periciais apresenta vantagens em relação a uma avaliação realizada somente com entrevistas, uma vez que os instrumentos mensuram características que não podem ser percebidas ou medidas apenas em entrevistas e/ou observações, permitem ao profissional a possibilidade de observar o comportamento de forma padronizada e verificar se este se situa dentro do observado na população "normal", além de minimizar a "contaminação" subjetiva dos dados pelo profissional perito (Jung, 2014).

O PROPÓSITO DA CONTRIBUIÇÃO DE INSTRUMENTOS DE AVALIAÇÃO PERICIAL

Conforme vimos, para a averiguação da imputabilidade penal é extremamente importante que os profissionais da saúde mental cheguem a um diagnóstico claro e objetivo, descrevendo se o periciando é acometido por algum transtorno mental e indicando o grau de comprometimento (ou não) da capacidade de discernimento e autodeterminação em função deste. Salienta-se que o fato de o periciando ter transtorno mental não gera, por si só, a inimputabilidade, pois, para tanto, deve haver comprometimento de sua capacidade de compreensão e de autodeterminação que, vinculado ao transtorno, o tenha levado a delinquir. Nesse sentido, mostram-se de extrema importância os instrumentos de avaliação em saúde mental, pois permitem maior segurança na aferição dessas questões, na medida em que propiciam a avaliação e a percepção de elementos psíquicos que nem sempre são facilmente constatados em uma entrevista ou avaliação pericial e até mesmo podem corroborar a identificação de alguma tentativa de manipulação por parte do periciando. As informações obtidas por meio de entrevistas para a coleta de dados sobre a história pregressa e atual do examinando, combinadas com as respostas nos testes e observações do comportamento em avaliação, irão propiciar uma abordagem integrada do indivíduo. Dessa forma, podem contribuir para tornar o laudo pericial mais confiável e com dados mais robustos para o auxílio dos operadores do direito.

A seguir, com o objetivo de exemplificar, serão citados de forma breve alguns instrumentos que podem eventualmente ser utilizados, sem o objetivo de esgotar os dados a seu respeito, bem como todas as possibilidades de avaliação psicométrica disponíveis ou não na nossa realidade. Como referido, sem a pretensão de contemplar todos os instrumentos existentes e que podem ser utilizados em uma avaliação de imputabilidade, semi-imputabilidade e inimputabilidade, exemplificaremos, a seguir, alguns de aplicação no contexto criminal. Cabe ressaltar, mais uma vez, a importância da organização de uma bateria de testes direcionada às necessidades da avaliação (Androvandi, Serafini, Trentini, & Coelho, 2007). Em outras palavras, a escolha dos recursos a serem utilizados depende da especificidade da avaliação, do tempo de aplicação dos instrumentos, dos estudos de validade e adaptação para o português do Brasil, do grau de complexidade do caso e das características do examinando, etc. (Androvandi et al., 2007).

Escala de Depressão Pós-parto de Edimburgo

O puerpério costuma ser um período em que muitas mulheres apresentam queixas atinentes a dificuldades cognitivas ou emocionais. A depressão pós-parto (DPP) é um subtipo do transtorno depressivo, cujos sintomas aparecem nas primeiras seis semanas após o parto, codificada pela CID-10 (F53.0) como "transtornos mentais e de comportamento, leves, associados ao puerpério, não classificados em outros locais". Infelizmente não é incomum mulheres acometidas de DPP cometerem filicídio, por exemplo. Assim, uma avaliação criteriosa pode contribuir sobremaneira para o melhor encaminhamento de uma situação permeada por tão intenso sofrimento.

Conforme Soares, Brancaglion, Corrêa e Romano-Silva (2006), a Escala de Depressão Pós-parto de Edimburgo (EPDS) foi o primeiro instrumento específico para avaliação da DPP, e seu poder preditivo foi confirmado por inúmeros estudos. Com aplicação rápida e simples, a escala é composta de 10 itens, divididos em quatro graduações (0 a 3) avaliando sintomas depressivos. A EPDS, que é de domínio público e de fácil utilização, mostra-se como importante aliada no rastreio da DPP. Malloy-Diniz, Schlottfeldt, Figueira, Neves e Corrêa (2010) referem, corroborando o descrito mencionado, que a versão reduzida da EPDS mantém suas propriedades adequadas para uso no diagnóstico da DPP.

Sintomas psicóticos – Escala Breve de Avaliação Psiquiátrica – Ancorada

Os sintomas psicóticos podem estar presentes em diversos transtornos e são extremamente comuns em casos de práticas delitivas, que não raras vezes ocorrem em virtude de alucinações, principalmente auditivas. O mais antigo instrumento de avaliação dos sintomas frequentes em quadros psicóticos é a Escala Breve de Avaliação Psiquiátrica – Ancorada (BPRS-A), que avalia a gravidade de 18 sintomas que ocorrem nas psicoses, principalmente na esquizofrenia. De acordo com Elkis, Alves, Santos e Freitas (2006), a aplicação da BPRS-A é relativamente simples, na qual, de forma geral, o avaliador deve deixar o avaliado à vontade e, em uma conversa, utilizar seus conhecimentos de psicopatologia e entrevista para pontuar de acordo com a escala.

Teste de Rorschach

O teste de manchas de tinta, desenvolvido pelo psiquiatra suíço Hermann Rorschach, que foi publicado em 1921, provê referenciais empíricos para a investigação da personalidade e para o conhecimento do funcionamento subjacente da atividade psíquica (Nascimento, 2010). O Sistema de Avaliação por Performance no Rorschach (R-PAS), versão atualmente mais utilizada do Rorschach, apresenta codificação complexa para sua interpretação, sendo extremamente útil, pois fornece uma densa e rica quantidade de informações sobre o examinando. O teste, nos dizeres de Schneider e Resende (2016, p. 327), apresenta-se "[...] menos suscetível à manipulação ou à dissimulação consciente e intencional por parte do examinando", podendo revelar, inclusive, características de personalidade que as próprias pessoas desconhecem ou hesitam em admitir. Com isso, temos que o R-PAS pode ser extremamente útil em determinadas avaliações psicológicas no contexto criminal. De acordo com Jung (2014), o Rorschach tem sido bastante citado como teste para uso em perícias, o que demonstra seu valor nessas investigações e o quanto o trabalho do psicólogo perito pode ser mais sofisticado quando há o domínio dessa técnica (Jung, 2014).

Transtorno da personalidade antissocial – Psicopatia – Psychopathy Checklist-Revised

A Psychopathy Checklist-Revised (PCL-R) (Hare, 2003) é a versão revisada do PCL (Hare,

1980), elaborado por Robert Hare e validado para o nosso meio por Morana. Essa escala avalia a psicopatia a partir de uma entrevista semiestruturada e de um cruzamento de informações com outras fontes, mensurando características afetivas, interpessoais e comportamentais do participante. O instrumento configura-se como uma escala psicométrica composta por 20 itens: 1) loquacidade/charme superficial; 2) autoestima inflada; 3) necessidade de estimulação/tendência ao tédio; 4) mentira patológica; 5) controle/manipulação; 6) falta de remorso ou culpa; 7) afeto superficial; 8) insensibilidade/falta de empatia; 9) estilo de vida parasitário; 10) frágil controle comportamental; 11) comportamento sexual promíscuo; 12) problemas comportamentais precoces; 13) falta de metas realísticas em longo prazo; 14) impulsividade; 15) irresponsabilidade; 16) falha em assumir responsabilidade; 17) muitos relacionamentos conjugais de curta duração; 18) delinquência juvenil; 19) revogação de liberdade condicional; e 20) versatilidade criminal. Os estudos de análise fatorial indicam uma solução bifatorial na maioria dos estudos já desenvolvidos. O fator 1 avalia os aspectos afetivos e interpessoais, e o fator 2 avalia os aspectos predominantemente comportamentais, referentes a condutas desviantes. O avaliador pontua cada um dos 20 itens de acordo com uma escala ordinal de três pontos: 0 (característica ausente), 1 (parcialmente presente) e 2 (característica definitivamente presente), considerando, para tanto, o grau com que o comportamento e a personalidade do avaliando se equiparam à descrição apresentada no manual. Em amostra nos Estados Unidos, um ponto de corte de 30 pontos é necessário para a atribuição de um provável diagnóstico de psicopatia em adultos (Hare, 2003). Morana, Câmara e Arboleda-Flórez (2006), por meio da análise de *cluster* em amostra brasileira de sujeitos criminosos classificados com transtorno da personalidade antissocial, estabeleceram dois tipos de personalidade antissociais: transtorno global e transtorno parcial, que encontraram equivalência estatística com psicopatia e não psicopatia tal qual estabelecido por Hare. O estudo foi realizado por meio do ponto de corte obtido no PCL-R. As faixas de pontuação do PCL-R para a população forense estudada correspondem a: não criminoso (0 a 12); transtorno parcial (12 a 23); e transtorno global (23 a 40) (Morana et al., 2006; Morana, Stone, & Abdalla-Filho, 2006).

ENTREVISTAS DIAGNÓSTICAS PADRONIZADAS

Além dos testes psicológicos, o perito pode se valer de diversas entrevistas diagnósticas padronizadas. Entre elas, podemos citar: 1) Present State Examination (PSE) (Wing, 1974); 2) Schedule for Affective Disorders and Schizophrenia (SADS) (Spitzer, 1974); 3) Diagnostic Interview Schedule (DIS) (Robins, 1981); 4) Structured Clinical Interview for DSM-5 (SCID-5); 5) Composite International Diagnostic Interview (CIDI) (WHO, 1990); 6) Schedules for Clinical Assessment in Neuropsychiatry (Scan) (WHO, 1992). Em nosso meio, muitas pesquisas foram realizadas utilizando-se o Mini/Mini Plus (Amorim, 2000; Sheehan et al., 1998). Da mesma forma que o "Mini", outros irão surgir baseados nos novos critérios do DSM-5 e da CID-11.

Entre os instrumentos neuropsicológicos, podem-se utilizar o Teste dos Cinco Dígitos (FDT) (Sedó, Paula, & Malloy-Diniz, 2015); o Teste de Figuras Complexas de Rey (Oliveira & Rigoni, 2010); o Teste Wisconsin de Classificação de Cartas (Heaton, Chelune, Talley, Kay, & Curtiss, 2005; Trentini, Argimon, Oliveira, & Werlang, 2010); o Teste de Aprendizagem Auditivo-Verbal de Rey (RAVLT) (Paula & Malloy-Diniz, 2018); a Escala Wechsler de Inteligência para Adultos (WAIS-III) (Wechsler, 2004ab); o NEUPSILIN (Fonseca, Salles, & Parente, 2009), entre outros disponíveis para uso (Júlio-Costa, Moura, & Haase, 2017; Zimmermann & Fonseca, 2017).

CONSIDERAÇÕES FINAIS

No decorrer do capítulo, foram apresentadas as principais intersecções entre o saber das ciências "psi", o direito e demais ciências que tratam da questão da abordagem do indivíduo desviante que comete um crime. O conhecimento científico encontra-se sempre em "ebulição". No campo da criminologia, temos várias escolas, como a escola clássica, a positiva, a de Chicago, a crítica, a abolicionista, a cultural, entre outras, com suas próprias maneiras de compreender o fenômeno humano. Já no campo das neurociências, temos os achados que demonstram alterações no funcionamento do sistema nervoso central relacionados às alterações comportamentais das pessoas. No campo da psicopatologia e das classificações dos transtornos mentais, temos uma constante busca de aprimoramento das classificações destes. No campo da psicometria, temos avanços na busca de novos instrumentos confiáveis e adequadamente validados para uma cada vez melhor avaliação dos diferentes transtornos mentais. Já os operadores do direito necessitam de uma definição baseada em provas para aplicar a lei. Como se não bastasse, mudanças culturais como o movimento antimanicomial e a reforma psiquiátrica passam a influenciar as medidas tomadas em relação às pessoas com transtornos mentais. Um tema interdisciplinar como a questão da (in)imputabilidade deve ser objeto de constante reflexão. Por meio dela, os avanços sociais e científicos terão a possibilidade de influenciar o desenvolvimento de melhores políticas públicas para as pessoas que tenham algum conflito com a lei.

REFERÊNCIAS

American Psychiatric Association (APA). (2013). *Diagnostic and statistical manual of mental disorders: DSM-V* (5th ed.). Arlington: APA.

Amorim, P. (2000). Mini International Neuropsychiatric Interview (MINI): Desenvolvimento e validação de entrevista diagnóstica breve para avaliação de transtornos mentais. *Revista Brasileira de Psiquiatria, 22*(3), 106-115.

Androvandi, C., Serafini, A. J., Trentini, C. M., & Coelho, E. (2007). Imputabilidade penal, capacidade cognitiva e instrumentos de medida psicológica. *Psicologia em Foco, 1*(1), 49-62.

Bitencourt, C. R. (1999). *Manual de Direito Penal: Parte geral* (5. ed.). São Paulo: Revista dos Tribunais.

Bitencourt, C. R. (2003). *Tratado de Direito Penal: Parte Geral* (vol. 1, 8. ed.). São Paulo: Saraiva.

Bitencourt, C. R. (2009). *Tratado de Direito Penal*. São Paulo: Saraiva.

Brasil. (1984). *Lei nº 7.210, de 11 de julho de 1984*. Institui a Lei de Execução Penal. Recuperado de http://www.planalto.gov.br/ccivil_03/LEIS/L7210.htm

Brasil. (1998). *Decreto-lei nº 2.848, de 07 de dezembro de 1940. Código Penal*. Recuperado de https://www.oas.org/juridico/mla/pt/bra/pt_bra-int-text-cp.pdf

Brasil. (2001). *Lei no 10.216, de 6 de abril de 2001*. Dispõe sobre a proteção e os direitos das pessoas portadoras de transtornos mentais e redireciona o modelo assistencial em saúde mental. Recuperado de http://www.planalto.gov.br/ccivil_03/leis/leis_2001/l10216.htm

Brasil. (2011). *Habeas Corpus 107432/RS, de 24 de maio de 2011*. Recuperado de https://stf.jusbrasil.com.br/jurisprudencia/19730295/habeas-corpus-hc-107432-rs/inteiro-teor-104518431?ref=juris-tabs

Brasil. (2015). Súmula 527, de 18 de maio de 2015. Define tempo máximo de duração de medida de segurança. *RSTJ, 243*, 1067.

Breier, A., Paz, R. A., & Gauer, G. J. C. (2001). Imputabilidade: Uma análise crítica. In G. J. C. Gauer (Org.), *Uma leitura biopsicossocial do comportamento agressivo* (pp. 149-161). Curitiba: Juruá.

Bruno, A. (2005). *Direito Penal: Parte geral: Fato punível*. Rio de Janeiro: Forense.

Callegari, A. L. (2014). *Teoria geral do delito e da imputação objetiva* (3. ed.). São Paulo: Atlas.

Cardoso, D. A. & Pinheiro, J. D. M. (2012). *Medidas de segurança: Ressocialização e a dignidade da pessoa humana*. Curitiba: Juruá.

Conde, F. M. (1988). *Teoria geral do delito*. Porto Alegre: Sérgio Antônio Fabris.

Dias, J. D. F. & Andrade, M. C. (1984). *Criminologia o homem delinquente e a sociedade criminógena*. Coimbra: Coimbra.

Dias, J. D. F. (1999). *Questões fundamentais do Direito Penal revisitadas*. São Paulo: Revista dos Tribunais.

Dias, J. D. F. (2007). *Direito Penal: Parte geral: Questões fundamentais: A doutrina geral do crime*. São Paulo: Revista dos Tribunais.

Elkis, H., Alves, T. M., Santos, B. D., & Freitas, R. R. D. (2006). Escala breve de Avaliação Psiquiátrica: Ancorada (BPRS-A). In C. Gorenstein, Y. P. Wang, & I. Hungerbühler (Orgs.), *Instrumentos de avaliação em saúde mental* (pp. 189-193). Porto Alegre: Artmed.

Ferrajoli, L. (2002). *Direito e razão: Teoria do Garantismo Penal*. São Paulo: Revista dos Tribunais.

First, M. B., Williams, J. B., Karg, R. S., Spitzer, R. L. (2016). *Stuctures Clinical Interview for DSM-5 Disorders – Clinician Version*. Washington: American Psychiatric Association.

Fonseca, R. P., Salles, J. F., & Parente, M. A. M. P. (2009). *NEUPSILIN: Instrumento de Avaliação Neuropsicoplógica Breve*. São Paulo: Vetor.

Fragoso, H. C. (2003). *Lições de Direito Penal: Parte geral* (16. ed.). Rio de Janeiro: Forense.

Gabriel Neto, J. E. & Losekann, L. A. (2017). *Medidas de segurança e periculosidade: Aspectos jurídicos, médicos e psicológicos*. Porto Alegre: Sergio Antonio Fabris.

Gomes, L. A. A. (2013). Seremos nós neolombrosianos? *Revista SJRJ, 20*(36), 81-94.

Grecco, R. (2011). *Curso de Direito Penal: Parte geral* (13. ed.). Rio de Janeiro: Impetus.

Haase, V. G., Salles, J. F. D., Miranda, M. C., Malloy-Diniz, L., Abreu, N., Argollo, N., ... Bueno, O. F. A. (2012). Neuropsicologia como ciência interdisciplinar: Consenso da comunidade brasileira de pesquisadores/clínicos em neuropsicologia. *Revista Neuropsicologia Latinoamericana, 4*(4), 1-8.

Hare, R. D. (1980). A research scale for the assessment of psychopathy in criminal populations. *Personality and Individual Differences, 1*(2), 111-119.

Hare, R. D. (2003). *The hare psychopathy checklist revised* (2nd ed.). Toronto: Multi Health Systems.

Hassemer, W. (2005). *Introdução aos fundamentos do Direito Penal*. Porto Alegre: Sergio Antonio Fabris.

Heaton, R. K., Chelune, G. J., Talley, J. L., Kay, G. G., & Curtiss, G. (2005). *Teste Wisconsin de Classificação de Cartas: Manual revisado e ampliado*. São Paulo: Casa do Psicólogo.

Júlio-Costa, A., Moura, R., & Haase, V. G. (Orgs.). (2017). *Compêndio de testes neuropsicológicos: Atenção, funções executivas e memória*. São Paulo: Hogrefe.

Jung, F. H. (2014). Avaliação psicológica pericial: Áreas e instrumentos. *Revista IPOG Especialize, 1*(8), 1-17.

Lenza, P. (Org.). (2015). *Direito Penal esquematizado* (4. ed.). São Paulo: Saraiva.

Lyra, R. (1946). *Introdução ao estudo do Direito Criminal*. Rio de Janeiro: Nacional.

Malloy-Diniz, L. F., Schlottfeldt, C. G. M. F., Figueira, P., Neves, F. S., & Corrêa, H. (2010). Escala de Depressão Pós-Parto de Edimburg: Análise fatorial e desenvolvimento de uma versão de seis itens. *Revista Brasileira de Psiquiatria, 32*(3), 316-318.

Molina, A. G. P. D. & Gomes, L. F. (1997). *Criminologia: Introdução a seus fundamentos teóricos* (2. ed.). São Paulo: Revista dos Tribunais.

Morana H. C. P., Câmara F. P., & Arboleda-Flórez, J. (2006). Cluster analysis of a forensic population with antisocial personality disorder regarding PCL-R scores: Differentiation of two patterns of criminal profiles. *Forensic Science International, 164*(2-3), 98-101.

Morana, H. C. P., Stone, M. H., & Abdalla-Filho, E. (2006). Transtornos de personalidade, psicopatia e serial killers. *Revista Brasileira de Psiquiatria, 28*(Suppl. 2), s74-s79.

Nascimento, R. S. G. F. (2010). *Sistema compreensivo do Rorschach: Teoria, pesquisa e normas para população brasileira*. São Paulo: Casa do Psicólogo.

Oliveira, M. & Rigoni, M. (2010). *Figuras Complexas de Rey: Teste de cópia e de reprodução de memória de figuras geométricas complexas*. São Paulo: Casa do Psicólogo.

Organização Mundial da Saúde (OMS). (1993). *Classificação de transtornos mentais e de comportamento da CID-10: Descrições clínicas e diretrizes diagnósticas*. Porto Alegre: Artmed.

Palomba, G. A. (1992). *Psiquiatria forense*. São Paulo: Sugestões Literárias.

Paula, J. J. D. & Malloy-Diniz, L. F. (2018). *RAVLT: Teste de Aprendizagem Auditivo-Verbal de Rey: Livro de instruções* (vol. 1). São Paulo: Vetor.

Rabin, L. A., Paolillo, E., & Barr, W. B. (2016). Stability in test-usage practices of clinical neuropsychologists in the United States and Canada over a 10-year period: A follow-up survey of INS and NAN members. *Archives of Clinical Neuropsychology, 31*(3), 206-230.

Ramos, A. A. & Hamdan, A. C. (2016). O crescimento da avaliação neuropsicológica no Brasil: Uma revisão sistemática. *Psicologia: Ciência e Profissão, 36*(2), 471-485.

Robins, L. N., Helzer, J. E., Croughan, J., Ratcliff, K. S. (1981). National institute of mental health diagnostic interview schedule: its history, characteristics, and validity. *Archives of General Psychiatry, 38*(4), 381–389.

Rovinski, S. L. R. (2003). Perícia psicológica na área forense. In J. A. Cunha (Org.), *Psicodiagnóstico v* (pp. 183-195). Porto Alegre: Artmed.

Rovinski, S. L. R. (2004). *Fundamentos da perícia psicológica forense*. São Paulo: Vetor.

Santos, J. C. D. (2008). *A criminológica radical* (3. ed.). Curitiba: Lúmen Juris.

Schneider, A. & Resende, A. (2016). Avanços no Rorschach: Sistema de avaliação por performance. In C. S. Hutz, D. R. Bandeira, C. M. Trentini,

& J. F. Krug (Orgs.), *Psicodiagnóstico: Avaliação psicológica* (pp. 327-336). Porto Alegre: Artmed.

Schwartzman, J. S. & Lederman, V. R. G. (2017). Deficiência intelectual: Causas e importância do diagnóstico e intervenção precoces. *Inclusão Social, 10*(2), 17-27.

Sheehan, D., Lecrubier, Y., Sheehan, K. H., Amorim, P., Janavs, J., Weiller, E., ..., Dunbar G. C. (1998). The Mini International Neuropsychiatric Interview (MINI). The Development and Validation of a Structured Diagnostic Psychiatric Interview for DSM-IV and ICD-10. *Journal of Clinical Psychiatry, 59* (suppl 20), 22-57.

Sedó, M., Paula, J. J. D., & Malloy-Diniz, L. F. (2015). *FDT: Teste dos Cinco Dígitos*. São Paulo: Hogrefe,

Serafim, A. D. P. (2014). *A avaliação neuropsicológica aplicada à imputabilidade penal*. Recuperado de http://www.sbnpbrasil.com.br/boletins_12_102_2014_1

Serafim, A. D. P., Saffi, F., & Rigonatti, S. P. (2010). Práticas forenses. In L. F. Malloy-Diniz, D. Fuentes, P. Mattos, & N. Abreu (Orgs.), *Avaliação neuropsicológica* (pp. 313-317). Porto Alegre: Artmed.

Serafim, A. D. P., Saffi, F., Silva, T. G. B. D., Almeida, C. V. D., Hokama, E., Barros, D. M. D., & Dias, A. M. (2015). Forensic neuropsychological assessment: A review of its scope. *Archives of Clinical Psychiatry (São Paulo), 42*(2), 63-67.

Sheehan, D., Lecrubier, Y., Sheehan, K. H., Amorim, P., Janavs, J., Weiller, E., ... Dunbar, G. C. (1998). The Mini International Neuropsychiatric Interview (MINI). The development and validation of a structured diagnostic psychiatric interview for DSM-IV and ICD-10. *Journal of Clinical Psychiatry, 59*(Suppl. 20), 22-33.

Spitzer, R. L. & Endicott, J. *Schedule for Affective Disorders and Schizophrenia, NIMH Clinical Research Branch, Collaborative Program on the Psychology of Depression*. (3rd ed.). Washington: U.S. Government Printing Office.

Soares, A. A., Brancaglion, M., Corrêa, H., & Romano-Silva, M. A. (2006). Escala de depressão pós-parto. In C. Gorenstein, Y. P. Wang, & I. Hungerbühler (Orgs.), *Instrumentos de avaliação em saúde mental* (pp. 115-119). Porto Alegre: Artmed.

Taborda, J. G. V. (2004). Exame pericial psiquiátrico. In J. G. V. Taborda, M. Chalub, & E. Abdalla-Filho (Orgs.), *Psiquiatria forense* (pp. 43-67). Porto Alegre: Artmed.

Trentini, C. M., Argimon, I. I. L., Oliveira, M. S., & Werlang, B. G. (Orgs.). (2010). *Teste Wisconsin de Classificação de Cartas: Versão para idosos*. São Paulo: Casa do Psicólogo.

United States Department of Health and Human Services & National Institute of Mental Health. (1994). *Epidemiologic catchment area (ECA) survey of mental disorders, wave I (Household), 1980-1985: [United States]*. Ann Arbor: Interuniversity Consortium for Political and Social Research.

Wechsler, D. (2004a). *WAIS-III: Manual para administração e avaliação*. São Paulo: Casa do Psicólogo.

Wechsler, D. (2004b). Padronização e desenvolvimento das normas. In D. Wechsler (Ed.), *WAIS-III: Manual técnico* (pp. 37-61). São Paulo: Casa do Psicólogo.

Welzel, H. (1997). *Derecho Penal alemán* (4. ed.). Santiago: Jurídica de Chile.

Wing, J. K., Cooper J. E., & Sartorius, N. (1974). *The Measurement and Classification of Psychiatric Symptoms: An Instructional Manual for the PSE and Catego Program*. New York: New York University.

Zaffaroni, E. R. & Pierangeli, J. H. (2015). *Manual de Direito Penal brasileiro: Parte geral* (11. ed.). São Paulo: Revista dos Tribunais.

Zimmermann, N. & Fonseca, R. P. (Orgs.). (2017). *Tarefas para avaliação neuropsicológica: Avaliação de linguagem e funções executivas em adultos* (Vol. 2). São Paulo: Memnon.

26

AVALIAÇÃO DE PSICOPATIA NO CONTEXTO FORENSE

Roberta Salvador-Silva
Nelson Hauck Filho

A avaliação de psicopatia ou traços de personalidade psicopáticos é considerada um desafio em qualquer contexto; contudo, alguns fatores contribuem para que haja uma complexidade ainda maior no contexto forense. Isso ocorre principalmente porque comportamentos como mentira e manipulação são típicos da psicopatia e têm maior chance de ocorrência quando há uma implicação legal para o indivíduo, tornando a tarefa do avaliador mais difícil. Portanto, este capítulo tem como objetivo abordar as características da psicopatia, suas implicações forenses e estratégias para que a avaliação psicológica nesse contexto possa ser efetiva.

O QUE É PSICOPATIA?

O termo *psicopatia* tem origem grega (*psyché* = alma; e *path* = sofrimento) e originalmente era utilizado para se referir a qualquer doença mental. Contudo, há quase um século, esse termo passou a ser utilizado para um quadro clínico específico: um transtorno da personalidade grave (Ogloff, 2006), tendo como características nucleares alterações em aspectos afetivos e interpessoais, como falta de empatia, de remorso e de culpa, mentira e manipulação, que favoreceriam a ocorrência de comportamentos antissociais e, para uma parcela desses indivíduos, comportamentos criminosos. Apesar de muitas vezes a psicopatia ser utilizada como sinônimo do transtorno da personalidade antissocial (TPA), atualmente há uma literatura científica extremamente consolidada, sustentada por décadas de estudos empíricos, que define a psicopatia como um transtorno com características distintas do TPA. Essa controvérsia diagnóstica se explica pela forma como esses quadros foram sendo compreendidos e classificados ao longo da história, e que, atualmente, podem ter importantes implicações para os profissionais que atuam com avaliação psicológica forense.

PSICOPATIA E TRANSTORNO DA PERSONALIDADE ANTISSOCIAL: ASPECTOS HISTÓRICOS E CONCEITUAIS

A origem da psicopatia já remonta de uma intersecção entre a área clínica e a forense. Há mais de dois séculos, chamou a atenção do psiquiatra Philippe Pinel o caso de pacientes que haviam cometido crimes graves, muitas vezes com o emprego de extrema violência e crueldade, e que, diferentemente do que ocorria com os demais quadros clínicos documentados até então, não apresentavam sintomas psicóticos e demonstravam ter plena consciência de seus atos. Pinel descreveu que eles pareciam não ter qualquer *lesão no entendimento*, e sim apenas *lesão nas faculdades afetivas*, referindo-se a aspectos relacionados à frieza emocional e à agressividade. Assim, foi descrita pela primeira vez a síndrome que abarcava alguns dos sintomas que posteriormente caracterizariam a psicopatia, a qual Pinel nomeou *manie sans délire* (insanidade sem delírio) (Pinel, 1801/2007).

No decorrer dos séculos XIX e XX, diversos clínicos empregaram esforços em compreender e descrever esse quadro clínico (p. ex., Kraepelin, 1904; Schneider, 1923; Kahn, 1931). No entanto, as caracterizações eram muito heterogêneas, incluindo uma ampla gama de sintomas e padrões de comportamento que atualmente contemplariam diversos transtornos mentais (Arrigo & Shipley, 2001). Então, em 1941, a psicopatia passou a ser compreendida de forma mais próxima dos modelos teóricos atuais e se estabeleceu definitivamente no cenário clínico da época. O marco referencial para isso foi a publicação da obra do psiquiatra norte-americano Hervey Cleckley, *The Mask of sanity* (*A máscara da sanidade*) (Cleckley, 1941/1976).

Com base em casos clínicos de pacientes considerados por ele como psicopáticos, propôs uma lista com 16 critérios característicos da síndrome, os quais não precisariam estar todos presentes para definir um psicopata. Dessa forma, em uma concepção dimensional, diferentes indivíduos poderiam apresentar diferentes níveis de psicopatia. Os 16 critérios são: 1) charme superficial e boa inteligência; 2) ausência de delírios e outros sinais de pensamento irracional; 3) ausência de nervosismo e manifestações psiconeuróticas; 4) não confiabilidade; 5) tendência à mentira e à insinceridade; 6) falta de remorso ou vergonha; 7) comportamento antissocial inadequadamente motivado; 8) juízo empobrecido e falha em aprender com a experiência; 9) egocentrismo patológico e incapacidade para amar; 10) pobreza generalizada em termos de reações afetivas; 11) perda específica de *insight*; 12) falta de reciprocidade nas relações interpessoais; 13) comportamento fantasioso e não convidativo sob influência de álcool e, às vezes, sem tal influência; 14) ameaças de suicídio raramente levadas até o fim; 15) vida sexual impessoal, trivial e pobremente integrada; e 16) falha em seguir um plano de vida.

Como é possível perceber, o grande diferencial da obra de Cleckley foi o fato de ter desvinculado o conceito de psicopatia do ato criminal em si, ampliando e aprofundando a compreensão sobre mecanismos envolvendo os traços de personalidade desses indivíduos. Ao dar ênfase a alterações na esfera afetiva e interpessoal, o autor mostrou que, apesar de serem socialmente indesejadas, essas características poderiam estar presentes em menor grau em qualquer indivíduo não psicopata, tornando mais compreensível o aparente *ajustamento psicológico* de um psicopata, como se socialmente utilizasse uma *máscara de sanidade*, na analogia utilizada pelo autor, sem levantar suspeitas sobre as condutas mais cruéis das quais seria capaz. Assim, essa lista de critérios possibilitou sistematizar a avaliação desses casos e tornar o construto de psicopatia mais operacional na prática clínica.

Sob influência dos estudos de Cleckley, a psicopatia passou a constar na segunda edição do *Manual diagnóstico e estatístico de transtornos mentais* (DSM-II) (American Psychiatric Association [APA], 1968), sob a denominação de *personalidade antissocial*, a qual contemplava, além do comportamento social desviante, a necessária presença de alterações interpessoais e afetivas descritas por Cleckley. Contudo, na 3ª edição do Manual, houve uma grande mudança na concepção dos diagnósticos, incluindo a personalidade antissocial, que nessa edição passou a ser nomeada TPA, como se mantém até hoje.

Com vistas a aumentar a confiabilidade diagnóstica (Patrick, 2010), os critérios passaram a ser descritos predominantemente por indicadores comportamentais (p. ex., agressividade, impulsividade e delinquência), excluindo os indicadores afetivos e interpessoais centrais da psicopatia (p. ex., ausência de empatia, de culpa e remorso, manipulação e afeto superficial) descritos por Cleckley. Por esse motivo, a validade diagnóstica dos critérios foi contestada por pesquisadores da área (p. ex., Hare, 1983; Millon, 1981), mas a resposta a isso foi apenas a inclusão do critério *falta de remorso* na revisão da 3ª edição (DSM-III-R; APA, 1980), sem modificações quanto à representação dos aspectos centrais da psicopatia. A principal crítica a isso foi a abrangência do diagnóstico, pois, ao utilizar critérios comportamentais tão amplos, seriam contemplados quase todos os indivíduos com padrões de condutas violentas e impulsivas, mesmo que fossem afetivamente preservados (i.e., não fossem emocionalmente frios, tivessem empatia, etc.), e ignorados os psicopatas com padrões de comportamentos mais sofisticados, que não envolvessem comportamentos violentos, mas, sim, comportamentos mais manipulativos e parasitários, igualmente danosos (Hare, 1996), e com potencial criminal, como *crimes de colarinho branco* (Babiak & Hare, 2010).

Paralelamente a esse contexto, influenciado pelos critérios de Cleckley originados de sua abordagem clínica, o psicólogo e pesquisador Robert Hare iniciou uma extensa pesquisa empírica com a população forense com o intuito de encontrar parâmetros que diferenciassem psicopatas dos demais indivíduos antissociais. Justamente pelo fato de os critérios de TPA serem comportamentais, é esperado que a maior parte da população carcerária tenha esse diagnóstico, já que o motivo de estarem presos foi a condenação por um crime, ou seja, um padrão de comportamentos antissociais graves o suficiente para levarem-nos à condenação. Tendo atuado por muitos anos como psicólogo prisional, o que inquietava Hare era o fato de não haver um instrumento eficaz para diferenciar os indivíduos que eram *apenas* antissociais daqueles que eram psicopatas, devido a todo o impacto que indivíduos com psicopatia causavam no ambiente carcerário e na população em geral (para mais detalhes, ver Hare, 2014).

Então, com base nos resultados de suas pesquisas, Hare propôs um instrumento específico para avaliação do construto: o Psychopathy Checklist (Hare, 1980). A criação de um instrumento padronizado permitiu um grande avanço para a área, possibilitando a replicação dos estudos por pesquisadores independentes e seu uso em diferentes países. A estrutura do construto pôde ser analisada com técnicas estatísticas como análises fatoriais exploratórias e confirmatórias, e isso permitiu grande aprimoramento do instrumento, originando o Psychopathy Checklist-Revised (PCL-R; Hare, 1991, 2003), que atualmente é o instrumento para avaliação de psicopatia com maior número de estudos empíricos e o mais utilizado em todo o mundo. Assim, o PCL-R e outros instrumentos que foram desenvolvidos especificamente para a avaliação de psicopatia possibilitaram, também, a investigação de associações existentes entre o construto e outros diversos fatores, como variáveis psicológicas, marcadores biológicos e padrões de ativação cerebral por meio de neuroimagem.

Posteriormente, na elaboração do DSM-IV (APA, 2000), o TPA foi um dos transtornos que teve seus critérios diagnósticos revisados, e, para isso, foi realizado um ensaio de campo com foco em duas propostas: a primeira reivindicando a representatividade dos aspectos afetivos e interpessoais centrais da psicopatia (Hare, Hart, & Harpur, 1991), e a segunda visando à manutenção do TPA com base nos indicadores comportamentais, com a redução de alguns critérios. O resultado foi a redução de 10 critérios no DSM-III para 7 critérios no DSM-IV, e a psicopatia mencionada apenas como um termo equivalente ao TPA, o que repercutiu em novas críticas dos pesquisadores da área de psicopatia (p. ex., Hare & Hart, 1995), porém, mantendo-se sem alterações nas edições seguintes do DSM.

Atualmente, na 5ª edição, a definição de TPA é:

> [...] um padrão difuso de desconsideração e violação dos direitos das outras pessoas que ocorre desde os 15 anos de idade, conforme indicado por três, ou mais, dos seguintes critérios: 1) fracasso em ajustar-se às normas sociais relativas a comportamentos legais; 2) tendência à falsidade; 3) impulsividade ou fracasso

em fazer planos futuros; 4) irritabilidade e agressividade; 5) descaso pela segurança de si ou dos outros; 6) irresponsabilidade reiterada; e 7) ausência de remorso (APA, 2014, p. 659).

Entende-se, assim, que os critérios do TPA são destinados apenas a avaliar os aspectos comportamentais antissociais da psicopatia e, dessa forma, constituem uma categoria heterogênea ao incluírem indivíduos com comportamentos antissociais com a presença de traços psicopáticos (p. ex., afeto superficial, ausência de empatia, charme superficial, manipulação), mesmo que essas características não constituam critérios diagnósticos, e indivíduos com comportamentos antissociais sem esses traços (Arrigo & Shipley, 2001). Além disso, apesar dessa aparente abrangência, a categoria do TPA não contempla os indivíduos com personalidade psicopática (i.e., aspectos interpessoais e afetivos centrais do transtorno) que não manifestam o padrão de comportamento antissocial específico previsto no DSM. Portanto, apesar de o DSM-5 ainda mencionar a psicopatia como um sinônimo de TPA, eles constituem dois transtornos independentes (Hare, 2003; Patrick, 2010).

Apesar da possibilidade de sobreposição entre os transtornos quanto aos comportamentos antissociais, as taxas de prevalência dos dois transtornos são consideravelmente diferenciadas. A prevalência de TPA é estimada em 4% na população em geral (APA, 2014), mas com índices variando de 50 a 80% em contexto prisional (Hare, 2003, 2006; Patrick, 2010). Já o índice estimado de psicopatia criminal na população em geral é de 1% (Patrick, 2010), e, em amostras forenses, de 15 a 25% (Hare, 2003), ou seja, significativamente mais baixo do que o TPA. Assim, o TPA constitui uma categoria mais ampla, em que uma pequena parcela dos casos irá se manifestar comórbido à psicopatia. Por sua vez, os psicopatas que cometem crimes têm alta probabilidade de fechar critérios para TPA; contudo, há a possibilidade de um terceiro grupo, que são os psicopatas que não apresentam os comportamentos antissociais descritos no DSM, mas que podem se utilizar de outras pessoas com o objetivo único de obter ganhos pessoais, por exemplo, utilizando-se de estratégias mais sofisticadas de manipulação, e isso não chegar a configurar nenhum crime ou infração, apesar de poder ser extremamente danoso (Hare, 2006).

RELAÇÃO ENTRE PSICOPATIA E CRIMINALIDADE

Uma das principais razões para avaliar a psicopatia no contexto forense diz respeito à associação com o crime e a violência (Hare, 1996, 2006). Em um importante estudo, Harris, Rice e Cormier (1991) descobriram que, após um intervalo de 10 anos, criminosos psicopatas haviam reincidido criminalmente em proporção quase quatro vezes superior à dos demais prisioneiros. Ao longo das últimas décadas, diversos estudos têm-se dedicado a estimar a magnitude da associação entre a psicopatia e uma série de desfechos antissociais. Diversos estudos de revisão sistemática e metanálise sustentam uma associação de pequena a moderada com comportamento agressivo e violento (Leistico, Salekin, DeCoster, & Rogers, 2008; Yang, Wong, & Coid, 2010), crimes de natureza sexual (Reidy, Kearns, & DeGue, 2013), reincidência geral e violenta (Edens, Campbell, & Weir, 2007; Mokros, Vohs, & Habermeyer, 2014; Salekin, Rogers, & Sewell, 1996), problemas de comportamento dentro de instituições prisionais (Guy, Edens, Anthony, & Douglas, 2005), etc.

Essas associações, entretanto, devem ser entendidas dentro dos limites de seu significado estatístico. Em primeiro lugar, os aspectos da psicopatia que parecem intensificar essa associação são os critérios sobre o comportamento antissocial e o estilo de vida impulsivo (fator 2), e não a insensibilidade e a manipulação (fator 1). Uma hipótese levantada na literatura seria a de que a insensibilidade e a manipulação, quando combinadas aos aspectos de descontrole do fator 2, intensificariam a associação com o crime (Walsh & Kosson, 2008). Todavia, essa interação não foi encontrada em um estudo de metanálise (Kennealy, Skeem, Walters, & Camp, 2010). O que se detectou foi que o fator 2 é aquele com a maior associação parcial com desfechos criminosos. Em outras palavras, a conduta criminosa parece depender mais dos aspectos do fator 2, que são análogos ao TPA (Huchzermeier et al., 2007), e menos dos critérios do fator 1, que são os mais específicos da psicopatia.

Em segundo lugar, um escore de psicopatia não deve ser tomado como equivalente a uma medida de probabilidade de reincidência. Embora a psicopatia possa ser entendida como um grave transtorno da personalidade (Ogloff, 2006), é incorreto assumir que todos os indivíduos com escores altos em psicopatia serão criminosos ou que criminosos sempre pontuam alto em psicopatia (Walters, 2004). Abusos são cometidos na área forense pelos profissionais que pensam que o instrumento é uma medida de periculosidade ou risco de reincidência (Hemphill & Hare, 2004; Polaschek, 2015). Existem outros instrumentos mais apropriados para a avaliação de risco, e essas ferramentas devem ser preferidas quando o objetivo for avaliação de risco (ver Yang et al., 2010).

A psicopatia tem um papel muito importante em contextos forenses. Entretanto, esse papel deve ser visto como mais atrelado às limitações socioemocionais e à reduzida capacidade de responsividade a intervenções psicológicas: maior resistência à mudança e menor engajamento terapêutico, menor aliança terapêutica, pior prognóstico terapêutico, reduzidas habilidade sociais e agressividade no relacionamento com terapeutas e equipe profissional (Olver, 2016). Avaliar a psicopatia e designar intervenções diferenciadas a criminosos que pontuam alto é fundamental. Evidências sugerem que intervenções inadequadas em criminosos psicopatas podem exacerbar o comportamento violento em vez de reduzi-lo (Reidy et al., 2013), e isso pode se tornar um problema ainda maior dentro do sistema prisional. Portanto, identificar esses indivíduos é um primeiro passo para evitar decisões interventivas inadequadas.

INSTRUMENTOS E TÉCNICAS PARA AVALIAÇÃO DE TRAÇOS PSICOPÁTICOS

Os psicólogos dispõem de uma ampla variedade de métodos de avaliação psicológica, como entrevistas, observações e testes psicológicos (projetivos, gráficos ou psicométricos). A escolha pelo(s) método(s) mais adequado(s) deve ser realizada com base em alguns fatores, como: 1) o objetivo da avaliação, ou seja, "quais perguntas eu preciso responder?"; 2) o contexto em que a avaliação está sendo realizada (p. ex., há uma grande diferença entre uma avaliação no contexto clínico e no contexto forense); 3) características da pessoa que está sendo avaliada, como idade, sexo, escolaridade; 4) o tempo disponível para a realização da avaliação; entre outros. Com base nisso, o profissional deve investigar qual(is) o(s) método(s) disponível(is) que apresenta(m) mais evidências científicas que se apliquem aos fatores descritos anteriormente, avaliar vantagens e desvantagens, e só utilizar algum instrumento ou técnica quando tiver pleno domínio sobre ele e conhecimento suficiente sobre o construto que está sendo avaliado.

Dito isso, é importante destacar que, no Brasil, há carência de instrumentos desenvolvidos especificamente para a avaliação psicológica forense. Em decorrência disso, muitos profissionais acabam utilizando instrumentos originalmente desenvolvidos para a área clínica buscando responder perguntas de âmbito forense, para as quais o instrumento não foi adaptado, o que gera inconsistências que podem ser graves. No caso da avaliação de psicopatia no Brasil, era esse o cenário até 2004, quando não havia nenhum instrumento específico disponível no país para a avaliação desses traços no contexto forense. Então, em 2004, foi disponibilizada a versão brasileira da Hare Psychopathy Checklist-Revised (PCL-R; Hare, 2003; versão brasileira de Morana, 2004), comercializada no Brasil com o nome de Escala Hare. Atualmente, a Escala Hare segue sendo o único instrumento específico para a avaliação de psicopatia disponível no Brasil com parecer favorável no Sistema de Avaliação de Testes Psicológicos (Satepsi), do Conselho Federal de Psicologia (CFP).

AS ESCALAS HARE

A Escala Hare (PCL-R) (Hare, 1991, 2003; Morana, 2004) foi desenvolvida para a avaliação da psicopatia em contexto forense criminal. Atualmente, é considerada a primeira escolha para avaliação de psicopatia, com evidências científicas robustas quanto à capacidade de predizer risco de violência e reincidência (Archer, Wheeler, & Vauter; 2016, Bonta, 2002; Wood et al. 2010), e é o instrumento para avaliação de psicopatia mais recomendado a partir dos critérios do padrão Daubert, uma lei federal norte-americana quanto à admissibilidade do testemunho de peritos, a qual preconiza que o método a ser utilizado em perícias deve ser aquele com maior evidência científica (Archer, Wheeler, & Vauter; 2016).

Esse instrumento psicométrico mensura o nível de psicopatia de um indivíduo por meio de 20 itens característicos da psicopatia, para os quais o avaliador atribuirá uma pontuação de 0 a 2 quanto à presença das características descritas (sim; talvez/em alguns aspectos; ou não). A Escala Hare fornece uma classificação dimensional, ou seja, informa o quanto um indivíduo apresenta características típicas da psicopatia, em uma pontuação de 0 a 40. Contudo, para fins diagnósticos, a versão original norte-americana da escala recomenda um ponto de corte de 30 pontos para a definição do que seria considerado um psicopata típico. Esse ponto de corte tem-se mostrado extremamente eficaz em distinguir psicopatas de indivíduos com TPA ou apenas com comportamentos antissociais, corroborado por escalas de autorrelato, outras variáveis comportamentais e experimentais (Hare, 2003). No Brasil, o ponto de corte sugerido é de 23 pontos (Morana, Arboleda-Flórez, & Câmara, 2005).

As informações para a pontuação dos itens são obtidas por meio de uma entrevista semiestruturada que abrange diversas áreas da vida do indivíduo, desde sua infância até a atualidade, perpassando pelo histórico escolar, ocupacional, familiar, conjugal e criminal. Essa entrevista tem dois objetivos: 1) obter um histórico detalhado do entrevistado que possibilite realizar as pontuações dos itens e 2) permitir ao entrevistador observar o estilo interpessoal do avaliado *ao vivo*, durante a realização da entrevista, pois na interação com o entrevistador ele pode manifestar diversas das características interpessoais e afetivas. Devido à complexidade de condução da entrevista, e levando em conta que os indivíduos avaliados podem ter altos níveis de psicopatia e, consequentemente, características típicas de manipulação e mentira patológica, o autor recomenda que o instrumento seja utilizado apenas por profissionais altamente treinados e qualificados para sua aplicação (Hare, 2003).

Há um roteiro de entrevista semiestruturada para garantir que todas essas áreas sejam investigadas detalhadamente; contudo, o autor salienta que o entrevistador não precisa seguir exatamente o mesmo roteiro, pois uma estrutura rígida tende a suprimir o estilo de interação espontânea do entrevistado, que é justamente um dos componentes que precisa ser observado e pontuado. Se o profissional já tem informações prévias sobre o caso, consequentemente a estrutura da entrevista precisará sofrer adaptações para contemplar essas informações e dúvidas que o aplicador tenha a partir delas. Essa entrevista tem duração média de 120 minutos, mas pode durar mais tempo dependendo da complexidade do caso, e pode se desmembrar em mais de um encontro, se for necessário (Hare, 2003).

Como é esperado que indivíduos com traços psicopáticos não falem a verdade durante toda a entrevista e tentem manipulá-la, principalmente quando há consequências legais para eles, além da entrevista é necessário realizar um cruzamento de informações a partir de fontes colaterais, chamado de *revisão objetiva*, que tem como finalidade: 1) auxiliar na verificação da credibilidade das informações obtidas durante a entrevista; 2) verificar se o estilo de interação do entrevistado foi representativo de seu comportamento habitual; e 3) fornecer informações adicionais para a pontuação dos itens. No contexto forense, é essencial que as fontes da revisão objetiva contemplem todos os registros criminais, dados do processo penal, como depoimentos das testemunhas, e relatos de informantes, como os demais profissionais que tiveram contato com o indivíduo. Caso o contexto já seja o de cumprimento de pena, os dados do prontuário e os registros de conduta carcerária (p. ex., ocorrência de processos administrativos disciplinares [PAD], tentativas de fuga do sistema prisional, revogações da liberdade condicional) são uma fonte importante de informações, bem como a consulta aos agentes penitenciários e aos demais profissionais que têm contato com o apenado.

Em casos em que ocorra grande discrepância entre a entrevista e as informações objetivas, é necessário avaliar qual das fontes seria a mais confiável, sendo esta, normalmente, a fonte de informações colaterais com dados objetivos. Caso não seja possível estabelecer qual a fonte mais confiável, opta-se pela fonte mais sugestiva de psicopatologia, tendo em vista que há uma tendência de psicopatas minimizarem, fornecerem informações insuficientes ou propositalmente omitirem ou mentirem sobre seus comportamentos. Contudo, Hare salienta que, sempre que as informações objetivas forem insuficientes para pontuar algum item da escala, este deve permanecer sem ser pontuado (Hare, 2003).

Diversos modelos fatoriais já foram identificados em estudos com a Escala Hare (para uma revisão, ver Hauck-Filho & Teixeira, 2014). O modelo mais aceito agrupa os itens em quatro dimensões subjacentes: interpessoal, afetiva, estilo de vida e antissocial (Hare & Neumann, 2006, 2008), conforme apresenta a Figura 26.1.

A Escala Hare originou outras versões do instrumento, como a versão para avaliação de traços psicopáticos em adolescentes entre 12 e 18 anos no sistema forense, a Psychopathy Checklist: Youth Version (PCL:YV; Forth, Kosson, & Hare, 2003), muito utilizada no cenário internacional. No Brasil, ela foi traduzida e adaptada para uso exclusivo em pesquisas (Ronchetti, Davoglio, Salvador-Silva, Vasconcellos, & Gauer, 2010), em conformidade com os propósitos das medidas de proteção e socioeducativas garantidas pelo Estatuto da Criança e do Adolescente (ECA) (Davoglio & Argimon, 2010).

A PCL:YV contém 20 itens, análogos aos da Escala Hare, e sua aplicação segue o mesmo formato. No Brasil, foi realizada uma pesquisa com o uso do instrumento com adolescentes em cumprimento de medida socioeducativa, comparando um grupo com altos traços psicopáticos e outro com baixos traços, em uma tarefa de reconhecimento de expressões faciais

Interpessoal
1. Loquacidade/charme superficial
2. Superestima
4. Mentira patológica
5. Vigarice/manipulação

Estilo de vida
3. Necessidade de estimulação
9. Estilo de vida parasitário
13. Ausência de metas realistas
14. Impulsividade
15. Irresponsabilidade

Escala Hare (PCL-R)

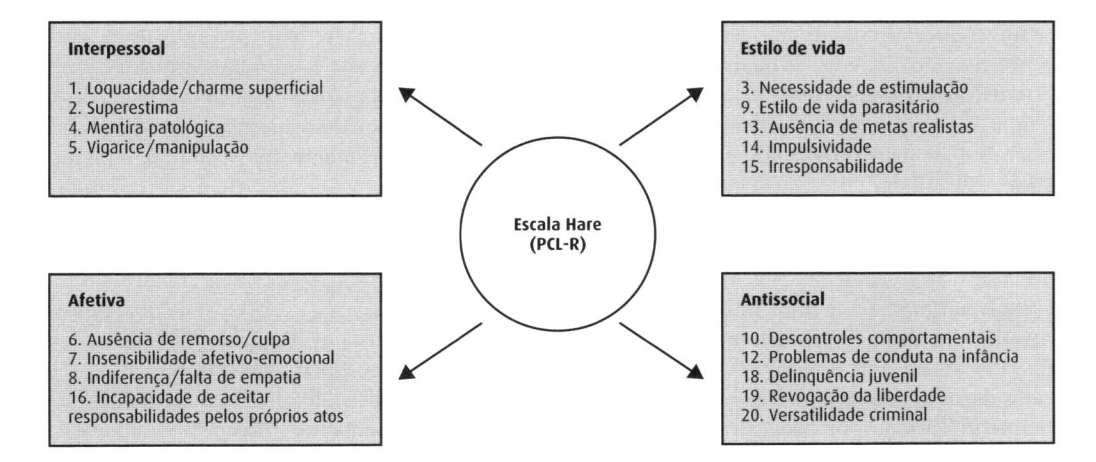

Afetiva
6. Ausência de remorso/culpa
7. Insensibilidade afetivo-emocional
8. Indiferença/falta de empatia
16. Incapacidade de aceitar responsabilidades pelos próprios atos

Antissocial
10. Descontroles comportamentais
12. Problemas de conduta na infância
18. Delinquência juvenil
19. Revogação da liberdade
20. Versatilidade criminal

Figura 26.1 / Modelo fatorial da Escala Hare com as quatro dimensões.

emocionais. Esse estudo identificou déficits apenas no grupo com altos traços psicopáticos no reconhecimento de faces de medo, sugerindo associação desse componente com as características afetivas centrais da psicopatia (Vasconcellos et al., 2014).

Outro instrumento decorrente da Escala Hare é sua versão reduzida para rastreio em contextos não criminais, como clínico e comunitário: a Psychopathy Checklist: Screening Version (PCL:SV; Hart, Cox, & Hare, 1995). A PCL:SV contém 12 itens derivados da Escala Hare; porém, os componentes antissociais foram modificados para contemplar a avaliação de pessoas sem história criminal. Conforme consta no Satepsi, a versão brasileira da PCL:SV recebeu parecer desfavorável em 2017 e aguarda o envio de materiais pendentes dos responsáveis técnicos para dar seguimento à avaliação da atualização de normas. Também há uma versão derivada da Escala Hare para ambientes corporativos, a Business Scan 360 (B-Scan 360; Mathieu, Hare, Jones, Babiak, & Neumann, 2012), ainda sem adaptação para o contexto brasileiro até onde temos conhecimento.

Por fim, foi desenvolvido um instrumento para avaliação de traços psicopáticos precoces em crianças e adolescentes em contexto clínico e comunitário: o Antisocial Process Screening Device (APSD; Frick & Hare, 2001). Esse instrumento consiste em um questionário de 20 itens que avaliam insensibilidade e afetividade restrita (traços *callous-unemotional* na literatura internacional), narcisismo e impulsividade/problemas de conduta, os quais são respondidos de forma independente pelo principal cuidador da criança, seu professor e pela própria criança. Esse instrumento tem uma versão brasileira (Watanabe, 2013), até o momento apenas para fins de pesquisa. Para aprofundar a compreensão do componente específico de insensibilidade e afetividade restrita, Frick (2004) desenvolveu um instrumento com 24 itens para a investigação exclusiva desses traços – o Inventory of Callous-Unemotional Traits, que é aplicado da mesma forma que o APSD. Esse instrumento passou por processo de adaptação transcultural para o Brasil, até o momento apenas para fins de pesquisa (Rigatti et al., 2017).

Atualmente, nós estamos desenvolvendo uma pesquisa longitudinal em Porto Alegre e Região Metropolitana com crianças de 6 e 7 anos para investigação de traços psicopáticos precoces e a associação com outras variáveis psicológicas e experimentais, como reconhecimento emocional, empatia cognitiva e teoria da mente. O objetivo final desses estudos é obter dados que possibilitem o desenvolvimento de intervenções precoces para crianças com traços psicopáticos na tentativa de evitar a consolidação do transtorno ao longo do desenvolvimento (Salvador-Silva, 2018).

A MEDIDA INTERPESSOAL DE PSICOPATIA

Assim como nos transtornos da personalidade descritos no DSM, nos quais o comportamento interpessoal é considerado um dos aspectos centrais da descrição da categoria e constitui indicador diagnóstico (APA, 2014), esse componente também é considerado de fundamental relevância na avaliação da psicopatia (Kosson, Gacono, & Bodholdt, 2000; Vitacco & Kosson, 2010). Os indivíduos com personalidade psicopática comumente apresentam um estilo de interação interpessoal caracterizado por superestima, loquacidade, charme superficial e uso frequente de manipulação e mentiras (Hare, 2003). Nesse sentido, a observação desses comportamentos constitui um recurso complementar extremamente valioso na avaliação de psicopatia. Contudo, mensurar características interpessoais exige maior habilidade do avaliador devido à ausência de indicadores objetivos, diferentemente do comportamento antissocial, por exemplo. Além disso, muitas das características de interação interpessoal do indivíduo podem ser manifestadas e direcionadas ao avaliador e, consequentemente, poderiam influenciar seus critérios, os quais estariam suscetíveis à avaliação subjetiva de cada avaliador (Kosson et al., 1997; 2000).

A partir disso, foi criada a Medida Interpessoal de Psicopatia (Interpersonal Measure of Psychopathy [IM-P]; Kosson et al., 1997), que consiste em um instrumento psicométrico desenvolvido para ser utilizado de forma complementar a outras medidas de psicopatia, como a Escala Hare. A IM-P possibilita a mensuração padronizada e objetiva de 21 comportamentos interpessoais e aspectos não verbais típicos de indivíduos com traços psicopáticos, manifestados na interação com o entrevistador durante a própria entrevista. A IM-P também visa a auxiliar o entrevistador a não se deixar influenciar pelo comportamento manipulador do entrevistado, pois possibilita a constatação de que algumas estratégias interpessoais estão mais acentuadas durante a entrevista. Também é verificado que o grau de dificuldade na condução de uma entrevista, devido às características pessoais do participante, está relacionado a um maior escore na IM-P (Kosson et al., 2000). Até o momento, a IM-P tem uma versão brasileira para uso em pesquisas (Davoglio, Gauer, Vasconcellos, & Lühring, 2011).

Os comportamentos avaliados pela IM-P são: 1) interrupções; 2) recusa em tolerar interrupções; 3) desrespeita limites profissionais; 4) desrespeita limites pessoais; 5) testa o entrevistador; 6) faz comentários pessoais; 7) faz solicitações ao entrevistador; 8) tende a ser tangencial; 9) evita lacunas; 10) tranquilidade ou descontração atípica; 11) frustração diante do não confrontamento; 12) perseveração; 13) superioridade ética; 14) narcisismo explícito; 15) alusão ao entrevistador em histórias pessoais; 16) busca por aliança; 17) comportamento dramático; 18) irritação; 19) respostas impulsivas; 20) valentia expressa; 21) contato intenso do olhar. Cada item é pontuado de acordo com a intensidade (ou número de vezes) que o comportamento ocorreu durante a entrevista, em uma escala de 1 a 4: 1) não se aplica; 2) aplica-se em parte; 3) aplica-se bem; e 4) aplica-se completamente.

Os estudos que utilizaram a IM-P sendo pontuada por observadores das entrevistas com o uso da Escala Hare ou um de seus derivados verificaram correlações positivas entre os dois instrumentos, ou seja, quanto mais alto for o escore na Escala Hare, maior é a chance de o indivíduo apresentar os comportamentos avaliados pela IM-P (p. ex., Zolondek, Lilienfeld, Patrick, & Fowler, 2006; Salvador-Silva, Davoglio, Vasconcellos, Gauer, & Kosson, 2012). Essa relação é mais forte entre a IM-P e as esferas interpessoal e afetiva da Escala Hare do que as esferas antissocial e estilo de vida, ou seja, os comportamentos avaliados pela IM-P são mais prototípicos de psicopatas do que de indivíduos antissociais não psicopatas (Vassileva, Kosson, Abramowitz, & Conrod, 2005; Salvador-Silva et al., 2012; Zolondek et al., 2006).

TESTES PROJETIVOS

Os testes projetivos têm grande tradição na área de avaliação psicológica e apresentam ótimos resultados na área clínica. Entre os testes projetivos, o Rorschach é o que tem mais tradição e é o mais difundido entre os profissionais. Apesar de esse instrumento não ter sido desenvolvido para a área de avaliação psicológica forense, muitos profissionais o utilizam como primeira (e até mesmo única) escolha para essa finalidade (Lilienfeld, Wood, & Garb, 2000; Wood et al., 2010), chegando a ser recomendado como um bom instrumento para avaliação de psicopatia em diversos estudos (p. ex., Alvarado, Bueno, & Krivoy, 2006; Gacono, Meloy, & Bridges, 2000; Young, Justice, & Edberg, 2010) e a ter sido utilizado no processo de validação da Escala Hare no Brasil (Morana, 2004).

Contudo, diversos estudos com excelente rigor metodológico vêm constatando que o Rorschach não é um instrumento indicado para avaliar psicopatia. Um estudo de metanálise revisou 22 estudos, compondo um total de 780 participantes forenses avaliados tanto pela Escala Hare quanto pelo Rorschach (Sistema Compreensivo de Exner). Essa metanálise verificou que o Rorschach não se mostrou sensível para discriminar psicopatas de não psicopatas e prever violência, reincidência ou capacidade de resposta a intervenções no sistema forense, que são perguntas habituais nesse âmbito. Os autores salientam que o Rorschach pode ser um importante instrumento complementar para fornecer informações adicionais sobre a dinâmica de personalidade de um sujeito com traços psicopáticos avaliados pela Escala Hare ou outro instrumento respaldado cientificamente para essa finalidade (Wood et al., 2010). No entanto, o Rorschach não tem embasamento científico que justifique seu uso com a finalidade de avaliar a presença ou a ausência de psicopatia ou traços psicopáticos (Bonta, 2002; Lilienfeld, Wood, & Garb, 2000; Wood et al., 2010). Além disso, a partir do padrão Daubert, devido ao seu nível de evidência científica estar muito abaixo da Escala Hare, o uso forense do Rorschach só é considerado justificável como instrumento complementar a ela, uma vez que o instrumento de maior evidência científica deve ser a primeira escolha (Archer, Wheeler, & Vauter, 2016).

Diante disso, é importante salientar que as técnicas e os instrumentos utilizados não devem ser os protagonistas de uma avaliação psicológica, e sim elementos que constituem um processo avaliativo mais amplo que é superior a apenas um diagnóstico nosográfico. Os instrumentos e as técnicas devem contribuir para uma compreensão aprofundada e ampla do fenômeno forense que está sendo avaliado, em vez de limitá-lo (Rovinski, 2009; Davoglio & Argimon, 2011). A escolha pelo método de avaliação não deve ter como principal critério as habilidades do avaliador, em detrimento dos objetivos da avaliação e das características do sujeito avaliado, e deve ser sempre cientificamente embasada (Davoglio & Argimon, 2011).

Obviamente, o ideal para uma avaliação psicológica, seja de psicopatia ou não, seria poder contar com a bateria mais completa de que se pudesse dispor. Contudo, há diversas limitações para isso, como o prazo disponibilizado para a emissão do documento psicológico; o *setting* disponível; o tempo de aplicação dos instrumentos; e o custo deles. Devido ao tempo de aplicação da Escala Hare e do Rorschach ser extenso, muitas vezes se torna inviável utilizar o Rorschach como instrumento complementar.

Outros instrumentos que avaliam personalidade

Uma alternativa quando o tempo para avaliação é muito limitado são os instrumentos de autorrelato. Contudo, eles não são indicados para a avaliação de psicopatia no contexto forense, pois, como há uma implicação legal para o avaliado, há maior probabilidade de ele tentar manipular os resultados. Entretanto, para o contexto de pesquisa ou triagens em contextos com grande volume de pacientes, como Centros de Atenção Psicossocial (CAPS), hospitais psiquiátricos, locais para tratamento de dependentes químicos e até mesmo em contexto prisional para uso dos psicólogos que realizam o acompanhamento do detento, o uso de escalas de autorrelato pode ser vantajoso para indicar possíveis casos de psicopatia e uma avaliação mais completa para orientar intervenções adequadas a esses casos.

Outra alternativa como estratégia complementar é a avaliação indireta a partir de outros instrumentos de personalidade. Uma abordagem possível é aquela conhecida na literatura como *prototypal matching*, ou *contraste com o protótipo* (Miller, 2012). Ela pode ser implementada de duas maneiras. A primeira pode ser ilustrada a partir de um exemplo hipotético. Imagine que você quisesse saber como é o escore típico de um psicopata ao seguinte item de um inventário de personalidade: "Sou uma pessoa responsável". Suponha que esse item seja respondido em uma escala Likert, em que 1 = *discordo totalmente* e 5 = *concordo totalmente*. Algo que você poderia fazer é pedir a alguns especialistas no assunto (p. ex., pesquisadores e profissionais forenses) que indicassem o quanto um psicopata clássico tenderia a ser uma pessoa responsável. Vamos supor que cinco especialistas dessem as seguintes respostas: 1, 2, 2, 1, 1. A média entre os especialistas seria 1,4, de modo que se pode considerar essa uma estimativa do escore esperado para um psicopata no item em questão. Esse procedimento poderia ser aplicado a todos os itens de um instrumento de personalidade, produzindo, então, médias que representariam um perfil prototípico de escores.

De fato, em alguns estudos, pesquisadores desenvolveram escores prototípicos esperados para um psicopata em instrumentos avaliativos dos cinco grandes fatores (para o NEO-PI-R, ver Miller, Lynam, Widiger, & Leukefeld, 2001; Miller & Lynam, 2003; para o Big Five Inventory, ver Simões & Hauck Filho, 2018). O modelo dos cinco grandes fatores é uma das mais consolidadas taxonomias de traços da personalidade, segundo a qual as diferenças individuais ocorrem a partir dos fatores extroversão, amabilidade, conscienciosidade, estabilidade emocional e abertura (John, Naumann, & Soto, 2008; McCrae & John, 1992). Um resumo do modelo e suas facetas é apresentado no Quadro 26.1, mais adiante.

Com base nos valores esperados para cada item, disponíveis nessas publicações científicas, é possível calcular a correlação entre os escores do avaliado (p. ex., no instrumento NEO-PI-R) e o perfil prototípico de psicopata. Quanto maior for essa correlação, maior será o nível de psicopatia do avaliado. Um ônus desse procedimento é que requer que o profissional saiba como computar essa correlação (p. ex., usando o programa Excel).

A segunda forma de usar *prototypal matching* é mais simples e de natureza teórica. Ela envolve apenas comparar os escores do avaliado em um instrumento dos cinco grandes fatores aos resultados das metanálises sobre a correlação entre a psicopatia e os cinco grandes fatores. Uma metanálise consiste em uma análise estatística efetuada a partir dos resultados de todos os estudos anteriores publicados sobre determinado fenômeno. Assim, a metanálise da correlação entre psicopatia e amabilidade significa a correlação média ponderada, calculada a partir dos resultados de todos os estudos que já publicaram essa informação correlacional. Pelo menos quatro estudos de metanálise investigaram a correlação entre a psicopatia e os cinco grandes fatores (Decuyper, De Pauw, De Fruyt, De Bolle, & De Clercq, 2009; Muris, Merckelbach, Otgaar, & Meijer, 2017; O'Boyle, Forsyth, Banks, Story, & White, 2014; Vize, Lynam, Collison, & Miller, 2018).

O Quadro 26.1 apresenta uma síntese dos estudos de metanálise sobre a relação entre a psicopatia e os cinco grandes fatores. Cada um dos cinco grandes fatores apresenta múltiplos níveis de intensidade, variando de um extremo inferior a um extremo superior de escores. Por exemplo, uma pessoa com níveis muito altos de extroversão tenderá a ser altamente comunicativa e gregária, carismática, desinibida, assertiva para manifestar suas opiniões, além de apresentar bastante energia, disposição e empolgação. Em contrapartida, alguém com escores muito baixos tenderá a ser introvertido, quieto, passivo, apático e letárgico. Ainda, cada fator apresenta também facetas, que são subdimensões ou traços mais específicos dentro de cada fator.

Como é possível verificar no quadro, os valores de correlação proporcionados pelos três estudos de metanálise são muito próximos e oferecem uma recomendação unânime: psicopatas tendem a apresentar escores muito baixos em amabilidade e escores baixos em conscienciosidade. Ou seja, se um psicopata responde a um instrumento de avaliação dos cinco grandes fatores, seus resultados tenderão a ser abaixo ou muito abaixo da média nos fatores amabilidade (socialização) e conscienciosidade (realização). Isso ocorre porque a falta de empatia, a manipulação, a arrogância, a impulsividade e a falta de planos são características que coincidem com níveis reduzidos nesses fatores (Muris et al., 2017; O'Boyle et al., 2014; Vize et al., 2018).

A partir das informações do Quadro 26.1, um profissional clínico pode aplicar um inventário dos cinco grandes fatores e testar a hipótese de que determinado avaliado apresenta personalidade psicopática. Para isso, ele pode, por exemplo, utilizar um instrumento como o NEO-FFI (Flores-Mendoza, 2010) ou a Bateria Fatorial da Personalidade (Nunes, Hutz, & Nunes, 2010), ambos disponíveis no Brasil com parecer favorável no Satepsi. A hipótese a ser testada é bem simples: se um indivíduo apresenta personalidade psicopática, a apuração dos resultados deve indicar um escore muito baixo em amabilidade (socialização) e baixo em conscienciosidade (realização).

Vale ressaltar que esse padrão pode mostrar-se mais claro com relação a algumas das facetas do instrumento do que com relação a outras. Por exemplo, a Bateria Fatorial da Personalidade (Nunes et al., 2010) apresenta as seguintes facetas para o fator socialização (amabilidade): amabilidade, pró-sociabilidade e confiança. É possível que um respondente com

QUADRO 26.1
Perfil prototípico da psicopatia nos cinco grandes fatores, a partir de estudos de metanálise

Fator	Facetas	Descritores típicos	Correlação com psicopatia	Perfil de psicopatia
Extroversão	Sociabilidade, assertividade, energia, busca por sensações	*Polo superior*: comunicativo, assertivo, entusiasmado *Polo inferior*: retraído, quieto, letárgico	-0,03 (Vize et al., 2018) 0,01 (Muris et al., 2017) 0,04 (O'Boyle et al., 2014) 0,09 (Decuyper et al., 2009)	Fator pouco relevante
Amabilidade ou socialização	Altruísmo, compaixão, modéstia, polidez, confiança nas pessoas	*Polo superior*: empático, educado, bondoso *Polo inferior*: egoísta, arrogante, vingativo	-0,48 (Vize et al., 2018) -0,46 (Muris et al., 2017) -0,42 (O'Boyle et al., 2014) -0,55 (Decuyper et al., 2009)	Escores muito baixos
Conscienciosidade ou realização	Organização, perseverança, autodisciplina, responsabilidade	*Polo superior*: organizado, comprometido, confiável *Polo inferior*: impulsivo, errático, irresponsável	-0,29 (Vize et al., 2018) -0,27 (Muris et al., 2017) -0,31 (O'Boyle et al., 2014) -0,34 (Decuyper et al., 2009)	Escores baixos
Neuroticismo	Hostilidade, ansiedade, depressão, instabilidade	*Polo superior*: ansioso, deprimido, instável *Polo inferior*: calmo, seguro, resiliente	-0,04 (Vize et al., 2018) -0,07 (Muris et al., 2017) 0,05 (O'Boyle et al., 2014) 0,08 (Decuyper et al., 2009)	Fator pouco relevante
Abertura ou intelecto	Estética, curiosidade, criatividade, imaginação	*Polo superior*: artístico, curioso, imaginativo *Polo inferior*: conservador, tradicional, concreto	-0,05 (Vize et al., 2018) -0,03 (Muris et al., 2017) 0,04 (O'Boyle et al., 2014) -0,02 (Decuyper et al., 2009)	Fator pouco relevante

traços psicopáticos apresente um escore mais notadamente abaixo da média em uma dessas facetas do que nas demais. Diversas combinações são possíveis nesse sentido, e o mesmo se aplica ao fator realização (conscienciosidade), que apresenta as facetas competência, ponderação e comprometimento. Obviamente, apenas a presença desse perfil de escores não deve ser o suficiente para sustentar a inferência de que o indivíduo apresenta psicopatia; contudo, esses instrumentos podem ser utilizados para uma triagem, podendo indicar que seria interessante utilizar a Escala Hare para uma avaliação detalhada, ou como instrumento complementar.

QUESTÕES ÉTICAS

É importante salientar que no Brasil a Escala Hare é comercializada sem nenhuma exigência além do cadastro no Conselho Federal de Psicologia. Todavia, como o resultado decorrente da avaliação pode ter importantes consequências para o indivíduo avaliado, o autor destaca a importância de o avaliador ter profundo conhecimento sobre a literatura clínica e empírica sobre psicopatia; ter formação acadêmica em nível de mestrado, doutorado ou equivalente; ter experiência significativa de pelo menos dois anos com populações forenses; e ter treinamento com aplicadores experientes no uso da Escala Hare (Hare, 2003).

Outro ponto importante a ser destacado é a possibilidade de uso da Escala Hare no sistema prisional para fins de exame criminológico ou avaliações psicossociais para progressão de regime e livramento condicional. A Resolução nº 12/2011 do CFP, que vedava aos profissionais realizar exame criminológico e emitir documento oriundo da avaliação psicológica com fins de subsidiar decisão judicial durante a execução da pena do sentenciado (CFP, 2011), foi suspensa pelo Ministério Público em 2015.

Contudo, apesar de haver evidências robustas sobre a capacidade de os resultados fornecidos pela Escala Hare predizerem o risco de reincidência do avaliado, além de fornecerem importantes informações sobre sua personalidade, isso só pode ser feito uma vez que sejam garantidas as condições de aplicação mencionadas no manual, desde questões formais, como a formação e o treinamento do avaliador, até os aspectos mais práticos, como o tempo disponibilizado para a aplicação (Hare, 2003). Como os psicólogos que atuam no sistema prisional não dispõem dessas condições, consideramos que não seria indicado o uso do instrumento para essa finalidade, em conformidade com o Código de Ética Profissional da Psicologia (para mais detalhes sobre diretrizes de atuação no sistema prisional, ver CFP, 2017). Contudo, a Escala Hare poder auxiliar os psicólogos de referência que realizam o acompanhamento do indivíduo em cumprimento de pena ou medida de segurança, no intuito de obterem informações sobre seus traços de personalidade que possam auxiliar na individualização da pena, como intervenções visando ao próprio cumprimento da pena e à reinserção social.

REFERÊNCIAS

Alvarado, M., Bueno, R., & Krivoy, F. (2006). Nivel de psicopatía, funcionamiento cognitivo y de la personalidad en hombres homicidas según el tiempo de reclusión. *Revista Psicología–Escuela de Psicología, 25*(2), 20-26.

American Psychiatric Association (APA). (1968). *Diagnostic and statistical manual of mental disorders: DSM-II* (2nd ed.). Washington: APA.

American Psychiatric Association (APA). (1980). *Diagnostic and statistical manual of mental disorders: DSM-III* (3rd ed.). Washington: APA.

American Psychiatric Association (APA). (2000). *Diagnostic and statistical manual of mental disorders: DSM-IV* (4th ed.). Washington: APA.

American Psychiatric Association (APA). (2014). *Manual diagnóstico e estatístico de transtornos mentais: DSM-5.* (5.ed.). Porto Alegre: Artmed.

Archer, R. P., Wheeler, E., & Vauter, R. A. (2016). Empirically supported forensic assessment. *Clinical Psychology: Science and Practice, 23*(4), 348–364.

Arrigo, B. & Shipley, S. (2001). The confusion over psychopathy (I): Historical considerations. *International Journal of Offender Therapy and Comparative Criminology, 45*(3), 325-344.

Babiak, P., Neumann, C. S., & Hare, R. D. (2010). Corporate psychopathy: Talking the walk. *Behavioral sciences & The law, 28*(2), 174-193.

Bonta, J. (2002). Offender risk assessment: Guidelines for selection and use. *Criminal Justice and Behavior, 29*(4), 355-379.

Cleckley, H. (1976). *The mask of sanity* (5th. ed.). St. Louis: Mosby. (Obra original publicada em 1941).

Conselho Federal de Psicologia (CFP). (2011). *Resolução CFP 012/2011*. Regulamenta a atuação da(o) psicóloga(o) no âmbito do sistema prisional. Recuperado de https://site.cfp.org.br/wp-content/uploads/2011/06/resolucao_012-11.pdf

Conselho Federal de Psicologia (CFP). (2017). *Resolução CFP nº 010/2017*. Institui a Política de Orientação e Fiscalização do Sistema Conselhos de Psicologia. Recuperado de http://www.crpsc.org.br/ckfinder/userfiles/files/Resolu%C3%A7%C3%A3o%20010-2017.pdf

Davoglio, T. R., & de Lima Argimon, I. I. (2010). Avaliação de comportamentos antissociais e traços psicopatas em psicologia forense. Avaliação Psicológica. *Interamerican Journal of Psychological Assessment, 9*(1), 111-118.

Davoglio, T. R., Gauer, G., Vasconcellos, S., & Lühring, G. (2011). Medida Interpessoal de Psicopatia (IM-P): Estudo preliminar para o contexto brasileiro. *Trends Psychiatry, Psychotherapy, 33*(3), 147-155.

Decuyper, M., De Pauw, S., De Fruyt, F., De Bolle, M., & De Clercq, B. J. (2009). A meta-analysis of psychopathy-, antisocial PD- and FFM associations. *European Journal of Personality, 23*(7), 531-565.

Edens, J. F., Campbell, J. S., & Weir, J. M. (2007). Youth psychopathy and criminal recidivism: A meta-analysis of the psychopathy checklist measures. *Law and Human Behavior, 31*(1), 53-75.

Flores-Mendoza, C. E. (2010). *Estudo brasileiro do NEO-FFI-R (versão curta).* São Paulo: Vetor.

Forth, A. E., Kosson, D. S., & Hare, R. D. (2003). *Hare psychopathy checklist: Youth Version manual.* Toronto: Multi-Health Systems.

Frick, P. J. (2004). *The inventory of callous-unemotional traits.* Unpublished rating scale.

Frick, P., & Hare, R. D. (2001). *The antisocial processes screening device.* Toronto: Multi-Health Systems.

Gacono, C. B., Meloy, J. R., & Bridges, M. R. (2000). A Rorschach comparison of psychopaths, sexual homicide perpetrators, and nonviolent pedophiles: Where angels fear to tread. *Journal of Clinical Psychology, 56*(6), 757-777.

Guy, L. S., Edens, J. F., Anthony, C., & Douglas, K. S. (2005). Does psychopathy predict institutional misconduct among adults? A meta-analytic investigation. *Journal of Consulting and Clinical Psychology, 73*(6), 1056-1064.

Hare, R. D. (1980). A research scale for the assessment of psychopathy in criminal populations. *Personality and Individual Differences, 1*(2), 111-119.

Hare, R. D. (1983). Diagnosis of antisocial personality disorder in two prison populations. *American Journal of Psychiatry, 140*(7), 887-890.

Hare, R. D. (1991). *The hare psychopathy checklist-revised.* Toronto: Multi-Health Systems.

Hare, R. D. (1996). Psychopathy: A clinical construct whose time has come. *Criminal Justice and Behavior, 23*(1), 25-54.

Hare, R. D. (2003). *The hare psychopathy checklist revised* (2nd ed.). Toronto: Multi Health Systems.

Hare, R. D. (2006). Psychopathy: A clinical and forensic overview. *Psychiatric Clinics of North America, 29*(3), 57-64.

Hare, R. D. (2014). *Sem consciência: O mundo perturbador dos psicopatas que vivem entre nós.* Porto Alegre: Artmed.

Hare, R. D., & Hart, S. D. (1995). A comment on the DSM-IV antisocial personality disorder field trial. In W. J. Livesley (Ed.), *The DSM-IV Personality Disorders.* New York: Guildford.

Hare, R. D., Hart, S., & Harpur, T. (1991). Psychopathy and the DSM-IV criteria for Antisocial Personality disorder. *Journal of Abnormal Psychology, 100*(3), 391-398.

Hare, R. D., & Neumann, C. S. (2006). The PCL-SV assessment of Psychopathy: Development, structural properties, and new directions. In C. J. Patrick (Org.), *Handbook of Psychopathy* (pp. 58-88). New York: Guildford.

Hare, R. D., & Neumann, C. S. (2008). Psychopathy as a clinical and empirical construct. *Annual Review of Clinical Psychology, 4*(2), 217-246.

Harris, G. T., Rice, M. E., & Cormier, C. A. (1991). Psychopathy and violent recidivism. *Law and Human Behavior, 15*(6), 625-637.

Hart, S. D., Cox, D. N., & Hare, R. D. (1995). *Psychopathy Checklist: Screening Version (PCL-SV)*. Toronto: Multi-Health Systems.

Hauck Filho, N., Teixeira, M. A. P., & Almeida, R. M. M. D. (2014). Estrutura fatorial da escala Psychopathy Checklist-Revised (PCL-R): uma revisão sistemática. *Avaliação psicológica, 13*(2), 247-256.

Hemphill, J. F. & Hare, R. D. (2004). Some misconceptions about the Hare PCL-R and Risk Assessment: A Reply to Gendreau, Goggin, and Smith. *Criminal Justice and Behavior, 31*(2), 203-243.

Huchzermeier, C., Geiger, F., Bruss, E., Godt, N., Köhler, D., Hinrichs, G., & Aldenhoff, J. B. (2007). The relationship between DSM-IV cluster B personality disorders and psychopathy according to Hare's criteria: Clarification and resolution of previous contradictions. *Behavioral Sciences & the Law, 25*(6), 901-911.

John, O., Naumann, L. P., & Soto, C. J. (2008). Paradigm shift to the integrative Big-Five trait taxonomy: History, measurement, and conceptual issues. In O. John, R. W. Robins, & L. A. Pervin (Eds.), *Handbook of personality: Theory and research* (pp. 114–158). New York: Guilford.

Kahn, E. (1931). *Psychopathic personalities*. New Haven: Yale University.

Kennealy, P. J., Skeem, J. L., Walters, G. D., & Camp, J. (2010). Do core interpersonal and affective traits of PCL-R psychopathy interact with antisocial behavior and disinhibition to predict violence? *Psychological Assessment, 22*(3), 569-580.

Kosson, D. S., Gacono, C., & Bodholdt, R. (2000). Assessing psychopathy: Interpersonal aspects and clinical interviewing. In C. Gacono (Org.), *The clinical and forensic assessment of psychopathy: A practitioner's guide*. Mahwah: Lawrence Erlbaum Associates.

Kosson, D. S., Steuerwald, B. L., Forth, A. E., & Kirkhart, K, J. (1997). A new method for assessing interpersonal behavior of psychopathic individuals: preliminary validation studies. *Psychological Assessment*, 9, 89-101.

Kraepelin, E. (1981). *Lehrbuch der Psychiatrie* (7th German ed. translated and adapted by A. Ross Diefendorf). Scholars' facsimiles and reprints. New York: Delmar. (Obra original publicada em 1904).

Leistico, A.-M. R., Salekin, R. T., DeCoster, J., & Rogers, R. (2008). A large-scale meta-analysis relating the Hare measures of psychopathy to antisocial conduct. *Law and Human Behavior, 32*(1), 28-45.

Lilienfeld, S. O., Wood, J. M., & Garb, H. N. (2000). The scientific status of projective techniques. *Psychological Science in The Public Interest, 1*(2), 27-66.

Mathieu, C., Hare, R. D., Jones, D. N., Babiak, P., & Neumann, C. S. (2012). Factor Structure of the B-Scan 360: A measure of corporate psychopathy. *Psychological Assessment, 25*(1), 288-293.

McCrae, R. R. & John, O. P. (1992). An Introduction to the five-factor model and its applications. *Journal of Personality, 60*(2), 175-215.

Miller, J. D. (2012). Five-factor model personality disorder prototypes: A Review of their development, validity, and comparison to alternative approaches. *Journal of Personality, 80*(6), 1565-1591.

Miller, J. D. & Lynam, D. R. (2003). Psychopathy and the Five-factor model of personality: A replication and extension. *Journal of Personality Assessment, 81*(2), 168-178.

Miller, J. D., Lynam, D. R., Widiger, T. A., & Leukefeld, C. (2001). Personality disorders as extreme variants of common personality dimensions: Can the Five-Factor Model adequately represent psychopathy? *Journal of Personality, 69*(2), 253-276.

Mokros, A., Vohs, K., & Habermeyer, E. (2014). Psychopathy and violent reoffending in German-speaking countries. *European Journal of Psychological Assessment, 30*(2), 117-129.

Morana, H. (2004). *Escala Hare PCL-R: critérios para pontuação de psicopatia revisados: Versão brasileira*. São Paulo: Casa do Psicólogo.

Morana, H., Arboleda-Flórez, J., & Câmara, F. P. (2005). Identifying the cutoff score for the PCL-R scale (psychopathy checklist-revised) in a Brazilian forensic population. *Forensic Science International, 147*(1), 1–8.

Muris, P., Merckelbach, H., Otgaar, H., & Meijer, E. (2017). The malevolent side of human nature. *Perspectives on Psychological Science, 12*(2), 183-204.

Nunes, C. H. S. S., Hutz, C. S., & Nunes, M. F. O. (2010). *BFP: Bateria Fatorial de Personalidade*. São Paulo: Casa do Psicólogo.

O'Boyle, E. H., Forsyth, D. R., Banks, G. C., Story, P. A., & White, C. D. (2014). A meta-analytic test of redundancy and relative importance of the dark triad and five-factor model of personality. *Journal of Personality, 83*(6), 644-664.

Ogloff, J. R. P. (2006). Psychopathy/antisocial personality disorder conundrum. *The Australian and New Zealand Journal of Psychiatry, 40*(6-7), 519-528.

Olver, M. E. (2016). Treatment of psychopathic offenders: Evidence, issues, and controversies. *Journal of Community Safety & Wll-Being, 1*(3), 75-82.

Patrick, C. J. (2010). Transtorno de personalidade antissocial e psicopatia. In W. O 'Donohue, K. A. Fowler, & S. O. Lilienfeld (Orgs.), *Transtornos de personalidade: Em direção ao DSM-V*. São Paulo: Roca.

Pinel, P. (2007). *Tratado médico filosófico sobre a alienação mental ou a mania*. Porto Alegre: UFRGS. (Obra original publicada em 1801).

Polaschek, D. L. L. (2015). (Mis)understanding psychopathy: Consequences for policy and practice with offenders. *Psychiatry, Psychology and Law, 22*(4), 500-519.

Reidy, D. E., Kearns, M. C., & DeGue, S. (2013). Reducing psychopathic violence: A review of the treatment literature. *Aggression and Violent Behavior, 18*(5), 527-538.

Rigatti, R., DeSousa, D. A., Salum, G., Alves, P. F. O., Bottan, G., & Heldt, E. (2017). Adaptação transcultural do Inventory of Callous-Unemotional Traits para avaliação de traços de insensibilidade e afetividade restrita de adolescentes no Brasil. *Revista Gaúcha de Enfermagem, 38*(3), 1-7.

Ronchetti, R., Davoglio, T. R., Salvador-Silva, R., Vasconcellos, S. J. L., & Gauer, G. J. C. (2010). Inventário de Psicopatia de Hare Versão Jovens (PCL:YV): Estudo preliminar em amostra adolescente brasileira. *Interamerican Journal of Psychology, 44*(3), 536-542.

Rovinski, S. L. R. (2009). Psicologia Jurídica no Brasil e na América Latina: dados históricos e suas repercussões quanto à avaliação psicológica. In S. L. R. Rovinski, & R. M. Cruz (Orgs), *Psicologia Jurídica: Perspectivas teóricas e processos de intervenção*. (pp. 11-22). São Paulo: Vetor.

Salekin, R. T., Rogers, R., & Sewell, K. W. (1996). A Review and meta-analysis of the psychopathy checklist and psychopathy checklist-revised: Predictive Validity of dangerousness. *Clinical Psychology: Science and Practice, 3*(3), 203-215.

Salvador-Silva, R. (2018). *Mediadores cognitivos e emocionais de problemas de conduta e traços Callous-unemotional no desenvolvimento infantil*. Tese de doutorado não publicada, Pontifícia Universidade Católica do Rio Grande do Sul, Porto Alegre.

Salvador-Silva, R., Davoglio, T. R., Vasconcellos, S. J. L., Gauer, G. J. C., Kosson, D. (2012). Psicopatia e comportamentos interpessoais em detentos: Um estudo correlacional. *Avaliação Psicológica, 11*(2), 239-245.

Schneider, K. (1923). *Die psychopathischen Persönlichkeiten*. Leipzig: Thieme.

Simões, N. C. & Hauck Filho, N. (2018). Evidências de validade de um índice de psicopatia a partir do Big Five Inventory. *Temas Em Psicologia, 26*(3), 1335-1347.

Vasconcellos, S. J. L., Salvador-Silva, R., Gauer, V., & Gauer, G. J. C. (2014). Psychopathic traits in adolescents and recognition of emotion in facial expressions. P*sicologia: Reflexão e Crítica, 27*(4), 768-774.

Vassileva, J., Kosson, D. S., Abramowitz, C., & Conrod, P. (2005). Psychopathy versus psychopathies in classifying criminal offenders. *Legal and Criminological Psychology, 10*(1), 27-43.

Vitacco, M. J., & Kosson, D. S. (2010). Understanding psychopathy through an evaluation of interpersonal behavior: Testing the factor structure of the interpersonal measure of psychopathy in a large sample of jail detainees. *Psychology Assessment, 22*(3), 638-49.

Vize, C. E., Lynam, D. R., Collison, K. L., & Miller, J. D. (2018). Differences among dark triad components: A meta-analytic investigation. *Personality Disorders: Theory, Research, and Treatment, 9*(2), 101-111.

Walsh, Z. & Kosson, D. S. (2008). Psychopathy and violence: The importance of factor level interactions. *Psychological Assessment, 20*(2), 114-120.

Walters, G. D. (2004). The trouble with psychopathy as a general theory of crime. *International Journal of Offender Therapy and Comparative Criminology, 48*(2), 133-148.

Wood (2010)

Yang, M., Wong, S. C. P., & Coid, J. (2010). The efficacy of violence prediction: A meta-analytic comparison of nine risk assessment tools. *Psychological Bulletin, 136*(5), 740-767.

Young, M. H., Justice, J. V., & Edberg, P. (2010). Sexual offenders in prison psychiatric treatment: A biopsychosocial description. *International Journal of Offender Therapy and Comparative Criminology, 54*(1), 92-112.

Watanabe, A. L. A. (2013). *Adaptação e parâmetros psicométricos do APSD – Antisocial Process Screening Device para população infantojuvenil de Curitiba*. Dissertação de mestrado não publicada, Universidade Tuiuti, Curitiba.

Wood, J. M., Lilienfeld, S. O., Nezworski, M. T., Garb, H. N., Allen, K. H., & Wildermuth, J. L. (2010). Validity of Rorschach inkblot scores for discriminating psychopaths from nonpsychopaths in forensic populations: A meta-analysis. *Psychological Assessment, 22*(2), 336.

Zolondek, S., Lilienfeld, S. O., Patrick, C. J. & Fowler, K. A. (2006). The Interpersonal measure of psychopathy: Construct and incremental validity in male prisoners. *Psychological Assessment, 13*(4), 470-482.

LEITURA RECOMENDADA

Hare, R. D. (1998). The Hare PCL-R: Some issues concerning its use and misuse. *Legal and Criminological Psychology, 3*(1), 99-119.

27
EXAME CRIMINOLÓGICO
Alvino Augusto de Sá

O exame criminológico é uma avaliação feita em sede de execução penal. Ele não é feito para fins de instrução de sentença em Vara Criminal, de avaliação de sanidade mental ou de instrução de qualquer decisão na Vara da Infância e Juventude. Destina-se a instruir a individualização da pena aplicada pelo juiz ao adulto condenado à pena privativa de liberdade: exame criminológico de entrada – primeira hipótese. Ou pode instruir pedido de progressão de regime ou de outros benefícios: exame criminológico realizado para fins de progressão (ou de outros benefícios) – segunda hipótese. Em ambas as possibilidades, sua natureza, seu núcleo definidor, é o mesmo. O que difere são os objetivos.

O exame criminológico é uma avaliação interdisciplinar, devendo integrar, em termos ideais, as avaliações psicológica, psiquiátrica, social e o estudo jurídico. Ele se situa no âmago da criminologia clínica. Como não se alinha com as ciências exatas, mas com as ciências humanas e com as ciências do comportamento, está sujeito a orientações teóricas ou ideológicas dos técnicos que o realizam.

Este capítulo foi escrito com base em textos já publicados (Sá, 1996, 2015, 2016) e em outras obras (Maranhão, 1993; Pitombo, 1985; Veiga de Carvalho, 1964), e será dividido em cinco itens. No primeiro item, serão abordados os tipos de exame criminológico, consoante especificados anteriormente, o exame de entrada e o exame realizado para fins de progressão de pena. No segundo, será tratado sobre a natureza do exame criminológico. No terceiro item, serão discutidos os estudos e as avaliações que compõem o exame criminológico. O quarto item versará sobre as bases teóricas do exame criminológico dentro da criminologia clínica. E o quinto item traz algumas críticas técnicas ao exame criminológico. Por fim, serão apresentadas algumas considerações e sugestões sobre formas de enfrentamento das críticas apontadas.

O que será exposto e proposto aqui em termos de estrutura do exame criminológico, na qualidade de uma perícia interdisciplinar, contendo estudo jurídico, estudo social, exame psiquiátrico, exame psicológico e discussão (propriamente interdisciplinar) dos resultados, seguida da conclusão, corresponde a uma visão em termos ideais. Minha experiência se desenvolveu quase nesses moldes, principalmente quando no Centro de Observação Criminológica (COC), do sistema prisional paulista. Porém, hoje, dificilmente o exame se realiza de acordo com essa estrutura. E o motivo é claro, é *simples* (simples?): a total carência de técnicos e um aumento vertiginoso da população carcerária. Mesmo assim, neste capítulo será considerado o *ideal* para que ele sirva de inspiração para os trabalhos técnicos.

EXAME CRIMINOLÓGICO DE ENTRADA E EXAME CRIMINOLÓGICO PARA A CONCESSÃO DE BENEFÍCIO

Na verdade, não há diferença essencial entre essas duas modalidades de exame no que se refere a sua natureza. Poderíamos dizer que há apenas duas diferenças: uma quanto à previsibilidade em lei, e outra quanto aos objetivos.

O exame criminológico de entrada

A denominação exame criminológico *de entrada* refere-se ao momento em que a avaliação é feita, isto é, quando do início da execução da pena privativa de liberdade. Esse exame é previsto como obrigatório no art. 8º da Lei de Execução Penal (LEP), que assim determina:

> O condenado ao cumprimento de pena privativa de liberdade, em regime fechado, será submetido a exame criminológico para a obtenção dos elementos necessários a uma adequada classificação e com vistas à individualização da execução (Brasil, 1984, documento *on-line*).

De igual forma, preceitua o art. 34 do Código Penal: "O condenado será submetido, no início do cumprimento da pena, a exame criminológico de classificação para individualização da execução" (Brasil, 1998, documento *on-line*).

O objetivo do exame criminológico previsto para ser feito logo no início do cumprimento de pena é dar subsídios à equipe técnica para a orientação e o acompanhamento do cumprimento de pena do condenado, dentro das alternativas possíveis de programas, projetos ou até mesmo de regimes de cumprimento de pena ou de tipos de unidades prisionais. Por isso mesmo, é chamado por vezes de *exame criminológico de classificação*, o que induz ao erro de se entender que se trata de um exame de classificação. Ele é um exame destinado a oferecer subsídios para a classificação do interno, prevista no art. 5º da LEP, classificada pela Comissão Técnica de Classificação (CTC), consoante previsto no art. 6º da mesma Lei. Diz o art. 5º: "Os condenados serão classificados, segundo os seus antecedentes e personalidade, para orientar a individualização da execução penal" (Brasil, 1984, documento *on-line*). O art. 6º descreve as funções das CTCs nos seguintes termos: "A classificação será feita por Comissão Técnica de Classificação que elaborará o programa individualizador da pena privativa de liberdade adequada ao condenado ou preso provisório" (Brasil, 1984, documento *on-line*).

A classificação dos internos pode-se dizer que nunca foi feita,[1] e provavelmente nunca será, ainda que prevista no art. 5º da LEP. Veiga de Carvalho (1964) transcreve 67 classificações em seu livro *Manual de introdução ao estudo da criminologia*. Ele apresenta todos esses modelos, propõe, fundamenta e desenvolve seu modelo, denominado Classificação Etiológica dos Delinquentes, tudo isso para dizer que o exame criminológico de entrada, na verdade, não é de classificação e, na prática, também não visa a oferecer subsídios para a classificação dos presos, já que ela não é, e muito provavelmente nunca será, feita. Sua finalidade, em termos mais concretos, seria oferecer subsídios para a CTC planejar a individualização da execução da pena, conforme descrição das funções desta no art. 6º, transcrito anteriormente.

Essa modalidade de exame criminológico, voltada para o conhecimento do preso logo no início do cumprimento de sua pena, seria de

---

[1] No Instituto de Biotipologia Criminal (IBC), por onde se ingressa como psicólogo no sistema prisional do Estado de São Paulo, praticava-se a chamada Classificação Natural dos Delinquentes, de Cícero Cristiano de Souza (Maranhão, 1993), porém como mera conclusão do exame psiquiátrico, quase a título figurativo, sem absolutamente nenhuma consequência prática.

importância fundamental, já que é voltada para a individualização da execução da pena. Embora nunca tenha sido realizada, e como provavelmente nunca o será, é a modalidade de exame criminológico que está prevista em lei. Esta é modalidade de exame criminológico que, sem margem de dúvidas, seria feita em benefício do preso. No entanto, infelizmente, sequer tem sido requisitada por advogados ou determinada pelo juiz de execução.

O exame criminológico realizado para fins de progressão de pena

O exame criminológico realizado para fins de progressão de pena não mais é previsto na LEP. Ele era previsto no art. 112, antes da reforma da LEP de 2003, pela Lei nº 10.792/2003. Dizia o art. 112 da LEP, em sua redação anterior:

> A pena privativa de liberdade será executada em forma progressiva, com a transferência para regime menos rigoroso, a ser determinada pelo juiz, quando o preso tiver cumprido ao menos um sexto da pena no regime anterior e seu mérito indicar a progressão.
> **Parágrafo único** – A decisão será motivada e precedida de parecer da Comissão Técnica de Classificação e do exame criminológico, quando necessário (Brasil, 2003, documento *on-line*).

Diz agora a nova redação desse mesmo artigo:

> A pena privativa de liberdade será executada em forma progressiva, com a transferência para regime menos rigoroso, a ser determinada pelo juiz, quando o preso tiver cumprido ao menos um sexto da pena no regime anterior e ostentar bom comportamento carcerário, comprovado pelo diretor do estabelecimento, respeitadas as normas que vedam a progressão.
> § 1º – A decisão será sempre motivada e precedida de manifestação do Ministério Público e do defensor.
> § 2º – Idêntico procedimento será adotado na concessão de livramento condicional, indulto e comutação de penas, respeitados os prazos previstos nas normas vigentes (Brasil, 2003, documento *on-line*).

Assim, quando da publicação da Lei nº 10.792/2003, entendeu-se que estaria extinto tal exame para efeitos de concessão dos benefícios legais de progressão de pena.

A própria redação do art. 6º da LEP, que antes previa uma avaliação do preso a ser feita pela CTC, foi alterada. Dizia o referido artigo antes da Lei nº 10.792/2003:

> A classificação será feita por Comissão Técnica de Classificação que elaborará o programa individualizador e acompanhará a execução das penas privativas de liberdade e restritivas de direitos, devendo propor, à autoridade competente, as progressões e regressões dos regimes, como as conversões (Brasil, 2003, documento *on-line*).

Ao dizer "[a Comissão Técnica de Classificação] acompanhará a execução das penas privativas de liberdade e restritivas de direitos, **devendo propor**, à autoridade competente, as progressões" (Brasil, 2003, documento *on-line*, grifo nosso), a Lei estava se referindo exatamente ao parecer da CTC, tal qual previsto na antiga redação do art. 112. A nova redação do art. 6º consta no primeiro parágrafo do *Exame criminológico de entrada;* assim, ficou também extinta esta modalidade de avaliação técnica, o parecer de CTC, o qual será explicado mais adiante.

No entanto, aos poucos os juízes começaram a diligenciar e a atender a pedidos de diligência do Ministério Público, no sentido de solicitar a juntada do exame criminológico ao expediente dos pedidos de progressão de pena, seguindo-se a contestação da defesa, que se respaldava na Lei nº 10.792/2003. Após discussões nos Tribunais Superiores, estes decidiram que, embora o exame criminológico realizado para fins de progressão de pena não mais seja previsto em lei, o juiz poderá solicitá-lo, desde que devidamente motivada a solicitação. Assim, diz a Súmula 439, do Supremo Tribunal de Justiça (STJ, 2010): "Admite-se o **exame criminológico** pelas peculiaridades do caso, desde que em decisão motivada".

Diz também a Súmula Vinculante nº 26 (mais forte do que uma súmula normal, porque obriga os Tribunais a decidirem nesse sentido):

> Para efeito de progressão de regime no cumprimento de pena por crime hediondo, ou equiparado, o juízo da execução observará a inconstitucionalidade do art. 2º da Lei nº 8.072, de 25 de julho de 1990, sem prejuízo de avaliar se o condenado preenche, ou não, os requisitos objetivos e subjetivos do benefício, podendo determinar, para tal fim, **de modo fundamentado**, a realização de exame criminológico (STF, 2009, grifo nosso).

A NATUREZA DO EXAME CRIMINOLÓGICO

O exame criminológico comporta um diagnóstico criminológico, um prognóstico criminológico e uma proposta de conduta. Os leitores desta obra estão habituados com os termos "diagnóstico" e "prognóstico". Diagnóstico é a *explicação* ou compreensão de determinado quadro problemático, ou situação-problema (das mais diferentes ordens, orgânica, psicológica, familiar, social ou até mesmo estrutural, de uma edificação), apontando suas *causas* ou os fatores associados a tal situação-problema, de modo a nos fazer compreender sua ocorrência. Identificados os fatores (motivos) que seriam os principais responsáveis por essa situação-problema, vem a pergunta: diante desse espectro de fatores, há possibilidade de que esse quadro seja superado? A conclusão sobre as possibilidades de superação do quadro é o prognóstico.

No presente contexto, os termos "diagnóstico" e "prognóstico" vêm seguidos do qualificativo **criminológico**. No caso aqui em apreço, trata-se de uma situação-problema bem específica: a prática de um ou mais crimes. Trata-se de buscar diagnosticar uma conduta criminosa e, daí, concluir sobre as perspectivas de sua superação por parte do indivíduo. Ou seja, trata-se de um diagnóstico criminológico e de um prognóstico criminológico. E, como a avaliação se volta para um indivíduo, em suas condições próprias, singulares, irredutíveis, trata-se de um diagnóstico clínico-criminológico e de um prognóstico clínico-criminológico.

No entanto, apesar do termo "clínico", que fique bem claro: o exame criminológico não é um exame clínico, não é uma avaliação psicológica sobre aquela pessoa que, *no caso*, ou *por acaso*, se encontra cumprindo pena de prisão; não é uma avaliação da personalidade dessa pessoa, recorrendo-se ou não a testes psicológicos. Ele é um exame, e até mesmo um exame clínico, mas **focado** em uma situação-problema, que é a conduta criminosa.[2] Seu objetivo é buscar elementos para se responder à seguinte questão: quais os fatores, circunstâncias, experiências desse indivíduo e em sua história de vida que nos permitem **compreender** (observe que não se trata de **explicar**)[3] sua conduta criminosa? Segue uma pergunta mais simples (que, por seu simplismo, corre o risco de nos induzir a alguns descaminhos), do ponto de vista teórico: por quais motivos teria esse indivíduo cometido tal(tais) crime(s)?

É muito importante insistir nisso, para que os profissionais técnicos, ao realizarem o exa-

---

[2] É importante lembrar uma crítica feita por Debuyst (1992) ao exame criminológico, enquanto se pretende que seja ele clínico. Para Debuyst (1992), ele deixa de ser clínico na medida em não visa aos interesses do examinando, mas, pelo contrário, visa a periciá-lo, para fins de atender aos interesses da Justiça. Essa crítica de Debuyst (1992) se restringiria ao exame feito para fins de obtenção de benefício, mas não ao exame previsto para ser realizado no início da execução de pena, que talvez não fosse do conhecimento do autor. Ele também diz que o exame deixa de ser clínico na medida em que se acredita ser um aspecto unicamente negativo da conduta do examinando, que é o crime por ele praticado. Para Debuyst (1992), tratar-se-ia de um exame criminológico, e não clínico-criminológico.

[3] No item Bases teóricas do exame criminológico, o leitor encontra a diferença que aqui se reconhece haver entre explicação e compreensão.

me criminológico em determinado preso, não pensem que devam tentar investigar, analisar e compreender todo o quadro psicológico, psiquiátrico e social e familiar dessa pessoa, seus conflitos, frustrações, desejos, projetos, etc. O exame é feito individualmente (por isso é clínico), mas deve ser focado em sua conduta criminosa (por isso é criminológico).[4]

Cabe aqui a pergunta: mas e o indivíduo, como tal, não interessa? Sim, interessa e muito. Porém, para essa finalidade, existe outra modalidade de avaliação técnica, que é o exame de personalidade, de que fala o art. 9º da LEP. Também o número 34 da Exposição de Motivos da mesma lei se reporta ao exame de personalidade, fazendo uma diferenciação entre o exame criminológico e o de personalidade. Entretanto, não tenho conhecimento de que tal exame tenha sido colocado em prática em algum presídio. Também temos a atuação da CTC, que, a princípio, não foca (pelo menos não deveria) a conduta criminosa do preso, mas deveria se preocupar em conhecê-lo como pessoa e com a individualização da pena.

O diagnóstico criminológico é a essência do exame criminológico, é seu núcleo central, e define sua própria natureza. Ele não se diz do prognóstico, que é uma decorrência do diagnóstico. Segundo Sá (2016), na obra *Criminologia clínica e psicologia criminal*, uma definição ou conceituação do diagnóstico criminológico é a seguinte:

> Pelo diagnóstico, a natureza do exame criminológico, tecnicamente falando, consiste em avaliar todo o contexto complexo do preso, a saber, suas condições pessoais, orgânicas, psicológicas, familiares, sociais e ambientais em geral, que estariam associadas à sua conduta criminosa e nos dariam subsídios para compreender tal conduta. Tal natureza, assim definida, não pressupõe necessariamente nenhuma concepção ontológica de crime. Consequentemente, não pressupõe necessariamente nenhuma relação intrínseca entre condições pessoais e o crime. Ela pressupõe, isso sim, uma relação, uma associação entre certas condições pessoais e a conduta que o direito penal, bem ou mal, tipifica como crime (Sá, 2016, p. 220).

Como já dito, o prognóstico é decorrência natural do diagnóstico, ainda que ofereça dificuldades muito maiores, tornando-se a parte mais frágil e menos defensável do exame criminológico. Em termos mais estritos e, de certa forma, mais tradicionais, trata-se de prognóstico de reincidência, e seria exigível quando se refere ao pedido de progressão de regime ou outro benefício. O juiz de execução, ao determinar a realização do exame, espera que a equipe técnica conclua se o preso oferece perspectivas de boa adaptação e de sucesso no novo regime, ou após concedido o benefício.

Ao concluir pelo prognóstico, a equipe naturalmente se posicionará acerca de conveniência ou não da concessão do benefício. Porém, na prática, pelo menos na minha experiência na época de funcionamento do COC, o que ocorria é que a equipe, após o diagnóstico, se eximia do prognóstico e já se posicionava sobre o mérito do pedido.

É importante lembrar que estou falando do exame criminológico **do ponto de vista técnico, clínico-criminológico.** Não interessa ab-

---

[4] Vale a pena relatar um fato curioso e ilustrativo: certa feita, os psicólogos do presídio onde eu trabalhava resolveram debater sobre o exame criminológico, e a primeira grande pergunta que se fizeram e sobre a qual debateram foi esta: devemos ou não devemos saber, antes de entrevistar e examinar o preso, qual foi o crime que ele praticou? Por incrível que pareça, a posição unânime foi a de que não deveriam saber nada, antes, sobre sua conduta criminosa, para não se deixarem influenciar. Porém, isso é a mesma coisa que um dermatologista examinar um paciente e não perguntar nada de sua pele, para não se deixar influenciar, ou um cardiologista nada perguntar ao seu paciente sobre seu coração. Pode-se objetar, dentro de certa linha ideológica: nenhuma pessoa pode ser reduzida ao crime que praticou. Óbvio. Assim como nenhuma pessoa pode ser reduzida à sua pele ou ao seu coração. O exame criminológico tem por finalidade analisar e compreender o conjunto de fatores que, na pessoa e em sua história, estão associados à sua conduta criminosa. Quem não concordar que o exame criminológico deve focar na conduta criminosa, que não o faça. Seja coerente. Mas não o queira transformar.

solutamente nenhum enfoque político-ideológico, dentro desta ou daquela linha.

A seguir, serão discutidas as avaliações que compõem o exame criminológico, com alguns exemplos. As ilustrações das diferentes partes do exame, o estudo jurídico, o estudo social, o exame psiquiátrico, o exame psicológico e a discussão dos resultados pertencem a um mesmo exame criminológico, isto é, ao mesmo examinando.

AS AVALIAÇÕES QUE COMPÕEM O EXAME CRIMINOLÓGICO

O exame criminológico é uma peça pericial (diferentemente do exame de personalidade e de qualquer outra avaliação da CTC) e é essencialmente **interdisciplinar**. Ou seja, não é exclusividade do psicólogo, bem como de nenhum outro profissional. Em termos ideais, ele deve ou deveria ser integrado pelos seguintes estudos e avaliações: estudo jurídico, estudo social, exame psiquiátrico e exame psicológico. As quatro avaliações são seguidas de uma discussão dos resultados, em que elas se inter-relacionam, e, considerando os dados principais de todas as avaliações, busca-se uma síntese diagnóstica (não propriamente resumo). Em se tratando de exame feito para fins de progressão de pena (ou de concessão de outro benefício), à discussão (síntese diagnóstica) seguem-se o prognóstico e a conclusão da equipe sobre a conveniência ou não da concessão do benefício (proposta de conduta).

Estudo jurídico

Em minha experiência na participação da realização de exames criminológicos, como psicólogo, este era o primeiro estudo a ser consultado pelos técnicos, seja para fins do exame psicológico, seja para fins da discussão dos resultados (síntese diagnóstica) e do prognóstico. O estudo jurídico oferece informações básicas que serão objeto de análise na perícia criminológica, conforme exposto a seguir.

Na experiência das equipes técnicas interdisciplinares que trabalhavam no COC, o estudo jurídico era feito por advogados e trazia as seguintes informações (mais ou menos completas, dependendo de cada caso):

a. Crime(s) praticado pelo examinando, com a(s) respectiva(s) data(s) em que foi(foram) praticado(s) e respectiva(s) pena(s). Informar com exatidão o total da(s) pena(s) imposta(s), o total de pena cumprida, a data do cumprimento do lapso para o benefício solicitado (quando se trata de exame para fins de concessão de benefício) e a data do cumprimento final da pena. Informar se é reincidente criminal ou não.
b. Descrição da forma como o crime foi praticado, isto é, do *modus operandi*. Esta descrição é muito importante, diríamos indispensável. Certos detalhes do *modus operandi* são importantes para o diagnóstico criminológico e podem ser determinantes no direcionamento das entrevistas e, no caso do exame psicológico, na escolha das técnicas do exame. É interessante que se junte cópia da sentença condenatória.
c. Histórico prisional: presídios pelos quais o preso passou e como foi a classificação de sua conduta, cursos frequentados, trabalhos que realizou no(s) presídio(s) e outros dados que se mostrarem relevantes. Observação: essa informação, via de regra, não se aplicaria nos casos de exame criminológico de entrada.
d. Avaliação da conduta.

Na Vinheta Clínica 1, segue um exemplo de estudo jurídico integrante do exame criminológico do interno José (nome fictício), realizado há mais de 20 anos.

Estudo social

A partir da minha experiência profissional como psicólogo, de leituras e da discussão interdisciplinar dessa parte do exame criminológico, o assistente social, por meio da entrevista, levanta o histórico social e familiar do preso:

VINHETA CLÍNICA 1

Identificação do examinando: José, filho de..., natural de..., 36 anos, solteiro, superior incompleto. *Finalidade do exame:* livramento condicional. O examinando cumpre pena de prisão por violação ao art. 157, parágrafo 2º, inciso II do CP..., com pena de 8 anos e 8 meses de reclusão... Sua conduta é classificada como "ótima". Não exerce atividade laborterápica por vontade própria, nem participa de processo de reabilitação... É primário. Já resgatou de sua reprimenda corporal 4 anos e 2 meses aproximadamente. Em sua sentença já ficou determinada a perda da função de... (era agente público). Obs.: consta em seus assentamentos prontuariais que o examinando responde a processo por facilitação de fuga de... presos da carceragem... na data de... e que supostamente teria recebido a quantia de... como propina. *Descritivo do delito:* consta que o examinando, agindo em conluio com outro... (também agente público), após abordarem a vítima Antônio (nome fictício), no... (local), empregaram violência física, e um dos agentes deu uma chave de braço na vítima, e levaram-na até o veículo..., submeteram também a vítima à tortura psicológica, pois privaram Antônio de sua liberdade de locomoção, mantendo-o sob a permanente e gravíssima ameaça de conduzi-lo à Polícia Federal, por falsa acusação de ligação com o narcotráfico. Com isso, os agentes acabaram por reduzir a vítima a completa impossibilidade de resistência, subtraindo para si do pobre alienígena [estrangeiro] a quantia de..., abandonando o... (nacionalidade) em um ponto desconhecido da cidade de...

---

data e local de nascimento, constituição da família de origem, infância, adolescência, juventude, histórico escolar, etc. Esse estudo é de crucial importância, principalmente se for levado em conta, como base teórica do exame criminológico, o modelo psicossocial de criminologia clínica (Sá, 2015). Essa questão será retomada no item sobre as bases teóricas. Na Vinheta Clínica 2, segue um exemplo de estudo social (referente ao caso anterior).

Exame psiquiátrico

Tal como no estudo social, a partir de minha experiência profissional, da leitura e da discussão dessa parte do exame criminológico, os psiquiatras, por meio de entrevista, têm examinado a saúde mental do preso, a higidez de suas funções psíquicas, o juízo crítico sobre seu passado, incluída a conduta criminosa, etc. Na Vinheta Clínica 3, há um exemplo de exame psiquiátrico (referente ao mesmo caso).

Exame psicológico

O psicólogo recorre à entrevista e à observação e, conforme o caso (tipo de crime, história do preso, sua postura, etc.), circunstâncias (incluídas as condições oferecidas pelo presídio) e disposições do psicólogo (incluídas suas concep-

VINHETA CLÍNICA 2

Natural da cidade de... O sentenciado tem atualmente 36 anos. Tendo saído de seu estado de origem sozinho aos 21 para trabalhar como... (agente público) em... (Estado). É proveniente de família legalmente constituída e de nível socioeconômico aparentemente satisfatório. É o primogênito de uma prole de quatro filhos. Informa que seu genitor trabalhava na... (instituição pública), tendo

Continua

falecido em acidente de moto fora do desempenho da função. Sua genitora, segundo relata, sempre cuidou dos afazeres domésticos. Considera que a vida familiar foi permeada por relações harmoniosas e afetivas. Refere início da atividade laborativa aos 14 anos como..., tendo trabalhado por aproximadamente três anos. Trabalhou também como... e... (sempre trabalhos braçais), até ingressar na... (instituição pública). Quanto aos estudos, refere ter concluído o segundo grau em cidade de origem e cursado... (curso superior) em..., interrompendo no 3º ano, alegando problemas familiares. É solteiro e não tem filhos. Refere ter tido vários relacionamentos, porém nunca concretizou vínculos afetivos duradouros. Na instituição em que se encontra recluso, relata que recebe visitas eventuais da genitora e irmãos devido a distância... Não desenvolve atividade laborativa e relata ter boa conduta carcerária. Acredita que ao término de sua reprimenda corporal receberá auxílio de amigos e familiares no sentido de se recolocar no mercado de trabalho. Em entrevista, o sentenciado demonstra perspectivas inconsistentes de vida futura. Não denota senso crítico satisfatório em relação aos atos praticados, se posicionando com distanciamento do relato dos fatos, tentando ocultar a situação do delito.

ções teóricas e, talvez, ideológicas), recorrerá a técnicas de exame. Essas técnicas variarão, a depender da demanda do caso e, obviamente, da formação do psicólogo. Tanto para as entrevistas como para as técnicas de exame, há sempre que se contar com medidas defensivas e de autoencobrimento por parte do examinando, que às vezes são interpretadas a seu desfavor pelo examinador (assistente social, psiquiatra ou psicólogo), o que, na verdade, não deveria acontecer. De fato, se essa atitude defensiva, de autoencobrimento, acontece nas entrevistas e provas de seleção para emprego, por que não aconteceria aqui, em um exame feito, por exemplo, para fins de obtenção de benefício?

É recomendável que o psicólogo tenha atenção a essa possibilidade de atitude defensiva ao escolher a técnica de exame, pois há aquelas técnicas que são mais sujeitas a distorções por parte do examinando, ainda que essas distorções, na interpretação que delas se fizer, não revertam necessariamente em seu benefício.

VINHETA CLÍNICA 3

José, 36 anos, natural de..., relata infância normal junto aos familiares. É o primeiro da prole de quatro filhos. Cursou até o 3º ano de... (curso superior). Vida laborativa iniciada aos 14 anos. Em... (ano), ingressou na... (instituição pública). Exonerado em... (ano em que comete o delito). Nega alcoolismo e uso de drogas. Nega doença com repercussão somatopsíquica. Solteiro. Sem filhos. Nega passagem por instituição correcional e nega envolvimento de familiares com a Justiça. Exame: comparece asseado. Cooperativo. Discurso revela curso e conteúdo de pensamento preservados. Não há distúrbio da sensopercepção. Orientação, atenção, memória íntegras. Em relação ao delito – roubo, efetivamente não assume. Conta de forma circunstancial, superficial, algo que se aproximaria de corrupção. Também nega ou omite totalmente um processo em trânsito com relação a facilitação de fuga de presos. Diante disso, evidencia-se sem arrependimento, não assumindo responsabilidade sobre seus atos, tentando mentir para o entrevistador. Autorreflexão pobre e calcada unicamente nos prejuízos pessoais produzidos pelo encarceramento. Mostra-se dissimulado, calculista e oportunista, e nota-se frieza emocional considerável, levando-se em conta a desconsideração com o outro. Mecanismos autocontensores frágeis, sugerindo controle da agressividade e impulsividade por meio de mecanismos basicamente externos. Progresso interno insatisfatório. Noção ético-moral distante dos valores do contexto social.

A técnica menos sujeita a distorções é o Psicodiagnóstico Miocinético (PMK), atualmente não aprovado pelo Sistema de Avaliação de Testes Psicológicos (Satepsi), o que é fácil de entender.[5]

No Teste de Rorschach, as distorções consistem mais em omissão de respostas, comprometendo a confiabilidade do teste aplicado. Tive um uso muito proveitoso dessa técnica. A dificuldade está em sua complexidade e, consequentemente, no tempo que se exige para sua aplicação, avaliação, interpretação, etc., o que a torna menos viável para utilização rotineira.

O uso das técnicas de desenhos tem sido frequente. Porém, em minha opinião, elas serviriam mais como técnicas introdutórias e boas para o levantamento de hipóteses, verificando-se, a partir delas, a necessidade ou não de se aprofundar no exame e em que direção. A dificuldade de seu uso está na maior facilidade de distorções, consistentes principalmente na esquematização (simplificação) dos desenhos, tornando, em casos assim, praticamente inviável a interpretação.

O Teste das Pirâmides Coloridas, de Max Pfister, é muito utilizado. Porém, por se tornar um teste *popularizado* entre os presos, naquela época, começamos a notar que as cores escolhidas estavam se concentrando em verde, azul, amarelo e branco – cores da bandeira do Brasil. Interessante foi verificar a quase completa ausência do vermelho. Acabamos por descartar o uso dessa técnica.

Este capítulo não se destina a fazer aprofundamentos em técnicas de exame de personalidade, ou mesmo em técnica de entrevista. Portanto, as fontes dos dados do exame psicológico são a observação, a entrevista e as técnicas de exame. A seguir, serão apresentadas algumas informações sobre cada uma dessas fontes no contexto do exame criminológico. Em exame feito para fins de obtenção de benefício, não há que se contar com a chamada *colaboração* do examinando, seja na observação, seja na entrevista ou nas técnicas de exame, na medida em que está particularmente interessado em um resultado que lhe seja favorável.

Exame psicológico: observação

Pela observação, procura-se verificar a espontaneidade do examinando, sua postura (se de diálogo, de aproximação, ou de esquiva, de enfrentamento, de agressividade, de revolta), sua atitude de colaboração ou de não colaboração com a entrevista.

Exame psicológico: entrevista

Na entrevista, o psicólogo não há que se voltar para a história familiar e social do examinando, já que isso é função do assistente social. No entanto, é importante que ele atente para o modo como o examinando fala sobre sua própria vida e, de forma muito especial, como ele se refere ao(s) crime(s) ou suposto(s) crime(s) a ele imputado(s), a versão que ele faz dele(s), como avalia sua história prisional, a Justiça, as autoridades, a sociedade em geral. Ele assume a autoria do(s) crime(s) a ele imputado(s)? Se sim, a que motivos, a que *causas* ele atribui seu passado criminoso? **Informações a serem levantadas:** capacidade de avaliação dos fatos, do ambiente, da capacidade crítica ou de autocrítica, desenvolvimento do senso ético-moral, *grau* de identificação com o crime e/ou com a vida no crime, no passado e/ou no presente (os dados de observação contribuem para essa avaliação), *grau* de responsabilidade que assume perante sua conduta e suas decisões.

---

[5] Em minha experiência na realização de exames psicológicos como partes integrantes de exames criminológicos, ao longo de 20 anos, ocorre-me à memória um único caso em que o examinando distorceu os resultados do PMK, alterando propositalmente os traçados, com a clara intenção de ostentar um quadro patológico de personalidade. Pela entrevista, foi possível perceber que ele queria se passar por uma pessoa psicologicamente comprometida, não se sabe se por orientação de seu advogado, provavelmente para conseguir, em sede de incidente de execução, uma conversão da pena de prisão em medida de segurança. As alterações dos traçados, além de aberrantes, não tinham nenhuma coerência entre si – mesmo em quadros patológicos existe coerência dos dados do ponto de vista da patologia.

Questão importante a ser abordada na entrevista psicológica, embora também o seja na entrevista social, é a versão que o preso traz sobre sua família de origem e, se for o caso, sobre seu cônjuge e filhos, sobre seu relacionamento familiar e relacionamentos amorosos. Entram aqui também as amizades, a vida social, a atitude do examinando perante o outro. **Informações a serem levantadas:** a valorização que ele faz do outro, seus afetos, estabilidade nas relações afetivas, capacidade de reconhecer os interesses e direitos do outro, presença ou não de traços de egocentrismo.

Outro aspecto importante a ser investigado na entrevista é o que o examinando pensa sobre o futuro, o que pretende fazer quando em liberdade. **Informações a serem levantadas:** *grau* de responsabilidade do examinando quanto ao planejamento de seu futuro, se ele é capaz de pensar a médio e longo prazos, se suas perspectivas são consistentes e realistas.

Exame psicológico: técnicas de exame

As técnicas de exame e o risco de distorções a serem feitas pelo examinando, com o consequente comprometimento da interpretação, já foram abordados anteriormente.[6] A grande vantagem das técnicas de exame é que elas permitem acessar dados de personalidade (quando se trata de provas de personalidade), que dificilmente seriam conhecidos unicamente por meio da entrevista ou da observação. Ou, ainda, permitem confirmar, com maior segurança, dados dos quais o psicólogo já suspeitava a partir da entrevista e da observação. **Informações a serem levantadas:** agressividade, impulsividade, estabilidade e controle das emoções, excitabilidade, primitivismo, fantasias instintivas, capacidade de adiar satisfações, egocentrismo, tipos de mecanismos de controle, influenciabilidade, grau de tolerância às frustrações, capacidade de estabelecer vínculos afetivos, entre outras.

Por fim, cabe lembrar que o psicólogo sempre deve informar se recorreu a técnicas de exame e, em caso positivo, a quais delas. Como exemplo, veja a Vinheta Clínica 4.

Discussão

A discussão é um trabalho da equipe. É a ocasião na qual aparece a interdisciplinaridade propriamente dita. Aqui, os dados dos diferentes estudos e exames devem ser considerados e contrabalançados, somando e reforçando-se os convergentes e discutindo-se os divergentes, à busca de uma síntese – não no sentido de resumo, mas de visão de conjunto. É dessa visão de conjunto que a equipe tira sua conclusão sobre a concessão do benefício. E o prognóstico? Como ele é a parte mais frágil do exame, nota-se que a equipe não raras vezes não o explicita, mas passa direto para a conclusão favorável ou desfavorável à concessão do benefício.

Cabe aqui um alerta muito importante: sobre o risco de a equipe técnica selecionar e valorar os dados e fazer suas análises e interpretações sob a influência de um viés teórico, quando não ideológico. Toda análise e interpretação se fazem inevitáveis sob o crivo da percepção. E, nesse caso, ainda que se trate de análise e interpretação que se pretende sejam feitas no âmbito da criminologia clínica, na qualidade de ciência, a percepção não está isenta da influência dos fatores aos quais se refere a literatura, no âmbito da psicologia social.[7] Entre os diversos fatores discutidos por Rodri-

---

[6] A abordagem continua sendo sobre técnicas de exame de personalidade. Os testes de inteligência são aplicados quando houver suspeita de rebaixamento intelectual e seu uso se mostrar recomendável, o que tem sido raro.

[7] Rodrigues, Assnar e Jablonski (2008) discutem uma série de fatores que influenciam a percepção, incluída aí a percepção social, entre eles: a seletividade perceptiva (de especial interesse para a matéria em pauta), a experiência prévia (no caso, ter sido vítima de um crime, o próprio técnico ou pessoas próximas a ele, por exemplo), fatores contemporâneos ao fenômeno perceptivo (ocorrência de algum crime de grande repercussão, influência da mídia e da opinião pública), etc. Ver também Huffman, Vernoy e Vernoy (2003).

VINHETA CLÍNICA 4

Examinando mostra-se cooperativo durante a entrevista. Estabelece bom contato verbal, porém com considerável frieza emocional. Não assume a autoria do roubo pelo qual foi condenado, sugerindo haver exagero e mentira por parte do acusador. Assume efetivamente ter recebido dinheiro do denunciante para não efetuar sua prisão, tentando convencer ter sido motivado por um oportunismo circunstancial e impensado, negando premeditação, o que, porém, é sugerido pelo curso dos acontecimentos.[8] Seus argumentos e justificativas são vagos e inconsistentes, e seu discurso sugere grande dissimulação. Não elabora autocrítica nem manifesta arrependimento. Seus valores ético-morais mostram-se autocentrados, baseados pela desconsideração pelo outro, evidenciado pela postura por vezes arrogante,[9] principalmente quando é questionado e contrariado. A *avaliação projetiva*[10] [grifo nosso] indica grande dificuldade em lidar com os aspectos mais afetivos de sua personalidade e das interações sociais. Trata-se de indivíduo autocentrado, que, devido à frieza emocional e à baixa capacidade de estabelecer relações de empatia, tende a manifestar desconsideração pelo outro, podendo chegar ao menosprezo e, assim, tornar-se hostil e invasivo nas relações. A baixa tolerância à frustração, aliada à autoimagem de inabalável superioridade, apresenta preocupante nível de reatividade. Diante de situações que o contrariem e que despertem ansiedade, o examinando tende a apresentar acúmulo progressivo de agressividade, a qual pode ser extravasada no meio de modo inadequado e impulsivo, devido à ausência de mecanismos autocontensores adequados.

[8]Observe-se que o psicólogo está a par do *modus operandi* e está levando em conta essa informação.
[9]Veja-se aqui um exemplo de avaliação feita a partir da observação.
[10]O profissional não informou qual a técnica projetiva utilizada.

gues e colaboradores (2008), merece especial atenção a seletividade perceptiva, que também é chamada de predisposição perceptiva.[11,12]

Para ilustrar como, em nossas percepções (e interpretações), selecionamos os dados e informações que se nos apresentam de acordo

---

[11]"Nas relações sociais a seletividade perceptiva se evidencia em uma série de situações. Uma das situações típicas é a de percepção de características negativas nas pessoas de quem não gostamos e de aspectos favoráveis naquelas que nos agradam. [...] Também no comportamento preconceituoso a seletividade perceptiva se mostra claramente. Pessoas com preconceitos contra determinados grupos neles só veem manifestações que se coadunam com sua visão preconceituosa e passam por cima de tudo aquilo que contradiz tal visão." (Rodrigues et al., 2008, p. 70).

[12]A meu ver, fatores inconscientes também interferem na percepção, particularmente os vinculados aos mecanismos de defesa. Especial atenção deve ser dada, por exemplo, à projeção. Pode-se ver, nesse sentido, Fenichel (1981). Também é importante lembrar os mecanismos de *transferência e contratransferência*, observados na relação terapêutica. Nesse sentido, permito-me lembrar uma experiência, na qualidade de psicólogo de uma equipe técnica: fazia eu o exame psicológico (como parte de exame criminológico) em um preso, condenado por homicídio: ele e seu primo haviam matado a pauladas, no meio de um cafezal, uma *professorinha* (o diminutivo é proposital) de uma escola de sítio, quando esta voltava da escola para casa. Motivo: vingança, pelo fato de que a *professorinha* havia reprovado seu primo naquele ano. Percebi o crime como um ato particularmente brutal, a expressar elevado grau de perversidade, e já me prontificava a me aprofundar no exame, meio que *à busca* desses traços e de outros. Porém, percebi-me também *tomado de intenso ódio* pelo examinando, que estava me *conduzindo* para uma *colheita* de dados que *fatalmente* conduziriam a equipe a uma conclusão rigidamente contrária ao pedido. Perguntei-me o porquê daquele ódio, já que crimes bárbaros faziam parte de nossa rotina de trabalho, e eis que imediatamente veio-me à lembrança uma irmã minha, que havia trabalhado como *professorinha* em uma escola de sítio e que também passava por cafezais em seu percurso. Por obrigação profissional, imediatamente passei o caso para uma colega.

com nossas predisposições (teóricas, ideológicas, emocionais), recorro a um exemplo fictício de um quadro social e psicológico de um adulto, de nome XM, 30 anos, sexo masculino, que está preso e sendo avaliado por técnicos para fins de progressão de pena. Seu quadro social e psicológico é o que segue.

XM é proveniente de lar com pais separados aos seus 3 anos de idade. O pai era alcoólatra. Tem um irmão e uma irmã, ambos mais velhos. A mãe era muito afetiva com os filhos. XM chegou a sair de casa algumas vezes entre os 12 e 16 anos, para conviver com amigos, sempre retornando ao convívio com a mãe.

Como características de personalidade, XM apresenta agressividade, ambição, capacidade de estabelecer vínculos afetivos, pouca autocrítica sobre seu passado. É dotado de segurança e autodeterminação naquilo que faz e de incertezas quanto ao que pretende para sua vida a médio e longo prazos. Tem pouca resistência às frustrações de seus desejos. É atencioso com os outros; tem boa inteligência e interesse por ler e estudar. Às vezes tende a reagir de forma impulsiva e impensada.

Vejamos agora como XM seria percebido em dois contextos diferentes. **Primeiro contexto:** XM está sendo avaliado por profissionais que têm uma visão humanista do preso, antipunitivista, garantista. **Segundo contexto:** XM está sendo avaliado por profissionais que prezam a *ideologia* da lei e da ordem; entendem o crime como diretamente vinculado à personalidade do autor e que a pena privativa de liberdade é a solução para se combater a criminalidade, devendo estar sempre em primeiro plano a preocupação com a segurança da sociedade. A questão é: qual seria a tendência de percepção por parte do primeiro grupo de profissionais e qual seria a tendência de percepção por parte do segundo grupo de profissionais?

De acordo com a psicologia da percepção, cada grupo tenderia a enfatizar determinadas características ou experiências, em detrimento de outras, formando-se um conjunto perceptivo bem diferente nos dois grupos. É cabível levantar hipóteses sobre esses dois conjuntos perceptivos. O que importa, em primeiro lugar, não é saber se esses conjuntos ocorreriam exatamente dessa forma, e sim ilustrar como se dá a influência da predisposição perceptiva. As características e as experiências que cada grupo tende a enfatizar (como hipótese) estão em destaque.

Características e experiências de XM enfatizadas pelo primeiro grupo de profissionais (que têm uma visão humanista do preso): XM *é proveniente de lar com pais separados* aos seus 3 anos de idade. O pai era alcoólatra. Tem um irmão e uma irmã, ambos mais velhos. *A mãe era muito afetiva com os filhos*. XM chegou a sair de casa algumas vezes entre os 12 e 16 anos, para conviver com amigos, *sempre retornando ao convívio com a mãe*.

XM apresenta características de agressividade, ambição, *capacidade de estabelecer vínculos afetivos*, pouca autocrítica sobre seu passado. É dotado de *segurança e autodeterminação naquilo que faz* e de incertezas quanto ao que pretende para sua vida a médio e longo prazos. Tem pouca resistência às frustrações de seus desejos. É atencioso *com os outros; tem boa inteligência e interesse por ler e estudar*. Às vezes tende a reagir de forma impulsiva e impensada.

Características e experiências de XM enfatizadas pelo segundo grupo de profissionais (que prezam a *ideologia* da lei e da ordem): XM é *proveniente de lar com pais separados* aos seus 3 anos de idade. *O pai era alcoólatra*. Tem um irmão e uma irmã, ambos mais velhos. A mãe era muito afetiva com os filhos. *XM chegou a sair de casa algumas vezes entre os 12 e 16 anos, para conviver com amigos* [= fugas do lar durante a adolescência], sempre retornando ao convívio com a mãe.

XM apresenta características de *agressividade, ambição*, capacidade de estabelecer vínculos afetivos, *pouca autocrítica sobre seu passado*. É dotado de segurança e autodeterminação naquilo que faz e *de incertezas quanto ao que pretende para sua vida a médio e longo prazos*. Tem *pouca resistência às frustrações de seus desejos*. É atencioso com os outros; tem boa inteligência e interesse por ler e estudar. Às vezes *tende a reagir de forma impulsiva e impensada*.

Veja agora a síntese (discussão) a que, hipoteticamente, chegaria cada grupo, como resultado da construção de um conjunto perceptivo.

Conjunto perceptivo construído pelo primeiro grupo de profissionais

XM é proveniente de lar com pais separados. A mãe era muito afetiva para com os filhos. Às vezes XM saía de casa, porém sempre retornava ao convívio com a mãe. Tem capacidade de estabelecer vínculos afetivos, segurança e autodeterminação naquilo que faz, atenção para com os outros, boa inteligência, interesse por ler e estudar.

Conjunto perceptivo construído pelo segundo grupo de profissionais

XM é proveniente de lar com pais separados. O pai era alcoólatra. XM chegou a sair de casa algumas vezes entre os 12 e 16 anos, para conviver com amigos. Apresenta características de agressividade, ambição, pouca autocrítica sobre seu passado, incertezas quanto ao que pretende para sua vida a médio e longo prazos, pouca resistência às frustrações de seus desejos, tendência a reagir às vezes de forma impulsiva e impensada.

É fácil pressupor que, enquanto o primeiro grupo concluiria, com fartos argumentos, favoravelmente ao benefício de progressão de pena, o segundo, também com fartos argumentos, concluiria pela denegação do pedido. Importante repetir: tratam-se de meras hipóteses ilustrativas sobre o risco da predisposição perceptiva a que os técnicos estão sujeitos em suas interpretações e análises.

A predisposição perceptiva é uma condição humana, que *inevitavelmente* permeia nossas experiências, conhecimentos, relacionamentos, interpretações. Portanto, na realização de exames dessa natureza, é fundamental que o psicólogo esteja atento a essas interferências na sua compreensão do caso. A exemplo do item discussão, veja a Vinheta Clínica 5 referente ao exame de José.

Por fim, vem a conclusão da equipe técnica para o caso de José:

> *Pelo exposto anteriormente, a equipe técnica manifesta-se contrária à concessão do benefício.*

VINHETA CLÍNICA 5

José encontra-se apenado em 8 anos e 8 meses, por violação do art. 157. Já resgatou da pena 4 anos e 2 meses aproximadamente. Na sua sentença ficou determinado a perda da função do cargo de... Consta em seu prontuário que o examinando responde a processo por facilitação de fuga de... presos da carceragem de... na data de... e que teria supostamente recebido... como propina. É natural da cidade de..., tem 36 anos e é o primeiro da prole de quatro filhos. Proveniente de família legalmente constituída e de nível socioeconômico satisfatório. Considera relacionamento familiar bom. Vida produtiva iniciada aos 14 anos. Nível superior incompleto. Solteiro, sem filhos. As funções psíquicas superiores estão preservadas. Em relação ao delito, não o assume efetivamente, relatando o evento de forma circunstancial [superficial?], denotando grande distanciamento afetivo. Utiliza argumentos e justificativas vagos e inconsistentes, e o discurso sugere grande dissimulação. Não há sinais que sugiram arrependimento. Autorreflexão superficial centrada apenas nos prejuízos pessoais. Revela-se calculista, oportunista. Evidencia-se grande dificuldade em lidar com a afetividade. Trata-se de indivíduo autocentrado que, devido à frieza emocional e à baixa capacidade de estabelecer relações de empatia, tende a manifestar desconsideração pelo outro, podendo chegar ao menosprezo e, assim, tornar-se hostil e invasivo nas relações. A baixa tolerância à frustração, aliada à autoimagem de inabalável superioridade, apresenta nível de reatividade preocupante, podendo a agressividade ser extravasada de forma inadequada e impulsiva devido à insuficiência dos mecanismos autocontensores. Progresso interno inadequado. Noção ético-moral divergente do contexto social.

Observe-se que a equipe não explicitou um prognóstico: passou diretamente para a conclusão.

BASES TEÓRICAS DO EXAME CRIMINOLÓGICO

Esta seção de criminologia clínica será baseada nas obras *Criminologia clínica e execução penal* (Sá, 2015) e *Criminologia clínica e psicologia criminal* (Sá, 2016). A abordagem será sucinta, e, para melhor aprofundamento, é indicada a leitura das obras citadas.

O exame criminológico sofre muitas críticas e resistências por parte de estudiosos e profissionais, principalmente aqueles alinhados com a chamada criminologia crítica, em particular a crítica radical.[13] Tais críticas e resistências se devem a uma visão que se tem do exame como vinculado a uma concepção organicista, psicologicista, psiquiatricista, do comportamento criminoso. Essa concepção de fato existiu e, talvez, ainda possa estar presente nas práticas de alguns profissionais. Porém, ela não é mais a base teórica do exame criminológico.

> Não há como negar que o exame criminológico tem sua origem no positivismo criminológico, mas nem por isso sua natureza está intrinsecamente atrelada ao positivismo. Ela não pressupõe necessariamente nenhuma concepção causalista do crime, do ponto de vista criminológico, ainda que alguns técnicos possam assumir tal concepção.
>
> De igual forma, não há que se identificar concepção etiológica com concepção causalista. Enquanto esta última implica o reconhecimento de relações de quase necessidade e, consequentemente, pré ou quase pré-deterministas entre o antecedente e o consequente, a etiológica pressupõe unicamente relações de associação, de influência, de facilitação ou de instrumentalização. Pode-se dizer que toda relação causal é etiológica, mas nem toda relação etiológica é causal. A busca de análise e compreensão de um fenômeno ou, mais especificamente, de um comportamento supõe a preocupação por analisar e compreender o contexto de seu aparecimento e sua origem. Pois bem, esta análise e compreensão serão etiológicas, mas não necessariamente causalistas (Sá, 2016, p. 220).

Na obra *Criminologia clínica e execução penal* foram expostos, de forma sistematizada, dois modelos de criminologia clínica e um terceiro foi proposto. Os três modelos são: modelo médico-psicológico (criminologia clínica de primeira geração), modelo psicossocial (criminologia clínica de segunda geração) e modelo de criminologia clínica de inclusão social (criminologia clínica de terceira geração). O exame criminológico encontra suas bases teóricas em cada um desses três modelos, diferenciando-se as respectivas concepções. As bases teóricas do exame criminológico no terceiro modelo são muito complexas para serem discutidas aqui; portanto a abordagem apresentada a seguir se limitada apenas os modelos médico-psicológico e psicossocial.

Modelo médico-psicológico

No modelo médico-psicológico (primeira geração), a criminologia clínica é um campo de atividade e de conhecimentos interdisciplinares que, valendo-se dos conceitos, princípios e métodos de investigação médico-psicológicos (e sociofamiliares), ocupa-se do indivíduo condenado, para analisar *no indivíduo* a dinâmica de sua conduta criminosa, sua personalidade, seu funcionamento biopsíquico (diagnóstico), inferir sobre as perspectivas de desdobramentos futuros dessa conduta (prognóstico de reincidência) e, assim, propor estratégias de intervenção, com vistas à superação ou contenção de uma possível tendência criminal e a evitar a reincidência (tratamento).

---

[13] Sobre as teorias críticas da criminologia, ou teorias do conflito, ver Shecaira (2013).

A tomar por base teórica a concepção de criminologia clínica, o exame criminológico se centraria nos fatores de personalidade e biopsíquicos, fluiria para um prognóstico de reincidência (ou de não reincidência) e resultaria em uma proposta de estratégias que teriam como objetivo evitar a reincidência. Nota-se que os fatores sociofamiliares são levados em conta, mas eles são secundários em relação aos demais. Eles são importantes, na medida em que tiverem sido internalizados, metabolizados psiquicamente, ou seja, transformados em conteúdo psíquico. É como se a informação sobre eles fosse levantada por assistentes sociais, mas sua avaliação, para fins de diagnóstico criminológico, ficasse a cargo de psiquiatras e psicólogos. Essa é uma concepção que vigorou nas práticas criminológicas do Instituto de Biotipologia Criminal, do sistema prisional do Estado de São Paulo, e, na extinção deste, na Equipe de Perícias Criminológicas, na Casa de Detenção, e, de certa forma, também no COC, tudo isso até os anos de 1980.

Tomando-se por base o modelo médico-psicológico de criminologia clínica, o exame criminológico lastreia-se em uma concepção causalista da conduta criminosa, pelo que se corre o risco de também cair em uma concepção determinista do crime. Vejamos um exemplo concreto. Suponhamos o caso de um preso condenado por assaltos a banco. No exame de personalidade, o psicólogo constata traços de agressividade acentuada. Pois bem, o psicólogo e a equipe poderão concluir que a conduta de assaltos a banco *se deve* a essa agressividade acentuada, tendo com ela uma relação de causa e efeito. Em outros termos, a agressividade contribui para a *explicação* da conduta criminosa. A explicação sobre determinado evento pressupõe uma relação causal entre o evento e aquilo que se entende ser sua origem determinante, concebendo-se, então, essa *origem determinante* como causa.

No entanto, tendo sido o indivíduo um assaltante de bancos, e manifestando ele ao exame psicológico acentuada agressividade, há que se descartar a importância da agressividade para a perpetração dos crimes de assalto, caso se queira descartar a concepção causalista? No modelo psicossocial voltaremos a essa questão.

Modelo psicossocial

No modelo psicossocial (segunda geração), a criminologia clínica é um campo de atividade e de conhecimentos interdisciplinares predominantemente científicos. Analisa o comportamento criminoso e estuda estratégias de intervenção junto ao encarcerado e às pessoas envolvidas com ele e com a execução de sua pena, valorizando os fatores ambientais *enquanto autônomos*, e busca compreender o preso *como pessoa*, conhecer suas aspirações e as *verdadeiras motivações* de sua conduta criminosa.

A tomar por base teórica o modelo psicossocial de criminologia clínica, o exame criminológico não irá centrar suas análises nos fatores de personalidade e biopsíquicos, tidos como causas determinantes da conduta criminosa, mas valorizar um leque muito complexo de fatores, na assim chamada compreensão multifatorial do crime. E aqui vem uma diferença fundamental: os fatores ambientais, sociofamiliares, terão sua importância reconhecida, não mais como metabolizados psiquicamente, mas como fatores *autônomos*. Ou seja, sua análise e valoração não mais se atrelarão ao psicólogo e ao psiquiatra, mas serão feitas pelo próprio assistente social, pelo que fica superada a concepção causalista de crime, mesmo no que se refere aos fatores médico-psicológicos, e se garante maior profundidade no caráter de interdisciplinaridade do exame.

Voltamos ao exemplo do preso condenado por crimes de assalto a bancos e que, ao exame de personalidade, apresenta traços de acentuada agressividade. Tomando-se por base teórica o modelo psicossocial de criminologia clínica – modelo de segunda geração, o psicólogo e a equipe não mais concluirão que a conduta de assaltos a banco *se deve* a essa agressividade acentuada, em uma relação de causa e efeito, mas compreenderão a agressividade como um fator que *instrumentaliza* o autor para que possa praticar tais atos. Ou seja, a agressividade não mais contribuirá para a explicação da conduta criminosa, à luz da concepção causalista, mas contribuirá para uma compreensão da conduta criminosa, na pressuposição de que esta se associa a uma multiplicidade de fatores das mais diferentes ordens, sempre reconhecida a autonomia dos fatores sociofamiliares.

Esse tipo de embasamento teórico do exame criminológico, quando bem explicitado e compreendido, possibilita aos técnicos uma compreensão do examinando e de sua conduta criminosa. Atente-se para essa diferença fundamental: uma compreensão, não mais explicação. Uma compreensão, porém, não mais sob a ótica exclusiva de criminoso, que tem dentro de si causas determinantes da conduta criminosa. Trata-se, isso sim, de uma compreensão do examinando sobretudo como *pessoa* que, por uma série de circunstâncias, se viu em uma situação na qual acabou por *optar* pela prática de determinado crime.

ALGUMAS CRÍTICAS TÉCNICAS AO EXAME CRIMINOLÓGICO

Para finalizar, serão apresentadas algumas críticas técnicas que se podem levantar ao exame criminológico, ou apontar algumas dificuldades técnicas em sua realização. Aqui, refiro-me a questões realmente sérias, e não a questionamentos meramente ideológicos, que não interessa serem discutidos nesse momento. Foram levantadas em textos publicados ou em palestras críticas ao exame, a que eu classifico como ideológicas. São elas: o exame criminológico parte de uma concepção positivista e pré-determinista do comportamento criminoso (questão totalmente superada, conforme exposto); o exame é uma invasão à privacidade do preso; o exame padece de subjetividade e não tem validade; nele se pretende avaliar a periculosidade do preso; entre outras.

As dificuldades aqui apontadas são puramente técnicas e, por isso mesmo, muito sérias. Referem-se ao diagnóstico e ao prognóstico. Após a sinalização de algumas dificuldades, serão apresentadas algumas considerações finais e algumas sugestões para seu enfrentamento.

Críticas técnicas ao diagnóstico criminológico

Os técnicos devem estar atentos para dois problemas quando realizarem o diagnóstico criminológico. O primeiro problema do diagnóstico corresponde a um duplo desafio (referente ao exame psicológico):

- **Primeiro desafio:** como garantir que as características psicológicas apontadas no atual exame estavam presentes quando da prática criminosa, há dois, três ou mais anos? Lembrar que, pelo diagnóstico, procura-se investigar, no momento do exame, quais fatores, referentes ao examinando, ao seu ambiente e à sua história, estariam associados à sua conduta criminosa obviamente na época em que ela foi praticada.
- **Segundo desafio:** como garantir que as características psicológicas apontadas no exame foram fatores psicológicos motivadores do crime? De fato, muitas características assim ditas negativas, levantadas principalmente no exame psicológico, tidas como associadas à conduta criminosa, na verdade podem muito bem resultar do processo de prisionização. Temos aqui um problema muito sério, pois o preso, além de ter sido vítima da prisionização, com todos os seus efeitos deletérios, agora, à frente do exame, torna-se vítima de outra injustiça, já que, em virtude desses efeitos, corre o risco de enfrentar uma conclusão desfavorável ao seu pedido. Exemplos de características que, em geral, fundamentam uma conclusão contrária ao pleito, supondo-se estarem elas associadas à conduta criminosa, mas que, na verdade, podem ser resultantes do processo de prisionização: pensamentos estereotipados, perspectivas vagas de vida futura, postura pouco cooperativa e de revolta, etc.

O segundo problema refere-se ao risco de que os técnicos deem às características *negativas* um realce maior, sem que se garanta a relação entre elas e o crime. Esse problema já foi abordado, quando se falou da predisposição perceptiva.

Críticas técnicas ao prognóstico criminológico

Conforme já realçado, o prognóstico é a parte mais frágil do exame criminológico, menos defensável. Serão apontados dois problemas.

Quanto ao exame psicológico, principalmente, há que se atentar para o fato de que muitas características de personalidade tendem a ser mais estáveis, já que são integrantes da estrutura da personalidade. Ora, se determinadas características x, y e z de um examinando, tidas como associadas ao crime por ele praticado, forem consideradas estáveis, inclusive em virtude da técnica de exame utilizada, é de se pressupor que elas sempre estarão presentes, e, por conseguinte, sempre se concluiria pelo indeferimento de pedidos a serem feitos por esse examinando.

Quanto ao estudo social, tenho observado que, por vezes, diante de dados da história familiar desfavoráveis, a estes é dada muita importância em termos de compreensão da conduta criminosa, de forma a *conduzir* a equipe (e o próprio promotor e juiz) à conclusão desfavorável à pretensão do examinando. Os dados familiares e sociais do passado são simplesmente *irremovíveis*. Não há como o examinando modificá-los, nunca. Eles poderiam, assim, contribuir para uma compreensão da conduta criminosa, mas não poderiam, por si, justificar uma conclusão desfavorável.

CONSIDERAÇÕES FINAIS

O exame criminológico ou qualquer tipo de avaliação feita pelos técnicos para fins de instruir pedidos de benefícios, como os de progressão de regime de cumprimento de pena, não deixa de causar certa frustração aos técnicos, seja pelas limitações institucionais, seja pelas próprias dificuldades ínsitas nesse tipo de avaliação. Porém, nada pior que o esmorecimento ou a acomodação e o deixar-se empobrecer pela rotina. Assim, ao concluir este capítulo, apresento algumas sugestões de formas de enfrentamento das dificuldades técnicas apontadas.

No que se refere ao diagnóstico, as dificuldades seriam sanadas, ao menos em parte, se fosse realizado o exame criminológico de entrada. É de se supor que esse exame, já que previsto legalmente para ser realizado logo no início da execução da pena, esteja temporalmente mais próximo da época do cometimento do crime. Com essa maior proximidade temporal, atenua-se a dificuldade de se saber se as características psicológicas agora identificadas já estavam presentes à época do cometimento do crime. De igual forma, enfrenta-se melhor a questão da interferência de outras experiências pelas quais o examinando passou entre a época em que se deu seu comportamento criminoso e a época da realização do exame, incluída aí, como já dito, a experiência de prisionização.

Quanto ao prognóstico, seus problemas não se colocam em se tratando do exame criminológico de entrada, já que, em tal modalidade de exame, ele não é previsto, consoante já exposto. O problema se apresenta no exame realizado para fins de concessão de benefícios. Nesse exame, ainda que a equipe não se manifeste explicitamente em termos de prognóstico, este fica implícito, como justificativa da conclusão, favorável ou desfavorável. A forma de se enfrentar o grave problema do prognóstico seria os técnicos darem um passo bastante arrojado: no caso de instrução de pedidos de benefícios legais, no lugar de se realizar o exame criminológico, seria realizado o parecer da CTC, do qual se falou na seção O exame criminológico realizado para fins de progressão de pena. Não cabe aqui a objeção de que tal parecer não é mais previsto em lei em face da alteração de seus arts. 6º e 112, pois, de igual forma, o exame criminológico não é mais previsto no art. 112, quando para fins de concessão de benefícios.

Entretanto, não se trata simplesmente de substituir uma avaliação técnica por outra. Na verdade, o parecer, diferentemente do exame criminológico, pressupõe em trabalho prévio, por parte da CTC, de elaboração de programas individualizadores, de acompanhamento e de avaliação desses programas. Pressupõe um trabalho prévio de envolvimento com a individualização da pena e de acompanhamento do preso. O parecer da Comissão seria uma avaliação do preso a partir de todo esse trabalho prévio de acompanhamento, observação e até mesmo de encontros e conversas. Essa modalidade de avaliação nada teria a ver com a conduta criminosa, pois se volta para a vida prisional do preso. E não comporta nenhum prognóstico. Se a Comissão conclui pela progressão, não é porque tenha feito um prognóstico favorável, mas porque observou no preso uma trajetória favorável até aquele momento, uma trajetória de progresso, de conquistas.

REFERÊNCIAS

Brasil. (1984). *Lei nº 7.210, de 11 de julho de 1984*. Institui a Lei de Execução Penal. Recuperado de http://www.planalto.gov.br/ccivil_03/LEIS/L7210.htm

Brasil. (1998). *Decreto-lei nº 2.848, de 7 de dezembro de 1940*. Código Penal. Recuperado de https://www.oas.org/juridico/mla/pt/bra/pt_bra-int-text-cp.pdf

Brasil. (2003). *Lei nº 10.792, de 1º de dezembro de 2003*. Altera a Lei nº 7.210, de 11 de junho de 1984 – Lei de Execução Penal e o Decreto-lei nº 3.689, de 3 de outubro de 1941 – Código de Processo Penal e dá outras providências. Recuperado de http://www.planalto.gov.br/ccivil_03/leis/2003/l10.792.htm

Debuyst, C. (1992). Les paradigmes du droit pénal et les criminologies cliniques. *Criminologie*, *15*(2), 49-72.

Fenichel, O. (1981). *Teoria psicanalítica as neuroses*. Rio de Janeiro: Atheneu.

Huffman, K., Vernoy, M., & Vernoy, J. (2003). *Psicologia*. São Paulo: Atlas.

Maranhão, O. R. (1993). *Psicologia do crime* (2. ed.). São Paulo: Malheiros.

Pitombo, S. M. de M. (1985). Ainda o exame criminológico. *Jornal do Advogado*, 12(122).

Rodrigues, A., Assnar, E. M. L., & Jablonski, B. (2008). *Psicologia social* (26. ed.). São Paulo: Vozes.

Sá, Alvino A. de. (1996). A recuperação dos sentenciados e a questão do exame criminológico *versus* parecer das Comissões Técnicas de Classificação. *Revista Brasileira de Ciências Criminais*, *4*(13), 203-217.

Sá, Alvino A. de. (2015). *Criminologia clínica e execução penal* (2. ed.). São Paulo: Saraiva.

Sá, Alvino A. de. (2016) *Criminologia clínica e psicologia criminal* (5. ed.). São Paulo: Revista dos Tribunais.

Shecaira, S. S. (2013). *Criminologia* (5. ed.). São Paulo: Revista dos Tribunais.

Supremo Tribunal de Justiça (STJ). (2010). *Súmula 439*. Recuperado de https://scon.stj.jus.br/SCON/sumanot/toc.jsp?livre=(sumula%20adj1%20%27439%27).sub.#TIT1TEMA0

Supremo Tribunal Federal (STF). (2009). *Súmula vinculante 26*. Recuperado de http://www.stf.jus.br/portal/jurisprudencia/menuSumario.asp?sumula=1271

Veiga de Carvalho, H. (1964). *Manual de introdução ao estudo da criminologia* (2. ed.). São Paulo: Bushatsky.

LEITURA RECOMENDADA

Sá, Alvino A. de. (2017). Sugestões para o anteprojeto que altera a Lei de Execução Penal. *Boletim do IBCCRIM*, *29*, 5-6.

Parte 9
TÓPICOS ESPECIAIS

28

AVALIAÇÃO PSICOLÓGICA DE DEPENDENTES QUÍMICOS NO CONTEXTO CRIMINAL

Rafael Stella Wellausen

A garantia que se espera do direito penal é a garantia da coexistência social, é a garantia de que, entre os homens, pode o amor vitoriar sobre a morte (Dip & Moraes, 2018, p. 14).

Quando a realidade é manipulada para se encaixar numa visão particular, essa informação manipulada se torna um instrumento inapropriado para tomar decisões numa realidade que não perdoa nossas fantasias; por isso, devemos todos nos ajustar à realidade, pois ela não se ajustará a nós (Sowell, 2011, p. 97).

Diferentemente de países mais avançados, no Brasil as estatísticas, as informações e os dados objetivos sobre o sistema penitenciário são muito recentes ou escassos.[1] Nos Estados Unidos, por exemplo, sabe-se que a população carcerária envolvida com drogas ilícitas corresponde a cerca de 60 a 90% dos apenados (Belenko & Peugh, 2005; Fletcher, Lehman, Wexler, & Melnick, 2007). Esses números apresentam leve diminuição quando se considera as mulheres presas (Tamelini, Hochgraf, & Oliveira, 2003), todavia revelam que o envolvimento com drogas constitui uma das principais características entre os presidiários. Em estudo realizado[2] com apenados no Brasil (Wellausen & Bandeira, 2010), verificou-se que 64% abusavam de drogas ilícitas ou tinham propriamente o diagnóstico de dependência química (DQ). Além disso, outros transtornos mentais, como transtorno da personalidade antissocial e transtornos afetivos, também foram identificados.

Tendo em vista esse cenário, cada um dos temas abordados neste capítulo merece um exame pormenorizado. A segurança pública, e em especial a criminalidade e o sistema penitenciário, estão entre as principais preocupações dos brasileiros nos últimos anos. Algo semelhante parece ocorrer com a questão das

---

[1] As informações que eventualmente chegam ao grande público quase invariavelmente têm um viés ideológico à esquerda, por exemplo, via financiamento de ONGs pela Open Society Foundation, do megainvestidor George Soros, propagando informações inverídicas que têm por finalidade o "desencarceramento em massa" como solução para os problemas existentes no sistema penitenciário (Open Society Foundations, c2019).

[2] Contrariando algumas "verdades" sobre o perfil da população carcerária, nesse estudo verificamos que apenas 16% dos entrevistados se declaravam negros, enquanto 52% se consideravam brancos.

drogas; sua descriminalização e legalização têm instigado discussões importantes na sociedade, porém cujos argumentos nem sempre estão evidentes. Com relação à avaliação psicológica, igualmente, em sua história, percebe-se uma relação ambivalente, ou mesmo polarizada, entre os próprios profissionais. Esses polos vão desde aqueles que veem nos instrumentos a melhor e mais fidedigna forma de acesso àquilo que se busca conhecer até aqueles que desprezam ou desacreditam dos testes e dos instrumentos psicológicos. Por parte da população em geral com frequência existe uma relação de medo e/ou desconfiança dos testes e técnicas psicológicos.

Ao longo do capítulo, serão apresentadas informações que ajudarão o leitor a compreender melhor a interligação entre esses temas, pretendendo, assim, contribuir para a formação de sua própria opinião sobre o assunto. Para tanto, serão apresentados exemplos que subsidiam as minhas ideias e que demonstram minha experiência como psicólogo criminal. A intenção é abordar cada um desses assuntos, em um primeiro momento, separadamente, para ao final integrá-los em uma síntese pessoal.

A fim de realizar essa tarefa da forma mais didática possível, começarei em ordem inversa ao título do capítulo, mostrando meu entendimento sobre a situação jurídico-criminal brasileira. Posteriormente, o foco será colocado sobre algumas causas e consequências da DQ e seus efeitos na personalidade do usuário, e, por último, algumas considerações serão feitas em relação à avaliação psicológica nesse contexto. Os próximos parágrafos serão agrupados em três grandes blocos: o contexto ou ambiente social-jurídico-penal, no qual ficará mais claro o modo como entendo a realidade prisional brasileira; um segundo bloco com a atenção sobre o indivíduo que lá se encontra privado do convívio social e que frequentemente é um usuário de drogas; e, por fim, um bloco que corresponde ao que acredito caber ao psicólogo criminal diante do que foi previamente descrito.[3]

O CONTEXTO CRIMINAL

É inegável a necessidade de se buscar uma melhor interface entre esses dois ramos do conhecimento que são a psicologia e o direito (Rovinski, 2007; Serafin, 2003; Shine, 2005; Vasconcellos & Lago, 2016; Zimerman & Coltro, 1999). Entretanto, esse empreendimento precisa ser realizado de modo que se complementem e não se anulem ou se excluam mutuamente.[4] O direito tem trabalhado com a psicologia como ciência auxiliar, e a psicologia pode fazer importantes contribuições ao direito desde que não se percam, em ambas as ciências, o sentido de objetividade, a racionalidade, mas, principalmente, seu embasamento na realidade.

Para se entender melhor a relação entre crime e drogas, parece producente desdobrar essa questão em três outras mais amplas: 1) o Estado brasileiro após a Constituição de 1988; 2) o sistema penitenciário brasileiro e suas po-

---

[3]Como ficará evidente, a visão apresentada aqui sobre o sistema e as políticas penitenciários, assim como o indivíduo que comete crimes, vai de encontro às "Diretrizes para a atuação e a formação dos psicólogos do sistema prisional brasileiro", publicada em 2007 em uma parceria entre Conselho Federal de Psicologia e o Departamento Penitenciário Nacional, bem como à Norma Técnica 001/2018 da Superintendência dos Serviços Penitenciários (Susepe). Essa incompatibilidade de visões se deve ao fato de que ambos os documentos parecem enviesados à esquerda e, portanto, apresentam uma visão utópica e distorcida da realidade, a qual entendo ser prejudicial ao bem-estar social e, desse modo, impossível de concordar.
[4]Não é porque grande parte dos comportamentos humanos possa ser explicada do ponto de vista psicológico que a lei não deva recair sobre aqueles que a infringirem. O ordenamento jurídico e as leis existem exatamente para inibir mesmo aqueles comportamentos que as pessoas se sintam plenamente justificadas, caso contrário ainda viveríamos sob a Lei de Talião. O exemplo da pedofilia (F65.4), que voltou a ser tema de debates recentes, vale para lembrar que, como doença, não apenas está descrita na *Classificação internacional de doenças problemas relacionados à saúde* (CID-10) (Organização Mundial da Saúde [OMS], 1993) como também é considerada um crime previsto no Código Penal (estupro de vulnerável). Nesse caso, a doença não exclui o crime, sendo esta condição para que ele ocorra. Ao mesmo tempo que é uma patologia do desvio sexual (quanto ao objeto – crianças), também representa um crime pelo qual o indivíduo deverá ser responsabilizado penalmente.

líticas criminais; e 3) a relação do Estado com o indivíduo que comete crimes e abusa de drogas. Essa digressão se faz indispensável a fim de instrumentalizar o leitor em relação às mudanças recentes na cultura que têm afetado toda a sociedade ocidental (Dalrymple, 2015; Garschagen, 2018; Pessi & Souza, 2017).

Já faz alguns anos que a segurança pública se tornou prioridade entre os brasileiros. Esse fenômeno ocorreu principalmente porque na última década cresceu de forma exponencial o número de assassinatos, chegando no corrente ano ao registro de mais de 63 mil homicídios no Brasil.[5] Dados recentes revelam que estamos no *ranking* dos países mais violentos do mundo (Fig. 28.1), sendo que são assassinadas aqui mais pessoas do que na guerra da Síria. Segundo o Instituto de Pesquisa Econômica Aplicada (IPEA, 2018), o número de homicídios por 100 mil habitantes no Brasil em 2016 ultrapassou 30 casos. Esse número foi 30 vezes maior do que o observado na Europa no mesmo período. No entanto, a informação mais dramática é a de que, desses mais de 60 mil crimes contra a vida, apenas 8% são investigados, e, em um percentual ainda menor destes, os criminosos são condenados.[6]

Essas estatísticas e dados objetivos são importantes, pois por muito tempo prevaleceu principalmente na academia (Carvalho, 2010; Tavares, 2006) e na mídia (p. ex., Ramos, Bezerra, Orsomarzo, Costa, & Buch, 2017) a narrativa de que *no Brasil prende-se muito*, ou de que há *um encarceramento em massa* em nosso país. Em realidade, segundo o World Prison Brief (2016), sabe-se que o Brasil ocupa o 32º lugar em número de encarceramentos apesar de ter a quinta maior população mundial.[7] Além disso, crimes considerados "leves" ou "pequenos delitos" raramente são punidos com penas privativas de liberdade em regime fechado (em novembro de 2018, o Conselho Nacional de Justiça [CNJ] mostrava que em regime fechado havia 321.060 presos); isso sem contar as taxas de reincidência elevadíssimas que transformam o trabalho policial em um interminável secar gelos. Desse modo, o que existe de fato no Brasil é um déficit de vagas no sistema penitenciário, e não excesso de encarceramento.

Essa situação caótica em que o País se encontra[8] exige alguma explicação diferente daquela que costumeiramente estabelece uma relação direta e preconceituosa de causa-efeito entre pobreza e criminalidade. O determinismo socioeconômico, ou as *causas sociais* do crime – pobreza e falta de oportunidades –, tem servido exaustivamente como explicação exclusiva para a criminalidade que se ajusta a um determinado discurso político-ideológico. Todavia, há um paradoxo, uma vez que em vários países se verificou que tanto a pujança econômica levou ao aumento da criminalidade quanto a crise econômica não levou ao aumento da criminalidade (Sowell, 2011).

Em se tratando do Brasil, mesmo quando os índices econômicos estiveram favoráveis nos anos 2000, viu-se a criminalidade se elevando de forma assustadora. Nesse sentido, uma questão que não pode ser deixada de lado é quanto às transformações no papel do Estado ocorridas paulatinamente nos últimos 30, 40 anos. As razões para essas transformações se devem a vários fatores, entre os quais uma

---

[5] Segundo Quintela e Barbosa (2015), com a implementação do Estatuto do Desarmamento em 2005, contrariando o resultado do plebiscito popular, o porte de armas passou a ser, excetuando-se as forças policiais, exclusividade de criminosos, que contam com a certeza de que suas vítimas não têm condições de defender o seu bem mais precioso, qual seja, a própria vida (a primeira e mais importante propriedade que temos).

[6] Anualmente, cerca de 55 mil crimes contra a vida, entre eles homicídios e latrocínios, não são sequer investigados, ou seja, os criminosos circulam livre e impunemente pela sociedade.

[7] O cálculo deve ser sempre apresentado em sua proporção por 100 mil habitantes, e não por números populacionais absolutos. Hoje, o Brasil conta somados os regimes fechado, semiaberto, aberto, presos provisórios e prisão domiciliar com um efetivo total de 693.963 pessoas (CNJ, c2014).

[8] Na obra *Bandidolatria e democídio: ensaios sobre garantismo penal e a criminalidade no Brasil*, foi utilizada a definição de R. J. Rummel, apontando que democídio significa o assassinato de qualquer povo ou indivíduo por seu governo (Pessi & De Souza, 2017, p. 43).

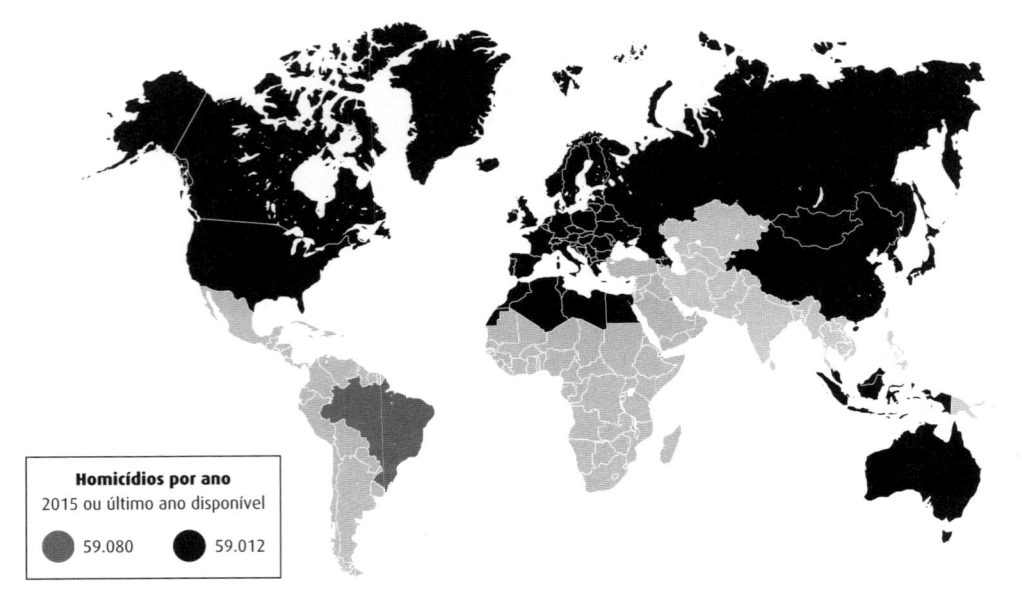

Figura 28.1 / Número de assassinatos no Brasil em comparação com outros países.
Fonte: Speech500/Divulgação.

série de mudanças políticas e sociais ocorridas a partir do final da década de 1960 que levou o mundo ocidental a uma Nova Ordem Mundial (Costa, 2015; De Paola, 2008). Desde então, determinada agenda político-ideológica passou a influenciar de forma decisiva principalmente a política, a mídia e a educação (Carvalho, 2015; Gordon, 2017; Merquior, 1987; Middelaar, 2015; Scruton, 2014).

O Estado e a Constituição de 1988

Desde a independência de Portugal no século XIX, no Brasil foram elaboradas sete Constituições. A última, conhecida como *Constituição cidadã*, acaba de completar 30 anos e, segundo especialistas (Coelho, 2018), se difere em alguns aspectos daquelas que a antecederam, pois se detém a questões relativas às garantias e aos direitos dos cidadãos (Almeida, 2018). No que tange aos propósitos deste capítulo, serão focados alguns aspectos referentes às transformações da relação entre o indivíduo, o Estado e a lei.

Apesar de alguns avanços e modernizações em determinadas áreas, a partir de 1988, pode-se dizer retrospectivamente que saímos definitivamente de um modelo de Estado Liberal (no sentido do Liberalismo clássico), no qual o indivíduo sempre é o principal responsável pelos seus atos, pelo que faz ou deixa de fazer com sua vida, para um Estado Social (Estado de Bem-estar Social), no qual cabe primeira e quase exclusivamente ao Estado a responsabilidade pelo que acontece ao indivíduo. Nesse modelo, o Estado tem o dever de oferecer todas as possibilidades ao pleno desenvolvimento do indivíduo, garantir a ele todos os direitos e liberdades, exigindo em troca muito pouco ou quase nada do cidadão (Garschagen, 2018; Orleans e Bragança, 2017).

Em termos práticos, esse novo papel do Estado consolidado a partir da Constituição de 1988 tende a gerar um efeito, tanto no indivíduo quanto na sociedade, danoso, porque com essa mudança, em grande medida, passou-se a isentar o indivíduo das responsabilidades pelas suas ações, escolhas e decisões. Se o indivíduo errou, cometeu um crime, assaltou, roubou, traficou, matou, estuprou, etc., tais eventos somente ocorreram porque o Estado não lhe forneceu todos os direitos de que tinha necessidade. Por ter falhado, em qualquer medida, na oferta de saúde, educação, cultura, lazer, esporte, saneamento básico, etc., garantidos na Constituição, não mais recai sobre o indivíduo a responsabilidade pelo seu presente e, consequentemente, seu futuro, mas passa a recair sobre o grande Estado provedor a culpa e a responsabilidade pelo que a pessoa fez ou deixou de fazer com sua vida.

Do ponto de vista psicológico, esse excesso de proteção e consequente assistencialismo por parte do Estado tende a obstruir de forma permanente e, às vezes, irreversível o amadurecimento mental, a assunção de responsabilidades e, em termos coletivos, a capacidade do indivíduo de se tornar um membro cooperador e colaborador na sociedade, criando obstáculos e, consequentemente, progresso social (Rossiter, 2016). O que se observa de modo repetitivo e recorrente por parte daqueles que cometem crimes de forma contumaz[9] é a tentativa de coletivização/socialização da culpa e da responsabilidade (Dalrymple, 2018).

Esses eventuais avanços nos direitos, nas garantias e nas liberdades dos brasileiros, ao que tudo indica, não vieram acompanhados de melhorias na qualidade de vida nem serviram para transformar o País em uma nação próspera e desenvolvida. Passadas três décadas, é possível ter uma dimensão mais clara do impacto que essa promulgação causou na vida dos brasileiros. Ao olharmos, por exemplo, para a educação nos últimos 15 anos, de acordo com o Programa Internacional de Avaliação de Estudantes (PISA), veremos que em 2000 o Brasil ocupava o 39º lugar e, em 2015, caiu para a 60ª posição.

O sistema penitenciário e as políticas criminais

As transformações sociais e culturais apontadas também afetaram ou foram afetadas pelo direito (Bonfim & Capez, 2004; Dip & Moraes, 2018; Pessi & Souza, 2017). Ainda que o Código Penal brasileiro vigente seja da década de 1940, e tenha sofrido algumas reformas em 1984, novas interpretações sobre o que ali está escrito têm gerado importantes impactos sociais. Em razão do ativismo judicial que se alastrou desde a década de 1960 por alguns países da Europa e os Estados Unidos até chegar ao Brasil nos anos de 1990 (Oliveira, 2014; Sowell, 2011), o conceito de justiça tem sido alargado de forma a quase perder seu sentido original (Scruton, 2015). Temas muito caros à civilização, como ônus da prova, propriedade privada, direito à autodefesa, entre outros, têm sido impiedosamente atacados.

Na área do direito penal, o ativismo judicial encontra expressão máxima no garantismo penal (às vezes também denominado, de modo mais radical, de "abolicionismo"). São exemplos do garantismo a atual política dos Direitos Humanos, que acabou se tornando uma espécie de licença para matar em vez de um instrumento a serviço da garantia dos direitos fundamentais para as pessoas de bem. Da mesma forma, as audiências de custódia (regulamentadas pelo CNJ) são outro exemplo da inversão de valores que se disseminou de forma avassaladora sobre a sociedade brasileira nos últimos anos. Por meio dessas audiências, o crime em si passa a ter um peso secundário, e o modo como as forças policiais efetuaram a prisão (p. ex., com emprego ou não de violência) passa ao primeiro plano. Mesmo em casos de prisão em flagrante, com os criminosos portando armas de alto calibre, com a apreensão de drogas, etc., o juiz deverá estar mais interessado em verificar se o criminoso se sentiu de algum modo prejudicado ou constrangido, ou traumatizado com a abordagem policial, do que com a atividade criminosa em si. Em caso positivo de o acusado relatar algum tipo de insatisfação com a abordagem policial, há uma grande possibilidade de ele ser posto em liberdade.

---

[9] Ao longo do texto sempre estarei me referindo a pessoas que têm uma vida ligada ao crime ou a problemas recorrentes com a lei, e não a pessoas que eventualmente têm envolvimento com a Justiça, mas que de resto estão em dia com suas obrigações como um membro colaborador e cooperador para o bem-estar social de modo geral.

Por fim, mas não menos importante, cabe lembrar que o Brasil é um dos únicos países no mundo a ter réus condenados em segunda instância, respondendo em liberdade graças a inesgotável interposição de recursos, embargos e outras ferramentas protelatórias ao imediato cumprimento da sentença.[10] Tudo isso sem contar as penas alternativas, a justiça restaurativa, as "saídas de Natal", o indulto presidencial, as visitas íntimas e a progressão de regime, que geralmente ocorre após o cumprimento de um sexto da pena. Com o passar do tempo, todos esses recursos e ferramentas jurídicas acabaram por transmitir à população a certeza da impunidade.

Muitas dessas medidas que visaram a "modernizar o direito penal" estão baseadas em noções um tanto quanto nebulosas, mas claramente ligadas a determinada agenda política-ideológica e, portanto, muito caras à *intelligentsia* (Sowell, 2011). O discurso progressista e inovador da esquerda é sempre mais atraente, na medida em que, ao descrever um mundo utópico, não precisa necessariamente se ater à realidade (Hicks, 2011; Scruton, 2014). Essa vertente garantista do direito penal baseia parte de sua sustentação em argumentos filosóficos sociológicos que vão na direção contrária à lógica, à racionalidade, mas principalmente às tradições, aos costumes e ao senso comum. Apresenta soluções rápidas, fáceis e mágicas para problemas complexos que têm acompanhado a humanidade por séculos.

Um dos maiores enganos que os ideólogos de esquerda cometem é supor que desigualdade é sinônimo de injustiça (Dalrymple, 2014). Um fato fundamental que essas doutrinas de base marxista parecem ignorar é que a natureza ao longo de toda a história sempre promoveu uma distribuição desigual de aptidões, talentos e habilidades. Sendo todos os seres humanos diferentes,[11] qualquer tentativa de igualar as pessoas representa uma premissa perigosa. Tratar os diferentes diferentemente, como sugere o princípio da igualdade previsto no art. 5º da Constituição, pode gerar interpretações duvidosas. Em especial, parece que os critérios que determinam essas diferenças têm valorizado aspectos subsidiários (cor da pele, gênero, orientação sexual, etnia, etc.) e ignorado aspectos elementares (p. ex., mérito pessoal). A justiça e a injustiça passam, desse modo, a ser uma função da cor da pele, do *status* social, do gênero, etc., conforme o viés ideológico e as respectivas pautas políticas de quem estiver sentenciando. Os exemplos na realidade hoje não só no Brasil, mas no mundo todo, abundam (Scruton, 2014; Sowell, 2011). A justiça passa, assim, definitivamente a ter um peso e duas medidas.

No entanto, se pobreza e falta de oportunidades fossem as causas únicas da criminalidade, haveria muito mais pessoas encarceradas do que hoje existem (Tocqueville, 2003). Todas as políticas afirmativas implementadas ao redor do mundo por meio de cotas e outros benefícios a determinados grupos preferenciais fracassaram (Sowell, 2016). Proporcionar igualdade de condições é uma coisa; outra bem diferente é igualdade de resultados.[12] A única forma de igualar as pessoas é prejudicando quem tem mais talentos, competências e habilidades. Como bem descrito por De la Mora (1987), essas visões sociopolíticas defendidas pela esquerda estão baseadas em enraizados sentimentos de inveja e ressentimento.

---

[10]Devido à burocracia e aos altos custos dos processos judiciais, esses recursos têm sido utilizados de forma majoritária pelas pessoas em melhores condições econômicas, conforme cotidianamente se pode ver na mídia (p. ex., criminosos do "colarinho branco").

[11]Mesmo gêmeos monozigóticos/univitelinos criados no mesmo ambiente, pelos mesmos pais, frequentando as mesmas escolas, lugares, etc., irão ter gostos, preferências, interesses, habilidades, desejos, diferentes.

[12]No Brasil, por muitos anos, foram feitos investimentos pesados nos cursos superiores em vez de na educação básica. Quando é oferecido acesso ao estudo de qualidade na base da educação, o resultado ao final desse processo dependerá do mérito de cada um, ou seja, se estará priorizando política de igualdade de oportunidades *versus* igualdade de resultados, em que o nivelamento tende a ser por baixo, e não pelo desempenho e esforço individuais.

O esforço pessoal de superação das adversidades, o empenho em trabalhar duro para deixar para trás uma condição social penosa na busca por uma melhor, como sempre aconteceu ao longo da história da humanidade, segundo essas concepções ideológicas, não só perderam o valor como passaram, inclusive, a ser mal vistos (Peterson, 2018).

Acrescente-se a esse fenômeno o que Carvalho (2015) havia alertado com relação aos sentimentos arraigados de culpa não conscientes de uma classe privilegiada (alguns juízes, promotores, defensores públicos, entre outros profissionais) que, quando tem poder decisório em sua alçada, faz suas deliberações impelida não pela justiça e o bem da maioria, mas para fazer justiça social. Nesses momentos fica mais evidente que algumas dessas pessoas lamentavelmente demonstram visível falta de experiências de vida, mesclada a um desconhecimento sobre a natureza humana, que, somados a um nível considerável de onipotência, as levam a demonstrar desprezo pela realidade factual.

Para contrapor o argumento utilizado pela vertente garantista de que *cadeia não resolve*, a resposta mais lúcida é a de que resolve, pois tira de circulação pessoas que causam dano às demais, neutralizando, assim, eventuais problemas futuros. Esse é um aspecto central e que, por razões de ordem ideológica, tem sido negligenciado por alguns operadores do direito, mas que se reflete no crescente número de crimes, haja vista sua impunidade. Conforme já descrito (Yochelson & Samenow, 1997; Wellausen & Oliveira, 2016), pessoas que apresentam comportamento antissocial sistemático têm, em razão de seus padrões patológicos de pensar, sentir e se relacionar, enormes dificuldades para aprender com as experiências, e somente mediante a impossibilidade de manipular e dominar os demais para obterem o que desejam, ou por meio de barreiras firmes e sólidas à vasão de seus impulsos primitivos, é que se criam oportunidades de reflexão. Na mentalidade do criminoso brasileiro há grande condescendência com seu comportamento, uma vez que as penas geralmente não correspondem à gravidade de seus crimes.

Nesse sentido, um aspecto que parece estar sendo deturpado, quando não frontalmente atacado, é quanto à função da pena. A função primordial da pena sempre foi privar a pessoa criminosa do convívio com os demais membros da sociedade[13] como forma de estancar o dano e prevenir maiores prejuízos. Ao longo da história do direito penal, tradicionalmente as principais finalidades da pena, segundo Dias (1999), eram retributiva e de prevenção genérica (um contraestímulo que se opõe à conduta delituosa contra o ordenamento jurídico). Entendia-se o aspecto legal da pena em razão de sua ligação com a ideia da liberdade (para fazer tudo o que não seja vetado pela lei a fim de dissuadir as demais pessoas a cometerem crimes).

Conforme observam Dip e Moraes (2018, p. 15),

> A pena encontra sua razão de ser na retribuição. É uma reação da ordem jurídica violada contra aqueles que a transgrediram. É o mal que a autoridade legítima impõe como expiação, pela inobservância da ordem jurídica. [...] não se faz para atender exigências individuais ou familiares de vingança, olho por olho, dente por dente, mas para satisfazer reivindicações coletivas e, portanto, estatais.

Essa ideia é central, pois assegura a manutenção da ordem e da civilização, que garante, por sua vez, que ninguém possa fazer tudo aquilo que tem vontade, mostrando que a liberdade tem seus limites, precisando sempre estar vinculada à responsabilidade.

A política penitenciária nacional exige dos psicólogos criminais a realização do tratamento penal a partir da elaboração de um programa individualizado da pena.[14] Essa é uma

---

[13] Apesar de minha formação humanística, depois de vários anos trabalhando no sistema penitenciário, pude conhecer melhor a natureza humana, e, desde então, o modo como concebo a função da prisão é, em primeiro lugar, proteger os membros da sociedade que não cometeram crimes e, em um segundo momento, oferecer melhores condições de vida àqueles que precisam ficar segregados.

[14] São medidas previstas na Lei de Execução Penal (LEP). Com relação ao programa individualizado, é preciso

tarefa que frequentemente tem levado ao desapontamento e à frustração de expectativas em relação à efetividade das políticas criminais. Quando as políticas penitenciárias elencam como prioritária a questão da ressocialização/reeducação, determinando que os Estados da federação ofereçam trabalho e estudo aos apenados, diversas questões essenciais me parecem estar sendo ignoradas.[15] O Estado, ao ofertar de forma concreta e objetiva vagas de emprego, ou cobrar fichas de leitura, pode dar ao criminoso a sensação de que, ao trabalhar por alguns meses ou ao ler tantos livros por mês, aquele mal que ele causou a outro ser humano pode ser assim exculpado, expiado. A prática dessas ideias e a forma como têm sido aplicadas na vida diária dos apenados, segundo meu entendimento, não contribuem do ponto de vista psicológico para o processo de recuperação, ressocialização, reinserção social ou qualquer outra denominação que tenha por finalidade trazer de volta ao convívio social o indivíduo que cometeu crimes.

A explicação psicológica para isso é bem simples e conhecida, pois sugere que é o indivíduo, e não o Estado ou qualquer outro ente abstrato, quem deve se esforçar para mostrar seu genuíno arrependimento e provar que não está mais inclinado à criminalidade. Na minha experiência, para que haja a verdadeira mudança psicológica, é imprescindível que a própria pessoa possa sentir algum grau de sofrimento. Não um sofrimento físico, mas uma espécie de choque de realidade que promova uma verdadeira tomada de consciência da responsabilidade em relação à própria vida (decisões, escolhas, alternativas, etc.). Por meio desse processo que inevitavelmente leva a uma *dor na consciência* genuína (e, *a priori*, trabalhar e ler/estudar não deveriam causar tal sofrimento) é que há chance de se desenvolver uma verdadeira empatia pelas pessoas que fez sofrer. Somente a certeza da punição por meio da privação da liberdade por um tempo justo, condizente com a gravidade do crime, pode induzir ao arrependimento, e isso, por sua vez, tende a levar ao consequente aprendizado com a experiência a fim de não a repetir. Yochelson e Samenow (1997) denominaram tecnicamente esse processo de mudança interna necessário para a vida em sociedade de "conversão" ou "reabilitação".

Uma prova significativa da falta de fundamento lógico e prático do modelo garantista pode ser encontrada na experiência norte-americana. A título de ilustração, lembro que até meados dos anos de 1960 os índices de criminalidade nos Estados Unidos tinham caído de forma significativa. Nesse período, influenciada por ideias de alguns acadêmicos *especialistas em segurança pública*, a Suprema Corte daquele país foi adotando o ativismo judicial, com penas mais leves e brandas, que fez ao longo de alguns anos novamente uma onda de crimes graves voltar a crescer. Em outras palavras, quando as medidas punitivas foram atenuadas nos Estados Unidos, o que se observou não foi uma diminuição da criminalidade, mas o contrário (Sowell, 2011).

Foi somente nos anos de 1990, na cidade de Nova York, na gestão do prefeito Rudolphe Juliane, que se instituiu o que ficou conhecido como *tolerância zero* com a criminalidade. Com base na *teoria das janelas quebradas*, que preconizava que mesmo nos pequenos delitos (p. ex., vandalismo) a Justiça deveria deixar clara sua intolerância com o crime, mostrando que seus autores não passariam impunes, é que a criminalidade voltou novamente aos índices mais baixos. Isso levou à queda significativa na

---

conhecimento técnico para sua elaboração, no qual são identificadas as necessidades, as carências, os problemas do indivíduo, além de apontadas as eventuais soluções. Da mesma forma, também é preciso estrutura pública para fornecer os meios para solucionar os problemas identificados, mas, mais importante de tudo é a pessoa estar de fato motivada a mudar seu comportamento em relação à vida que leva.

[15]Enquanto este capítulo estava sendo elaborado, houve uma alteração na Resolução nº 9 de 2011 do Conselho Nacional de Política Criminal e Penitenciária do Ministério da Justiça e Segurança Pública, que estabelecia regras para a elaboração de projetos, a construção, a reforma e a ampliação de unidades penais do Brasil, desobrigando os estabelecimentos prisionais a criarem espaços de educação e trabalho. Ao mesmo tempo, no entanto, o Estado do Rio Grande do Sul está regulamentando a "remissão de pena através da leitura", conforme recomendação nº 44 do CNJ.

criminalidade em geral e mais especificamente no tráfico de drogas.

O Estado, o criminoso e as drogas

É preciso deixar claro que nem todo usuário/abusador compulsivo de drogas é um criminoso, mas quase todo criminoso contumaz tende a fazer uso drogas em algum momento de sua vida. De qualquer modo, é possível afirmar que em ambos se podem observar, com relativa frequência, desvios de caráter ou problemas de personalidade (Hyatt-Williams, 1998) que os levam a viver à margem da sociedade.

Ainda que existam algumas associações entre determinadas psicopatologias e abuso de drogas, não é possível fazer generalizações. Pela experiência, sabe-se que não existe uma categoria diagnóstica que abarque todos os tipos de criminosos, nem mesmo é possível associar de forma infalível determinado perfil psicológico a um tipo específico de crime. Entretanto, tende a existir associação entre pessoas com deficiência intelectual (moderada ou severa) e o crime de abuso sexual de crianças; de forma semelhante, sabe-se que crimes cometidos por pessoas paranoides tendem a ser mais violentos, assim como frequentemente os antissociais podem tanto cometer crimes violentos como se caracterizar por praticarem formas mais parasitárias, abusivas e exploratórias de infringir a lei.

Todavia, existe, a partir do que foi descrito, uma categoria que parece estar se consolidando: a do *criminoso vítima da sociedade*.[16] De forma simples e direta, o que se tem observado no País é que, em razão de supostos problemas sociais ou vulnerabilidades pessoais vividas no passado, de alguma espécie de dívida histórica, o criminoso se transformou em vítima, e esta, em criminosa. O que desperta a atenção é que essas queixas referentes ao passado são invariavelmente por falta de condições econômicas, enquanto as reais necessidades psicológicas, como a ausência paterna, tão frequentemente constatada nessa população (Wellausen & Bandeira, 2010) e necessária à manutenção da estrutura familiar (Venker & Schlafly, 2016), são politicamente incorretas e, portanto, raramente identificadas ou mencionadas na mídia e na academia. Em vez de se considerar o acaso, a falta de sorte ou mesmo o imponderável, o que se tem assistido no Brasil é que a culpa por alguém não ter sido bem-sucedido nas suas escolhas ou por ter tido uma infância infeliz é constantemente transferida e personificada em alguém ou em uma classe social, e isso passa a justificar o ato criminoso.

Nesse sentido, é possível afirmar com pouca margem de erro, conforme fizeram Pessi e De Souza (2017), que vivemos uma época de idolatria daqueles que cometem crimes – "bandidolatria". Não raro são apresentados nos meios de comunicação como pessoas motivadas por um ímpeto revolucionário,[17] uma espécie de mártir ou um Robin Hood às avessas, que buscam nada mais do que promover a (auto)justiça social ou o (auto)reparo pelas carências, traumas e sofrimentos do passado. Essa situação é o protótipo da glamorização do feio, do errado, do agressivo, do egoísta, desviante e transgressor por meio dos meios de comunicação.

No que se refere ao argumento de que as cadeias no Brasil estão repletas de usuários de

---

[16] Eufemisticamente também chamadas de "pessoas em conflito com a lei". Essa expressão minimiza o fato de que esse *conflito* já evolui para um rompimento do ordenamento jurídico por meio da atuação criminosa ou delitiva prevista no Código Penal.

[17] Não somente sobre o criminoso paira essa aura de revolucionário, de contracultura, de alguém que faz justiça (social) com as próprias mãos, mas tal equiparação também parece ter-se estendido para os doentes mentais. O movimento antipsiquiátrico por meio de figuras como Robert D. Laing, David Cooper, Thomas Szasz, Michael Foucault e outros (Kimball, 2009; Scruton, 2014) teve grande influência nos meios acadêmicos com suas teorias sobre o papel atribuído aos doentes mentais como críticos dos valores sociais e na desconstrução da família burguesa, patriarcal, opressora e tradicional causadora, segundo tais teorias, do adoecimento mental dessas pessoas.

drogas, isso não passa de mais uma distorção dos fatos. Como mencionado, os usuários de drogas correspondem à maioria dos presidiários, mas essas pessoas não foram presas por fazerem uso de drogas, mas porque cometeram outros crimes (incluindo homicídios, latrocínios, assaltos, estupros, tráficos, entre outros). São criminosos que abusam de drogas, e não usuários que estão presos por fazerem uso de substâncias psicoativas.

Desde 2006, está em vigor no País a Lei nº 11.343/2006, que institui o programa nacional de políticas públicas, o qual prescreve medidas para prevenção do uso indevido de substâncias e dá atenção e reinserção social de usuários e dependentes de drogas. Essa lei estabelece normas para repressão à produção não autorizada e ao tráfico ilícito de drogas e define os crimes e as respectivas medidas legais (Brasil, 2006).

Alguns artigos da referida lei merecem destaque, como os dos crimes e das penas (Brasil, 2006):

> Art. 27 – As penas previstas neste Capítulo poderão ser aplicadas isolada ou cumulativamente, bem como substituídas a qualquer tempo, ouvidos o Ministério Público e o defensor.
> Art. 28 – Quem adquirir, guardar, tiver em depósito, transportar ou trouxer consigo, para consumo pessoal, drogas sem autorização ou em desacordo com determinação legal ou regulamentar será submetido às seguintes penas: I – advertência sobre os efeitos das drogas; II – prestação de serviços à comunidade; III – medida educativa de comparecimento a programa ou curso educativo.
> § 1º – Às mesmas medidas submete-se quem, para seu consumo pessoal, semeia, cultiva ou colhe plantas destinadas à preparação de pequena quantidade de substância ou produto capaz de causar dependência física ou psíquica.
> § 2º – Para determinar se a droga destinava-se a consumo pessoal, o juiz atenderá à natureza e à quantidade da substância apreendida, ao local e às condições em que se desenvolveu a ação, às circunstâncias sociais e pessoais, bem como à conduta e aos antecedentes do agente.
> § 3º – As penas previstas nos incisos II e III do *caput* deste artigo serão aplicadas pelo prazo máximo de 5 (cinco) meses.
> § 4º – Em caso de reincidência, as penas previstas nos incisos II e III do *caput* deste artigo serão aplicadas pelo prazo máximo de 10 (dez) meses.
> § 5º – A prestação de serviços à comunidade será cumprida em programas comunitários, entidades educacionais ou assistenciais, hospitais, estabelecimentos congêneres, públicos ou privados sem fins lucrativos, que se ocupem, preferencialmente, da prevenção do consumo ou da recuperação de usuários e dependentes de drogas.
> § 6º – Para garantia do cumprimento das medidas educativas a que se refere o *caput*, nos incisos I, II e III, a que injustificadamente se recuse o agente, poderá o juiz submetê-lo, sucessivamente a: I – admoestação verbal; II – multa.
> § 7º – O juiz determinará ao Poder Público que coloque à disposição do infrator, gratuitamente, estabelecimento de saúde, preferencialmente ambulatorial, para tratamento especializado.
> Art. 29 – Na imposição da medida educativa a que se refere o inciso II do § 6º do art. 28, o juiz, atendendo à reprovabilidade da conduta, fixará o número de dias-multa, em quantidade nunca inferior a 40 (quarenta) nem superior a 100 (cem), atribuindo depois a cada um, segundo a capacidade econômica do agente, o valor de um trinta avos até 3 (três) vezes o valor do maior salário mínimo.
> **Parágrafo único.** Os valores decorrentes da imposição da multa a que se refere o § 6º do art. 28 serão creditados à conta do Fundo Nacional Antidrogas.
> Art. 30 – Prescrevem em 2 (dois) anos a imposição e a execução das penas, observado, no tocante à interrupção do prazo, o disposto nos arts. 107 e seguintes do Código Penal.

Os seguintes artigos também são ilustrativos da atual política com relação às penas:

> **Art. 45** – É isento de pena o agente que, em razão da dependência, ou sob o efeito, proveniente de caso fortuito ou força maior, de droga, era, ao tempo da ação ou da omissão, qualquer que tenha sido a infração penal praticada, inteiramente incapaz de entender o caráter ilícito do fato ou de determinar-se de acordo com esse entendimento.
> **Parágrafo único.** Quando absolver o agente, reconhecendo, por força pericial, que este apresentava, à época do fato previsto neste artigo, as condições referidas no *caput* deste artigo, poderá determinar o juiz, na sentença, o seu encaminhamento para tratamento médico adequado.
> **Art. 46** – As penas podem ser reduzidas de um terço a dois terços se, por força das circunstâncias previstas no art. 45 desta Lei, o agente não possuía, ao tempo da ação ou da omissão, a plena capacidade de entender o caráter ilícito do fato ou de determinar-se de acordo com esse entendimento.
> **Art. 47** – Na sentença condenatória, o juiz, com base em avaliação que ateste a necessidade de encaminhamento do agente para tratamento, realizada por profissional de saúde com competência específica na forma da lei, determinará que a tal se proceda, observado o disposto no art. 26 desta Lei.

Pelo exposto, é possível presumir que a legislação em vigor adota um caráter bastante leniente com relação ao consumo de drogas. Tendo em vista o critério *para consumo pessoal*, descriminalizou-se o uso e praticamente se abriu uma margem bastante flexível para a legalização do consumo de drogas ilícitas no Brasil.

O DEPENDENTE QUÍMICO

O consumo de álcool e de outras substâncias psicoativas fez parte da vida do homem desde os primórdios da humanidade (Scruton, 2011). Contudo, nas últimas décadas, o uso dessas substâncias – em razão do potencial para causar dependência e do crescente número de usuários – se tornou um problema mundial que impacta não somente na saúde e na economia, mas também na segurança pública e em suas políticas.

Uso e abuso de drogas na atualidade

O debate que ocorre atualmente na sociedade quanto à legalização das drogas geralmente encontra duas posições antagônicas: os que defendem a liberação confiam que o crime iria diminuir (p. ex., tráfico), ao passo que os que são contra a legalização acreditam que haveria aumento no consumo. Os proponentes da legalização alegam frequentemente estarem defendendo as liberdades individuais, a autonomia e o livre-arbítrio. Ainda que se possa entender a questão do uso de drogas como pertencente às liberdades individuais, expresso no direito que cada um tem sobre seu próprio corpo e sua vida, é sabido que com o passar do tempo os efeitos das drogas sobre o organismo serão prejudiciais e que o tratamento/cura desses danos à saúde irá recair sobre alguém (em geral, o dependente químico, em razão de seu estilo de vida, não tem condições de custear seu próprio tratamento). Ao Estado caberá muitas vezes arcar com os custos desses tratamentos, e, como se sabe, o Estado é uma figura abstrata e, portanto, incapaz de produzir dinheiro, ao passo que os contribuintes que pagam seus impostos são capazes. Logo, essa questão é mais complexa do que pode parecer à primeira vista.

Um efeito que ocorre quando se passa a discutir a liberação do uso de drogas é que há uma tendência de diminuição do risco percebido associado ao consumo de drogas que leva ao aumento do consumo. Nos Estados Unidos, país que mais discute a questão da legalização, foi onde o consumo mais aumentou, principalmente entre os jovens. Nesse sentido, é válido registrar que no Estado norte-americano do Colorado (onde o uso recreativo e medicinal da maconha foi legalizado – durante o governo democrata de Barack Obama) houve aumento crescente nos crimes/delitos de trânsito. No que se refere aos crimes mais graves, os dados indicam que aqueles contra a propriedade e os crimes violentos aumentaram (Nogueira, 2018).

Informações recentes (Colombo, 2018) mostram que a violência e a criminalidade no Uruguai aumentaram desde a legalização da maconha no governo de esquerda (Frente Ampla) de José Mujica. A Holanda (em 1976, sob o governo do primeiro-ministro centro-esquerda Joop Den Uyl), depois de ter-se tornado rota de turismo para consumo de drogas, enfrentou aumento crescente da criminalidade, que a fez rever sua política com relação às drogas (Padre Paulo Ricardo, 2016). Em julho de 2018, sob o governo do primeiro-ministro do partido de centro-esquerda (Partido Liberal) Justin Trudeau, o Canadá legalizou o uso de maconha em razão do elevado consumo entre os jovens. O que se conhece no presente momento é que desde 2009, quando essas questões começaram a ser discutidas mais intensamente, houve crescente aumento tanto na prevalência quanto na incidência em todo o mundo em comparação com dados anteriores.

Decisão pessoal ou pressão externa?

O abuso e a dependência de substâncias químicas tendem a promover um frequente afastamento do contato com a realidade. A terminologia mais atual (DSM-5) classifica como dentro de um espectro de gravidade as pessoas que têm um transtorno por uso de substância (TUS) (American Psychiatric Association [APA], 2013). São consideradas substâncias psicoativas aquelas que afetam o funcionamento mental e/ou psíquico. Ao agirem sobre o cérebro, as drogas provocam alterações no sistema nervoso central (SNC) que podem ser estimulantes, depressoras ou perturbadoras.

Os prejuízos cerebrais e neurológicos, entre outros, irão depender do tipo de droga utilizado, bem como do tempo e da intensidade do uso. De acordo com a via de administração escolhida, a absorção da droga no organismo pode ser lenta ou rápida e, consequentemente, gerar maior necessidade da continuidade do uso (Peuker & Kessler, 2016). O DMS-5 também estabelece um *continuum* de prejuízo como critério para se considerar uma pessoa como tendo um TUS (APA, 2013). De acordo com a lista apresentada a seguir, verifica-se que o consumo tem de vir acompanhado de uma série de prejuízos e que a DQ, para ser configurada, deve contar com tolerância e abstinência.

Critérios do DSM-5 para TUS: um padrão problemático de uso de substâncias, levando ao comprometimento ou sofrimento clinicamente significativo, é manifestado por pelo menos dois dos seguintes critérios, ocorridos durante um período de 12 meses (APA, 2013):

1. Tolerância, definida por qualquer um dos seguintes aspectos: necessidade de quantidades progressivamente maiores da substância para atingir a intoxicação ou o efeito desejado; e acentuada redução do efeito com o uso continuado da mesma quantidade de substância.
2. Síndrome de abstinência, manifestada por qualquer um dos seguintes aspectos: síndrome de abstinência característica para a substância; a mesma substância (ou uma substância estreitamente relacionada) é consumida para aliviar ou evitar sintomas de abstinência.
3. Desejo persistente ou esforços malsucedidos no sentido de reduzir ou controlar o uso da substância.
4. A substância é frequentemente consumida em maiores quantidades ou por um período mais longo do que o pretendido.
5. Muito tempo é gasto em atividades necessárias para a obtenção da substância, na utilização ou na recuperação de seus efeitos.
6. Problemas legais recorrentes relacionados ao uso de substâncias.
7. Uso recorrente da substância, resultando no fracasso em desempenhar papéis importantes no trabalho, na escola ou em casa.
8. Uso continuado da substância, apesar de problemas sociais e interpessoais persistentes ou recorrentes causados ou exacerbados por seus efeitos.

9. Importantes atividades sociais, profissionais ou recreacionais são abandonadas ou reduzidas em virtude do uso da substância.
10. Uso recorrente da substância em situações nas quais isso representa perigo para a integridade física.
11. O uso da substância é mantido, apesar da consciência de ter um problema físico ou psicológico persistente ou recorrente, que tende a ser causado ou exacerbado por esse uso.

Ainda que modelos teóricos mais atuais considerem que os TUS tenham como causa primária prejuízos nos circuitos cerebrais relacionados à tomada de decisão, e que o livre-arbítrio e a opção pelo uso de drogas estejam associados a tais circuitos (DSM-5), meu entendimento é o de que poucas coisas podem ser mais propícias ao incentivo do consumo de álcool e drogas do que uma sociedade permissiva que não cobra que cada pessoa assuma a responsabilidade pelos seus comportamentos.

Uma revisão sistemática e de metanálise recente de Gobbi e colaboradores (2019), que incluiu mais de 23 mil casos, mostrou que jovens que consumiram maconha foram os que tiveram os maiores riscos para desenvolver depressão e ansiedade e maior chance de cometer suicídio. Esses resultados se somam àqueles que já apontavam que os efeitos do uso da maconha, por exemplo, a curto prazo, são problemas na coordenação motora, na memória, no juízo crítico e, nos casos mais graves, paranoia e psicose. Já ao longo do tempo esse uso deixa como sequelas prejuízo no desenvolvimento cerebral, baixa satisfação com a vida e aumento das chances de psicose. A maconha continua sendo a droga ilícita com maior prevalência entre os brasileiros, seguida pela cocaína/*crack*.

A partir dessas informações, é possível conjecturar que os problemas e as dificuldades que eventualmente estão presentes na vida desses jovens (predisposições genéticas, inclusive) irão, com o abuso de maconha e cocaína, se potencializar. Assim como na criminalidade se viu o efeito que as mudanças na lei causaram em termos de aumento nos crimes, com as drogas não foi diferente. Algo que frequentemente começa com uma motivação psicológica (curiosidade é o principal motivo alegado por usuários para experimentar drogas) aos poucos se torna um problema de dependência orgânica (relacionado com áreas de recompensa do cérebro). O que no passado era motivo de constrangimento e vergonha, como ser um dependente químico ou ter uma pessoa próxima internada por problemas com álcool e drogas, passou, nos últimos anos, a servir de desculpa para justificar os mais variados sinais de falta de compromisso e responsabilidade com a própria vida e a dos demais.

Para finalizar, conforme Sergio de Paula Ramos (comunicação pessoal), ao que tudo indica, as pessoas que mais iriam ganhar com a liberação/legalização das drogas seriam, em primeiro lugar, os usuários, que não têm qualquer preocupação com a saúde pública. Estes seriam seguidos dos idealistas que defendem o direito de se drogar, mas que não avaliam que as liberdades precisam vir acompanhadas de responsabilidades, e, por fim, os grupos de interesses econômicos.

A importância dos aspectos psicodesenvolvimentais

Em minha experiência, bem como na literatura, um dos principais fatores envolvidos tanto na criminalidade quanto no abuso de álcool e outras drogas está associado à desestruturação familiar (Garcia, 2003; Hasson & Meleiro, 2003). Por desestruturação familiar refiro-me àquelas formas de arranjo familiar nas quais os papéis e as funções não estão minimamente estabelecidos e claros. Sabe-se que cada um dos genitores tem funções e papéis definidos em razão de sua biologia e psicologia e que, somados, fornecem modelos complementares de identificação tão necessários à construção da identidade e consequente maturidade. São ambientes adoecedores aqueles em que há consumo abusivo de álcool e drogas, mas principalmente em que os limites entre o certo e o errado, entre o moral e o imoral, entre o justo e o injusto, entre o bem e o mal, não são claros. Tais atmosferas tendem a ser criadouros de personalidades despreparadas para enfrentar os desafios da vida adulta.

Um levantamento simples realizado entre os pacientes dependentes químicos internados em uma unidade psiquiátrica forense mostra que em 80% dos casos o pai aparece como *ignorado* ou *ausente*. Essa situação reflete uma realidade comum do sistema penitenciário brasileiro. Em estudo (Wellausen & Bandeira, 2010) realizado com presidiários, foi verificado que a maioria não havia sido criada pelo pai e tinha com a mãe uma relação de muito controle, mas pouco afetiva. Ou seja, na maioria desses casos, costuma centralizar-se na mãe ou figura substitutiva (geralmente a avó) a difícil tarefa de, sozinha, sem o apoio e a autoridade paternos, criar e educar a criança e o jovem em desenvolvimento.

As teorias psicológicas psicodinâmicas há muito descrevem os efeitos positivos de uma boa parentalidade na formação da personalidade. Inúmeros são os modelos teóricos que demonstram tanto clínica quanto empiricamente a importância das primeiras experiências para o desenvolvimento psicológico (aqui incluído o desenvolvimento emocional, mas também o cognitivo/neurofisiológico) (Cassidy & Shaver, 1999; Fonagy, Gergely, Jurist, & Target, 2004; Wellausen & Trentini, 2018). A teoria do apego (Bowlby, 1982, 1989) sugere de forma consistente o quanto as primeiras experiências com os cuidadores são essenciais para o desenvolvimento emocional saudável. Tendo iniciado sua teorização a partir do trabalho com jovens infratores, Bowlby foi capaz de desenvolver uma teoria robusta sobre o impacto que a relação dos pais com o bebê terá na formação da futura personalidade.

O apego da criança à mãe é o que, nos primeiros meses de vida, garante a ela sua sobrevivência psíquica e serve de antídoto para experiências dolorosas e traumáticas futuras. A proximidade inicialmente física entre a criança e a mãe, principalmente nos primeiros anos, cria uma espécie de imunização psicológica que garante que distúrbios de comportamento e doenças psiquiátricas graves terão poucas ou nulas chances de se desenvolver futuramente. Ainda que a principal figura de apego sugerida por Bowlby seja a da mãe, sabe-se que o pai também exerce um papel fundamental. Na maioria dos casos, é facilmente constatado que o pai é uma figura ausente ou periférica na vida do criminoso e daquele com problemas com drogas (Kalina, 1999; Ramos, 2011). Muito comumente essa ausência – física ou emocional – faz criar ao longo da vida relações muito difíceis ou complicadas com figuras que representam autoridade.

As incontáveis interações entre os pais e o bebê constroem na mente da criança em desenvolvimento modelos internos de funcionamento (*internal working models*) que serão replicados ao longo da vida. Diversos sistemas regulatórios internos, funções cerebrais, endócrinas, entre outras, serão ajustados e poderão funcionar de modo satisfatório de acordo com essas relações iniciais da criança com seus cuidadores, deixando o solo fértil para futuras experiências interpessoais e escolhas pessoais (Pankseep, 1998). A capacidade de autorregulação emocional é fruto dessas experiências precoces satisfatórias e que não estão plenamente desenvolvidas tanto em DQ quanto em pessoas com tendências criminosas acentuadas (Stone, 2009).

Esse modelo de relações aprendido dentro do âmbito familiar irá, portanto, se estender às demais relações do indivíduo vida afora. Crianças criadas em ambientes cujos pais ou cuidadores têm transtornos mentais graves ou envolvimento com o crime têm sua chance aumentada de se envolver em atividades criminosas (Wellausen & Bandeira, 2010). Do ponto de vista psicológico, o que se percebe é que, mediante o convívio com esses modelos, se internaliza na criança um padrão de relações semelhante ao fornecido pelo modelo e que não se mostra adaptativo nem salutar.

Do ponto de vista psicanalítico, pode-se dizer que há prejuízo na formação da estrutura de personalidade. Em especial, haverá comprometimento significativo na formação daquelas estruturas da mente responsáveis pelo controle dos impulsos, pela autorregulação emocional e internalização de valores, princípios e ideais (Chasseguet-Smirgel, 1992; Kernberg, 1995; Stolorow & Lachmann, 1983). Ocorre que essa falha na formação impede a criação de um autoconceito e um juízo de valores adequado, que leva à precária capacidade de regular as próprias emoções. As drogas, mas também a formação de uma identidade negativa de criminoso (Erikson, 1980), costumam servir como uma espécie de automedicação para um *self* deficitário (Kaufman, 1994; Khantzian, 1999).

O que há de comum nesses modelos teóricos é que em geral todos apontam para importantes comprometimentos nas diversas capacidades dos indivíduos em sua vida adulta. O desenvolvimento psicológico interrompido ou perturbado traz enormes consequências não apenas ao indivíduo, mas, é possível afirmar com segurança, à sociedade à qual ele pertence: a incapacidade de se engajar e manter propósitos e projetos de vida, a falta de compromisso e responsabilidade, as dificuldades para trabalhar de forma cooperativa com os demais membros da sociedade, o fracasso no desenvolvimento de um senso moral e de justiça normal (problemas narcísicos que geralmente afetam tanto os antissociais quanto os dependentes de drogas colocam as suas prioridades na frente das dos demais), a baixa tolerância à frustração, em que a capacidade de pensar somente ocorre depois da ação, o precário controle dos impulsos, que permite a vazão descontrolada de aspectos primitivos da personalidade, como a agressão e a sexualidade, mediante formas mal canalizadas e prejudiciais ao indivíduo e aos demais, entre tantas outras consequências.

Ainda que todos esses modelos teórico-clínicos possam nos ajudar a compreender os efeitos adversos de uma parentalidade defeituosa ou insuficiente e expliquem a origem dos comportamentos desviantes e desadaptativos, essas explicações não podem servir como justificativa para retirar dessas pessoas a responsabilidade pelos seus crimes. Os déficits ou conflitos emocionais decorrentes de um desenvolvimento psicológico prejudicado, depois de terem-se instalado na personalidade, precisam de um longo e por vezes penoso processo terapêutico para terem, se tudo correr bem, seus efeitos amenizados.

Ao longo das décadas, a psicologia tem demonstrado que pode fazer várias contribuições em diferentes campos do conhecimento. Na área do direito penal, no entanto, muitas vezes parece ter fornecido argumentos que, em vez de servirem para promover um melhor ambiente social, protegendo as pessoas de bem, acabaram em razão de vieses político-ideológicos, por colocá-las em situações de risco.

Prevenção e tratamento

Diferentemente dos problemas envolvendo tabaco, álcool e outras drogas, que podem ser manejados mais facilmente com técnicas comportamentais e cognitivas (desde que o paciente esteja altamente motivado), que ajudam o indivíduo a suportar momentos de fissura, de abstinência ou a tentar evitar uma recaída, os problemas de personalidade que tendem a estar associados a usuários de drogas mais pesadas envolvem um grau maior de dificuldades (Ekleberry, 2009).

Uma questão que precisa ficar clara é quanto à prevenção no âmbito criminal. Conforme todas as dificuldades que existem no Brasil, descritas anteriormente, para prender alguém que cometeu crimes, aqueles que chegam ao sistema penitenciário, em sua maioria, demonstram de modo inequívoco que tanto a prevenção primária quanto a secundária fracassaram em seus objetivos. Geralmente o que se observa é uma longa relação entre o indivíduo e as drogas. Elas constituem parte importante de seus hábitos e de sua vida.[18] A maconha, droga que serve de porta de entrada para as demais, e cujo consumo em média seja de 10 anos, na maior parte das vezes não é sequer considerada uma droga pelo apenado. Em muitos casos, a maconha começou a ser usada aos 10 ou 12 anos de idade, às vezes evoluindo para o consumo de drogas mais pesadas, como a cocaína e o *crack*. Essa realidade evidencia que as medidas de prevenção falharam. Assim, ao chegar ao ambien-

---

[18] É por esse longo histórico que optei por descrever os casos como de pessoas com DQ em vez de utilizar o termo mais atual sugerido pelo DSM-5 de pessoas com transtorno por uso de substância (TUS).

te prisional, estamos lidando com questões de prevenção terciária, em que, cabe sublinhar, os objetivos são mais limitados, e as expectativas, consideravelmente mais reservadas.

Tem-se, nesses casos, como meta, interromper os prejuízos que o uso prolongado da droga causou no indivíduo (orgânicos, psicológicos, interpessoais, acadêmicos e profissionais, etc.), diminuindo, quando possível, seus efeitos e consequências futuras. Nessa etapa, muitos indivíduos geralmente não estão motivados para mudança, e, quando estão, é preciso uma investigação detalhada dessa motivação a fim de verificar se ela se sustenta ao longo do tempo.

Em minha experiência, que em muitos aspectos se assemelha à de Dalrymple (2014; 2018), por vezes percebo que, apesar de parecerem estar dispostos a se tratar, informando que não querem ingerir mais qualquer droga, a maioria dos indivíduos não parece de fato estar suficientemente motivada para realizar mudanças substanciais em si mesmos. Eles querem que as pessoas, as leis, a Justiça e o mundo mudem, mas eles mesmos não têm pretensão de mudar. Em muitos casos, é possível verificar verdadeira indiferença ao sofrimento de suas famílias e das pessoas que tenham prejudicado. Alguns deles costumam saber na ponta da língua o discurso da vitimização pela pobreza, pelas dificuldades devido à origem humilde e à falta de oportunidades, remexendo essas questões toda vez que se sentem pressionados a assumir as responsabilidades pela sua vida.

A DQ tende a se tornar, com o tempo, um estilo de vida, um modo de ser, de pensar, de se relacionar e de agir sobre e com o mundo do qual se nutrem. Alguns desses usuários de drogas que tratei viam um ganho e quase se orgulhavam em terem-se tornado párias da sociedade, em viver uma vida voltada para o crime, em não ver seus filhos crescendo, em nunca ter trabalhado por mais do que algumas semanas, em se safar de tudo o que pudesse tê-los comprometido com algo ou alguém. Eles não consumiam apenas álcool e drogas, mas um ódio a todos aqueles que tentassem mostrar-lhes que, ainda que no passado tivessem sido vítimas de situações extremamente infelizes, traumáticas e abusivas, haviam crescido e se transformado em pessoas adultas, e, como tal, era preciso que de fato crescessem e amadurecessem.

De forma lamentável, aquilo de que muitos realmente estão em busca não é de tratamento psicológico, de uma solução para seu problema com as drogas, de mudança. Eles estão, sim, dispostos a dar um tempo naquela vida louca, ganhar um fôlego e se recuperar fisicamente e, de lambuja, se possível, tentar achar um meio de se deleitar um pouco nas facilidades de um Estado de Bem-estar Social.

Manicômios, prisões e... as drogas

A legislação brasileira prevê duas possibilidades àqueles que cometeram crimes e foram condenados. A mais comum é, após a sentença, o criminoso ser recolhido em um presídio para o cumprimento de sua pena privativa de liberdade, que será determinada em razão do tipo e a gravidade do crime. A outra possibilidade, quando existe a hipótese de que o crime tenha sido cometido em razão de doença mental, é a pessoa ser submetida a uma perícia, que irá ou não verificar a presença de um nexo de causalidade entre sua doença e o crime (Cohen & Fontana-Rosa, 2006). Em caso da presença de tal nexo, o indivíduo será absolvido do crime (será considerado inimputável ou semi-imputável) e receberá um tratamento denominado "medida de segurança", o qual deverá ser realizado em um hospital de custódia e tratamento ou manicômio judiciário pelo período inicial de um a três anos (Corocine, 2006).

A medida de segurança ocorre quando o indivíduo apresenta um transtorno mental descrito nos manuais diagnósticos associado a uma tipificação criminal prevista no Código Penal. Segundo Taborda, Chalub e Abdalla-Filho (2004), o modelo penal brasileiro considera necessária principalmente a verificação de dois aspectos: a cognição e a volição. De forma muito resumida, pode-se dizer que se busca verificar se ao tempo do crime (ação ou omissão) a pessoa tinha capacidade para compreender o caráter ilícito do que fazia e/ou, se ao perceber tal ilicitude, teria tido condições de se comportar de forma diferente. Nesse sentido, uma das principais diferenças entre as pessoas consideradas inimputáveis ou semi-imputáveis e as puníveis com penas privativas diz respeito a como cada uma lida com a liberdade.

O conceito de liberdade, por sua vez, está diretamente relacionado ao de responsabilidade, e este ao de racionalidade (ao uso da razão nos processos de tomada de decisão. Vale destacar que razão não é sinônimo de QI ou de inteligência). A capacidade de usar a razão para fazer escolhas, tomar decisões, optar entre A e B, etc., se torna critério importante para determinar se uma pessoa que cometeu um crime vai para uma prisão comum em que ficará privada de sua liberdade ou se será encaminhada para um tratamento em hospital de custódia, a fim de cumprir sua medida de segurança.

Em razão de o tráfico de drogas (crime mais prevalente no Brasil) oferecer uma oportunidade de ascensão econômica e social muito rápida, ela se torna muito atrativa para uma população de jovens que, de outra forma, teria que percorrer um longo, árduo e incerto caminho que leva à transformação de sua realidade pessoal e social. Por isso, cada vez mais jovens entram na criminalidade, encontrando no tráfico de drogas uma via curta (Chasseguet-Smirgel, 1992) de *progresso econômico e social*. Na maioria das vezes, eles têm plena consciência dos riscos em que estão envolvidos, mas os minimizam, a fim obter os ganhos monetários imediatos decorrentes da atividade ilegal e criminosa. Claro que, ao se apresentarem em uma audiência com um magistrado ou a alguém que possa interferir em sua situação, uma das primeiras afirmações que será ouvida é a de que não sabiam o que estavam fazendo ou que foram levados por influência de terceiros e que, portanto, têm direito a mais uma chance.

A AVALIAÇÃO PSICOLÓGICA

A partir das considerações apresentadas, novos desafios e perspectivas se apresentam para o trabalho do psicólogo criminal. Ainda que não deixem de ser consideradas determinadas particularidades da realidade social e eventuais vulnerabilidades na história de vida do indivíduo que comete crimes, cabe à psicologia a compreensão peculiar dos fenômenos que afetam o indivíduo, sua família e pequenos grupos, deixando à sociologia científica e não engajada ideologicamente o maior interesse pelos aspectos sociais e coletivos. Nesse sentido, a avaliação psicológica tem um importante serviço a prestar na compreensão dos determinantes envolvidos na criminalidade e no uso de drogas, identificando os casos com melhor prognóstico nos quais, dada a escassez de recursos públicos, estes serão investidos (Substance Abuse and Mental Health Services Administration [SAMHSA], 2005).

Gostaria de começar esta parte final do capítulo dedicada à avaliação com uma questão: o que um psicólogo clínico com formação psicodinâmica avalia no contexto criminal?[19] A resposta a essa pergunta é pessoal e está tanto relacionada à minha formação como cidadão inserido em uma sociedade como a brasileira (valores, princípios, ideias) quanto baseada na experiência de vários anos trabalhando como psicólogo com pessoas, usuárias de drogas ou não, que cometeram crimes. Essas ressalvas iniciais são importantes, uma vez que ao longo do capítulo inúmeras vezes minha análise dos fenômenos em questão foi determinada por esse viés de compreensão.

Para começar, é preciso dizer que entendo que o objetivo de uma avaliação psicológica é, em primeiro lugar, a de se chegar a um diagnóstico de determinada situação. Em se tratando de diagnósticos psicológicos, estes podem ser em âmbito individual, familiar, grupal ou institucional (Urbina, 2007). Consequente ao diagnóstico costuma-se fazer a proposição de algum tratamento, quando este for de interesse das partes e estiver disponível, e, por fim, busca-se ter alguma noção quanto ao prognóstico e ao desfecho do caso em tela (Cronbach, 1996).

Quando se trata de elaborar diagnósticos psicológicos de pessoas gravemente doentes,

---

[19]Certamente a resposta a essa questão variará conforme a formação do psicólogo, seus referenciais teórico-técnicos e até político-filosóficos, bem como sua experiência profissional.

em geral estamos diante de um enorme desafio. Aparentemente, seria mais fácil diagnosticar alguém cuja doença é grave, com sinais e sintomas proeminentes e cujas consequências costumam trazer sofrimento e prejuízos aos envolvidos. No entanto, em se tratando de transtornos mentais, o quadro não é tão simples assim. A questão da sobreposição de sintomas, as tão frequentes comorbidades, os aspectos egodistônicos e egossintônicos da personalidade, a similitude e convergência de histórias familiares e de desenvolvimento emocional, as experiências traumáticas parecidas, etc., tornam a elaboração de hipóteses diagnósticas um empreendimento complexo e difícil, pois inúmeras variáveis precisam ser consideradas.

O diagnóstico de TUS, por sua vez, não é algo muito complicado de se fazer. Diversos instrumentos que identificam com precisão sinais e sintomas hoje se encontram disponíveis e validados para populações de usuários e dependentes de álcool e drogas. Existem instrumentos de avaliação rápida voltados para usuários de drogas (Alcohol Use Disorder Identification Test [AUDIT] e Cut down, Annoyed, Guilty, and Eye-opener Questionnaire [Questionário CAGE]) e formas mais completas, como o Addiction Severity Index-6 (ASI6), que indicam a gravidade do comprometimento que a droga traz em vários aspectos da vida do indivíduo.

A dificuldade ocorre principalmente quando existem comorbidades e fazem-se necessários diagnósticos diferenciais. Especialmente no contexto criminal, esta tende a ser a regra, e não a exceção, o que exige cuidados especiais. Não é infrequente encontrar pacientes ou mesmo apenados que receberam diagnóstico de DQ, mas que, tão logo se tenha a oportunidade de observá-los por um lapso maior de tempo (sua interação com os profissionais, outros pacientes/presos, familiares, etc.), se percebe que seu diagnóstico principal certamente estaria mais bem definido se incluísse uma patologia de personalidade tal como *borderline*, antissocial (até psicopática), narcisista ou paranoide ou mesmo um quadro do espectro psicótico. Isso fica mais evidente quando se olha para a história desenvolvimental e o comportamento atual, e não apenas para os sintomas atuais (fissura, abstinência, etc.).[20]

Diferentemente do que ocorre nos Estados Unidos (Petrila, Poythress, & Slobogin, 2007), no Brasil existem poucos instrumentos de avaliação psicológica específicos para contexto criminal (o Psychopath Checklist-Revised é uma das exceções). De modo geral, os instrumentos de avaliação psicológica podem ter sua validade discutida quando utilizados em populações de criminosos, pois geralmente foram elaborados para amostras não clínicas, ou, quando se trata de amostras clínicas, elas raramente incluem pessoas com patologias de personalidade e menos ainda aquelas com marcados traços antissociais. Estas últimas têm por hábito e rotina a falta de honestidade e transparência em suas respostas (Wellausen & Oliveira, 2016).

Uma das características mais marcantes que se observa nessa população é a falta de coerência entre o que dizem e o que fazem. Aqueles que têm inteligência relativamente preservada e são eloquentes tendem a hipertrofiar sua capacidade de lidar com as palavras. Podem ser prolixos, bem articulados, porém falta-lhes a capacidade verdadeira de se comprometer com o que dizem. São *experts* em dizer aquilo que as outras pessoas querem ouvir deles.

O que avaliar: a entrevista clínica e seus recursos complementares

Uma boa avaliação pode começar verificando na história de vida do avaliando se seus atos correspondem ao que diz ou se existe continuamente um bode expiatório que leva as culpas e as responsabilidades pelo que foi feito ou se deixou de fazer.

---

[20] Os traços presentes nos transtornos da personalidade geralmente têm uma história que muitas vezes começa na infância ou na adolescência, chegando, por vezes, a se confundir com a história de vida do indivíduo (falta de autocontrole, impulsividade, incapacidade de estabelecer ou manter vínculos saudáveis, manipulação, baixa tolerância às frustrações, desconfianças crônicas e pervasivas, etc.), e não apenas sintomas passageiros e/ou transitórios.

A entrevista clínica se configura como um instrumento indispensável em qualquer avaliação psicológica. No que se refere propriamente às áreas que devem ser contempladas na avaliação, as sugestões de Ackerman (1999) se mostram bastante pertinentes. Ele sugere quatro domínios: *entrevista clínica, registros, informação de terceiros, dados objetivos de testes*. A entrevista pode ser relativamente estruturada previamente considerando alguns elementos que englobam diversas áreas da vida do examinando (ver Quadro 28.1). Busca-se uma entrevista o mais completa possível. Raramente a entrevista clínica tem duração menor do que 2 ou 3 horas. Os seguintes aspectos costumam trazer informações relevantes:

- Impressões iniciais quanto ao entrevistado no que tange à vestimenta, à linguagem corporal, à utilização do tempo e do espaço.
- Pautas de comportamento ante essa situação nova.
- Comunicação digital e analógica: o que verbaliza, como, quando, para quê.
- A linguagem é clara, confusa, fluida, direta, etc. (o que o Exame do Estado Mental indica em termos de funcionamento do ego e do contato com a realidade).
- Coerência e discrepância entre a comunicação verbal e não verbal.
- Que aspectos da vida o examinando não aborda espontaneamente, bloqueios, ansiedades, distorções intencionais, simulação.
- Como lida com o passado, o presente e o futuro e a plasticidade para entrar e sair de cada uma dessas sequências temporais.
- Força e funções de ego (existe uma história prévia de trabalho, estudo, adaptação à realidade, o juízo crítico está presente, como lida com responsabilidades e compromissos, etc.).
- Qualidade das relações de objeto que estabelece no aqui e agora da entrevista e comumente ao longo de sua vida (coloca-se no papel de vítima, agressor, colaborador, injustiçado, etc.).
- Quais sentimentos contratransferenciais são despertados no entrevistador?

Em relação aos *registros*, a realidade tecnológica brasileira ainda não permite a integração de informações e dados que facilitariam o trabalho de coleta de informações importantes sobre a vida pregressa do indivíduo, mas eles deveriam incluir: registros de prisão anterior, de problemas prévios de abuso de substâncias, registros policiais e de tratamentos prévios em saúde mental, registros hospitalares, entre outros.

As *informações colaterais* sempre podem complementar a abordagem direta ao avaliando. Elas são de diversas fontes (familiares, amigos, vizinhos, professores, empregadores, colegas, etc.) e ajudam a formar um quadro o mais próximo da realidade em relação à vida daquele indivíduo. É importante que todas as informações obtidas sejam filtradas a fim de se verificar as intenções daqueles que as fornecem.

Para finalizar, buscando dar consistência ao que foi previamente obtido, podem ser incluídos os *dados objetivos dos testes psicológicos*. Na área criminal, em sua maioria, eles não diferem daqueles usados em outros contextos clínicos, porém certa atenção precisa ser dada à simulação e à dissimulação (frequentes em patologias da personalidade). Nesse sentido, as técnicas projetivas (Teste de Rorschach, Teste

QUADRO 28.1
Histórico das atividades delitivas e criminosas

História pré-delito:	Época do delito:	Pós-delito:
Ajustamento social, formação e rompimento de vínculos, comportamento violento prévio, reincidência, transtorno da personalidade, dependência de álcool e outras drogas, aderência a tratamentos prévios, etc.	Grau de crueldade, agravantes/atenuantes, frieza emocional, falta de controle sobre impulsos agressivos, etc.	História de comportamento violento no ambiente carcerário ou hospitalar, etc.

de Apercepção Temática [TAT], Casa-Árvore-Pessoa [HTP]) podem ser importantes aliadas.

Na elaboração de relatórios e pareceres, é preciso que uma imagem realista seja transmitida ao Poder Judiciário no que se refere aos problemas que afetam o examinando. Não deveriam ser minimizadas as dificuldades com álcool e drogas nem os problemas de personalidade que tanto afetam o indivíduo e seu entorno, pois isso poderia criar uma falsa sensação nos operadores do direito de que a resolução e o tratamento dos problemas nessas áreas são de fácil solução.

DESAFIOS PARA O FUTURO

A partir das reflexões apontadas ao longo do capítulo, demonstrei claramente um posicionamento em relação à inversão de valores que se alastrou sobre a sociedade brasileira nos últimos 20 a 30 anos e seus efeitos no aumento da criminalidade e no consumo de drogas. Conforme o que foi descrito, fica evidente uma necessária mudança de perspectivas no trabalho do psicólogo em relação às pessoas que cometem crimes de forma contumaz e que não estão verdadeiramente dispostas a mudar seu comportamento desviante. A seguir, apresento algumas sugestões que podem contribuir para tornar as políticas criminais mais eficazes e seus resultados refletirem os anseios da maioria dos brasileiros:

- Um dos principais desafios para as novas gerações de psicólogos é reparar as defasagens na formação decorrentes da diminuição no contato com a psicopatologia. A experiência clínica com doentes mentais graves é fundamental, pois ajuda a dosar as expectativas de resultados conforme elas se ajustam à realidade, e não à fantasia/utopia daquilo que se gostaria.
- Nesse sentido, também vejo como imprescindível formar profissionais da psicologia que não estejam tão imbuídos em fazer *justiça social* ou *políticas públicas* ou em *garantir direitos*, mas em compreender que, para que uma sociedade possa se manter, é preciso que existam leis e ordenamento jurídico para que o Estado Democrático de Direito subsista.
- Urge que os jovens profissionais entendam que um mínimo de ajustamento e adaptação à realidade por parte dos indivíduos é condição *sine qua non* para que a sociedade sobreviva e a ordem social se mantenha.
- Deve-se ajudar aqueles em formação a entender que, por mais dramática e infeliz que seja a vida de uma pessoa que se encontra privada de sua liberdade ou com grave doença mental, depois que o crime foi cometido ou que uma psicopatologia grave esteja instalada, não basta o amor para curá-la. Profissionais precisam ser técnicos e buscar soluções para os problemas em técnicas e teorias psicológicas com comprovada efetividade, e não em fórmulas mágicas ou revolucionárias.
- A formação deve poder redescobrir o valor das teorias e métodos diagnósticos e das formas de tratamento, bem como prognósticos. Deve integrar formas modernas e evoluídas com conhecimento clínico acumulado nas últimas décadas.
- Deve-se preparar e capacitar os profissionais por meio de uma sólida formação teórico-técnica, para que saibam fazer avaliações[21] diagnósticas válidas e fidedignas, a fim de classificar os casos conforme sua gravidade e, assim, poder distribuir os recursos disponíveis de acordo com as especificidades.
- É mais do que urgente uma revisão da política prisional brasileira que tenha como meta recolocar aquele que comete crimes no papel de criminoso e autor de sua própria biografia, e não como uma vítima passiva, ressentida e cheia de garantias e direitos. Deve-se ajudar a resgatar o caráter preventivo da

---

[21] Neste momento, existe uma comissão na Susepe do Rio Grande do Sul responsável por elaborar uma entrevista de acolhimento dos apenados. Nesse instrumento, foi incluída uma série de perguntas que irão formar um banco de informações relevantes aos aspectos de vida, entre eles aqueles relacionados ao abuso de drogas. Esse banco poderá servir para que melhores tratamentos sejam disponibilizados no futuro.

pena. Lamentavelmente, os seres humanos precisam voltar a ter medo da punição e sentir culpa por fazerem algo que traga prejuízo e sofrimento às outras pessoas.
- Devem-se repactuar os termos da relação entre o Judiciário e a gestão do sistema penitenciário no que tange aos objetivos e à exequibilidade das exigências em relação ao tratamento penal. A individualização da pena e o tratamento penal precisam levar em consideração ao menos três elementos: as exigências éticas e técnicas de cada profissão; os recursos disponíveis na rede de saúde, nas políticas públicas e nas casas prisionais; e, o mais importante, a motivação do apenado para empreender as indicações sugeridas pelas equipes (quem vai aderir ou não às *políticas públicas*).
- É preciso diminuir a desigualdade social do País por meio do oferecimento de melhores oportunidades a todos, independentemente de cor, etnia, religião, gênero, etc.
- É preciso desenvolver uma visão realista dos fenômenos com que trabalhamos, e não uma utopia impossível de ser construída no mundo real.

REFERÊNCIAS

Ackerman, M. (1999). *Essentials of forensic psychological assessment*. New York: John Wiley & Sons.

Almeida, P. (2018). *Ensaios de Roberto Campos sobre a constituinte e a Constituição de 1988: A Constituição contra o Brasil*. São Paulo: LVM.

American Psychiatric Association (APA). (2013). *Diagnostic and statistical manual of mental disorders: DSM-V* (5th ed.). Arlington: APA.

Belenko, S. & Peugh, J. (2005). Estimating drug treatment needs among state prison inmates. *Drug and Alchool Dependence, 77*(3), 269-281.

Bolwby, J. (1982). *Formação e rompimento de laços afetivos*. São Paulo: Martins Fontes.

Bolwby, J. (1989). *Base segura*. Porto Alegre: Artes Médicas.

Bonfim, E. & Capez, F. (2004). *Direito Penal: Parte geral*. São Paulo: Saraiva.

Brasil. (2006). *Lei nº 11.343, de 23 de agosto de 2006*. Institui o Sistema Nacional de Políticas Públicas sobre Drogas – Sisnad; prescreve medidas para prevenção do uso indevido, atenção e reinserção social de usuários e dependentes de drogas; estabelece normas para repressão à produção não autorizada e ao tráfico ilícito de drogas; define crimes e dá outras providências. Recuperado de http://www.planalto.gov.br/ccivil_03/_ato2004-2006/2006/lei/l11343.htm

Carvalho, O. (2015). *O mínimo que você precisa saber para não ser um idiota*. São Paulo: Record.

Carvalho, S. (2010). Substitutivos penais na era do grande encarceramento. *Revista Científica dos Estudantes de Direito da UFRGS, 2*(2).

Cassidy, J. & Shaver, P. (1999). *Handbook of attachment: Theory, research, and clinical applications*. New York: Guilford.

Chasseguet-Smirgel, J. (1992). *Ideal do ego*. Porto Alegre: Artes Médicas.

Coelho, A. (2018). As autonomias financeira e orçamentária do Ministério Público como cláusula pétrea na Constituição Federal de 1988. In *O Ministério Público e os 30 anos da Constituição Federal. Ministério Público do Estado do Rio Grande do Sul*. Porto Alegre: Procuradoria Geral da Justiça, 2018.

Cohen, C. & Fontona-Rosa, J. (2006). Psicopatologia forense na esfera penal. In C. Cohen, F. Ferraz, & M. Segre (Eds.), *Saúde mental, crime e justiça* (pp. 109-119). São Paulo: EDUSP.

Colombo, S. (2018). *Sobe 66% o número de homicídios no Uruguai por causa do narcotráfico*. Recuperado de https://www1.folha.uol.com.br/mundo/2018/09/sobe-66-o-numero-de-homicidios-no-uruguai-por--causa-do-narcotrafico.shtml

Conselho Nacional de Justiça (CNJ). (c2014). *Dados das inspeções nos estabelecimentos penais: Geopresídios é uma radiografia do Sistema Prisional*. Recuperado de http://www.cnj.jus.br/inspecao_penal/mapa.php

Corocine, S. (2006). As possibilidades de tratamento em um hospital-presídio: O programa de desinternação progressiva. In A. P. Serafim, E. L. Barros, & S. P. Rigonatti, *Temas de psiquiatria forense e psicologia jurídica* (pp. 209-221). São Paulo: Vetor.

Costa, A. (2015). *Introdução à nova ordem mundial*. São Paulo: Vide.

Crombach, L. (1996). *Fundamentos da testagem psicológica*. Porto Alegre: Artes Médicas.

Dalrymple, T (2015). *Nossa cultura... ou o que restou dela: 26 ensaios sobre a degradação de valores*. São Paulo: É Realizações.

Dalrymple, T (2018). *A faca entrou: Assassinos reais e a nossa cultura*. São Paulo: É Realizações.

Dalrymple, T. (2014). *Vida na sarjeta: O círculo vicioso da miséria moral*. São Paulo: É Realizações.

De la Mora, G. (1987). *Egalitarian envy: The political foundations of social justice*. New York: Paragon House.

De Paola, H. (2008). *O eixo do mal latino-americano e a nova ordem mundial*. São Paulo: É Realizações.

Dias, J. (1999). *Questões fundamentais do direito penal revisitadas*. São Paulo: Revista dos Tribunais.

Dip, R. & Moraes, V. (2018). *Crime e castigo: Reflexões politicamente incorretas*. São Paulo: Lepanto.

Ekleberry, S. (2009). *Integrated treatment for cooccuring disorders: Personality disorders and addiction*. London: Routledge.

Erikson, E. (1980). *Identity and the life cycle*. New York: W.W. Norton.

Fletcher, B., Lehman, W., Wexler, H., & Melnick, G. (2007). Who participates in the criminal justice drug abuse treatment studies (CJ-DATS)? *Prison Journal, 87*(1), 25-57.

Fonagy, P., Gergely, G., Jurist, E., & Target, M. (2004). *Affect regulation, mentalization, and development of the self*. New York: Guilford.

Garcia, S. (2003). A família do paciente psiquiátrico e a criminalidade. In A. P. Serafim, E. L. Barros, & S. P. Rigonatti, *Temas de psiquiatria forense e psicologia jurídica* (pp. 105-126). São Paulo: Vetor.

Garschagen, B. (2018). *Direitos máximos, deveres mínimos: Festival de privilégios que assola o Brasil*. São Paulo: Record.

Gobbi, G., Atkin, T., Zytynski, T., Wang, S., Askari, S., Boruff, J., ... Mayo, N. (2019). Association of cannabis use in adolescence and risk of depression, anxiety, and suicidality in young adulthood: A systematic review and meta-analysis. *JAMA Psychiatry*, [Epub ahead of print].

Gordon, F. (2017). *A corrupção da inteligência: Intelectuais e o poder no Brasil*. Rio de Janeiro: Record.

Hasson, M. & Meleiro, A. (2003). Reflexões sobre a desestruturação familiar na criminalidade. In A. P. Serafim, E. L. Barros, & S. P. Rigonatti, *Temas de psiquiatria forense e psicologia jurídica* (pp. 79-104). São Paulo: Vetor.

Hicks, S. (2011). *Explicando o pós-modernismo: Ceticismo e socialismo: De Rousseau a Foucault*. Rio de Janeiro: Callis.

Hyatt-Williams, A. (1998). *Cruelty, violence, and murder: understanding the criminal mind*. London: Jason Aronson.

Instituto de Pesquisa Econômica Aplicada (IPEA). (2018). *Brasil ultrapassa pela primeira vez a marca de 30 homicídios por 100 mil habitantes*. Recuperado de http://www.ipea.gov.br/portal/index.php?option=com_content&view=article&id=33411&catid=8&Itemid=6

Kalina, E. (1999). *Drogadição hoje: Indivíduo, família e sociedade*. Porto Alegre: Artmed.

Kaufman, E. (1994). *Psychotherapy of addicted persons*. New York: Guilford.

Kernberg, O. (1995). *Agressão nos transtornos de personalidade e nas perversões*. Porto Alegre: Artes Médicas.

Khantizian, E. (1999). *Treating addiction as a human process*. London: Jason Aronson. Merquior, J. (1987). *Marxismo ocidental*. Rio de Janeiro: Nova Fronteira.

Kimball, R. (2009). A verdadeira crise nas humanidades. In R. Kimball, *Radicais nas universidades: como a política corrompeu o ensino superior nos EUA* (pp. 223-248). São Paulo: Peixoto Neto.

Middelaar, L. (2015). *Politicídio: O assassinato da política na filosofia francesa*. São Paulo: É Realizações.

Nogueira, G. (2018). *Colorado debate aumento de crimes após legalização da maconha*. Recuperado de http://agenciabrasil.ebc.com.br/geral/noticia/2018-06/colorado-debate-aumento-de-crimes-apos-legalizacao--da-maconha

Oliveira, G. (2014). *Garantismo e barbárie: A face oculta do garantismo penal*. Florianópolis: Conceito.

Open Society Foundations. (c2019). *Drug policy reform*. Recuperado de https://www.opensocietyfoundations.org/voices/topics/drug-policy-reform

Organização Mundial da Saúde (OMS). (1993). *Classificação de transtornos mentais e de comportamento da CID-10: Descrições clínicas e diretrizes diagnósticas*. Porto Alegre: Artmed.

Orleans e Bragança, L. (2017). *Por que o Brasil é um país atrasado: O que fazer para entrarmos de vez no século XXI*. São Paulo: Novo Conceito.

Padre Paulo Ricardo. (2016). *Holanda "arrependida" com legalização da maconha e da prostituição*. Recuperado de https://padrepauloricardo.org/blog/holanda-arrependida-com-legalizacao-da-maconha-e-da--prostituicao

Panksepp, J. (1998). *Affective neuroscience: The foundations of human and animal emotions*. New York: Oxford University.

Pessi, D. & De Souza, L. (2017). *Bandidolatria e democidio: Ensaios sobre o garantismo penal e a criminalidade no Brasil*. São Paulo: Armada.

Peterson, J. (2018). *12 regras para a vida: Um antídoto para o caos*. São Paulo: Alta Books.

Petrila, G., Poythress, N., & Slobogin, C. (2007). *Psychological evaluations for the courts: A handbook for mental health professionals and lawyers*. New York: Guilford.

Peuker, A. & Kessler, F. (2016). Psicodiagnóstico e transtornos por uso de substâncias. In C. Hutz, D. Bandeira, C. Trentini, & J. Krug (Eds.), *Psicodiagnóstico V* (pp. 365-381). Porto Alegre: Artmed.

Quintela, F. & Barbosa, B. (2015). *Mentiram para mim sobre o desarmamento*. São Paulo: Vide.

Ramos, A. C. B., Bezerra, A. A. S., Orsomarzo, F., Costa, G. R., & Buch, J. M. (2017). *Encarceramento em massa e o mito de quem não vê*. Recuperado de https://politica.estadao.com.br/blogs/fausto-macedo/encarceramento-em-massa-e-o-mito-de-quem-nao-ve/

Ramos, S. (2011). Psicodinâmica. In A. Diehl, D. C. Cordeiro, & R. Laranjeira, *Dependência química: Prevenção, tratamento e políticas públicas* (pp. 346-356). Porto Alegre: Artmed.

Rossiter, L. (2016). *A mente esquerdista: As causas psicológicas da loucura política*. São Paulo: Vide.

Rovinski, S. (2007). *Fundamentos da perícia psicológica forense*. São Paulo: Vetor.

Scruton, R. (2011). *Bebo logo existo: Guia de um filósofo para o vinho*. São Paulo: Octavo.

Scruton, R. (2014). *Pensadores da nova esquerda*. São Paulo: É Realizações.

Scruton, R. (2015). *Como ser um conservador*. São Paulo: Record.

Serafim, A. (2003). Investigação psicológica da personalidade na conduta criminosa. In A. P. Serafim, E. L. Barros, & S. P. Rigonatti, *Temas de psiquiatria forense e psicologia jurídica* (pp. 65-78). São Paulo: Vetor.

Shine, S. (2005). Avaliação psicológica em contexto forense. In S. Shine (Org.), *Avaliação psicológica e lei: Adoção, vitimização, separação conjugal, dano psíquico e outros temas* (pp. 1-17. São Paulo: Casa do Psicólogo.

Sowell, T. (2011). *Intelectuais e a sociedade*. São Paulo: É Realizações.

Sowell, T. (2016). *Ações afirmativas ao redor do mundo: Um estudo empírico sobre cotas e grupos preferenciais*. São Paulo: É Realizações.

Stolorow, R. & Lachmann, F. (1983). *Psicanálise das paradas no desenvolvimento: Teoria e tratamento*. Rio de Janeiro: Imago.

Stone, M. (2009). *The anatomy of evil*. New York: Prometheus Books.

Substance Abuse and Mental Health Services Administration (SAMHSA). (2005). *Substance abuse treatment for adults in the criminal justice system*. Rockville: SAMHSA.

Taborda, J., Chalub, M., & Abdalla-Filho, E. (2004). *Psiquiatria forense*. Porto Alegre: Artmed.

Tamelini, M., Hochgraf, P., & Oliveira, L. (2003). Álcool, drogas e criminalidade em mulheres. In A. P. Serafim, E. L. Barros, & S. P. Rigonatti, *Temas de psiquiatria forense e psicologia jurídica* (pp. 77-84). São Paulo: Vetor.

Tavares, J. (2006). *Educar policiais para a paz, tarefa inconclusa*. Recuperado de http://www.dhnet.org.br/educar/1congresso/034_congresso_jose_vicente_tavares.pdf

Tocqueville, A. (2003). *Ensaios sobre a pobreza*. Rio de Janeiro: Univer Cidade.

Urbina, S. (2007). *Fundamentos da testagem psicológica*. Porto Alegre: Artmed.

Vasconcellos, S. & Lago, V. (2016). *Psicologia jurídica e suas interfaces: Um panorama atual*. Santa Maria: UFSM.

Venker, S. & Schlafly, P. (2016). *O outro lado do feminismo*. São Paulo: Simonsem.

Wellausen, R. & Bandeira, D. (2010). O tipo de vínculo entre pais e filhos está associado ao desenvolvimento de comportamento antissocial? *Interamerican Journal of Psychology, 44*(3), 498-506.

Wellausen, R. & Oliveira, S. (2016). Psicodiagnóstico e as patologias de personalidade. In C. Hutz, D. Bandeira, C. Trentini, & J. Krug (Eds.), *Psicodiagnóstico V* (pp. 274-305). Porto Alegre: Artmed.

Wellausen, R. & Trentini, C. (2018). Modelos teórico-clínicos psicodinâmicos e o método Shedler-Westen Assessment Procedure (SWAP-200) de avaliação da personalidade. In C. S. Hutz, D. R. Bandeira, & C. M. Trentini (Orgs.), *Avaliação psicológica da inteligência e da personalidade* (pp. 233-264). Porto Alegre: Artmed.

World Prison Brief. (2016). *Brazil*. Recuperado de http://www.prisonstudies.org/country/brazil

Yochelson, S. & Samenow, S. (1997). *The criminal personality*. London: Jason Aronson.

Zimerman, D. & Coltro, A. (1999) *Aspectos psicológicos da prática jurídica*. São Paulo: Millenium.

LEITURA RECOMENDADA

Scruton, R. (2015). *As vantagens do pessimismo: O perigo da falsa esperança*. São Paulo: É Realizações.

29
AUTÓPSIA PSICOLÓGICA NO CONTEXTO FORENSE

Samantha Dubugras Sá

Ao longo do tempo, o fenômeno do suicídio tem despertado muita curiosidade e questionamentos. É constante a indagação sobre o que leva uma pessoa a atentar contra sua própria vida. Também é difícil compreender ou aceitar que existem pessoas que acham na morte um modo de escapar da dor, do sofrimento. É necessário encarar o suicídio como um problema que deve ser aceito, devendo ser abordado com abertura e franqueza. Sem dúvida, o suicídio choca e impressiona, mas é fundamental conscientizar os profissionais da área da saúde e do direito e a sociedade como um todo de que esse comportamento impactante pode ser prevenido. O suicídio é uma das diferentes dimensões do comportamento autoinfligido.

De maneira geral, os atos autodestrutivos estão associados à incapacidade do indivíduo de encontrar alternativas para seus problemas, optando por sua morte (Werlang & Botega, 2004). A respeito do *quantum* de consciência que existe nos atos suicidas, Shneidman (1975, p. 1774) menciona que "[...] ninguém sabe por que seres humanos tiram sua própria vida; frequentemente, a pessoa que o faz e, algumas vezes, principalmente ela, conhece ainda menos os seus complicados motivos para a autodestruição".

Tentando compreender o que é suicídio, alguns teóricos e importantes suicidologistas apontam aspectos essenciais que podem definir esse ato. Suicídio é morte por lesão autoprovocada (Shneidman, Farberow, & Litman, 1969). É um ato voluntário, consciente e autoinfligido, contra a vida, que resulta em morte (Werlang & Botega, 2004; World Health Organization [WHO], c2019). É um fenômeno complexo e universal, que atinge todas as culturas, classes sociais e idades (Flechner, 2000), com etiologia multivariada, englobando elementos biológicos (neurológicos), genéticos, sociais, psicológicos (conscientes e inconscientes), culturais e ambientais (Hendin, 1991; Shneidman, 2001; WHO, c2019).

A explicação das causas do suicídio ainda é uma incógnita para qualquer teoria psicológica, já que esse ato, além de complexo, envolve uma série de fatores que interagem de maneira específica em cada indivíduo (Cassorla, 1987). O suicídio, como expressa Shneidman (1975, p. 1774), está longe de ser um comportamento simples, e "[...] qualquer um que afirme que há respostas fáceis para essa complicada questão humana, simplesmente não compreende a natureza do homem".

O comportamento suicida é comumente classificado em diferentes categorias e tende a ocorrer em um *continuum*: ideação suicida, ameaça suicida, tentativa de suicídio e suicídio consumado. Apesar de poucos dados disponíveis, alguns estudos clínicos e epidemiológicos sugerem a presença de um possível gradiente de severidade e de heterogeneidade entre essas diferentes categorias. Assim, em um dos extremos, tem-se a ideação suicida (pensamentos, ideias e desejos de se matar), e no outro, o suicídio consumado, com a(s) ameaça(s) e a(s) tentativa(s) de suicídio entre estes, quando presentes. A existência da ideação suicida e, principalmente, de uma história prévia de tentativa de suicídio tem importante valor preditivo na avaliação do risco para o suicídio, podendo ser um primeiro passo importante na efetivação do ato autodestrutivo fatal. No que se refere ao suicídio consumado, vários estudos têm revelado dados epidemiológicos que demonstram aumento de sua incidência na população em geral em todo o mundo, principalmente no que diz respeito a adolescentes (Bertolote & Fleischman, 2002ab, 2004; Volpe, Corrêa, & Perez Barrero, 2006; Werlang & Botega, 2004). De acordo com o Ministério da Saúde, no Brasil, 11 mil pessoas em média tiram a própria vida por ano. É a quarta maior causa de morte de brasileiros entre 15 e 29 anos. Entre 2011 e 2015, o número de suicídios nessa população cresceu cerca de 12%.

Sabe-se que em 75% (Litman, 1996) ou em até 90% (Shneidman, 1994) dos casos de pessoas mortas por suicídio, estas comunicaram previamente a intenção suicida a familiares e amigos. Profissionais da área da saúde costumam ouvir menos esses avisos. Isso demonstra que, na grande parte dos casos, o suicídio não é resultado de um impulso, de algo impensado, e sim premeditado, planejado e efetivado pela própria pessoa. Para os estudiosos do suicídio, a intencionalidade parece ser o elemento-chave para determinar o modo de morte, estando diretamente relacionado ao método utilizado. É necessário, então, que haja uma avaliação da intenção, que possa verificar o papel do falecido na sua própria morte, para certificar o suicídio como modo de morte e tornar os atestados mais precisos. As avaliações retrospectivas possibilitam averiguar sinais diretos e indiretos relacionados ao comportamento autodestrutivo, bem como identificar comunicações prévias da intenção de se matar do falecido.

A autópsia psicológica é uma estratégia de avaliação retrospectiva, ou seja, que avalia no momento presente fatos ocorridos no passado, utilizada durante o decorrer de uma investigação de morte, para auxiliar a determinar o modo de morte de um indivíduo, especificamente nos casos duvidosos. O *modo de morte* é diferente da *causa da morte*, pois, com técnicas especiais para o exame do cadáver, o médico legista recolhe informações que atestam claramente a causa da morte. Por exemplo, uma pessoa encontrada morta dentro de uma piscina receberá, após terminada a perícia, a conclusão como causa de sua morte o registro de asfixia por afogamento. Entretanto, determinar a causa da morte não revela o verdadeiro modo da morte, que não é tão fácil de precisar. Psicólogos, como especialistas em saúde mental, poderão fornecer, por meio de autópsias psicológicas, informações preciosas na determinação do modo de uma morte, assessorando, dessa forma, os peritos legistas (Werlang, 2002).

A autópsia psicológica surgiu no final da década de 1950, nos Estados Unidos, quando o médico forense Theodore J. Curphey, por vir encontrando dificuldades para distinguir mortes acidentais ou homicídios das mortes por suicídio, contatou os técnicos do Suicide Prevention Lifeline (Centro de Prevenção do Suicídio [CPS]), de Los Angeles (Shneidman et al., 1969), solicitando ajuda especializada para investigar os casos de morte em que restavam dúvidas sobre como haviam ocorrido. Assim, os integrantes do CPS passaram a prestar assessoria aos médicos forenses nos casos em que havia dúvidas, com o método de autópsia psicológica, na intenção de obter informações psicológicas valiosas para poder classificar com maior precisão o registro do modo da morte nos certificados de óbito.

A autópsia psicológica objetiva reconstruir a biografia da pessoa falecida (história clínica completa) por meio de entrevistas com terceiros, chamados de informantes (cônjuge, filhos, pais, amigos, professores, médicos, etc.), e da análise dos mais diversos documentos (pessoais, policiais, acadêmicos, hospitalares, auto de necropsia, etc.). O objetivo é enfocar o elemento que está faltando, ou seja, a intenção do morto em relação a sua própria morte (Jacobs & Klein, 1993).

Vários estudos (Beskow, Runeson, & Åsgård, 1990; Clark & Horton-Deutsch, 1992; Hawton et al., 1998; Rudestam, 1979) sinalizam a necessidade de um treinamento especial para os profissionais que vão trabalhar com a autópsia psicológica, além da indispensável qualificação e experiência clínica, considerando, ainda, que os informantes com certeza estarão angustiados, culpados, bravos e/ou chocados com a morte, sentindo-se, muitas vezes, impelidos a explicar o ocorrido à sociedade, que estará, no momento, representada pela figura daquele que irá conduzir a entrevista.

De maneira geral, autores (Brent, Perper, Kolko, & Zelenak, 1988; Brent et al., 1993; Shafii, Carrigan, Whittinghill, & Derrick, 1985; Hawton et al., 1998; Kelly & Mann, 1996; Shneidman, 1981) preferem realizar as entrevistas na casa dos informantes, e, mesmo que não considerem necessário delimitar o número máximo de informantes, há concordância quanto à presença mínima de duas pessoas (Brent et al., 1993; Hawton et al., 1998; Isometsä et al., 1997; Kelly & Mann, 1996) no momento da entrevista, certamente para evitar um possível viés de uma fonte única para as informações prestadas. Os informantes não precisam, necessariamente, ser entrevistados conjuntamente; a entrevista pode ocorrer em momentos diferentes.

A respeito da duração das entrevistas, os autores que utilizavam entrevistas estruturadas mencionam que foram necessários de 45 a 120 minutos para realizá-las (Clark & Horton-Deutsch, 1992; Sá & Werlang, 2007), enquanto outros falam em uma duração de 3 a 4 horas (Shafii et al., 1985) ou, em média, 3 horas (Isometsä et al., 1997). Quanto ao roteiro da entrevista, não há unanimidade, tampouco a respeito dos tópicos que devem estar incluídos (Berman, 1993; Beskow, Runeson, & Åsgård, 1991; Brent et al., 1993; Clark & Horton-Deutsch, 1992; Gould, Shaffer, Fisher, Kleinman, & Morishima, 1992; Isometsä et al., 1997; Jacobs & Klein, 1993; Jacobs & Klein-Benhein, 1995; Kelly & Mann, 1996; Litman, 1987, 1989; Shafii et al., 1985; Shneidman, 1969, 1981, 1994; Young, 1992). Existem algumas listas sugeridas, pouco abrangentes, propondo determinadas áreas ou tópicos de investigação. Mesmo Shneidman (1981), um dos mentores da autópsia psicológica, não utiliza um roteiro fixo, mas sugere algumas categorias que considera importantes a serem investigadas em uma autópsia psicológica, como consta no Quadro 29.1.

Entendendo o suicídio como um ato de terminar, intencionalmente, com a própria vida, e a autópsia psicológica como uma forma de avaliar, após a morte, o que estava na mente da pessoa antes de sua morte, a sugestão de Shneidman, no item 13 do Quadro 29.1, é de saber como o sujeito planejou, preparou e objetivou sua própria morte. Classifica, assim, a morte como intencional, subintencional e não intencional. A morte intencional é quando o sujeito desempenha um papel direto e consciente em efetivar sua própria morte; uma morte subintencional é aquela na qual o falecido desempenha um papel, mesmo que inconsciente, para ocasionar sua própria morte, podendo ser observado em vários comportamentos autodestrutivos, tais como abuso de álcool ou outras substâncias, negligência consigo mesmo e outras condutas de risco nas quais o sujeito alimenta, facilita, aumenta ou apressa o processo de sua morte. Já a morte não intencional é qualquer morte, seja qual for sua causa, devida a um fracasso biológico ou a um trauma físico, mas independente do exterior e do interior psicológico.

Litman (1987) relata que a intenção (consciente) é a grande chave para se definir o suicídio. Para conceitualizar a intencionalidade, esse autor se apoia tanto no sentido epistemológico do verbo *intender* (do latim *intendere*), que significa "[...] ter em mente alguma coisa a ser alcançada, contemplar, planejar, ter como objetivo", como no do substantivo *intenção*, que indica um "[...] estiramento, um alongamento da mente, um esforço psicológico para alcançar um propósito, um fim" (Litman, 1987, p. 71). Dessa forma, ele explica que podem existir estágios no desenvolvimento da intenção que, ge-

QUADRO 29.1
Áreas de investigação propostas por Shneidman (1969, 1981) para conduzir a autópsia psicológica

1.	Informações sobre a identidade da vítima (nome, idade, endereço, estado civil, religião praticada, ocupação e outros detalhes).
2.	Detalhes da morte (causa ou método e outros detalhes pertinentes).
3.	Breve esboço da história da vítima (irmãos, casamento, doenças médicas, tratamento médico, psicoterapia, atentados suicidas).
4.	História de morte dos membros da família da vítima (suicídio, câncer, outras doenças fatais e outros detalhes).
5.	Descrição da personalidade e do estilo de vida da vítima.
6.	Padrões típicos da vítima de reação para o estresse, problemas emocionais e períodos de desequilíbrio.
7.	Aspectos estressantes recentes (dos últimos dias aos últimos 12 meses): incomodações, pressões, tensões ou antecipações de problemas.
8.	Papel de álcool ou drogas: a) no estilo de vida geral da vítima; b) na sua morte.
9.	Natureza dos relacionamentos interpessoais da vítima (incluindo aqueles com médicos).
10.	Fantasias, sonhos, pensamentos, premonições ou medos da vítima com relação a morte, acidente ou suicídio.
11.	Mudanças antes da morte (de hábitos, *hobbies*, alimentação, padrões sexuais ou outras rotinas de vida).
12.	Informações relativas a aspectos vitais da vítima (melhoramentos, sucessos, planos).
13.	Avaliação da intenção, isto é, papel da vítima em sua própria morte.
14.	Classificação da letalidade.
15.	Reação dos informantes à morte da vítima.
16.	Comentários, características especiais, etc.

Fonte: elaborado com base em Shneidman (1969, p. 246-247) e Shneidman (1981, p. 330-331).

ralmente, se iniciam com ideias a respeito do suicídio – ideação suicida –, seguindo para a elaboração de um plano, que passa a ser implementado por ensaios realísticos ou imaginários até culminar em uma ação para o término de sua vida, com o propósito de acabar com uma situação de vida que lhe causa dor psicológica, sofrimento e desespero. Além disso, a intenção suicida pode variar em grau; assim, de forma semelhante à maneira como os homicídios são classificados, esse autor descreveu três graus de suicídio ao avaliar os objetivos da ação suicida.

O suicídio em primeiro grau é deliberado, planejado, premeditado, um autoassassinato; em segundo grau, é impulsivo, não planejado, sob grande provocação e circunstâncias mitigantes. Já o suicídio em terceiro grau é quando há autodano voluntário, mas a intenção de morrer é relativamente fraca, o método não é prejudicial ou letal ou, ainda, são tomadas providências prévias para que a pessoa receba socorro a tempo (Litman, 1987, 1988).

Assim, Litman (1987, 1988) considera que o fundamental para determinar se uma morte foi por suicídio ou não é esclarecer qual era a intenção do morto, identificando se a pessoa estava lúcida e se compreendia que, por meio da ação, acabaria com sua vida. Afirma que, quando a própria morte está sendo usada instrumentalmente para resolver problemas de vida, estamos diante de um suicídio.

Shneidman (1981, 1999) considera importante, ainda, identificar o grau de letalidade (de quê?), que é sinônimo de suicidalidade, que está alicerçado em um estado mental de uma dor psicológica insuportável para a pessoa. No item 14 do Quadro 29.1, é possível mensurar um grau de letalidade que pode ser alto, médio, baixo ou ausente. Letalidade diz respeito à possibilidade de uma pessoa se matar, ou seja, acabar morta em um futuro imediato, hoje, amanhã, depois de amanhã, mas não no próximo mês.

A autópsia psicológica objetiva, de forma retrospectiva, fazer uma reconstrução ampla da história do indivíduo, abarcando eventos psicossociais, ambientais, médicos, psiquiátricos, psicológicos, antecedentes criminais, sua personalidade e estilo de vida, além de conteúdos ou indícios psicodinâmicos que se associem com a morte. Essas informações levam à resposta à pergunta "por quê?", ou seja, identificar o(s) motivo(s) que, ao longo da vida, fizeram a pessoa querer morrer. Shneidman (1969, p. 240) refere que "[...] a autópsia psicológica não é nada mais que uma reconstrução das motivações, da filosofia, da psicodinâmica e das crises existenciais de um indivíduo". Assim, podemos compreender motivação como uma "[...] força que impulsiona a pessoa a agir para satisfazer uma necessidade. Implica um incentivo ou desejo que influencia a vontade e causa da ação da pessoa" (Freedman, Kaplan, & Sadock, 1975, p. 2596). Outro passo é a investigação de fatores predisponentes recentes (imediatos), que vão revelar fatores estressantes e que podem ter precipitado o ato suicida, que nos permitirão responder à pergunta "o quê?".

Então temos quatro questões básicas a serem respondidas na autópsia psicológica: "o quê?", "por quê?", "de quê?" e "como o sujeito morreu?". E há quatro construtos subjacentes: precipitadores e/ou estressores, motivação, letalidade e intencionalidade. Os *precipitadores* e/ou estressores são os fatos ou circunstâncias imediatos que serviram de gatilho, que acionaram o último empurrão para o suicídio. A *motivação* diz respeito às razões psicológicas para morrer, enraizadas na conduta, no pensamento, no estilo de vida e na personalidade como um todo ao longo da vida. A *intencionalidade* está relacionada à avaliação do grau de lucidez, ou seja, do papel consciente do próprio indivíduo, no planejamento, na preparação e na objetivação da ação autodestrutiva. Já o grau de *letalidade* será mensurado pelo método escolhido.

Dessa forma, a autópsia psicológica vem sendo empregada para desvendar as características psicológicas de vítimas de morte violenta, auxiliando em investigações nas quais não existem elementos suficientes para definir se se trata de suicídio, homicídio, homicídio seguido de suicídio ou acidente. Permite também esclarecer, de maneira retrospectiva, a capacidade da pessoa já falecida de reger-se a si mesma, administrar seus bens e tomar decisões, como assinar documentos legais (testamentos, seguros de vida, certidões de casamento, etc.). Assim, a autópsia psicológica é uma ferramenta eficaz para auxiliar médicos legistas, bem

VINHETA CLÍNICA 1

A Sra. Ana (nome fictício), viúva, aposentada, 69 anos, foi encontrada morta no interior de sua residência, mais precisamente em seu quarto. Na parte inferior da casa funcionava um comércio da família no qual dois de seus três filhos (dois homens e uma mulher) trabalhavam. No momento do ocorrido, estavam no local seu filho mais velho e uma funcionária da casa, pessoa que, após ouvir um estampido, encontrou a Sra. Ana. O fato aconteceu em uma cidade pequena do interior, e a família contava com grande prestígio na comunidade, uma vez que era uma família com muitas terras e poder aquisitivo alto. Sem investigação nem necropsia do corpo, o caso foi concluído como suicídio. Alguns meses depois do ocorrido, e os filhos em litígio por causa da divisão dos bens, a filha da Sra. Ana acusou o irmão mais velho de ter matado a mãe. A partir disso, instaurou-se um inquérito policial, e o caso começou a ser investigado. Ante os impasses criados ao longo da investigação, com o processo crime correndo contra um dos filhos da Sra. Ana, e já transcorrido mais de um ano da morte, o juiz nomeou sua perita de confiança para analisar a situação; ela fez uso da Entrevista Semiestruturada para Autópsia Psicológica (ESAP). Foram entrevistadas cinco pessoas (os três filhos da Sra. Ana, a funcionária que trabalhava na casa e o então namorado da vítima). A conclusão foi a de que a Sra. Ana não havia, de fato, cometido suicídio. Ao final do processo, o filho acusado de ter matado a mãe foi condenado por homicídio duplamente qualificado, por motivo torpe (herança da mãe) e impossibilidade de defesa da vítima, pela idade e condições físicas.

como operadores do direito das áreas penal e cível, podendo contribuir, ainda, na identificação de fatores de risco e correlatos sociodemográficos do suicídio. Tem sido utilizada, também, como excelente ferramenta em intervenções em crise, pelas equipes que atuam junto à saúde mental (psicólogos e psiquiatras) de hospitais e de presídios, após suspeita de suicídio de pacientes e apenados. Já do ponto de vista clínico, pode ser terapêutica para os sobreviventes em luto que têm o papel de informantes.

Sem dúvida, a autópsia psicológica tem sido um método aceito e muito utilizado por mais de cinco décadas, podendo, como bem refere Selkin (1994), ser para a suicidologia como uma entrevista é para o desenvolvimento da ciência da psicologia. Entretanto, trata-se de uma estratégia de avaliação complexa, ainda sem um modelo de procedimento estruturado. Como muitos tipos de entrevista comuns, a autópsia psicológica pode ser vista como um recurso subjetivo, não fidedigno, com dificuldades para chegar a ser adequadamente validado.

O principal fator responsabilizado pela dubitável precisão dos dados colhidos é sua natureza retrospectiva. Devido à ausência da pessoa investigada, tanto os informantes quanto o entrevistador estão potencialmente vulneráveis a tendenciosidades, tendo em vista o fato de ambos pressuporem que o sujeito sob investigação cometeu suicídio. Assim, a quantidade e a qualidade dos dados fornecidos pelos informantes podem ser influenciadas, por exemplo, por razões religiosas, para manter a reputação da pessoa após sua morte; pelo sentimento de tristeza dos entrevistados; pelo seu grau de parentesco com o morto; pelo espaço de tempo maior ou menor transcorrido após a morte; pelo grau de psicopatologia supostamente existente para que um sujeito opte pelo suicídio; entre outros. Já o entrevistador pode ter determinadas expectativas sobre os possíveis transtornos em uma vítima de suicídio, pode apegar-se a eventos específicos em razão de sua necessidade de descobrir explicações para o modo como ocorreu a morte, pode influenciar o grau de participação pela forma de estabelecer o primeiro contato com os informantes, ter dificuldades de lidar com discrepâncias entre informantes, ser mais ou menos competente em razão de seu treinamento e experiência, etc.

Tudo isso não obstaculizaria a fidedignidade dos fatos se o objetivo da entrevista fosse somente buscar um entendimento psicodinâmico da família. No entanto, considerando-se que a autópsia psicológica visa a compreender os fatos, questões relacionadas com fidedignidade e validade se tornam problemáticas. Em virtude disso, para avaliar a fidedignidade dos dados coletados, alguns estudos propõem que se realize uma segunda entrevista, com outro informante, ou uma segunda entrevista com os mesmos informantes, mas conduzida por outro técnico – precisão –, ou, ainda, outra entrevista com os mesmos informantes e o mesmo técnico, após um intervalo de tempo – estabilidade. Tudo isso normalmente não é possível. De outra forma, uma maneira de validar os achados é confrontá-los com informações de documentos pessoais, médicos, policiais, escolares e outros (Beskow et al., 1990).

Na intenção de minorar essas dificuldades, de ordem metodológica, salienta-se a necessidade de se utilizar entrevistas estruturadas ou semiestruturadas, tornando-as fidedignas por meio de interavaliadores, ou seja, da avaliação das informações obtidas por diferentes juízes. Por conta disso, foi desenvolvida no Brasil, pela professora Dra. Blanca Susana Guevera Werlang (Werlang, 2000), para sua tese de doutoramento, uma Entrevista Semiestruturada para Autópsia Psicológica (ESAP). Sua proposta foi viabilizar um estudo que reduzisse o viés produzido pela subjetividade no uso desse recurso de avaliação retrospectiva, investigando a aplicabilidade desse instrumento para a autópsia psicológica, cujos dados demonstrassem grau razoável de concordância entre avaliadores. Ela concluiu que é possível usar um instrumento semiestruturado para autópsia psicológica em casos de suicídio, porque a ESAP forneceu informações que permitiram grau alto de concordância entre avaliadores.

Assim, a ESAP é uma entrevista semiestruturada constituída por 69 questões distribuídas em quatro módulos. O primeiro, *precipitadores* e/ou *estressores*, avalia eventos imediatos que acionaram a vítima para o suicídio. O segundo módulo, *motivação*, refere-se às razões psicológicas, ambientais e familiares que podem determinar o comportamento suicida ao longo da vida. O terceiro, *letalidade*, investiga se a ação foi letal e autoinfligida, e, por último, o quarto módulo, *intencionalidade*, avalia a consciência e voluntariedade no planejamento e na objetivação do ato. Cada módulo tem início com uma pergunta aberta mais geral, referente ao tema específico, seguida por perguntas fechadas de respostas dicotômicas (sim/não), mas que podem, ainda sim, ser exploradas. O Quadro 29.2 apresenta as questões do módulo intencionalidade da ESAP.

Para resultados mais válidos, acompanha a ESAP um Formulário para a Tomada de Decisão (FTD), com instruções claras e específicas para que avaliadores, além do entrevistador (chamados de juízes), possam verificar a probabilidade de o suicídio ter ocorrido, analisando e comparando as informações obtidas em cada um dos quatro módulos. Chega-se à conclusão de ter ocorrido ou não o suicídio, seguindo-se um esquema que representa o raciocínio clínico, como exemplo ilustrado na Figura 29.1.

Por meio de concordâncias marcantes, verificadas pelo FTD, em cada um dos quatro módulos, pode-se pressupor que o protocolo da entrevista semiestruturada, para a coleta dos dados, permite aos avaliadores extrair informações suficientes, para poder julgar os temas-chave, representados pelas perguntas: "o quê?", "por quê?", "de quê?" e "como (o sujeito morreu)?". Em outras palavras, o protocolo da entrevista fornece subsídios para a avalia-

QUADRO 29.2
Questões do módulo intencionalidade da ESAP

Pergunta inicial (aberta):
Como chegou a ocorrer o fato?

Perguntas subsequentes (fechadas):	
Evidências de intenção ou desejo de morrer?	Afirmava que estava cansado de lutar e só lhe restava morrer?
Durante o último ano, comentou ou demonstrou intenções ou desejo de morrer?	Dizia sempre que ia se matar, mas ninguém acreditava?
Falava em morrer?	Falava sobre sonhos premonitórios de morte de outros ou de si?
Dizia que um dia ia se matar?	Lia e/ou comentava sobre livros e matérias de jornal relacionados à morte?
Dizia que queria sumir?	
Falava em se matar para manipular as pessoas?	Tinha realizado tentativas anteriores para morrer, mas sem êxito?
Dizia que ia se matar como se estivesse brincando?	Parecia ter propensão a acidentes ou ações perigosas?
Afirmava que, dadas as circunstâncias (financeiras, de saúde, relacionais, profissionais, educacionais, etc.), só lhe restava morrer?	

Planejamento para a morte:	
Fez algum preparativo antes de morrer?	Deixou algum bilhete ou carta de despedida?
Fez alguma recomendação de providências a serem tomadas no caso de "algo vir a acontecer"?	Tomou alguma providência para não ser interrompido ou socorrido?
Fez testamento nos últimos tempos?	Onde ocorreu o fato?
Distribuição de objetos?	É possível afirmar que ele fez preparativos para a ocorrência do fato?
Aquisição de arma, corda, veneno, etc.?	Teve oportunidade de avisar alguém ou pedir ajuda?
Visitou familiares e/ou amigos que não via há muito tempo?	

Fonte: Werlang (2000, p. 314-316).

VINHETA CLÍNICA 2

O Sr. Silvio (nome fictício), policial civil, 49 anos, e a Sra. Maria (nome fictício), funcionária pública estadual, 35 anos, foram encontrados mortos em sua residência; ela no quarto do casal, e ele na sala. O auto de necropsia atestou como a causa da morte de ambos: "hemorragia interna consecutiva a ferimento de crânio e pescoço por projétil de arma de fogo". Os exames de pesquisa e dosagem de álcool etílico e de substâncias psicotrópicas foram negativos na Sra. Maria e positivos no Sr. Silvio para álcool etílico. A investigação policial não foi conclusiva quanto ao modo como as mortes ocorreram, sendo a principal hipótese: homicídio seguido de suicídio. O Sr. Silvio tinha resíduos de pólvora na sua mão direita, mas ele era policial e praticava tiros com certa frequência, o que poderia justificar tal situação. As impressões digitais na arma encontrada na cena do crime – distante do local onde os corpos foram encontrados – estavam borradas por marcas de sangue. O delegado de polícia que conduzia o caso solicitou, para dirimir as dúvidas sobre como as mortes haviam ocorrido, que a ESAP fosse realizada. As entrevistas foram feitas com três pessoas (um irmão do Sr. Silvio, o pai da Sra. Maria e uma vizinha íntima do casal), que prestaram depoimento no decorrer da investigação do caso. As entrevistas duraram, em média, uma hora e meia e foram realizadas individualmente na delegacia de polícia. Após a análise das entrevistas por três avaliadores além da entrevistadora, chegou-se à conclusão de tratar-se, realmente, de um caso de homicídio seguido de suicídio, planejado e executado pelo Sr. Silvio. Os trechos que seguem são extraídos do módulo intencionalidade da ESAP, da entrevista realizada com o irmão do Sr. Silvio.

AVALIAÇÃO DA INTENCIONALIDADE
Evidências de intenção ou desejo de morrer
(E – entrevistadora, I – irmão do Sr. Silvio)

E: Com o chegou a ocorrer o fato?
I: Que eu saiba, aconteceu o seguinte: ele estava para completar os 50 anos dele, seria na segunda-feira, e pelo que eu sei ele estava na casa da ex-mulher dele, porque ele e a Maria estavam separados há cinco meses e ele tinha voltado para a casa da ex-mulher. Então, ele disse que ia dar uma saída e já voltava, mas não disse para onde iria. Acabou indo na casa dele e da Maria. Chegando lá, parece que ele disse que iria pegar o menino (filho de 3 anos do casal) para o aniversário dele. Ela se negou, e começou uma discussão. Então, acredito que ele atirou nela e depois se matou. Acho que ele já tinha isso em mente, provavelmente.
[...]

E: Durante o último ano ele comentou ou demonstrou intenção ou desejo de matar ou de morrer?
I: Para nós, não. Mas já havia, pelo menos, a denúncia dela de que ele a havia ameaçado.
[...]

E: Ele falava em morrer?
I: Falava, mas de brincadeira!

E: Ele dizia que algum dia ia se matar?
I: É, comentou umas duas ou três vezes, mas em tom de brincadeira. Acho que, de repente, ele já tinha isso em mente, tanto é que ele fez três ou quatro seguros de vida.

E: Ele dizia que queria sumir?
I: Não, acho que não.

Continua

E: Falava em se matar para manipular as pessoas?
I: Não para manipular. Acho que era mais como uma plantinha que começou a crescer dentro da mente dele.

E: Então ele dizia que ia se matar como se estivesse brincando?
I: Ahã, e acho que tomou forma.

E: Em que situações, circunstâncias, ele dizia brincando?
I: Naquela situação, "ah vou me matar..., vou deixar um dinheiro para ti...". Assim, sempre em tom de brincadeira, e se criou.

E: Ele afirmava que, dadas as circunstâncias, só lhe restava morrer? Ou matar?
I: Talvez sim.

E: Como assim?
I: Não lembro, mas talvez falasse.

E: Ele afirmava que estava cansado de lutar e só lhe restava morrer?
I: Não.

E: Dizia sempre que ia se matar, mas ninguém acreditava?
I: Não, isso aí não era uma constante.
[...]

Planejamento para a morte

E: Fez algum preparativo antes de morrer?
I: Acho que foi o do seguro, né.
[...]

E: Ele deixou recomendações, alguma providência a ser tomada no caso "de algo vir a acontecer"?
I: Não sei se é bem isso, mas dizia que, se algum dia ele e a Maria não estivessem mais vivos, ele queria que os filhos ficassem comigo. Eu sou padrinho do menor. O estranho é que ele estava organizando a comemoração do aniversário dele.
[...]

E: Ele fez algum testamento?
I: Não tinha pensado sobre isso, mas ele tinha feito uns dois meses antes do ocorrido.

E: Distribuição de objetos?
I: Não.
[...]

E: Tomou alguma providência para não ser interrompido ou socorrido onde ocorreu o fato?
I: Não; pelo jeito que ele atirou, é difícil.

E: É possível afirmar que ele fez preparativos para a ocorrência do fato?
I: Até acho que sim, mas não para aquele momento. Acho que ainda estava planejando como fazer... Mas não sei.
[...]

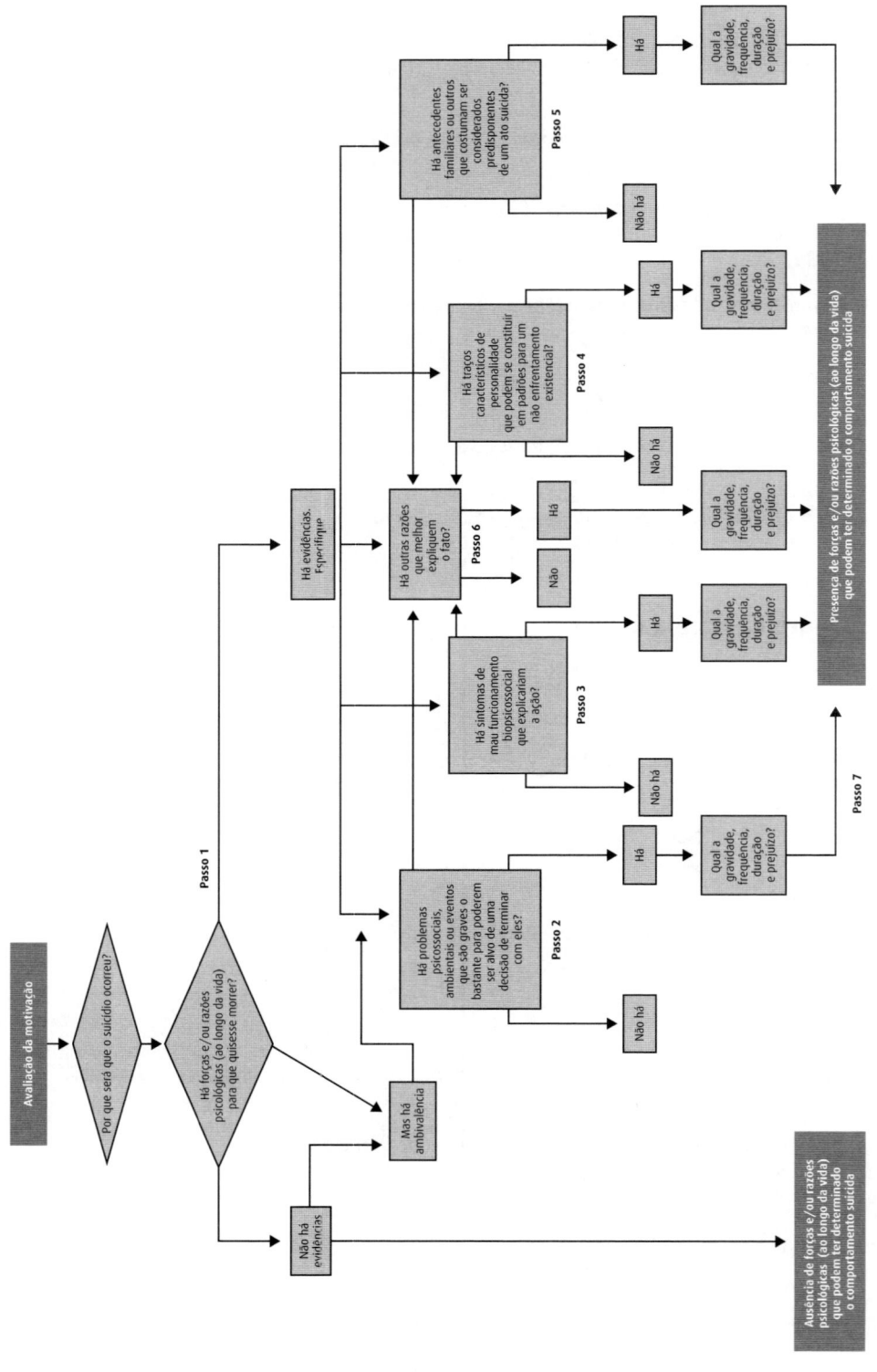

Figura 29.1 / Esquema para tomada de decisão do módulo motivação da ESAP.
Fonte: Werlang (2000, p. 326).

ção dos quatro construtos inerentes à autópsia psicológica e, certamente, permite fundamentar a decisão final quanto ao possível modo de morte.

CONSIDERAÇÕES FINAIS

Para o profissional da área da saúde mental, um dos principais desafios é realizar julgamentos clínicos, de forma segura e profunda, a respeito do indivíduo que está avaliando. Entretanto, a verdade absoluta é algo inatingível, principalmente quando se trata da compreensão do ser humano. Pode-se dizer, então, que o julgamento clínico é compatível com uma probabilidade alicerçada em parâmetros científicos. Dessa maneira, a avaliação de um objeto direto de estudo já é uma atividade complexa, e uma avaliação baseada na análise de dados e fatos circunstanciais (emitidos por terceiros) relacionados a determinado indivíduo, que não pode se submeter ao exame direto, por falecimento, torna-se ainda mais delicada.

A ESAP, no âmbito da atuação profissional, tem sido muito utilizada em casos de mortes duvidosas, auxiliando em investigações policiais, assessorando médicos-legistas e operadores do direito. É um tipo de peritagem com base na análise de dados, fatos e circunstâncias passados, relacionados a determinado indivíduo que não pode se submeter a um exame direto.

A autópsia psicológica objetiva reconstruir a biografia da pessoa falecida por meio de entrevistas com informantes e da análise de documentos, buscando enfocar o elemento que está faltando, ou seja, a intenção do morto em relação a sua própria morte, refletindo a intenção letal ou não do falecido. Considerando que a maioria das vítimas comunica de alguma maneira suas intenções, cabe aos profissionais psicólogos e psiquiatras clínicos encontrar as pistas deixadas por elas. Ainda, não podemos esquecer que o profissional que venha a trabalhar com esse tipo de avaliação psicológica precisa contar com sua *expertise* clínica, que lhe permitirá atestar o modo de morte de um indivíduo com grau importante de certeza.

REFERÊNCIAS

Berman, A. L. (1993). Forensic suicidology and the psychological autopsy. In A. A. Leenaars (Ed.), *Suicidology essays in honor of Edwin S. Shneidman* (pp. 248-266). Northvale: Jason Aronson.

Bertolote, J. M. & Fleischmann, A. (2002a). Suicide and psychiatric diagnosis: A worldwide perspective. *World Psychiatry*, 1(3), 181-185.

Bertolote, J. M. & Fleischmann, A. (2002b). Suicide rates in China (Correspondence). *Lancet*, 359(9325), 2274.

Bertolote, J. M. & Fleischmann, A. (2004). Suicídio e doença mental: Uma perspectiva global. In B. G. W. Werlang & N. J. Botega (Orgs.), *Comportamento suicida* (pp. 35-47). Porto Alegre: Artmed.

Beskow, J., Runeson, B., & Åsgård, U. (1990). Psychological autopsies: Methods and etics. *Suicide and Life-Threatening Behavior*, 20(4), 307-323.

Beskow, J., Runeson, B., & Åsgård, U. (1991). Ethical aspects of psychological autopsy. *Acta Psychiatrica Scandinavica*, 84(5), 482-487.

Brent, D. A., Perper, J. A., Kolko, D. J., & Zelenak, J. P. (1988). The psychological autopsy: Methodological considerations for the study of adolescent suicide. *Journal of the American Academy of Child & Adolescent Psychiatry*, 27(3), 262-266.

Brent, D. A., Perper, J. A., Moritz, G., Allman, C. J., Roth, C., Schweers, J., & Balach, L. (1993). The validity of diagnosis obtained through the psychological autopsy procedure in adolescent suicide victims: Use of family history. *Acta Psychiatrica Scandinavica*, 87(2), 118-122.

Cassorla, R. M. S. (1987). Comportamentos suicidas na infância e adolescência. *Jornal Brasileiro de Psiquiatria*, 36(3), 137-144.

Clark, D. C. & Horton-Deutsch, S. L. (1992). Assessment in absentia: The value of the Psychological Autopsy Method for studying antecedents of suicide and predicting future suicides. In R. W. Maris, A. L. Berman, J. T. Maltsberger, & R. I. Yufit, (Eds.), *Assessment and prediction of suicide* (pp. 144-182). New York: Guilford.

Flechner, S. (2000). Psicoanálisis y cultura: La clínica actual de pacientes adolescentes em riesgo: Um nuevo desafío? *Revista Latino-Americana de Psicanálise*, (4), 467-482.

Freedman, A. M., Kaplan, H. I., & Sadock, B. J. (1975). *Comprehensive textbook of psychiatry* (vol. 2). Baltimore: Williams & Wilkins.

Gould, M. S., Shaffer, D., Fisher, P., Kleinman, M., & Morishima, A. (1992). The clinical prediction of adolescent suicide. In R. W. Maris, A. L., Berman, J. T., Maltsberger, & R. I. Yufit, (Eds.), *Assessment and prediction of suicide* (pp. 130-43). New York: Guilford.

Hawton, K., Appleby, L., Platt, S., Foster, T., Cooper, J., Malmberg, A., & Simkin, S. (1998). The psychological autopsy approach to studying suicide: A review of methodological issues. *Journal of Affective Disorders*, 50(2-3), 269-276.

Hendin, H. (1991). Psychodynamics of suicide, with particular reference to the young. *American Journal Psychiatry*, 148(9), 1150-1158.

Isometsä, E., Heikkinen, M., Henriksson, M., Marttunen, M., Aro, H., & Lönnqvist, J. (1997). Differences between urban and rural suicides. *Acta Psychiatrica Scandinavica*, 95(4), 297-305.

Jacobs D. & Klein, M. E. (1993). The expanding role of psychological autopsies. In A. A. Leenaars (Ed.), *Suicidology essays in honor of Edwin S. Shneidman* (pp. 209-247). Northvale: Jason Aronson.

Jacobs, D. & Klein-Benhein, M. (1995). The Psychological Autopsy: A useful tool for determining proximate causation in suicide cases. *The Bulletin of the American Academy of Psychiatry and the Law*, 23(2), 165-182.

Kelly, T. M. & Mann, J. J. (1996). Validity of DSM-III-R diagnosis by psychological autopsy: A comparison with clinician ante-mortem diagnosis. *Acta Psychiatrica Scandinavica*, 94(5), 337-343.

Litman, R. E. (1987). Mental disorders and suicidal intention. *Suicide and Life-Threatening Behavior, 17*(2), 85-92.

Litman, R. E. (1988). Psychological autopsies, mental illness and intention in suicide. In J. L. Nolan (Ed.), *The suicide case: Investigation and trial of insurance claims* (pp. 69-82). Chicago: Tort and Insurance Practice Section American Bar Association.

Litman, R. E. (1989). Psychological autopsies. *Journal of Forensic Sciences, 34*(3), 638-646.

Litman, R. E. (1996). Suicidology: A look backward and ahead. *Suicide and Life-Threatening Behavior, 26*(1), 1-17.

Rudestam, K. E. (1979). Some notes on conducing a psychological autopsy. *Suicide and Life-Threatening Behavior, 9*(3), 141-144.

Sá, S. D. & Werlang, B. S. G. (2007). Homicídio seguido de suicídio na cidade de Porto Alegre. *Estudos de Psicologia, 24*(2), 181-189.

Selkin, J. (1994). Psychological autopsy: Scientific psychohistory or clinical intuition? *American Psychologist, 49*(1), 74-75.

Shafii, M., Carrigan, S., Whittinghill, J. R., & Derrick, A. (1985). Psychological autopsy of completed suicide in children and adolescents. *American Journal of Psychiatry, 142*(9), 1061-1064.

Shneidman, E. S. (1969). Suicide, lethality and the psychological autopsy. In E. S., Shneidman & M. Ortega, *Aspects of depression* (pp. 225-249). Boston: Little Brown.

Shneidman, E. S. (1975). Suicide. In A. M. Freedman, H. I. Kaplan, & B. J. Sadock (Orgs.), *Comprehensive textbook of psychiatry* (vol. 2, pp. 1774-1785). Baltimore: Williams & Wilkins.

Shneidman, E. S. (1981). The psychological autopsy. *Suicide and Life-Threatening Behavior, 11*(4), 325-340.

Shneidman, E. S. (1994). Clues to suicide, reconsidered. *Suicide and Life-Threatening Behavior, 24*(4), 395-397.

Shneidman, E. S. (1999). Perturbation and lethality: a psychological approach to assessment and intervention. In D. G. Jacobs (Ed.). *The Harvard Medical School guide to suicide assessment and intervention* (pp. 83-97). San Francisco: Jossey-Bass.

Shneidman, E. S. (2001). *This I believe: Comprehensive Suicide: Landmarks in 20th Century Suicidology*. Washington: APA.

Shneidman, E. S., Farberow, L., & Litman, R. E. (1969). El Centro de Prevención del Suicidio. In N. L. Farberow & E. S. Shneidman (Eds.), *¡Necesito ayuda! Un estudio sobre el suicidio y su prevención* (pp. 6-19). México: La Prensa Médica Mexicana.

Volpe, F. M., Corrêa, H., & Perez Barreto, S. (2006). Epidemiologia do suicídio. In H. Corrêa & S. Perez Barreto (Orgs.), *Suicídio: Uma morte evitável* (pp. 11-27). São Paulo: Atheneu.

Werlang, B. S. G. & Botega, N. J. (2004). Avaliação e manejo do paciente. In B. G. W. Werlang & N. J. Botega (Orgs.), *Comportamento suicida* (pp. 123-140). Porto Alegre: Artmed.

Werlang, B. S. G. (2000). *Proposta de uma entrevista semiestruturada para autópsia psicológica em casos de suicídio* (Tese de doutorado, Universidade Estadual de Campinas, Campinas).

Werlang, B. S. G. (2002). Avaliação retrospectiva: Autópsia psicológica para casos de suicídio. In J. A. Cunha (Org.), *Psicodiagnóstico V* (pp. 196-201). Porto Alegre: Artmed.

World Health Organization (WHO). (c2019). *Multisite Intervention Study on Suicidal Behaviors (SUPremISS)*. Recuperado de https://www.who.int/mental_health/prevention/suicide/supremiss/en/

Young, T. J. (1992). Procedures and problems in conducting a psychological autopsy. *International Journal of Offender Therapy and Comparative Criminology, 36*(1), 43-52.

LEITURAS RECOMENDADAS

Cline, J. S. & Willcox, J. R. (1988). Defense of a suicide case. In J. L. Nolan (Ed.), *The suicide case: Investigation and trial of insurance claims* (pp. 13-31). Chicago: Tort and Insurance Practice Section American Bar Association.

Durkheim, E. (1966). *Suicide*. New York: The Free Press.

ÍNDICE

A

Adoção, 167
    avaliação para habilitação, 167
    critérios para habilitação, 172
        capacidade de afeto, 172
        desejo de parentalidade, 176
        expectativas em relação ao filho, 174
        família extensa, 173
        funcionamento psíquico, 172
        história, 172
        rede de apoio, 173
    dificuldades na avaliação de pretendentes, 169
    processo de habilitação, 167
        o que considerar, 171
    seleção à preparação de pretendentes, 176
        informação, 177
        reflexão, 177
Adolescente infrator, 193
    avaliação inicial, 197
    medidas socioeducativas, 195
        caráter educativo ou reeducativo, 197
        caráter reparatório, 197
        caráter sancionatório, 197
        contexto, 199
    plano individual de atendimento, 197, 199
        contexto de avaliação, 199
    relatório psicossocial na avaliação, 193, 199
        aspectos que devem constar, 201
            compreensão como pessoa em desenvolvimento, 201
            compreensão do adolescente sobre a lei e a justiça, 202
            contexto social, 201
            contextualização em perspectiva sócio-histórica, 201
            história familiar, 201
            informações claras e objetivas, 202
            metas pactuadas com adolescente e família, 202
            perspectiva relacional e do olhar, 202
            potencialidade e habilidades, 202
            relatório amplo, 201
            vida do adolescente, 202
Assédio moral no trabalho, avaliação, 282
    aspectos conceituais, 283
    avaliação psicológica, 289
        aspectos emocionais, 289
        instrumento de nexo do dano psicológico, 289
            alteração, 290
            atualização, 290
            inibição, 290
            memória operacional, 290
            planejamento, 290
            tomada de decisão, 290
    compreensão do fenômeno, 286
    dano psicológico, 287
    diferentes expressões, 285
    modalidades e exemplos de atos hostis, 285
    psicólogo assistente técnico, papel do, 288
    saúde mental, 287
    visita ao local de trabalho, 291
        documentações complementares, 291
        informações de terceiros, 291
        resposta aos quesitos, 291
Assistente técnico, papel, 41
    legislação legal, 41
    regulamentação, 46
Autópsia psicológica, 455
    avaliação da intencionalidade, 462
    contexto forense, 455
    tomada de decisão, 464
Avaliação de imputabilidade penal, 379
    superveniência de doença mental, 379
Avaliação de psicopatia, 397
    contexto forense, 397

Avaliação de risco, 309
   violência contra a mulher, 309
      parceiro íntimo, 309
Avaliação do dano psíquico, 364
   processos da área cível, 364
Avaliação e perícia psicológica, 17, 55
   contexto forense, 55
   fito pericial, 56
      apontamentos históricos, 56
      definições, 56
   orientações necessárias para o laudo, 63
   possibilidades futuras, 65
   psicólogos e perícias, 60
Avaliação psicológica, 30
   adolescente infrator, 193
   contexto cível, 33
   contexto criminal, 35, 433
   contexto forense, 30, 55, 91
      principais demandas, 32
   crianças que resistem ao
      contato parental, 229
   dependentes químicos, 433
      contexto criminal, 433
   execução da pena, 377
   família, 247
   instrumentos, 91
   regulamentação de guarda e direito de
      convivência, 207
   Varas Cíveis, 345
   Varas Criminais, 377
   Varas da Infância e Juventude, 151
   Varas de Família, 205
   Varas de Violência Doméstica, 295
   violência intrafamiliar, 297
Avaliação psiquiátrico-forense, 347
   situações de interdição, 347
Avaliação violência contra idoso na família, 329

C

Contato parental, 229
   avaliação psicológica, 229
   crianças que resistem ao, 229
      análise da motivação, 240
      identificação e compreensão da relação
         criança/genitor, 240
         avaliação imparcial, 244
         contrato com as partes, 243
         métodos de coleta de dados, 241
         natureza do encaminhamento de
            avaliação, 240
         qualidade do laudo, 245
         qualidade dos registros, 244
         técnicas e testes, escolha, 241

   orientação para desenvolvimento, 239
   orientação para planejamento, 239
   dinâmica psicológica, 230
   guarda, 236
   processo de disputa, 236
   regulamentação de visitas, 236
Contexto criminal, 35, 433
   avaliação psicológica, 30
   dependentes químicos, 433
Contexto forense, 55, 91, 105, 135, 309, 397, 455
   autópsia psicológica, 455
   avaliação de psicopatia, 397
   avaliação e perícia psicológica, 55
   documentos psicológicos, 135
   instrumentos de avaliação psicológica, 91
   perícia psicológica, 55
   psicopatia, avaliação, 397
   Teste de Rorschach, 105
   violência contra a mulher, 309
Crianças que resistem ao contato parental, 229
   avaliação psicológica, 229
   análise da motivação, 240
   dinâmica psicológica, 230
   guarda, 236
   identificação e compreensão da relação
      criança/genitor, 240
         avaliação imparcial, 244
         contrato com as partes, 243
         métodos de coleta de dados, 241
         natureza do encaminhamento
            de avaliação, 240
         qualidade do laudo, 245
         qualidade dos registros, 244
         técnicas e testes, escolha, 241
   orientação para desenvolvimento, 239
   orientação para planejamento, 239
   processo de disputa, 236
   regulamentação de visitas, 236

D

Demandas de avaliação psicológica, 247
   família, 247
Dependentes químicos, 433, 443
   aspectos psicodesenvolvimentais, 445
   avaliação psicológica, 433, 449
      entrevista clínica, 450
      recursos complementares, 450
   contexto criminal, 433, 443
      criminoso, 441
      drogas, 441
      Estado e a Constituição de 1988, 436
      políticas criminais, 437
      sistema penitenciário, 437

decisão pessoal, 444
desafios para o futuro, 452
manicômios, 448
pressão externa, 444
prevenção, 447
prisões, 448
tratamento, 447
uso e abuso de drogas, 443
Documentos psicológicos, 135
   competência e responsabilidades, 138
      habilidades comunicacionais, 139
      habilidades conceituais, 138
      habilidades instrumentais, 139
      habilidades reflexivas, 139
   contexto forense, 135, 140
      características, 140
         atestado psicológico, 143
         declaração, 143
         documentais, 143
         laudo psicológico, 146
            análise, 147
            conclusão, 148
            descrição da demanda, 147
            identificação, 147
            procedimento, 147
            referência bibliográfica, 148
         parecer psicológico, 145
         periciais, 143
         relatório, 144
         relatório psicológico, 144
         testemunhais, 143
      marcos legais, 140
      uso, 140
   o que são?, 136
Doença mental, superveniência, 379, 387
   avaliação de imputabilidade penal, 379
      antecedentes históricos, 379
         crime, 379
         criminologia, 379
      avaliação pericial, 392
         contribuição de instrumentos, 392
            Escala Breve de Avaliação
               Psiquiátrica – Ancorada, 393
            Escala de Depressão Pós-parto de
               Edimburgo, 393
            Psychopathy Checklist-Revised, 393
            Teste de Rorschach, 393
      conceito de crime, 380
      culpabilidade, 381
      entrevistas diagnósticas
         padronizadas, 394
      imputabilidade penal, 382
         aspectos neuropsicológicos, 391
      reforma psiquiátrica, 388
         impactos, 388

E

Entrevista clínico-forense, 70, 73
   Entrevista Clínico-Forense de Arce & Farina, 84
   Entrevista Estruturada de Sintomas
      Referidos-2, 82
   Entrevista Motivacional, 78
   Escala Hare, 75
   modalidades, 71
      características, 71
      contrastes, 71
      definições, 71
   neutralidade e sigilo, 72
Entrevista com crianças em Varas de Família, 219
   discurso das crianças, 221
   entrevista, 222
   melhor interesse da criança, 219
   orientação sobre a prática, 220
   supervisão, 226
   uso de instrumentos, 225
Exame criminológico, 412
   avaliações, 417
      discussão, 421
      estudo jurídico, 417
      estudo social, 417
      exame psicológico, 418
         entrevista, 420
         observação, 420
         técnicas de exame, 421
      exame psiquiátrico, 418
   bases teóricas, 425
      modelo médico-psicológico, 425
      modelo psicossocial, 426
   críticas técnicas, 427
      diagnóstico criminológico, 427
      prognóstico criminológico, 428
   de entrada, 413
   natureza do exame, 415
   para a concessão de benefício, 413
   para fins de progressão de pena, 414
Execução da pena, 377
   avaliação psicológica, 377

F

Família, 247
   abusos, 256
   adoção, 255
   alteridade, 260
   avaliação psicológica, 247
   composições, 254
      anaparental, 255
      casal homoafetivo, 255
      estendida, 254

substituta, 255
    adoção, 255
    guarda, 255
    tutela, 255
uniparetal/monoparental
ou singular, 254
embotamento narcísico, 260
gênero, questão, 249
homoparentalidade, 255
idosos e os papéis avoengos, 258
intoxicação tecnológica, 252
paternidade em questão, 247
responsabilidade nos vínculos, 260
suicídio na adolescência, 259
suicídio na infância, 259
violência contra o idoso, 328

G

Guarda e direito de convivência, 207
    avaliação em situações de regulamentação, 207

H

Habilitação à adoção, 167
    avaliação, 167

I

Idoso, 328
    instrumentos de rastreio da violência, 333
        avaliação dos agressores, 335
        Questionário APGAR da família, 342
    violência na família, 329
        consequências, 332
        formas, 330
            abuso psicológico, 330
            abuso sexual, 331
            maus-tratos, 332, 340
        perfil do agredido, 331
        perfil do agressor, 331
Instrumentos de avaliação psicológica, 91
    avaliação de condições cognitivas, 99
    avaliação de personalidade, 94
        Casa-Árvore-Pessoa, 95
        Escala Hare de Psicopatia, 99
        Inventário Fatorial de Personalidade, 98
        Teste das Pirâmides Coloridas de Pfister, 95
        Teste de Apercepção Temática Infantil, 97
        Teste de Rorschach, 96
        Teste Palográfico, 96
    contexto forense, 91

repercussões de eventos negativos de vida, 100
sistema parental e práticas educativas, 93

P

Parceiro íntimo, 309
    avaliação de risco, 309
    violência contra a mulher, 309
Perícia psicológica, 53, 55, 181, 265
    contexto forense, 55
    metodologia, 53
    trabalhista, 265
    violência sexual, 181
Perícia psicológica trabalhista, 265
    conceitos básicos, 266
        acidente de trabalho, 268
        concausalidade, 270
        dano moral, 269
        dano psicológico, 269
        doenças ocupacionais, 268
        doenças relacionadas ao trabalho, 268
        nexo de causalidade, 270
            causalidade múltipla, 270
                causa necessária, 270
                distúrbio latente ou agravador de doença, 270
                fator contributivo, mas não necessário, 270
        risco e vulnerabilidade, 267
        saúde mental e trabalho, 266
    domínios teóricos e técnicos, 271
        avaliação psicológica, 273
        marcos legais e ético-profissionais, 274
        psicologia jurídica, 272
        saúde do trabalhador, 273
    método, 274
        procedimentos, 274
        processo, 274
            fluxo das questões fundamentais, 279
Perito, papel, 41
    legislação legal, 41
    regulamentação, 46
Poder familiar, perda, 153
    aspectos jurídicos, 154
    avaliação, 153, 155, 161
        competência parental, 155
        fatores de risco, 155
        procedimentos em caso de perda, 161
        percentuais das dificuldades, 163
        percentuais de frequência, 162
Processos da área cível, 364
    avaliação do dano psíquico, 364
        conceito de dano, 366
        legitimação legal, 365